HOLGER CZITRICH-STAHL

DER OPPOSITIONELLE GEORG LEDEBOUR (1850–1947)

HISTORISCHE DEMOKRATIEFORSCHUNG
Schriften der Hugo-Preuß-Stiftung und der Paul-Löbe-Stiftung
Band 25

Herausgegeben von Detlef Lehnert

Dr. Holger Czitrich-Stahl, Geschichtslehrer i. R. an der Bettina-von-Arnim-Oberschule in Berlin-Reinickendorf

Holger Czitrich-Stahl

Der Oppositionelle

Georg Ledebour (1850–1947):

Linksliberaler, Sozialdemokrat, Linkssozialist

Ⓜ | METROPOL

Umschlagabbildungen:
li.: Georg Ledebour, gezeichnet von Emil Stumpp,
mit Unterschrift von Georg Ledebour, 1924 / *Emil-Stumpp-Archiv*
re.: Fotokarte von Georg Ledebour
Unterschrift von Georg Ledebour, ca. 1924

ISBN: 978-3-86331-741-6

Ansbacher Str. 70, 10777 Berlin
www.metropol-verlag.de

Druck: AALEXX Druck Produktion, Großburgwedel

Inhalt

Georg Ledebour – zur Einführung

Ledebour war ein Zeuge zweier halber Jahrhunderte und – nach seinen linksliberalen Anfängen – ein demokratischer Sozialist, der die Aufstiegsperiode der sozialdemokratischen Arbeiterbewegung in Deutschland seit 1890, die Revolution von 1918/19, die demokratische Weimarer Republik, ihr Scheitern und den Untergang Deutschlands in der Barbarei am eigenen Leibe miterlebte. Mehr noch: Ledebour gestaltete seine Zeit mit, jahrzehntelang als prägendes Mitglied der Arbeiterbewegung, doch fast immer auch in der Rolle eines Oppositionellen, nicht nur in Staat und Gesellschaft, häufig auch in der eigenen Partei. Georg Ledebour gehört in der zweiten Hälfte seines Wirkens wie z. B. Arthur Stadthagen, Hugo Haase, Wilhelm Dittmann, Paul Levi und Kurt Rosenfeld zu jenen Linkssozialisten, deren Namen heute immer mehr verblassen, vielleicht nur noch Insidern ein Begriff sein dürften. Aber wie alle diese streitbaren Geister verdient es Ledebour, dass man sich seiner erinnert. Dies gilt auch in demokratiegeschichtlicher Hinsicht, weil er ein Fürsprecher des parlamentarischen Systems in dessen Gegenüberstellung von Regierung und Opposition sowie zugleich mit dem kontinuierlichen Bedarf am Aufgreifen und dem Hineinwirken außerparlamentarischer Impulse war.

Georg Ledebour wurde am 7. März 1850 als vierter Sohn eines mittleren Beamten in Hannover geboren. Durch den frühen Tod beider Eltern wurde der damals Zehnjährige zur Vollwaise, was seinen persönlichen Umgang mit politischen und persönlichen Freunden, aber auch mit politischen Organisationen entscheidend prägte. Auf Niederlagen oder Verluste reagierte er häufig mit vollkommener Ablehnung oder Abwendung, als seien es Fundamentalereignisse wie der Tod beider Eltern und entsprechende Neuanfänge aus dem Nichts entstanden. Diese Reaktionsmuster dürften dazu beigetragen haben, dass Ledebour zeitlebens polarisierte: So prägend er auf seine Anhänger wirkte, so sehr wurde Ledebour zur Reizfigur für seine Kontrahenten.

Sein Lebensweg führte ihn von 1876 bis 1882 nach England, wo er als Journalist für deutsche liberale Zeitungen tätig wurde. In England lernte er besonders den Parlamentarismus hochzuschätzen, aber er befasste sich auch mit den englischen Gewerkschaften und der britischen Politik überhaupt. Die Leserschaft dieser Zeitungen erfuhr auf diese Weise etwas von den Unterschieden zwischen den deutsch-preußischen und englischen Verhältnissen. Weil er die britischen Verfassungszustände schätzte, lehnte er umso mehr den preußischen

Obrigkeitsstaat und die Hohenzollernherrschaft kategorisch ab. Als er im Sommer 1882 nach Deutschland zurückkehrte, zog es ihn nach Berlin. Der nun zum Links- und Sozialliberalen gereifte Ledebour betätigte sich in diesem neuen politischen Umfeld schon bald als Redakteur, Redner und Organisator. In diesem von der *Fortschrittspartei* geprägten Umfeld eines progressiven Liberalismus wurde er mehr und mehr bekannt. Als die Fortschrittspartei 1884 in der Freisinnigen Volkspartei aufging, deren Opposition gegen Bismarck weniger prinzipiell war, verweigerte sich Ledebour. Stattdessen gründete er mit anderen Linksliberalen die *Demokratische Partei*, die allerdings keine dauerhafte Wirkung entfaltete. Schon damals also zeigte sich seine Neigung, eine konsequent gesinnungsfeste Opposition pragmatischen Gestaltungsmöglichkeiten vorzuziehen. Nach dem Scheitern der DP wurde Ledebour für die „Berliner Volks-Zeitung" tätig. Gemeinsam mit Franz Mehring und anderen damaligen Linksliberalen trug er dazu bei, dass dieses Blatt zu einem auch in der Arbeiterschaft gern gelesenem Medium werden konnte, zumal die Sozialdemokratie, der sich Ledebour mehr und mehr annäherte, durch das Bismarcksche „Sozialistengesetz" weitgehend illegalisiert war.

Konflikte um die politische Ausrichtung der Zeitung führten zur Entlassung Ledebours und Mehrings, die sich bald der seit Herbst 1890 wieder legalen Sozialdemokratie anschlossen. Nach zehn Jahren Basisarbeit und Redakteurstätigkeit in der SPD Berlins trat Ledebour nach dem Tod des Parteipatriarchen Wilhelm Liebknecht 1900 in dessen Fußstapfen als Reichstagsabgeordneter. Bald wurde er zu einem der eifrigsten und wortgewaltigsten Redner der Fraktion im Reichstag. Den Reichstagswahlkreis Berlin VI gewann er mit immer größerem Stimmenvorsprung vor seinen chancenlosen Konkurrenten, 1912 überschritt er die 80 % als Wähleranteil in seinem von Arbeiterquartieren geprägten Wahlkreis um den Wedding und Moabit herum. Seine in Wort und Schrift hervorstechenden Schwerpunkte setzte Ledebour in Fragen der Außenpolitik, des Kolonialismus, der Verfassungsdebatten und in der Politik Minderheiten gegenüber. Prägende Stichworte für ihn waren zweifellos Nationalitätentoleranz, Selbstbestimmungsrecht und Parlamentarismus, Freiheit und Sozialismus waren für ihn zwei Seiten einer Medaille. Mit diesen Grundpositionen zählte er – ohne zu den Theoretikern zu gehören, aber durchaus zu den programmatisch orientierten Köpfen – sich zum marxistischen Parteizentrum um August Bebel und Karl Kautsky, was Konflikte mit jenen keinesfalls ausschloss.

Als am 4. August 1914 die Reichstagsfraktion der Bewilligung der Kriegskredite und zugleich dem „Burgfrieden" mit Kaiser und Regierung im gerade ausgerufenen Krieg, der zum ersten Weltkrieg eskalieren sollte, zustimmte, gehörte Ledebour zu den Gegnern dieses Schwenks der SPD. In der sich bald bildenden

Opposition wurde er schnell zu einer ihrer Leitfiguren. Das öffentliche Auftreten dieser Minderheit im Reichstag mündete in die Spaltung von Fraktion und Partei in den Jahren 1916/17. Die im April 1917 gegründete Unabhängige Sozialdemokratische Partei Deutschlands (USPD) wählte ihn in Gotha zu ihrem Vorsitzenden neben Hugo Haase. Für die Opposition in der Reichstagsfraktion nahm Ledebour an der Zimmerwalder Konferenz im September 1915 teil, die die oppositionellen Sozialisten zu gemeinsamen Aktionen gegen den Krieg vereinen sollte. Für die USPD wirkte er im September 1917 in Stockholm auf der Friedenskonferenz.

Im Herbst 1918, als die Kriegsniederlage unabwendbar und nicht mehr zu verschleiern war, zeichneten sich grundlegende Veränderungen im Deutschen Reich und in ganz Europa ab. Die Oktoberreformen vermochten die revolutionäre Gärung in Deutschland nicht aufzuhalten. Ledebour und andere radikale Sozialisten, besonders unter den Revolutionären Obleuten, drängten auf eine revolutionäre Erhebung. Am 9. November 1918 stürzte nach ausgerufenem Massenstreik die Hohenzollernmonarchie, das führte zur Ausrufung der Republik. Doch einer gemeinsamen Revolutionsregierung mit der SPD widersetzte sich Ledebour, seine Abneigung gegen ehemalige Genossen des „Burgfriedens" ließ für ihn keine Kompromisse zu. Er hatte sich radikalisiert und wurde im Vollzugsrat der Arbeiter- und Soldatenräte aktiv, vor allem für ein Rätesystem als politische Basis der Revolution. Dies führte ihn nicht nur in die Gegnerschaft gegen Friedrich Ebert und Philipp Scheidemann, sondern erzeugte Konflikte mit eigenen Volksbeauftragten der USPD wie Hugo Haase und Wilhelm Dittmann. Ledebours Aktionsraum war die radikale Linke als Fundamentalopposition, und so löste er am 5. Januar 1919 jenen Aufstand mit aus, der allzu vereinfachend als „Spartakusaufstand" in die Geschichte einging und wesentlich auch durch die militärische Reaktion der Regierung eine Blutspur hinterließ. Eine solche militärische Eskalation hatte er durch Vermittlungen an Weihnachten 1918 noch mitwirkend verhindern können. Nach der Niederlage der radikalen Linken auf dem Reichsrätekongress war der Weg für eine Nationalversammlung frei gemacht, die Rätebefürworter, unter ihnen Ledebour, wollten sich damit nicht abfinden.

Die Niederschlagung des Januaraufstands brachte Ledebour ins Gefängnis, sein Leben war in äußerster Gefahr. Doch er wurde nicht wie Rosa Luxemburg und Karl Liebknecht ermordet, sondern ihm wurde der Prozess gemacht. Diesen nutzte er, um die Angeklagtenbank in die Oppositionsbank umzuwandeln und von dort aus die Regierung anzugreifen. Hier konnte er alle Vorzüge zur Geltung bringen, die ihn als Oppositionsredner im Reichstag auszeichneten: Angriffslust, geschliffene Rhetorik, ausdrucksstarke Sprache, Schlagfertigkeit. Er wurde freigesprochen und nutzte den Prozess und dessen Protokoll, um seine

Position gegen die Regierung in einem Buch zusammenzufassen.[1] Als die USPD durch die Konflikte seit der Revolution bis auf 18 % bei den Reichstagswahlen im Juni 1920 erstarkte, woran er zunächst durchaus seinen Anteil hatte, erblickte Ledebour in ihr den Kern einer radikalsozialistischen Gesamtbewegung. Mit ihr wollte er die Arbeiterschaft einigen, damit diese einer zweiten Revolutionswelle zum Sieg verhelfen könne. Doch die USPD spaltete sich im September 1920 an der heftigen und geradewegs existenziellen Debatte um die Zugehörigkeit zur Internationale. Der Parteitag von Halle im Oktober 1920 brachte dem Flügel um Ledebour, Dittmann und Arthur Crispien eine Niederlage bei, die Mehrheit stimmte für den Anschluss an die Leninsche III. Internationale. Zur II. Internationale wollte Ledebour keinesfalls zurück, sie verkörperte für ihn den 4. August 1914. Das Intermezzo der „Wiener Internationale" zusammen mit der ungespaltenen gebliebenen österreichischen Sozialdemokratie als sozusagen neues „austromarxistisches Zentrum" dauerte lediglich von Februar 1921 bis Mai 1923.

In diesem Zeitraum geriet Ledebour mehr und mehr ins politische Abseits. Als USPD-Mitvorsitzender sträubte er sich gegen eine Wiedervereinigung mit der SPD. Als diese im September 1922 vollzogen wurde, stand Ledebour außen vor. Die Rest-USPD, der er kurzzeitig mit Theodor Liebknecht vorstand, blieb eine politische Sekte, die ihn nach internen Konflikten im Januar 1924 ausschloss. Was sich schon im November 1918 abzeichnete, seine Unversöhnlichkeit gegenüber ehemaligen Mitstreitern, die andere Wege gegangen waren, und seine Verweigerung, für mehr Einflussnahme auch Kompromisse einzugehen, zeigte kein anderes Ergebnis als den Weg in eine politische Randständigkeit. Der von ihm 1924 gegründete „Sozialistische Bund" machte darin keine Ausnahme, wenngleich seine Arbeit nun zunehmend im Umfeld der KPD ihm die persönliche Autorität bewahrte und seine Stimme im linkssozialistisch-kommunistischen politischen Milieu noch Gewicht behielt.

Der Beitritt zur Sozialistischen Arbeiterpartei Deutschlands (SAP), der bekanntlich auch später Prominente wie Willy Brandt und Otto Brenner angehörten, markierte den Beginn der kurzen letzten Etappe seines parteipolitischen Lebens. Die im Oktober 1931 von oppositionellen, aus der SPD ausgeschlossenen Reichstagsabgeordneten gegründete linkssozialistisch orientierte Partei bot ihm ein letztes Forum, seine Positionen an die jüngere Mitgliedschaft zu vermitteln. Doch seine Hoffnung, die SAP könne anstelle der USPD eine neue sozialistische

1 Der Ledebour-Prozeß. Gesamtdarstellung des Prozesses gegen Ledebour wegen Aufruhr etc. vor dem Geschworenengericht Berlin-Mitte vom 19. Mai bis 23. Juni 1919, Berlin 1919. (Künftig zit. als Ledebour-Prozeß. Die vollständigen bibliographischen Angaben jedes Titels sind dem Literaturverzeichnis zu entnehmen.)

Massenpartei mit revolutionärem Anspruch werden, erwies sich bald als Illusion. Die Machtübertragung an Adolf Hitler am 30. Januar 1933 bereitete rasch jeder Opposition den Garaus, auch die Ledebours mussten Berlin und Deutschland verlassen, um wenigstens ihr Leben zu retten. Sie gingen ins Schweizer Exil, wo Georg Ledebour am 31. März 1947 im Alter von 97 Jahren verstarb. Seine Frau Minna Ledebour, die er 1895 geheiratet hatte, starb 1962 ähnlich hochbetagt in der Schweiz. Die Ehe war kinderlos geblieben. Schon bald senkte sich der Schleier des Vergessens um Georg Ledebour.

* * *

Immerhin gelang es Minna Ledebour, im Jahr 1954 einen Gedenkband über ihren verstorbenen Mann zu veröffentlichen.[2] Er enthält Beiträge von Anna Siemsen, Wilhelm Dittmann und Richard Kleineibst, das Gedicht zu seinem 75. Geburtstag von Kurt Tucholsky in der „Weltbühne“, Ledebours letzten Zeitungsbeitrag „Für Recht und Menschlichkeit“ sowie die wichtigsten Reden und Beiträge aus dem Ledebour-Prozess. Natürlich malen die Beiträge ein überaus positives Bild Ledebours, das ganz sicher nicht der Sicht aller Menschen entsprach, die ihn kannten oder mit denen er in Konflikte geraten war. Doch rückt es ganz gezielt den Parlamentarier (Dittmann, Kleineibst) und den im Exil unfreiwilligen Ruheständler Ledebour (Siemsen) in den Vordergrund. Die Dokumente aus dem Prozess sind selbstverständlich ein erstrangiges Selbstzeugnis aus der Revolutionszeit 1918/19.

1969 veröffentlichte Ursula Ratz ihre – knapper als nachfolgend gehaltene – Biographie über Georg Ledebour.[3] In dieser am Friedrich-Meinecke-Institut der Freien Universität Berlin entstandenen Arbeit konnte die Verfasserin durchaus manches Grundlegendes über das Leben und Wirken Ledebours präsentieren. Doch blieben zahlreiche Fragen unbeantwortet oder kamen nicht zur Sprache. Dessen ungeachtet bot diese Biographie einen wichtigen Grundstock für die jetzt vorgelegte Arbeit. Damals konnten die familiären Ursprünge der Ledebours nur bedingt ermittelt werden. Die Digitalisierung von Quellen, hier gerade auch von Kirchenbüchern, ergab mittlerweile ein dichteres Bild auf die Vorgängergenerationen Ledebours mit durchaus überraschenden Ergebnissen. Aber von dort

2 Georg Ledebour. Mensch und Kämpfer. Zusammengestellt von Minna Ledebour, Zürich 1954.

3 Ursula Ratz, Georg Ledebour 1850–1947. Wege und Wirken eines sozialistischen Politikers, Berlin 1969. (Ist eine Autorin oder ein Autor nur mit einem Titel vertreten, erfolgt künftig nur die einfache Namensnennung mit Seitenangaben, die Ausnahmen bilden hier die grundlegenden Publikationen in Fn. 1–4.)

eingeflossene Informationen lassen auch hypothetische Rückschlüsse auf Verhaltensweisen Ledebours zu, gerade auch hinsichtlich seiner Neigung zur Unversöhnlichkeit und zu Brüchen. Bislang nicht ausreichend berücksichtigt waren die Beiträge Ledebours während seiner politischen Verortung im Linksliberalismus. Hier konnten, auch mit konventionell vorgehaltenen Archivalien, dichtere Ergebnisse erzielt werden. Dies gilt auch für die späteren Exiljahre Ledebours in der Schweiz. Man tut im Übrigen der Biographie aus der Feder von Ursula Ratz sicher nicht Unrecht, wenn man bei Berücksichtigung aller Verdienste feststellt, dass ein wenig vom Geist der Zeit in Berlin (West) subkutan mitschwang, besonders eine erkennbare Skepsis bezüglich sozialistischer Theorie im Allgemeinen und linkssozialistischer Praxis im Besonderen. Die Systemauseinandersetzung zwischen Ost und West, zwischen Kommunismus und westlicher Demokratie, fand eben gerade im geteilten Berlin besonders intensiv statt.

Die dritte biographische Arbeit über Georg Ledebour stammt von Elke Keller und dokumentiert erwähnte Polaritäten von der östlichen Seite Berlins her betrachtet. Ihre Dissertation am Institut für Marxismus-Leninismus beim ZK der SED aus dem Jahr 1987 sollte als Taschenbuch erscheinen, wozu es allerdings wegen der Umwälzungen in der DDR nicht mehr kam.[4] Sie beschrieb ihn als einen „alten sozialistischen Haudegen“, der aus der damaligen parteioffiziellen Sicht in seinen „zentristischen“ Positionen gefangen blieb, aber sich „trotz mancher Irrtümer und Unzulänglichkeiten, an bedeutenden Schnittpunkten des Klassenkampfes als lauterer, aufrechter Sozialist erwies“ und als „geachtete Persönlichkeit in die revolutionäre Traditionslinie der deutschen Arbeiterklasse [gehört]“.[5] Sie schöpfte ihre Quellen insbesondere aus dem Zentralen Parteiarchiv der SED, aus zeitgenössischer Erinnerungsliteratur und ebensolchen Periodika, trug also nicht unwesentlich zur Erweiterung der Quellenbasis auch für die vorliegende Arbeit bei.

Hartfrid Krause legte 2017 anlässlich Ledebours 70. Todestages eine Teilbiographie zu ihm vor und konzentrierte sich dabei auf die Jahre nach der Wiedervereinigung der USPD mit der SPD im September 1922.[6] Durch diesen Fokus verdichtete Krause den Blick auf diese Lebensphase Ledebours, die sich zunehmend am Rand des politischen Spektrums der ohnehin zersplitterten Parteienlandschaft der Weimarer Republik abspielte. Diese Arbeit ist allerdings ein „book on demand“, also im Rahmen des öffentlichen Bibliothekswesens schwerer auffindbar, was ebenso für die Arbeit von Elke Keller gilt. Das schmälert allerdings

4 Elke Keller, Georg Ledebour. Ein alter sozialistischer Haudegen, Berlin (DDR) 1987.

5 Ebd., Thesen zur Dissertation A, Okt. 1987, S. 14.

6 Krause, Die USPD nach 1922.

in keiner Weise den Wert der mitgelieferten Informationen, die allerdings jeweils nicht nur der weiteren Ergänzung durch zusätzliche Quellen, sondern auch der Synthese zu einem insgesamt stimmigen Gesamtbild bedurften.

Da Ledebour als jahrzehntelanger politischer Aktivist in seiner Zeit öffentlich präsent war, taucht er in zahlreichen Beiträgen zur Erinnerungsliteratur auf, die aber an dieser Stelle nicht umfassend erwähnt werden können. Hervorzuheben sind in publizistischer Nachwirkung Kurt Tucholskys Gedicht – unter dessen Pseudonym Theobald Tiger – zu Ledebours 75. Geburtstag in der „Weltbühne“ vom 24. 2. 1925 als Beweis dort großer zeitgenössischer Wertschätzung[7], aber auch die völlig gegenteilige Beschreibung von Johannes Fischart (d. i. Erich Dombrowski). Jener schrieb über Ledebours Selbstbild, dass er „allein das Wesen aller Dinge erfasst, er, der allein konsequent gewesen und nie Irrwege gewandelt ist, er, der darum zum wahren Führer des Volkes berufen ist“, aber nur „ein ganz kleiner Mensch“ sei.[8]

Wie schon zu Lebzeiten polarisierte Ledebour auch die Erinnerungen der Nachwelt. Auffallend ist, dass sich der Eintrag im Handbuch „M. d. R. Die Reichstagsabgeordneten der Weimarer Republik zur Zeit des Nationalsozialismus“ auf ganz wenige Angaben beschränkt. Die Darstellung z. B. Wilhelm Dittmanns hingegen fällt ausführlicher aus. Da alle verfügbaren relevanten Quellen aufgeführt wurden, verwundert dies.[9] Informativer stellte ihn später Elke Keller in dem biographischen Lexikon „Demokratische Wege“ vor.[10] Ausführlicher, aber mit dem parteioffiziellen Blick unterlegt, wurde Ledebour im „Biographischen Lexikon“ der achtbändigen „Geschichte der deutschen Arbeiterbewegung“ aus der DDR behandelt. Der „zentristische“ Ledebour wurde auch hier vom „revolutionären“ Ledebour unterschieden, je nach Kooperations- oder Konfliktposition zur KPD als Bewertungsmaßstab.[11] In eine vergleichbare

7 Vgl. auch Fn. 2.

8 Johannes Fischart, S. 64. Zu diesem Pseudonym – das Original Johannes Fischart war ein elsässischer Satiriker aus dem 16. Jahrhundert – für den Publizisten Erich Dombrowski, der für das Berliner Tageblatt schrieb, siehe Lars-Broder Keil, Georg Ledebour, S. 58. Dombrowski gehörte nach dem II. Weltkrieg zu den Mitgründern der Frankfurter Allgemeinen Zeitung.

9 M. d. R, S. 181 (Dittmann) u. 361 (Ledebour).

10 G. L., in: Manfred Asendorf/Rolf von Bockel (Hg.), Demokratische Wege. Ein biographisches Lexikon. Sonderausgabe, Stuttgart 2006, S. 370–372. Doch wurde diesem Beitrag offenbar redaktionell ein falsches Foto beigefügt und auf die Erwähnung ihrer Diss. neben jener älteren von Ursula Ratz verzichtet.

11 Geschichte der deutschen Arbeiterbewegung. Biographisches Lexikon, S. 271–273. (Künftig zit. als GdA. Bei Abkürzungen als Quellenangaben vgl. auch das Abkürzungsverzeichnis.)

Richtung tendierte die Charakterisierung von Annemarie Lange, die über Ledebour schrieb, dass er mit seinem großen Schlapphut und Radmantel eine sehr populäre Figur war, „ein ausgezeichneter, sehr temperamentvoller Agitator, der das Ohr jeder Arbeiterversammlung hatte, allerdings auch oft mehr versprach, als er zu halten imstande war".[12] Dass Ledebours politische Bedeutung relativ gering geblieben sei, weil er keine eigene Strategie entwickelt und durch seine schroffe Zurückweisung einheitlichen Vorgehens letztlich die Gesamtbewegung in der Novemberrevolution geschwächt habe, formulierte unter Bezugnahme auf Ursula Ratz Rudolf Fritz.[13] In der gleichen Zeitschrift resümierte Lars-Broder Keil, sich ebenfalls auf Ratz beziehend, das janusköpfige Urteil, dass sich Ledebour einerseits oft selbst im Weg gestanden, andererseits sein Fähnchen nicht in den Wind gehängt habe. Dennoch habe er von „der reinen Negation" aus gehandelt.[14] Die stark von seinem Bedeutungsverlust ab 1923, als er mit 73 Jahren bereits ein Alter erreicht hatte, das viele heute bekanntere Politiker jener Zeit gar nicht erlebten, bestimmten Urteile ließen sich vermehren, ergeben aber so kein umfassend angemessenes Gesamtbild.

Es ist damit umso mehr die Aufgabe gestellt, die politische Persönlichkeit Georg Ledebour genauer zu verorten und ihre Positionen zu bestimmen. War er wirklich ein bloßer Fundamentaloppositioneller ohne eigene originäre Ideen und Konzeptionen, der lediglich in der Ablehnung oder in der Bekämpfung von ihm als negativ bewerteter Zustände und Entwicklungen seine Motivation sah? Oder trat er, einem inneren Kompass folgend, für bestimmbare Leitziele ein, die er allerdings eher von einer Position aus der Opposition heraus zu realisieren versuchte? Es ist kaum vorstellbar, dass er rund siebzig Jahre lang, seit seinem Englandaufenthalt, lediglich aus einem prinzipiellen „Nein" heraus politisch tätig sein konnte, ohne letztlich frustriert aufzugeben. Dass ihm die Rolle des Oppositionellen deutlich näher blieb als die des „Machers" liegt auf der Hand und wird auch durch den Titel dieser Biographie ausgedrückt. Zu klären bleiben die Gründe oder Ursachen einer solchen möglicherweise prägenden Haltung, der innere Kern seiner Überzeugungen.

Die Forschungsrecherche für die Biographie profitierte auch vom Zusammenlaufen zweier Überlieferungsstränge. Ursula Ratz konnte unter den Bedingungen der deutschen Teilung nicht auf Quellen zurückgreifen, die im Fundus des Zentralen Parteiarchivs der SED deponiert waren. Elke Keller wiederum benutzte kaum das in der Bundesrepublik entstandene relevante Schrifttum.

12 Lange, S. 156.

13 Fritz, S. 10.

14 Keil, S. 62.

Hier sollte endlich eine fruchtbare Synthese auf erweiterter Materialbasis vorgenommen werden. Neben den Recherchen im Archiv der sozialen Demokratie (Bonn) erwies sich die Quellensuche in der Staatsbibliothek und im Landesarchiv Berlin als sehr ertragreich. Von nicht zu unterschätzender Bedeutung ist die zunehmende Verfügbarkeit digitalisierter Pressequellen, die einen Einblick in die gesellschaftliche Resonanz politischer Persönlichkeiten und ihrer Aktivitäten erlauben. Dies erleichtert deren Kontextualisierung und so mehr Distanz zu späteren und heutigen Bewertungsmustern. Auch durch in den letzten Jahren veröffentlichte Studien zur Novemberrevolution oder zur frühen Weimarer Republik konnten wichtige Zusammenhänge der zeitgenössisch am meisten beachteten Wirkungsphase von Ledebour ausgeleuchtet werden. Schon wegen seiner insgesamt sieben Jahrzehnte und grundverschiedene Epochen umspannenden politischen Biographie und vorrangiger Auswertung einschlägiger Primärquellen wurden sonst aber Verweise auf nicht wesentliche Aufschlüsse zu Ledebour ergebende Sekundärliteratur knapp gehalten.

Neben den freundlichen Kolleginnen und Kollegen in den Archiven und Bibliotheken danke ich Ottokar Luban für die Bereitstellung des Briefwechsels zwischen Fanny Jezierska und Georg Ledebour, Detlef Lehnert für die Möglichkeit ständiger Rücksprache und meiner Frau Sylvia Stahl für die Geduld, wenn ich einmal mehr nicht vom Schreibtisch wegzubekommen war. Bei den Recherchearbeiten konnte ich mich stets auf die Unterstützung von Florian Zietz und Marco Steuer verlassen.

I. HERKUNFT UND FRÜHE POLITISCHE ENTWICKLUNG (1850–1890)

1. Der familiäre Hintergrund

Georg Theodor Ledebour erblickte am 7. März 1850 als Sohn des Kanzleiinspektors am Obergericht Hannover Ernst Remigius Ledebour und dessen Frau Caroline (geb. Lübrecht) in Hannover das Licht der Welt. Der Vater (1809–1859) war der Sohn von Johann Friedrich Conrad Ledebour (1767–1816), Konsistorialkanzlist, und von Dorothea Sophie Wilhelmine Etzel (1776–1842 od. 1843). Die Familie zeigte eine deutliche protestantische Prägung, zumal eine Schwester Johann F. C. Ledebours als Vizepriorin im Schwesternhaus von Hannover wirkte.[1] Caroline Lübrecht (1808–1860) war die Tochter des Hoftheaterfriseurs Carl Julius Lübrecht (1773–1853) und von Charlotte Caroline Lübrecht, geb. Schulze (um 1778–1868).[2] Georg war der vierte Sohn des Ehepaares und wuchs zunächst in einer geordneten und einigermaßen gesicherten bürgerlichen Umgebung auf. „Die Verwandten der Familie scheinen recht wohlhabend gewesen zu sein. Georgs Taufpate und Onkel wird im Taufregister als ‚Fabrikant' aufgeführt. Eine Schwester des Großvaters, Sophia Luise, hatte den aus Schwaben stammenden Weinschenk Remigius Anton Sonderegger geheiratet; ihre Kinder sollen vermögende Hotelbesitzer in Hannover gewesen sein."[3]

Der Vater, seit 1857 Träger der silbernen Verdienstmedaille, „gehörte zum Gemeindevorstand der 1859 an die Königliche Residenzstadt angegliederten Vorstadt Hannover", exakt der Ortschaft Emmerberg seit 1856.[4] Die Söhne der Familie genossen eine angemessene Ausbildung: „Während der Älteste das Polytechnikum in Hannover absolvierte, diente der Zweitgeborene als Offizier in der hannoverschen Armee", der dritte Sohn wurde zum Kaufmann bestimmt und wanderte wohl früh nach Amerika aus, wo er es bis zum Konsul brachte.[5] Bei den älteren Brüdern handelte es sich um Karl Ferdinand August, geb. am 21. September 1834,

1 Ratz, S. 6.

2 Mitteilung des StArch Hannover, 21. 4. 2022.

3 Ratz, ebd.

4 Ratz, S. 7; NLA Hannover, Hann. 26A, Nr. 5395, Bl. 21, 17. 3. 1856.

5 Ratz, ebd.

Georg Karl Johann Alwin, geb. am 8. Juli 1836, sowie um Hermann Ernst Adolf, geb. am 25. August 1838. Georg Theodor Ledebour war also ein „Nachzügler" in der Familie.[6] Sein Onkel Georg war als Taufpate benannt.[7]

Ernst Remigius besaß mindestens acht Geschwister, von denen jedoch zwei als Kleinkinder verstarben. Ein weiterer Bruder verstarb mit 22 Jahren. Interessant ist, dass seine Brüder Friedrich Ferdinand (geb. 1799) und Ludwig Friedrich ebenfalls als Kopisten arbeiteten. Die Beamtenlaufbahn Friedrich Ferdinands im Kirchendienst endete schon 1822 wohl wegen Fehlverhaltens.[8] Ludwig Friedrich befand sich seit 1829 im Dienst und stellte im Februar 1835 den Antrag auf Beeidigung, also auf Verbeamtung. Das Verfahren wurde am 28. 2. 1835 eröffnet, betraf allerdings nicht den Kirchendienst; Dienstherr war das „Königlich Großbritannisch-Hannoversche Ministerium der geistlichen und Unterrichts-Angelegenheiten". Doch stellten sich Schwierigkeiten ein, denn am 16. 6. 1835 formulierte ein Vermerk, dass der Anstellung noch nicht stattgegeben werden könne. Ob politische Hintergründe dafür verantwortlich waren, dass seine Verbeamtung ausgesetzt wurde, ist nicht zu klären, allerdings nahmen die Ereignisse ein tragisches Ende. Ludwig Friedrich Ledebour nahm sich in der Nacht vom 13. auf den 14. 3. 1837 „aus Besorgnis über sein künftiges Fortkommen" das Leben.[9] Ob diese Suizide in der Elterngeneration Georg beeinflusst haben, ist anzunehmen, bekannt gewesen dürften sie ihm allemal. Vielleicht prägte diese Mischung aus materiellen Problemen, Schicksalsschlägen aus Verzweiflung und auf sich selbst angewiesen zu sein bei ihm ein entwickeltes Überlebensgefühl aus, gepaart mit einem Reaktionsmuster aus Abwendung und Neuanfang. Ebenso könnten diese traurigen Umstände seine Abwendung von Kirche und Kirchendienst und eine kritische Haltung Obrigkeiten gegenüber bewirkt haben.

Bereits der Vater Johann Friedrich Conrad war im Kirchendienst tätig gewesen. Er musste mit seinem Verdienst nicht nur seine engere Familie, sondern auch

6 Mitteilung des NLA, 21. 4. 2022.

7 LKAH Hannover, KK Hannover, KB Hannover-Garten 1837–1851, Bild 106. Der Onkel Georg Ledebour wurde am 4. 10. 1812 in Kirchrode bei Hannover geboren und starb am 14. 2. 1862. Von daher kann er bestenfalls kurzfristig die Pflegeelternschaft übernommen haben. https://www.myheritage.de/research/collection40001/familysearch-stammbaum?itemId=1993301518&action=showRecord&recordTitle=Georg+Ledebour. (Der Zugang ist gebührenpflichtig.) Alle Weblinks wurden am 4. 2. 2024 auf ihre Validität überprüft.

8 Vgl. LKAH, A 7, Nr. 1476. Friedrich Ferdinand bat am 15. 12. 1821 um seine Entlassung. Der Grund war „ein zu starker Genuß geistiger Getränke" mit der Folge eines Ausbruchs „einer Leidenschaft". Die Entlassung wurde 1822 vollzogen.

9 Ebd., Nr. 1482, Brief v. 25. 2. 1835, Vermerk v. 11. 6. 1835, Vermerk über den Selbstmord v. 16. 3. 1837.

seine vier Geschwister versorgen und erlebte entsprechende materielle Sorgen, die ihn beim Landesherrn um die Anstellung als beeidigter Kopist nachsuchen ließen. Mehrmals bemühte er sich, durch weitere Schreiben sein Gesuch erinnerlich zu machen, bis er endlich am 30.5.1797 seine Bestellung nebst Urkunde und Huldigungseid erhielt, die mit dem 1.6.1797 wirksam wurden.[10] Nachdem er 1816 verstorben war, erhielt seine Witwe eine Rente, beantragte aber im November 1833 in einem sehr ausführlichen Schreiben eine außerordentliche Unterstützung von jährlich 30 Talern für den Zeitraum von 1834 bis 1836, derer sie besonders für die Erziehung der Kinder bedürftig sei.[11] Materielle Knappheit schien eine die Generationen übergreifende Erfahrung gewesen zu sein, die auch das Leben von Georg Ledebour prägte.

Seine Laufbahn in der Verwaltung begann Ernst Remigius bereits mit 12 Jahren im Jahr 1828, nachdem er im Jahr 1822 die Sekunda des Lyzeums verlassen hatte. Er bewarb sich mit einem Schreiben vom 25.6.1827 um die Laufbahn als Konsistorialkanzlist und berief sich dabei auf seinen 1816 verstorbenen Vater, der ja schon im Kirchendienst tätig gewesen war. Es sei sein „inniger Wunsch gewesen", ihm nachzufolgen, und so habe er sich seit der Kindheit mit den Fertigkeiten und anfallenden Geschäften vertraut gemacht, schrieb er. Ebenso führte er die bedrängte Lage seiner Mutter an. Am 11.3.1828 erfolgten Bestellung und Vereidigung.[12] Im Jahr 1831 wurde er zum Kanzlisten befördert.[13] Er war seit dem Juni 1852 beamteter Kanzleiinspektor beim Obergericht zu Hannover mit Sold von jährlich 600 Talern, nachdem er vorher als Kanzleiexpedient bei der Justiz-Canzlei Hannover Dienst tat. Am 17. Juni 1852 hatte er sich mit einem Bewerbungsschreiben an das Königl. Justiz-Ministerium in Hannover mit dem Ersuchen um Wiederanstellung beim Obergericht vorgestellt, das am 19. Juni aktenkundig vermerkt und am 27. August 1852 bewilligt und beurkundet wurde.[14] Er schrieb, dass er seit 16 Jahren, also seit 1836, in den Diensten der Königl. Justiz-Canzlei gewesen sei, und dass seine drei ältesten Söhne eine Ausbildung an der polytechnischen Schule in Hannover benötigten. Es handelte sich also um den erfolgreichen Versuch, eine Versetzung an eine andere Dienststelle der Justizverwaltung zu verhindern.[15] Es folgte ein ausführliches Dankesschreiben

10 Ebd., Nr. 1468, Briefe v. 22.9.1796, 1.11.1796 u. 18.4.1797; Ernennung u. Huldigungseid v. 30.5.1797.

11 Ebd., Nr. 0784, Brief v. 18.11.1833.

12 Ebd., Nr. 1480, Brief v. 25.6.1827; Ernennung v. 11.3.1828.

13 NLA, Hann. 26A, Nr. 5395, Bl. 25–28.

14 Ebd., Bl. 1, 2 u. 3.

15 Ebd., Bl. 2.

an den Dienstherrn.[16] Am 18. November 1853 wurde ihm die einmalige Bewilligung einer Zuwendung („Renumeration") von 50 Talern mitgeteilt, vermutlich ein Hinweis auf seinen Fleiß, vor allem aber sicher von Belang für die Ausbildung seiner genannten drei älteren Söhne.[17]

Immer wieder versuchte Ernst Remigius durch Bittschriften, seine Besoldung erhöht zu bekommen, hatte sich doch bis 1856 seit 1838 an der Höhe von 600 Talern nichts verändert.[18] Statt einer Solderhöhung wurden ihm am 8. September 1856 lediglich weitere 50 Taler einmalig bewilligt. Ab dem 1. Januar 1857 schließlich erhielt er 650 Taler jährlich bewilligt. Es folgte eine einmalige Renumeration von 30 Talern am 23. Dezember 1857, also eine Art „Weihnachtsgeld". Ob das ständige Ringen um mehr materielle Sicherheit ihn psychisch so sehr belastet hatte, dass er verzweifelte, ist nicht rekonstruierbar, wohl aber heißt es in einer dienstlichen Mitteilung vom 12. Mai 1859, dass er „seit dem 9. d. M. von hier fort sei. Wohin er sich begeben, darüber habe ich nichts erfahren können".[19] Am 16. Mai berichtete die Staatsanwaltschaft zu Hannover, dass Ernst R. Ledebour am 13. Mai „in der Nähe hiesiger Stadt als Leiche im Wasser aufgefunden worden ist und allen Umständen nach Selbstmord angenommen werden muss".[20] Dass es sich um eine Verzweiflungstat handelte, erhärtet sich durch die Feststellung des Vorgesetzten Ledebours, dass dessen Nachfolger offenkundig mit der Aufgabenfülle überfordert sei und diese „die physischen Kräfte desselben übersteigen", sodass dieser „ernstlich erkrankt ist".[21] Den Anlass vermutete die Staatsanwaltschaft jedoch darin, dass „Geldverlegenheit in Folge von mancherlei Grundankäufen und Kränklichkeit ihn zum Selbstmord veranlasst haben".[22] Ernst R. Ledebour starb 1859 mit 49 Jahren wohl durch Suizid, seine Ehefrau folgte ihm, gleichaltrig, 1860 durch „Lungenschlag"[23], sodass Georg als Zehnjähriger Vollwaise wurde.[24]

Die Ledebour teilweise auch politisch verbundene Reformpädagogin Anna Siemsen erinnerte sich: „Er war Niederdeutscher, Hannoveraner. Seine Familie

16 Ebd., Bl. 4 u. 5, 29. 8. 1852.

17 Ebd., Bl. 10, 18. 11. 1853. Als Begründung wurde die Übertragung der Verwaltung des Criminal-Kostenfonds genannt.

18 Ebd., Bl. 1, 32–36 u. 37.

19 Ebd., Bl. 40, 41 (23. 1. 1857), 42 (23. 12. 1857), 43.

20 Ebd., Bl. 47.

21 Ebd., Bl. 51, 27. 5. 1859.

22 Ebd., Bl. 45, 13. 5. 1859.

23 Unter einem „Lungenschlag" wird klinisch ein plötzlicher Tod durch eine Lungenembolie verstanden.

24 Ratz, S. 7.

stammte aus Minden. Seine Ahnen waren Hofbauern, die sich noch wie Könige fühlten." Ihr zufolge soll er in seine Ehe mit Minna Ledebour, geborene Stamfuß (1867–1962) aus Brandenburg, mit der er seit dem 1. Mai 1895 verheiratet war[25], ein Heft mit dem Titel „Der Hofbauer" mitgebracht und mit Stolz gesagt haben: „Aus solcher Familie stamme ich".[26] In der Stadt Minden selbst, vormals Bischofssitz und später Sitz des Fürstentums Minden, finden sich keine verwendbaren Hinweise auf Vorfahren Ledebours.[27] So ist anzunehmen, dass sich die Ortsbezeichnung Minden auf die Region bzw. den Herrschaftsnamen bezieht, der von 1648–1719 Fürstentum Minden lautete und seit der Zusammenführung mit der Grafschaft Ravensberg mit ihrem Sitz Bielefeld im Jahr 1719 zur Grafschaft Minden-Ravensberg wurde.[28]

Von Diepholz aus war Friedrich Conrad Ledebour (1740–1795)[29] nach Langenhagen bei Hannover aufgebrochen; er war mit Helene Margarethe geb. Petersen verheiratet, sie hatten eine voreheliche Tochter, Rebecca Friederica Petersen, die am 27. 9. 1765 geboren und am 30. 9. 1765 in der Marktkirche in Hannover getauft wurde. Ihr Sohn war der bereits genannte Johann Friedrich Conrad, geb. am 28. 6. 1767 in Langenhagen, der Großvater Georg Ledebours. Ob die Tatsache eines vorehelichen Kindes der Grund für den Wegzug aus Diepholz war, ist indes nicht zu klären. Ein familiärer Konflikt jedenfalls muss dann wohl schnell abgeebbt sein, denn der Taufpate des neugeborenen Johann Friedrich Conrad

25 Mitteilung des StArchHannover, 21. 4. 2022.

26 Anna Siemsen, Georg Ledebour, in: Ledebour. Mensch und Kämpfer, S. 16 f. Als Hofbauer, Hofmann und Hoffmann bezeichnet man einen Bauern, der entweder Vollbauer, Hofpächter oder Verwalter in einem gutsangehörigen Dorf war und somit eine herausgehobene Stellung in der dörflichen Ordnung besaß. Im Süddeutschen stößt man häufig auf die Bezeichnung „Huber".

27 Email-Benachrichtigung des StArch Minden, 4. 12. 2015. Allerdings gab es 1880 einen Einwohner namens Bernhard Ledebour, geb. 1860 in Schüttdorf, Lingen, Preußen, ermittelt durch die Volkszählung von 1880. Es handelt sich dabei um das heutige Schüttorf in der Grafschaft Bentheim in Niedersachsen.

28 Vgl. Minden-Ravensberg unter der Herrschaft der Hohenzollern, Festschrift zur Erinnerung an die dreihundertjährige Zugehörigkeit der Grafschaft Ravensberg zum brandenburgisch-preußischen Staate, Bielefeld 1909.

29 Ein Friedrich Conrad Ledebuhr wurde am 13. 1. 1740 in Diepholz getauft. LKAH, KK Grafschaft Diepholz, KB Diepholz, Bild 609. Eine Änderung der Schreibweise des Namens ist wahrscheinlich, denn laut Angabe des Archivs der Evangelischen Landeskirche von Westfalen starb Friedrich Conrad Ledebour am 6. 4. 1795 im Alter von 55 Jahren und drei Monaten, muss also im Januar 1740 geboren sein, was mit dem Taufeintrag aus Diepholz übereinstimmt, siehe Emailbenachrichtigung von Gunnar Haas (ArchEkvW), 2. 5. 2022.

war ein Johann Heinrich Conrad Ledebour aus Diepholz.[30] Johann Friedrich Conrad heiratete Dorothee Sophie Wilhelmine Etzel, die 1842 oder 1843 verstarb. Möglich wäre auch ein Umzug nach Hannover aus Gründen des beruflichen Aufstiegs, befand sich Hannover doch seit 1714 in einer privilegierten politischen Lage, denn die Hannoverschen Welfen trugen seither und mit König Georg I. die britische Krone, sie waren in Personalunion Kurfürsten von Hannover. Von 1814 bis 1866 war Hannover sogar ein Königreich, das aber nach dem deutsch-österreichischen Krieg von 1866 von Preußen annektiert und als Provinz integriert wurde.[31] Jener Friedrich Conrad Ledebour, der im Januar 1740 geboren von Diepholz nach Langenhagen aufbrach, war im Taufbuch als Ledebuhr eingetragen. Die Schreibweise könnte letztlich auch gewohnheitsrechtlich vorgenommen und erst mit der Installierung modernerer Verwaltungsstrukturen im (britisch-)welfischen Hannover vereinheitlicht worden bzw. einer Affinität zum Haus Braunschweig-Lüneburg geschuldet sein, die seit dem 16. Jahrhundert die neuen Landesherren im Bereich Diepholz und im Hannoverschen überhaupt waren.

In die Residenzstadt der einstigen Grafschaft Diepholz war 1696 ein Erdwien (oder Edwien) Heinrich Ledebur zugezogen und im selben Jahr mit dem Bürgerrecht ausgestattet worden, für das er eine unbekannte Summe gezahlt und damit das Recht auf den Erwerb von Grundbesitz erhalten hatte. 1708/09 war er Ratsherr, von Beruf war er Malzmacher und Branntweinbrenner. Er muss im Jahr 1736 verstorben sein.[32] Aus seiner Ehe mit Margret Ledebur, geb. Boning (gest. 1733) stammten mindestens zwei Söhne. Der erste hieß Johann Heinrich Conrad, wurde am 8.7.1705 getauft und wohnte von 1736–1774 in dem gleichen Haus in der heutigen Ledebourstraße 6. Er heiratete am 3.6.1732 Rebecca Jäger (1708–1768). Johann Heinrich Conrad starb am 7.3.1774. Das Paar hatte mehrere Kinder, darunter einige, die früh verstarben, aber zwei Söhne. Einmal Johann Heinrich Conrad, getauft am 21.8.1735, und eben Friedrich Conrad, getauft am

30 LKAH, KK Hannover, KB Langenhagen 1705–1777, Bild 102. Ein Johann Heinrich Conrad Ledebur wird auch als Besitzer des Hauses in der heutigen Ledebourstraße 7 in Diepholz genannt, von Beruf Salzfaktor (Salzhändler), in: Emil Johannes Guttzeit, Diepholz und seine Straßen, Diepholz/Hann. 1954, S. 63 f.; Zusammenstellung des StArch Diepholz aus Oskar Schröder, Hausbesitz im alten Diepholz, erschienen in den Heimatblättern für die Grafschaft Diepholz, div. Jahrgänge. Die neue Schreibweise könnte in Hannover vorgenommen worden sein.

31 Beck, S. 39 ff.

32 LKAH, KK Hannover, KB Diepholz 1731–1740, Bild 412. Demnach ist ein Ledebur am 18.6.1736 beigesetzt worden. Das würde erklären, weshalb sein Sohn danach als Hauseigentümer registriert war.

13. 1. 1740.[33] Ersterer dürfte der oben genannte Pate Johann Friedrich Conrads in Langenhagen gewesen sein. Ein weiterer Nachkomme war Johann Heinrich Georg, geb. am 3. 7. 1723, der aber offensichtlich aus Diepholz fortzog.[34] Es ist nichts Weiteres über ihn zu erfahren, aber der Vorname Georg legt eine familiäre Kontinuität nahe.

Dass sie familiäre Vorgänger sind, die weshalb auch immer die Schreibweise des Namens verändert haben, ist damit mit an Sicherheit grenzender Wahrscheinlichkeit geklärt. Ungeklärt bleibt bis dato die Herkunft Erdwien Heinrich Ledeburs. Jedenfalls gibt es um 1700 Nennungen des Namens Ledebour bzw. der anderen Schreibweisen außer in Diepholz noch „in den Ströhen" und in Menninghüffen bei Löhne, damals zur preußischen Grafschaft Minden-Ravensberg gehörig.[35] Die Grafschaft Diepholz grenzte an die Grafschaft Ravensberg und an das Fürstentum Minden, die beide noch vor dem Dreißigjährigen Krieg als 1719 vereinigte Grafschaft Minden-Ravensberg zu Preußen gelangten. Grenzstreitigkeiten vor und um 1700 sind zahlreiche aktenkundig, vor allem um das Amt Auburg, das von Diepholzer Seite „in den Ströhen" direkt an das Mindener Territorium bzw. spätere preußische Amt Rahden grenzte. Für Ströhen spräche überdies, dass die niederdeutsche Bedeutung des Namens Ledebour einen Bauern in den Niederungen meint. In Ströhen existieren Flussniederungen, gebildet durch die Große Aue und die Kleine Aue und weitere Flüsschen und Bäche, die hier zusammenfließen und einen Nebenfluss der Weser bilden. In Menninghüffen träfe dies auf die Werre, einem weiteren Nebenfluss der Weser, ebenfalls zu.

Allerdings gibt es tragende Indizien, die deutlich für Ströhen als Herkunftsort der Ledeburs sprechen, die sich in Hannover in Ledebour umschreiben ließen. Einmal existiert in dem heutigen nördlichsten Ortsteil Nordrhein-Westfalens in der Flurgemarkung Schlechtingerort ein großes und vor allem altes Gehöft unter dem Kataster Ströhen 57, das inmitten der Flussniederung liegt. Diese Bauernstelle mit dem Landbesitz von 167 1/8 Morgen besaß eine Besonderheit: „Sein Status als privilegiert freier Kötter dürfte dafür verantwortlich sein, dass dieser Hof weder von einem Grundherrn geteilt wurde, noch dass es Nachgeborenen dieses

33 Müller, Diepholzer Familien 1701–1750, S. 257.

34 StArch Diepholz, Email-Benachrichtigung v. 21. 3. 2023, besonders Müller, Diepholzer Familien 1701–1750, S. 83 ff.; Ders., Die Diepholzer und Willenberger Familien im 18. Jahrhundert von 1751–1802, Diepholz 2000, S. 89.

35 Email-Benachrichtigung StArch Diepholz, 10. 6. 2022; Email-Benachrichtigung ArchEKvW, 2. 5. 2022; beide Ströhen liegen etwa in der Mitte zwischen Diepholz und Menninghüffen. Zu Menninghüffen: https://ofb.genealogy.net/namelist.php?nachname=LEDEBOUR&ofb=loehne&modus=&lang=de.

Hofes möglich war, sich ohne Weiteres im Gebiet der Grundherrschaft des Hauses Rahden anzusiedeln."[36] Das entspräche der von Anna Siemsen überlieferten Familienerzählung von freien Bauern auf eigenem Land, also Hofbauern: „Der Kötter Ledebur war sein eigener Grund- und Leibherr [...] Aufgrund der hier vorliegenden Konstellation ist davon auszugehen, dass diese Kötterstelle von der adligen Familie Ledebur freigekauft wurde, um einen sog. Bastard abzufinden."[37] Da das Amt Rahden, dem Ströhen zugehörig war, zum Herrschaftsbereich Minden gehörte, liegt ein Fortzug Nachgeborener – nicht des jeweils Erstgeborenen – in die nächstliegenden Herrschaften Diepholz oder Hoya bzw. in das bis 1719 noch nicht mit Minden vereinigte Ravensberg auf der Hand. Für Ströhen spricht überdies eine Türinschrift auf dem Hof Ledebur 57 mit dem Eintrag „1616 Johan Ledebur".[38] Übrigens galt für diesen Freihof für die Abgabenfreiheit eine Ausnahme, nämlich „dem Pfarrer einen Schweinerücken und dem Küster eine Mettwurst und ein Brot, und beides jährlich" zu bringen.[39]

Eine weitere Erklärung für die auf Anna Siemsens Bemerkung zurückgehend zu vermutende familiäre Teil-Migration aus dem preußischen Mindener Herrschaftsbereich in die welfische Grafschaft Diepholz könnte sich auf das heutige Menninghüffen beziehen. Ein familiengeschichtlicher Datensatz weist einen Johann Wilhelm Ledebour (1688–1747) als Verwalter auf der Ulenburg aus.[40] Die Ulenburg selbst war bis 1568/70 ein unbefestigter Meierhof[41]; sie, wie auch die zur Grafschaft Diepholz gehörige Auburg, war im späten 16. Jahrhundert immer wieder ein Zankapfel zwischen den Herrschaften und von Minden beansprucht.[42] Damit könnte die Streuung des Namens Ledebour in anderen umliegenden Herrschaftsbereichen auch durch die Auswanderungsregel erklärt werden. Wenn es überdies freie Personen waren, lag natürlich auch eine Stelle als Verwalter in der Ulenburg im Bereich des Wahrscheinlichen. Selbst der 1880 in

36 Carsten Schwier, Herrschaft und Siedlung im Bereich Pr. Ströhen, in: Preußisch Ströhen, S. 64. Das Gehöft befindet sich noch heute im Besitz der Familie Spreen-Ledebur, siehe Preußisch Ströhen, S. 380.

37 Ebd., S. 64 f. In diesem heimatgeschichtlichen Beitrag wird als möglicher Bezugspunkt der Osnabrücker Domprobst Gottschalk Ledebur (1550–1600) genannt, der in Konkubinat lebte und mehrere illegitime Kinder hatte (S. 65).

38 Ebd., S. 64.

39 Ebd., S. 92.

40 https://gedbas.de/person/show/1320592388.

41 https://de.wikipedia.org/wiki/Wasserschloss_Ulenburg.

42 Otto Steffen, Archivalien zur Geschichte der Ulenburg und der Herren von Quernheim im 15./16. Jahrhundert, Beiträge zur Heimatkunde der Stadt Löhne, Heft 3, Löhne 1973, S. 100–109.

Minden registrierte, aus Schüttorf stammende Bernhard Ledebour könnte theoretisch ein Nachfahre von Auswanderern dieses Grundes sein, denn die Grafschaft Bentheim grenzt an den Herrschaftsbereich Osnabrück, der ebenfalls an das Mindener Territorium angrenzte.[43]

2. Kindheit und Ausbildung

Als Achtjähriger erkrankte der junge Georg an Knochentuberkulose und blieb aufgrund einer falschen Behandlung zeitlebens gehbehindert. Doch auch nach dem Tode des Vaters und der Mutter wollten die Schicksalsschläge nicht abreißen. So starb sein Taufpate Georg L. bereits am 14. 2. 1862. Spätestens nach diesem erneuten Ereignis wuchs Georg Theodor offensichtlich im Haushalt seines älteren Bruders, des Offiziers (Premier Lieutenant) Georg Karl Johann Alwin auf.[44] Bis zum Ende seiner Schulzeit erhielt Georg Theodor eine kleine staatliche Beihilfe zur Erziehung und besuchte die Realschule.[45] Seinen Wunschberuf des Juristen jedoch konnte er nicht ergreifen, da ihm die Mittel für ein Studium fehlten. Offensichtlich trug der Tod seines älteren Bruders und Erziehers Georg Carl Johann Alwin im Deutsch-Französischen Krieg 1870/71 zu diesem Umstand bei.[46]

Georg selbst nahm an diesem dritten der Bismarckschen Reichseinigungskriege als Sanitäter teil, war er am Waffendienst doch nach einer Musterung 1870 in Hannover durch eine dauernde militärische Untauglichkeitserklärung gehindert.[47] Die Ursache dafür liegt an seiner bleibenden Gehbehinderung. Überhaupt sei er ein zartes Kind gewesen.[48] Ein Bein blieb für immer steif. Dagegen kämpfte Ledebour bis ins hohe Alter mit viel Bewegung, Schwimmen und Wandern an, oft über lange Distanzen. Dies, so betonte er rückblickend, habe ihn gelenkig erhalten und manches Handicap ausgeglichen.[49] Von der Statur

43 Letztlich könnte diese wahrscheinliche Vorfahrenkette erst dann komplett verifiziert werden, wenn die entsprechenden Eintragungen in Kirchenbüchern oder in einem tradierten Familienbuch aufzufinden sind. Doch sind sowohl von Ströhen als auch von Menninghüffen keine Kirchenbücher des 17. Jahrhunderts erhalten, das Ströher wurde bei einem Brand zerstört.

44 Vgl. Weblink Fn. 7; Siemsen, S. 17.

45 Ratz, S. 7; Siemsen, ebd.

46 Keller, S. 1 f.; Siemsen, ebd.

47 Ratz, S. 8.

48 Keller, S. 2; Siemsen, ebd.

49 Ebd.

her wird er als klein beschrieben.[50] Vielleicht liegt in der Kombination aus eher bescheidener Körpergröße und körperlicher Behinderung neben mancher Kindheits- und Jugenderfahrungen eine Wurzel für sein zähes und energisches, aber auch aufbrausendes, nicht selten unbedingtes Auftreten.

Über seine Teilnahme am deutsch-französischen Krieg von 1870/71 sagte Ledebour in dem gegen ihn durchgeführten Prozess von 1919: „Ich habe gar keine militärische Erfahrung. Meine ganze militärische Erfahrung besteht darin, dass ich 1870 ganz kurze Zeit bei einem freiwilligen Sanitätskorps Verwundete nach den Schlachten bei Metz verbunden habe. Ich hatte also gar nichts mit Waffen zu tun."[51] Er war ohnehin wegen seiner körperlichen Behinderung 1870 wegen „Krümmung und Steifheit des rechten Beines" für „dauerhaft untauglich" gemustert worden.[52] Dennoch hatte seine sportliche Disziplin offensichtlich sein Handicap teilweise kompensiert: „Klein, aber fest gebaut, ging jugendliche Kraft von ihm aus, und es war eine Freude, ihn anzusehen", beschreibt Anna Siemsen ihn in ihrer Erinnerung.[53]

Da sein älterer Bruder und Erzieher Georg Carl Johann Alwin gefallen war, blieb Georg nun auf sich allein gestellt. Er kehrte nicht in den erlernten Kaufmannsberuf zurück. Stattdessen entschloss er sich, in Hannover lebenden Engländern Unterricht in der deutschen Sprache zu geben.[54] Anna Siemsen schrieb, dass er „sich seinen Unterhalt durch Deutschunterricht für Engländer [erwarb], die damals vorzugsweise Hannover aufsuchten, um mustergültiges Deutsch zu lernen".[55] Beide Darstellungen müssen sich keinesfalls ausschließen, sondern könnten sich ergänzen. Anfang des Jahres 1876 verließ Georg seine Vaterstadt Hannover und siedelte für sechs Jahre nach England über. Ausschlaggebend dafür könnte gewesen, dass er sich von der „Berührung mit Sprache, Wesen und Eigenart der Engländer" angezogen gefühlt haben muss, ebenso wie von ihrer zum Praktisch-Empirischen neigenden Denkweise. So könnte er den Entschluss gefasst haben, „die englischen Verhältnisse an Ort und Stelle zu studieren".[56] Auch könnte seine beginnende journalistische Betätigung die Motivation zum Umzug nach England gewesen sein.[57]

50 Fischart, S. 64.

51 Ledebour-Prozeß, S. 120.

52 StArch Hannover: Konskriptionsliste der Stadt Hannover, Jg. 1850, Nr. 1081, B 20851 üg.

53 Siemsen, S. 12.

54 Ratz, S. 9.

55 Siemsen, S. 17.

56 Ratz, S. 9.

57 Siemsen, S. 16.

Vorstellbar ist zudem, dass viele der englischen Gäste Schloss Herrenhausen besuchten, das während der Zeit der Personalunion zwischen England und Hannover als Sommerresidenz diente. 1819 wurde es im klassizistischen Stil umgebaut, der Prunkbau war den Hannoveranern und ihren Besuchern vertraut oder einen Besuch wert. Die englischen Besucher, deren Deutschlehrer Georg war, werden dem interessierten jungen Mann ganz sicher von London und dessen baulichen Sehenswürdigkeiten erzählt haben. Dies alles könnte in dem jungen Georg Theodor den Ansporn geweckt haben, dieses Land und dessen Hauptstadt einmal kennen zu lernen. Es ist durchaus vorstellbar, dass ihm seitens seiner englischen Sprachschüler eine möblierte oder anderweitig günstige Unterkunft angeboten wurde, die ihm den Umzug erschwinglicher machte. Außerdem konnte er ggf. als deutscher privater Sprachlehrer ebenfalls tätig geworden sein. Vermutlich diente die journalistische Tätigkeit vor allem der Finanzierung seines Lebensunterhaltes, denn ein Erbteil dürfte ihm kaum zugefallen sein, außerdem war er gewiss mit 26 Lebensjahren noch viel zu jung, um große Rücklagen gebildet zu haben. Das Angesparte aus der Tätigkeit als Sprachlehrer wird ihm wohl kaum „große Sprünge" erlaubt haben. Was ihn antrieb, war sicherlich vor allem Ehrgeiz, aus seinem Leben etwas Besonderes zu machen.

3. Von Hannover nach England (1876–1882): Prägende Jahre eines jungen liberalen Demokraten

In England betätigte sich Ledebour als Journalist, als der er wohl für Berliner Zeitungen berichtete. Anna Siemsen erinnerte sich: „Für einige Berliner Zeitungen ging er nach England."[58] Ob dies zutraf, ist nicht nachzuweisen, zumindest aber dürfte er damit ein Mittel gefunden haben, seinen Aufenthalt in England zu bestreiten. Seit dem September 1877 jedenfalls weist eine Spur in England auf seine journalistische Tätigkeit hin. Im Verbandsorgan der Hirsch-Dunckerschen Gewerkvereine findet sich am 7. September 1877 ein Beitrag mit der Überschrift „Sociale Briefe aus England", gezeichnet mit dem Kürzel „r", das den Endbuchstaben seines Nachnamens darstellen könnte. Es scheint sein erster Text für „Der Gewerkverein" zu sein, denn der Einleitungssatz lautet: „Sie wünschen, dass die Leser des ‚Gewerkverein' auch fortlaufend über die socialen und Arbeiterverhältnisse Englands unterrichtet werden." Doch ließ der Verfasser es so erscheinen, als schriebe hier ein englischer Staatsbürger, indem er fortfuhr: „Sie nennen unser Land die Wiege der Gewerkvereine, die große Versuchsstation der

58 Keller, S. 2; Siemsen, S. 17.

socialen Entwicklung, die Hohe Schule der Arbeiterfrage und halten es deshalb für notwendig, dass die hiesigen Vorgänge und Bestrebungen vollständiger und richtiger, als dies durch die Tagespresse geschieht, zur Kenntnis der Mitglieder und Freunde der deutschen Gewerkvereine gelangen." Dass Ledebour trotz des Kunstgriffs des „unser Land" der Verfasser sein dürfte, erschließt sich aus der präzisen und ausgefeilten Satzkonstruktion und durch die nachfolgende, für ihn durchaus typische Bemerkung, dass eine wahrheitsgemäße Berichterstattung „am besten dazu führen [wird], das Band gegenseitiger Achtung und Förderung zwischen den Arbeiterverbänden der beiden großen germanischen Nationen immer fester zu knüpfen".[59]

Kulturgeschichtliche oder ethnographische Verweise benutzte Ledebour auch später in seinen Reden oder Beiträgen häufiger, selbst bis in die Schweizer Exilzeit hinein ist dies nachverfolgbar. Die „Socialen Briefe aus England" waren nur eine Rubrik, die er bediente. Das Kürzel „r" benutzte er nachfolgend seltener, seit dem 29. Februar 1878 firmierte der Verfasser als „Original-Korrespondenz des *Gewerkverein*" und sandte weitere Artikel zur Berliner Redaktion, die sich z. B. der englischen Gewerkvereinsbewegung, dem Streik der Londoner Steinhauer und Londoner Arbeiterbriefen widmeten.[60] Bis ins Jahr 1881 schien er der einzige Korrespondent in London für das Verbandsorgan gewesen zu sein, aber in diesem Jahr tauchte vermehrt ein Verfasser mit dem Kürzel „S" auf. Womöglich bereitete Ledebour seine Rückkehr nach Deutschland vor und nahm die Aufträge weniger häufig wahr. Die letzten Beiträge, die aus Ledebours Feder stammen könnten, waren im Juni 1882 zu lesen unter dem Signum der Originalkorrespondenz und thematisierten, auch in späteren Zeiten ein häufig variiertes Motiv, „Die vorteilhaften Wirkungen des Freihandels in England", und wurden als Zweiteiler veröffentlicht.[61] Weitere wahrscheinliche Artikel aus der Endphase seiner Englandzeit publizierte das Verbandsorgan im März, nämlich den Beitrag „Der Herzog von Edinburgh bei den Londoner Droschkenkutschern"[62], und im April 1882; hier war dies die vierteilige Berichtserie „Der Lohnkampf der Englischen Gewerkvereine".[63] Auch nach seiner Rückkehr 1882 wirkte

59 Gewerkverein, Nr. 36, 7. 9. 1877. Fortsetzung in Nr. 39, 28. 9. 1877 und in Nr. 40, 5. 10. 1877. Stillschweigend wurden auch in Zitaten die gängigsten Veränderungen der Rechtschreibung seit 1901 wie th-t (nothwendig-notwendig) oder später ß-ss der neueren Rechtschreibung angeglichen.

60 Ebd., Nr. 9, 29. 2. 1878, Nr. 13, 29. 3. 1878, Nr. 14, 5. 4. 1878, Nr. 16, 19. 4. 1877 (mit Kürzel „r"), Nr. 22, 30. 5. 1879.

61 Gewerkverein, Nr. 24, 16. 6. 1882 (I), Nr. 25, 23. 6. 1882 (II).

62 Ebd., Nr. 9, 3. 3. 1882.

63 Ebd., Nr. 14, 7. 4. 1882, Nr. 15, 14. 4. 1882, Nr. 17, 28. 4. 1882 und Nr. 20, 19. 5. 1882.

Ledebour insbesondere bei den Hirsch-Dunckerschen Gewerkvereinen. Er hielt Vorträge und schrieb Artikel für das Verbandsorgan. Im Gewerkverein selbst engagierte er sich in sozialreformerischen Debatten und als Kenner der britischen *Trade Unions*. Doch auch im Rahmen parteipolitischer Aktivitäten trat Ledebour besonders zur Mitte der 1880er-Jahre hervor. Vor allem aber machte er sich als Redakteur der „Demokratischen Blätter" und der „Berliner Volks-Zeitung" einen Namen.

Ledebours Engagement für den Linksliberalismus fiel in eine Zeit der Umgruppierungen im Liberalismus insgesamt. Reichskanzler Otto von Bismarcks „Sozialistengesetz", seine Abkehr von der liberalen Freihandelspolitik, die Schritte zur Milderung der Folgen des Kulturkampfes und eine „Entliberalisierung des Liberalismus" selbst an der Frage der Kolonien und der Bedeutung des Nationalen rückten die Koordinaten der Politik im Sinne einer innenpolitischen Wende weiter nach rechts. Besonders die Nationalliberalen gerieten unter Druck, denn die Schutzzollpolitik, die den Freihandel ersetzte, berührte ureigenstes liberales Terrain. Sollte man weiter Bismarck stützen oder stärker in die Opposition zu seiner Politik gehen? Als Ledebour noch in England tätig war, verließen zunächst 15 Rechtsliberale im Juli 1879, dann im März 1880 Eduard Lasker vom linken Flügel die nationalliberale Reichstagsfraktion, ihm folgten Ende August 26 weitere eher linke Fraktionsmitglieder, darunter der renommierte Historiker Theodor Mommsen und der vormalige Reichstagspräsident und bedeutende Berliner Oberbürgermeister Max von Forckenbeck.[64] Diese „Sezessionisten" bildeten die „Liberale Vereinigung" (LV) und traten als eigenständige Partei zur Reichstagswahl 1881 an. Dort erlitten die Nationalliberalen eine schwere Niederlage und schrumpften um 8,4 % auf 14,7 %, die Liberale Vereinigung erhielt aus dem Stand 8,4 %. Die linksliberale Deutsche Fortschrittspartei (DFP) verbesserte sich von 6,7% auf 12,7%. Dies weckte bei den Liberalen der LV und der DFP die Hoffnung auf eine Renaissance liberaler Ideen in Preußen und im Reich, orientiert auch auf den Thronfolger Kronprinz Friedrich, der ebenfalls als liberal galt. In dieser politischen Situation der Gärung in den liberalen Parteien und eines Kurswechsels der Politik Bismarcks kehrte Ledebour aus England zurück und zog nach Berlin. Vermutlich leitete auch ihn diese Erwartung einer liberalen Renaissance, die er in Berlin mitzugestalten sich vorgenommen haben dürfte.

Die in England verbrachten Jahre prägten Ledebours grundlegende politische Auffassungen in besonderer Weise. Er schätzte den englischen Parlamentarismus hoch und brachte immer wieder in Reden dessen besondere Regelungen

64 Winkler, S. 245 ff.; Langewiesche, S. 178.

zum Ausdruck, verglich sie mit jenen im Reichstag und bezog sie auf die Bestimmungen der Geschäftsordnung sowie auf deren Anwendung.[65] 1837 endete die Personalunion der englischen Krone mit dem (seit 1806) Königreich Hannover. Damit betrat auch Hannover spätabsolutistischen Boden.[66] Doch diese Zeit des konservativen Beharrens fand ihre Grenzen in Nachwirkungen der Julirevolution von 1830 in Frankreich, als sich u.a. in Braunschweig, Osterode und Göttingen antimonarchische Bürgerwehren gebildet und Reformen wie eine Verfassung gefordert hatten. Nachdem 1837 mit dem Tod des englischen Königs Wilhelm IV. die Personalunion zwischen England und Hannover und mit ihr die Phase einer zaghaften Liberalisierung endete, trat mit König Ernst August[67] Hannover in eine Phase der Reaktion ein. Gegen diese protestierten in Göttingen die „Göttinger Sieben“, als die Ständeversammlung durch königliche Anordnung aufgelöst und das moderat liberale Staatsgrundgesetz für ungültig erklärt wurde. Damit verschwand der liberale Einfluss Englands auf Hannover, eine Entwicklung, die sicher auch im Hause Ledebour ihren Niederschlag fand, arbeitete Georgs Vater Ernst Remigius Ledebour doch seit 1828 im Staatsdienst, hatte also die Jahre der Liberalisierung zwischen 1830 und 1837 miterlebt. In Hannover selbst wehrte sich der Landtag gegen die Aufhebung des Staatsgrundgesetzes, sodass der König die Stände vertagte. Erst im März 1840 wurden die Auseinandersetzungen durch einen Verfassungskompromiss beendet, der der Ständeversammlung das Budgetrecht beließ, also das „Königsrecht des Parlaments“, das in England 1689 in der „Bill of Rights“ durchgesetzt worden war.[68]

1848 erlebte auch das Königreich Hannover die Revolution, die aber, anders als in Berlin, schnell kanalisiert werden konnte. Zaghafte Reformen wurden jedoch unter dem Einfluss Preußens zurückgedrängt. 1866 schließlich verleibte sich Preußen nach dem Krieg gegen Österreich Hannover ein, das zur preußischen Provinz degradiert wurde. Damit waren preußische Verhältnisse in Verfassung, Verwaltung und Justiz installiert, für Liberale sicher eine Provokation. Noch über Jahre regte sich im ehemaligen Königreich eine antipreußische, von den Welfen geförderte Bewegung.[69] Statt eines „King in Parliament“ wie in England herrschte über Hannover nun mit Wilhelm I. ein preußischer König, der noch aus der 1848er-Revolution den Beinamen „Kartätschenprinz“ trug. Man kann voraussetzen, dass sich Ledebours spätere scharfe Gegnerschaft zur

65 Ratz, S. 10f.

66 Bertram, S. 37ff.

67 Beck, S. 137ff.

68 Bertram, S. 52ff.; Haan/Niedhart, S. 202.

69 Haan/Niedhart, S. 114ff.

Hohenzollernmonarchie aus einer solchen Quelle speiste und er deshalb immer wieder auch auf englische bzw. politische Gegenbilder zurückgriff, um Preußens in seinen Augen bestehende Rückständigkeit zu charakterisieren. „Die Reminiszenzen zeigen, was er diesem Aufenthalt verdankt hat. Der englische Parlamentarismus scheint ihn besonders beeindruckt zu haben. Als Abgeordneter hat er stets, sobald im Reichstag Verfassungsfragen angeschnitten wurden, den englischen Parlamentarismus, der sich ‚in jahrhundertelangen Kämpfen zur höchsten Machtvollkommenheit' entwickelt habe, als ‚Muster' gepriesen."[70]

Dass dabei die verfassungsmäßige Umgewichtung im Sinne einer parlamentarischen Dominanz auch gegenüber dem monarchischen Prinzip für Ledebour eine notwendige Konsequenz darstellte, verdeutlichte er später im Zusammenhang mit Parlamentarisierungsfragen im Reichstag am „Fall Podbielski": „Der Reichstag wolle beschließen, die verbündeten Regierungen um Vorlegung eines Gesetzentwurfs zu ersuchen, wonach der Reichskanzler für seine Amtsführung dem Reichstag verantwortlich ist, diese Verantwortlichkeit sich auf alle politischen Handlungen und Unterlassungen des Kaisers erstreckt, und die Verantwortlichkeit des Reichskanzlers von einem Staatsgerichtshof geregelt wird."[71] In der Konsequenz seiner Durchführung hätte eine solche Verfassungsänderung das Ende des gewissermaßen noch halbabsolutistischen Hohenzollernregiments inklusive des persönlichen Regiments des Kaisers, seinerzeit Wilhelm II., bedeutet und die Einführung einer parlamentarischen Monarchie mit einem ausschließlich repräsentierenden und dem Parlament verpflichteten Monarchen sowie die Herstellung einer Verfassungsgrundlage zur Folge gehabt. Und was liegt näher als zu vermuten, dass mit der Verantwortung des Kanzlers für die „Handlungen und Unterlassungen des Kaisers" auch gemeint ist, dass die Thronrede des Kaisers aus der Feder des Reichskanzlers stammt, wie es in England durch den Premierminister bzw. die Premierministerin der Fall ist?

Weiterhin zeigte sich Ledebour als ein Anhänger des dualistischen Systems im britischen Parlamentarismus, das sich in der Zuspitzung auf ein de facto Zweiparteiensystem als Verkörperung von Regierung und Opposition, Mehrheit und Minderheit ausdrückte. Im Grunde schien er den britischen Parlamentarismus als die Inkarnation von Parlamentarismus überhaupt zu verstehen: „Das Verfahren der Reichsregierung durchbricht direkt das ganze parlamentarische System. Das parlamentarische System lässt sich auffassen als die Anwendung des

70 Ratz, S. 10.

71 Reichstagsrede vom 15.3.1910, Sten. Ber. RT, Bd. 260, S. 2117. Zum „Fall Podbielski" als Korruptionsskandal 1906 siehe https://de.wikipedia.org/wiki/Victor_von_Podbielski_(Politiker,_1844).

kontradiktorischen Verfahrens auf die politischen Körperschaften. Es müssen Rede und Gegenrede über Recht und Gesetz wechseln, damit man zur Klarheit kommen kann."[72] Mag sein, dass diese Analogie des Verfahrens zur Gerichtsverfassung Ledebour gefallen hat. In jedem Falle schärfte der junge Liberale Ledebour seinen Blick für englische Verfassungsfragen durch häufige Besuche im House of Commons. Womöglich stand jedoch mehr als bloße Begeisterung für das „Prinzip England" hinter seiner grundlegenden Positionsbestimmung. Vielleicht bewog ihn ein starkes Bedürfnis nach Gerechtigkeit und Gleichbehandlung zu dieser frühen Begeisterung für ein starkes und selbstbewusstes Parlament. Anna Siemsen jedenfalls blickte zurück mit den Worten: „Er hat die Sache, der er, solange er bewusst lebte, gedient hat, die Sache der Freiheit und der Gerechtigkeit, die sich ihm zuerst als Demokratie, dann durch sechzig Jahre hindurch als Sozialismus, nicht siegreich gesehen."[73] Hierin aber steckt die Annahme, dass jene Wertorientierungen, die sich bei ihm in Hannover gebildet und in England verfestigt haben mögen, keinen Widerspruch zwischen liberalen und sozialistischen Orientierungen bildeten. Neben der Freiheit konnten dies vor allem Gleichheit und Gerechtigkeit sein, aber auch die Volkssouveränität. Bei Ledebour wie bei seinem vormaligen Redaktionskollegen aus der „Berliner Volks-Zeitung" Franz Mehring, bestand wohl ein gemeinsames Motiv für den Wechsel zur Sozialdemokratie: Bei beiden „verfestigte sich die erfahrungsgesättigt fundamentale Enttäuschung über das (auch linksliberale) Bürgertum, in Verbindung mit der expandierenden Massen- und potenziellen Machtbasis der sozialdemokratischen Arbeiterbewegung", zu ihrem je persönlichen politischen Profil.[74]

Wie sich also ideengeschichtlich und biographisch 1891, nimmt man Ledebours und Mehrings Eintritt in die SPD als Zäsur, aus 1848/49 ergab, so ergaben sich Ledebours politisches Agieren und das ihm zugrunde liegende Wertegerüst aus seiner Wertschätzung des englischen Liberalismus, der sich seit 1688 zunehmend durchgesetzt und im Gegensatz zur deutschen Entwicklung ein Bürgertum herangebildet hatte, das sich seiner Errungenschaften bewusst war und damit jene politische Gestaltungsmacht besaß, vor der sich das deutsche Bürgertum ängstlich versteckt habe. Und so schrieb Alexander Stein in seinem Nachruf: „Enttäuscht von dem zunehmenden Verfall des deutschen Liberalismus kam er, der bisher als Redakteur der demokratischen ‚Berliner Volkszeitung' für die

72 Reichstagsrede vom 16. 1. 1908, in: Sten. Ber. RT, Bd. 229, S. 2465 f.

73 Siemsen, S. 28.

74 Detlef Lehnert, Von der Liberaldemokratie zur Sozialdemokratie zwischen Kaiserreich und Weimarer Republik, in: Ders. (Hg.), Vom Linksliberalismus zur Sozialdemokratie, S. 15.

Grundsätze der 48er-Revolution tapfer gekämpft hatte, zur sozialistischen Arbeiterbewegung, in der er die einzige schöpferische, zukunftsorientierte Kraft des halbabsolutistischen Deutschlands erblickte."[75] Die Volkssouveränität spielte darin tatsächlich eine für ihn entscheidende Rolle. Er „erblickte in dem bei den Engländern fest verankerten Gedanken der Volkssouveränität und ihrem ausgebildeten Rechtsempfinden, das ihm als Produkt ihres ausgeprägten Freiheitssinnes erschien, den Hauptgrund für die im Vergleich zu Deutschland fortschrittlichere staatspolitische Entwicklung".[76] Von daher empfiehlt sich ein Blick in die britische Verfassungsgeschichte.

4. Das englische Vorbild: Liberalismus, Parlamentarismus und Rechtsstaat

Das politische System in England, so wie es Georg Ledebour während seines sechsjährigen Englandaufenthaltes kennenlernte, hatte seine wichtigste Ausprägung vor allem während der Phase der frühen englischen Revolution (1640–1649), der anschließenden Cromwellschen Republik (1649–1660) und der „Glorious Revolution" von 1688/89 erhalten. Seit der Thronbesteigung Charles I. Stuart 1625 schwelte ein offener Konflikt mit dem die Ausweitung seiner Herrschermacht betreibenden König und dem Parlament. 1628 legte dieses dem Monarchen die „Petition of Rights" vor, in der Karl I. des Amtsmissbrauchs und der Willkürherrschaft bezichtigt wurde und die ihm Forderungen stellte, die seine Macht beschränken sollten. Dazu zählten das Budgetrecht, das Recht auf eine Gerichtsverhandlung und die Abschaffung des Kriegsrechts sowie das Recht, sich gegen unzulässige Abgaben zu wehren. In diesem großen Dokument der modernen Verfassungsgeschichte Englands spiegelt sich eine Besonderheit des englischen Rechtsdenkens wider: „Die führenden Parlamentsjuristen […] interpretierten die Magna Charta von 1215 als die verbriefte Suprematie des bestehenden Rechts, das auch die Macht des Königs einbinde und es somit erlaube, die gesamte Politik der Krone nach dem normalen Rechtsverfahren zu überprüfen."[77]

75 Alexander Stein, Georg Ledebour zum Gedächtnis, in: Neue Volkszeitung (NVZ), New York, 19. 4. 1947. Stein, eigentlich Alexander N. Rubinstejn (1881–1948), war ein baltisch-jüdischer Journalist und Publizist.

76 Ratz, S. 11. Tatsächlich ist der Gedanke der Volkssouveränität mehr französisch geprägt, aber die englische Parlamentssouveränität erwies sich in mehreren Wahlreformen als evolutionär demokratisierbar.

77 Haan/Niedhart, S. 163.

Das Recht steht also über dem König und dieser nicht über dem Recht, wie im Absolutismus etwa von Bodin formuliert oder von Hobbes aus einem Souveränitätsvertrag abgeleitet. Karl I. musste das von den „Commons“ und den „Lords“, also von Unterhaus und Oberhaus beschlossene Dokument unterschreiben und trug dadurch zu dessen Wirkungsmächtigkeit bei. 1629 folgte die „Protestation of the Commons“, die die Politik des Königs öffentlich kritisierte und Widerstand zu erzeugen gedacht war. Karl I. setzte hinfort das Parlament für elf Jahre aus und regierte ohne es.[78] 1639 brach der Konflikt offen aus und führte 1640 in den Bürgerkrieg hinein, an dessen Ende der König 1649 hingerichtet wurde.

Thomas Hobbes' „Leviathan“ entstand 1651 im französischen Exil des monarchietreuen Verfassers und entwickelte aus der Betrachtung des Bürgerkrieges die politische Theorie, dass die Souveränität beim Monarchen liege und dadurch zustande käme, dass alle Untertanen in einem Vertrag Aller mit Allen ihre natürlichen Rechte an ihn abträten, damit er ihre Sicherheit und ihren Schutz garantieren könne. Damit verband Hobbes das staatliche Gewaltmonopol mit dem Absolutismus, der sich allerdings in England nicht durchsetzen konnte. Stattdessen verfasste John Locke zur Zeit der „Glorious Revolution“ seine „Two Treatises on Government“, die den König an die Vorherrschaft des Parlaments und seiner Gesetze banden und den Widerstand gegen ungerechte bzw. ungesetzliche Herrschaft postulierten. Im Parlament selbst führten die Konflikte mit dem König dauerhaft zu einem Zweiparteiensystem mit den konservativen „Tories“ und den liberalen „Whigs“. Als 1679 die „Habeas Corpus-Akte“, die die Verhaftung und das Gewahrsam an einen Richterentscheid band, im Parlament beschlossen wurde, verfestigte sich die Struktur: „Jetzt war ein Whig, wer für die Suprematie des Parlaments eintrat und gegebenenfalls vom Widerstandsrecht gegen einen absolutistischen König Gebrauch machen wollte. Die Whigs […] waren aber unbedingt für die Beibehaltung der Monarchie, wenn auch einer limited monarchy, und sie waren strikt gegen die katholische Thronfolge. Demgegenüber betonten die Tories die Erbmonarchie und wollten die königlichen Prärogativrechte und die Stellung der anglikanischen Bischofskirche gewahrt wissen.“[79]

Dass sich der frühe Rechtsstaat und der Parlamentarismus endgültig 1688/89 in der „Glorious Revolution“ durchsetzen konnten, markiert den Endpunkt einer Verfassungsentwicklung, die in der frühen Neuzeit ihresgleichen suchte. Als 1688 Karl II. Stuart erneut die Restauration der alten Königsmacht herstellen wollte, handelte das Parlament und rief Wilhelm von Oranien zur Hilfe, vor dessen Truppen Karl II. floh und das Land verließ. Dieser Akt des Widerstands

78 Ebd., S. 164 ff.

79 Ebd., S. 196.

gegen ungerechte Herrschaft wurde von Tories und Whigs getragen, die „ungeachtet tiefgehender Differenzen in der Auffassung vom Königtum in der Hauptsache einig [waren]. Das politische System sollte seinen Gravitationspunkt beim Parlament haben."[80] In der Wilhelm III. vorgelegten „Declaration of Rights", die er 1689 als „Bill of Rights" in Kraft setzte, wurde die Machtverteilung zwischen Parlament und Krone geregelt. Der König musste das Parlament in regelmäßigen Abständen einberufen und benötigte dessen Zustimmung zur Erhebung von Steuern und Abgaben, zur Anwendung der Folter sowie zum Unterhalt eines stehenden Heeres in Friedenszeiten. Darüber hinaus garantierte das Gesetz die Immunität der Parlamentsabgeordneten und deren völlige Redefreiheit im Unterhaus. Die Abgeordneten mussten sich für Vergehen künftig nur noch vor diesem selbst, aber nicht mehr vor dem König oder seinen Gerichten verantworten. Gleichzeitig schrieb die „Bill of Rights" zwei Bürgerrechte fest: Das Petitionsrecht und das Recht auf Waffenbesitz. Dieser Sieg des Parlamentarismus beschleunigte nicht zuletzt den Aufschwung des Liberalismus in seinem frühen Stadium.

Doch da in den deutschen Territorien nicht der Parlamentarismus die politischen Regeln setzte, sondern das Streben nach fürstlicher Souveränität, musste England für Liberale in Hannover ein wichtiger Orientierungspunkt bleiben, so auch für den jungen Georg Ledebour. Seine Begeisterung für den englischen Parlamentarismus konzentrierte sich aber wohl vor allem auf die Rechte des Parlaments im Rahmen des Staatsgefüges sowie auf die parlamentarischen Spielregeln und Gepflogenheiten. Denn tatsächlich war auch das House of Commons in seiner Geschichte kaum eine repräsentative Volksvertretung, gab es doch beispielsweise zu Beginn des 18. Jahrhunderts nur ca. 300 000 männliche Wahlberechtigte bei einer Gesamtbevölkerung von etwa 5 Millionen in England und Wales; das Wahlrecht war gebunden an ein Mindestjahreseinkommen. So ziehen Haan/Niethart das Fazit: „Aus alldem wird deutlich, dass das Unterhaus nur in der Verfassungstheorie als Volksvertretung fungieren konnte. Tatsächlich war es ein Abbild der sozialen Eliten des Landes."[81] Indes vergrößerte die Wahlrechtsreform von 1867 die Wählerschaft um rund 1,3 Millionen Männer und bedeutete einen erkennbaren Schritt zu mehr Repräsentativität.[82] Allerdings führte der Norddeutsche Bund 1867 das allgemeine gleiche und geheime Männerwahlrecht ein, das erstmals 1871 im Deutschen Reich die Grundlage der Reichstagswahl

80 Ebd., S. 198.

81 Ebd., S. 209.

82 Monika Wienfort, Wahlrechtsentwicklung und Diskurs über das Frauenwahlrecht in Großbritannien in den 1860er- und 1870er-Jahren, in: Lehnert (Hg.), Wahl- und Stimmrechtskonflikte in Europa, S. 193 ff.

bildete und für die damalige Zeit weitreichender war als das englische Zensuswahlrecht.

Während seines gesamten langlebigen politischen und publizistischen Wirkens kam Ledebour immer wieder auf die Entwicklungen im Vereinigten Königreich zurück. In England hatte er die *Trade Unions*, die britischen Gewerkschaften kennengelernt, die seinerzeit noch die Liberal Party unterstützten und einen eher berufsgenossenschaftlichen Charakter besaßen. In der von den Liberalen dominierten Regierungszeit, als vor allem William Gladstone als Premierminister von 1868–1874 und von 1880–1886 amtierte, konnten die Liberalen Gesetze im Parlament durchsetzen, die auch für die Arbeiterschaft Verbesserungen brachten.[83] Ledebour hatte als eifriger Besucher der Sitzungen des House of Commons die Gelegenheit, Gladstones Wirken und die *Trade Unions* zu verfolgen. Dies dürfte sowohl seine frühe Vorstellung von Gewerkschaftsarbeit als auch seine Orientierung an den Liberalen begründet haben. Seine zunächst evolutionistische Erwartung an gesellschaftliche Entwicklungen formulierte er 1884 in den Demokratischen Blättern: „So wurde in England langsam, aber stetig eine der größten politischen Umwälzungen angebahnt, wie sie bis dahin nur unter Strömen von Blut erfolgt ist: die Umwandlung einer aristokratischen Oligarchie in eine demokratische Staatsverfassung."[84] Gladstone selbst muss er während dieser Phase sehr verehrt haben, denn er bezeichnete ihn ein Jahr später als „den größten lebenden Staatsmann Englands".[85] Zur englischen Politik und zum deutsch-britischen Verhältnis nahm er recht regelmäßig Stellung und zeigte angesichts der seit 1884 auch von Bismarck betriebenen Öffnung für Kolonialbesitz wenig Verständnis für deutsche verbale Rangeleien mit der Weltmacht, gerade wenn sie von Liberalen vorgenommen wurden: „Die Feindseligkeit gegen England, soweit sie sich in der deutschen liberalen Presse zeigt, ist ein klägliches Zeugnis für deren politische Unreife. Ein Zeugnis für das Vorhandensein großer und betrübender, politischer wie allgemeiner, ethischer Unzulänglichkeiten."[86] In den Dem. Bl. erfuhr die Leserschaft beispielsweise etwas über die Chartisten, die englischen Gewerkvereine und die englische Fabrikgesetzgebung. Zwar waren die meisten Artikel nicht namentlich gekennzeichnet, doch ist an der sprachlichen Gestaltung bis ins Detail Ledebours „Handschrift" erkennbar. Es fällt nicht schwer festzustellen, dass sich seine politische Grundprägung im England der Jahre 1876–1882

83 Droz (Hg.), Bd. 7, S. 39 ff.

84 Das Programm der englischen Demokraten I, in: Demokratische Blätter (Dem. Bl.), Nr. 5, 26. 7. 1884, S. 41. II folgte in Nr. 6, 2. 8. 1884.

85 Gladstone als Redner und Staatsmann, in: Ebd., Nr. 27, 8. 7. 1885, S. 209.

86 Die deutsch-englische Verstimmung, in: Ebd., Nr. 9, 23. 8. 1884, S. 72.

vollzogen hat. Aus ihr schöpfte Georg Ledebour immer wieder Themen, Anlässe, Vergleiche und Reformgedanken, die er als Parlamentarier bis 1924 zur Geltung brachte.

5. Ledebour und die Musen

Oft wurde gemutmaßt, Ledebour habe mit der Theaterkunst und der Schauspielerei geliebäugelt. So schrieb Fischart (Dombrowski), dass Ledebour den „Thespis-Karren" habe ziehen wollen, und beschrieb ihn als einen Bühnenhelden der groberen, dunklen oder grotesken Art, als einen Theaterdonnerer, der seine gescheiterte Begabung nun in der Politik habe ausleben wollen, nachdem er überall sonst auf keinen grünen Zweig gekommen sei. Dabei schreckte Fischart auch vor Falschaussagen nicht zurück in seiner Häme: „Rollende Sprache, rollende Augen: der große Tragöde war fertig. Aber es kam anders. Er zog sich ein Beinleiden zu, und so musste er die Bühnenlaufbahn quittieren, noch eh` er sie richtig eingeschlagen hatte. Da wurde er Lehrer. Wenigstens Kinder wollte er als geduldige Zuschauer und Zuhörer haben. Aber der Aufstieg in der Pädagogik zu den Sternen war schwer. Kleinste Kleinarbeit war vonnöten. Ein Comenius, ein Pestalozzi wurde er nicht. Nun suchte er sich ein größeres Publikum. Er wurde Schriftsteller und Redakteur. Demokrat. Bierehrlicher Berliner Demokrat. Schlapphut, Wettermantel mit Pelerine und Knotenstock wurden angeschafft, und ein stolzer Kneifer mit Schnur wies die neue Richtung. Parole: Für Volk und Freiheit."[87] An solcher Theaterlegende sind jedoch zumindest starke Zweifel geboten: „Zwar lässt sich die um die Jahrhundertwende aufgekommene und nach der Novemberrevolution aufgefrischte Behauptung […] quellenmäßig nicht belegen. Doch mag der Wunsch nach Betätigung auf der Bühne in ihm sehr stark gewesen sein. Die Krankheit setzte jedenfalls dieser Neigung ein schnelles Ende."[88] Vermutlich war an dieser „Legende, die ihm bis zu seinem Tod heftigen Ärger verursachte […] nichts Wahres […], und offenbar nur eine Verwechselung Ursache dieser Behauptung".[89] Vielleicht war diese unbelegte und gehässige Darstellung Fischarts auch ein Nachklang von Ledebours Affäre mit der Schriftstellerin Lou Andreas-Salomé in den Jahren 1891 bis 1894.

Talent besaß der junge Georg Ledebour ganz bestimmt im Portraitzeichnen mit dem Bleistift. Zwei kleine Alben mit Zeichnungen aus seiner Feder aus den

87 Fischart, S. 64f.

88 Ratz, S. 8.

89 Siemsen, S. 19.

Jahren zwischen 1877 und 1882 sind überliefert und rühren aus seinem England-Aufenthalt her.[90] Dem Zeichner gelang es, prägende Ausdrucksformen etwa von einem Bürger, einem (Moral-)Apostel, Arbeitern sowie von einem Parlamentsrepräsentanten zeichnerisch unverwechselbar darzustellen. Den Chairman porträtierte er als Mann mit dicken Koteletten, wulstiger Nase, fleischigem Kinn und zusammengekniffenen Augen. Man kann von den Schultern abwärts eine beträchtliche Korpulenz erahnen. Vermutlich zeichnete er die Portraits lebensecht, sodass reale Personen erkennbar waren. Die Gesichtszüge wirken authentisch, Ledebour muss entweder genau abgezeichnet oder andernfalls mit viel Phantasie überzeichnet haben. Der Charakterkopf, den er „the apostle" nannte, wirkt pietistisch und von einer großen moralischen Aufgabe beseelt, so etwa könnten die Quäker zu seinen Lebzeiten in London aufgetreten sein. Sein „respectable gentleman" zeigt einen leicht distinguierten Gesichtsausdruck, trägt einen sauberen Haarschnitt und helle Oberbekleidung und ist mit einer langen, hoch ansetzenden Nase ausgestattet, mit der man schnell Hochnäsigkeit assoziieren könnte. Weitere Typen, die er zeichnerisch zu Papier brachte, waren u. a. der langweilig wirkende „spirited Orator", weiter der „Scotchman", der „Irish Working Man" und der verschmitzt dreinblickende „Irish Gentleman". Das zweite Album aus dem Sommer 1877 skizziert eher Szenen aus dem Leben in England, die in Parks oder auf anderen Ausflügen entstanden sein dürften. So ist eine Skizze dreier Hirsche mit „Greenwich, Aug. 77" benannt. Ein offensichtlich niedergeschlagenes älteres Paar zeichnete er ebenfalls im August 1877. Seinen Humor brachte er in einer Skizze zum Ausdruck, bei der eine Frau ihrem Mann, beide scheinen betrunken und wirken ärmlich, eine Schnaps- oder Whiskeyflasche reicht. Ledebour nannte diese Skizze „Adam with Eve. Irish Version"; sie stammte ebenfalls aus dem August 1877 und ist in London angesiedelt. Wahrscheinlich wollte er damit keinen herablassenden Spott treiben, eher auf die prekäre Lage der irischen Arbeiterklasse in England aufmerksam machen. Gemeinsam ist allen Zeichnungen das Lebensechte, das vor allem in Mimik, Gestik und Kleidung zum Ausdruck kommt. Es deutet vieles darauf hin, dass Ledebour ein guter Beobachter war, der seine Beobachtungen und Schlüsse nicht nur in Worte fassen konnte, sondern auch zeichnerisch festzuhalten vermochte.

Diese Fähigkeit kultivierte er als Parlamentarier auch bei entsprechenden Gelegenheiten: „Manchmal überraschte und entwaffnete der ‚grimmige Kämpe' im inoffiziellen Verkehr seine Gegner, wenn er sein zeichnerisches Talent spielen ließ und mit ein paar Strichen eine Karikatur aufs Papier warf, mit der er

90 AdsD, Restnachlass Georg Ledebour: a) Englische Charakterköpfe und b) Album mit Zeichnungen von Georg Ledebour.

im Parlament bei Freund und Feind stets große Heiterkeit hervorrief."[91] Nicht zuletzt Leo Trotzki erinnerte sich an sein zeichnerisches Talent, das er anlässlich seines 60. Geburtstages zelebrierte, der in der Wohnung von Karl und Luise Kautsky gefeiert wurde. Laut Trotzki zeichnete Ledebour Karikaturen am Esstisch und fand dafür allgemeinen Beifall: „Without doubt he had the talent of a caricaturist – in general, irony and gall formed a component part of his temperament which in days gone by would have been regarded as choleric in the extreme."[92] Interessant ist über diese Bestätigung seines Talents hinaus natürlich auch Trotzkis Beschreibung von Ledebours Verhalten als einer Komposition aus Ironie, Galligkeit und Cholerik.

6. Der Sozialreformer: Streiter für die Hirsch-Dunckerschen Gewerkvereine (1882–1886)

Neben den an der Sozialdemokratie orientierten „freien" Gewerkschaften, deren Vorläufer in der 1848er-Revolution zu suchen sind und sich mit den Parteibildungen der „Lassalleaner" und der „Eisenacher" verbinden, waren im Zuge der Entwicklung des Liberalismus im Deutschen Bund lokale Gewerkvereine entstanden. Deren „ältere Brüder" waren jene liberalen Arbeiterbildungsvereine, die „individualisierende, sozialintegrative, ja sozialquietistische Züge" aufwiesen und eine ständige „Ambivalenz zwischen sozialer Emanzipation und Integration in die bestehende gesellschaftliche Ordnung" praktizierten.[93] Jene Praxis aber, so der Verbandsgründer Max Hirsch, hätte die bloße Reflexion der Handwerker und Arbeiter über ihre eigene Lage an einem bestimmten Punkt abgebrochen, notwendig geworden sei aber die „Inangriffnahme praktischer Arbeiterreform".[94] Diese Betrachtung Hirschs führte am 28. September 1868 im Bierlokal „Universum" in der Spandauer Vorstadt in Berlin zur Gründungsversammlung des „Verbandes der deutschen Gewerkvereine", die von ca. 2500 Teilnehmern vorgenommen wurde. Für diesen Verband setzte sich letztendlich die Bezeichnung der „Hirsch-Dunckerschen Gewerkvereine" durch, eine Kombination aus den Namen von Max Hirsch und Franz Duncker, einem liberalen

91 Restnachlass G. L.: Dittmann, in „Der Sonntag" (Bern), 5. 3. 1938.

92 Leo Trotzki, Political Profiles. Ledebour and Hoffmann (October 1915), http://www.marxists.org/archive/trotsky/profiles/ledebour.htm.

93 Hans-Georg Fleck, Wider die „Zügellosigkeit des sozialen Faustrechts", in: Lehnert (Hg.), Sozialliberalismus in Europa, S. 85 ff., mit weiterer Literatur.

94 Max Hirsch, zit. n. ebd., S. 86.

Verleger.[95] Schon ein knappes Jahrzehnt vor Ledebour hatte Hirsch England besucht und eine Artikelserie über die englischen *Trade Unions* verfasst.

Am gleichen Tag gründete sich 1868 im Übrigen auch der lassalleanische „Allgemeine Deutsche Arbeiterschafts-Verband". Da sich unter den Arbeitervereinen und ihren Verbänden erhebliche politische Differenzierungsprozesse vollzogen, die entweder mit der Abkehr von den alten liberalen Arbeitervereinen oder der Zuwendung zu den neuen sozialistischen Ideen korrespondierten (Lassalle), blieb auch der Verband deutscher Arbeitervereine, dem verschiedene Gewerksgenossenschaften angehörten, davon nicht unberührt. Unter seinem 1867 neu gewählten Vorsitzenden August Bebel sagte sich dieser 1868 vom Liberalismus los und wurde zu einem der Vorläufer der sich 1869 gründenden „Eisenacher" der Sozialdemokratischen Arbeiterpartei.[96]

Im Gründungsaufruf der Hirsch-Dunckerschen Gewerkvereine wurde das Konzept der liberalen Privatautonomie an mehreren Stellen überschritten zugunsten der Forderung nach dem kollektiven Koalitionsrecht für die Arbeiter, die ansonsten „der konzentrierten Macht des Kapitals nur in vereinzelten Individuen" gegenüberstünden. Die „nackte Freiheit […] führt vielmehr notwendig zu einem ungleichen Kampfe und zur Abhängigkeit und Erniedrigung der Schwächeren, der Arbeiter. *Diese* Freiheit wäre nur die Zügellosigkeit des sozialen Faustrechts." Gleichzeitig setzte sich der Verband das gesellschaftspolitische Ziel, die Freiheit als „das höchste, unveräußerliche Gut" durch eine „schöpferische Ordnung" sicher zu stellen, die „die Gegensätze vermittelt, die Schwachen durch Vereinigung stärkt, die Interessen des Kapitals und der Arbeit, der Produktion und der Konsumtion harmonisch" verbindet. Folglich „ist jede prinzipielle Feindseligkeit gegen das Kapital gänzlich ausgeschlossen".[97] Der Streik wurde als Kampfmittel allein für den Notfall gebilligt, wenn „Gleichberechtigung, Vereinbarung, Schiedsgericht" gescheitert seien. Das Organisationswesen der Gewerkvereine sollte nach Berufszweigen geordnet sein, alles in allem glich das Konzept den Berufsgenossenschaften. Insgesamt betraf die Verbandsgründung zunächst rund 30 000 Mitglieder.[98] Kern der innerverbandlichen Politik war die Realisierung des Selbsthilfegedankens, also eines solidarischen Unterstützungswesens durch den Aufbau z. B. von Kranken-, Invaliden-, Begräbnis- und Altersunterstützungsvereinen für die Vereinsmitglieder. Damit sollten sowohl mehr gleichberechtigte Teilhabe am Wirtschaftsleben als auch Risikoabsicherung, Alterssicherung,

95 Fleck, S. 84 ff.; Klönne, S. 86.

96 Schneider, S. 44 ff.; Klönne, S. 69 ff.; Deppe u. a. (Hg.), Gewerkschaftsbewegung, S. 31 ff.

97 Zit. n. Fleck, S. 85.

98 Deppe u. a. (Hg.), S. 36.

Arbeitslosenunterstützung und politisches Selbstbewusstsein gefördert werden, ohne auf eine staatlich verordnete Pflichtmitgliedschaft angewiesen zu sein, wie sie seit Bismarcks Sozialversicherungsreformen ab 1883 realisiert wurde.[99]

Damit standen die Gewerkvereine in einer Konkurrenz zur sozialistischen Arbeiterbewegung und zu den christlichen Gewerkschaften, aber auch in einem keinesfalls widerspruchsfreien Verhältnis zu den liberalen Parteien. Doch waren die Hirsch-Dunckerschen Gewerkvereine weder prinzipiell wirtschaftsfriedlich, was ihnen die Sozialisten vorhielten, noch verkappte Streikkassen, was ihnen Ludwig Bamberger (1823–1899), vormaliger Nationalliberaler, dann „Sezessionist“ und späterer Repräsentant der Freisinnigen vorwarf. Als 1869/70 im schlesischen „Waldenburger Revier“ die Bergarbeiter streikten, führte der „Gewerkverein deutscher Bergarbeiter“ die Streikbewegung an. Der knapp zweimonatige Ausstand von etwa 6500 Kumpeln für kürzere Arbeitszeiten, bessere Entlohnung und Behandlung endete mit einer schweren Niederlage des Gewerkvereins, woraufhin viele der unzufriedenen und gemaßregelten Bergarbeiter den Weg zur Sozialdemokratie fanden, wie Franz Mehring hervorhob.[100] Bis 1873 sank die Mitgliederzahl der Hirsch-Dunckerschen Gewerkvereine auf ca. 20 000, der gewerkschaftliche Sozialliberalismus befand sich in einer Krise.[101] Freie und christliche Gewerkschaften gewannen an Zulauf, die Gewerkvereine stagnierten. In den 1870er-Jahren zeigte sich überdies, dass die hohen Erwartungen an das Selbsthilfeprinzip und an die Idee der Produktivgenossenschaften der Realität kaum standhielten. So reduzierte sich die Gewerkvereinsbewegung vor allem auf das Unterstützungswesen, sodass sie sich dem Vorwurf ausgesetzt sah, „nichts anderes als ein um gewerkschaftliche Akzidenzien angereicherter Versicherungsverein auf Gegenseitigkeit“ zu sein.[102] Versuche aus der Gewerkvereinsbewegung, die linksliberale Programmatik sozialpolitisch zu erweitern, scheiterten bis 1894, sodass der Sozialliberalismus innerhalb der Fortschrittspartei bzw. der Freisinnigen eine Minderheitenposition blieb.[103]

Aus England im Laufe des Jahres 1882 zurückgekehrt[104], schloss sich Georg Ledebour zunächst der Fortschrittspartei an und widmete sich vor allem den

99 Fleck, S. 88 ff.

100 Franz Mehring, Geschichte der deutschen Sozialdemokratie, Bd. 2, Berlin (DDR) 1980, S. 359.

101 Deppe u. a. (Hg.), S. 37.

102 Fleck, S. 90.

103 Ebd., S. 100 ff.

104 Ursula Ratz schrieb vom Jahresende 1882, Elke Keller ging angesichts eines Berichts in der Berliner Volks-Zeitung, 17. 11. 1882, wohl eher von der Mitte des Jahres 1882 aus, zumal sich Spuren schon im September 1882 finden.

Gewerkvereinen. Interessanterweise war das erste Wirken mit dem Verbandsorgan verbunden und fiel in den September 1882. Mit dem Kürzel „r" unterzeichnet erschien ein Bericht über eine Vereinsversammlung, in der als Redner kurzfristig ein Redakteur des Verbandsorgans auftrat. Da ansonsten keine Namensnennung erfolgte, müsste dieser Redner Ledebour selbst gewesen sein, der dann auch den Bericht schrieb und mit „r" zeichnete.[105] Eine redaktionelle Mitarbeit in Berlin beim Hirsch-Dunckerschen Verbandsorgan wäre eine logische Fortsetzung seiner Arbeit als Korrespondent in London und kann deshalb zumindest kurzfristig als wahrscheinlich angenommen werden.

Bereits im September 1882 zählte Ledebour zu den Initiatoren der Gründung des „Vereins für Rechtsschutz und Justizreform", ein Verein, der kurz nach seiner Gründung bereits mehrere hundert Mitglieder gehabt haben soll und dessen Tätigkeit in der öffentlichen Aufklärung über Rechtsfragen wie der Entschädigung unschuldiger Angeklagter und Verurteilter bestand. Auch Sozialdemokraten, die ja wegen des „Sozialistengesetzes" häufig vor dieser Situation standen, kamen auf diesen öffentlichen Veranstaltungen zu Wort.[106] Er gehörte zum Vorstand des Vereins, war selbst zweiter Vorsitzender und besuchte Betroffene und Opfer von Rechtsfällen, um Tatbestände zu ermitteln, die den polizeilichen Feststellungen entgegengehalten werden konnten. So vermeldete die „Berliner Volks-Zeitung" am 23. 11. 1882: „Der Verein für Rechtsschutz und Justizreform veranstaltet Donnerstag, d. 23. d. M, 8 ½ Uhr eine öffentliche Versammlung im Königstadt-Kasino, Holzmarktstraße 72 (Ecke der Alexanderstraße), in welcher die bekannte Buchwalder Affaire (Auspeitschung eines erwachsenen Mädchens durch den Amtsvorsteher v. Rotenhau) zur Erörterung gelangen wird. Zur genaueren Ermittlung des Tatbestandes hat der erwähnte Verein seinen zweiten Vorsitzenden, Herrn Georg Ledebour, nach dem Kreise Hirschberg entsandt und dieser wird über die Erfolge seiner Ermittlungen Bericht erstatten. – Gäste haben freien Zutritt."[107] Die Berichterstattung über diesen Fall gab die BVZ am 17. 12. 1882 ihrer Leserschaft zur Kenntnis. Es stellte sich heraus, dass tatsächlich Amtsmissbrauch und Vertuschung stattgefunden hatten.[108]

Gleichzeitig setzte sich der Verein für Reformen der Strafgesetzgebung und der Strafprozessordnung ein.[109] Außerdem trat er ebenfalls als Redner für den Verein auf. Dass ihm die Mitarbeit in diesem Verein und diese öffentliche Form

105 Gewerkverein, Nr. 38, 22. 9. 1882.

106 Berliner Volks-Zeitung (BVZ), 12. 11. 1882; Seeber/Wittwer, S. 108.

107 BVZ, 23. 11. 1882.

108 Ebd., 17. 12. 1882.

109 Keller, S. 3.

der Rechtshilfe für von potenziellem Unrecht Betroffene sehr am Herzen lag, beschrieb Ledebour 1919 in seinem Schlusswort im Ledebour-Prozess, indem er auf Rudolf Ihering (1818–1892), den bedeutenden Rechtswissenschaftler mit großer Bedeutung für die Entwicklung des Privatrechts und dessen Schrift: „Der Kampf ums Recht“ verwies. Die Schrift habe ihn „vor fünfunddreißig Jahren so bewegt [...], dass es einer der Gründe gewesen ist, weshalb ich – das war mein erstes Auftreten im öffentlichen Leben Deutschlands – gegen diese Rechtsbedrückung durch die Behörden zur Gründung eines ‚Vereins für Rechtsschutz und Justizreform‘ aufgefordert und mich eine Zeitlang eifrig ihm gewidmet habe. Ich berufe mich auf Rudolf von Ihering, der direkt die Staatsbürger ermahnt, für ihre Rechte einzutreten, und der dafür das Wort geprägt hat: Im Kampfe sollst Du Dein Recht finden!“[110]

Seine ersten öffentlichen Auftritte als Redner fielen in den November 1882, z. B. als Referent auf einer Veranstaltung des fortschrittlichen Vereins „‚Waldeck‘ [...], auf der er unter der Losung ‚Keine Schonung mit Bismarck‘ eine offensivere Politik der Fortschrittspartei und die Durchsetzung demokratischer Reformen verlangte“. Auch forderte er „eine sozialpolitische Reform, die es sich zur Aufgabe mache, durch freisinnige Maßnahmen dauernd zur Hebung der Lage der unteren Volksschichten beizutragen“. Der Bericht vermerkte ferner eine große Resonanz: „Reger Beifall lohnte die Ausführungen des Vortragenden, die eine Fülle neuer Gedanken zeigten und an welche sich eine äußerst animierte Debatte anschloss.“[111] Es war die BVZ, die schon am 8. 11. 1882 berichtete, dass der „Herr Schriftsteller G. Ledebour über das Thema ‚Der Normalarbeitstag‘ einen sehr beifällig aufgenommen Vortrag“ hielt. Dort trat er für freie Vereinbarungen von Arbeitgebern und Arbeitern über die Verkürzung des Arbeitstages ein und lehnte eine gesetzliche Regelung durch den Staat ab.[112] Der „Berliner Arbeiterverein“ begrüßte Ledebour am 10. 12. 1882 als Redner zur Frage „Aus welchen Elementen kann eine große liberale Partei gebildet werden?“ Die Veranstaltung fand in der Alten Jakobstraße 131 statt.[113] Ledebour äußerte sich zur Lage der liberalen Parteien im Deutschen Reich und forderte eine stärkere Kooperation zwischen Fortschrittspartei, Liberaler Vereinigung und Deutscher Volkspartei. Gleichzeitig betonte er, dass gegenüber den Nationalliberalen Abstand gehalten werden müsse.[114]

110 Ledebour-Prozeß, S. 789 f.

111 BVZ, 17. 11. 1882.

112 Ebd., 8. 11. 1882, zit. n. Keller, S. 4.

113 Ebd., 10. 12. 1882.

114 Ebd., 13. 12. 1882.

Einen Tag später, am 11. Dezember 1882, trat er vor dem Gewerkverein auf und forderte eine Staatsreform „auf entschieden liberaler und demokratischer Grundlage".[115] Wenige Tage vorher referierte Ledebour vor dem Ortsverein der Tischler über die Lebens- und Wohnverhältnisse der englischen Arbeiter. Als Schriftsteller bezeichnet, soll er dort „ein fesselndes Bild von den englischen Arbeiterverhältnissen entworfen haben".[116] Auch kulturpolitische Vorträge gehörten zu seinem Repertoire als Redner. So hielt er eine Lesung bzw. Vorlesung „aus deutschen Dichtern" vor dem liberalen Ortsverband der Fabrik- und Handarbeiter Berlins, wobei auch Frauen der Zutritt gestattet war.[117] Eine solche Veranstaltung wurde für den 16.12.1882 angekündigt und durchgeführt. Ledebours Überzeugung könnte so zusammengefasst werden: „Schutz der Rechte und Interessen der Arbeitnehmer durch sozialpolitische und arbeitsrechtliche Sicherung sowie Herstellung einer auf dem Weg gewerkschaftlicher Selbsthilfe zu erreichenden Gleichberechtigung der Arbeiter mit den Arbeitgebern".[118] Man würde heute formulieren, Ledebour favorisierte ein Konzept aus Sozialreform und Sozialpartnerschaft. Insofern entsprach der damalige politische Standort Ledebours ziemlich dem Kontext des Sozialliberalismus: „Sozialliberalismus im spezifischeren Sinne wäre dann eine deutlich sozialpolitisch akzentuierte und/oder die gesellschaftlichen Verflechtungen gegenüber den individuellen Gesichtspunkten positiv betonende Strömung innerhalb des organisierten bzw. weltanschaulichen Liberalismus."[119]

Diese Aktivitäten im Rahmen der Gewerkvereine setzten sich auch 1883 unvermindert fort. Dabei blieb Ledebour unverkennbar ein Sozialliberaler, wenn er mit Blick auf positive Resultate von Arbeitszeitverkürzungen in England und Amerika freie Vereinbarungen zwischen Arbeitgebern und Arbeitnehmern über eine „mäßige und allmähliche Kürzung der Arbeitszeit" befürwortete und von einer gesetzlichen Regelung durch den Staat abriet, da dieser dann auf Kosten der Freiheit in die Abläufe der Privatwirtschaft eingriffe. Er verwies dabei auf den Mühlhausener Fabrikanten Dollfus, in dessen Betrieb ein Experiment durchgeführt wurde, bei dem die Arbeitszeit von zwölf auf elf Stunden bei vollem Lohnausgleich zu einer Mehrproduktion von

115 Ebd., 13.12.1882.

116 Ratz, S. 12; Ledebour, Gewerkverein, Nr. 49, 8.12.1882.

117 BVZ, 15.12.1882.

118 Ratz, S. 13.

119 Lehnert, Zum historischen Ort des Sozialliberalismus in Europa, in: Ders. (Hg.), Sozialliberalismus in Europa, S. 21.

5 % geführt habe.[120] Ferner informierte er die Leserschaft des Verbandsorgans „Der Gewerkverein“ über das Verwaltungs- und Kassenwesen der englischen *Trade Unions*.[121] Arbeitszeitverkürzungen in mäßigem Umfang besaßen für Ledebour mehrere wichtige Aspekte: Das Experiment in Mühlhausen habe ihm bewiesen, dass mit einer Arbeitszeitreduzierung kein entsprechender Produktivitätsrückgang einhergehe. Ein solcher sei angesichts der wirtschaftspolitischen Konkurrenz zwischen den Industriemächten nicht hinnehmbar, denn schließlich solle die deutsche Wirtschaft nicht „hoffnungslos ins Hintertreffen“ geraten. Weiterhin könne die gewonnene Zeit dem Arbeiter zur Weiterbildung dienen und ihn so befähigen, seine Persönlichkeit zu entwickeln. Darüber hinaus erlaube es die Arbeitszeitverkürzung, Arbeitnehmer stärker für die Selbstverwaltung und für die politische Mitsprache, auch in öffentlichen Körperschaften, heranzubilden. Logisch war es deshalb, dass Ledebour häufig Vorträge über populärwissenschaftliche Fragen hielt. Diese Bildungsbeflissenheit in Ledebours Wirken steht sicher in einer Linie mit dem Wirken der klassischen liberalen Arbeiterbildungsvereine und entsprach einem generellen Interesse in der Gesellschaft an der Erklärung der Welt, der Naturgesetze und der menschlichen Kultur: „1888 wurde in Berlin das damals revolutionäre Projekt verwirklicht, die neuesten wissenschaftlichen Erkenntnisse und Erfindungen einem breiten Publikum vorzustellen: Das erste Science Center der Welt entstand.“[122] Die Säkularisierung hatte sowohl das Bürgertum als auch große Teile der Arbeiterschaft ergriffen.

Die Gewerkvereine sollten sich zusätzlich für Frauen öffnen, vor allem für Näherinnen und Konfektionsarbeiterinnen. Ebenso könnten die Gewerkvereine „mit einer energischen, aber doch vorsichtigen Arbeiterpolitik“ ihre Organisationskraft stärken, hoffte er.[123] Doch dürften es die sich 1884 vollziehenden Umgruppierungen im liberalen Parteienspektrum gewesen sein, die nun seine Aufmerksamkeit auf sich zogen. Zwar blieb er den Gewerkvereinen noch verbunden, wandte sich aber nun stärker dem politischen Linksliberalismus zu und wurde Mitglied der Fortschrittspartei.[124] Dort trat er als Redner weiterhin gelegentlich vor den Gewerkvereinen auf, sprach er immer häufiger über politische Fragen wie über die 1884 erfolgte Verlängerung des „Sozialistengesetzes“ und

120 Gewerkverein, Nr. 13, 30. 3. 1883, S. 49; ebd., Nr. 46, 17. 11. 1882, S. 183.

121 Gewerkverein, Nr. 24, 15. 6. 1883, und ebd., Nr. 26, 29. 6. 1883.

122 Ebd., Nr. 46, 17. 11. 1882, S. 183; Ratz, S. 13 f.; Zitat aus https://www.urania.de/die-urania/geschichte.

123 Gewerkverein, Nr. 35, 31. 8. 1883, S. 136; ebd., Nr. 37, 14. 9. 1883, S. 146.

124 Ratz, S. 15.

das von ihm heftig kritisierte zustimmende Verhalten von 26 Fraktionsmitgliedern der Deutsch-Freisinnigen Partei (DFP) und jenes der Parteiführung, was er als Bruch liberaler Grundsätze brandmarkte. Hier zeigten sich die Folgen der Parteigründung der Deutsch-Freisinnigen Partei, die aus der Fortschrittspartei und der nationalliberalen Abspaltung der „Sezessionisten" gegründet worden war, den Linksliberalismus stärker in die politische Mitte rückte und somit das Terrain für die illegalisierte Sozialdemokratie freizumachen begann.[125] Ledebour zog 1884 die Konsequenz des Austritts aus der Fortschrittspartei anlässlich der erfolgten Gründung der Freisinnigen Partei.[126]

Anlässlich der Berliner Stadtverordnetenwahlen vom Oktober 1883 sprach er sich noch für die Fortschrittspartei und gegen den Kandidaten der Sozialdemokratie Paul Singer[127] aus, was dem von Zürich aus hergestellten und vertriebenen „Der Sozialdemokrat" eine Bemerkung wert war: „Die Fortschrittler suchen sich mit süßsaurer Miene in das Unabwendbare zu schicken, einige Sitze an die Arbeiterpartei abtreten zu müssen. Bezeichnend ist dabei, dass ein Agitator der Fortschrittler, der Schriftsteller Ledebour, in einer Versammlung die Erklärung abgab, gegen die aufgestellten Arbeiter habe er nichts, wohl aber gegen die Kandidatur des Herrn Singer, denn bei der handle es sich um Grundsätze."[128] Dem Sozialliberalen Georg Ledebour schien ein Arbeiter, der andere Arbeiter vertrat, aber für eine andere Partei kandidierte, plausibler zu sein als ein Repräsentant, der einer anderen Klasse oder Schicht als der der Arbeiter entstammte wie der jüdische Unternehmer und Berliner Sozialist Paul Singer. Vermutlich lässt sich dies noch mit den spezifischen emanzipatorischen Vorstellungen der linksliberalen Arbeiterbildungsvereine und dem Sozialliberalismus der Gewerkvereine erklären. Doch eine gewisse Annäherung an die Sozialdemokratie schien auf den Weg gebracht worden zu sein.

Eine zentrale Stellung in sozialreformerischen Überlegungen diesseits und jenseits der Sozialdemokratie nahmen die Fragen eines wirksamen Arbeitsschutzes und einer Verkürzung der Arbeitszeit ein. Dies galt ebenso für die Hirsch-Dunckerschen Gewerkvereine wie auch für die programmatischen Vorbereitungen zur Gründung einer demokratischen Partei in Norddeutschland. Ledebour entfaltete in diesem Kontext zahlreiche Aktivitäten, die ihren Niederschlag im Programmentwurf für die im September 1885 gegründete Demokratische Partei fanden. Er favorisierte die stufenweise Einführung eines zehnstündigen

125 Vgl. Tormin, S. 87ff.

126 Reichstagsrede v. 26.2.1908, in: Sten. Ber. RT, Bd. 230, S. 3420.

127 Vgl. Ursula Reuter, Paul Singer (1844–1911), Düsseldorf 2004.

128 Der Sozialdemokrat, Nr. 41, 4.10.1883, S. 3, zit. n. Ratz, S. 16.

Maximalarbeitstages sowie – dem englischen Vorbild folgend – die Abschaffung der Sonntagsarbeit und trug diese Gedanken im Berliner Demokratischen Verein, einer Gründungsinitiative für die spätere Demokratische Partei vor, worüber die Demokratischen Blätter berichteten. Anknüpfend an das Dollfus'sche Experiment in Thüringen sollte die Umsetzung einer schrittweisen gesetzlichen Arbeitszeitverkürzung folgendermaßen umgesetzt werden: 12 Stunden ab dem 1.7.1886, 11 Stunden ab dem 1.7.1888, und ab dem 1.7.1890 sollte der zehnstündige Arbeitstag Gültigkeit besitzen – übrigens bei Fortzahlung desselben Arbeitslohns. Der Achtstunden-Arbeitstag sollte einer späteren gesetzgeberischen Maßnahme vorbehalten bleiben.[129]

Bekanntermaßen bedurfte es der Novemberrevolution zur Durchsetzung des Achtstunden-Arbeitstags, als der „Rat der Volksbeauftragten" am 12.11.1918 sein Inkrafttreten ab dem 1. Januar 1919 erließ. Gesetzlicher Bezugspunkt war bis dahin die Gewerbeordnung, die zuvor letztmalig im Jahr 1908 novelliert wurde. In sie fanden nach und nach Maßnahmen zur Verbesserung des Arbeitsschutzes Eingang, so neben der Einschränkung der Kinderarbeit auch ein Verbot der Nachtarbeit für Frauen, eine Arbeitszeitregelung von höchstens zehn Stunden für Jugendliche und Frauen an Werktagen, für Frauen an Wochenend- und Feiertagen von maximal acht Stunden, ein Mutterschutz von acht Wochen. Für Männer galt in der Regel ein Zehn- bis Elfstunden-Arbeitstag, der bis 1914 auf neuneinhalb Stunden sank.[130] Die von Ledebour entworfene Perspektive erwies sich also nicht als zu wirtschaftsfreundlich, sondern als äußerst schwer durchsetzbar. Selbst im Gothaer Programm der SAPD von 1875 fand sich keine Fixierung der erst mit den Maifeiern der 1890er-Jahre nachdrücklich vertretenen Forderung nach einem Achtstunden-Arbeitstag, sondern nach einem „den Gesellschaftsbedürfnissen entsprechende[n] Normalarbeitstag".[131] Für die Sozialdemokratie und ihre Politik im Reichstag zeichnete in diesen Fragen vor allem Arthur Stadthagen verantwortlich, der in seinen Schriften das geltende Arbeitsrecht volksnah aufbereitete und der Arbeiterschaft damit

129 G. L: Vortrag vom 20.4.1885 im Berliner Demokratischen Verein über den Normalarbeitstag, Demokratische Blätter (künftig Dem. Bl.), Nr. 17, 29.4.1885, S. 136; Zuschrift, 10.6.1885 an die Redaktion der Dem. Bl. über den Maximalarbeitstag, ebd., Nr. 23, 10.6.1885, S. 184.

130 Arthur Stadthagen, Die Novelle zur Gewerbeordnung vom Dezember 1908, Stuttgart 1909.

131 Programm und Organisationsstatut der Sozialistischen Arbeiterpartei Deutschlands, beschlossen auf dem Vereinigungskongreß in Gotha 1875, in: Dowe/Klotzbach (Hg.), S. 179.

als Rechtsratgeber beistand; in ihm sollte Ledebour einen Verbündeten und Freund finden.[132]

Es ist zu vermuten, „dass sich Ledebour in dieser Zeit, wenn auch nicht ohne innere Not, von dem reinen Selbsthilfeprinzip abwandte und einer mehr auf staatlicher Ebene liegenden Lösung aufschloss. Allerdings solle die staatliche Einmischung auf das unbedingt notwendige Maß beschränkt bleiben. Staatshilfe und Selbsthilfe seien keine Gegensätze."[133] Durch beides könne, so schrieb Ledebour in einer Artikelserie in den Demokratischen Blättern, eine „wahre Sozialreform" [...] möglich und heilsam sein".[134] Das Dollfus'sche Experiment hatte er allerdings schon 1883 vor den Gewerkvereinen publik gemacht. Wahrscheinlich näherte sich Ledebour dem Begründer des ADAV Ferdinand Lassalle in dieser Zeit an. „Auch Lassalle war ihm kein Unbekannter. Sein ehernes Lohngesetz verwarf er jedoch als eine monströse Verquickung von Wahrem und Falschem".[135] U. Ratz konzedierte, dass Ledebour auch Marx' Kapital gelesen habe, „wie aus verschiedenen Zitaten hervorgeht", lässt aber außer Acht, dass er damit nicht allein eine Veränderung eines Prinzips zum Ausdruck brachte – von der Selbsthilfe zur Staatshilfe plus Selbsthilfe –, sondern vielmehr bereits eine grundlegende Positionsentwicklung, nämlich von einem liberalen Sozialreformer zu einem Sozialliberalen, der sich auf die Gründeridole der Sozialdemokratie einzulassen begann.

Das macht vor allem eine Passage aus dem Beitrag „‚Selbsthilfe' und ‚Staatshilfe'" in den Dem. Bl. deutlich, die zwar ohne Namensnennung verfasst wurde, aber vollständig mit seinem Schreibstil und seinem Kenntnisstand übereinstimmt und deshalb hier ausführlich dokumentiert wird: „Es wurde sehr gelobt, wenn die Arbeiter in Bildungsvereinen zusammentraten und sich über die afrikanischen Forschungsreisen, die chinesischen Verfassungszustände oder die Gebirge im Monde ‚belehren' ließen, aber es wurde sehr getadelt, wenn sie den Eintritt in die damals einflussreichste politische Genossenschaft, den Nationalverein[136], verlangten, um einen Einfluss auf die öffentlichen Angelegenheiten zu gewinnen [...] Es wurde über die Maßen gepriesen, wenn sich Handwerker durch die Vorschussvereine emporhalfen, aber es wurde als ein Rückfall in mittelalterliches Zunftwesen verworfen, wenn Arbeiter, denen jene Vereine nichts fruchten

132 Eine Übersicht über Stadthagens Schrifttum findet sich bei Czitrich-Stahl, S. 666–668.

133 Ratz, S. 22.

134 G. L: Der Normalarbeitstag vor dem volkswirtschaftlichen Kongreß, in: Dem. Bl., Nr. 41–44 (14. 10.–4. 11. 1885), hier Nr. 41, 14. 10. 1885, S. 324.

135 Ratz, S. 22; Ledebour, ebd., Nr. 42, 21. 10. 1885, S. 333.

136 Zum liberalen Deutschen Nationalverein (1859–1867) als ältester deutscher Parteigründung s. Tormin, S. 49 ff.

konnten, die ihren Bedürfnissen angemessene Form genossenschaftlichen Wirkens annahmen, das heißt Gewerkvereine gründeten."[137]

Die liberale Ablehnung kollektiven sozialpolitischen Agierens wurde hier einer scharfen Kritik aus der Haltung des Verständnisses für die Sorgen und Nöte der Arbeiterschaft unterzogen. Doch im Folgenden kam der Autor (Ledebour) auf Ferdinand Lassalle zu sprechen: „In wegwerfendem Gegensatze zu dieser ‚Selbsthilfe' kam das Schlagwort der ‚Staatshilfe' auf und zwar zunächst durch Lassalle. Er wollte dabei keineswegs die Selbsthilfe als solche bekämpfen, sondern führte vielmehr aus, und von seinem Standpunkt nicht ohne triftigen Grund, dass er dieselbe in viel höherem, tieferem und weiterem Sinne erstrebe, wie die individualistische Schule. Nach seiner Ansicht war es im echtesten Sinne der Selbsthilfe gedacht, wenn die Arbeiter durch ihre eigenen Anstrengungen sich das notwendige Maß von politischer Macht eroberten, um von Staats wegen diejenigen sozialen Verbesserungen vorzunehmen, für welche die ‚Selbsthilfe' in jenem beschränkten Sinne des Worts nicht ausreichte. Die Staatshilfe war für ihn nur der höchste und vollendetste Grad der Selbsthilfe."[138] Lassalles Verdienste beurteilte Ledebour nicht ausschließlich positiv, wenn er feststellte, dass dieser ein „durchaus revolutionärer Denker und Kämpfer" gewesen sei, jedoch „beförderte er allerdings auch, wenngleich von der entgegengesetzten Seite, jene allgemeine Begriffsverwirrung", die sich zum Begriff der Staatshilfe ergeben habe, womit er die Assoziation der Bismarckschen Sozialgesetzgebung als „Staatssozialismus" durch die Freisinnigen etwa meinte. Er selbst beurteilte den Umfang der Sozialgesetzgebung als unzureichend: „Die arbeitenden Klassen lassen sich einfach nicht mehr den Mund stopfen, weder durch den Knebel des Sozialistengesetzes noch durch den zweifelhaften Genuss des Zuckerbrots, das die bureaukratisch-reaktionäre Bevormundung backt."[139]

Die Arbeiterfrage und der Arbeiterschutz blieben für ihn auch nach seiner aktiven Zeit bei den Gewerkvereinen ein Themenkreis, den er fortan journalistisch aufbereitete. Gleich in der ersten Ausgabe der Dem. Bl. lautete die Überschrift des Leitartikels „Ueber die Grundbedingung sozialer Reformen". Dass

137 „Selbsthilfe" und „Staatshilfe", in: Dem. Bl., Nr. 7, 9.8.1884, S. 51 f. U. Ratz schrieb den Beitrag Ledebour zu, anders Thomas Höhle (1958), der ihn Franz Mehring zuordnete, siehe ders., Mehring, S. 424 ff. Dies stützt sich vermutlich auf Mehrings Aussage in einem Brief an „Der Sozialdemokrat", 21.5.1885, demzufolge er fast durchweg der Verfasser der sozialwissenschaftlichen Aufsätze in den Dem. Bl. sei. Diese Unsicherheit gilt bei vielen Beiträgen zu diesem Themenkreis. Doch spricht es dann für eine Zuordnung zu Ledebour, wenn er diese Themen auch später und stilistisch ähnlich aufnahm.

138 Ebd., S. 52.

139 Ebd., S. 52 f.

der Artikel von Ledebour stammte, erschließt sich aus Thematik, Satzbau und Wortwahl. So schrieb er, das englische und das deutsche politische System miteinander vergleichend, zur Durchsetzung des Arbeiterschutzes: „Die englischen Arbeiter haben ohne alle Beihilfe höherer oder auch nicht höherer Intelligenz, ohne alle Beihilfe genialer oder auch nicht genialer Staatskunst, einzig durch rastlosen und umsichtigen Gebrauch der Presse und der Versammlungsfreiheit, die Fabrikgesetzgebung durchgesetzt, die nach dem widerwilligen und deshalb umso glaubwürdigeren Zeugnisse von Marx eine nationale Wiedergeburt des britischen Volkes bewirkte, und sie haben gleichzeitig in dem großartigen System ihrer Gewerkvereine eine dem Kapital ebenbürtige Macht geschaffen.“[140] Seine in den Vorträgen geäußerte Wertschätzung der *Trade Unions* fand hier ihre Fortsetzung. Auch der Berliner Arbeiter-Verein lud Ledebour zu einem Referat über England ein. „Die Entwickelung der englischen Demokratie“ lautete das Thema des Abends.[141] Wenngleich er Marx und Engels in England sicher nicht persönlich traf, muss er dennoch von ihnen Kenntnis gehabt und sich mit ihren Schriften auseinandergesetzt haben.[142] Interessanterweise findet sich in den Dem. Bl. eine zweiteilige ausführliche Rezension von Friedrich Engels' Schrift „Der Ursprung der Familie, des Privateigentums und des Staates“ und der dieser zugrunde liegenden Studie von Lewis H. Morgan, die außer von ihm andernfalls von Franz Mehring stammen könnte.[143]

7. Gescheiterter Versuch: Demokratische Partei und „Demokratische Blätter“ (1884–1886)

Im März 1884 entstand aus der Fortschrittspartei und der Liberalen Vereinigung, den „Sezessionisten“, die Deutsche Freisinnige Partei. Diese Parteibildung allerdings war keine Verschmelzung, da die alten Wahlkreisorganisationen beider Quellparteien erhalten blieben.[144] Vorsitzender der Freisinnigen wurde der autoritär amtierende Vorsitzende der Fortschrittspartei, Eugen Richter (1838–1906). Richters Ideal „war weniger die große als die einheitliche Partei, die auf

140 Dem. Bl., Nr. 1, 21.6.1884, S. 3.

141 BVZ, 11.8.1885.

142 In den Namensverzeichnissen der MEW-Bände, die den Zeitraum von Ledebours Anwesenheit in England umfassen, findet sich keine Namensnennung.

143 Dem. Bl., Nr. 22, 22.11., S. 171–173 (I), Nr. 23, 29.11.1884, S. 179–181. Zu Engels' Schrift s. MEW 21, S. 25–173.

144 Tormin, S. 90.

Grund ihrer als richtig erkannten Prinzipien in entschlossener Opposition zum Bismarck-Staat jeden Kompromiß ablehnte".[145] Praktisch sprach sich die Freisinnige Partei zwar gegen Bismarcks „Staatssozialismus", also gegen die Sozialgesetzgebung aus, verzichtete nun jedoch auf die Erwähnung jeglicher Selbsthilfeeinrichtung, weichte die Priorität des Freihandels gegenüber dem Bismarckschen Protektionismus mit Hilfe der Schutzzollpolitik auf und beharrte nicht länger auf der jährlichen Verabschiedung des Heeresetats im Reichstag.[146] Die Freisinnigen lehnten folglich im Reichstag die Bismarckschen Sozialgesetze ab. Liberales Freiheitsverständnis und sozialstaatliche Daseinsvorsorge schienen sich im mehrheitlichen Linksliberalismus auszuschließen: „Politische und sozialpolitische ‚Progressivität' deckten sich nicht. ‚Manchesterliberale' Blindheit gegenüber sozialen Problemen ging mit entschiedener politischer Liberalität zusammen, und ‚sozialliberale' Aufgeschlossenheit gegenüber den sozialen Härten eines ungezügelten Industriekapitalismus verband sich mit einer politischen Haltung, die bis zur Illiberalität reichte", resümierte Dieter Langewiesche.[147] Am 23. März 1884 nahm der Parteitag der Nationalliberalen hingegen das auf die Unterstützung Bismarcks orientierte „Heidelberger Programm" an, das seine Sozialpolitik, die Heerespolitik und die Schutzzollpolitik, die in eigentlich eklatantem Gegensatz zum liberalen Konzept des Freihandels stand, billigte. Gleichzeitig unterstützten sie das „Sozialistengesetz".[148]

Auf Ledebour schienen diese Grundhaltungen nicht zuzutreffen, engagierte er sich doch an der Seite der Gewerkvereine und verurteilte die Zustimmung der 26 Fraktionsmitglieder, überwiegend ehemalige Sezessionisten, zur Verlängerung des „Sozialistengesetzes" als Bruch liberaler Grundsätze. Hier schien seinerseits ein Konflikt mit dem etablierten parteilichen Linksliberalismus in Gestalt der Freisinnigen und einem demokratischen Sozialliberalismus schlechthin unausweichlich zu sein. Ledebour, aber auch einige die Fusion verweigernde Reichstagsabgeordnete der Fortschrittspartei, „Dissenters" wie Julius Lenzmann, Adolf Phillips, Eduard Kämpffer traten nicht den Freisinnigen bei, sondern strebten die Gründung einer neuen, zunächst auf Norddeutschland konzentrierten Partei an.[149] Schon unmittelbar nach der Fusion der FP und der LV im März 1884 entstanden als ein politisch-publizistisches Forum der Dissenters die „Demokratischen Blätter" am 21. April 1884, herausgegeben von Georg Ledebour, Franz Mehring und

145 Ebd., S. 91.

146 Ebd., S. 90f.

147 Langewiesche, S. 195.

148 Tormin, S. 82f.; Langewiesche, S. 195.

149 Ratz, S. 16; Fricke (Hg.), Demokraten, S. 98ff.

Hermann Trescher.[150] Diese Neuprofilierung erfolgte, obwohl die neu gebildete Fraktion der Freisinnigen im Reichstag kurz vor den Neuwahlen am 28. Oktober 1884 über 106 Mandate verfügte und somit die stärkste Fraktion stellte. Doch das Wahlergebnis bedeutete für die Linksliberalen eine herbe Enttäuschung: Die Freisinnigen sanken auf 67 Sitze ab, während sich die Nationalliberalen von 47 auf 51 Sitze leicht verbesserten. Die beiden konservativen Parteien und die Zentrumspartei besaßen nun eine weitaus stärkere Position als die Freisinnigen, zumal sich die Nationalliberalen deutlich an Bismarck angenähert hatten.[151]

Hinzu kam das von Ledebour kritisierte Abstimmungsdebakel der Freisinnigen anlässlich der Verlängerung des „Sozialistengesetzes" am 12. Mai 1884, bei dem 26 Fraktionsmitglieder für die Verlängerung gestimmt hatten, nachdem sich die Parteiführung intern von der Opposition gegen Bismarcks Ausnahmegesetz verabschiedet hatte. Ledebour verwarf das Verhalten der Fraktion mit klaren Worten, ausgesprochen vor einer Versammlung Berliner Gewerkvereine, wie die BVZ berichtete: „Dass 26 Mitglieder der deutsch-freisinnigen Partei für das Sozialistengesetz gestimmt haben, sei noch nicht das Schlimmste. Viel schlimmer sei, dass die Zentralleitung der genannten Partei an eine Anzahl Mitglieder geschrieben habe: sie mögen, wenn sie gegen das Sozialistengesetz stimmen wollten, in jener Reichstagssitzung fehlen." Eine Annäherung an die Sozialdemokratie wird deutlich, denn die BVZ schrieb weiter: „Wenn die bürgerliche Demokratie nicht allen Boden im Volke verlieren wolle, dann sei die Bildung einer selbständigen demokratischen Partei notwendig. Nur so kann es gelingen, der sozialdemokratischen Partei, von der uns nur ihre kommunistischen Anschauungen trennen, ein Paroli zu bieten."[152] Die Dem. Bl. publizierten ihrerseits eine Analyse der Niederlage der Freisinnigen: „So haben die Wahlen die Fusion als das erwiesen, als was sie uns von vornherein erschien: als einen schweren politischen Fehler. Indem sie zwei nebeneinander stehende Fraktionen durch einen Kompromiss verschmolz, lähmte sie die Aktionsfähigkeit der Fortschrittspartei nach links, der Sezession nach rechts, und die der vereinigten Partei innerhalb ihrer bisherigen Kreise".[153]

150 Fricke (Hg.), Demokraten, S. 99; https://de.wikipedia.org/wiki/Dissenter: Unter einem Dissenter („Abweichler, Andersdenkender") versteht man besonders in der Kirchengeschichte von England und Wales ein Mitglied einer kirchlichen Gemeinde, deren Anhänger sich ihrer abweichenden Glaubensüberzeugung wegen von der Amtskirche getrennt haben.

151 https://de.wikipedia.org/wiki/Reichstagswahlen_in_Deutschland#Deutsches_Kaiserreich_(1871_bis_1918).

152 BVZ, 4.12.1884.

153 Dem. Bl., Nr. 19, 1.11.1884, S. 152. Heute würde man dies als Mobilisierungsprobleme bezeichnen.

Mit Stellungnahmen wie dieser wurde die Gründung eines demokratischen Vereins in Berlin vorbereitet bzw. begründet und im November 1884 vollzogen. Organisatorische Anknüpfungspunkte dafür bot zunächst der im September 1882 gegründete „Verein für Rechtsschutz und Justizreform" in Berlin. Zwar sollte dieser Verein nach dem Willen seiner Gründer, darunter Georg Ledebour, Hermann Trescher und Adolf Phillips, sich der parteipolitischen Positionierung enthalten, jedoch wurde er zu einem Forum fast ausschließlich linksliberal oder demokratisch eingestellter Persönlichkeiten und ermöglichte deshalb eine Fortentwicklung zu einem demokratischen Verein im Vorfeld einer Parteigründung.[154] Doch bot er nicht nur Links- und Sozialliberalen eine Plattform, sondern die illegalisierten Sozialdemokraten nutzten Veranstaltungen des Demokratischen Vereins gelegentlich aus. Am 10. März 1885 schloss der überwachende Polizist eine Veranstaltung der Demokraten, weil nach einer kritischen Auseinandersetzung der Berliner Demokraten mit der Freisinnigen in Berlin der Sozialdemokrat Schulz dazu aufrief, bei den nächsten Wahlen die Sozialdemokratie zu wählen.[155] Nur wenige Tage später gedachten die Demokraten der Märzgefallenen von 1848; der Saal war überfüllt, und Ledebour rief die Liberalen zur Einigkeit auf und kritisierte, dass der vom Verein an der Gedenkstätte niedergelegte Lorbeerkranz von der Polizei wieder entfernt wurde.[156] Einen Konflikt mit der Obrigkeit bekamen die Dem. Bl. ebenfalls zu spüren. Am 29.7.1885 konfiszierte die Polizei auf einer Versammlung des Berliner Arbeiter-Vereins die ausgelegten Exemplare der Zeitschrift. Der Demokratische Verein protestierte gegen diese Maßnahme und kündigte an, „höheren Orts Beschwerde einzulegen".[157]

Im Übrigen teilte die BVZ auch Organisatorisches über die Demokraten mit: „Regelmäßige Vereinsversammlungen finden statt am 1. und 3. Mittwoch jeden Monats Abends 8 ½ Uhr im Luisenstädtischen Klubhause, Annenstraße 16. Neue Mitglieder werden jederzeit aufgenommen. Jahresbeitrag 1 M."[158] Ziel dieses Vereins war es, „für die Verbreitung der demokratischen Grundsätze und für politische und soziale Reformen im Sinne der Freiheit und Selbstbestimmung des Volkes mit allen gesetzlichen Mitteln zu wirken", wie es in den Dem. Bl. hieß.[159] Ledebour war Mitglied des provisorischen Ausschusses dieses Vereins. Auch der Stadtverordnete Ernst Schiegnitz gehörte dem provisorischen

154 Seeber/Wittwer, S. 107 f.

155 BVZ, 11.3.1885.

156 Ebd., 20.3.1885.

157 Ebd., 13.8.1885.

158 Ebd., 5.8.1885.

159 Dem. Bl., Nr. 23, 29.11.1884, S. 186.

Ausschuss an. Der Verein sah es als seine Aufgabe an, jene Kräfte zu organisieren, „welche die Fusion nicht mitgemacht haben und im Begriffe stehen, scharenweise [...] ins sozialdemokratische Lager abzumarschieren".[160] Insofern versuchten die Befürworter einer linksliberalen Parteigründung neben den zur Mitte abwandernden Freisinnigen tatsächlich, die politisch wahrnehmbare Opposition gegen Bismarck nicht der Sozialdemokratie zu überlassen und gaben sich andererseits auch nicht der Hoffnung hin, der Linksliberalismus könne sich zurücknehmen, um nach der Inthronisierung des Kronprinzen Friedrich III. zum Kaiser und zum preußischen König *die liberale Partei* des künftigen Kaisers zu werden, so wie es eine der Ideen hinter dem Zusammenschluss von Fortschrittspartei und Sezessionisten gewesen war. Linksliberalismus sollte einerseits Opposition und demokratische Bürgerlichkeit zugleich zum Ausdruck bringen und andererseits eine Art Schule für Demokraten sein. In deutlicher Absetzung von der autoritären Parteiführungspraxis etwa Eugen Richters, erst Vorsitzender der Fortschrittspartei, nun des Freisinns, sollte der Vorstand jährlich in geheimer Wahl gewählt werden und nur begrenzte Befugnisse besitzen, für die Versammlungsleitung solle ein Rotationsverfahren nach zwei Sitzungen gelten und gerade jüngere und unerfahrene Mitglieder wären dadurch politisch auszubilden, indem sie bevorzugt auf Versammlungen das Rederecht erhielten. So strebte man die Ausbildung einer gefestigten innerorganisatorischen Demokratie an und erwartete eine wachsende Ausbreitungsfähigkeit der künftigen Partei, weil diese „auf einer großen Anzahl in der Diskussion geschulter Kräfte" beruhe.[161]

Weitere demokratische Vereine entstanden z. B. in Dortmund, Düsseldorf, Elberfeld, Hamburg und Leipzig sowie in mehreren kleineren Städten.[162] Im Dezember 1884 veröffentlichten die Dem. Bl. den Aufruf „An die Demokraten Norddeutschlands!", der die Gründung einer überregionalen Demokratischen Partei vorbereiten sollte. Darin wurden Allgemeinziele formuliert, die sich durchaus mit politischen Vorstellungen der Sozialdemokratie verbinden ließen: „Die Demokratie will überall dasselbe: sie heischt die Befreiung des Volkes und jedes Einzelnen von jeder Art Knechtschaft. Sie verlangt also nicht nur die Durchführung des freien Volksstaates, sondern auch eine Gestaltung der wirtschaftlichen Verhältnisse dahin, dass der Einzelne gegen Ausbeutung und Unterdrückung geschützt wird." Als politische Aufgaben formulierte der Aufruf die Parlamentarisierung der Regierungen, die Aufhebung aller Ausnahmegesetze, die Herstellung der individuellen Freiheiten und der Kollektivrechte

160 BVZ, 6. 12. 1884, zit. n. Seeber/Wittwer, S. 112.

161 Seeber/Wittwer, ebd.

162 Dem. Bl., Nr. 25, 24. 6. 1885, S. 200; Fricke (Hg.), Demokraten, S. 99.

zur Vereinsgründung und zur freien Versammlung, eine Demokratisierung des Strafrechts, wirksamen Arbeiterschutz, den Laizismus in Staat und Schule sowie die Unentgeltlichkeit der Schulen und Bildungseinrichtungen.[163] Der Aufruf war von etwa 40 Unterzeichnern aus Berlin, Krefeld, Danzig, Dortmund, Düsseldorf, Elberfeld, Friedberg (Hessen), Gevelsberg, Hagen/Westf., Hamburg, Leipzig, Mühlrädnitz und Nowawes publiziert worden. Deren Berufsangaben „widerspiegeln, dass sich vor allem Vertreter der gutsituierten städtischen Mittelschichten und der Intelligenz beteiligten: Kaufleute, Fabrikanten, Rechtsanwälte, Journalisten, Lehrer." Die bedeutendsten Vereine entstanden in Berlin, Leipzig, Hamburg und Dortmund.[164]

Der Aufruf stieß auf geteilte Resonanz und erntete sowohl Kritik als auch Lob. Ein Streitpunkt war auch die Frage der Sozialreform. Die Dem. Bl. dokumentierten einige Stellungnahmen und formulierten zu ihnen eine eigene: „Wir sind allerdings der Ansicht, dass umfassende soziale Reformen uns Not tun. Wir glauben aber, dass eine wirksame, erfolgreiche Sozialreform nur in einem freien Staatswesen durchgeführt werden kann. Die Erreichung politischer Freiheiten und Rechte ist uns nicht Selbstzweck, sondern das Mittel, die gesittete und materielle Wohlfahrt aller Staatsbürger zu fördern."[165] Die Forderungen des Aufrufs deckten sich vielfach mit jenen des Gothaer Programms der Sozialdemokratie von 1875, das auch für die Selbstverwaltung für alle Arbeiterhilfs- und Unterstützungskassen eintrat und somit eine Überschneidung mit dem Selbsthilfegedanken der sozialliberalen Gewerkvereine besaß.[166] Außerdem sollten sie eine fortschrittliche Gegenprofilierung des Linksliberalismus gegen die Anpassungstendenzen der Freisinnigen und erst recht der Nationalliberalen initiieren, damit dem „Drängen nach Rechts ein energischer Halt" geboten würde.[167] Davon ausgehend erhofften sich die Initiatoren einen Zusammenschluss mit der linksliberalen Deutschen Volkspartei (DtVP) in ihrem Kerngebiet in Württemberg. Die DtVP hatte sich ebenfalls von der Vereinigung zur Freisinnigen Partei fern gehalten, lehnte letztlich aber die Union mit den norddeutschen Demokraten ebenso ab, weil sie ein positives Verhältnis zum Freisinn nicht verspielen wollte.[168] Trotz dieses Rückschlags wurde die Gründung einer demokratischen

163 Aufruf „An die Demokraten Norddeutschlands!", BVZ, 11.12.1884; Seeber/Wittwer, S. 112 ff.

164 Seeber/Wittwer, S. 114.

165 Dem. Bl., Nr. 26, 20.12.1884, S. 210.

166 Gothaer Programm v. 1875, in: Dowe/Klotzbach (Hg.), S. 177 ff.

167 Dem. Bl., 13.12.1884, zit. n. Fricke (Hg.), Demokraten, S. 99.

168 Fricke (Hg.), ebd.

Partei nicht aufgegeben, ebenso wenig nach der Niederlage der verbliebenen Fortschrittspartei bei der Reichstagswahl vom 28. Okt. 1884, bei der lediglich Julius Lenzmann sein Mandat in Dortmund verteidigen konnte.

Die Dem. Bl. wurden zum Forum dieses Parteibildungsprozesses. Sie erschienen erstmals am 21. April 1884, Julius Lenzmann und Adolph Phillips waren zunächst für die Zeitschrift verantwortlich, Franz Mehring wirkte bis Ende 1885 als ständiger Mitarbeiter an der Gestaltung des Blattes mit und sorgte für literarische Brillanz und Originalität der Leitartikel. Die Startauflage betrug 650 Exemplare, der Preis für das Vierteljahresabonnement belief sich auf 2 Mark. Zwischen der ersten und zweiten Ausgabe lagen einmalig zwei Wochen, ansonsten betrug der Erscheinungsrhythmus eine Woche. Der Redaktionssitz befand sich zunächst in der Lützowstraße 105, ab dem 30.6.1885 in der Dessauer Str. 4 in Berlin. Als Redakteur tauchte Ledebour namentlich ab dem 8.7.1885 in der Titelei des Blattes im Kopf der Ausgabe auf, denn im Juli 1885 rückte er in die Funktion des Chefredakteurs auf und wurde überdies zum Herausgeber des Blattes bis zu dessen Einstellung 1886.[169] In dieser Funktion verschaffte er dem zeitweise beinahe mittellosen Schriftsteller Bruno Wille eine zeitweilige Anstellung als Hilfsredakteur. Dieser erinnerte sich an Ledebour während dieser Phase: „In einer politischen Versammlung lernte ich Georg Ledebour kennen; damals war er ein Führer der kleinen Demokratenpartei. Wir wurden befreundet und tauschten uns über alles Mögliche aus. War er bei Kasse, so freute es ihn, Schinken, Käse, Bier einzukaufen, damit ich sein Gast sein könne […] Unter meiner Redaktion erhielten die ‚Demokratischen Blätter' ein paar Beiträge der damals jüngsten Poetengeneration. Soziale Gedichte von Gerhart Hauptmann und Adalbert von Haustein."[170] Tatsächlich änderte das Blatt seither seine Aufmachung. Es gab weniger lange Artikel, mehrere Rubriken mit kürzeren Texten, Ansätze eines Feuilletons, wahrscheinlich gestaltet von Bruno Wille, Presseschauen und Nachrichten aus der Demokratischen Partei. Das politische Themenspektrum erweiterte sich z. B. um die Polenpolitik Bismarcks, die seitens der Zeitschrift scharf verurteilt wurde, auch die rechtsgeschichtlichen und rechtspraktischen Beiträge nahmen an Anzahl zu. Vermutlich hatte Ledebour nun als tatsächlicher „Chef" der Zeitschrift mehr Gestaltungsfreiheit als unter der Herausgeberschaft von Phillips und Trescher. Im Übrigen dürfte die Mehrzahl der Ausgaben vor allem auf Ledebours Beiträge zurückgehen, schaut man sich die Stilistik an, sodass man annehmen kann, dass ohne ihn das Blatt niemals hätte existieren können.

169 Ratz, S. 16.
170 Wille, S. 23.

Bruno Wille erwähnte überdies seine eigene gute Bekanntschaft mit Johanna Jagert, Vorsitzende des „Nordvereins", also des Vereins der Arbeiterinnen Berlins. Dieser frühe Arbeiterinnenverein wurde am 9. Juni 1886 wie auch der Verein zur Wahrung der Interessen der Arbeiterinnen vor den Untersuchungsrichter vorgeladen und schließlich wegen Verstoßes gegen das Vereinsrecht geschlossen. Arthur Stadthagen, der Rechtsanwalt an der Seite der Sozialdemokratie Berlins und spätere Reichstagsabgeordnete, verteidigte die Vorsitzenden des Vereins zur Wahrung der Interessen der Arbeiterinnen, Marie Hoffmann und Emma Ihrer. Ledebour blieb seit dieser Zeit mit Arthur Stadthagen bis zu dessen Tod am 5. Dezember 1917 befreundet, den er über Bruno Wille und Johanna Jagert oder die Prozessbeobachtung kennengelernt haben könnte, und so rückte er vielleicht der Sozialdemokratie wieder ein kleines Stück näher.[171]

Die Demokratische Partei wurde am 13. und 14. September 1885 in Hamburg gegründet. Dass diese Parteigründung von vornherein zum Scheitern verurteilt war, kam allein schon darin zum Ausdruck, dass lediglich 16 Delegierte zusammenkamen und Parteiprogramm und Statut beschlossen. Mitsamt den anwesenden Mitgliedern des Hamburger Vereins nahmen insgesamt 70 Personen an der Parteigründung teil. Die im Aufruf „An die Demokraten Norddeutschlands!" bekannt gemachten Forderungen und Positionen fanden im Wesentlichen Eingang in das beschlossene Parteiprogramm. Da schon der Aufruf von Ledebour mitverfasst wurde, ist seine politische Handschrift auch im Parteiprogramm erkennbar. Mitverfasser waren die Berliner Demokraten Dr. Guido Weiß und Dr. Adolf Phillips und der Leipziger Eduard Kämpffer, die ebenfalls den Aufruf unterzeichnet hatten.[172] Das Programm selbst positionierte sich eindeutig in Opposition zur Bismarckschen Politik und zu deren liberaler Unterstützung, aber auch zur Skepsis gegenüber sozialstaatlichen Maßnahmen: „Das Programm konzentrierte sich auf eine wesentliche Machterweiterung des Reichstages (jährliche Etatbewilligung, Ministerverantwortlichkeit), war mit den Forderungen nach Verkürzung der Militärdienstzeit, Aufhebung aller militärischen Privilegien sowie Anbahnung einer allgemeinen Abrüstung gegen den Militarismus gerichtet und verlangte die Beseitigung aller Ausnahmegesetze sowie die Sicherung der demokratischen Grundrechte. Neben der Trennung von Kirche und Staat und der Einführung eines demokratischen Schulsystems bekannte sich die Partei zu einer wirksamen Arbeiterschutzgesetzgebung und zur Sicherung des Koalitionsrechts."[173] Hinzu kamen die Forderungen nach dem allgemeinen,

171 Ebd., S. 26; Czitrich-Stahl, S. 76ff.

172 Keller, S. 7.

173 Fricke (Hg.), Demokraten, S. 99.

gleichen und geheimen Wahlrecht in allen parlamentarischen Körperschaften, der Freiheit und Achtung der Organisationen der Arbeiterselbsthilfe sowie der Einführung einer progressiven Einkommensteuer mit Selbsteinschätzung statt indirekter Steuern.[174]

In einer Frage konnte sich Ledebour nicht durchsetzen und musste einem Kompromiss zustimmen: Der von ihm seit Jahr und Tag vehement geforderte Maximalarbeitstag und die Arbeitsruhe am Sonntag, eingebracht vom Hamburger Demokratischen Verein, blieben außen vor. Nach heftiger Debatte wurde eine unverbindlichere Formulierung beschlossen. Auf Vorschlag Ledebours forderte man nun die „gesetzliche Regelung der Arbeitszeit, insbesondere der Sonntagsarbeit".[175] Man wollte offensichtlich, so stellte es Ledebour dar, seitens der Programmkommission auf solche Forderungen verzichten, die eine „freie Hand" in alle Richtungen zunichtemachen würden. Gewiss steckt dahinter eher die Unmöglichkeit, die großen Meinungsverschiedenheiten zwischen den eher traditionellen Linksliberalen und den eher Sozialliberalen zu überbrücken.[176] Konkret lautet der nun gültige Passus im Programm der Demokratischen Partei: „Die Partei erstrebt eine wirksame – soweit wie möglich durch internationale Vereinbarung geregelte – Arbeiterschutzgesetzgebung, und tritt daher ein für die gesetzliche Regelung der Arbeitszeit, insbesondere der Sonntagsarbeit, sowie für die Beschränkung der gewerblichen Frauenarbeit. Sie verlangt die Herstellung einer demokratischen Organisation, welche unter Berücksichtigung der Sonderbedürfnisse der einzelnen Bezirke und Gewerbe die Durchführung der Arbeiterschutzgesetze überwachen, und ihre Vervollkommnung anzustreben hat. Sie fordert ein tatkräftiges Eintreten der Gesetzgebung zur Versorgung der ganz oder teilweise erwerbsunfähig gewordenen Arbeiter; volle, allseitige Wahrung der Bewegungsfreiheit der Arbeiter, um in Vereinen, Genossenschaften, Kassenverbänden usw. selbsttätig die Verbesserung ihrer Lage herbeizuführen."[177] Es ist unschwer Ledebours Festlegung auf „Selbsthilfe plus Staatshilfe" zu erkennen, wenn sowohl eine Verantwortung des Staates für den Arbeiterschutz als auch sozialpolitische Maßnahmen reklamiert wurden, gleichzeitig die Organisationen der Selbsthilfe gewahrt und unterstützt werden sollten. Der berufsgenossenschaftliche Gedanke trat ebenfalls deutlich hervor, die internationale Dimension wurde thematisiert.

174 Ratz, S. 19.

175 Ebd., S. 23; Seeber/Wittwer, S. 127.

176 Ratz, S. 23; Frankfurter Zeitung (FfZ), 15. 9. 1885, S. 1; Dem. Bl., Nr. 51/52, 31. 12. 1885.

177 Programm der Demokratischen Partei, abgedruckt in: Fricke (Ltg.), Sturm läutet das Gewissen, S. 186 ff.

In der Gesamtschau der Forderungen wird die bereits bestehende Nähe zur Sozialdemokratie, zieht man das „Gothaer Programm" zu Rate, noch deutlicher und lässt nachvollziehen, was Ledebour meinte, als er sagte, es trennten die linken Demokraten nur die wegen der weitreichenden Vergesellschaftungsziele so genannten „kommunistischen Anschauungen" der Sozialdemokratie von jener.[178] Er selbst hatte den Entwurf zusammen mit Dr. Guido Weiß, Dr. Adolf Phillips und Eduard Kämpffer geschrieben. Von daher sticht ein weiterer Punkt heraus, der für sein späteres Auftreten als im Jahr 1900 neu gewählter Reichstagsabgeordneter der SPD charakteristisch war. „Die Demokratische Partei erblickt das einzige Heilmittel für den die Staaten Europas zerrüttenden Nationalitätenhader in der Durchführung des Grundsatzes der Nationalitätentoleranz, und tritt deshalb unbedingt ein für das Recht einer jeden Nationalität, in jedem Staate frei und ungehindert sich entfalten und ihr Volkstum pflegen zu können."[179] Dieses Prinzip verfocht er sowohl hinsichtlich der Rechte der polnischen Minderheit im Deutschen Reich und in Preußen als auch als scharfer Kritiker der Kolonialpolitik zur Zeit Wilhelms II. sowie als Konzeptionist der sozialdemokratischen Position in dieser Frage.[180]

In den Dem. Bl. erläuterte er ohne Namensnennung[181] dieses Prinzip näher. So legte er den Hauptakzent seiner Nationalitätsdefinition auf die Sprache, weniger auf die ethnische Zugehörigkeit. Die Sprache galt ihm als das „Ausdrucksmittel der höchsten menschlichen Ideale", sie erst verbinde die Menschen zu Angehörigen eines Volkes oder einer Volksgruppe. Sie sorge für die „Erziehung und Entwicklung zu einem gemeinsamen Volkstum" und nicht umgekehrt das Volkstum bedinge die Kollektivsprache. Das Volkstum selbst entwickele sich „als Gesamtheit volkstümlicher Sitten und Überlieferungen, welche von Geschlecht zu Geschlecht durch die Sprache" weitergegeben würden. Ledebour bezog also Elemente einer Definition der Kulturnation auf kommunikationstheoretischer Grundlage in sein Verständnis von Nation und Nationalität ein.[182] Er lehnte das Bestreben von Mehrheitsnationalitäten innerhalb eines Staates, Minderheiten die eigene Sprache, Kultur etc. aufzuzwingen, entschieden ab und erblickte darin eine Hauptursache für Kriege und Bürgerkriege. Der realpolitische Hintergrund

178 BVZ, 4. 12. 1884.

179 Programm der DP, S. 188.

180 Wilhelm Dittmann, Georg Ledebour, der Parlamentarier, in: Ledebour. Mensch und Kämpfer, S. 44.

181 Ratz, S. 24. Ursula Ratz verglich Schlüsselbegriffe in den entsprechenden Texten mit Reden Ledebours im Reichstag und fand sie verwendungsgleich wieder.

182 Dem. Bl., Nr. 32, 12. 8. 1885, S. 249; ebd., Nr. 33, 19. 8. 1885, S. 258.

dürfte in der Bismarckschen Politik der „Germanisierung des Bodens" in Westpreußen und der preußischen Provinz Posen gelegen haben. Durch staatlichen Landkauf sollten der polnische Adel geschwächt und deutsche Bauern angesiedelt werden. Schon 1876 in Preußen und 1877 im Reich war die deutsche Sprache per Gesetz zur Amtssprache im Behördenverkehr und vor Gericht erklärt worden. Heinrich August Winkler spricht zurecht von Rassismus, wenn er das deutsche Verhältnis zu Polen und zur polnischen Minderheit im Deutschen Reich bewertet.[183] Unter Ledebours Chefredaktion enthielten die Dem. Bl. die Rubrik „Streiflichter", später „Russo-Borussen", in der Maßnahmen der preußischen Regierung gegenüber der polnischen Minderheit vorgestellt und kritisiert wurden. Als „Russo-Borussen" galten all jene, die in Russland und Preußen eine vom „Polizeigeiste" geprägte „Nationalpolitik" betrieben.[184] Die Schweiz hingegen erschien Ledebour als ein Musterbeispiel für ein Gelingen der Nationalitätentoleranz, denn sie habe bewiesen, dass die Pflege der eigenen Sprache und Kultur, die Achtung der Rechtsgleichheit, die Toleranz und ein gemeinsames Nationalgefühl zusammen existieren könnten. Daraus resultierte für ihn die Vorstellung eines europäischen Staatenbundes, der Frieden und Einigkeit sichern werde und den Kern einer weltpolitischen Konföderation „sämtlicher Staaten der zivilisierten Welt" ausprägen könne.[185] Diese Position behielt er zeitlebens bei.

Damit setzte sich die junge Partei sowohl von der SAPD als auch von den Freisinnigen ab. Von der großen und etablierten linksliberalen Konkurrenz trennte die Demokratische Partei vor allem die soziallibérale Orientierung. Wortgewaltig hatte Ledebour am 20.4.1885 im Berliner Demokratischen Verein die Freisinnigen als reine „Bourgeoispartei" tituliert, die dank ihrer bloßen Konzentration auf Zoll- und Steuerfragen immer mehr der „Versimpelung" anheimfiele und von einer „manchesterlichen Einseitigkeit" charakterisiert sei. Unter Anspielung auf die antisemitische Stoecker-Bewegung sagte er, dass „die Bevölkerung Berlins an der gepfefferten Kost, welche die Sozialdemokratie bietet, ja selbst an dem Hautgout der Stöckerlinge mehr Gefallen gefunden hat, als an den ewigen Kartoffelsuppen dieses modernen Zoll- und Budgetliberalismus ohne Saft und ohne Kraft".[186]

183 Winkler, S. 252 ff.

184 Ratz, S. 23; Zur Rubrik i.d. Dem. Bl. s. z.B. Nr. 49, 12.12.1885, S. 389.

185 Dem. Bl., Nr. 31, 5.8.1885, S. 242; Nr. 33, 19.8.1885, S. 264. In der Historiographie der DDR wurde das Programm der Demokratischen Partei positiv gewürdigt: „Da die Forderungen meist präziser als im Programm der Volkspartei formuliert waren, verfügte die Demokratische Partei über das konsequenteste Programm, das seit 1848 von kleinbürgerlichen Demokraten verfasst worden war." Seeber/Wittwer, S. 130.

186 Dem. Bl., Nr. 17, 29.4.1885, S. 136.

Doch wollte er die Tür zwischen den Demokraten und den Freisinnigen nicht völlig zufallen lassen: Als Demokraten „wünschen wir ein ehrliches und gesundes Verhältnis zwischen beiden Teilen. Keine zärtliche Freundschaft, denn Herzenssachen haben mit der Politik nichts zu schaffen. Aber auch keine gehässige Feindschaft, denn grobe Mäuler lassen sich stopfen. Vielmehr ehrliche Kameradschaft, wo sie möglich, treue Unterstützung, wo sie nötig, und sachlicher Streit, wo er unvermeidlich ist! Wir wünschen, und wagen einstweilen auch noch zu hoffen, daß dieser einfache Vorschlag drüben so loyal aufgenommen wird, wie er hüben gemacht ist."[187] Er unterstrich nach der Gründung der Demokratischen Partei seine sozialliberale Grundkritik an den Freisinnigen mit dem Fazit, dass allein „eine rein demokratische Partei" bewirken werde, dass „eine Vereinigung aller Volksklassen" erreicht und „das tiefe Bedürfnis des Volkes nach politischen und sozialen Reformen" erfüllt werden könne. „Darin liege die Existenzberechtigung für die jetzt noch kleine, aber hoffnungsfreudige Partei."[188] Vorsitzende dieser Partei waren im Übrigen Eduard Kämpffer, Karl Melos und der Verleger Carl Ludwig Duncker, dessen Vater Franz Duncker schon als Mitbegründer der Hirsch-Dunckerschen Gewerkvereine und als liberaler Politiker in Erscheinung getreten war. Alle drei Vorsitzenden waren in Leipzig ansässig. Ledebour gehörte zu den sechs Mitgliedern des erweiterten Vorstands.[189]

Jedoch führte der Gründungsakt nicht zu einer schnellen Verbreiterung und Vertiefung der Organisation. Insgesamt ist davon auszugehen, dass 1886 die Gesamtzahl der Vereine bei elf und der Mitglieder bei etwa 900–1000 betrug. Das wäre etwa die Hälfte der Auflagenhöhe der „Demokratischen Blätter", die im gleichen Jahr bei maximal 2000 Exemplaren lag.[190] Ein Grund für die schnell feststellbare Stagnation des Mobilisierungsprozesses neuer Anhänger und Mitglieder könnte in der öffentlichen Wahrnehmbarkeit der unterschiedlichen Standpunkte ihrer Führungspersonen zu suchen sein. Julius Lenzmann, Rechtsanwalt und Reichstagsabgeordneter, versuchte den Graben zwischen der Demokratischen Partei und dem Freisinn nicht zu tief geraten zu lassen und war die politische Entwicklung des Freisinns abzuwarten bereit. Seine Gegnerschaft erblickte er in der Sozialdemokratie[191], zumal im Ruhrgebiet die Arbeiterpartei wegen der liberalen und katholischen Konkurrenz (Zentrumspartei) noch nicht

187 Ebd.

188 Ebd., Nr. 49, 12. 12. 1885, S. 392. Zu Adolf Stoecker bzw. der Christlich-Sozialen Arbeiterpartei s. Tormin, S. 76 f.

189 Keller, S. 7.

190 Ratz, S. 18; Fricke (Hg.), Demokraten, S. 99; Keller, S. 16, gibt 21 Delegierte an.

191 Seeber/Wittwer, S. 123 f.

so stark Fuß fassen konnte wie etwa in Berlin. Georg Ledebour hingegen besaß durch seine Berliner Aktivitäten Kontakte zu sozialdemokratisch orientierten Arbeitern, seine sozialliberale Positionierung eröffnete zahlreiche gemeinsame Bezugspunkte. Er warb in Berlin mit der Aussage für die künftige Demokratische Partei, dass diese keine reine Bourgeois-Partei sein werde, sondern die „Klassenunterschiede aufheben" wolle.[192]

Seeber/Wittwer bilanzieren in ihrer von der LDPD der DDR herausgegebenen Darstellung zum Linksliberalismus zwischen 1871 und 1893 die unterschiedlichen Projektionen der Parteigründer Lenzmann, Ledebour und Guido Weiß, der noch mit dem 1848er-Revolutionär Johann Jacoby zusammengearbeitet hatte, folgendermaßen: „So herrschten also unklare und sehr unterschiedliche Standpunkte innerhalb der norddeutschen bürgerlichen Demokratie. Beide Auffassungen – Lenzmanns und Ledebours – waren als Grundlage für eine dauerhafte bürgerlich-demokratische Organisation nicht geeignet [...] Weiß unterschied sich in dieser Hinsicht grundsätzlich von Lenzmann: Während es dem Kampfgefährten Johann Jacobys um die Wiederbelebung des demokratischen Gedankens in Deutschland ging, setzte Lenzmann seine Person und seine Erfolge um Reichstagsmandat und Einfluss zum Maßstab."[193] Lenzmann jedenfalls war zur Sicherung seines Reichstagsmandats auf die Arbeiterschaft im Dortmunder Raum angewiesen, denn die dortige Demokratische Partei hoffte, „ihren Anhang durch die Gewinnung von Arbeitern verstärken zu können, zumal die Partei in einigen Städten – wie z. B. in Dortmund – in denen die Sozialdemokratie noch nicht hatte entscheidend Fuß fassen können, Arbeiter als Mitglieder zu gewinnen vermochte." Andere Vertreter der Demokratischen Partei „traten [...] gegen das Sozialistengesetz auf; viele verbanden damit aber die Hoffnung, dass sich die ‚reformistischen Elemente' der Sozialdemokratie [...] durchsetzen würden und die Arbeiterbewegung unter die Fahne der kleinbürgerlichen Demokratie zu bringen sei"[194], zumal die Sozialdemokratie durch das „Sozialistengesetz" illegalisiert war. Franz Mehring, und mit ihm vermutlich sein Redaktionskollege bei den Dem. Bl. und der BVZ Georg Ledebour, waren der Sozialdemokratie schon näher gerückt. Mehring forderte in einer Artikelserie in der BVZ dazu auf, die Arbeiterbewegung als eigenständigen Faktor anzuerkennen; eine sozialliberale Integration der Mehrheit der Arbeiterschaft sei nicht zu erwarten: „Im Großen und Ganzen wird es dabei bleiben, dass jeder deutsche Arbeiter, der zum politischen Bewusstsein erwacht, sich der Sozialdemokratie anschließt";

192 BVZ, 9. 1. 1885.

193 Seeber/Wittwer, S. 124 f.

194 Fricke (Hg.), Demokraten, S. 100.

dem folgten fast zeitgleich die Dem. Bl.[195] Schon der Gründungsparteitag offenbarte die Gratwanderung, auf Basis dieser unterschiedlichen Perspektiven eine erfolgreiche Partei zu formieren, denn neben den lediglich 16 erschienenen Delegierten fehlten bedeutende potenzielle politische Schwergewichte: „Dr. Phillips war krank, Dr. Guido Weiß (der den Programmentwurf mit ausgearbeitet hatte) fehlte ohne Begründung, und Lenzmann hatte es vorgezogen, abwartend im Hintergrund zu bleiben; er begnügte sich mit einem Begrüßungstelegramm."[196]

Die neue Partei hatte ihren Zenit nach ihrer Gründung schnell überschritten. Bald schon geriet sie zwischen die Mühlen der Freisinnigen und der Sozialdemokratie. Schon nach der Wahlniederlage des Freisinns von 1884 hatten die Dem. Bl. analysiert, dass die verlorenen Wähler des Freisinns einerseits zu den Nationalliberalen gewandert seien, weil sie den Weg der Sezessionisten in die Fusion mit der FP nicht mit gegangen seien, anderseits die Abschwächung des linksliberalen Profils der Freisinnigen durch die Fusion ihnen Wähler gekostet habe, die zu den Sozialdemokraten abgewandert seien. Nach der Gründung der DP betrieb die DFP einen harten Kurs der Abgrenzung. Dies galt auch und gerade für die Frage der Arbeiterschutzgesetzgebung, die ja Ledebour besonders am Herzen lag und bei der er die Gewerkvereine hinter sich wusste. Die Fraktion der Freisinnigen im Reichstag lehnte dieses Anliegen mal kategorisch, mal ausweichend, aber stets ab.[197] Ähnlich gravierend waren die Differenzen hinsichtlich der Sozialgesetzgebung. Während die Nationalliberalen hier längst auf Bismarcks sozialpolitischen Kurs eingeschwenkt waren, lehnten die Freisinnigen staatliche Sozialpolitik als „Staatssozialismus" ab. Hier waren die Demokraten um Ledebour und Mehring sicher den Nationalliberalen näher als den Linksliberalen des Freisinns und für jene eine Konkurrenz. Beim Koalitionsrecht und beim Versammlungsrecht näherte sich die Fraktion der Freisinnigen neuerdings an Bismarck an und gab nur vordergründige Lippenbekenntnisse ab, weil man glaubte, von der Abschreckungswirkung der Politik der „Peitsche" gegen Sozialdemokraten und streikende Arbeiter profitieren zu können.

Zwar hatte sich Eugen Richter wenig erfolgreich bemüht, die DtVP zur Vereinigung mit dem Freisinn zu bewegen, doch verhinderte er so deren Koalition oder Fusion mit der DP und dadurch das Entstehen einer potenziellen sozialliberalen Konkurrenz.[198] Das Scheitern einer Vereinigung mit den süddeutschen Demokraten fand seinen Niederschlag in einem Leitartikel, in dem die

195 Franz Mehring, BVZ v. 28., 30. u. 31.12.1884; Dem. Bl., Nr. 1, 3.1.1885.

196 Seeber/Wittwer, S. 126.

197 Seeber, S. 150.

198 Seeber/Wittwer, S. 116.

Hoffnung nicht völlig aufgegeben wurde: „Unbeirrt durch die Befehdung von Männern, die freudig uns hätten die Hand reichen müssen, wenn sie von wahrhaft demokratischem Geiste erfüllt gewesen wären, werden wir fortarbeiten auf der Bahn, die wir uns vorgezeichnet haben. Und wenn noch hin und wieder unsere Unternehmungen nicht den Ausgang nehmen, den wir erwartet haben – was tuts? Wer sich vor einer Niederlage fürchtet, wird niemals in die Lage kommen, einen Sieg zu erfechten."[199] Obzwar dieser Leitartikel nicht namentlich ausgewiesen wurde, kann man aus den Worten den „echten Ledebour" herauslesen, entspricht die Haltung des Autors nach der politischen Niederlage doch dem lebenslangen Verhalten Ledebours in Krisen und nach Spaltungen. Schon früh muss er die Selbstbehauptung erlernt haben, aus der dann scharfe Abgrenzungen oder Rechthaberei folgten, wenn er hier z. B. den süddeutschen Demokraten abspricht, „von wahrhaft demokratischem Geiste erfüllt gewesen" zu sein. Anna Siemsen charakterisierte ihn folgendermaßen: „Georg Ledebour war ein heftiger Mann, und gerade weil es ihm einzig zu tun war um die Sache, weil er Schonung weder verlangte noch gewährte, war er ein harter Gegner. Mehr noch: er konnte ungerecht sein. Niemals aber war er's mit Willen und Bewusstsein. Wenn er verurteilte, geschah es in der Überzeugung, dass der andere das Urteil verdiene."[200]

Dieser Fortbestand der regionalen Fragmentierung einer nicht an die Freisinnige Partei gebundenen demokratischen Bewegung führte schon ab 1886 zum schleichenden Ende der Demokratischen Partei, die noch bis 1888 rudimentär weiter existierte.[201] Schon im Oktober 1885, also kurz nach dem Hamburger Parteitag, kam der Berliner Verein der Demokratischen Partei anlässlich der Landtagswahlen in Preußen mangels eigener Möglichkeiten nicht um eine Wahlempfehlung für die Freisinnigen herum, angesichts des offensichtlichen Charakters als Gegengründung zum Freisinn ein Eingeständnis der Schwäche.[202] Betrachtet man das in Hamburg beschlossene Programm, so fehlen dort erstaunlicherweise konkrete Forderungen, die speziell auf das Bürgertum zugeschnitten waren, also zur unternehmerischen Freiheit etwa oder zur Steuer-, Zoll- und Handelspolitik. Ebenso wenig wurde die Landwirtschaft thematisiert, lediglich die Arbeiterschaft wurde durch den Passus zur Arbeiterschutzgesetzgebung einbezogen. Seeber/Wittwer legten in ihrer Betrachtung den Finger in diese Wunde und bewerteten die Programmausrichtung als „folgenschwere soziale Fehlorientierung": „Nur indirekt [...] berücksichtigte es

199 Dem. Bl., Nr. 41, 14. 10. 1885, S. 322.

200 Siemsen, S. 8.

201 Seeber/Wittwer, S. 169 ff.

202 Dem. Bl., Nr. 43, 28. 10. 1885, S. 343.

die Wünsche des Kleinbürgertums. Damit wurde die eigentliche soziale Basis der norddeutschen Demokraten regelrecht ignoriert." Sie sahen die Ursache dafür in der sozialen Herkunft ihrer Führungspersönlichkeiten, darunter Ledebour, die überwiegend kleinbürgerliche Intellektuelle gewesen seien, denen „die genaue Kenntnis der Existenzbedingungen und Probleme der städtischen und ländlichen Mittelschichten" gefehlt habe.[203]

Eduard Bernstein schrieb in seiner „Geschichte der Berliner Arbeiterbewegung" über Ledebour und das Scheitern der Demokratischen Partei: „Zu einer Bedeutung hat es dieser demokratische Verein nicht bringen können. Wie sein gleichnamiger Vorgänger bildete er für einen Teil seiner Mitglieder nur eine Übergangsstufe zur Sozialdemokratie. Die scharf ausgeprägten Partei- und Klassengegensätze in Berlin ließen für politische Zwischenbildungen keinen Raum mehr."[204] Doch gab es sicher über die Berliner Bedingungen und verallgemeinerte Probleme hinaus regionale und strukturelle Ursachen des Scheiterns: „Während die süddeutsche Volkspartei kleinbäuerliche und kleinbürgerliche Schichten zu ihren Anhängern zählte, konnte die Demokratische Partei in diesen Kreisen schwer an Boden gewinnen. Zunächst suchten die norddeutschen Demokraten diese Schichten nicht in die Bewegung einzubeziehen, wenngleich einige Publizisten nach 1886 durchaus erkannten, dass die politische Wiedereroberung des kleinen Bürgertums entscheidende Bedeutung für die demokratische Bewegung besaß."[205] 1888 fand noch der zweite Parteitag der DP in Leipzig statt, Ledebour hatte sich allerdings aus ihren Leitungsfunktionen zurückgezogen und sich gemeinsam mit Mehring auf die publizistische Arbeit in der BVZ zu konzentrieren begonnen. Die „Demokratischen Blätter" erschienen in der bisherigen Form noch bis Anfang 1886, in verminderter Form bis zum Ende des 2. Quartals 1887 weiter.[206] Unter der Chefredaktion Ledebours hatten sie mit 2000 Exemplaren ihre Maximalauflage erreicht. Gemeinsam mit Franz Mehring und Hermann Trescher wandte er sich mehr und mehr der Arbeit für die BVZ zu.[207] Diese bewertete das absehbare Ende der Demokratischen Partei 1887 nicht als ein absolutes, sondern schrieb; „Solange jene mittleren Schichten der Nation in vielleicht geschmälerter, aber doch immer weitreichender Kraft leben, werden sie stets bestrebt sein, den ihnen gebührenden Einfluss auf die öffentlichen Angelegenheiten zu gewinnen, und zwar um so

203 Seeber/Wittwer, S. 130 f.

204 Bernstein, Berl. Arbeiterbewegung 2, S. 146.

205 Fricke (Hg.), Demokraten, S. 100.

206 Seeber/Wittwer, S. 169 ff.

207 Ebd., S. 169.

beharrlicher, und nachdrücklicher, je mehr sich ihr politisches Urteil klärt." Es werde „die bürgerliche Demokratie wieder auf dem Platz sein, sei es in den alten, sei es in neuen Parteiformen".[208]

Das faktische Ende der Demokratischen Partei fiel mit den Neuwahlen zum Reichstag am 21. 2. 1887 zusammen. Der Reichstag war vom Reichskanzler Otto von Bismarck vorzeitig aufgelöst worden, weil der von ihm geforderte erneute siebenjährige Militäretat von der Mehrheit des Reichstags abgelehnt worden war. Außenpolitisch drohte dem Reich angeblich ein Zweifrontenkonflikt mit Frankreich und Russland. Die Wahlen ergaben eine Mehrheit für die sog. „Kartellparteien", also Nationalliberale, Deutschkonservative und Freikonservative, die sich an Bismarcks Seite gestellt hatten und 220 der 397 Mandate errangen. Die neue Mehrheit bewilligte im neuen Reichstag die zuvor abgelehnte Vorlage des Militäretats, das „Septennat". Bismarck wendete den drohenden Zweifrontenkonflikt durch den geheimen Rückversicherungsvertrag mit Russland ab, das dem Reich dessen Neutralität bei einem unprovozierten Konflikt mit Frankreich zusicherte.[209] Zur Mobilisierung für die letztlich nach dem Scheitern der Demokratischen Partei unvermeidbare Unterstützung der Freisinnigen sprach Ledebour am 30. 1. 1887 vor dem liberalen Berliner Arbeiter-Verein, der danach eine Wahlaussage für den Freisinn mittels eines Flugblatts veröffentlichte.[210] Ledebour wohnte zu diesem Zeitpunkt übrigens in der Kreuzberger Kleinbeerenstraße 26.[211]

Am 9. März 1888 starb Kaiser Wilhelm I., ihm folgte, allerdings bereits todkrank, der von Liberalen längst erhoffte Kronprinz Friedrich als Friedrich III. auf den Thron des Reichs und Preußens. Als er nach 99 Tagen verstarb, ging die Krone auf Wilhelm II. über, der des starken Kanzlers Otto von Bismarck überdrüssig wurde. Während dieser noch immer auf die Härte des Gesetzes pochte, um die Arbeiterbewegung klein zu halten, verfolgte Wilhelm II. eine andere Strategie, die man im Gegensatz zu Bismarcks „Zuckerbrot und Peitsche" als „Domestizierung" charakterisieren könnte. Im Februar 1890 wollte Wilhelm durch Maßnahmen zum Arbeiterschutz, darunter ein Verbot der Sonntagsarbeit, der Sozialdemokratie das Wasser abgraben, wovon Bismarck abriet. Doch der Kaiser bestand auf seinem Vorhaben. Bismarcks Tage waren offensichtlich gezählt. Am 22. Juli 1889 hatte der Reichstag noch dem dritten Sozialgesetz, dem „Gesetz über die Alters- und Invalidenversicherung" zugestimmt. So sehr damit das Deutsche Reich auf sozialpolitischem Gebiet für Fortschritt

208 Ebd., S. 173.
209 Winkler, S. 254 ff.
210 LAB, Nr. 14903, Bl. 86, 30. 1. 1887, Bl. 88/89, polizeiliches Protokoll, Bl. 95 Wahlaufruf.
211 Ebd., Bl. 86; https://digital.zlb.de/viewer/image/34115512_1887/620/.

stand, so sehr blieb auch die andere Seite der Medaille nicht verborgen, die Schutzzollpolitik. Der Grundkonflikt innerhalb des parlamentarischen Liberalismus bestand fort. Die Nationalliberalen als Mitglied von Bismarcks „Kartell“ trugen die Sozialgesetze mit, die Freisinnigen opponierten gegen die Schutzzölle und blieben der Sozialpolitik gegenüber skeptisch. Der Sozialliberalismus konnte immer weniger eine Heimat in diesem Spektrum verorten. Freihandel, Sozialpolitik und Demokratisierung standen so gut wie kaum auf der liberalen Agenda praktischer Politik.

8. Mitarbeiter und Redakteur der „Berliner Volks-Zeitung"

Die „Berliner Volks-Zeitung“ entstand unmittelbar nach der 1848er-Revolution zunächst als „Urwähler-Zeitung“. Ihre Gründer waren die 1848er-Demokrat Franz Duncker und Aaron Bernstein, der Onkel des späteren sozialistischen Theoretikers und Publizisten Eduard Bernstein.[212] Sie war in Berlin die erste Zeitung, die täglich politische Ereignisse meldete und auch kritisch kommentierte, Bernstein ihr bekanntester Leitartikler, der gleichzeitig auch Naturwissenschaft populär in seinen Beiträgen präsentieren konnte, was ihm von Alexander von Humboldt hoch angerechnet wurde. Duncker wirkte als Verleger der „Urwähler-Zeitung“ und trat später als Mitgründer der Fortschrittspartei und der Hirsch-Dunckerschen Gewerkvereine in Erscheinung. Weil die Zeitung das preußische Dreiklassen-Wahlrecht ablehnte und als Gegnerin der konservativen „Kreuz-Zeitung“ zur demokratischen Meinungsbildung beitrug, wurde sie Mitte Juni 1853 verboten. Franz Duncker initiierte daraufhin ein neues demokratisches Blatt, die „Volks-Zeitung“, die am 1. Juli 1853 mit dem Untertitel „Organ für Jedermann aus dem Volke“ ins Leben trat. Dabei war wieder Bernstein, der dafür sorgte, dass es nun täglich einen Leitartikel gab. Zu den bekanntesten Mitarbeitern der BVZ gehörten die liberalen Politiker Adolf Philipps und Hermann Trescher, die an der Gründung des Berliner Vereins der Demokraten und an der Gründung der Demokratischen Partei mitwirkten. Philipps hatte die Chefredaktion von 1884–1886 inne, Trescher folgte ihm in dieser Funktion, die er 1889 an Franz Mehring abgab.

Mehring war 1884 zur Redaktion hinzugestoßen. Seit 1886 prägte er als Leitartikler maßgeblich das Gesicht des Blattes, zum Chefredakteur wurde er

212 De Mendelssohn, S. 183 f.; https://de.wikipedia.org/wiki/Aaron_Bernstein.

1889, nachdem Trescher aus gesundheitlichen Gründen die Funktion abgab.[213] Mehring holte anfangs Ledebour in die Redaktion und ermöglichte nun ein koordiniertes Vorgehen in den Dem. Bl. und der BVZ bis 1886, für Ledebour bedeutete dies eine weitere Einkommensquelle. Über Mehring schrieb Walther G. Oschilewski, der die Berliner Zeitungsgeschichte untersuchte: „Mit scharfer Feder und profunder Gelehrsamkeit war er einer der besten Journalisten der damaligen Zeit. Er verband wissenschaftlichen Arbeitseifer mit kühner Angriffslust und sozialer Verantwortung".[214] Zum politischen Profil der BVZ schrieb Oschilewski: „Wenn sich auch die ‚Berliner Volks-Zeitung' keiner Partei verschrieben hatte – sie polemisierte gegen Bismarcks Pressepolitik wie sie auch zeitweilig kritisch gegen die Fortschrittspartei Eugen Richters eingestellt war –, so blieb sie ein politisches Massenblatt linksliberaler Couleur, das sich im harten Konkurrenzkampf zwischen den seit 1860 in Berlin bestehenden 32 Zeitungen und 58 Wochenblättern erfolgreich behauptete."[215] Die Jahrgänge der Volks-Zeitung „stellen ein bemerkenswertes Kapitel in der preußischen Staats- und Verfassungsgeschichte dar und sind überdies eine Berliner Chronik eigener Art", wie Peter de Mendelssohn urteilte.[216] Adolf Damaschke, der linksliberale Lehrer und Lebensreformer, notierte in seinen Erinnerungen über die Redaktion dieser Zeitung: „In der Schriftleitung saßen begabte Männer wie Ledebour, Dr. Oldenburg, R. Elcho usw. An der Spitze stand Franz Mehring, neben Naumann und Jentsch wohl der glänzendste Stilist unter den Tagesschriftstellern unseres Zeitalters."[217] Immer wieder sah sich die Obrigkeit zum Einschreiten gegen allzu kritische Leitartikel veranlasst, in denen sie beispielsweise den Tatbestand der Beleidigung zu erblicken meinte. Sie beschlagnahmte die Ausgabe vom 29. 5. 1884 wegen Verstoßes gegen § 15 des „Sozialistengesetzes", also wegen der Veröffentlichung sozialistischer, kommunistischer oder sozialdemokratischer Umsturzbestrebungen. Der leitende Redakteur Carl Gustav Renkert hatte die „Alte und neue Staatskunst" der Bismarck-Ära spitzzüngig kritisiert und wurde dafür zu einer Gefängnisstrafe verurteilt.[218] Vier Jahre später wurde Hermann Trescher wegen Beleidigung des Amtsdirektors Münter in Siegen zu 300 M. Geldbuße oder 20 Tagen Gefängnis verurteilt.[219]

213 Vgl. Walther G. Oschilewski, Zeitungen in Berlin. Im Spiegel der Jahrhunderte, Berlin 1975, S. 64f. u. 73f.

214 Ebd., S. 74.

215 Ebd.

216 De Mendelssohn, S. 184.

217 Damaschke, S. 227.

218 LAB, Nr. 14779, Bl. 146 v. 30. 5. 1884, Bl. 154 v. 8. 8. 1884.

219 Ebd., Nr. 14780, VZ, 5. 5. 1888.

Mehring bezog auch die Sozialdemokraten Wilhelm Hasenclever und Bruno Schönlank in die journalistische Arbeit ein und öffnete das Blatt politisch weiter nach links. Ledebour muss also auch auf diesem Wege Kontakt zur Sozialdemokratie besessen haben. Eduard Bernstein würdigte den Journalismus der BVZ und Mehrings Arbeit entsprechend: „Mehring wurde ferner Mitarbeiter und später Mitredakteur der ‚Demokratischen Blätter‘, und als im Januar 1886 Philipps starb, wurde seine Beziehung zur Redaktion der ‚Volkszeitung‘ eine immer engere, bis er im Frühjahr 1889, nachdem die ‚Volkszeitung‘ eine kurze Zeit sozialistengesetzlich unterdrückt worden war, leitender Redakteur des Blattes wurde [...]. Auf diese Weise blieb die ‚Volkszeitung‘, auch nachdem die sozialdemokratische Arbeiterschaft im ‚Berliner Volksblatt‘ ihr eigenes Organ erhalten hatte, ein selbst in sozialistischen Kreisen gern gelesenes Blatt, das bei der größeren Bewegungsfreiheit, deren es sich gegenüber dem ‚Volksblatt‘ erfreute, über manche Vorgänge mit größerer Offenheit schreiben durfte und deshalb für lange Jahre noch als eine wichtige Quelle der Information über die Arbeiterbewegung Berlins betrachtet werden muss.“[220] Aus solchem Kontext stammte auch der Text „Die Freiheit hat von den Sozialdemokraten nichts zu fürchten!“, veröffentlicht in der BVZ am 30. 12. 1884, in dem das Verhältnis zur Sozialdemokratie und zu den Konservativen eindeutig bestimmt wurde: „Nach allen Erfahrungen der Vergangenheit hat in absehbarer Zukunft die Freiheit von den Sozialdemokraten nichts, von den reaktionären Parteien aber alles zu fürchten und deshalb handelt jede freiheitliche Partei geradezu selbstmörderisch, welche sich durch das sittenwidrige und unsittliche Geschrei von den ‚gemeinsamen Interessen‘ aller ‚Ordnungsparteien‘ blenden lässt“. Diese klare Positionierung bezog sich ganz sicher auf die angestrebte Gründung der Demokratischen Partei und den Anpassungskurs der Freisinnigen an Bismarck. Schon hier also positionierten sich kämpferische Links- und Sozialliberale deutlich für eine Kooperation mit der Sozialdemokratie. Ledebour dürfte wenig an dieser Feststellung auszusetzen gehabt haben.[221]

In den Jahren von 1884–1888 betrug die Auflagenhöhe der BVZ stattliche 22 000 bis 25 000 Exemplare.[222] Journalistische Tätigkeiten führten dennoch selten zu bescheidenem Wohlstand, bestenfalls zu beruflicher Sicherheit mit bescheidenem Einkommen. Franz Mehring bemerkte dazu 1891: „Ich bin immer arm gewesen“, und Anna Siemsen schrieb über Georg Ledebour: „Sein Leben lang ist er ein armer Mann gewesen, denn seine bedeutenden Jahre hat er restlos der Sache, niemals einer Person dienstbar gemacht [...] Das verurteilte ihn in

220 Bernstein, Berl. Arbeiterbewegung 2, S. 146.

221 BVZ, 30. 12. 1884, in: Fricke (Ltg.), Sturm läutet das Gewissen, S. 180.

222 Fricke (Hg.), Demokraten, S. 102.

unserer Zeit zum äußeren Misserfolg."[223] Mehring, der seit seinem Eintritt in die Redaktion der BVZ 1884 mit den Jahren an Einfluss gewonnen hatte und bald als der talentierteste Journalist seiner Zeit galt, wurde nach dem Tod von Adolf Phillips verantwortlicher Redakteur für die Leitartikel. Damit gewann er Gestaltungseinfluss und erhielt ein festes, aber geringes Jahresgehalt.[224] Er konnte sich nun journalistisch darauf konzentrieren, eine liberal fundierte und auf Sozialreform orientierte Opposition gegen die Politik Bismarcks und gegen die wenig oppositionelle Haltung der liberalen Reichstagsfraktionen zu formulieren. Dabei konnte er die Unterstützung Ledebours gut gebrauchen, mit Hermann Trescher als Chefredakteur waren nun die führenden Redakteure der „Demokratischen Blätter" von tragender Bedeutung für die „Volks-Zeitung" geworden. Mehring selbst hatte seine Mitarbeit an den Dem. Bl. wohl bald nach dem enttäuschenden Hamburger Parteitag eingestellt.[225]

Die politische Ausrichtung der BVZ orientierte sich an der alten Fortschrittspartei und versuchte trotz aller Differenzen zum Freisinn eine „freundschaftlich-wohlwollende Haltung" einzunehmen, gleichzeitig aber den „Standpunkt der fortschrittlichen Demokratie" aufrecht zu erhalten. Ökonomisch positionierte sie sich nicht wirtschafts-, sondern sozialliberal, z. B. für eine stärkere Arbeiterschutzgesetzgebung, was sie auch für Sozialdemokraten lesbar machte. Dem Aufsichtsrat der Zeitung gegenüber verpflichteten sich die Redakteure durch die Unterzeichnung eines Reverses, die Zeitung nach den Grundsätzen der alten Fortschrittspartei zu gestalten und bei Fragen der Sozialreform nicht über die englischen Maßstäbe hinaus zu gehen. Wahrscheinlich unterschrieb Ledebour diesen Revers Anfang 1889.[226] Wenn dieser erst, wie Mehring schrieb, mit Treschers gesundheitlich bedingtem Ausscheiden gemeinsam mit Ludwig Oldenburg in die Redaktion eintrat, dürfte er vorher als Mitarbeiter fungiert haben.[227] Redaktionsintern wirkte Ledebour am Feuilleton des Blattes mit und trug in den Jahren 1889 und 1890 dazu bei, dessen Gestaltung, die tatsächlich eher hausbacken wirkte, zu verbessern. Aber auch am politischen Redaktionsbereich nahm er Anteil, er galt sogar innerhalb des Aufsichtsrats des Blattes als der Einzige

223 Monika Kramme, Franz Mehring (1846–1919). Sein Weg als Publizist im Kaiserreich vom Liberalismus zur Sozialdemokratie, in: Lehnert (Hg.), Vom Linksliberalismus zur Sozialdemokratie, S. 48; Siemsen, S. 8.

224 Höhle, S. 200 f.

225 Ebd., S. 189.

226 Ratz, S. 28 f.

227 Mehring, Kapital, S. 8.

neben Mehring, der zur Leitung der Zeitung fähig sei.[228] Welche Beiträge tatsächlich aus der Feder Ledebours stammten, ist schwer zu verifizieren, da in der „Volks-Zeitung“ auf die namentliche Zeichnung verzichtet wurde, sicher nicht zuletzt deshalb, um polizeiliche Unannehmlichkeiten zu vermeiden. Ledebour selbst bekam sie vor seiner Zeit als Redakteur bei der BVZ als Redner zu spüren. Vor dem Berliner Demokratischen Verein hatte er die Balkan-Politik Bismarcks in seinem Vortrag „Das bulgarische Volk und die europäische Diplomatie“ scharf verurteilt und bekam dafür eine Anklage zugestellt, wie die Zeitung am 22. 2. 1887 berichtete.[229]

Weitere Unannehmlichkeiten traten jedoch im März 1889 auf, nachdem der Leitartikel der Morgenausgabe am 9. März an den 1. Todestag Kaiser Wilhelms I. erinnerte und ihm wenig Positives nachrühmte: „Gemäß seinem festen Charakter verfolgte Kaiser Wilhelm stetig seine Zwecke, und wenn er dabei auch häufig Mittel gebrauchte, welche feinere Naturen verschmäht und reichere Geister vermieden haben würden, wie das standrechtliche Erschießen der edelsten Jugend in dem badischen Feldzuge und das verfassungswidrige Regiment in den Konfliktsjahren, so kam er doch regelmäßig an sein Ziel und oft weit über dasselbe hinaus [...] Aber wenn sein Charakter fest war, so war er ebenso beschränkt, und wenn Kaiser Wilhelm seine Ziele stetig verfolgte, so waren diese Ziele niedrig gesteckt.“ Das Blatt wolle all denjenigen „die Tür vor der Nase“ zuschlagen, die den Menschen „den längst abgetanen sentimentalen Trödel“ wieder schmackhaft machen wollten, so lautete einer der Schlusssätze des Leitartikels, der am Ende vermutete, damit „Hunderttausenden von Deutschen damit aus der Seele gesprochen zu haben“.[230] Doch dieser Text führte nicht unmittelbar zum Erscheinungsverbot. Es war die Ausgabe vom 17. 3. 1889, die das staatliche Verbot auslöste. Im Leitartikel „Ein Gedenktag“ erinnerte Mehring an den 18. 3. 1848 und ehrte die Märzkämpfer als Revolutionäre.

Die BVZ hatte überdies mehrfach über den Selbstmord des österreichischen Kronprinzen Rudolf und seiner Geliebten Mary Vetsera im Schloss Mayerling berichtet.[231] Unklar blieb dabei die Rolle des habsburgischen Kaiserhauses in Wien. Eduard Bernstein vermutete allerdings, dass nicht die Beiträge über diesen Fall, sondern das Datum des 18. März als des Tages der Berliner Barrikadenkämpfe und die Erinnerung an die Revolution 1848/49 den Ausschlag gaben: „Tatsächlich war es vielmehr die radikale politische Haltung des Blattes, die

228 Ebd., S. 11 f. u. 22; Ratz, S. 28 f.
229 BVZ, 22. 2. 1887; Keller, S. 8; Fricke (Hg.), Demokraten, S. 102.
230 BVZ, 9. 3. 1889.
231 De Mendelssohn, S. 184.

rückhaltlose Bekämpfung Bismarcks und der Vergötterung der Hohenzollern, die ihm das Verbot zuzogen, und es war ein offenes Geheimnis, dass die Weisung dafür von ‚höherer' Stelle ausgegangen war." Auch er verwies auf die Ausgabe vom 9. 3., „denn da war die Legendenbildung über Wilhelm I. scharf zurückgewiesen worden, und außerdem hatte die ‚Volkszeitung' geschrieben, das deutsche Volk werde erleichtert ‚Uff!' rufen, wenn es eines Tages von Bismarck erlöst sein werde".[232] Die in dem besagten Leitartikel ausgedrückte revolutionär-demokratische und gegen die Hohenzollernherrschaft gerichtete Haltung entsprach ganz sicher der politischen Haltung Ledebours, verfasst hatte ihn Mehring.[233] Am 12. 3. durchsuchte die Polizei die Redaktionsräume und Mehrings Privatwohnung, konfiszierte die Ausgabe vom 9. 3. und beschlagnahmte zahlreiche Schriftstücke. Am 18. 3. erfolgte das Verbot der Zeitung. Begründet wurde es mit dem „Sozialistengesetz". Am 17. 3. erhielt die Redaktion ein Schreiben des Berliner Polizeipräsidenten v. Richthofen, dass auf Grund dieses Gesetzes die Ausgabe Nr. 65 mit dem Gedenktag-Artikel verboten sei und sich das Verbot auf das weitere Erscheinen der Zeitung erstrecke. Es hieß, dass die revolutionären Kämpfe von 1848 verherrlicht und zum Umsturz der bestehenden Staatsordnung aufgerufen worden sei.[234] Die Aktiengesellschaft der BVZ rief daraufhin die Reichskommission an, die Zweifelsfälle bei der Anwendung des „Sozialistengesetzes" prüfen sollte. Diese fand letztlich keine Nachweise für eklatante Verstöße gegen dieses Gesetz, also „sozialistische, kommunistische und sozialdemokratische Bestrebungen" mit dem Ziel eines Umsturzes, wohl aber in verschiedenen Artikel durchaus sozialdemokratische Bestrebungen im politischen Sinne. Für ein dauerhaftes Verbot allerdings reiche dies nicht aus, so die Reichskommission. Die BVZ konnte am 12. 4. 1889 wieder erscheinen. Der verantwortliche Redakteur, Hermann Trescher, wurde vom Vorwurf der Majestätsbeleidigung freigesprochen und erhielt eine Geldstrafe wegen Beleidigung Bismarcks.[235]

Auch Ledebour und sein Mitredakteur Holdheim waren vom Landgericht vorgeladen worden und sollten als Zeugen in der Anklage gegen Mehring, Trescher und Oldenburg vernommen werden, hatten dort die Aussage verweigert und waren anschließend zu einer Geldbuße von je 100 Mark verurteilt

232 Bernstein, Berl. Arbeiterbewegung 2, S. 275 f.

233 Höhle, S. 241.

234 Ebd., S. 244.

235 Bernstein, Berl. Arbeiterbewegung 2, S. 276. Trescher und vor ihm andere Redakteure hatten gelegentliche Geldbußen wegen des Delikts der Beleidigung zu tragen, Trescher z. B. im Mai. 1888, s. LAB, Nr. 14780, Vossische Zeitung (VZ), 5. 5. 1888.

worden.[236] Sie legten jedoch Beschwerde gegen diese Verurteilung ein und hatten Erfolg. Am 4.4.1889 meldete „Das kleine Journal“, dass der angesetzte Verhandlungstermin aufgehoben worden sei und vermutete, dass kein Strafantrag der Hohenzollernfamilie vorgelegen hätte. Weiterhin hieß es: „Das Gerücht, dass der Kaiser Wilhelm II. als Familienoberhaupt den Strafantrag gestellt habe, steht mit diesem Bescheide nicht im Einklang.“[237] Ausführlicher und süffisanter zur Begründung äußerte sich die „Freisinnige Zeitung“, die kundgab: „Findige Juristen haben versucht, auszuführen, dass, wer das Andenken des Kaisers Wilhelm I. beleidige, zugleich den jetzigen Kaiser Wilhelm beleidige, da derselbe sich mit den Ansichten und der Handlungsweise des Verstorbenen überall im Einklang erklärt habe. Dies scheint aber doch selbst der Staatsanwaltschaft zu fein erschienen zu sein.“[238] Parallel zum Entscheid der Reichskommission, der der BVZ das Wiedererscheinen ermöglichte, erfolgte die Aufhebung des Verfahrens gegen Ledebour und Holdheim, da es die Staatsanwaltschaft zurückgezogen habe.[239]

Mehring leitete ab dem 12.4.1889 die Redaktion des Blattes, Trescher trat, gesundheitlich angeschlagen, von seiner Aufgabe zurück und starb im Juli 1890. Das „Berliner Volksblatt“ der Sozialdemokratie lobte die politische Haltung der BVZ: „In unserem Zeitalter des Chauvinismus und des byzantinischen Mameluckentums ist der Mannesmut und die politische Überzeugungstreue innerhalb der bürgerlichen Kreise eine so seltene Erscheinung geworden, dass es, wenn diese Eigenschaften irgendwo einmal zutage treten, ausdrücklich freudig hervorgehoben zu werden verdient.“[240] Dieses Lob dürfte auch Georg Ledebour sehr gefallen und die Nähe zur Sozialdemokratie beeinflusst haben. Der politische Kurs der Zeitung beinhaltete nicht allein den Widerspruch gegen die Politik Bismarcks und die Hohenzollernherrschaft, sondern auch zunehmend die Auseinandersetzung mit den Freisinnigen, deren Parteiblatt „Freisinnige Zeitung“ unter der faktischen Redaktion Eugen Richters mit 8000 bis 9500 Auflageexemplaren weit weniger als die Hälfte der Auflage der BVZ erreichte, zieht man die Zahlen für den Zeitraum von 1886 bis 1890 zu Rate.[241] Versuche der „Freisinnigen Zeitung“, Abonnenten der „Volks-Zeitung“ für sich zu gewinnen, scheiterten

236 LAB, Nr. 14781, Bl. 253, VZ, 27.3.1889.

237 Ebd., Bl. 243: Das Kleine Journal, 4.4.1889. Knapper und ohne Namensnennung auch die Meldung des Berliner Tageblatts (BT), 4.3.1889, ebd., Bl. 244.

238 Ebd., Bl. 245; Freisinnige Zeitung, 5.4.1889.

239 Ebd., Bl. 246; BVZ, 11.4.1889.

240 Zit. n. Mehring, Kapital, S. 65 (Fußnote). Byzantinisches Mameluckentum bezieht sich auf die Praxis der byzantischen Kaiser, sich Leibsklaven aus dem Orient zu halten.

241 Höhle, S. 252.

weitgehend, aber zwischen beiden Organen entstand eine Konkurrenzsituation, die offen ausgetragen wurde.

Entscheidend für die weitere Entwicklung der „Berliner Volks-Zeitung“ und ihrer Redakteure Mehring und Ledebour wurde deren zunehmende Hinwendung zur Sozialdemokratie, besonders nach dem Wiedererscheinen des Blattes am 12.4.1889. Nach dem Entscheid der Reichskommission sah sich Franz Mehring veranlasst, „Unsere Haltung zur Sozialdemokratie“ am 16.4.1889 in einem Leitartikel zu präzisieren. Hier schrieb er: „Es ist vollkommen richtig und wir werden es nie verleugnen: verleumdet haben wir die sozialdemokratische Partei nie, geschimpft haben wir auch nicht auf sie, alles Unrecht, welches ihr zugefügt wurde, haben wir scharf bekämpft, und wir haben auch oft genug mit Achtung von dem Maße von Mut und Standhaftigkeit gesprochen, welches sie unter dem Drucke des Ausnahmegesetzes bewährt hat. Alles dies ist richtig; wir bestreiten es so wenig, dass wir vielmehr sagen: könnten wir das Leben der ‚Volkszeitung‘ nur dadurch retten, dass wir ihre bisherige Haltung gegenüber der Sozialdemokratie aufgäben, so möchten wir lieber sterben, als leben.“ Diese deutlichen Worte richteten sich nicht allein an die Leserschaft, sondern sicher auch an den Aufsichtsrat des Blattes, das 1885 in den Besitz von Emil Cohn, dem Schwager Rudolf Mosses übergegangen war.[242] Diese Gremien wollten eine Kursänderung einleiten, die sich wieder stärker den Liberalen zuwandte. In der Fortsetzung seiner Ausführungen bekräftigte Mehring nochmals seine – und bekanntermaßen Ledebours – positive Haltung zur englischen Gewerkschaftsbewegung und zur staatlichen Fabrik- und Arbeiterschutzgesetzgebung sowie die Forderung nach vollständiger Legalisierung der sozialdemokratischen Organisationen: „Man werfe nicht ein, Gewerkvereine seien ja erlaubt, nur nicht sozialdemokratische Gewerkvereine. Das ist es eben. Versperrt man den sozialdemokratisch gesinnten Arbeitern auch die Möglichkeit, eine Hebung der Klassenlage auf dem Boden der heutigen Gesellschafts- und Staatsordnung zu versuchen, dann hämmert man sie in ‚revolutionärer Gesinnung‘ erst recht fest.“[243]

Diese Bekräftigung eines selbstbewussten Sozialliberalismus, dem bereits unübersehbar marxistisch inspiriertes Vokabular beigemengt war, drückte sowohl die Grundsatzkritik am Liberalismus des Freisinns und der Nationalliberalen aus, ebenso an deren Annäherung an Bismarck, als auch den fortgeschrittenen Grad der Annäherung an die Sozialdemokratie. Da die Polizei bei ihrem Einsatz gegen die Redaktion Briefe von Wilhelm Liebknecht, August Bebel und Paul Singer an die Redaktion und vor allem an Mehring beschlagnahmt hatte,

242 Mehring, Kapital, S. 9.

243 BVZ, 16.4.1889.

wurden sie umgehend am 21. 4. 1889 veröffentlicht. Liebknecht hatte sich seinerseits an die Redaktion mit der Bitte gewandt, eine Notiz zu veröffentlichen, die er im April 1888 wegen der Verhaftung eines Freundes verfasst hatte. Im Juni 1888 setzte August Bebel die Korrespondenz fort. Die Briefe aller drei Repräsentanten drückten sowohl Achtung für die Arbeit der Redaktion als auch die Hoffnung auf Kooperation aus, Mehring würdigte seine Briefpartner ebenso. Diese Dokumente verdeutlichen den wachsenden Grad des gegenseitigen Vertrauens in einer schwierigen Zeit, als das „Sozialistengesetz“ zwar schon wankte, die Behörden aber noch immer rigide gegen die Sozialdemokratie und ihnen nicht allzu Fernstehende vorgingen. Insofern war das zeitweilige Verbot der BVZ natürlich eine Drohung, auf die der Aufsichtsrat eingehen, die die Redaktion in ihrer Mehrheit aber abwehren wollte.

In den folgenden Monaten veränderten sich die politischen und ökonomischen Bedingungen in Deutschland gravierend. Am 25. 1. 1890 scheiterte die unbefristete Verlängerung des „Sozialistengesetzes“ im Reichstag an den Gegenstimmen der liberalen Fraktionen und der Abgeordneten der nationalen Minderheiten, das Gesetz lief deshalb am 30. 9. 1890 aus. Bis dahin aber galten die Instrumente des Gesetzes weiter. Am 20. Februar 1890 wurde der Reichstag im Hauptwahlgang neu gewählt. Die SAPD konnte ihre absolute Stimmenzahl und ihren Prozentanteil nahezu verdoppeln: Erhielt sie am 21. 2. 1887 noch 763 128 Stimmen bzw. 10,1 %, so steigerte sie ihre Wahlstimmen auf 1 427 298 Stimmen bzw. auf 19,7 %.[244] Auch in Berlin verschoben sich die Stimmgewichte, wenngleich die Freisinnigen den Wahlkreis 1 in der Hauptwahl und die Wahlkreise 2, 3 und 5 in der Stichwahl gewannen. Für die Sozialdemokratie errangen Paul Singer im Wahlkreis 4 und Wilhelm Liebknecht im Wahlkreis 6 das Reichstagsmandat. In den Wahlkreisen, in denen der Freisinn bei der Stichwahl die Oberhand behielt, waren Sozialdemokraten die Gegner. Im Umlandwahlkreis Potsdam 6 Niederbarnim siegte überraschenderweise Arthur Stadthagen für die SAPD im Stichwahlgang. Diese Ergebnisse bewiesen die wachsende Bedeutung der Sozialdemokratie und führten das Ziel des „Sozialistengesetzes“, die Arbeiterbewegung politisch auszuschalten, ad absurdum.[245] Dieser Wahlerfolg der Sozialdemokratie und das Scheitern der Verlängerung des „Sozialistengesetzes“ schwächten Reichskanzler von Bismarck. Am 18. 3. 1890 musste er nach heftigen Auseinandersetzungen mit Wilhelm II. demissionieren. Dass es genau das Datum 18. 3. war, an dem diese gewichtige Entscheidung zur Entlassung fiel, also der Tag der Berliner Barrikadenkämpfe und der Gedenktag an die Märzgefallenen,

244 Fricke, Handbuch 2, S. 720.

245 Bernstein, Berl. Arbeiterbewegung 2, S. 291 ff.

dürfte die Demokraten wie Mehring und Ledebour genauso gefreut haben wie die Sozialdemokraten.

Diese geradewegs eruptiven Veränderungen im politischen Gefüge des Reiches entsprachen sicher auch den Vorstellungen Ledebours. Sowohl den Sturz Bismarcks als auch das Auslaufen des Ausnahmegesetzes wird er begrüßt haben, die Forderungen der Arbeiterbewegung am 1. Mai, nämlich Arbeitsschutz, Arbeitszeitverkürzung und die Einbeziehung der Frauen hatte er in seinen Vorträgen und Artikeln stets energisch propagiert. Dass es nun die Arbeiterbewegung und die Sozialdemokratie waren, die sie einforderten und nicht die ablehnenden oder unentschlossenen Liberalen, dürfte seinen baldigen Eintritt – und auch den Mehrings – in die Sozialdemokratie vorbereitet haben.

9. Der enttäuschte Linksliberale: Die Entlassung als Redakteur und der Beitritt zur Sozialdemokratie (1890/91)

Der politische Kurs der „Volks-Zeitung“ gegen das „Kartell“ und die sichtbare Annäherung an die Sozialdemokratie veranlasste die Obrigkeit immer wieder zum juristischen Einschreiten. So erhielt Georg Ledebour eine Anklage wegen Beleidigung der Kreislandräte und Bergrevierbeamte des Ruhrorter Kohlengebiets zugestellt. Der Prozess fand am 3. 7. 1890 statt. Kurzzeitig vom 2. 7. bis 5. 8. 1890 fungierte Ledebour als verantwortlicher Redakteur.[246] Zwischen Mehring und ihm, so lässt es sich aus Mehrings Rückblick „Kapital und Presse“ herauslesen, scheint damals ein kollegiales und freundschaftliches Verhältnis existiert zu haben.[247] So ist es denkbar, dass seine Einsetzung als verantwortlicher Redakteur auch eine symbolische Handlung war, die die Solidarität der Redaktion mit einem angeschuldigten Kollegen demonstrieren sollte, denn der Prozess fand an eben jenem 2. 7. 1890 statt. Am 28. 7. 1889 hatte die „Volks-Zeitung“ einen Beitrag unter der Überschrift „Eine Enquete der Sozialreform vom heutigen Tage“ veröffentlicht. Dort hatte der Verfasser die Zusammensetzung und den Geschäftsbetrieb einer Kommission, die die dortigen Bergarbeiterverhältnisse untersuchen sollte, heftig kritisiert und kam zu dem Schluss, „dass nach der ganzen Art der Zusammensetzung und der Art, wie die Untersuchung betrieben werde, ein objektives Ergebnis der Enquete nicht zu erwarten sei“. So „könne man kaum an eine unparteiische Prüfung der Beschwerden der Bergleute glauben“. Tatsächlich kam die Kommission zu dem Ergebnis, dass die

246 Ebd., S. 244 f.
247 Ratz, S. 28.

Beschwerden der Bergleute unberechtigt seien, woraufhin der Verfasser, wahrscheinlich in der Tat Ledebour, zieht man die Wortwahl zu Rate, den Schluss zog, „dass diese Enquete in den Händen von Personen ruhte, welchen das Denken, Fühlen und Sehnen des arbeitenden Volkes ein Buch mit 7 Siegeln sei". Direkt anschließend heißt es im Bericht, „und der Schlusssatz lasse gar keinen Zweifel darüber, dass den Mitgliedern der Kommission der Vorwurf gemacht werden solle, dass sie sich von subjektiven Empfindungen leiten lassen, und die Wahrheit absichtlich entstellen, ähnlich, wie einst Potemkin Katharina II. täuschte, indem er ihr blühende Dörfer zeigte, um sie über den wahren Stand der Verhältnisse in Rußland zu täuschen".[248]

Als dieser Fall vor der 1. Strafkammer des Berliner Landgerichts I am 2. 7. 1890 verhandelt wurde, forderte Staatsanwalt Unger drei Monate Gefängnis für Ledebour. Sein Verteidiger wies den Vorwurf der Beleidigung der beteiligten und verantwortlichen Landräte und Revierbeamte zurück und betonte, der Artikel habe sich gegen die unternehmerfreundliche Presse der Region gerichtet. Seine Forderung lautete auf Freispruch, da das Landgericht Hagen den verantwortlichen Redakteur des „Lüdenscheider Anzeigers", der den Beitrag ebenfalls abgedruckt hatte, vom Vorwurf der Beleidigung freigesprochen hatte. Der Richterspruch der 1. Strafkammer sah dies anders: „Der Gerichtshof teilte jedoch die Meinung, dass ehrenrührige Vorwürfe gegen die Mitglieder der Enquetekommission vorliegen" und verurteilte Ledebour zu einem Monat Gefängnis.[249] Dieses vom gleichen Sachverhalt und Fall abweichende Urteil lässt nur den Schluss zu, dass es politisch motiviert gewesen war und den sozialkritischen Journalismus à la Mehring und Ledebour treffen sollte. Somit machte der Letztere Bekanntschaft mit der Gefängnishaft, vermutlich in Plötzensee.[250]

Den Hintergrund der intensivierten Repression gegen Sozialdemokraten und ihnen nahestehende Kräfte formierten die Entlassung Bismarcks am 18. März 1890, das Auslaufen des „Sozialistengesetzes" zum 30. September 1890 und das daraus erwachsene „Herrfurth-Zirkular" aus dem Innenministerium, das die Regierungspräsidenten zu strengem Umgang mit der Opposition verpflichtete. So hieß es: „Die Versammlungen der Sozialdemokratie, deren Abhaltung künftig nicht mehr wie bisher, auf Grund des § 9 Abs. a. a. O. [des Sozialistengesetzes] verboten werden kann, werden unausgesetzt zu überwachen, die in denselben begangenen Straftaten jedes Mal zur strafrechtlichen Verfolgung zu bringen und diese Versammlungen aufzulösen sein, sobald ein dafür den

248 LAB, Nr. 14781, Bl. 269, BVZ, 3. 7. 1890.

249 Ebd.

250 Siehe Teil II, Kap. 7: Die Affäre mit Lou Andreas-Salomé.

bestehenden Vorschriften ausreichender Anlass gegeben ist."[251] Zwar wurde es so erst am 18.7.1890 angewiesen, aber die ohnehin gängige Praxis wurde dadurch legitimiert. Hierzu kommentierte die BVZ: „Nun, das ist der Polizeistaat, wie er leibt und lebt."[252] Obwohl die „Volks-Zeitung" keine sozialdemokratische Zeitung war, wiewohl die Sympathien von Redakteuren wie Mehring und Ledebour mit der Sozialdemokratie nicht mehr zu übersehen waren, wurde sie wie eine solche Zeitung behandelt, denn das Zirkular gab die Anweisung, „eine sorgfältige Prüfung der Drucksachen nach strafrechtlichen Gesichtspunkten" und gegebenenfalls „eine Beschlagnahme derselben nach Maßgabe der §§ 23 ff des Gesetzes über die Presse vom 7. Mai 1874" vorzunehmen.[253] Aufschlussreich für die politische Entwicklung der Redaktion war jedenfalls die Einrichtung einer ständigen Rubrik „Aus der Arbeiterbewegung", die eine Art Unterschlupf für sozialdemokratische Positionen und Meldungen darstellte. So vermeldete das Blatt am 5.8.1890 anlässlich des Streiks von Hamburger Metallarbeitern, dass die Berliner Sozialdemokraten „eine lebhafte Agitation" als Solidarität entfalten würden. Gleichzeitig wies das Blatt auf dafür anstehende Volksversammlungen hin und nannte die Versammlungsorte.[254] Am 6.8.1890 wurde wieder Franz Mehring als verantwortlicher Redakteur im Zeitungskopf angegeben. Zu diesem Zeitpunkt kehrte er aus seinem Sommerurlaub in der Schweiz zurück.[255]

Die Konflikte zwischen Aufsichtsrat und Redaktion häuften sich in diesem Jahr 1890. Anlass bot die „Lindau-Affäre". Paul Lindau (1839–1919) war der bekannte Theaterkritiker an Rudolf Mosses „Berliner Tageblatt". Die Theaterschauspielerin Elsa von Schabelsky arbeitete seit dem Herbst 1888, von Wien kommend, am Berliner Residenztheater. Zwischen ihr und Paul Lindau entwickelte sich ein Liebesverhältnis, das die Schauspielerin ein Jahr später beendete. Dieser sorgte durch sein Netzwerk dafür, dass sie sämtliche Auftritte verlor und brotlos wurde. Daraufhin wandte sie sich an Franz Mehring und verfasste einen Brief an ihn, in dem sie ihre Darstellung der Sachlage schilderte. Nach einem Treffen mit der Elsa v. Schabelsky entschloss sich Mehring, den Fall öffentlich aufzugreifen und publizierte einen „Bannbrief" Lindaus an seine Ex-Geliebte. In der folgenden heftigen öffentlichen Auseinandersetzung vertrat Mehring die Auffassung, die Schauspielerin sei das Opfer eines „Preß- und Theaterrings" geworden, dem es vor allem um den eigenen Einfluss und Profit gehe, und deshalb habe

251 LAB, Nr. 13237, Bl. 1, Ministerium des Innern vom 18.7.1890, das „Herrfurth-Zirkular".

252 BVZ, 10.8.1890. Mehring dürfte der Verfasser der Nachricht gewesen sein.

253 Ebd.

254 Ebd., 5.8.1890.

255 Höhle, S. 267.

dieser Ring von Schabelsky zu einer „Paria des Theaters" gemacht, zur Proletarierin in verrotteten Theaterverhältnissen.[256] Mehring verfasste eine eigene Schrift zum Fall Lindau, um den Konflikt aus der BVZ herauszuhalten.[257] Gegen Schluss seiner Darstellung erteilte sich Mehring selbst den Rat, „diese Schrift an Friedrich Engels in London [zu] schicken. Es macht dem alten Herrn vielleicht einigen Spaß zu lesen, dass die bittere und zerreißende Schilderung, welcher er 1848 von der bürgerlichen Gesellschaft entwarf, 1890 von den literarischen Wortführern dieser Gesellschaft als ein ehrwürdiger Normalzustand betrachtet wird, an welchem sie nicht rütteln sehen können, ohne dass sich ihr ‚Gerechtigkeitsgefühl' empört."[258] Dieser Passus drückte sicher nicht zufällig die politischen Sympathien Mehrings aus und dürfte die Gegenseite durchaus provoziert haben.

Doch nun arbeitete der Aufsichtsrat um Emil Cohn und den Reichstagsabgeordneten des Freisinns, Otto Hermes, auf die Verdrängung Mehrings als verantwortlicher Redakteur hin, die am 11.9.1890 vollzogen wurde. Er wurde ohne sein Wissen zensiert, Oldenburg und Ledebour wurden angesprochen, diese Zensur zu übernehmen und lehnten ab. Vorher hatte Ledebour verhindert, dass in Mehrings Abwesenheit sein Name als Chefredakteur aus dem Kopf des Blattes gestrichen werden sollte.[259] Ein eher unspektakulärer Streit mit dem Feuilletonredakteur Elcho entwickelte sich zu einer Intrige gegen Mehring, in die auch Ledebour durch sein solidarisches Verhalten Mehring gegenüber einbezogen wurde. Er und Oldenburg rieten Mehring davon ab, seinerseits sogar die Anstellung zu kündigen, und sahen die Dinge wie folgt: In dem Fall Lindau habe Mehring „einfach die alten Überlieferungen der ‚Volks-Zeitung' gewahrt, die seit mehr als vier Jahrzehnten jeden Missbrauch öffentlicher Gewalt zur widerrechtlichen Unterdrückung einzelner Personen rücksichtslos bekämpft, sollte [er] deshalb gemaßregelt werden, so würde es sich gar nicht um [seine] Person, sondern um die Existenz der ‚Volks-Zeitung' als eines demokratischen Organs überhaupt handeln."[260]

Tatsächlich erwies sich auf einer gemeinsamen Sitzung von Aufsichtsrat und Redaktion, dass es Ersterem um die Eigentümerstellung und zweitens um die politische Ausrichtung des Blattes ging. Von daher lag die Entmachtung Mehrings nahe, Cohn führte allerdings „technische Gründe" an. Ledebour fragte nach, was „technische Gründe" für den Wechsel des Chefredakteurs seien

256 Ebd., S. 268.
257 Siehe Franz Mehring, Der Fall Lindau, Berlin 1890.
258 Ebd., S. 56.
259 Mehring, Kapital, S. 14 f.
260 Ebd., S. 18.

könnten, und erhielt darauf die Antwort Cohns: „Wir wollen Ihren Rat gar nicht hören." Ledebour stand mit den Worten „Dann habe ich hier überhaupt nichts zu tun" auf und verließ die Sitzung. Mehring folgte ihm mit der Feststellung, dass er sich seiner Absetzung vom 11. September nicht unterwerfen würde.[261] Kurz darauf erhielt Ledebour am 30.9.1890 seine Kündigung zum 1.4.1891 überreicht. Mehring bewertete die Kündigung so: „Da Ledebours redaktionelle Leistungen niemals einen Anlass zur Beschwerde gegeben hatten, vielmehr so zufriedenstellend gewesen waren, dass Herr Cohn mir [...] erklärt hatte, Ledebour sei außer mir der einzige der fünf Redakteure, der die Zeitung politisch leiten könne, so lag hier handgreiflich ein Akt der Rache vor." Und er fügte hinzu: „Ein Akt der Rache insbesondere wohl dafür, dass Ledebour am 12. September die in meiner Abwesenheit von Hermes und Elcho versuchte Ausführung des Aufsichtsratsbeschlusses vom 11. September verhindert und damit die moralische Demütigung, die mir öffentlich zugefügt werden sollte, ein für alle Mal unmöglich gemacht hatte." Umgehend reichte Mehring ebenfalls zum 1.4.1891 seine Kündigung ein und betonte, er hätte im umgekehrten Falle genauso gehandelt wie Ledebour in seinem.[262]

Inzwischen hatte Hermann Holdheim die Chefredaktion übernommen. Am 2.10.1890 meldete der „Berliner Börsen-Courier": „In der Leitung der ‚Volks-Zeitung' werden, wie wir hören, in der nächsten Zeit einige Änderungen vor sich gehen. Herr Dr. Franz Mehring scheidet aus seiner Stellung und dem Redakteur Herrn Ledebour ist die Kündigung zugegangen."[263] In der Leserschaft der BVZ machte sich erkennbarer Unmut breit, es gab sowohl Kündigungen als auch Anfragen. So schrieb Aufsichtsrat und MdR Hermes an einen Leser in Elberfeld: „Auf ihre gefl. Anfrage vom 3. Oktober erlaube ich mir ergebenst zu erwidern, dass wir Herrn Ledebour aus Gründen gekündigt haben, welche mit dem Fall Lindau gar nichts zu tun haben. Herr Mehring hat seine Stellung zum 1. April nächsten Jahres gekündigt, ohne die Gründe dafür dem Aufsichtsrate anzugeben."[264] Der Aufsichtsrat versuchte nun, die Wogen zu glätten, indem Aufsichtsrat und Redaktion in einer gemeinsamen Stellungnahme zum Bericht des „Berliner Börsen-Courier" erklärten, die personellen Veränderungen hätten nicht stattgefunden. Dies wiederum lehnten Mehring und Ledebour mit dem Einwand ab, dies sei Wortklauberei und bedeute Lesertäuschung. Den Aufsichtsrat störte ganz offensichtlich die von vielen Anfragenden gezogene Verbindung

261 Ebd., S. 21.

262 Ebd., S. 22.

263 Berliner Börsen-Courier (BBC), 2.10.1890.

264 Zit. n. Mehring, Kapital, S. 24.

zum Fall Lindau, die Hermes und Cohn jedoch abstritten. Daraufhin fragte Ledebour, „weshalb sie denn den sonst ‚sinnlosen' Beschluss vom 11. September gefasst hätten". Nach heftiger Debatte lehnten Ledebour und Mehring auch am 11. Oktober die Zustimmung zu einem Dementi ihrer Entlassung als Folge der Haltung im Fall Lindau ab.[265]

Die Fronten verhärteten sich zusehends. Die redaktionelle Bewegungsfreiheit Ledebours wurde stetig weiter beschränkt, der Aufsichtsrat versuchte, über die Einarbeitung eines Nachfolgers für Mehring den politischen Kurs der Redaktion zu steuern.[266] Am 18.11.1890 schließlich wurde Mehring entlassen. Ledebour blieb noch bis zum 13.12.1890, nachdem er sich „der weiteren Rechtsabschwenkung der Zeitung widersetzt hatte". Ihm folgte Oldenburg am 1.1.1891. Den Personalaustausch in Redaktion und Mitarbeiterschaft vervollständigte die Trennung von Maximilian Harden, Bruno Schönlank, Adolf Damaschke, Ernst Harmening und dem österreichischen Reichsratsabgeordneten Engelbert Pernerstorfer. Einige Tausend Abonnenten kündigten den Bezug der Zeitung.[267] Auch aus heutiger Perspektive könnte die Bewertung des Konflikts auf den Widerspruch zwischen der journalistischen Unabhängigkeit und den ökonomischen Interessen der Zeitungsbesitzer hinauslaufen: „Unübersehbarer Hintergrund des Konflikts um die Linie der Redaktion ist die geänderte Zusammensetzung der Aktionäre der Zeitung, die sich über die Jahre in die nationalliberale Richtung verschoben hatte."[268] Adolf Damaschke sah es ähnlich und notierte ernüchtert, erkannt zu haben, „dass zuletzt nicht Geist und Wissen die Leitung einer Zeitung bestimmen, sondern das Geld des Eigentümers". Er höre „in der Redaktion oft Worte des Bedauerns über das Schicksal der Erben der alten Besitzer und Leiter des Blattes", womit er die Nachkommen von Franz Duncker und Aaron Bernstein meinte.[269]

Im Laufe des Jahres 1891 folgte das gerichtliche Nachspiel der Entlassung Mehrings. Der Aufsichtsrat sperrte die Zahlung des vertraglich Mehring bis zum 31.3.1891 zustehenden Gehalts, sodass dieser Klage erhob. Die Verhandlung wurde am 19.3.1891 eröffnet, musste aber vertagt werden, weil dem Anwalt Mehrings die Stellungnahmen zur Klageschrift erst unmittelbar vor Prozesseröffnung zugegangen waren. Der Prozess wurde vertagt, eine umfassende Beweisaufnahme wurde beschlossen. Holdheim, Oldenburg und Ledebour

265 Ebd., S. 25 ff.

266 Ebd., S. 28 ff.

267 Ebd., S. 37.

268 Kramme, S. 52.

269 Damaschke, S. 227.

wurden für den 2. 5. 1891 als Zeugen vorgeladen und befragt, ob Mehring seinen Berufspflichten nach dem 1. 10. 1890 nachgekommen sei. Ledebour sagte aus, dass Mehring auch nach der eingereichten Kündigung seine redaktionellen Berufspflichten „ebenso genau erfüllt hätte wie vor dem 1. Oktober, dass [er] insbesondere auch die Redaktionsstunden ebenso pünktlich beobachtet hätte. Er habe nie ein missbilligendes Wort über [Mehrings] Verhalten geäußert und auch nie ein solches Wort von einem anderen Redakteur gehört."[270] Befragt, ob die Redaktionsarbeit durch den Aufsichtsrat eingeengt worden sei, antwortete Ledebour, dass seine und Mehrings „Redaktionsführung allerdings durch die Bestellung eines verantwortlichen Redakteurs, der [...] eine politisch abgeschwächte Haltung des Blattes beansprucht und eventuell durch Streichungen in seinen, des Zeugen, Artikeln auch durchgesetzt habe, vom Aufsichtsrat beeinträchtigt worden sei". Zusätzlich sei die Arbeit der Redaktion durch den Aufsichtsrat weiterhin durch die Kontrolle der Pressekorrespondenz erschwert worden, die „erst mehrere Stunden nach ihrem Einlaufe, um 11 oder auch erst gegen 12 Uhr, in teilweise erbrochenem Zustande an die Redaktion gelangt sei".[271] Auch Holdheim bezeugte Mehrings Korrektheit. Die schriftliche Aussage Oldenburgs, die gegen Mehring sprach, war nicht von ihm selbst verfasst, sondern vermutlich von Otto Hermes initiiert worden. Oldenburg bekräftigte gegenüber Mehring deren Unrichtigkeit. Sie bewirkte allerdings Mehrings Prozessniederlage. Die gegen Mehring inszenierten Kampagnen und seine wie auch Ledebours erneute materielle Not als Folge der Entlassung bedeuteten für beide die Abkehr vom organisierten und publizistischen Liberalismus und die endgültige Hinwendung zur nun nicht mehr illegalisierten Sozialdemokratie.

10. Wechsel zur SPD 1891: Das Übergangsfeld zwischen Linksliberalismus und Sozialdemokratie

Anna Siemsen blickte auf die Beständigkeit und scheinbare Unverrückbarkeit Ledebourscher Grundpositionen auch in späteren Zeiten, gleich ob SPD, USPD oder SAP, mit den Worten zurück: „Er war ein entschiedener Marxist geworden, ein radikaler Demokrat geblieben."[272] Dass darin im Kontext der damaligen politischen Auseinandersetzungen kein Widerspruch stecken muss, ergibt

270 Mehring, Kapital, S. 42.

271 Ebd., S. 43.

272 Siemsen, S. 18.

sich aus mehreren Gesichtspunkten. Erstens gab es seit 1848 über einen längeren Zeitraum keine trennscharfe Unterscheidung zwischen radikalen bürgerlichen Demokraten und der frühen Sozialdemokratie: „Ein alter 1848er Demokrat wie Johann Jacoby (1805–1877) bekannte sich zuletzt noch aus Solidarität mit den für ihre Überzeugung in Festungshaft einsitzenden ‚Eisenacher' Sozialdemokraten August Bebel und Wilhelm Liebknecht zu deren Partei, die aus der liberaldemokratischen Sächsischen Volkspartei hervorgegangen war".[273] Ähnliches galt für Paul Singer, den langjährigen Co-Vorsitzenden und Reichstagsabgeordneten der SPD, der seit 1867 im „Demokratischen Arbeiterverein" in Berlin organisiert war, sich selbst wohl spätestens seit 1869 als Sozialdemokrat verstand, ohne die Kontakte zum Demokratischen Arbeiterverein aufzugeben. Er selbst war ursprünglich sowohl von Ferdinand Lassalle als auch von Johann Jacoby beeinflusst. Für Jacoby und Singer, gewiss auch für Ledebour und Mehring traf die Beschreibung von Kernpositionen Johann Jacobys zur sozialen Frage zu. „Er forderte, das Lohnsystem abzuschaffen und vermittels des friedlichen Zusammenwirkens von Arbeitern, Arbeitgebern und Staat durch genossenschaftliche Arbeit zu ersetzen. Eindrücklich betonte er den ethischen Impuls seines Engagements für die Arbeiterbewegung: Die Arbeiterfrage, wie wir sie auffassen, ist keine bloße Magen- und Geldfrage, sie ist die Frage der Kultur, der Gerechtigkeit und Humanität."[274]

Diesen ethischen und kulturellen Impuls liest man sowohl im Verbandsorgan „Der Gewerkverein" als auch in den „Demokratischen Blättern" stets heraus. Ledebour ließ nie in seinen Beiträgen und Reden die moralische Dimension außer Acht. Dies gilt nicht nur für die soziale Frage, sondern in gleicher Weise für seine Positionen zur Kolonialpolitik, zur Nationalitätenpolitik und zu Fragen der Verfassung und des Politischen Systems. Für Akteure wie ihn kam es darauf an, die bürgerlichen Errungenschaften, Freiheiten und offen gebliebenen Forderungen der Revolution von 1848 und der demokratischen Bewegung nicht auf das Bürgertum zu beschränken, sondern auf die arbeitende Bevölkerung auszudehnen, damit auch diese in den Genuss der bürgerlichen Freiheiten, der kulturellen Entwicklung und der Entfaltung der Persönlichkeit gelangen könnte. Dieser Gedankenkontext liegt in einem breiten Überschneidungsbereich zur Sozialdemokratie und zur Arbeiterbewegung insgesamt. Dies umschloss nicht zuletzt den Bereich der persönlichen Kontakte und der Kommunikationsräume, wie Ursula Reuter für Paul Singer analysierte: „Die Grauzone

273 Lehnert, Liberaldemokratie, in: Ders. (Hg.), Vom Linksliberalismus zur Sozialdemokratie, S. 12 f.

274 Zit. n. Reuter, Paul Singer, S. 43.

zwischen bürgerlicher Demokratie und Sozialdemokratie in Berlin (und darüber hinaus) wurde in hohem Maße durch Freundschaftsbeziehungen und kommunikative Zusammenhänge definiert." Für Singer und Franz Mehring waren dies die „Jacobyten", also der Freundeskreis um Johann Jacoby. Hierzu gehörten Guido Weiß, der Mitgründer der Demokratischen Partei, Salomon Neumann und Mortier Levy. Sie standen in Kontakt zu August Bebel und Wilhelm Liebknecht. Waren Bebel und Liebknecht in ihrer Funktion als Abgeordnete des Norddeutschen Bundes oder des Reichstags in Berlin, so trafen sie sich mit den „Jacobyten". Wie Bebel sich erinnerte, traf man sich in einer Weinstube, um billigen Moselwein zu trinken. Danach wechselte die Gesellschaft, darunter auch Singer, in eine Bierstube und verbrachte einen langen Abend, zuweilen bis in die Morgenstunden hinein.[275]

Für Ledebour dürfte dieses Kommunikationsnetz durch die Dem. Bl. und den Demokratischen Verein, den Verein für Justizreform und Rechtsschutz und die „Berliner Volks-Zeitung" bestimmt gewesen sein. Im Umfeld der BVZ waren eben auch Bruno Schönlank und Wilhelm Hasenclever tätig, zu Bebel, Liebknecht und Singer bestanden zumindest briefliche Kontakte. Im Verein für Justizreform und Rechtsschutz betreute man nicht zuletzt sozialistengesetzlich verfolgte Arbeiterinnen und Arbeiter, es könnte dort auch ein früher Kontakt zum Rechtsanwalt und späteren Rechtsexperten der SPD im Reichstag, Arthur Stadthagen, entstanden sein, der ebenfalls politisch angeklagte Arbeiter und Arbeiterinnen sowie den Berliner Arbeiterinnenverein verteidigte. Er war seit etwa 1885 zumindest im Umkreis der Sozialdemokratie zu verorten. Überschneidungsbereiche zur Arbeiterbewegung konstituierten sich ebenso auf den Veranstaltungen des Demokratischen Vereins. So berichtete die BVZ über eine Versammlung am 8. 5. 1885, auf der Ledebour über die Ziele der angestrebten neuen Demokratischen Partei referierte. Sozialdemokratische Arbeiter hätten die Versammlung erfolgreich majorisiert und eine Resolution über die Aufhebung des „Sozialistengesetzes" sowie eine weitere durchgesetzt, die dem Programm der sozialdemokratischen Partei zustimmte.[276]

Bestand hier noch eine spürbare Konkurrenz auf dem gleichen Terrain, so sahen sich die Sozialliberalen wie Ledebour und Mehring immer stärker im liberalen Spektrum an den Rand gedrängt. Durch Ledebours Entlassung und Mehrings Kündigung sowie durch ihr Verlassen der Redaktion der BVZ im November bzw. Dezember 1890 waren sie ihrer publizistisch-politischen und materiellen Basis beraubt: „Der Übertritt Ledebours zur Sozialdemokratie kam

275 Ebd., S. 51 ff.

276 BVZ, 9. 1. 1885; Keller, S. 6.

nicht überraschend. Es war naheliegend, dass er nach dem Verlust literarischer und politischer Wirkungsmöglichkeiten in der bürgerlichen Bewegung und der materiellen Existenzgrundlage beraubt, den Weg zur SPD nehmen würde".[277] Weiterhin könnte gegolten haben: „Besonders nachhaltig wirkte in ihm die Enttäuschung über die Rolle der Bourgeoisie und der bürgerlichen Parteien, die nicht bereit waren, konsequent die demokratischen Forderungen ihrer eigenen Programme zu verfechten. Eine politische Heimstatt konnten ihm also die existierenden bürgerlichen Parteien nicht mehr bieten. Ihm wurde klar, dass Demokratie und eine Veränderung der sozialen Verhältnisse nur im energischen Kampf gegen die Reaktion durchzusetzen sind."[278]

Es bewährte sich nun die Bekanntschaft mit Wilhelm Liebknecht, der Ledebour und Mehring 1891 in der Sozialdemokratie „unterbringen" konnte. Mehring begann am 1. 6. 1891 seine Tätigkeit für Karl Kautskys Theoriezeitschrift „Die Neue Zeit", schrieb aber bis 1894 seine Beiträge, darunter viele Leitartikel, unter dem Pseudonym des Sternzeichens des Schützen.[279] Was für ihn galt, galt nicht minder für Ledebour: Sie arbeiteten „in den Reihen der vom Bannstrahl des Sozialistengesetzes befreiten Sozialdemokratie" bzw. „hatten die um die Sozialdemokratie gelegte Bannmeile durchbrochen".[280] Damit verbanden sie ein strikt prinzipienorientiertes Politikverständnis, das sich aus der „erfahrungsgesättigt fundamentale[n] Enttäuschung über das (auch gemäßigt linksliberale) Bürgertum" speiste, „in Verbindung mit der expandierenden Massen- und potenziellen Machtbasis der sozialdemokratischen Arbeiterbewegung" aber auch Kompromissen und Bündnissen gegenüber hohe prinzipielle Hürden aufbauen sollte.[281]

Ledebour selbst äußerte sich im „Vorwärts" zu den Motiven seines Beitritts zur SPD, die gerade den Programmentwurf des neuen Parteiprogramms, das in Erfurt beschlossen werden sollte, beriet, mit folgenden Worten: „Ich war niemals Mitglied der deutschfreisinnigen, noch der Volkspartei, sondern habe mich an den Versuchen beteiligt, eine alle Bevölkerungsklassen vertretende demokratische Partei ins Leben zu rufen, bis meine Erfahrungen mich zu der Erkenntnis brachten, dass von unserer Bourgeoisie kein aufopferungsvolles Eintreten für die Volksinteressen zu erwarten sei, dass vielmehr eine Revolutionierung unserer

277 Ratz, S. 30 f.

278 Keller, S. 10.

279 Kramme, S. 53.

280 Ratz, S. 30; dies., zit n. Kramme, ebd.

281 Lehnert, Liberaldemokratie, in: Ders. (Hg.), Vom Linksliberalismus zur Sozialdemokratie, S. 15.

gesamten Gesellschaftsordnung im Sinne der Sozialdemokratie erforderlich sei zur Herstellung eines menschenwürdigen Zustandes aller Glieder unseres Volkes, und dass nur die Arbeiterklasse die Kraft und den Willen habe, diese Revolutionierung durchzuführen. Seitdem bin ich in diesem Sinne publizistisch und öffentlich tätig gewesen und habe mich nach Bekanntmachung des neuen Parteiprogramm-Entwurfs, mit dem ich im Prinzip völlig einverstanden bin, durch ausdrückliche Erklärung der sozialdemokratischen Partei angeschlossen."[282] Wenn dem so ist, müsste sein Eintritt im Juli oder August 1891 erfolgt sein, denn ab diesem Zeitraum trat die Partei in die Programmdiskussion ein.[283] Doch schon am 24.4.1891 registrierte die Berliner Polizei ein Schreiben Ledebours, in welchem er sich auf die Anmeldung einer am 2.5. angesetzten öffentlichen Volksversammlung bezog und um Bestätigung derselben ersuchte, die in der Alten Jacobstraße 32 stattfinden sollte und für Männer und Frauen gleichermaßen geöffnet war. Allerdings enthält das Schreiben keinen Hinweis auf den Veranstalter selbst und weist auch kein Thema aus, sodass es spekulativ bleibt, ob er zu jenem Zeitpunkt schon in der Sozialdemokratie organisiert war oder noch für einen anderen Arbeiterverein tätig wurde. Wahrscheinlicher aber dürfte Ersteres sein und Zeugnis eines ersten zaghaften Bekenntnisses zur Sozialdemokratie.

Elke Keller vermutete wohl keineswegs zu Unrecht: „Dem 41jährigen Ledebour, der als bürgerlicher Demokrat und Journalist eine bekannte Persönlichkeit war, fiel dieser Entschluss sicher nicht leicht. Er nahm jedoch lieber einen politischen Neubeginn in Kauf, als entgegen seinen politischen Erfahrungen und Erkenntnissen zu handeln. Nachdem er sich zu diesem Schritt entschlossen hatte, vertrat er mit aller Kraft und Konsequenz die Ziele der Sozialdemokratie."[284] Ursula Ratz erblickte in Ledebours Worten der Erklärung eine „tiefe Resignation" und „bittere Enttäuschung über das Bürgertum, besonders die das Bürgertum vertretenden Parteien", die „zeitlebens virulent" blieb.[285] Letzteres ist nicht von der Hand zu weisen, aber die Annahme einer tiefen Resignation scheint überinterpretiert zu sein, da es nicht Ledebours Naturell entsprach, zu resignieren, sondern notfalls völlig neu zu beginnen. Denkbar ist auch eine psychologische Konstellation, wie sie vergleichbar bei Arthur Stadthagen vorlag. Dieser verlor seine Mutter im Alter von sechs Jahren und fand eine Art Ersatzfamilie später in der Sozialdemokratie, wie seine Freunde attestierten. Da nun der

282 G.L.: Erklärung, in: Vorwärts (Vw), 12.9.1891, S. 7.

283 Osterroth/Schuster 1, S. 70.

284 Keller, S. 10f.

285 Ratz, S. 31.

Liberalismus den als Vollwaisen aufgewachsenen Georg Ledebour keinen Familienersatz mehr bieten konnte, musste er sich umorientieren. Das erklärt auch, dass viele seiner politischen Hauptthemen unverändert blieben. Was er letztlich übernahm, waren die Grundpfeiler der sozialdemokratischen Programmatik, wie sie im Erfurter Programm beschlossen worden waren. Man könnte sagen, es kam nach der personellen Adoption zu einer inhaltlichen Adaption. Ein völliger Neubeginn nämlich lag in dieser Situation nicht vor, und der Wechsel zur Sozialdemokratie war vermutlich alternativlos, wollte er sich „dem Meinungsklima, das seine Vorstellungen von liberaler Sozialreform nicht mehr trug, nicht beugen".[286]

Wilhelm Liebknecht verschaffte nun Ledebour eine Stellung an der von ihm ins Leben gerufenen Berliner Arbeiterbildungsschule. Zusammen mit Liebknecht, Dr. Heinrich Braun, Dr. Leo Arons und Dr. Bruno Wille gehörte Ledebour zum fünfköpfigen Lehrausschuss, der gemeinsam mit dem Vorstand für die pädagogische Leitung „der sich immer mehr ausdehnenden Bildungsanstalt" zuständig war. Dieser Ausschuss tagte wöchentlich.[287] Hier hielt Ledebour Vorträge und knüpfte somit an seine zurück liegenden Aktivitäten für die Gewerkvereine und den Berliner Arbeiterverein an. Beispielsweise hielt er im Juni und Juli 1891 einen Vortragszyklus zum Thema: „Rassenkunde und Urgeschichte", eine in damaligem Begriffsverständnis formulierte Thematik im Übrigen, die er auch in späteren Jahren noch bearbeitete. Im Bericht des Vorwärts über den dritten Vortrag der Reihe hieß es dazu: „Mit gespannter Aufmerksamkeit folgten die Versammelten den interessanten und lehrreichen Ausführungen des Referenten, welche letzterer durch einige, auf der Tafel entworfene Kreidezeichnungen das Gesagte veranschaulichte. Einige aus der Versammlung in Bezug auf den Vortrag gestellte Fragen wurden vom Referenten beantwortet. Derselbe wies noch darauf hin, dass am nächsten Freitag der Vortragszyklus fortgesetzt wird."[288] Somit stand Ledebours Beginn in den Reihen der Sozialdemokratie unter ähnlichen Vorzeichen wie der Beginn seines Wirkens als Links- und Sozialliberaler im Berlin des Jahres 1882: Begann er dort als Redner und Experte für die Gewerkvereinsbewegung in England und dessen politische Verhältnisse, so wirkte er 1891 als Referent an der Arbeiterbildungsschule zu Themen, die ihn interessierten, so konnte er sein rednerisches wie sein zeichnerisches Talent im Sinne der Volksbildung zum Tragen bringen.

286 Kramme, S. 53.

287 Vw, 22.5.1891, S. 5.

288 Ebd., 1.7.1891, S. 9; dazu auch später G.L., Restnachlass: Die Abstammung des Menschen, o.O., o.J., in der Zeit des Exils in der Schweiz verfasst.

Aus dem linken Liberalen und Demokraten Georg Ledebour war ein Sozialdemokrat geworden, der keine Positionen prinzipiell über den Haufen werfen musste, um diesen Schritt vom demokratisch verstandenen Liberalismus zum demokratischen Sozialismus zu bewältigen. Es waren die Inkonsequenz des parlamentarischen Liberalismus, dessen Reserviertheit gegenüber sozialen Fragen, die Erfahrung von politischer Marginalisierung und Ausgrenzung, die es ihm ermöglichten, das Übergangsfeld zwischen dem linken und sozialen Liberalismus und der Sozialdemokratie zu queren und von der einen Seite zur anderen Seite zu gelangen, ohne sich verbiegen zu müssen. Ledebours radikaler Demokratismus verschmolz mit dem demokratischen Sozialismus der aufstrebenden SPD. So ergab sich, dass sich „Ledebours Einbürgerung in die Sozialdemokratie […] rasch und fast reibungslos [vollzog]".[289] Ob er sich gezielt mit theoretischen und programmatischen Fragen befasste, ist nicht hinlänglich bekannt. Ledebours inhaltliche Auseinandersetzung mit seiner neuen politischen Heimat dürfte sich vor allem an den Fragen vollzogen haben, denen er sich bereits vorher gewidmet hatte: der Sozialreform, der Nationalitätentoleranz, der Rechtsgleichheit und der Aufdeckung von Fällen vielfältiger, sich auf die Arbeiterklasse auswirkender Ungerechtigkeiten in der Rechtsprechung sowie der Verfassungsentwicklung, für die England den Ausgangspunkt bildete. „Mit dem Übertritt zur Sozialdemokratie suchte Ledebour nach einer Verbindung bürgerlich-demokratischer Ideale und sozialistischer Zielvorstellungen".[290] Doch nicht die politische Theorie, sondern die Volksbildung und die Aufklärung waren und blieben sein Hauptaktionsfeld.

289 Ratz, S. 32.
290 Keller, S. 11.

II. IM ZENTRUM DER SOZIALDEMOKRATIE (1891–1900)

1. Kein einfacher Neustart: Ledebour als Genosse in der SPD

Wie auch Franz Mehring von seiner Bekanntschaft mit dem akademisch gebildeten Wilhelm Liebknecht profitierte, könnte dies durchaus für Georg Ledebour gelten, denn beider Biographien wiesen gewisse Gemeinsamkeiten auf. Liebknechts eigene Erfahrung in den Reihen der Revolutionäre von 1848 korrespondierte mit Ledebours offensichtlicher politischer Prägung durch dieses Fundamentalereignis, wenngleich die Kämpfe in Baden, die ja nicht zuletzt militärisch ausgefochten wurden, eine andere Qualität von Massenkämpfen besaßen als die eher bedächtigen Reformmaßnahmen im damaligen Königreich Hannover. Beide hatten Jahre ihres Lebens in England verbracht: Liebknecht im Exil, wo er zum „Bund der Kommunisten" um Marx und Engels gestoßen war, Ledebour als junger Mann, der dort sein Geld als Korrespondent und womöglich als Deutschlehrer verdient hatte. „Nach Vorstellungswelt und Wesensart waren sich Ledebour und Liebknecht nicht unähnlich. Beide zehrten von dem mehr oder weniger bewältigten bürgerlich-demokratischen Erlebnis, in ihrem Wohlwollen gegenüber der polnischen Nationalität standen sich beide um nichts nach."[1] Das bezeugte auch der sozialistische Arzt und Politiker Alfred Grotjohann (1869–1931), der bemerkte: „In seinen Anschauungen war er mehr ein direkter Nachkomme der Radikalen von 1848 als der sozialistischen Theoretiker Marx und Engels, die man von ihm nie zitieren hörte. Diese Achtundvierziger Anschauungen verbanden ihn auch wohl besonders mit dem alten Liebknecht, zu dessen engeren Hausfreunden er gehörte."[2] So könnte Wilhelm Liebknecht zu einer Orientierungsperson, vielleicht sogar Vaterfigur für Ledebour geworden sein, denn die beiden arbeiteten bis zu Liebknechts Tod am 7. 8. 1900 kontinuierlich zusammen.

Nach dem Tod des Patriarchen, dies sei im Vorgriff um ein Jahrzehnt vorausgeschickt, bewarb sich Ledebour erfolgreich um die Kandidatur für dessen Reichstagswahlkreis, gewann ihn im Oktober 1900 und trat mithin in

1 Ratz, S. 30.

2 Grotjohann, S. 62.

Liebknechts Fußstapfen. Auch war eine enge Bindung an die Familie Liebknecht offensichtlich: „Ledebour war, wie viele Erinnerungen über ihn berichten, ein sehr geselliger Mensch. Mit der Familie Wilhelm Liebknechts und besonders mit dessen Sohn Karl verband ihn eine enge Freundschaft."[3] Jener besuchte, bevor er endgültig in die aktive Politik einstieg, einige Stunden der Rednerschule bei Ledebour in Berlin. Mit ihm verband Karl Liebknecht seitdem „die innigste wahre Freundschaft".[4] Wilhelm Liebknecht wiederum amtierte als Chefredakteur des sozialdemokratischen Zentralorgans, des „Vorwärts", und holte Ledebour in die Redaktion. Dort verfasste er seit dem Herbst 1891 Leitartikel und stand damit in einer Reihe mit Liebknechts Schwiegersohn Bruno Geiser und mit Wilhelm Blos.

Indessen verlief der Start dort auch keineswegs reibungslos, denn August Bebel beschwerte sich alsbald bei Wilhelm Liebknecht über die Redaktion im Allgemeinen und über Ledebour im Besonderen: „Ledebour soll künftig so gut wie jeder andere 12 ½ M für seine Leitartikel erhalten, vorausgesetzt, dass sie überhaupt brauchbar sind. Will er dafür nicht arbeiten, können wir ihm nicht helfen. Sein letzter Leitartikel liegt schon 5 Tage oben und ist im Manuskript so unsauber geschrieben, dass man nicht begreift, wie ein solches Manuskript dem Setzer geliefert werden kann."[5] Aber Liebknecht ließ ihn nicht fallen. Dennoch zeigt diese Kritik Bebels, dass Ledebours Beginn in der Sozialdemokratie keinesfalls glatt verlief, sondern er mit eingeübten Gewohnheiten allein nicht würde reüssieren können. Vielmehr musste er sich in der auch durch die Illegalisierung geschaffenen Professionalisierung mancher Abläufe in der politischen und publizistischen Praxis der SPD orientieren und zurechtfinden. Dazu gehört auch unmittelbar nach seinem Beitritt in die SPD das Agieren im Konfliktfeld zwischen den lokalistisch bzw. basisdemokratisch orientierten „Jungen" und dem Parteivorstand, der penibel darauf achtete, dass auch nach dem Auslaufen des „Sozialistengesetzes" der Aufstieg zur Massenpartei nicht durch unvorsichtigen Revolutionarismus oder offensichtlichen Opportunismus gefährdet würde. Auch die alten „offenen Rechnungen" von Freisinnigen, die er als Demokrat und Sozial- bzw. Linksliberaler politisch attackiert hatte, wurden zunächst noch häufiger präsentiert.

3 Keller, S. 22.

4 Laschitza, Liebknechts, S. 68.

5 August Bebel an Wilhelm Liebknecht am 22.8.1891, zit. n. Keller, S. 13.

2. Der Lehrer: Arbeiterbildungsschule und Leseklub „Karl Marx"

Seine ersten Schritte als Lehrperson in der Sozialdemokratie beschritt Ledebour an der Berliner Arbeiterbildungsschule. Diese wurde am 12.1.1891 offiziell gegründet, wie der „Vorwärts" drei Tage später berichtete: „Eine imposante öffentliche Volksversammlung tagte am Montag Abend unter Vorsitz des Stadtverordneten Zubeil[6] im Saale der Brauerei Friedrichshain. Kopf an Kopf standen die Massen dichtgedrängt in dem großen Saale, aus dem Tische und Stühle entfernt worden waren. Es mochten wohl über 4000 Personen sein – darunter auch eine nicht geringe Anzahl Frauen – die den Saal füllten, und viele Hunderte noch mussten, ohne Einlass zu finden, wieder umkehren."[7] Den Eröffnungsvortrag hielt Wilhelm Liebknecht, von den Anwesenden mit Hochrufen empfangen, der Gründervater dieser Einrichtung, der Parteigründer der „Eisenacher" und mit August Bebel zusammen die wichtigste Persönlichkeit der damaligen Sozialdemokratie. Er hob in seinem Vortrag hervor, dass gerade die Einbeziehung von Frauen von ungeheurer Wichtigkeit sei: „Die Geschichte zeigt, dass eine Bewegung, die von den Frauen unterstützt wird, zum Ziele gelangt. ‚Was die Frauen wollen, das will Gott', sagt ein französisches Sprichwort. Da, wo die Frauen mit uns sind, ist unsere Sache gewonnen. Darum begrüße ich mit Freuden die Anteilnahme, die Mitwirkung der Frauen an unserem heutigen Werke."[8] Junge Frauen wie Minna Stamfuß dürften sich hiervon sicherlich eingeladen und willkommen geheißen gefühlt haben.

Liebknecht benannte in seiner Ansprache die Ziele der Arbeiterbildungsschule, darunter das Leitziel, sie „darf sich in dem Unterricht, den sie den Arbeitern gewährt, nicht auf einzelne Fächer beschränken; sie soll nachholen, was die Schule versäumt hat, aber sie soll den Arbeiter nicht etwa zum Gelehrten ausbilden und seinen Geist mit überflüssigen Dingen belasten, sondern sie soll ihn vor allem geeignet machen zum Kampf für die Befreiung der Gesellschaft."[9] In diesem Postulat wurde der liberale Bildungsimpuls der 1848er, den Menschen als Individuum zu einem sittlichen und mündigen Kulturwesen zu bilden, ins Gesellschaftliche transformiert als kollektives Ziel der Arbeiterklasse, sich selbst und damit die gesamte Gesellschaft aus der Unmündigkeit zu befreien. Für

6 Zu Fritz Zubeil siehe Reinhard Wenzel, „Stets mannhaft und unerschrocken für das Wohl des Volkes", in: Willi Carl u.a. (Hg.), Sozialdemokratie in Brandenburg (1868–1933), Bonn 2021, S. 51 ff.

7 Vw, 15.1.1891, S. 7 f.

8 Ebd., S. 7; siehe auch Tschubinski, S. 262.

9 Ebd.

ehemalige Linksliberale bzw. Sozialliberale wie Ledebour bedeutete diese Sichtweise sicherlich einen Anreiz zur Mitarbeit, denn in der Praxis des Lehrens dürften sich sowohl inhaltlich als auch methodisch Unterschiede ergeben haben zwischen liberalen Arbeiterbildungsvereinen wie dem Leipziger, in dem Liebknecht als 1848er tätig war, und der neu gegründeten Arbeiterbildungsschule in Berlin.

In seiner Ansprache bezog sich Liebknecht mehrfach auf diese Erfahrung. So beschrieb er, wie im Leipziger Arbeiterbildungsverein neben dem Sprachunterricht, der kaufmännischen Bildung und der Stenographie auch Vorträge über die Nationalökonomie und die Naturwissenschaften gehalten wurden. Ein besonderes Augenmerk galt der Beherrschung der deutschen Sprache, durch die mittels freien Aufsatzschreibens, einer gemeinsamen Besprechung der Aufsätze, ihrer Verfeinerung durch die grammatikalischen Kenntnisse und – als Krönung – ihrer Vorbereitung für eine Debatte die lernenden Arbeiterinnen und Arbeiter für ihr öffentliches Auftreten als Parteikader vorbereitet wurden. Doch sollte die Berliner Arbeiterbildungsschule keine Kopie ihrer Leipziger Vorgängerin sein: „Hier in Berlin können wir noch Weiteres tun: Neben den Vorträgen wissenschaftlichen Charakters wären literarische Vorträge und Vorstellungen zu veranstalten, und hierfür haben wir bereits einen guten Anfang – die ‚Freie Volksbühne', die mit unserer neuen Schöpfung vereinigt werden könnte. – Sache der Arbeiter ist es, indem sie sich selbst emanzipieren, auch die Kunst zu emanzipieren."[10] Den künftigen Lehrern an der Arbeiterbildungsschule, darunter Ledebour, stellte Liebknecht die Aufgabe, „dafür zu sorgen, dass diese Hochschule der Arbeiter nicht zu einer Spielerei ausarte; sie haben sich stets den Hauptzweck derselben – die Kenntnis der sozialen Frage zu verbreiten – vor Augen zu halten. Der Unterricht in anderen Fächern muss stets von dem Gesichtspunkte aus betrachtet und geleitet werden, dass er nur dazu bestimmt ist, jenen Hauptzweck zu unterstützen."[11] Den aus der 1848er-Revolution stammenden Grundgedanken der Selbstbefreiung der Unterprivilegierten mittels Aufklärung, Bildung und Überzeugungsarbeit als eines Wesenskerns des Politischen brachte Liebknecht mit seinem Schlusssatz zum Ausdruck: „Also: sammeln wir die Kräfte, gründen wir Bildungsanstalten für die Arbeiter,

10 Ebd. – Am 19.10.1890 wurde an der Freien Volksbühne, an deren Spitze zunächst Otto Brahm und Bruno Wille standen, Henrik Ibsens „Stützen der Gesellschaft" aufgeführt. Doch die Versuche der Parteiführung, eine stärker agitatorische statt einer naturalistischen Ausrichtung durchzusetzen, führten 1892 zur Spaltung der Bühne. Bruno Wille gründete die „Neue Freie Volksbühne", die sich 1919 mit ihrer Vorgängerbühne wieder zusammenschloss.

11 Ebd., S. 8.

und der Sieg wird bald unser sein!“[12] „Bildung ist Macht!“, hieß es dann auch in der lebhaften Debatte, an der sich auch der Niederbarnimer Reichstagsabgeordnete und Berliner Stadtverordnete Arthur Stadthagen, selbst Lehrender an der Einrichtung, beteiligte.

Auf Volksversammlungen der Berliner Sozialdemokratie fehlte es nicht an Werbung für das neue Institut. So schrieb der „Vorwärts“ am 14. 3. 1891: „Eine Versammlung für Frauen und Männer fand am Sonntag, den 8. März, unter außerordentlich reger Beteiligung statt. Das Referat hatte Dr. Lütgenau über das Thema „Völkertrennung und Völkereinheit“ übernommen, und sein äußerst interessanter Vortrag wurde mit sichtlichem Interesse und Verständnis entgegengenommen […] Von den heutigen herrschenden Gesellschaftsklassen könne man nimmer eine Umgestaltung erwarten, deshalb muss das Volk, wenn es das Unlogische der heutigen Ordnung eingesehen und erkannt habe, selbst Hand anlegen zur Bessergestaltung. Diese Erkenntnis zu erlangen, müsse jeder Arbeiter und jede Arbeiterin bestrebt sein, und deshalb empfahl Referent den Besuch der ‚Berliner Arbeiter-Bildungsschule‘, in welcher alles gelehrt werden wird, was zur Aufklärung über die Völkereinheit notwendig sei.“[13]

Zu den Lehrerinnen und Lehrern an der Arbeiterbildungsschule gehörten neben Liebknecht selbst und Ledebour noch u. a. Ottilie Baader, Leo Arons, Heinrich Braun, Arthur Stadthagen, Ewald Vogtherr, Bruno Wille und Fritz Zubeil. Ottilie Baader, die dem Vorstand des Bildungsinstituts angehörte, nannte als die häufigste gemeinsam gelesene, besprochene und diskutierte Literatur vor allem das „Kommunistische Manifest“ von Marx und Engels, Bebels’ „Die Frau und der Sozialismus“ sowie das Erfurter Programm der SPD und Marxens’ „Das Kapital“, von dem Ottilie Baader schrieb, es habe nicht das damals gängige Vorurteil bestätigt, es sei zu schwer für Frauen.[14] Wie Eduard Bernstein schrieb, war das Organisationsmodell der Schule „einfach und demokratisch. Durch einen sehr geringen Monatsbeitrag – 25 Pfennig – erwarb man die Mitgliedschaft, und die Mitglieder wählten in einer Generalversammlung den Vorstand, der für passende Räumlichkeiten zu sorgen, die Lehrkräfte zu beschaffen und im Verein mit dem Ausschuss dieser Lehrkräfte den Lehrplan aufzustellen hatte […] Das Unterrichtsgeld für die Lehrkurse wurde so niedrig bemessen, nämlich 50 Pfennig pro Stunde, dass es selbst der schlechtestentlohnte Arbeiter aufbringen konnte.“[15]

12 Ebd.

13 Vw, 14. 3. 1891, S. 10.

14 Geschichte der revolutionären Berliner Arbeiterbewegung, Bd. 1, S. 347.

15 Bernstein, Berl. Arbeiterbewegung 3, S. 391.

Doch musste die anfängliche Euphorie der Ernüchterung durch die realen Probleme der finanziellen Unterfütterung und der schwankenden Motivation der Arbeiterinnen und Arbeiter Platz machen. So blieb die Schule auf Spenden wohlhabender Genossen und auf parteiliche Zuschüsse angewiesen. Ebenso überwog die Anzahl der Anmeldungen nicht selten die reale Anzahl der Lernenden, denn „der Einfluss der Schwankungen des Arbeitsmarktes auf die Ortsständigkeit" vieler Arbeiterinnen und Arbeiter erzeugte eine hohe Fluktuation, selbst das Lehrpersonal schien davon nicht unberührt gewesen zu sein. So musste an den Lehrfächern, den Räumen und am Lehrmaterial gespart werden. Der Schließung entging die Arbeiterbildungsschule nur durch eine komplette Umorganisation. Ledebour muss dabei den Kurs der Redekunst behalten haben, denn diesen besuchte ja mehrmals auch Karl Liebknecht. Nach der Umorganisation wurde Unterricht in den weiteren Fächern Geschichte, Gesetzeskunde, Naturgeschichte und Volkswirtschaft erteilt. Später kam Nationalökonomie hinzu. Auf kommunale Unterstützung konnte man nicht setzen, mehrere Anträge auf Nutzung städtischer Schulräume wurden stets abgelehnt, die Arbeiterbewegung musste mit eigenen Ideen und Ressourcen auskommen.[16]

Ledebour als Mitglied des Lehrausschusses war es aufgetragen, solche pädagogischen und inhaltlichen Anpassungsmaßnahmen der Schulversammlung vorzustellen. Auf der Generalversammlung am 17.6.1891 diskutierten die Mitglieder unter Leitung des Vorsitzenden Ewald Vogtherr u.a. über einen Antrag auf Erhöhung des Schulgeldes auf 50 Pf. pro Kurs, der mehrheitlich angenommen wurde. Auch Ledebour äußerte sich zur Organisation des Unterrichts und erklärte, „dass es im Vorstand wie im Lehrerausschuss bereits erörtert sei, den Lehrunterricht in Deutsch (und auch Rechtschreiben) zu verdoppeln und möglicherweise in zwei Abteilungen einzuteilen, da hierzu der Hauptandrang sei".[17] Am 24.9.1891 fand eine Orientierungsveranstaltung zum Verlauf des Winterhalbjahres 1891/92 statt. Ledebour benannte hier die Änderungen, die sich im Vergleich zum vorausgegangenen Halbjahr ergeben sollten. Die Kurse in Stenographie und Zeichenlehre würden entfallen, Geschichte nur noch einmal wöchentlich stattfinden. Stattdessen sollte der Deutschunterricht intensiviert und in drei Niveaustufen differenziert werden. Auch die Mathematik sollte fortan in zwei Stufen gelehrt werden. Der übrige naturwissenschaftliche Unterricht würde umorganisiert werden, die Naturbeschreibung (Biologie?) entfiele. Als neues Fach träte die Physiologie des Menschen hinzu. Allein die Nationalökonomie bliebe von der Umorganisation unberührt, so Ledebour. Hernach entspann

16 Ebd., S. 391 ff.

17 LAB, Nr. 13111, Bl. 275, Berliner Zeitung (BZ), 18.6.1891.

sich eine lebhafte Diskussion, in der auch Kritik und Anregungen angebracht wurden. Das Angebot der Arbeiterbildungsschule, so der vom Plenum gutgeheißene Lehrplan, würde zukünftig auch Exkursionen beinhalten, die z. B. naturwissenschaftlichen Zwecken dienten.[18]

Doch auch außerhalb der Arbeiterbildungsschule ergaben sich Gelegenheiten, Vorträge zu halten. Beim Unterstützungsbund der Hausdiener Berlins sprach Ledebour am 17. 11. 1891, um 9 Uhr abends, über „Die Beziehungen der gewerkschaftlichen, politischen und Bildungsbestrebungen der proletarischen Bewegung“.[19] Am 22. 11. 1891 veröffentlichte der „Vorwärts“ einen ausführlichen Bericht über die Veranstaltung. Ledebour ging bei seinem Vortrag davon aus, dass sich die proletarische Bewegung gesellschaftlich umfassend bemerkbar mache, aber in den jeweiligen Ländern unterschiedliche Erscheinungsformen auspräge. Die gesamte Arbeiterbewegung, dies meinte er auch international, könne man in drei Hauptströmungen differenzieren: In die „politische Bewegung, in Deutschland vertreten durch die sozialdemokratische Partei, die gewerkschaftlichen und die Bildungsbestrebungen. Obgleich vielfach einander beeinflussend und einander stützend, laufen diese Strömungen doch selbständig nebeneinanderher.“ Diese Sichtweise reflektiert recht eindeutig erkennbar seine aus dem Vergleich zwischen Deutschland und England gezogenen Schlussfolgerungen. Die englischen *Trade Unions* verfolgten überwiegend rein gewerkschaftliche und sozialpolitische Zielsetzungen, z. B. den Lohnkampf und den Kampf für mehr Arbeitsschutz, eine direkte politische Klassenpartei gab es noch nicht. In Deutschland hingegen existierte eine Arbeiterpartei, die SPD, die Gewerkschaften waren nach dem „Sozialistengesetz“ und auch danach noch nicht gleichberechtigt, da ihnen das Koalitionsrecht verwehrt wurde und das Vereinsrecht nach wie vor restriktiv wirkte. Es dominierten noch die Berufsverbände und nicht die Zentralverbände, und so existierten oft mehrere Berufsverbände eng verwandter Berufe parallel. Dies galt auch für die Hausdiener, vor denen Ledebour sprach.

Die Bildungsbestrebungen als Teil der Arbeiterbewegung waren Ledebour aus eigener Praxis bestens bekannt, hatte er doch vor liberalen Gewerk- und Arbeitervereinen jahrelang Referate gehalten; nun war er selbst Lehrer an der sozialdemokratischen Arbeiterbildungsschule. Vielleicht drückte er in dieser Analyse seinen Versuch aus, Sozialliberales aus seiner Vergangenheit mit Sozialistischem seiner Gegenwart zu verknüpfen. In jedem Falle aber plädierte er für eine Aufhebung der Spaltung der Arbeiterschaft durch kleine Berufsverbände, wenn er den Hausdienern ans Herz legte, ihre Vereine miteinander zu verschmelzen,

18 Vw, 27. 9. 1891, S. 9.

19 Ebd., 17. 11. 1891, S. 9.

und bekräftigte diese Aufforderung mit dem Motto: „Einigkeit macht stark". Das optimale Verhältnis zwischen Arbeiterpartei und Gewerkschaften sah er in einem gleichberechtigten Miteinander, nicht aber in einer Superiorität in der einen oder anderen Richtung.[20] Doch schien er Adressat weiterer bildungspolitischer Aktivitäten gewesen zu sein, wie Gustav Landauer notierte: „Gestern Vormittag beschäftigte mich der Gedanke, in Verbindung mit Männern wie Wille, Bölsche, Ledebour, Friedländer, eventuell Paul Kampffmeyer in Berlin etwas ins Leben zu rufen, was ich Volks-Universität nennen würde."[21] Hier war wohl der Wunsch der Vater des Gedankens, mit den Aktivisten des „Friedrichshagener Dichterkreises" und den Begründern der „Freien Volksbühne" neben der Arbeit der Arbeiterbildungsschule, die sich von einigen dieser Personen ja zwischenzeitlich distanziert hatte, weil sie sich zu wenig an die Erwartungen der Parteiführung gehalten hatten, analog zur „Neuen Freien Volksbühne" eine weitere Bildungsstätte aufzubauen. Letztlich blieb diese Idee uneingelöst.

Ein anderes Betätigungsfeld ergab sich für Ledebour in der Bildungsarbeit mit sozialistischen Studenten. Deren Reputation in der Sozialdemokratie unterlag eher skeptischen Beurteilungen, bedingt durch ein gewisses Maß an Anti-Intellektualismus sowie durch die Befürchtung, ein akademisch-jugendlich geprägter Revolutionarismus könne Einzug in die SPD halten und ihr öffentliches Auftreten erschweren, wenn die Behörden wieder beaufsichtigend und zensierend tätig würden. So erinnerte sich Alfred Grotjohann, Arzt und späterer Reichstagsabgeordneter der SPD in der Weimarer Republik, an diese psychologischen Hürden, die sich zwischen sozialistischen Studenten und Repräsentanten der Arbeiterbewegung auftaten, als auf seine Anfrage an den Reichstagsabgeordneten Bruno Schönlank, er möge doch vor sozialistischen Studenten sprechen, dieser ihnen eine brüske Abfuhr erteilte und ihnen riet, zunächst ihr Studium abzuschließen, statt aus dem Studium zur Sozialdemokratie davonzulaufen. Eine weitere Befürchtung kursierte vor anarchistischen Umtrieben innerhalb der Studentenschaft.[22] Hier aber sei Ledebour eine Ausnahme gewesen, weil er „schon damals gern etwas anderes tat, als was die offizielle Parteileitung wollte. Er war zweifellos eine ungewöhnliche Persönlichkeit: sehr radikal, nicht aus der marxistischen Lehre, sondern aus dem Gefühl heraus, begeistert für Demokratie und Fortschritt, beseelt vom Willen, sich mit seiner ganzen Person für eine Änderung einzusetzen, also wie geschaffen, um auf junge, begeisterungsfähige Leute eine

20 Ebd., 22. 11. 1891, S. 9.

21 Gustav Landauer, An Margarethe Leuschner (Gefängnistagebuch), 29. 12. 1893–10. 1. 1894, in: Ders., Briefe und Tagebücher 1, S. 359.

22 Grotjohann, S. 59.

große Anziehungskraft auszuüben.“ Zu den Gepflogenheiten dieses gemeinsamen Umgangs gehörten auch Unternehmungen an der frischen Luft, mit denen sich Ledebour die Gesundheit und Beweglichkeit erhielt. Hierüber berichtete Grotjohann, dass er ihn bei einer seiner regelmäßigen Wanderungen an den Seen zwischen Potsdam und Werder begleitete. Ledebour lud zum gemeinsamen Schwimmen ein und war trotz seiner Behinderung ein ausdauernderer und sichererer Schwimmer als der halb so alte Grotjohann.

Ledebour schien sehr zu genießen, wenn er positive Rückmeldungen erhielt und dadurch im Mittelpunkt stand: „Einen besonderen Spaß machte es Ledebour, wenn er nach irgendeiner Versammlung abends spät, umringt von uns Studenten, in das Café Kaiserhof einrücken konnte. Es war damals noch ein politisches Café, wohl das einzige, das Berlin in dieser Art jemals besessen hat. Hier tagte oder auch nächtigte der Freisinn bei Kaffee, Bier, Schachspiel und gemäßigt aufgeregten Disputen. Eugen Richter erschien hier zwar nicht, wohl aber alle übrigen mittleren und kleinen Größen aus den Parlamenten und den Zeitungsredaktionen.“ Hier war er noch aus seiner liberalen Zeit „allgemein bekannt und als Abtrünniger verhasst. Zu seiner und unserer nicht geringen Genugtuung gab es dann immer ein deutlich unliebsames Auftreten, wenn er abends spät hier mit uns einbrach und einen Tisch besetzte.“[23] Von geringem Erfolg gekrönt war sein Versuch, „seine“ Studenten mit Wilhelm Liebknecht bekannt zu machen; entweder war dieser verhindert oder behielt Distanz zu den Studenten. Auch August Bebel, so berichtete Grotjohann, sei von Ledebour beim Wandern mit Studenten besucht und abgefangen worden, entzog sich jedoch offenbar schnell der unerwarteten Kommunikationssituation.[24] Diese Reaktionen der beiden Leitfiguren der SPD können natürlich auch in Richtung Ledebour dahingehend interpretiert werden, dass sie vielleicht einem ihm unterstellten oder tatsächlichen Bedürfnis, sich gegenüber den Studenten seiner Bekanntschaften zu rühmen, eine Absage erteilen wollten. In den ersten Jahren seiner SPD-Mitgliedschaft galt er womöglich als wenig kalkulierbar. Noch 1898 schien ihm dieser Ruf nachzuhängen, denn Rosa Luxemburg, die allerdings damals erst seit wenigen Monaten in Deutschland lebte, bezeichnete ihn als „eine Wetterfahne“.[25]

Seinen Prinzipien getreu verhielt sich Ledebour als Agitator auf einer von Christlich-Sozialen und Antisemiten dominierten Akademikerversammlung am 1. 3. 1894, die er gemeinsam mit zahlreichen sozialdemokratischen Studenten

23 Alle Zit. ebd., S. 61 f.

24 Ebd., S. 63 f.

25 Rosa Luxemburg, Brief an Leo Jogiches, 24. 9. 1898, in: Dies., Gesammelte Briefe (GB), Bd. 1, S. 205.

und seinem Genossen Dr. Heinrich Lux besuchte. Im „Feenpalast" hatten sich geschätzt zwischen 1500 und 2000 Personen eingefunden.[26] Auch die sozialistischen Studenten waren zur Versammlung geladen, mussten aber bei Bekundung ihrer politischen Einstellung mit einem „consilium abeundi", also mit der Aufforderung zum Verlassen der Hochschule rechnen bzw. mit einer Exmatrikulation bei passender Gelegenheit. Schon am Tage der Versammlung hatte der „Vorwärts" eine Antwort der sozialistischen Studenten mit folgendem Wortlaut abgedruckt: „An die am 1. März im Feenpalast tagende Akademiker-Versammlung! Die sozialistischen Studenten der Universität Berlin sind zu dem am 1. März stattfindenden Akademiker-Versammlung vom Verein deutscher Studenten eingeladen worden, sich dort an der Diskussion zu beteiligen. Wir bedauern jedoch, dieser Einladung nicht Folge leisten zu können, da uns im Fall des öffentlichen Auftretens der consilium abeundi vom Universitätsrichter in Aussicht gestellt ist, wir außerdem in unseren weiteren Arbeiten nicht durch irgend welche Polizeispitzelei gestört werden wollen. Unsere Ansichten werden von unseren Genossen vertreten werden", so die für die Notiz verantwortlichen „sozialistischen Studenten der Universität".[27]

Heinrich Lux und Ledebour übernommen die Rolle jener Genossen, die an Stelle der mit Nachteilen bedrohten Kommilitonen das Wort nehmen sollten. Und so verlas Lux die im „Vorwärts" veröffentlichte studentische Stellungnahme. Der Referent der Veranstaltung, Otto Eichler, sprach über „die Kette von Missverständnissen [...], die sich seiner Ansicht nach durch die Lehren vom Malthus, Ricardo und Marx insofern ziehen, als jeder dieser Nationalökonomen auf den Irrtümern seines Vorgängers seine Theorie aufgebaut hätte; speziell Marx, der letzte dieser Unglückseligen, habe diese Konfusion dadurch vergrößert, dass er seine nationalökonomischen Lehren auf die Hegelsche Philosophie zu gründen suchte." Dies rief Ledebour auf den Plan, der „in großen Zügen die Grundlage der Marxschen Lehre" vorstellte. Danach kam er auf den Nationalismus der herrschenden Verhältnisse zu sprechen. Er warf der herrschenden Politik vor, den Menschen die Nation genauso aufzuzwingen wie einst Religion den Untertanen aufgezwungen wurde. Einmal mehr rekurrierte er auf die verschiedenen Bedeutungen der Begriffe Abstammung, Staatsangehörigkeit und Sprache, die nicht in einen Topf geworfen werden dürften, so wie es die Herrschenden machten. Er fügte hinzu: „Auch er sei national, aber nur in Bezug auf das geistige Leben, international in Bezug auf das staatliche Leben." Damit griff er wie schon zu Zeiten der Demokratischen Partei auf seine Positionen zu

26 Vw, 3.3.1894, S. 8.

27 Vw, 1.3.1894, S. 10.

den Kulturnationen und der Nationalitätentoleranz zurück. Durch einen Zwischenruf provoziert, ergänzte er, dass „für ihn sich nicht die schönsten Erinnerungen der deutschen Geschichte an die Hohenzollern knüpften“, was einen Sturm der Entrüstung auslöste, sodass die Versammlung unterbrochen werden musste. Heinrich Lux sekundierte mit Ausführungen zur ökonomischen Entwicklung und riet dazu, ehe man über den Sozialismus rede, solle man ihn doch erst einmal kennen lernen. Er und Ledebour ermutigten alle Studenten, auf ihr Recht zur freien Meinungsäußerung zu drängen, Ledebour rief dazu auf, „nicht mit gesenktem Blick in das Philisterland zurück zu schleichen [...], sondern als freie Männer für die Volksfreiheit“ zu kämpfen.[28] Deutlich ist auch in dieser Situation die Kontinuität seiner demokratisch entstandenen politischen Denkfiguren zu erkennen, die er nach der Anpassung der Liberalen an Bismarck und das Kaiserreich nun in der Sozialdemokratie beheimatet sah. Durch Auftritte wie diesen hatte auch er einen Anteil daran, dass sich sozialistische Studenten nun in der SPD und ihrem Umfeld eigene Organisationsstrukturen und politische Foren gaben.

Ein weiteres Betätigungsfeld im Rahmen der Arbeiterbildung war der Leseklub „Karl Marx“. Er war bereits am 10.1.1890 gegründet worden, also noch während der Geltung des „Sozialistengesetzes“. Mehr noch als die Arbeiterbildungsschule förderte er Arbeiter in Grundfragen der sozialdemokratischen Programmatik und der Arbeiten von Marx und Engels. Er könnte insofern als ein Vorläufer der ab 1906 betriebenen Parteischule der SPD betrachtet werden. In § 1 der Satzung hieß es: „Der Klub bezweckt die Ausbildung seiner Mitglieder durch Lesen wissenschaftlicher Bücher sowie durch Abhalten wissenschaftlicher Vorträge.“[29] Die Anforderungen waren hoch: Einmal wöchentlich zwischen 21 und 23 Uhr versammelten sich die Arbeiter in ihrem Kurs bei strenger Anwesenheitskontrolle. Über die Aufnahme in den Leseklub wurde abgestimmt, nur die absolute Mehrheit führte zur Aufnahme. Wer unentschuldigt fehlte, wurde ausgeschlossen. Der disziplinarische Aspekt weist darauf hin, dass es sich beim Leseklub „Karl Marx“ um eine Art „Kaderschmiede“ handelte. Einmal monatlich organisierte der Leseklub an einem Sonntag öffentliche Vortragsveranstaltungen, die stets eine große Zuhörerschaft erreichten, von mehreren Hunderten, manchmal mehr als Eintausend, war die Rede.[30]

28 Vw, 3.3.1894, S. 8.

29 Siehe Marga Beyer, Der Leseklub „Karl Marx“ in Berlin (1890–1895), in: Beiträge zur Geschichte der Arbeiterbewegung 25, Heft 2/1983, S. 231–237, Zitat S. 231.

30 Ebd., S. 232. M. Beyer stützte sich auf die Protokollbücher des Leseklubs, die bis 1895 geführt wurden.

Noch während des „Sozialistengesetzes", am 18.7.1890, wurde der Klub kurzzeitig verboten, nachdem vermutlich Wilhelm Liebknecht dort aufgetreten war. Am 26.9.1890, wenige Tage vor dem Ende des Ausnahmegesetzes, wurde der Klub wieder zugelassen. Die neue Legalität führte zu einem Zustrom an bildungswilligen Arbeitern, sodass neue Referenten gewonnen werden mussten. Zu ihnen gehörten Heinrich Peus, Richard Fischer, Julius Türk, Dr. Franz Lütgenau und Georg Ledebour. Weil Liebknecht weiterhin im Leseklub auftrat ist anzunehmen, dass er Ledebour hier förderte. Indes blieb die Mitgliederzahl des Leseklubs niedrig. Waren es bei der Gründung elf Mitglieder, dürfte der Höchststand bei 50 gelegen haben, was gerade im Vergleich zur Arbeiterbildungsschule, an der bis zu 5000 Arbeiterinnen und Arbeiter eingeschrieben waren, ein gewaltiger Unterschied war. Doch schien sein Ruf attraktiv gewesen zu sein, sowohl wegen seiner gezielten marxistischen Bildungskonzeption als auch wegen seiner attraktiven öffentlichen Veranstaltungen. Ledebour trat im Kontext einer Vortragsreihe vor dem Leseklub auf. Auch hier beschrieb er die politischen, gewerkschaftlichen und Bildungsbemühungen der Arbeiterbewegung und „erhielt großen Beifall, als er über die kulturelle Bedeutung der proletarischen Bewegung sprach und die Aufgaben aller proletarischen Organisationen, einschließlich der Leseklubs, im Ringen um den Sieg des Proletariats umriss. ‚Mögen alle Arbeiter gemeinschaftlich dahin wirken, dem Proletariat zum Siege zu verhelfen', wurde als Resümee im Protokollbuch festgehalten."[31] Nach 1895 verlor der Leseklub an Bedeutung. Weniger eine Kaderschmiede, aber mehr eine Arbeiterbibliothek und Kulturstätte bedeutete die am 25. Oktober 1899 von Hugo Heimann gestiftete „Öffentliche Bibliothek und Lesehalle Berlin", die ein Meilenstein in der Volksbildung bedeutete.[32]

3. Zwischen Kommentar und Konflikt: Redakteur in der sozialdemokratischen Parteipresse

Georg Ledebour arbeitete von 1891 bis 1897 in der Redaktion des „Vorwärts" als Mitarbeiter und politischer Redakteur. Nach anfänglichen Schwierigkeiten, die die Kritik Bebels hervorriefen, beruhigte sich die Lage wieder. Das Grundproblem des „Vorwärts" war die Doppelrolle als Zentralorgan der Partei und in Form des „Berliner Volksblattes" als des Presseorgans der Sozialdemokratie der Hauptstadt. Dazu Eduard Bernstein: „Er sollte mit der Eigenschaft als Zentralorgan der

31 Ebd., S. 234.

32 Bernstein, Berl. Arbeiterbewegung 3, S. 399f.

Partei auch die verbinden, Organ der Berliner Genossen zu sein. Infolgedessen konnte es nicht ausbleiben, dass in den Reihen dieser das Verlangen laut wurde, auf das Blatt, für das man warb und wirkte, auch unmittelbar Einfluss zu erlangen. Es erhielt 1891 eine erste Genugtuung durch den von Bebel formulierten Beschluss des Erfurter Parteitages [...], dass die Berliner Genossen eine Kommission von 9 Mitgliedern wählen, welche in Gemeinschaft mit dem Parteivorstand die Kontrolle des lokalen Teils des ‚Vorwärts' zu übernehmen haben."[33] Doch damit waren die Konflikte keineswegs bewältigt, sodass auf den Parteitagen von Hamburg (1897) und Hannover (1899) weitere statuarische Anpassungen vorgenommen wurden. Seit Hamburg obwaltete eine „Preßkommission" über die tagtägliche Arbeit des „Vorwärts", sie konnte dem Parteivorstand gegenüber Vorschläge unterbreiten und musste bei personellen Entscheidungen angehört werden.[34] Die Auflage betrug zum Ende des „Sozialistengesetzes" rund 25 000, stieg um die Mitte der 1890er-Jahre auf ca. 50 000 an und wuchs mit einigen kleineren Schwankungen bis 1905 auf ca. 100 000 Exemplare.[35]

Doch nicht nur methodische Lernprozesse verlangte die neue politische Heimat Ledebour ab. Vielmehr wurde der neue Mitstreiter und Genosse nicht nur vorbehaltlos begrüßt, sondern gelegentlich mit seiner linksliberalen Vergangenheit konfrontiert. Das betraf sowohl die vormaligen innerliberalen Auseinandersetzungen als auch innersozialdemokratische Konflikte wie jenen zwischen der Parteimehrheit und den „Jungen", die für mehr Eigenständigkeit der sozialdemokratischen Organisationen und der Parteipresse vom Parteivorstand eintraten, dem eine zu große Machtfülle vorgeworfen wurde.[36] Schon im September 1891 hatte der Sozialdemokrat Mildberger auf einer Wahlversammlung des 6. Reichstagswahlkreises Mehring und Ledebour vorgeworfen, als „tüchtigste publizistische Vertreter" der Volkspartei und der Freisinnigen nun deren Positionen im „Vorwärts" zu vertreten. Mehring war damals kein Mitarbeiter des Blattes, Ledebour wies dort diesen Vorwurf in einer Erklärung zurück und hob die Gründe seines Eintritts in die SPD hervor.[37] Seine Tätigkeit als Redakteur fand also nicht nur in den Redaktionsräumen statt, sondern bezog ihn als politische Persönlichkeit in Partei und Öffentlichkeit genauso ein. Das galt nicht minder für die inneren sozialdemokratischen Auseinandersetzungen, die vor dem „Vorwärts" keinen Halt machten. Es erschien in der „Freisinnigen Zeitung" vom

33 Ebd., S. 401.

34 Ebd., S. 402.

35 Ebd., S. 407 f.

36 Hoffrogge, Sozialismus, S. 131 f.

37 Vw, 12. 9. 1891, S. 7.

9.5.1892 ein ungezeichneter Beitrag, der aus der Feder Eugen Richters stammte, der dem „Vorwärts" vorwarf, dass dieser „Renegaten" aus dem liberalen Lager in seiner Redaktion beschäftige, die „Schimpfartikel" gegen ihn veröffentlichten, aber zu feige seien, namentlich zu unterzeichnen. Am 10.5.1892 wies Mehring diese Anschuldigung zurück und konterte seinerseits mit dem Vorwurf, aufgrund ihres Verhaltens im Fall Lindau und bei der Entlassung Ledebours und Mehrings seien diese Liberalen „infame Lügner".[38]

Der Streit setzte sich in den Folgetagen fort, sodass Ledebour am 13.5.1892 reagierte. Auch er wies jede Urheberschaft von sich und warf Richter vor, „die ehemaligen Redakteure der Volks-Zeitung zu begeifern" und sie persönlich mangels sachlicher Argumente schädigen zu wollen. Richter, „der uns jetzt ‚Renegaten' schimpft, ist es wohlbekannt, dass sowohl Mehring wie auch ich niemals Mitglieder der deutschfreisinnigen Partei gewesen sind, und nie ist er müde geworden, die ‚Volkszeitung' zur Zeit des Sozialistengesetzes als ein sozialistisches Blatt zu denunzieren". Ledebour selbst sah sich aus Gründen denunziert, die mit seiner Verurteilung zu einem Monat Gefängnis aus dem Juli 1890 in Beziehung standen, und schrieb dazu in seiner ausführlichen Erklärung Folgendes: „Vor kurzer Zeit ist eine Verurteilung zu einem Monat Gefängnis rechtskräftig geworden, die ich im Dienste und im Interesse der Volks-Zeitung vor etwa anderthalb Jahren verwirkt habe. Diese Verurteilung führte zu Verhandlungen zwischen mir und der Verwaltung der Volks-Zeitungs-Aktiengesellschaft wegen der Verpflichtungen, welche der Zeitung mir gegenüber daraus erwachsen, Verhandlungen, die noch nicht zum Abschluss gediehen sind. Sowohl seitens der Verwaltung der ‚Volks-Zeitung' wie auch von meiner Seite sind im Laufe dieser Verhandlungen Gutachten von verschiedenen journalistisch und politisch erfahrenen Persönlichkeiten eingezogen worden. Er erscheint ausgeschlossen, dass dabei Herr Eugen Richter, der mit dem Vorsitzenden des Aufsichtsrats der ‚Volks-Zeitung' intim verkehrt, übergangen sein sollte. Gerade während nun diese Verhandlungen in der Schwebe waren, und wohl nicht nur trotz sondern wegen derselben, tauchten plötzlich in der ‚Freisinnigen Zeitung' die Denunziationen und Verdächtigungen ‚der ehemaligen Redakteure der Volks-Zeitung' auf. Hatte sich doch dem Scharfblick des Herrn Eugen Richter die liebliche Aussicht eröffnet, dadurch vielleicht etwas dazu beitragen zu können, dass ein politischer Gegner materiell geschädigt wird." Sarkastisch fügte Ledebour hinzu: „Ob dieses würdige Streben von Erfolg sein wird, bleibt noch abzuwarten; ein unsäglicher Ekel überkommt mich aber bei dem Gedanken, dass man überhaupt in unserem öffentlichen Leben mit den Bübereien des Herrn Eugen Richter noch ernsthaft rechnen muss." Name des

38 Vw, 10.5.1892, S. 7.

Verfassers und Datum, der 12.5.1892, wurden ergänzt durch die Wohnortangabe Friedrichshagen.[39]

Denkbar ist, dass diese Attacken aus Ledebours Vergangenheit, die zwar bald verstummten und von den Parteigremien auch nicht hochgespielt wurden, dennoch ihre langfristigen psychologisch-politischen Wirkungen entfalteten: Sie förderten „die Ausbildung seines intransigenten Radikalismus und steigerte[n] sein Distanzierungsbedürfnis von den bürgerlichen Parteien, was für seine künftige Politik in der Stichwahl- und Bündnisfrage wichtig werden sollte“.[40] Das ist nicht von der Hand zu weisen und bleibt dennoch vordergründig. Ereignisse wie dieses dürften ihn darin bestärkt haben, dass ein Neuanfang ein kompletter sein müsse und dafür zu sorgen, dass die Geister der Vergangenheit einen nicht länger plagen dürfen.

4. Mitarbeiter und Redakteur beim „Vorwärts“ (1891–1897)

Das Wirken Ledebours als Autor, freier Mitarbeiter und Redakteur des „Vorwärts“ erstreckte sich von 1891 bis 1897. Danach sind weitere Texte von ihm und über ihn im Parteiblatt zu finden, doch standen diese vorwiegend in Verbindung mit seinem Reichstagsmandat. Als journalistischer Charakter wurde Ledebour von Karl Kautsky eingehend beschrieben: „L[edebour] ist mir nicht sehr grün und ein grober Flegel. Das merkte ich schon vor circa 2 Jahren, als ich ihn in der liebenswürdigsten Weise aufforderte, an der N. Z. mitzuarbeiten. Er hat meinen Brief gar nicht beantwortet. Auch der gereizte, absichtlich verletzende Ton, mit dem er seine Polemik eröffnete, spricht dafür, dass er etwas gegen mich hat […] Was nun seine Person anbelangt, so halte ich ihn sicher für begabt; ich lese seine Rezensionen und Artikel gern und halte ihn für einen brauchbaren Mitarbeiter einer Zeitung. Ob er auch ein brauchbarer auswärtiger Korrespondent ist, das ist eine andere Frage. Er hat das Bedürfnis selbständig zu sein um jeden Preis, eigene Wege zu gehen. Da er ein gescheiter Kerl ist, kommt er so auf manchen guten originellen Gedanken; da ihm aber eine solide Grundlage fehlt, verliert sich die Originalität nicht selten bei ihm in Klugscheißerei, ja mitunter in direkter Konfusion und Albernheit. Das macht nicht viel, wenn er unter der Fuchtel einer guten Redaktion steht, die ihn kontrolliert. Aber zu einer selbständigen Stellung eines Chefredakteurs oder auswärtigen Korrespondenten taugt er meines Erachtens nicht. Er würde wohl Interessantes berichten, keinen schablonenhaften

39 Ebd., 13.5.1892, S. 6.

40 Ratz, S. 32f.

Standpunkt einnehmen, ob er aber auch immer Richtiges mitteilen würde, ist eine andere Frage."[41]

Tatsächlich dürfte Ledebour als Redaktionskollege kein einfacher Charakter gewesen sein, auch wenn er zunächst als freier Mitarbeiter tätig war.[42] Außerdem schrieb er 1893/94 einige Beiträge für das „Sozialpolitische Centralblatt", das von Heinrich Braun (1854–1927) herausgegeben wurde. Erst 1895 erhielt er eine feste Anstellung als politischer Redakteur beim „Vorwärts", wo er zuständig war für die Rubriken Leitartikel und Politische Übersicht.[43] Hier war er gemeinsam mit Adolf Braun (1862–1929), Heinrichs Bruder und Schwager von Victor Adler, tätig. Doch schied er 1897 bereits wieder aus der Redaktion aus, blieb aber freier Mitarbeiter. Ursache des Ausscheidens war ein innerredaktioneller Konflikt. Der ehemalige liberale Sozialreformer und 1894 zur SPD gestoßene Max Quarck hatte mit einem Beitrag über „Innungsfrage und Gewerkschaftsbewegung" in der Ausgabe vom 19. 8. 1896 den Unmut der Mehrheit der Redaktion erregt, zu der Ledebour nicht gehörte, da er sich in Urlaub befand. Quarck hatte in seinem Beitrag heftige Kritik an der dem Reichstag als Gesetzentwurf vorgelegten Zwangsmitgliedschaft der Handwerksberufe in Innungen geübt. Gleichzeitig hatte er einen dezidierten Diskussions-Strukturplan für die Gewerkschaften entworfen, um von der Basis der Gewerke aus Fakten über bestehende und noch nicht bestehende Zwangsmitgliedschaften zusammenzutragen, mit deren Hilfe die Gewerkschaften eine Argumentationsgrundlage entwickeln sollten, die dann der sozialdemokratischen Fraktion im Reichstag dazu dienen könne, gegen den Gesetzentwurf zu agitieren. Die Stellungnahme der Redaktion fiel negativ aus, denn man warf Quarck vor, noch immer liberal zu denken, andererseits die Gewerkschaften durch seine Vorschläge einer Arbeit auszusetzen, die weder quantitativ noch qualitativ zu bewältigen sein würde.[44]

Jedoch unterstützte vom Prinzip her Wilhelm Liebknecht als Chefredakteur die Vorschläge Quarcks, befand sich allerdings zum Zeitpunkt der Veröffentlichung nicht in Berlin. Der Streit wurde öffentlich auf den Titelseiten des Parteiblattes ausgetragen. Am 27. 8. 1896 wehrte sich Quarck gegen einige der auf ihn gemünzten Polemiken der Redaktion, welche durch Adolf Braun umgehend antwortete. Gleichzeitig bezog die Redaktion Liebknecht in die Kontroverse ein,

41 Karl Kautsky, Brief an Victor Adler, 20. 6. 1895, in: Adler, S. 180 f.

42 Ratz, S. 33.

43 Bernstein, Berl. Arbeiterbewegung 3, S. 402; LAB, Nr.13112, Bl. 243, polizeiliche Übersicht über die im „Vorwärts" beschäftigten Personen, Stand v. 5. 12. 1895. Als Wohnanschrift L. wurde Kreuzbergstr. 44 angegeben.

44 Vw, 19. 8. 1896, S. 1 f.

indem sie seine Abwesenheit bedauerte, sodass kein Meinungsaustausch mit ihm möglich war, wodurch sich die Redaktion zu betonen genötigt sah, dass Quarcks Vorschläge „unseren sozialdemokratischen Grundsätzen nicht entsprechend" angelegt waren. Diese Kritik an Quarck betraf nun auch Liebknecht. Unterschrieben hatten die Stellungnahme neben Adolf Braun alle anwesenden Redakteure des Blattes, also ohne den im Urlaub befindlichen Ledebour. Darauf antwortete Liebknecht am 30.8.1896 mit einer scharfen Kritik an der Redaktion, in der er zunächst den Vorwurf zurückwies, er habe die Redaktion nötigen wollen, sondern er habe darauf gedrängt, die Polemik einem Genossen gegenüber zu zügeln. Die Redaktion habe im Gegenteil, so seine harsche Antwort, ihn durch Majorisierung „in der Redaktion des ‚Vorwärts' mundtot machen" wollen. „Solches hinzunehmen wäre meiner ebenso unwürdig, wie der Partei, die mich an diesen Posten gestellt hat."[45]

Ledebour selbst war wegen seiner Abwesenheit nicht direkt an dieser Auseinandersetzung beteiligt. Ob er am Streit dennoch hintergründig beteiligt war und ihn „im Sinne der frondierenden Redaktion mit vorbereitet haben" könnte, ist nicht eindeutig belegbar. Dafür spricht, dass Richard Fischer, ebenfalls damals Redakteur und Quarck-Gegner, ihn in einem Brief an Karl Kautsky als „Antiquark-Ledebur" bezeichnet hatte, allerdings schon 1895.[46] Da Quarck zuvor Mitglied im Demokratischen Verein Frankfurt war, den Ledebour gewiss kannte, aber nicht in bester Erinnerung hatte, da er sich der Demokratischen Partei verweigert hatte, mag dies ein weiterer Hinweis gewesen sein. Ledebour allerdings kannte Vorwürfe wie jenen, noch immer ein verkappter Liberaler zu sein, aus eigener Erfahrung zu Beginn seiner SPD-Mitgliedschaft nur zu gut. Am 10.9.1896 gab er eine schriftliche Erklärung ab, in der er hervorhob, schon vor dem Streit seine Kündigung eingereicht zu haben. Zweitens stritt er ab, zu den Kritikern Quarcks und Liebknechts gehört zu haben, vielmehr habe er deren Position „in den wesentlichsten Punkten" missbilligt und aus seinem Urlaub selbst eine Erklärung an die Redaktion gesendet, die allerdings nicht mehr abgedruckt wurde, weil der Streit nach Liebknechts Erklärung vom 30.8.1896 aus der Öffentlichkeit verbannt worden war. Für den Fall, dass eine ihn schützende sachliche Stellungnahme nötig werden sollte, behielte er sich diese für ein anderes Parteiblatt vor.[47]

Die Chance zur Mitarbeit an einem anderen Parteiblatt, der „Neuen Zeit", hatte er jedoch ungenutzt gelassen. Karl Kautsky hatte ihn schon 1893 freundlich

45 Vw, 30.8.1896, S. 1.

46 Vgl. Ratz, S. 39.

47 Vw, 10.9.1896, S. 4.

zur Mitarbeit eingeladen, doch wie schon erwähnt hatte Ledebour diese Einladung schlichtweg ignoriert, was ihm von Kautsky den Vorwurf des flegelhaften Verhaltens eingetragen hatte.[48] Die Ursache dafür dürfte in der Parteinahme Kautskys für Franz Mehring im Streit um die „Freie Volksbühne" gelegen haben, als Ledebours guter Freund Bruno Wille als Vorsitzender des Trägervereins abgewählt worden war und Franz Mehring diese Funktion einnahm, woraufhin sich der Verein spaltete. Ledebour zählte zu den Kritikern der Wahl Mehrings, der seinerseits im Umgang nicht immer pflegeleicht war. Auch in diesem Fall zeigte sich wohl erneut die Neigung beider zur Unversöhnlichkeit.[49]

4.1. Ledebours Beiträge als freier Mitarbeiter (1891–1893/94)

Es lassen sich in den Jahren von 1891–1897 zahlreiche namentlich gezeichnete Beiträge des „Vorwärts" aus Ledebours Feder identifizieren. Sie geben eine hinreichende Vorstellung von seinen Aktivitäten. So berichtete das Blatt am 27. 8. 1891 über eine Versammlung der Arbeiterbildungsschule zur Vorstellung der Unterrichtsinhalte für das Winterhalbjahr 1891/92, auf der Ledebour wichtige inhaltliche und pädagogische Veränderungen erläuterte. Ins Auge fällt dabei eine Bemerkung des späteren Reichstagsabgeordneten Dr. Franz Lütgenau, der zum Geschichtsunterricht bemerkte, wie weit entfernt voneinander die materialistische Geschichtsauffassung und freisinnige Kritik an Persönlichkeiten seien. Ob sich diese Kritik direkt an Ledebour richtete oder z. B. an Wilhelm Bölsche, der für einen Vortragszyklus über Entwicklungsgeschichte vorgesehen war, oder einen anderen Hintergrund besaß, ist daraus nicht ersichtlich, aber auch nicht ausgeschlossen. Ledebours „Referat wurde mit lebhaftem Beifall aufgenommen".[50]

Einen längeren Beitrag in eigener Sache veröffentlichte Ledebour im „Vorwärts" vom 3. 1. 1892, beruhend auf einer Gerichtsverhandlung gegen ihn wegen des Vorwurfs der Beamtenbeleidigung. Am 16. 12. 1891 war er wegen angeblicher Beleidung zweier staatsanwaltlicher Beamter vor das Berliner Landgericht I vorgeladen worden. Dieser Prozess wiederum knüpfte an ein Verfahren an, das vor dem Landgericht Hagen schon vor längerer Zeit abgeschlossen worden war. Ledebour hatte in einem Beitrag für die „Volks-Zeitung" über die, wie er schrieb, unnötige Verhaftung einer weiblichen Person berichtet und das Vorgehen kritisiert. Die Lüdenscheider Zeitung „Reform" hatte seinen Beitrag, mit einer

48 Keller, S. 15.
49 Ratz, S. 36.
50 Vw, 27. 9. 1891, S. 9.

ausführlichen eigenen vorangestellten Redaktionserklärung versehen, nachgedruckt und war daraufhin von der Staatsanwaltschaft Hagen, namentlich auf Strafantrag des Ersten Staatsanwalts Woytasch (Kiel) sowie des Regierungsassessors Mehlis (Erfurt) angeklagt worden. Das Landgericht Hagen hatte den verantwortlichen Redakteur in Lüdenscheid zu einer geringfügigen Geldstrafe verurteilt. Doch der genannte Staatsanwalt Woytasch war zwischenzeitlich nach Berlin versetzt worden, wo er umgehend Anklage gegen Ledebour erhob. Allerdings stützte er sich bei der Anklage gegen ihn nicht auf neue Erkenntnisse, sondern hatte lediglich die Akten des Lüdenscheider Prozesses, der abgeschlossen war, zur Grundlage der Anklage gemacht. Deshalb wäre der Tatbestand längst verjährt, sodass Ledebours Anwalt die Einstellung des Verfahrens forderte. Doch offenkundig schienen die Ankläger aus prinzipiellen Gründen Ledebour verurteilt wissen zu wollen. Die zuständige 1. Strafkammer des Landgerichts I „vernahm zunächst die sich beleidigt fühlenden staatsanwaltlichen Beamten zeugeneidlich darüber […], ob sie bei Stellung ihrer Strafanträge gegen den Redakteur der Lüdenscheider ‚Reform‘ auch mich im Auge gehabt oder an mich gedacht hätten“. Beide, Woytasch und Mehlis, bejahten diese Frage. Während Mehlis extern vernommen wurde, erschien Woytasch, mittlerweile als Staatsanwalt am Berliner Landgericht II tätig, persönlich am 16. 12. 1891 zur Verhandlung, und zwar, wie Ledebour schrieb, „als Zeuge in einer Sache, in welcher er tatsächlich, wenn auch nicht der Form nach, gleichzeitig Kläger war“. Schon einleitend hatte er bemerkt, dass derartige Vorgänge „von symptomatischer Bedeutung sind für den Zustand unserer Rechtspflege“.[51]

Der Vorwurf Ledebours an die Adresse des Staatsanwalts lautete, eine schematische Übertragung einer Strafsache gegen eine Zeitung auf eine andere vorzunehmen, was gängige Praxis sei. Den Begriff der Willkür vermied er, doch sticht dieser ohnedies hervor. Faktisch stand bei einer solchen Anklagepraxis beinahe jeder politische Redakteur mit kritischen Bemerkungen mit einem Bein vor dem Richter, sodass „wahrscheinlich eine ganze Anzahl von Zeitungsredakteuren in gleicher Weise wie ich widerrechtlich unter Anklage gestellt und verurteilt worden sind“. Genüsslich legte er dar, dass dem Staatsanwalt Woytasch dann doch entlockt werden konnte, dass es ihm um die Gesinnung Ledebours gegangen war. Zur Begründung habe dieser angeführt, dass er im „Vorwärts“ einen Versammlungsbericht gelesen habe, „in welcher der Angeklagte erklärt habe, dass er zu revolutionieren beabsichtige“. Dies konnte Ledebour zurückweisen und warf seinerseits dem Staatsanwalt vor, eine Falschaussage gemacht und versucht zu haben, kraft seiner Stellung in der Rechtsprechung politischen Einfluss

51 Ebd., 3. 1. 1892, S. 9.

zu nehmen.[52] Diese von ihm kritisierten Umstände einer politisch ausgerichteten Rechtspflege waren keineswegs singulär. Schon der Rechtsanwalt und zum damaligen Zeitpunkt bereits gewählte Reichstagsabgeordnete Arthur Stadthagen war auf Initiative des Berliner Landgerichtspräsidenten von Angern seit 1887 beobachtet worden. Die gesammelten Informationen dienten nicht zuletzt auch seinem im Dezember 1892 erfolgten Ausschluss aus der Rechtsanwaltschaft und zählten zu jenen Maßnahmen, mit denen Kritiker aus der Sozialdemokratie aus dem Staatsapparat entfernt und materiell geschädigt werden sollten.[53]

Im Jahr 1893 sind fünf Beiträge von Ledebour bzw. über ihn im „Vorwärts" zu finden. Am 7.8.1893 sprach er vor Textilarbeitern und -arbeiterinnen in Rixdorf auf einer „leider nur schwach besucht[en]" Veranstaltung einmal mehr über „gewerkschaftliche und politische Bildungsbestrebungen in der proletarischen Bewegung" und bekräftigte seine Position, der zufolge keine der jeweiligen Organisationsformen vernachlässigt werden dürfe.[54] Am 30.8.1893 tagte im Konkordia-Saal in Berlin eine öffentliche sozialdemokratische Parteiversammlung, auf der über den Internationalen Sozialistenkongress in Zürich berichtet wurde, der vom 6.–12.8.1893 unter Anwesenheit von Friedrich Engels stattfand. Der Kongress beschloss eine klare Aufnahmeregelung für politische Parteien, Vereine und Gewerkschaften, die die Notwendigkeit politischer Organisation und Aktionen der Arbeiterbewegung anerkannten, woraufhin die anwesenden Anarchisten den Kongress verließen. Die Hauptdebatte entspann sich über die Haltung der Sozialisten zum Krieg. Einen allgemeinen Generalstreik („Weltstreik") als Antwort auf einen Krieg lehnte der Kongress ab und beschloss stattdessen auf Initiative Wilhelm Liebknechts eine Resolution, die die Sozialdemokratie aller Länder aufforderte, sich mit aller Kraft den Kriegsgelüsten der herrschenden Klassen entgegenzustellen, die militärischen Budgets ihrer Regierungen abzulehnen und Anträge auf Abrüstung zu stellen. Es dominierte die Auffassung, dass mit der Überwindung der Klassenherrschaft des Kapitalismus auch die Kriege verschwinden würden. In einer vorgelegten Resolution sollten die Berliner Sozialdemokraten diesen Beschlüssen ihre Zustimmung geben.

Ledebour nahm dazu das Wort und führte aus, dass er den Ausschluss der Anarchisten aus der internationalen sozialistischen Bewegung nicht billige. Er dachte vom Ziel und nicht vom politischen Weg bzw. Instrumentarium her, als er seine Kritik formulierte, denn die „meisten Anarchisten seien kommunistische oder kollektivistische Anarchisten, also nicht [...] Individualisten. Diese

52 Ebd.

53 Czitrich-Stahl, S. 82.

54 Vw, 9.8.1893, S. 7.

kommunistischen Anarchisten hätten mit uns das Ziel gemein." Außerdem führte er den Konflikt nicht auf grundsätzliche Differenzen zwischen Sozialisten und Anarchisten zurück, sondern auf politische Fragen wie die unterschiedlichen Auffassungen über die Umsetzung der Beschlüsse zum 1. Mai als Kampftag. Die Mehrheit der deutschen Delegation hatte gegen verpflichtende Aktionen am 1. Mai selbst mit dem Argument Bebels votiert, die nationalen Arbeiterbewegungen müssten dies der Lage vor Ort gemäß entscheiden können. Überdies sollte der 1. Mai den Willen zur sozialen Revolution zum Ausdruck bringen, was ebenfalls von der SPD unter Verweis auf die dann in Deutschland und anderen Ländern folgende Illegalisierung abgelehnt wurde.[55] Ledebour widersprach damit den Berichterstattern des Kongresses, die Debatte über deren Bericht verlief unter Anwesenheit von zahlreichen Anarchisten, darunter Gustav Landauer, derart turbulent, dass die Polizei die Versammlung auflöste.[56] Mit dieser Positionierung dürfte sich Ledebour jedenfalls nicht von einem Image als eigensinnige Persönlichkeit gelöst haben. Interessant ist darüber hinaus, dass er radikaleren Positionen, hier also den Anarchisten, den Raum geben wollte für gemeinsames Vorgehen gegen die herrschenden Verhältnisse. Diese Ansicht brachte er ebenso 1919 im Ledebour-Prozess hinsichtlich der Kommunisten zum Ausdruck.[57]

Von Ledebour stammt aller Wahrscheinlichkeit nach der Bericht über den englischen Gewerkvereins-Kongress in Belfast, womit er wieder an eines seiner ursprünglichen Themen als linksliberaler Korrespondent und Redner zurückkehrte. Man liest durchaus die Freude heraus, die er an der Thematik fand, vor allem aber an der Entwicklung der englischen Gewerkschaftsbewegung, wenn er hervorhob: „Es kann wohl kaum ein schlagenderes Beispiel für die Ausbreitung des Sozialismus in England geben als die Annahme des Macdonald'schen Antrages, wonach kein Arbeiterkandidat unterstützt werden soll, der sich nicht auf das Prinzip des Kollektiveigentums und der gesellschaftlichen Kontrolle aller Produktions- und Distributionsmittel verpflichtet. Vor zehn Jahren wäre ein solcher Antrag auf einem *Trade Unions*-Kongress einfach unvorstellbar gewesen". In diesem überaus langen Beitrag ließ sich Ledebour auch über den englischen Parlamentarismus im Vergleich zum deutschen aus, er schien es genossen zu haben, seine Zeit in England und dessen politische Entwicklung Revue passieren zu lassen und möglicherweise sich selbst darin zu spiegeln.[58]

55 Osterroth/Schuster 1, S. 75.

56 Vw, 1.9.1893, S. 6.

57 Ledebour-Prozess, S. 4.

58 Vw, 14.9.1893, S. 1 f., Zitat auf S. 1.

Durch seine Initialen identifizierbar ist der Leitartikel „Zur Sonderorganisation der polnischen Sozialdemokraten" im „Vorwärts" vom 29.10.1893. Vor dem Kölner Parteitag (22.–28.10.1893)[59] hatten die polnisch-stämmigen Sozialdemokraten die Bildung eines eigenen Zusammenschlusses innerhalb der SPD beschlossen. Ledebour stellte in seinem Beitrag zunächst die rhetorische Frage, ob eine solche Organisationsbildung nicht dem Prinzip der Solidarität und dem gemeinsamen Klassenpunkt zuwiderlaufe, um dann auszuführen: „Ja, sie haben alles mit uns gemein, unsere polnischen Genossen: die Liebe zur Freiheit und den Hass gegen die Unterdrückung; sie leiden wie wir unter wirtschaftlicher Ausbeutung und politischer Rechtsverkümmerung, was unser Herz bewegt, bringt auch ihr Blut in Wallung. Aber eine Rechtsbeeinträchtigung wird ihnen besonders angetan, ein Unrecht gibt es, unter dem wohl die polnischen, aber nicht die deutschen Sozialdemokraten zu leiden haben. Das ist das Bemühen, sie und ihre Kinder zwangsweise ihrer Muttersprache zu entfremden. Seit Jahren arbeitet die preußische Staatsmaschinerie mit Hochdruck daran, die Polen des Staatsgebietes zu germanisieren." Auch hier hob er den Vorbildcharakter der Schweiz als Sprachengemeinschaft hervor, unterstützte das Bestreben der polnischen Genossen in Deutschland, mittels dieser Organisationsform einen eigenständigen Kampf für Rechtsgleichheit zu führen, und versicherte ihnen die uneingeschränkte Solidarität der Gesamtpartei unter dem Leitwort: „Gleiches Recht für Alles, was Menschenantlitz trägt."[60]

Arbeitete Ledebour in diesen Jahren als freier Mitarbeiter des „Vorwärts", so schrieb er zur gleichen Zeit Beiträge für das „Sozialpolitische Centralblatt". Diese Wochenzeitschrift erschien seit Januar 1891 in Berlin und vereinte sowohl sozialdemokratische und sozialistische Autoren wie Victor Adler, Leo Arons, Adolf Braun, Leo Frankel, Carl Legien, Georg Ledebour oder Engelbert Pernerstorfer als auch Linksliberale wie Paul Barth, Hans Crüger, Adolf Damaschke oder Wissenschaftler wie Heinrich Herkner. Es gehörte also politisch in jenen Überschneidungsraum von Sozialdemokratie und Linksliberalismus, den auch Ledebour und Mehring durchquerten, bis sie schließlich Mitglieder der SPD wurden. Das Blatt existierte bis 1895 und wurde dann zur bekannteren Zeitschrift „Sociale Praxis" umgegründet. Heinrich Braun, der ebenfalls für den „Vorwärts" tätig war, fungierte als verantwortlicher Redakteur, sodass es personelle wie inhaltliche Schnittmengen zwischen „Vorwärts" und „Centralblatt" gab. Indes stand das „Centralblatt" in Konkurrenz zu Karl Kautskys „Neue Zeit", weil beide

59 https://library.fes.de/parteitage/pdf/pt-jahr/pt-1893.pdf. Der Austausch nur der Jahreszahl führt zu weiteren Protokollen.

60 Vw, 29.10.1893, S. 1.

Zeitschriften über ein vergleichbares Publikum verfügten, aber unterschiedliche politische Ansätze bei der inhaltlichen Aufmachung verfolgten. „Die Neue Zeit“ war laut Karl Kautsky bestrebt, „den Leuten den Marxismus einzupauken und dem Kokettieren mit den Herren Rodbertus, Dühring, Schäffle etc. ein Ende zu machen“.[61] Nichtsozialistischen Gedanken war im Blatt kein Raum gegeben, anders als im „Centralblatt“. Dessen Konzept aber stieß zeitweilig auf größeres Interesse als die „Neue Zeit“, die, so Kautsky selbstkritisch, für zu schwer, zu theoretisch und zu wenig abwechslungsreich in den Beiträgen gehalten wurde.[62]

Im „Centralblatt“ konnten prominente Linksliberale wie Lujo Brentano ihre Vorstellungen äußern, gern auch zu sozialpolitischen Themen. Brentano hatte sich schon vor Ledebour mit den englischen Gewerkvereinen beschäftigt und dazu publiziert.[63] Brauns Konzept einer inhaltlichen Öffnung basierte laut Ratz darauf, „dass die Sozialdemokratie nicht innerhalb der Grenzen des bereits von ihr errungenen geistigen Besitzstandes verknöchern dürfe. Er verlangte von der Partei nicht nur Selbstkritik der eigenen Anschauungen, sondern auch voraussetzungslose Prüfung der Ansichten ihrer Gegner“.[64] So konnten sich schon damals Diskurse entfalten, die nach 1900 zur langsamen Erosion der parlamentarischen Fundamentalopposition der SPD aus Prinzip führen sollten.[65] Das ließ auch die Redakteure des „Vorwärts“ oder der „Neuen Zeit“ nicht unberührt, sodass Kautsky die Befürchtung hegte, dass das „Centralblatt“ zu deren Hauptlektüre und somit ein Einfallstor links- und sozialliberaler Positionen werden könne.[66] Lujo Brentano war für Ledebour eine bekannte Person, sicher schon allein wegen seines Buches über die englischen Gewerkvereine, als das 1871 seine Habilitationsschrift in Leipzig erschienen war.[67] Wie auch Ledebour in seinen Vorträgen über die gewerkschaftlichen Bestrebungen der Arbeiterbewegung eine Eigenständigkeit der Gewerkschaften gegenüber einer Partei befürwortete, pflegte auch Brentano diese Position, und zwar sehr energisch. Brentano sah neben der liberalen Perspektive etwa des Freisinns und schon gar der Nationalliberalen, gouvernemental ein politisches Wort mitzureden, zugleich auch die Perspektive

61 Kautsky an Adler, 13.6.1892, in: Adler, S. 92.

62 Vgl. Ratz, S. 37.

63 Siehe Lehnert, Lujo Brentano als politisch-ökonomischer Klassiker des modernen Sozialliberalismus, in: Lehnert (Hg.), Sozialliberalismus, S. 111–134.

64 Ratz, S. 37.

65 Vgl. Czitrich-Stahl, Sozialdemokratie 1903–1912. Im Spannungsfeld von Opposition und Kooperation, Tradition und Transformation, in: Lehnert (Hg.), SPD und Parlamentarismus, S. 97–121.

66 Vgl. Kautsky an Adler, Briefe v. 19.9.1892 u. 15.10.1892, in: Adler, S. 98 ff. u. 105 ff.

67 Lujo Brentano, Zur Geschichte der englischen Gewerkvereine, Leipzig 1871.

einer notwendig werdenden Opposition zum geltenden Herrschaftsverständnis. Ledebour hatte sich ja seit 1884 für letztere Option entschieden.[68]

Während dieser Zeit bis Ende 1894 verfasste Ledebour zahlreiche Beiträge für das „Centralblatt", thematisch häufig angelehnt an seine klassischen Themen, also Arbeitswelt und soziale Reformen, Ausbildung, englische *Trade Unions* bzw. Arbeiterbewegung. Einige dieser Beiträge wurden sogar im „Centralblatt" und im „Vorwärts" gleichermaßen abgedruckt, sodass Ledebours Texte für jeweils keine der beiden Redaktionen mit Problemen behaftet gewesen sein können oder Verstöße gegen Redaktionsstatuten vorlagen. Inwieweit ihm das ein kleines finanzielles Zubrot einbrachte, ist nicht verifizierbar, aber anzunehmen.[69] Zunehmend wurde in den Texten erkennbar, dass sich Ledebour programmatisch mehr und mehr auf die Deutungsmuster des sozialdemokratischen Marxismusverständnisses bezog, wenn er in seinen Beiträgen Analysen unternahm und Schlussfolgerungen zog. Mochte Kautsky befürchten, das „Brentanotum" könne im „Centralblatt" dominant werden, womit es auch viele Publizisten der Sozialdemokratie beeinflusst haben würde, in Gestalt Ledebours und seiner Beiträge jedenfalls war dies grundlos.[70]

4.2. Ledebour als Rezensent (1894/95)

Seit September 1893 häuften sich Ledebours Beiträge für den „Vorwärts", seine Mitarbeit ließ jedoch keine festen Konturen erkennen. Dies änderte sich mit Beginn des Jahres 1894 beträchtlich. In diesem Jahr lassen sich 27 Beiträge identifizieren, wovon lediglich drei Berichte über Reden und Vorträge zu verbuchen sind. Unter den restlichen Texten sind allein 18 Rezensionen zu finden, womit ein neuer Arbeitsschwerpunkt anzunehmen ist. Thematisch waren diese Besprechungen folgenden Themenfeldern gewidmet: Fragen der Ethik, Sozialreform, Erziehung und Philosophie, Religion und Religionsgeschichte, Militarismus, Anarchismus, Sozialismus bzw. antisozialistische Literatur. Sie wurden in der Rubrik Literarisches veröffentlicht. Im Jahr 1895 folgten drei weitere Rezensionen; seine in diesem Jahr erfolgte Anstellung als politischer Redakteur ließ wohl dann die Bearbeitung dieses Bereichs kaum noch zu.

Die meisten Besprechungen hatten einen Umfang von einer halben bis maximal einer Spalte. Die erste Besprechung ihrer Art bezog sich auf den Titel: „Unter der rothen Fahne. Blätter aus dem Tagebuch eines Volksschullehrers im

68 Lehnert, Lujo Brentano, in: Lehnert (Hg.), Sozialliberalismus, S. 119.

69 Vgl. Ratz, S. 230–232.

70 Ebd., S. 38.

Jahre 151 (1943)" von Hermann Lahrssen. Jener hatte ein düsteres Szenario über den sozialdemokratischen Zukunftsstaat entworfen, in dem der kulturelle Niedergang der Gesellschaft an die Wand gemalt wurde, da niemand mehr arbeiten wolle und die ländlichen Bewohner in die Städte auswanderten, um am vermeintlichen Leben im Schlaraffenland teilzuhaben. Ledebour nahm natürlich die politischen Absichten des Autors aufs Korn, aufschlussreich ist seine Assoziation mit Politik und Person Eugen Richters: „Da liegt uns wieder einmal ein Versuch vor, der Sozialdemokratie den Garaus zu machen durch ein Zerrbild des angeblichen Zukunftsstaats. Diesmal ist es ein Volksschullehrer, der in den Fußstapfen Eugen Richters wandelt. Angefüllt mit der ganzen Unwissenheit seines Vorgängers ist er an seine Aufgabe herangegangen." Als nun auch auf dem Lande für den Schulunterricht der Normalarbeitstag von acht Stunden eingeführt worden sei, so die Geschichte, habe der Lehrer protestiert und sei seiner Tätigkeit enthoben worden. Alsdann blieb diesem nichts Weiteres übrig als die Auswanderung in die USA. Mit Bissigkeit, aber auch mit Wortwitz beschrieb Ledebour hier einen Versuch, mittels einer fiktiven Geschichte, die allerdings in autoritären Staaten durchaus denkbar ist, die Sozialdemokratie zu diskreditieren.[71]

Der rhetorische Rekurs auf Eugen Richter verweist auf seinen kompletten Bruch mit dem organisierten Liberalismus: „Die schärfsten Kritiker der Elche waren früher selber welche" (F. W. Bernstein). Noch gründlicher war sein Verriss des Titels „Der Caligula-Unfug" von Dr. Steinhammer. Mit einem guten Dutzend Zeilen auskommend, benutzte er Begriffe wie „Geschreibsel" und „gequälte Stilübungen", um abschließend festzustellen, dass „die Geschichte auf eine Anwedelung der Machthaber des neuen Kurses hinaus[komme], die wirklich mehr als bescheiden sein müssten, wenn sie daran Gefallen finden könnten".[72] Damit war insbesondere der Reichskanzler Leo von Caprivi gemeint, der allerdings wenige Monate später gestürzt werden sollte. Dass diese Polemik der allgemeinen politischen Abgrenzung diente und die Opposition der Sozialdemokratie auch zum Staat der Nach-Bismarck-Ära zum Ausdruck bringen sollte, ist selbstverständlich. Polemiken mit Verweis auf den Liberalismus dürften den zusätzlichen Zweck besessen haben, nach außen zu dokumentieren, dass Ledebour keinesfalls ein verkappter Liberaler in den Reihen der Partei gewesen war.

Genüsslich unterzog er in der Ausgabe vom 21. 2. 1894 den Titel „Die ethische Lebensansicht" von W. M. Salter aus den USA einer ausführlichen Kritik. Der Autor dieses Textes versuchte augenscheinlich, ein ethisches Konzept

71 Vw, 13. 2. 1894, S. 3.

72 Ebd., 14. 6. 1894, S. 7 f.

jenseits von Wissenschaft und Instinkten zu formulieren und lehnte es stattdessen eher an religiöse Motive an. Ledebour sezierte die Ausführungen des Autors und nannte dies eine „erkünstelte Gegenüberstellung von Ethik und Wissenschaft", sie „hinkt also auf beiden Füßen". Ethik gehöre selbstverständlich zum Kanon der Wissenschaften, postulierte Ledebour, und grenzte sich so von Salter ab, der sie in die Nähe der Religion rückte, was ihm Ledebours Vorwurf eintrug, nicht über „phrasenhafte Allgemeinheiten" hinauszugelangen. Sein Schlusssatz fasste das Gesamturteil zusammen: „Bedauerlich ist es, dass Professor v. Gizycki seine Kraft an der Übersetzung eines solchen Schmarren vergeudet hat."[73] Auch eine die Religionsgeschichte betreffende Sammelrezension vom 11. 3. 1894 legt Wert darauf, vor allem die kognitiven und methodischen Fehler der besprochenen Autoren ausfindig zu machen und die Leserschaft darauf hinzuweisen. Doch zeigt sich im Falle zweier wieder aufgelegter antiklerikaler Schriften aus dem Vormärz, dass Ledebours Kritik nicht allein ideologisch motiviert angebracht wird, denn er kritisiert, dass im Falle der christlichen Kirchen lediglich deren Schattenseiten zum Ausdruck kommen. Am dritten Titel dieser Sammelrezension, der von den Hexenprozessen und der Inquisition und anderen historischen Ausprägungen des „Menschenwahns" handelte, ließ er kein gutes Haar und wies zu Recht auf historische Fehldarstellungen und inhaltliche Fehler hin, um der Leserschaft von dieser Lektüre abzuraten.[74]

Doch gab Ledebour auch Leseempfehlungen in seinen Besprechungen. Die Broschüre „Die Theorie des Anarchismus" von Dr. R. Stammler besprach er durchaus wohlwollend. Er lobte dessen methodische Gründlichkeit und Unvoreingenommenheit. Da Gemeinsame der anarchistischen Strömungen (Kommunismus/Proudhon, Individualismus/Stirner) sei vor allem die Ablehnung der Gültigkeit von Rechtsordnungen für das Zusammenleben, aber es gehe ihnen nicht um Rechtlosigkeit oder Faustrecht, sondern vielmehr um die Gültigkeit von Konventionalregeln, an die sich alle Menschen hielten. Für Stammler waren die meisten Anarchisten im Grundsatz Sozialisten, die durch die Schwere der Missstände Rechtsordnungen für überflüssig hielten. Sozialisten hingegen hielten Rechtsatzungen für notwendig, bekämpften aber den Rechtsinhalt der gegenwärtigen bürgerlichen Gesellschaft. Man begreift, dass Ledebour ihm hierin weitgehend zustimmt. Doch verteidigte der Autor die gegenwärtige Rechtsordnung und sah nur die Aufgabe ihrer Vervollkommnung, worin ihm Ledebour widersprach. Was ihm sicherlich an dieser Auseinandersetzung gefiel, waren die inhaltliche Herausforderung des Textes und die Thematik, über die er sich ganz

73 Ebd., 21. 2. 1894, S. 10.

74 Ebd., 11. 3. 1894, S. 10.

gewiss vorher Gedanken gemacht hat. Und so beschloss er die Besprechung mit der Bemerkung, dass trotz vorhandener Lücken die Schrift doch äußerst anregend sei, juristisch Neues biete und „deshalb jedem Sozialpolitiker dringend zur Lektüre empfohlen werden“ könne.[75]

Am 18.8.1894 kam Ledebour in einer Sammelrezension mit mehreren Themenbezügen noch ein weiteres Mal auf den Anarchismus zurück. Hier hatte Dr. E. Loewenthal den Anarchismus als ein „Grundübel unserer Zeit“ und als „Guerillakrieg um das Recht auf Arbeit“ verurteilt. Ferner sah er ein weiteres Grundübel im von ihm so bezeichneten „Logikantentum“, womit er die zunehmende Säkularisierung und Verwissenschaftlichung des Lebens angriff. Ledebour verteidigte den Anarchismus zwar nicht direkt, wies aber die Äußerungen Loewenthals mit spitzer Feder zurück.[76] In der genannten Sammelrezension setzte er sich kritisch mit einer Schrift auseinander, die die Zustände in der französischen Fremdenlegion drastisch schilderte, zugleich aber die deutsche Regierung zur Bildung einer Fremdenarmee aufforderte. Dem Schriftsteller warf er vor, es käme ihm lediglich auf die Ausbeutung eines sensationellen Themas an. Einem Theaterstück, dass zwischen Arbeitern und Unternehmern auf Empathie und Einsicht setzte, sodass es nicht um Kämpfe, sondern um Überzeugung gehe, begegnete er nicht prinzipiell ablehnend, hielt dem Autor aber „Harmonie-Dusel“ vor. Zuallerletzt annotierte Ledebour Fontanes Führer durch die Umgegend Berlins, 3. Teil, begrüßte diesen, machte aber Abstriche hinsichtlich der kartographischen Auswahl.[77]

Auf klerikale Ideen blieb Ledebour nicht gut zu sprechen, zumal dann, wenn sie religiöse Utopien mit Gedanken einer Sozialreform verbanden bzw. wie im Falle einer Schrift von Dr. H. Stolp soziale Reformen erst aus der „richtigen“ Religion hervorgehen sollten. Hier entfaltete sich Ledebours schriftstellerische Spitzzüngigkeit, wenn er den Autor einleitend charakterisierte: „Haufenweise tauchen jetzt Biedermänner auf, die, einem tiefgekühlten Bedürfnisse folgend, die Welt mit neuen Plänen für religiöse und soziale Reformen beglücken.“ Der Autor sah die Quellen religiös-sozialer Erneuerungen nicht in einer neuen Ethik der Kirchen, sondern in einer neuen Gemeinschaftsbildung, den „Heimburgen“, von denen die „Welterneuerung“ ausgehen solle, wie Ledebour polemisierte. Wahrscheinlich handelte es sich um einen zeitgemäßen Evangelikalismus, denn an anderer Stelle schrieb Ledebour von Dr. Stolp als „Weltenreformator“, man liest aus der Darstellung auch Anklänge z.B. an in den USA noch heute existierende

75 Ebd., 13.5.1894, S. 14.

76 Ebd., 18.8.1894, S. 9.

77 Ebd.

Gemeinschaften wie die Amischen heraus.[78] Als der Autor noch selbstverfasstes Kirchenliedgut darbot, platzte Ledebour nachgerade der Kragen: „Wir müssen indes bekennen, dass wir für deren Verständnis wahrscheinlich nicht reif sind, denn uns wurde dabei zumute, als ob wir einen dressierten Pudel zum Leierkasten winseln hörten."[79]

Antisozialistische Literatur existierte gewiss in großen Mengen, sodass Ledebour sich das eine oder andere Traktat vornahm, um es zu besprechen und anschließend zu verreißen. Mustergültig geschah dies am Beispiel des Buches „Sozialistische und ethische Erziehung im Jahre 2000" von Dr. F. Kemsies. Ledebour markiert es umgehend als konservatives Gegenstück zu Edward Bellamys utopisch-sozialistischem Roman „Rückblick auf das Jahr 2000" aus dem Jahr 1888. Doch beschrieb der deutsche Autor keine sozial gerechte Zukunftsgesellschaft, sondern ihr traditionalistisches Pendant, was Ledebour zu der Bemerkung veranlasste, jener wolle „auch so ein bisschen Sozialistentöter spielen". Die Sozialisten würden hier als wenig tugendhafte Zeitgenossen geschildert, „nur etwas reicher an Begierden und frecher im Fordern". Der Autor sah die soziale Frage dadurch gelöst, „dass der Arbeitgeber verpflichtet [wurde], einen bestimmten Prozentsatz des Reingewinns dem Arbeitnehmer herauszuzahlen, und damit wurden die Fragen des Achtstundentages und der Sachsengängerei[80] im Handumdrehen gelöst". Die Schule sollte mit ethischem Unterricht die Menschen hierauf vorbereiten: „Nicht eine neue Wirtschaftsordnung, sondern mehr Erziehung tut dem Volke not." Hieran fand Ledebour spürbar wenig Gefallen.[81]

Insgesamt überwogen die Rezensionen mit einem kritischen bzw. abweisenden Akzent die positiven Besprechungen bei weitem. Das lässt zuallererst darauf schließen, dass die Leserschaft des „Vorwärts" vor allem vor Literatur gewarnt werden sollte, die inhaltlich antisozialdemokratisch oder vom Ansatz her konservativ oder klerikal orientiert war. Dies galt also vor allem der kulturellen Integration der „Vorwärts"-Leser und -Leserinnen. Andererseits besprach Ledebour ein durchaus breites Themenspektrum, sodass er seine eigene Belesenheit und sein Sachwissen gut darstellen konnte. Sein Sprachgebrauch war elaboriert, wortwitzig, reich an Sprichwörtern und ausgeprägt im Wortschatz. Meistens ging er hermeneutisch vor, untersuchte die Sprache auf ihre Intentionen und konnte

78 https://de.wikipedia.org/wiki/Amische.

79 Vw, 1. 6. 1894, S. 9.

80 Als „Sachsengängerei" bezeichnete man die Arbeitsmigration aus den ärmeren ländlichen Regionen Preußens nach Westen bzw. nach Sachsen, um dort mit Saisonarbeit den Lebensunterhalt zu verdienen.

81 Vw, 14. 6. 1894, S. 10.

so schnell Einordnungen vornehmen, die der Leserschaft einleuchtend erschienen sein müssten und die eigene politisch-kulturelle Absicht der Warnung vor unkritischem Umgang mit nicht-sozialistischer Literatur gut lesbar zum Ausdruck brachten. So ist Kautskys Feststellung durchaus repräsentativ, wenn dieser meinte, er lese Ledebours Rezensionen und Artikel gern.[82]

Von daher betrachtet dürfte sich Ledebour sicher gefreut haben, auf einen Titel zu stoßen, der die Hohenzollern auf die Höhe der sagenhaften Nibelungen heraufhob. Diese Heroisierung des Kaisers Wilhelm II. fand sich in der Broschüre „Wilhelm II als Erzieher. Von einem Deutschen“, erschienen 1895 in Berlin. Diesem begegnete Ledebour in seiner relativ kurzen Besprechung mit einem rhetorischen Feuerwerk der Demaskierung. So konnte man „im neuen Reiche der Büttelfurcht und Schranzensitte mit Sicherheit darauf rechnen, dass irgendein byzantinischer Skribent“ diejenigen, die vorher Rembrandt, Bismarck und andere Vorbilder gepriesen hatten, „durch die Verherrlichung des gegenwärtig in Preußen regierenden Monarchen als ‚Erzieher‘ übertrumpfen würde […] Wie treffend ist es, wenn er Wilhelm II. einen ‚gekrönten deutschen Siegfried‘ nennt, ‚einen jugendlichen Germanen-Zeus‘. Als Zeichen deutscher Bedientenhaftigkeit hat deshalb diese Schrift ihren Wert. Welche Verachtung muss der deutsche Kaiser für diese Leute fühlen, die ihn so hündisch umkriechen.“[83] Das formulierte Ledebour sicher nicht nur als Rezensent, sondern aus vollstem innerem Herzen.

Eine deutliche Leseempfehlung sprach er dennoch das Buch „Natürliche und soziale Religion“ von Franz Lütgenau betreffend aus. Lütgenau war selbst Sozialdemokrat, Lehrer und späterer Reichstagsabgeordneter für Hörde bei Dortmund, überwarf sich aber mit der Partei und wurde 1899 ausgeschlossen. Ledebour und er kannten sich aus der Arbeiterbildungsschule. Lütgenau hatte in seinem Buch den Versuch unternommen, die Entstehung der Religion kulturwissenschaftlich und anthropologisch herzuleiten und führte deren Ursprünge auf natürliche Erscheinungen und kosmische Konstanten wie Sonne und Mond zurück, sah vor allem im Sonnenkult der Indoeuropäer den Kern. Dem konnte Ledebour nicht in Gänze beipflichten, sondern ergänzte aus seiner Kenntnis der vergleichenden Völkerkunde, dass Naturerscheinungen wie Blitz und Donner sowie Mystizismen, die zu Geisterkulten geführt hatten, ebenso von Bedeutung seien. So konnte er als Rezensent seine Belesenheit mit einfließen lassen. Insgesamt gehörte er aber nicht zu denen, die die Beschäftigung mit Religion aus ostentativem Antiklerikalismus von vornherein ablehnten, denn er merkte an: „Auch wer sich frei

82 Vgl. Keller, S. 15.
83 Vw, 18.8.1895, S. 13.

gemacht hat von den bestehenden Religionsgesellschaften, wer selbständig sich, von der Wissenschaft belehrt, seine eigene Weltanschauung gebildet hat, kann die Religion und die Religionsgemeinschaften nicht unberücksichtigt lassen. Er ist gezwungen, ihr Wesen verstehen zu lernen." Letztlich empfahl Ledebour das Buch dringend zur Lektüre.[84] Man darf annehmen, dass er zu dieser Zeit keiner Religionsgemeinschaft mehr angehörte und dennoch der geistigen Auseinandersetzung nicht aus dem Weg gehen wollte.

5. Die „Freie Volksbühne" und ihre Spaltung (1890–1892)

Ein weiterer, Ledebour berührender Konflikt entstand im eigenen Bekannten- und Freundeskreis und betraf die „Freie Volksbühne". Sie war noch während des Auslaufens des „Sozialistengesetzes" gegründet worden und sollte den Arbeiterinnen und Arbeitern die Theaterkunst, besonders die Dramatik näherbringen. Im Oktober 1890 wurde als Premiere Ibsens „Stützen der Gesellschaft" aufgeführt. Die Plätze wurden, so Eduard Bernstein, per Einheitspreis und mittels des Losverfahrens vergeben, um Platzvorteile durch Besitz auszuschließen. Anfangs erläuterten die Verantwortlichen den Inhalt der Stücke auf den Mitgliederversammlungen der „Freien Volksbühne", was von der Polizei jedoch als politische Veranstaltung missbeäugt wurde, standen doch vornehmlich gesellschaftskritische Stücke auf dem Spielplan. Diese Einstufung der Erläuterungen der Stücke als politische Veranstaltung hätte qua Vereinsrecht den Ausschluss der Frauen aus dem Spiel- und Besuchsbetrieb zur Folge gehabt, sodass diese Form der kulturellen Debatte nicht mehr praktiziert wurde, da das Oberverwaltungsgericht der Polizei Recht gab.[85]

Doch nicht die Staatsgewalt, sondern die innersozialdemokratischen Konflikte führten die „Freie Volksbühne" in eine ernste Krise. Ihre Repräsentanten Bruno Wille als Vorsitzender, Bernhard Kampfmeyer als Schriftführer und Karl Mildberger als Kassierer, gehörten zu den „Jungen" in der Sozialdemokratie, die mehr lokale Eigenständigkeit der Basisgliederungen der Partei und eine Beschränkung der Entscheidungsgewalt der Zentralinstanzen wie des Parteivorstands forderten. Auf dem Erfurter Parteitag vom 14.–20.10.1891 wurde die Berliner Gruppe der „Jungen" aus der SPD ausgeschlossen.[86] Sie formierten die „Unabhängigen Sozialisten", gründeten die Zeitschrift „Der Sozialist"

84 Ebd., 31.7.1894, S. 10f.

85 Bernstein, Berl. Arbeiterbewegung 3, S. 393.

86 Osterroth/Schuster 1, S. 71.

und wandten sich öffentlich gegen die SPD. Da aber viele Mitglieder der „Freien Volksbühne“ in der SPD organisiert waren, war ein Konflikt kaum vermeidbar. Am 14.7.1892 wählte die Generalversammlung Bruno Wille mit Einstimmigkeit erneut zum Vorsitzenden, Mildberger allerdings wurde abgewählt, an seine Stelle trat nun das SPD-Mitglied Julius Türk. Doch schon bald eskalierte die Lage im Vorstand, als Türk gegen Wille und Kampfmeyer agierte. Auf einer außerordentlichen Generalversammlung am 4.10.1892 prallten die Gegensätze so stark aufeinander, dass keine Lösung gefunden werden konnte. Bruno Wille und seine Anhänger warfen Türk und der SPD vor, die wollten aus einer freien Bühne, die „lediglich eine volkspädagogische Bildungsstätte sein sollte“, eine parteipolitische Anstalt machen, „eine Anklage, die von der Gegenseite als eine Denunziation betrachtet und bezeichnet wurde und Proteste [...] hervorrief“. Es gebe eine „Herrschaft des Literatentums“ in der „Freien Volksbühne“, so der Gegenvorwurf. Die Generalversammlung wurde um eine Woche vertagt.

Am 11.10.1892 schließlich beschloss die Mehrheit der Generalversammlung gegen Willes und Kampfmeyers Plädoyer den Debattenschluss, die beiden sowie mehrere Mitglieder des Sachverständigenausschusses, der schlichten sollte, legte ihre Ämter nieder und traten aus dem Verein aus, darunter auch Ledebour. Gustav Landauer beschrieb den betreffenden Abend so, dass die „Stimmung der überwiegenden Mehrheit [...] fanatischer Hass gegen Wille [war] und es war klar, dass die Spaltung eintreten musste“.[87] Doch auch viele der SPD verbundene Mitglieder übten heftige Kritik am Vorgehen. „Ebenso nahm fast die gesamte bürgerliche Presse für Wille Partei. Doch hier sprach meist nicht die echte Unparteilichkeit, sondern Feindschaft gegen die Sozialdemokratie das Urteil“, wie Eduard Bernstein seine ausführliche Darstellung des Konflikts beschloss.[88] Nach Willes und anderer Austritt wurde Franz Mehring zum neuen Vorsitzenden des Vereins „Freie Volksbühne“ gewählt, der Verein schien sich zu regenerieren. Bruno Wille und seine Mitstreiter gründeten den Verein „Neue Freie Volksbühne“. Doch 1895/96 wuchs der staatliche Druck auf die Bühne. Das Berliner Polizeipräsidium verlangte die vorausgehende Kontrolle der Stücke, also nach der Theaterzensur. Rechtsmittel und politische Gegenwehr blieben fruchtlos, nach einer Bestätigung der Theaterzensur durch das Oberverwaltungsgericht beschloss der Verein im März 1896, sich einstweilig aufzulösen, um im Herbst 1897 mit neuem Statut wieder in die Kulturszene zurückzukehren.[89]

87 Landauer, Brief an Hugo Landauer, 15.10.1892, in: Ders., Briefe und Tagebücher 1, S. 273.

88 Bernstein, Berl. Arbeiterbewegung 3, S. 393f.

89 Ebd., S. 394ff.

Der Streit um die „Freie Volksbühne" fand ihren Niederschlag in Kautskys „Neue Zeit". In Heft 6 des Jahrgangs 1892/93 publizierte Mehring den Beitrag „Zur ‚Krisis' der Freien Volksbühne". Er bestritt, dass die inhaltlichen und personellen Auseinandersetzungen durch die SPD-Politik in den Verein hineingetragen worden waren und warf seinerseits Wille vor, als Reaktion auf die Wahl Julius Türks den Konflikt politisiert zu haben, weil sich die bisher den „Jungen" zuzurechnenden Vorstandsmitglieder nicht mehr ungestört fühlten. Auch wenn es Mehring bestritt, spaltete die Auseinandersetzung zwischen Parteimehrheit und Jungen tatsächlich den Verein. Wille, so die Schilderung Mehrings, malte die Drohung der polizeilichen Auflösung für den Fall an die Wand, wenn er nicht gewählt würde, und drohte mit einem Boykott der Schriftsteller gegen den Verein. Im Aufruf zur Gründung der „Neuen Freie Volksbühne" erklärten Wille und seine Anhänger, sie wollten die ursprüngliche Idee einer rein volkspädagogischen und künstlerischen Spielstätte wiederherstellen, die durch ihre Kontrahenten, darunter Mehring, zugunsten parteipolitischer Ambitionen aufgegeben worden sei.[90]

Ledebour seinerseits antwortete Mehring in Heft 9 der „Neuen Zeit". Er betonte eingangs, dass auch er den Verein verlassen habe. Sein „früherer Kollege" Mehring habe „einen Angriff auf die bisherigen Leiter der Freien Volksbühne und die übrigen mit ihnen ausgetretenen Mitglieder" veröffentlicht, was eine Erwiderung verlange.[91] Gleich zu Beginn seiner Replik widersprach er Mehring entschieden in dessen Darstellung der Vorgänge. Er warf ihm vor, besonders Bruno Willes Rolle bei der Planung und Gründung der Freien Volksbühne „herabzusetzen": „Tatsächlich stammt der Plan zur Begründung einer ‚Freien Volksbühne' ausschließlich von Wille. Zur Durchführung dieses Planes hatte er dann eine Anzahl anderer Personen, darunter auch Türk, gewonnen. Aber wäre Wille nicht auf die anfangs vielfach bekämpfte und bespöttelte Idee verfallen, so bestände die ‚Freie Volksbühne' wahrscheinlich heute noch nicht, denn es ist das keineswegs ein Institut, das mit Naturnotwendigkeit, einem dringenden Bedürfnisse folgend, aus der Volksmasse zu einer bestimmten Zeit hätte geboren werden müssen." Dass er seinen alten Kollegen keineswegs konziliant zu begegnen gedachte, kann nicht überlesen werden: „Da drängt sich doch die Frage auf: Woher weiß denn Mehring das? Sicher nicht aus eigener Erfahrung. Bis zum 11. Oktober d[iesen] J[ahres], dem Tage der Wahl zum Vorsitzenden des Vereins, hat Mehring nicht eine einzige Vereinsversammlung besucht, nicht einer

90 Mehring, Zur „Krisis" der Freien Volksbühne, in: Die Neue Zeit (NZ), 1892/93, H. 6, S. 180 ff.

91 G. L., „Zur Krisis der Freien Volksbühne." Eine Erwiderung, in: NZ, 1892/93, H. 9, S. 284 ff.

einzigen Theatervorstellung oder Festlichkeit des Vereins beigewohnt, war bis dahin nie Vereinsmitglied gewesen und hat überhaupt der gesamten Entwicklung des Vereins völlig teilnahmslos gegenüber gestanden."[92]

Im Weiteren brach Ledebour eine Lanze für den pädagogischen Ansatz der Volksbühne, wie er von Wille und dem alten Vorstand verfolgt wurde, indem er betonte: „So reif an Charakter und Erfahrung, von so tüchtigem Wissen besonders auf nationalökonomischem Gebiete die meisten im öffentlichen Leben stehenden Arbeiter auch sind, so mangelt es ihnen doch, und das nicht aus eigener Schuld, sondern in Folge unserer unglückseligen sozialen Umstände, fast völlig an Kunstverständnis. Die ‚Freie Volksbühne' sollte ihnen gerade das Verständnis der dramatischen Kunst erschließen, indem sie ihnen die besten vom Geiste der neuen Zeit berührten Stücke vorführt." Explizit wandte sich Ledebour gegen Mehrings Aussage, dass die „Jungen" um Wille gezielt „persönliche und politische Aspirationen" in den Verein getragen hätten. Vor allem, so Ledebour, habe Türk die Rolle gespielt, planmäßig das politische Verhalten Willes auszubeuten, um ihn zu stürzen. Gegen Mehrings Darstellung gerichtet war auch folgender Passus: „Ich selbst bin Sozialdemokrat und bin im öffentlichen Leben wiederholt genötigt gewesen, sogenannten unabhängigen Sozialisten, von denen ich persönlich angegriffen wurde, entgegenzutreten. Trotz solcher häufig sehr scharfer politischer Meinungskämpfe habe ich indessen meine persönlichen freundschaftlichen Beziehungen zu Wille und anderen seiner Gesinnungsgenossen aufrecht erhalten. Da Wille sein Amt im Verein ‚Freie Volksbühne' durchaus zufriedenstellend ausgefüllt hat, habe ich es für meine Pflicht gehalten, ihn zu schützen, so wie das in meinen Kräften stand, und ich weiß, dass auch andere Sozialdemokraten gehandelt haben wie ich."[93]

Mehring habe überdies, so Ledebour, mit zweierlei Maß gemessen, als er die Veröffentlichung eines privaten Briefes Türks an Wilhelm Bölsche, der Wille beistand, kritisierte, für sich aber im Falle Lindau in Anspruch genommen habe, rechtmäßig zu handeln, wenn Unrecht auf andere Weise nicht bewiesen werden könne. Die Philippika gegen Mehring erreichte einen polemischen Höhepunkt in der Bemerkung: „Ich kann des Raumes halber nicht auf alle Einzelheiten der Mehring'schen Ausführungen eingehen, so viel unrichtige und schiefe Urteile enthalten sie; allerdings erklärlich genug, da Mehring bedauerlicherweise fast durchweg nur nach Hörensagen sich eine Meinung über Personen und Dinge gebildet und dieses obendrein gänzlich missverstanden hat." Und er beschloss seine Erwiderung mit den Sätzen: „Glaubt Mehring die Freie Volksbühne besser

92 Ebd., S. 285.

93 Ebd., S. 286f.

leiten zu können, – gut! Er hat ja jetzt freien Spielraum. An literarischer Bildung fehlt es ihm gewiss nicht. Werden beide freien Volksbühnen, ‚alte' wie die ‚neue' gut geleitet, so ist deren Wettbewerb im volkspädagogischen Interesse – Verzeihung für den bösartigen Ausdruck – nur freudig zu begrüßen."[94]

Ledebours Erwiderung auf Mehrings Darstellung war vor allem eine Verteidigung Willes, der nach seiner Auffassung äußerst ungerecht behandelt worden sei. Indem er dessen Verdienste um die „Freie Volksbühne" hervorhob, schrieb er natürlich Türk und auch Mehring vordergründige politische Motive zu, die aus dem Ausschluss der „Jungen" aus der SPD nach dem Erfurter Parteitag erwachsen seien. Mehring habe sich dafür, so liest man es implizit zwischen den Zeilen, hergegeben und eigene Grundsätze verletzt. Diese Solidarisierung mit Wille, der ebenso wie Ledebour damals in Friedrichshagen lebte, steht sicher auch im Kontext seiner Kontakte zum „Friedrichshagener Dichterkreis", in dessen Umfeld er sich gern bewegte. Bei seiner eigenen Prinzipientreue muss ihn Mehrings Verhalten derart verärgert haben, dass er den aus den Zeiten bei der Volks-Zeitung „früheren Kollegen" grundsätzlich und auch polemisch attackierte. So muss er in Kauf genommen haben, dass das vormalige kollegiale und gute Verhältnis zu Mehring nicht nur vorübergehend deutlichen Schaden nehmen könnte. „Dass Mehring die Wahl zum Vorstand angenommen hat, hat bedenkliches Kopfschütteln erregt; denn er hat Ledebour gegenüber, der ganz und gar auf Wille's Seite steht, erklärt, er werde die Wahl nicht annehmen."[95]

Dieses Verhalten dürfte Ledebour als Vertrauensbruch empfunden haben, insofern träfe der Vorwurf der Rechthaberei oder der persönlichen Empfindlichkeit nicht den Kern.[96] Alfred Grotjohann beschrieb ihn in seinen Erinnerungen als „harte, bodenlos eigensinnige, im Kern aber tapfere und vornehme Natur".[97] Auch über Ledebours körperliches Agieren im Rahmen des Redakteurslebens gab er Auskunft: „Als ich ihn kennenlernte, arbeitete er mit dem jungen Adolf Braun unter der Oberleitung Liebknechts auf der Redaktion des ‚Vorwärts', die sich damals noch in einem düsteren Hinterhause der Beuthstraße befand und nur mittels einer beschwerlichen Steinwendeltreppe zugänglich war. Obgleich er auf einem Bein hinkte, pflegte Ledebour sie auf seinem gesunden Bein hüpfend zu nehmen, und zwar so schnell, dass man ihm kaum auf der dunklen Treppe zu folgen vermochte. Überhaupt war er trotz dieses Körperschadens von einer

94 Ebd., S. 289.

95 Landauer, S. 273.

96 Vgl. Ratz, S. 36: „Ledebour, der dazu neigte, jede sachliche Meinungsverschiedenheit durch die subjektive Brille persönlicher Feindschaft zu betrachten."

97 Grotjohann, S. 62.

beneidenswert körperlichen Rüstigkeit, die er sich bis in sein späteres hohes Alter erhalten hat."[98]

Die Spaltung der Volksbühnen überdauerte das Kaiserreich. Doch seit 1913 kam es durch das Projekt des Theaterbaus am Bülowplatz, dem heutigen Rosa-Luxemburg-Platz in Berlin-Mitte, zu einer Wiederannäherung. 1919 schlossen sich beide Vereine wieder zusammen. An der „Freien Volksbühne" wirkten seither so bedeutende Persönlichkeiten wie Max Reinhardt, Erwin Piscator, Curt Baake und Heinz Hilpert, bis die Nazi-Diktatur dem fortschrittlichen Theater ein Ende bereitete. Der Kalte Krieg führte zu einer erneuten Spaltung des Vereins. Seit der Wiedervereinigung Deutschlands und Berlins gelang es nicht, die „Freie Volksbühne" als eigenständige Spielstätte zu erhalten. Sie dient nunmehr als Kulturvermittler und Veranstaltungsort.

Ein gediegenes politisch-kulturelles Milieu wusste Ledebour auch danach noch zu schätzen. So besuchte er den „roten Salon" des Physikers, Privatdozenten und Sozialdemokraten Leo Arons in der Königgrätzer Straße. Einmal wöchentlich fanden dort Gesprächs- und Diskussionsabende statt, die ungewöhnlich herzlich und angenehm gewesen sein müssen, wie sich Grotjohann erinnerte, den Ledebour 1896 bei Arons eingeführt hatte. Die politische Bandbreite war vielfältig, sie reichte von sozialistischen über demokratische oder anarchistische bis hin zu nationalsozialen Besuchern. Grotjohann beschrieb Ledebour in diesem Ambiente als heiter und lachfreudig und den jüngeren Besuchern zugewandt, sodass ihm Grotjohann dankte, ihn „in den roten Salon, der zu meinen angenehmsten, von keinem Missklang getrübten Erinnerungen gehört", eingeführt zu haben.[99]

6. Zwischen Corpora und Wahlverein – Gedanken über eine Organisationsreform der Berliner Sozialdemokratie

Zwölf Jahre „Sozialistengesetz" hatten die innerparteilichen Strukturen der Sozialdemokratie geprägt. Vor allem die Funktionsfähigkeit der Entscheidungsstrukturen war durch das System der Vertrauensmänner gesichert worden, die „Corpora", die in klandestiner Weise die Arbeit der Sozialdemokratie unter den Bedingungen des Ausnahmegesetzes leitete. Eduard Bernstein zitierte aus der Anklageschrift im Geheimbundprozess Lau und Genossen aus dem November 1888 die Ergebnisse der polizeilichen Ermittlungen: „Bereits seit einer Reihe von

98 Ebd., S. 61.
99 Ebd., S. 93.

Jahren besteht hierselbst, wie der politischen Polizei bekannt ist, innerhalb der sozialdemokratischen Partei unter Leitung eines Zentralkomitees eine organisierte Vereinigung, welche die Verbindung der Partei mit der sozialdemokratischen Zentralleitung in Zürich vermittelt, die Verbreitung verbotener Druckschriften, insbesondere des ‚Sozialdemokraten' leitet, Sammlungen für Agitationszwecke und für die Familien der Ausgewiesenen veranstaltet und die Agitation unter den Parteigenossen betreibt. Die Organisation der Verbindung ist an die Einteilung Berlins in 6 Reichstagswahlkreise angelehnt, jedoch mit der Abweichung, daß die Wahlkreise IV und VI je in zwei Unterabteilungen – IVa. und IVb., VIa. und VIb. – geteilt sind. An der Spitze jeder dieser 8 Abteilungen steht ein Mitglied des Zentralkomitees, welches sonach 8 Mitglieder zählt, während jede der 8 Abteilungen wiederum in Hauptmannschaften, je von einem Hauptmann geleitet, geteilt ist. Jedem Hauptmann stehen Vertrauensmänner und diesen wieder Hilfsmänner zu Seite."[100] Dadurch sollten der Obrigkeit der Einblick in die Arbeit der Organisation verwehrt und der größtmögliche Schutz der aktiven Genossen gewährleistet werden.

Offiziell existierten nach dem Auslaufen des „Sozialistengesetzes" die sechs Wahlvereine auf dem Geltungsbereich der sechs Reichstagswahlkreise als wichtigste Organisationsstrukturen der Partei. Doch das System der Vertrauensmänner existierte fort, denn „man traute dem Frieden nicht so recht und hatte keine Neigung, innere Parteiangelegenheiten vor der überwachenden Polizei zu verhandeln". Die Wahlvereine wären überdies gefährdet gewesen, hätten sie Parteifragen im engeren Sinne, also Finanzen, Personalia, Organisationsstrukturen usw. auf ihren Versammlungen erörtert, denn das Vereinsrecht in Preußen verbot jede Verbindung politischer Vereine miteinander. So blieb den Wahlvereinen vor allem die Öffentlichkeitsarbeit, die Agitation und die allgemeine Diskussion vorbehalten.[101] Es bestand ein Dualismus zwischen den Prinzipien der Demokratie in Gestalt der Wahlvereine und des Zentralismus in Gestalt der Vertrauensmännerstruktur. In der Natur der Arbeitsteilung lag damit die Dominanz des Zentralismus gegenüber dem basisdemokratischen Prinzip. Die Folgelastigkeit dieser Struktur stellte Eduard Bernstein als Zeitgenosse heraus: „Die Abgrenzung der Arbeitsgebiete zwischen Vertrauenspersonen und Wahlvereinen, wie sie in den ersten Jahren eingehalten wurde, war der Entwicklung der Vereine nicht besonders günstig. Sie wurden danach meist als untergeordnete Organe aufgefasst [...] Da die Parteifragen, welche die Geister lebhafter beschäftigten, meist in Versammlungen behandelt wurden, die von den Vertrauenspersonen

100 Bernstein, Berl. Arbeiterbewegung 2, S. 344.
101 Ders., Berl. Arbeiterbewegung 3, S. 73.

einberufen wurden, übten die die Wahlvereine längere Zeit nur eine mäßige Anziehungskraft aus."[102]

Die Wahlvereine fühlten sich durch die Corpora bevormundet, obzwar sie deren Notwendigkeit wegen der vereinsrechtlichen Restriktionen anerkannten, denn „die Korporas der Vertrauenspersonen konnten nicht im gleichen Maße die Demokratie durchführen wie die Wahlvereine es bei sich taten". So entspann sich eine Diskussion über eine Organisationsreform in der Berliner Sozialdemokratie, an der sich auch Ledebour als Mitglied des Wahlvereins des 6. Berliner Reichstagswahlkreises beteiligte. So unterbreitete er auf der Generalversammlung des Schöneberger Arbeiterbildungsvereins am 21.8.1893 in der Diskussion einige Vorschläge, die die Wahlvereine aufwerten sollten. Er schlug vor, statt eines monatlichen einen zweiwöchentlichen Tagungsrhythmus einzuführen, die politischen Tagesfragen wie die allgemein interessierenden Fragen nicht von auswärtigen Referenten vorstellen zu lassen, sondern stets zwei Mitglieder des Vereins damit zu betrauen. Das Diskussionsthema sollte immer für die kommende Sitzung beschlossen werden, es sei darauf zu achten, eine möglichst breite Debattenbeteiligung zu erreichen. Seine Vorschläge wurden noch auf dieser Sitzung beschlossen.[103] Sie waren der Praxis im Berliner Verein der Demokratischen Partei, die Ledebour aus eigenem Erleben als Verantwortlicher kannte, nicht fern, sodass er einmal mehr seine positiven Erfahrungen dort auf die Sozialdemokratie übertragen konnte, wie er auch erfahren hatte, dass seine inhaltlichen Positionen in der Partei gut aufgehoben waren. Auch in der DP existierten ein zweiwöchiger Tagungsrhythmus und eine ausgeprägte Vereinsdemokratie, an der möglichst viele Mitglieder teilhaben sollten, um gleichzeitig eine Schulung zu erfahren.

Unter Ledebours Beteiligung erschien am 26.11.1893 im „Vorwärts" eine Denkschrift mit dem Titel „Zur Reorganisation der sozialdemokratischen Wahlvereine Berlins". Diese umfasste die komplette erste Seite der 3. Beilage des Blattes plus einen Schlussabsatz auf der Folgeseite und war gezeichnet von Paul Böhm und Hermann Mattutat. Böhm war Mitglied der Lokalkommission des 4. Wahlkreises, in dem auch Mattutat organisiert war, der seit Sommer 1892 als Vorsitzender der Arbeiterbildungsschule amtierte. Die drei Autoren erläuterten eingangs noch einmal den vereinsrechtlichen Hintergrund des Corporasystems, um dann festzustellen, dass es analog zu den Wahlkreisen auch politische Vereine, die Wahlvereine gab, die allerdings bisher „zu keinem rechten Leben kommen" konnten und „bedeutungslos für die Entwicklung der Partei" blieben. „Das hat dazu beigetragen, dass die Parteigenossen ihr Bedürfnis des persönlichen

102 Ebd., S. 76.

103 Vw, 26.8.1893, S. 6.

Zusammenschlusses vielfach durch gesellige Vereine mancher Art zu befriedigen suchten und dadurch wieder vom politischen Leben abgezogen wurden."[104] Das ausgeprägte Vereins- und Sozialmilieu der Arbeiterbewegung bot einen entsprechenden Anreiz zur Integration von Arbeiterinnen und Arbeitern, wurde im konkreten Falle allerdings als entpolitisierend begriffen. Es leuchtete bei dieser Betrachtung, aber auch schon bei Ledebours Ausführungen in Schöneberg sein Verständnis von Demokratie als einer „Versammlungsdemokratie"[105] hervor, wie sie besonders historisch wirkungsmächtig im „Ballhausschwur" vom 20.6.1789 zum Ausdruck kam, als sie die parlamentarische Phase der Französischen Revolution einleitete.

Da das Organisationsstatut der Partei die Instanz der Vertrauensmänner festgeschrieben hatte, setzten ihre Vorschläge an der Beschaffenheit der Wahlvereine an: „Wie lassen sich die sozialdemokratischen Wahlvereine ausbauen, um sie für die Entwicklung der Partei und für die politische Ausbildung der einzelnen Parteigenossen möglichst nutzbringend zu machen"? Auch hier lag ein gewichtiger Akzent auf Demokratisierung und Schulung. Wie die Denkschrift fortfährt, ging die Initiative vom Wahlverein des 4. Reichstagswahlkreises aus, den Paul Singer für die SPD im Reichstag vertrat. Vorüberlegungen zur Auflösung der sechs Wahlvereine zugunsten eines einzelnen Gesamtvereins oder alternativ der Ersatz der Wahlvereine durch kleinere Bezirksvereine führten statuarisch nicht weiter. Deshalb entschlossen sich Böhm, Ledebour und Mattutat zur Ausarbeitung eines Probestatuts für den 4. Wahlkreis. Dieser sollte zusätzlich untergliedert werden in vier Viertel, entsprechend einem Stadtbezirk. Die Mindestgröße eines Viertels sollte fünf, die maximale Größe 50 Mitglieder betragen, so der Entwurf.[106] Die von Böhm, Ledebour und Mattutat entworfene Probestruktur hätte die Politisierungs-, Diskussions- und auch Entscheidungsprozesse stärker an die Parteibasis gebunden als zuvor, heute eine zumindest statuarische Selbstverständlichkeit innerparteilicher Demokratie.[107] Beispielsweise würden die Vorstände halbjährlich gewählt werden, bei der Zusammensetzung des Vorstandes des Wahlkreises wären bei den acht Beisitzern alle Abteilungen zu berücksichtigen. Außer den Beisitzern bilden der Vorsitzende, der Schriftführer und der Kassierer den Vorstand im geschäftsführenden Sinne.

Die Generalversammlungen des Wahlkreises hätten vierteljährlich stattzufinden, weitere allgemeine Mitgliederversammlungen wären bei Bedarf vom

104 Zur Reorganisation der sozialdemokratischen Wahlvereine, ebd., 26.11.1893, S. 13f.

105 So auch Lehnert, Liberaldemokratie, in: Lehnert (Hg.), Vom Linksliberalismus zur Sozialdemokratie, S. 15.

106 Vw, 26.11.1893, S. 13.

107 https://infoportal.spd.berlin/media/sites/4/2022/11/SPDB_Statut_2022_221118.pdf.

Vorstand einzuberufen. Aus der Mitgliedschaft könnten ebenso außerordentliche Versammlungen eingefordert werden, wozu es eines Viertels der Mitglieder und einer Begründung über dringend zu fassende Beschlüsse bedürfte. Die Versammlungen in den Vierteln fänden, wie Ledebour schon in Schöneberg vor dem Arbeiterverein dargelegt hatte, zweiwöchentlich statt, der Vorstand wäre für die Organisation von Referenten zuständig, die Themen der kommenden Versammlung würden auf der aktuellen Versammlung beschlossen werden. Konkret schlugen Böhm, Ledebour und Mattutat für den 6. Wahlkreis, in dem Ledebour organisiert war, eine Einteilung in sechs Viertel vor, das Schönhauser Viertel, das Rosenthaler Viertel, das Oranienburger Viertel, Gesundbrunnen, Wedding sowie das Moabiter Viertel. Der 4. Reichstagswahlkreis, dessen Kern im heutigen Kreuzberg läge, wurde nach dem Probestatut in vier Viertel eingeteilt. Gleiches galt für den Wahlverein des 2. Wahlkreises.[108]

In der Argumentation für dieses Modell verwiesen die Autoren vor allem auf pragmatische Gründe. Erstens wurde es bei der stetig anwachsenden Mitgliederzahl immer schwieriger, Lokale von einer solchen Größe als Versammlungsorte zu finden, die den Mitgliedern eine Teilhabe ermöglichten, zumal viele Lokale den Sozialdemokraten noch immer verschlossen blieben. Zweitens waren die Gebiete eines Wahlvereins gerade in äußeren Bezirken flächenmäßig relativ groß, sodass es immer Mitglieder gäbe, die einen längeren Weg zurückzulegen hatten, oft zu Fuß. Dabei wären örtlich wechselnde Veranstaltungsorte aus dem schon genannten Grunde schwierig zu organisieren. Die flächen- als auch mitgliedermäßig stärksten Wahlvereine waren die des 2., 4. und 6. Wahlkreises, sie allein betraf die Neugliederung im Reorganisationskonzept. Vermutlich um dem Vorwurf des „Lokalismus" zu begegnen, der wenige Jahre zuvor die Partei beschäftigt hatte, betonten Böhm, Ledebour und Mattutat, dass die Viertelorganisationen der SPD keine eigenständigen Vereine seien, sondern die Funktion besäßen, den regelmäßigen „Meinungsaustausch der Vereins-Mitglieder untereinander über die parteipolitischen und sonstigen Tagesfragen sowie über Fragen prinzipieller Natur" zu organisieren. Dabei sollte das Prinzip der Selbstorganisation mit dem Ziel der Schulung der Mitglieder im Vordergrund stehen. Doch blieb es nicht bei diesen Vorschlägen allein. Die Autoren regten an, „für die einzelnen Viertel Bibliotheken und Lesezimmer einzurichten, in welchen die Parteiliteratur und sonstige Lektüre ausliegt. Häufig werden sich dazu die für die Viertelsversammlungen gewonnenen ständigen

108 Vw, 26.11.1893, S. 13f. Heute gehören alle genannten Stadtbezirke zum Bezirk Mitte, befanden sich aber vor der letzten Gebietsreform von 2001 in den jeweils eigenständigen Bezirken Mitte, Tiergarten und Wedding.

Lokale verwerten lassen."[109] Dieser Ansatz funktionierte gewiss überall dort, wo der Gastwirt gleichzeitig Mitglied der SPD war oder eigens für die Partei eine Gastwirtschaft betrieb, wie zeitweilig Fritz Zubeil.

Doch waren dem Statutenentwurf und dem Reorganisationsgedanken kein nachhaltiger Erfolg beschieden. Es überwogen formale und rechtliche Bedenken. So erfolgte der Einwurf, dieses Vorhaben greife in die Kompetenzen der Parteitage ein. Außerdem riet Ignaz Auer, der wichtige und angesehene Parteisekretär des Parteivorstands, von der Realisierung dieses Projektes ab, da die Viertelversammlungen von der Obrigkeit als getarnte politische Vereine betrachtet und schlussendlich verboten werden könnten. So verpuffte diese Initiative zunächst unter den Bedingungen des restriktiven Vereinsrechts in Preußen. Vielleicht beruhte der Verweis darauf auch auf der Befürchtung, Parteidiskussionen könnten bei einer offeneren Struktur weniger kontrollierbar werden und die Partei in Debatten verwickeln, die von der Obrigkeit politisch genutzt würden, um der Sozialdemokratie insgesamt zu schaden. Dieses Misstrauen war ja, wie die nachfolgenden Jahre zeigten, keinesfalls unberechtigt.[110] Außerdem fehlte es darüber hinaus generell an Initiatoren und an einer relevanten „Hausmacht".

7. Die Affäre mit Lou Andreas-Salomé (1891–1894)

Wenig bekannt und aus den Quellen nur dünn belegt ist Ledebours Affäre mit der russisch-deutschen Schriftstellerin Lou Andreas-Salomé (1861–1937).[111] Ihre Begegnung muss im Kontext des „Friedrichshagener Dichterkreises" oder des „Freundeskreises der Freien Volksbühne" stattgefunden haben. In beide Netzwerke war die Schriftstellerin integriert. Der „Friedrichshagener Dichterkreis" gruppierte sich um Wilhelm Bölsche und Bruno Wille, beide dem Naturalismus zugeneigt.[112] Bölsche (1861–1939) machte sich als Herausgeber naturwissenschaftlicher Literatur und als Sachbuchautor einen Namen. Wille (1860–1928)

109 Ebd.

110 Jedenfalls lag dies nicht an Ledebour. Diesen Aspekt jedenfalls blendete Ursula Ratz deutlich aus, wenn sie eine Ursache des Scheiterns dieses Projekts bei Ledebour selbst sieht, dem es zwar an „Originalität und Einfällen" nicht gemangelt habe, dessen „Mangel und Konzentration und Verbissenheit in der Sache, auch seine schnelle Ablenkbarkeit auf eine Vielzahl von Interessengegenständen", der Durchsetzung im Wege standen. Vgl. Ratz, S. 35.

111 Andreas-Salomé, Lebensrückblick. Grundriß einiger Lebenserinnerungen, Frankfurt a. M. 1994.

112 Vgl. Wille, S. 23 ff.

gehörte mit Bölsche, Otto Brahm und Julius Türk zu den Gründern der „Freien Volksbühne", die sich der Kulturvermittlung für die Arbeiterschaft widmete.[113] Der Naturalismus schöpfte als kulturell-publizistische Strömung seine Inspirationsquellen aus der Beschreibung der gesellschaftlichen Entwicklungen und Probleme, die von anderen gern übersehen oder verdrängt wurden, also die schwierigen sozialen Verhältnisse, die zwischenmenschlichen Verwerfungen, das Unschöne und Hässliche der Realität, das sie exakt beobachteten, wie Naturwissenschaftler beschrieben und so zum Inhalt von Literatur machten. Zu den Hauptvertretern des Berliner Naturalismus gehörten neben Gerhart Hauptmann, Heinrich und Julius Hart auch Bruno Wille und Wilhelm Bölsche. „Für das künstlerische Schaffen der Naturalisten blieb es charakteristisch, dass sie die intensive künstlerische und politische Auseinandersetzung mit der sozialen Problematik, dass sie ihre mehr oder weniger enge Verbindung mit der Arbeiterbewegung selbst zu ihren bedeutendsten Werken inspirierte", wie etwa am Schrifttum Gerhart Hauptmanns abgelesen werden kann.[114]

Um 1890 wohnten Bölsche und Wille in Friedrichshagen am Müggelsee, damals eine selbständige Gemeinde mit künstlerischer Prägung. Friedrichshagen gehörte zum Reichstagswahlkreis Niederbarnim, der im Reichstag seit 1890 von Arthur Stadthagen vertreten wurde. Es bestanden unter diesem Netzwerk offenkundig Affinitäten zum Freidenkertum, zur Lebensreformbewegung, zum anarchistischen Sozialismus und zu einer bohèmeartigen Lebensweise. Politische Verbindungen gab es zudem vorwiegend zur Sozialdemokratie, aber wohl noch zum Linksliberalismus. Der Friedrichshagener Dichterkreis und der Freundeskreis der „Freien Volksbühne" besaßen personell große Überschneidungen, was nicht zuletzt an der Orientierung an Gerhart Hauptmann gelegen haben dürfte. Mit Bruno Wille war Ledebour spätestens seit der Phase der Gründung der Demokratischen Partei und der Existenz der „Demokratischen Blätter" bekannt, wie sich Wille erinnerte. Sie lernten sich wohl 1884 oder 1885 kennen. Der fast mittellose Wille fand bei den „Demokratischen Blättern" durch Ledebour eine kleine Beschäftigung als Hilfsredakteur für 75 Mark im Monat und schilderte ihn rückblickend als nach außen stachelig und schroff und auch als aufbrausend, worunter sich aber ein „Edelkern" verberge, im Grunde sei Ledebour „gütig, wahrhaftig und gerecht, ritterlich im guten Sinne. Doch reißt den Choleriker nicht selten die Hitze des Gefechts hin, sein politischer Idealismus."[115] Zu dem positiven Urteil über jenen dürfte sicher auch beigetragen haben, dass er

113 https://de.wikipedia.org/wiki/Freie_Volksb%C3%BChne_Berlin.

114 Fricke (Hg.), Demokraten, S. 104.

115 Wille, S. 23.

Bruno Wille im Konflikt um die „Freie Volksbühne“ gegen die Vorwürfe Franz Mehrings in Schutz genommen hatte.

Lou Andreas-Salomé und Ledebour müssen wohl 1891 einander begegnet sein. Die Schriftstellerin erinnert sich: „Unter den Menschen der literarisch und politisch interessierten Kreise jener Zeit nach unserer Eheschließung[116] trafen wir einen Mann, der uns beiden besonders auffiel und gefiel. Im ersten Augenblick, wie das zu gehen pflegt, überhörte ich seinen Namen, ebenso er den meinen. Als dieser nochmals zur Nennung kam, bemerkte ich, dass er meine Hände mit vermehrter Genauigkeit in Betrachtung zog, und schon wollte ich ihn fragen, worauf er da eigentlich starre, als er in schroffem Ton seinerseits eine Frage tätigte: ‚Warum tragen Sie keinen Trauring?‘ Lachend erzählte ich, wir hätten die Ringe zu besorgen vergessen und es nun dabei belassen. Gleichzeitig erkundigte sich jemand scherzend bei ihm, wie ihm die ‚Sommerfrische in Plötzensee‘ bekommen sei, die er wegen Majestätsbeleidigung gerade erst abgesessen [hatte].“[117] Ledebour muss sich schnell in sie verliebt haben und auf Gegenliebe gestoßen sein, denn die Schriftstellerin begleitete ihn mehrfach zu Bildungsveranstaltungen, auf denen dieser mit Arbeitern sprach. Wahrscheinlich ist damit die Arbeiterbildungsschule gemeint.

Um die Weihnachtszeit 1891 soll Ledebour Lou Andreas-Salomé eine Liebeserklärung gemacht haben. Gleichzeitig könnte er ihr sein Wissen von ihrer Jungfräulichkeit offenbart haben, denn sie schrieb, nach einer Rückkehr von einer Versammlung „geschah es, dass er mir seine Liebe gestand, begleitet von den mir unfasslichen, ihn gleichsam entschuldigen sollenden Worten: Sie sind keine Frau, sie sind ein Mädchen“.[118] Seitdem geriet die Schriftstellerin in einen heftigen Zwiespalt zwischen der Loyalität zu ihrem Ehemann, dem sie die sexuelle Begegnung allerdings verweigert hatte, und den Gefühlen zu Ledebour. Die Situation geriet in die Gefahr, außer Kontrolle zu geraten: „Die Aufregungszustände meines Mannes, der nicht blind blieb und dennoch Blindheit vorzog, indem er den Andern nur niederstechen, aber nicht sprechen wollte, beherrschten allein das Situationsbild.“[119] Gleichzeitig ließen sich Ledebour und Andreas-Salomé offensichtlich von ihren Leidenschaften hinreißen, man kann

116 Lou Andreas-Salomé heiratete 1887 den Orientalisten Friedrich Carl Andreas. Die Ehe bestand zeitweilig eher nur auf dem Papier.

117 Andreas-Salomé, S. 207 f. Ledebour war am 2. 7. 1890 wegen Beleidigung von Landräten und Revierbeamten zu einem Monat Gefängnis verurteilt worden, sodass „Majestätsbeleidigung“ entweder eine Fehlinformation war oder wahrscheinlicher eine Übertreibung mit Blick auf das Selbstbild von Landräten und Revierbeamten in Preußen ausdrückte.

118 Ebd., S. 208.

119 Ebd., S. 209.

eine intensive sexuelle als auch eine tragische Komponente dieser Beziehung herauslesen.[120] An anderer Stelle beschrieb sie rückblickend sentimental über ihn: „Unter den mir Nahestehenden gewann für mich die stärkste menschliche Bedeutsamkeit Georg Ledebour: diese Zeilen grüßen ihn."[121]

Der Ausweg bestand letztlich nur in einer Scheidung von ihrem Ehemann oder in einer Trennung von Ledebour. Nachdem es zwischen 1892 und 1894 zu mehreren bedrohlichen Ehekrisen mit der Überlegung, sich gemeinsam das Leben zu nehmen gekommen sein muss, trennte sich die Künstlerin von dem Journalisten im Februar 1894. Dieser verzieh ihr die Trennung nicht und wandte sich vollständig ab. Lou Andreas-Salomé notierte in ihren Erinnerungen, dass Ledebour ihrem Ehemann „als Hasser […] nicht nachstand", denn einer brieflichen Bitte, ihr Rat und Auskunft zu geben, als sich ihre Verwandtschaft in Russland in politischer Bedrängnis befunden habe, vermutlich während der Phase der Revolutionen des Jahres 1917, verweigerte er die Annahme. Der für Ledebour typische Charakterzug einer Unversöhnlichkeit tritt hier hervor, vielleicht verbunden mit einer politischen Einstellung, die sich für die Umwälzung in Russland und gegen die familiären Interessen und Sorgen seiner Ex-Geliebten wendete.

Ob es stimmt, dass er sie nur begehrt, nicht aber geliebt habe, muss offenbleiben. Vielleicht war seine Abwendung sowohl ein Zeichen von Unbedingtheit als auch eines von Schmerzvermeidung, aber in Fällen wie von Liebesaffären zusätzlich eines für Konfliktvermeidung.[122] Möglicherweise verdeckte er hinter einer so absolut abweisenden Reaktion eine tiefe Verletztheit, die ihn an die Verluste zentraler Bezugspersonen während seiner Kindheit erinnerte und einen starken Willen zum „Weitermachen" ausprägte, aber verlangte, Gefühle nach außen hin abzuschirmen.

8. Im Hafen der Ehe

Ein gutes Jahr später, am 1. Mai 1895, heiratete Georg Ledebour die 17 Jahre jüngere Minna Stamfuß aus Brandenburg. Die beiden hatten sich an der Berliner Arbeiterbildungsschule kennen gelernt, an der Ledebour unterrichtete. Minna Stamfuß (1867–1962) gehörte zu seinen Schülerinnen. Über sie hieß es: „Minna Ledebour war eine mit außerordentlicher geistiger Unabhängigkeit, mit Mutterwitz und großem Einfühlungsvermögen begabte Frau. Den Ausgleich zu

120 Ebd., S. 209 u. 290.

121 Ebd., S. 98.

122 http://www.lou-andreas-salome.de/personen/ledebour.html.

dem cholerischen Temperament ihres Mannes bildeten ihre Gelassenheit und Ruhe sowie die Fähigkeit, jederzeit überflüssige Härten und Schärfen mit Güte und Humor zu glätten. In Anspruchslosigkeit, Einfachheit und Geradlinigkeit der Gesinnung glich sie ihrem Weggefährten, auf dessen Tätigkeit sie stets mit Stolz und Ehrfurcht blickte."[123] Sie kannten sich bereits, als Ledebour noch in die Affäre mit Lou Andreas-Salomé verwickelt war: „In den Abendkursen lernte er seine spätere Frau kennen. Sie, die aus bürgerlich-demokratischer Familie stammte, mit der sie durch alle Wandlungen eng verbunden blieb, war 17 Jahre jünger als er. Aus ihrer Freundschaft zu dem älteren Lehrer, mit dem sie oft Ausflüge unternahm, entwickelte sich in drei Jahren eine Liebe, die zum Besten in Ledebours Leben gehört hat [...] Und Frau Minna ist ihm dann durch alle so schweren Zeiten, in Armut, Gefahr und Exil, die tapferste und treueste Gefährtin gewesen, deren unvergleichlichen Wert er pries, und deren, für sie ganz selbstverständliche Opferbereitschaft er mit einer Liebe voll Zärtlichkeit und gerade im Alter mit vertiefter Zärtlichkeit erwiderte."[124]

Diese Opferbereitschaft bezog sich wahrscheinlich nicht allein auf die politischen Aktivitäten Ledebours, die natürlich zu Lasten des Privatlebens gegangen sein dürften, sondern auch auf die zumeist schwierige finanzielle Lage beider und den, so kann man es heraus lesen, privat oft nicht einfachen Charakter des Ehemannes: „Außer der agonalen Wesensart ihres Mannes, die sie in der 52jährigen Ehe mit mehr oder weniger Erfolg zu dämpfen hatte, stellte die bescheidene wirtschaftliche Lage vor allem in den Jahren der freien Schriftstellerei ihres Mannes nicht geringe Anforderungen an ihre hausfrauliche Geschicklichkeit."[125] Es wurde überliefert, dass die Ledebours oft „hart am Rande der Not" lebten und es „die ganze erfinderische Hausfrauentüchtigkeit von Frau Minna [brauchte], um diese fernzuhalten".[126] Doch fanden die beiden im März 1898 die Zeit, gemeinsam mit dem Niederbarnimer Reichstagsabgeordneten Arthur Stadthagen eine Schiffsfahrt von Wyk auf Föhr nach Helgoland zu unternehmen, wo sich Stadthagen zur Kur seiner chronischen Lungenkrankheit jährlich aufzuhalten pflegte. An der Wyker Landungsbrücke kam es zu einem Zwischenfall, der vor dem Gericht landete. Ein Hilfspolizist, der Stadthagen offensichtlich kannte und ihm nicht wohl gesonnen war, verwies Stadthagen an einen Platz, der für nicht Abfahrende reserviert war. Stadthagen beschwerte sich darüber, worauf der Polizist ihn physisch abzudrängen suchte. Ledebour protestierte gegen die Behandlung

123 Ratz, S. 39.
124 Siemsen, S. 18.
125 Ratz, S. 39.
126 Siemsen, S. 24.

seines Genossen, der später vom Vorwurf des Widerstandes gegen die Staatsgewalt freigesprochen wurde. „Als Ledebour seine Entrüstung über dies Benehmen zum Ausdruck brachte, rief der Gendarm ihm wiederholt zu: ‚Halten Sie ihre kodderige Schnauze, sonst kommen Sie auch noch in den Kasten'", womit er das Gefängnis meinte. Nicht unwahrscheinlich ist es, dass Stadthagen, der materiell durch den Erfolg seiner Rechtsratgeber und den Besitz eines Hauses abgesichert war, die Ledebours eingeladen hat, mit ihm einmal Helgoland kennenzulernen.[127]

Die Ledebours, die kinderlos blieben, wechselten mehrfach die Wohnung. So waren sie seit 1898 in Halensee unter der Adresse Kronprinzendamm 5 gemeldet, 1903 weiterhin in Halensee, Georg-Wilhelm-Str. 22, Gartenhaus III wohnhaft[128], und lebten 1908 wiederum in der Gertraudstraße 4 in Zehlendorf.[129] Von hier aus zogen sie innerhalb des gutsituierten Zehlendorf in die Machnowerstraße 22 um, wo sie auch noch 1914 gemeldet waren.[130] Ab 1916, also während des I. Weltkriegs und nach der Revolution von 1918/19, befand sich ihr Wohnsitz in Steglitz am Althoffplatz 5.[131] Auch im Jahr 1932, also vor der Machtübertragung an Adolf Hitler und die NSDAP bzw. an die sog. „Regierung der nationalen Konzentration" am 30. 1. 1933, lag dort ihr Wohnsitz, von dem aus sie ihre Flucht ins Schweizer Exil angetreten haben dürften.[132] Wo die Ledebours zwischen 1895 und 1903 wohnten, ist schwierig zu rekonstruieren, vermutlich lebte Georg zum Zeitpunkt der Eheschließung in Friedrichshagen, von 1898 bis 1900 dann wegen seiner Redaktionstätigkeit bei der „Sächsischen Arbeiterzeitung" in Dresden. Wahrscheinlich erlaubte es ihnen erst Georgs Redaktionstätigkeit für den „Vorwärts", sich dann recht bald eine eigene Wohnung zu leisten.

Ihre Ehe und Liebe half ihnen auch im Schweizer Exil. Ledebour „dankte es der großen, treuen und fürsorglichen Liebe seiner Frau, die ihm auch im Exil eine Heimat zu schaffen verstand. Allen seinen Freuden war es klar, dass ohne sie und ihre Pflege das Leben für ihn unmöglich sein würde." Es ist anzunehmen, dass sich Ledebour, wie die Mehrzahl seiner männlichen Zeitgenossen, für die alltäglichen Arbeiten im Haushalt nicht berufen fühlte bzw. hierfür nicht das nötige Geschick erlernt hatte. Natürlich behinderte ihn auch sein fortgeschritteneres Alter. Anna Siemsen berichtet ferner, dass Georg seine Frau nach einer

127 LAB, Nr. 13184, Bl. 58, Vw, 19. 3. 1898 u. Bl. 59, Vw, 9. 6. 1898.

128 LAB, Nr. 14922, Bl. 171; Wer ist's?, Leipzig 1905, S. 485; https://digital.zlb.de/viewer/image/34115495_1903/1026/.

129 Ebd., 1909, S. 808.

130 Ebd., 1912, S. 919 u. 1914, S. 969.

131 Ebd., 1922, S. 907 u. 1928, S. 919.

132 https://digital.zlb.de/viewer/image/34115495_1932/1916/.

schweren Operation, es muss kurz vor seinem Tod gewesen sein, im Spital am anderen Ende Berns täglich besuchte. Als die Pädagogin die beiden dort aufsuchte, wurde sie in den Spitalgarten geleitet, wo sie die beiden erblickte, „Hand in Hand, schweigend und ruhevoll auf einer alten Bank sitzend. Ich habe nie ein wunschloseres und vollkommeneres Bild des Friedens in reiner und vertrauensvoller Gemeinschaft gesehen."[133] Minna Ledebour hatte im Vorfrühling 1947 bei Glatteis einen schweren Unfall erlitten und sich das Hüftgelenk gebrochen. Die Rekonvaleszenzzeit war noch nicht beendet, als sie aus Sorge um den immer schwächer werdenden Gatten früher nach Hause entlassen wurde. Wenige Tage später starb Georg Ledebour nach einem Schwächeanfall. Minna Ledebour überlebte ihn um fünfzehn Jahre. Als sie aus dem Schweizer Exil nach Deutschland reiste, brachte sie seinen kleinen Nachlass in Bonn unter.[134] Der Gedenkband „Georg Ledebour. Mensch und Kämpfer" verdankt sich ihrer Initiative.[135]

Zu ihrem 90. Geburtstag ehrte sie die sozialdemokratische „Berner Tagwacht" mit einem Glückwunschbeitrag von Walter Fabian. Mehr als ein halbes Jahrhundert habe sie ihrem Mann zur Seite gestanden, sei seine „beste menschliche und politische Gefährtin" gewesen. Sie habe einen Anteil daran, so fuhr der Text fort, dass Ledebour 1919 nicht das Schicksal von Rosa Luxemburg und Karl Liebknecht geteilt habe und von „den Landsknechten der deutschen Konterrevolution umgebracht" wurde. „Etwas einsam. Aber in erstaunlicher geistiger Frische lebt Minna Ledebour in Bern (Alleewg 32) in der kleinen Wohnung, die den beiden Menschen nach ihrer Flucht aus Hitler-Deutschland zur bescheidenen Heimstätte geworden ist." Sie lese dort mannigfache Zeitungen und höre verschiedene Radiostationen, um sich ein unabhängiges Urteil über die politischen Entwicklungen zu bilden, fuhr Fabian fort. Der ehemalige Jungsozialist und SAP-Mitstreiter schildert sie als treu, furchtlos, geistig lebendig und voller menschlicher Wärme. Sie habe sich als aufmerksame Leserin der „Berner Tagwacht" ihren Berliner Witz bewahrt, bemerkte die Redaktion, die sich Walter Fabians Glückwusch ausdrücklich anschloss.[136]

Sie starb am 27. 3. 1962 in Muri bei Bern.[137] Vermutlich war sie dort operiert worden oder verstarb dort nach einer Operation. Gesundheitlich ging es ihr

133 Siemsen, S. 27.

134 Der Restnachlass befindet sich heute im Archiv der sozialen Demokratie der Friedrich-Ebert-Stiftung. Vor 1969 dürfte er im Parteiarchiv der SPD deponiert gewesen sein, in dem seinerzeit Wilhelm Dittmann bis zu seinem Tod 1954 tätig war.

135 In der Titelei des Bandes findet sich der Hinweis „Zusammengestellt von Minna Ledebour".

136 Walter Fabian, Minna Ledebour 90jährig, Berner Tagwacht (BeT), 12. 10. 1957, S. 5.

137 Der Bund (Bern), 2. 4. 1962, Ausgabe 02, S. 14.

offenbar schon lange nicht mehr gut, ihr Augenlicht ließ nach, außerdem hatte sie einen Oberschenkelbruch. Bis zuletzt schien sie gedanklich rege und politisch interessiert gewesen zu sein. Gern las sie die sozialdemokratische „Berner Tagwacht" oder ließ sich daraus vorlesen, wenn die Augen schwächer wurden. Neben der zunehmenden Einsamkeit bedauerte sie, wegen ihrer Gebrechen Berlin nicht mehr besuchen zu können. Ihre in der Schweiz so genannte Abdankungsfeier fand am 29. 3. 1962 im Krematorium in Bern statt, wahrscheinlich am Bremgartenfriedhof.[138]

Auf der Abdankungsfeier gedachte ihr der Berner Stadtpräsident Eduard Freimüller und stellte besonders die innige Verbundenheit der Ledebours mit Bern als Stadt heraus, die ihnen nicht nur ein Exil, sondern eine zweite Heimat gegeben habe. Er erwähnte, dass Minna Ledebour bei einer Reise in die DDR ihre Schwestern besucht und allen Versuchen widerstanden habe, ihren Lebensabend im zweiten deutschen Staat zu verbringen. Gleichfalls nahm sie das Angebot nicht an, in der Bundesrepublik Deutschland in einem Altersheim der Arbeiterwohlfahrt unterzukommen. Freimüller: „Mit dieser Anhänglichkeit hat die Verstorbene unserer Stadt ein Zeugnis echter Menschlichkeit ausgestellt, und daneben verblassen wohl alle anderen schönen Attribute, die Bern gespendet werden können."[139]

9. Kein Theoretiker, aber ein heftiger Streiter: Die Parteidebatten (1894–1899)

Das Jahrzehnt zwischen 1890 und 1900 gehörte zu den intensivsten Zeiträumen programmatisch-ideologischer Debatten in der deutschen Sozialdemokratie. Die „El-Dorado-Reden" des bayerischen Reichstagsabgeordneten Georg von Vollmar, die heftigen Auseinandersetzungen um die „Agrarfrage" 1894/95, der Revisionismusstreit in den späten Jahren des Jahrzehnts und die Frage, ob sich die die Sozialdemokratie in Preußen trotz des zutiefst antidemokratischen Dreiklassenwahlrechts an den Landtagswahlen beteiligen solle, waren zentrale Anknüpfungspunkte für die Partei nach den zwölf Jahren der Illegalisierung, um zu überprüften und erneuerten politischen Positionen unter Bedingungen einer halbwegs freien Betätigungsmöglichkeit zu gelangen. Ein soziologisches Erfordernis kam hinzu: „Neben den Kontroversen um die politische Strategie bereitete den Sozialdemokraten die Aufgabe politisches Kopfzerbrechen, über den

138 BeT, 29. 3. 1962, S. 4.
139 BeT, 5. 4. 1962, S. 4.

festen Kern der gewerblichen Lohnarbeiter hinaus weitere Bevölkerungsschichten für die eigenen Ziele zu gewinnen."[140] Diese Herausforderung bestand seit dem Wahlerfolg vom Februar 1890, der die SAPD mit 19,7 % der Stimmen zur stärksten Wählerpartei bei den Reichstagswahlen werden ließ. Vor allem auf dem „platten Land" jedoch waren die Fortschritte eher bescheiden. Die Sozialdemokratische Partei Deutschlands, wie sie sich – in damals seltener verwendeter Kurzform: SPD – seit dem Parteitag von Halle 1890 endgültig nannte, verstärkte ihre Landagitation, um die bisher der Partei fernstehenden Schichten der Landarbeiterschaft und der bäuerlichen Bevölkerung schlechthin stärker anzusprechen.

Die „El-Dorado-Reden" Georg von Vollmars forderten von der Sozialdemokratie eine entschiedene Reformpolitik auf dem Boden der bestehenden Staats- und Gesellschaftsordnung. Dabei kam der Kooperation mit anderen fortschrittlichen Kräften eine Schlüsselrolle zu. Sie sollten weder durch eine unversöhnliche Haltung noch durch allzu revolutionäre Reden von der Sozialdemokratie ferngehalten bleiben, sondern für eine gemeinsame Politik der demokratischen und sozialen Reformen gewonnen werden. „Unter dem Motto ‚Dem guten Willen die offene Hand, dem schlechten die Faust!' wollte Vollmar auf dem Boden des bestehenden Staates den Emanzipationskampf des Proletariats durch die Konzentrierung der Kräfte auf die praktische Reformarbeit beschleunigen."[141] Die bayerische Sozialdemokratie entwickelte sich auf dieser Grundlage eines praktischen reformpolitischen Horizonts zu einem eigenen Kraftzentrum in Süddeutschland, vermied „lästige theoretische Anhängsel" und wurde so zum „grundlegenden Manifest des Reformismus in der Sozialdemokratie".[142] 1894 konnte die bayerische Landtagsfraktion der SPD in den Etatberatungen „einige kleine konkrete soziale und kulturelle Verbesserungen" durchsetzen, „so dass sie schließlich für das Gesamtbudget stimmte".[143]

Diese Frage von möglicher Zustimmung oder prinzipieller Ablehnung jedes Budgets in jedem deutschen Parlament blieb ein langjähriger Streitpunkt ersten Ranges, bis später auch die Reichstagsfraktion 1913 erstmals einem Einzeletat, der „Deckungsvorlage", zustimmte.[144] Die durch die Reden Georg von Vollmars ausgelöste Debatte kann als der Auftakt einer Phase der intensiven programmatischen Diskussion in der SPD betrachtet werden, bei der die Partei sich von einer

140 Brandt/Lehnert, S. 79.

141 Georg v. Vollmar, zit. n. Miller/Potthoff, S. 61.

142 Vgl. Pohl, Süddeutsche Wege zur Parlamentarisierung?, in: Lehnert (Hg.), SPD und Parlamentarismus, S. 82 ff.

143 Brandt/Lehnert, S. 79.

144 Vgl. Czitrich-Stahl, S. 577 f.

reinen sozialistischen Oppositionspartei zu einer mehrheitlich sozialistischen Parlamentspartei transformierte. Am Ende dieses Differenzierungs- und Transformationsprozesses standen nicht mehr „Lassalleaner" oder „Eisenacher", sondern Reformsozialisten, das marxistische Zentrum, Revisionisten, Radikale und auch Sozialliberale, die allerdings nicht in streng geschiedenen Strömungen operierten, sondern von Fall zu Fall miteinander kooperierten, auch abhängig von persönlichen Faktoren und Netzwerken. Eine weitere Ausdifferenzierung wurde erst mit dem Kriegsausbrauch am 4.8.1914 und der seitdem heftig umkämpften Frage der Zustimmung zu den Kriegskrediten eingeleitet. Ledebour beteiligte sich vor allem an den Debatten um die Agrarfrage, am Revisionismusstreit sowie an der Frage der preußischen Landtagswahlen. Seine Beiträge und seine politischen Positionen sind dabei herauszuarbeiten. A. Grotjohann sah ihn parteipolitisch jedenfalls noch nicht wie in der späteren Zeit festgelegt, denn „Georg Ledebour war zu jener Zeit noch nicht der wilde Mann, zu dem er sich später entwickelte". Als kennzeichnend beschrieb er dessen Sprechweise mit einem rollenden R, denn Ledebour pflegte „gern und reichlich pr-rinzipiell und pr-sönlich zu pr-rotestieren".[145]

9.1. Agrarfrage und Landagitation (1894/95)

In den Jahren 1894/95 erhitzte die „Agrarfrage" die Parteigemüter. Zunächst bemühten sich die Parteigliederungen um die Organisation einer Landagitation, die sich mit den für die Arbeiterschaft erfolgreichen Mitteln und Argumenten allerdings als schwierig erwies. Klärungsbedürftig wurde die Frage, in welcher sozialen Beziehung sich die Bauernschaft zur lohnarbeitenden Klasse befände, und das in einer Gesellschaft, in der „der Gegensatz zwischen der Kapitalistenklasse und dem Lohnproletariat, der unser Zeitalter bewegt und ihm sein Gepräge verleiht", wie es Karl Kautsky in seiner theoretischen Schrift „Die Agrarfrage" formulierte.[146] Der politisch-strategische Grundkonflikt bestand zwischen der von Georg von Vollmar vertretenen Position, die Sozialdemokratie müsse bäuerliche Kleinbetriebe unterstützen und dies über den Staat durchsetzen, und der von Kautsky befürworteten Gegenposition: Diese sah zunächst den Gegensatz zum Erfurter Programm wollte auf eine spätere Parallelität der Entwicklung in Industrie und Landwirtschaft setzen, nach der die Tendenz zunehmend zur

145 Grotjohann, S. 93.

146 Karl Kautsky, Die Agrarfrage. Eine Uebersicht über die Tendenzen der modernen Landwirtschaft und die Agrarpolitik der Sozialdemokratie, Stuttgart 1899, S. 3 (Nachdruck Graz 1972).

Zentralisation und zu Großbetrieben führe – und so letztlich die Bildung genossenschaftlichen Eigentums als sozialistischer Wirtschaftsform auf dem Land ermögliche. Ein eigenes Agrarprogramm sei abzulehnen.[147]

Die theoriegeleitete Erwartung, die Bauern, als Zwischenschicht angesiedelt zwischen Kapital und Arbeit, würden wie alle anderen Zwischenschichten nach und nach durch die kapitalistische Entwicklung ins Proletariat hinab gedrückt, schien mit der soziologischen Realitätsanalyse nicht deckungsgleich zu sein. Auf diese Weise ideologisch und gesellschaftstheoretisch herausgefordert, eröffnete die Sozialdemokratie die Agrardebatte. Auf dem SPD-Parteitag vom 21.–27. 10. 1894 in Frankfurt am Main hielten Georg von Vollmar und Bruno Schönlank die Einführungsreferate zur Debatte. Schönlank und auch Karl Grillenberger kritisierten grundsätzlich die Strategie der sozialdemokratischen Landagitation, wie sie seit dem Hallenser Parteitag von 1890 praktiziert wurde. Größere Erfolge seien ausgeblieben, weil „man den Bauern lediglich ihren baldigen Ruin prophezeit und auf den künftigen Sozialismus verwiesen habe, ihnen für die Gegenwart jedoch nichts biete. In der Diskussion um praktische Politik seien die ‚Eigentümlichkeiten' der einzelnen Länder zu berücksichtigen."[148] Außerdem bissen sich die Sozialdemokraten offenkundig mit ihrer antiklerikalen Agitation an der religiös beeinflussten Vorstellungswelt der Landbevölkerung fest.[149] Nicht zuletzt hatten sich die Besitzenden auf dem Lande durch die Gründung des einflussreichen „Bundes der Landwirte" im Februar 1893 zu organisieren begonnen, sodass der Arbeit der Sozialdemokratie nun ein mächtiger Widerpart gegenüberstand, dessen Wirkung auch unter den Kleinbauern und Landarbeitern nicht ausblieb.

Es hatten Vorkommnisse wie das „Massaker von Blumberg" am 1. März 1890 den latenten Einfluss des Antisemitismus spürbar gemacht, der auf dem Land existierte.[150] Georg von Vollmar und andere Vertreter der süddeutschen reformistischen Strömung forderten die Unterstützung von bäuerlichen Kleinbetrieben und deren Schutz durch den Staat. August Bebel intervenierte auf dem Parteitag besonders gegen die Zustimmung der bayerischen Delegierten zum Landesbudget und hob die Priorität der Parteitagsbeschlüsse hierzu hervor. Bebel war nicht grundsätzlich gegen ein Agrarprogramm, aber er wollte

147 Brandt/Lehnert, S. 82; Vgl. Erfurter Programm, in: Dowe/Klotzbach, S. 186.

148 Zit. n. Czitrich-Stahl, S. 342.

149 LAB, Nr. 9448, Bl. 21: Norddeutsche Allgemeine Zeitung (NAZ), 12. 10. 1894.

150 Czitrich-Stahl, S. 138 ff. Beim „Massaker von Blumberg" handelte es sich um einen antisemitischen Überfall auf sozialdemokratische Wahlhelfer für Arthur Stadthagen, die mit Stöcken und Knüppeln angegriffen und verprügelt wurden, wobei es zahlreiche Verletzte gab.

es weniger zugeschnitten auf die Kleinbauern, sondern stärker auf die ländlichen Arbeiter und die arme, halbproletarische Bauernschaft.[151] Doch weder der Parteivorstand mit Bebel noch die Resolution Vollmars erlangten eine Mehrheit, sodass ein Arbeitskompromiss gefunden werden musste. In diesem Sinne wurde auch eine Resolution verabschiedet und eine Kommission zur Vorbereitung eines Agrarprogrammes eingesetzt, der von der reformistischen Strömung Eduard David, Georg von Vollmar, Max Quarck und Max Schippel angehörten, von der im Sinne des Erfurter Programms skeptischeren Strömung Alfons Geck, Wilhelm Liebknecht und August Bebel.[152]

Unmittelbar nach dem Parteitag entwickelte sich eine Kontroverse zwischen Ledebour und Kautsky. Auf einer Versammlung des 2. Reichstagswahlkreises am 14.11.1894 in den Arminhallen sprachen u.a. Bebel, Stadthagen, Ignaz Auer, Georg Schöpflin (Konstanz) und Richard Fischer über den Parteitag von Frankfurt. Bebel griff die süddeutschen Sozialdemokraten um von Vollmar an und bezichtigte sie des Opportunismus. Fischer und Auer mochten ihm in dieser Schärfe nicht folgen. Ledebour wiederum erklärte, dass sich von Vollmar und Grillenberger auf Kautsky berufen könnten, wonach auch im Sozialismus das kleinbäuerliche Eigentum erhalten bleiben könne.[153] Kautsky reagierte mit einer Richtigstellung und bezeichnete Ledebours Einlassung als „grobe Unrichtigkeit“. Stattdessen hob er hervor, dass eine „Konfiskation des bäuerlichen Eigentums“ nicht notwendig sein werde, da die Vorteile des sozialistischen Großbetriebes so groß wären, „dass die Bauern freiwillig zu dessen Gunsten ihr Eigentum aufgeben würden [...] Das ist wohl deutlich genug.“[154] Am 21.11.1894 legte Ledebour im „Vorwärts“ nach, nicht ohne zuvor zu bemerken, dass es sich bei ihrem Dissens um einen Streit zwischen Gegnern der Vollmarschen Auffassungen handele. Er argumentierte hierbei quasi päpstlicher als der Papst des Parteimarxismus, wenn er gegen Kautsky die strikte Notwendigkeit der Abschaffung des Privateigentums auch an Landbesitz analog zur Enteignung der Kapitalbesitzer als Voraussetzung für den Sozialismus bekräftigte: „Nach meinem persönlichen Urteil ist es indes ein ‚grober Irrtum‘, wenn Kautsky annimmt, dass in einer sozialistischen Gesellschaft neben dem kollektivistischen Großbetrieb in der Industrie und der Landwirtschaft die kleinbäuerliche Einzelwirtschaft fortbestehen könnte.“ Er riet Kautsky, sich Klarheit zu verschaffen, wie denn die sozialistische Ordnung im Ganzen aussehen könnte, ehe er a priori zu Einzelaussagen

151 Herrmann/Emmrich, S. 430f.

152 Ebd., S. 350.

153 Vw, 16.11.1894, S. 8.

154 Vw, 20.11.1894, S. 2.

komme.[155] Dies klang schulmeisternd und wurde auch von Friedrich Engels als „übermäßige Klugtuerei" und „Wortklauberei" qualifiziert. Gleichzeitig aber bestätigte er die Inkonsistenz in Kautskys Argumentation, auf die Ledebour einging, indirekt: „Dass Du, wie die Dinge heut liegen, dies und jenes anders stellen würdest, ist ja klar."[156]

Kautsky sah sich entsprechend herausgefordert, reagierte mit einer kurzen Replik und warf Ledebour vor, nicht zu konstatieren, sondern zu konstruieren und auf dieser Basis zu deuten.[157] Ausführlicher reagierte er in einem Beitrag in der NZ. Unschwer ist ihm zu entnehmen, dass sich Kautsky argumentativ in der Defensive befand. So begründete er seine Wortmeldung damit, dass die „Fränkische Tagespost" ihn politisch „hundert Meilen weiter rechts" als Vollmar und Schönlank verortet und damit „Ledebour noch übertrumpft" hatte.[158] Das war sicherlich vor allem eine Polemik gegen Kautsky, der aber in seinem Beitrag eine Konzeption skizzierte, die auf einen sozialistischen Großbetrieb als Normalfall der landwirtschaftlichen Produktion hinauslief, also auf genossenschaftliches Eigentum.[159] Dies hatte Ledebour auch gar nicht in Abrede gestellt, sondern darauf verwiesen, dass Kautsky die Fortexistenz kleinbäuerlichen Eigentums nicht negiert hatte. Das ließ ihn für Ledebour in die Nähe von Vollmar und Schönlank rücken, die ja die Unterstützung der kleinbäuerlichen Landwirtschaft vorgeschlagen hatten. Aus heutiger Perspektive könnte man festhalten, dass Vollmar, Schönlank u.A. einen Protektionismus für kleine Bauern forderten, Kautsky die Durchsetzung der Genossenschaftsidee als naturnotwendig erachtete, aber kleinbäuerliches Eigentum für eine Übergangszeit nicht ausschloss, und Ledebour im Rahmen der Vergenossenschaftlichung keine Übergangslösungen anerkannte.

Im Übrigen hatte Kautsky in seinem Beitrag in der NZ angemerkt, keinen weiteren Grund zu haben, auf Ledebour weiter einzugehen. Dies wiederum musste jenen so verärgert haben, dass er am 4. 12. 1894 erneut im „Vorwärts" zu einem verbalen Konter ansetzte, in welchem er Kautsky unterstellte, dieser wolle ihn wegen der an ihm geübten Kritik „exkommuniziert" sehen. Und er setzte der Polemik noch eine Spitze auf: „Es sei ein Pfäfflein noch so klein, es steckt ein kleiner Papst darein."[160] Tatsächlich bezog sich Ledebour auf argumentative Brüche bei Kautsky, die durchaus zu widersprüchlichen Aussagen führten: „Zuerst

155 Vw, 21. 11. 1894, S. 2.

156 Engels, Brief an Karl Kautsky, 22. 11. 1894, in: MEW 39, S. 322.

157 Vw, 25. 11. 1894, S. 3.

158 Kautsky, Das Erfurter Programm und die Landagitation, in: NZ, 1894/95, H. 9, S. 278.

159 Ebd.

160 G. L., Zur Diskussion über den Frankfurter Parteitag, in: Vw, 4. 12. 1894, S. 2.

versteift er sich zur Verteidigung seiner unglücklichen agrarpolitischen Spekulation darauf, ‚die sozialistische Produktionsweise sei unmöglich dort durchzuführen, wo die kleinbäuerliche Wirtschaft noch nicht überwunden sei', und etwa 50 Zeiten weiter erklärt er frisch und frank, ‚die kleinbäuerliche Wirtschaft ist bereits überwunden'. Wenn sie jetzt bereits überwunden ist [...] weshalb Verheißungen austüfteln, dass die kleinbäuerliche Wirtschaft neben dem überall sonst durchgeführten sozialistischen Großbetriebe unter Erleichterung ihrer Hypothekenlast eine Zeitlang fortbestehen könne?"[161] Doch wo Kautsky widersprüchlich argumentierte, ließ auch Ledebour eine wenig flexible politische Konzeption als Ausfluss der theoretischen Prämissen erkennen. Beide Streithähne agierten auf einer eher scholastischen Ebene. Und so verlief die Kontroverse zwischen den beiden gegen Ende des Jahres im Sande.

Liebknecht als Chefredakteur des „Vorwärts" blockierte eine erneute Replik Kautskys, der ungehalten an Victor Adler schrieb: „Was sagst Du dazu, dass Liebkn[echt] meine Erwiderung an Ledebour nicht aufnehmen will, weil im ‚Vorw.' kein Interesse dafür vorhanden sei? Ich hab an den Parteivorstand appelliert. Ich kenne Led.[ebour] nicht, er ist offenbar ein wichtigtuender Querulant."[162] Verärgert hatte er Bebel sogar angeboten, in die Sozialdemokratie Österreichs zu wechseln, woraufhin der Parteivorstand abschließend für Kautsky und Ledebour im „Vorwärts" die Möglichkeit eröffnete, sich zur Sache zu äußern. Beide bekräftigten nochmals ihre Positionen unter Bezugnahme auf Friedrich Engels, näherten sich bestenfalls stilistisch einander an. Persönliche Empfindlichkeit gepaart mit einem gewissen Hang zur Rechthaberei ließen beide Kontrahenten erkennen. Auch Jahre später hielten sie, in diesem Fall Kautsky, mit ihrer gegenseitigen Antipathie nicht hinter dem Berge. So schrieb Kautsky an Victor Adler: „Du sprichst da von Ledebour und Stadthagen; der Erstere ist mir widerlich; ich verkehre absolut nicht mit ihm. Mit St.[adthagen] habe ich noch nie ein persönliches Gespräch geführt, denn seine Politik erscheint mir ebenso schablonenhaft wie uninteressant."[163] Vielleicht ging es Ledebour durchaus um eine Art Kräftemessen und zugleich um den Beweis, endgültig in der Sozialdemokratie mit ihrem Sozialismusverständnis angekommen zu sein. Doch ein Unterschied hinsichtlich der politischen Erwartungen an die Zukunft und der daraus resultierenden Vorgehensweise wurde dennoch deutlich. Während Kautsky im Rahmen der damals in der Sozialdemokratie dominierenden Vorstellung argumentierte, der Kapitalismus werde naturnotwendig irgendwann zusammenbrechen,

161 Ebd.

162 Kautsky an Adler, 14.12.1894, in: Adler, S. 170.

163 Ders. an Adler, 23.10.1898, in: Ebd., S. 273.

brachte Ledebour seine Grundhaltung als Aufklärer zum Ausdruck, als er resümierte, „dass wir an die Verwirklichung der sozialistischen Wirtschaftsordnung nicht eher denken können, als wir auch die Kleinbauern als Klasse dafür gewonnen haben. Dann aber erfolgt die Überführung der kleinbäuerlichen Betriebe in den sozialistischen Betrieb nicht gewaltsam, sondern mit Genehmigung der Kleinbauern."[164] So sehr er sich das marxistische Vokabular der Sozialdemokratie jener Zeit angeeignet haben mochte, so sehr war er Demokrat geblieben.

Die Agrarfrage selbst wurde auf dem Breslauer Parteitag vom 6.–12. 10. 1895 entschieden. Nach einer ausführlichen und lebhaften Debatte wurde auf Antrag von Kautsky der vorgelegte Entwurf eines Agrarprogramms mit einer deutlichen Mehrheit abgelehnt. Bebel hatte im Vorfeld des Parteitages versucht, die drohende Niederlage abzuwenden. Er hegte große Vorbehalte gegen die Konservierung des Kleinbauerntums, wie er es von Vollmar und Anhängern als Absicht vorhielt, sprach aber für Verbesserungen in den ländlichen Verhältnissen, weil diese den Betroffenen Erleichterungen verschaffen würden, ohne der Gesamtheit oder der Arbeiterschaft zu schaden.[165] Auf eine solche soziale Brücke zur ländlichen Bevölkerung aber hatte die SPD nun verzichtet, wobei sich an dieser Ablehnung auch ansonsten Getreue wie Stadthagen beteiligt hatten. Bebel kommentierte eine seiner größten politischen Niederlagen in einem Brief an Victor Adler: „Im Eifer zu verwerfen hat man dann auch Forderungen verworfen, die man vernünftigerweise gar nicht verwerfen konnte, nicht verwerfen durfte und deren Verwerfung auf dem Lande – und ich rechne mit keinem anderen Element dort neben dem Landarbeiter als mit dem Kleinbauern – den allerbösesten Eindruck macht, sogar bei den halb Tagelöhnern halb Bauern."[166] Ledebours Position wurde von Elke Keller in der Weise charakterisiert, dass er die Überwindung der kleinbäuerlichen Wirtschaft als Vorbedingung für die sozialistische Revolution eingestuft und somit das Problem der Übergangsperiode vom Kapitalismus zum Sozialismus theoretisch nicht bewältigt habe.[167] Vom Blickwinkel des parteioffiziellen Marxismus aus betrachtet ist diese Einschätzung womöglich berechtigt, aber sie übersieht, dass es Ledebour bei allen entscheidenden politischen Schritten immer um die positive Teilnahme der Betroffenen angelegen war und nicht um deren stumme Duldung des Geschehens.

So verwundert es nicht, dass Ledebour – vielleicht in Anlehnung an das familiengeschichtliche Narrativ – ein anderes Bauernbild vertrat als manch

164 G. L., Vw, 19. 12. 1894, S. 2.

165 Herrmann/Emmrich, S. 447 f.

166 Bebel an Adler, 20. 10. 1895, in: Adler, S. 194.

167 Keller, S. 15.

anderer Genosse. Er vermutete in jedem Bauern eine Art „Besitzliebe“, die sie ansprechbar mache für antisozialdemokratische Agitation durch die bürgerlichen Parteien. Diese Besitzliebe sah er konstituiert durch das durch den Kapitalismus verstärkte Erwerbsstreben und durch den „lebendigen[n] Wunsch eines jeden Bauern, für sich und seine Familie die eigene Heimstätte zu behaupten. Die sozialdemokratische Aufklärung müsse dem kleinen Bauern klarmachen, dass seine Lebensbedürfnisse in der sozialistischen Gesellschaft ebenso, ja noch besser gesichert seien als in der Gegenwart.“[168] Für seine Sicht von kleinbäuerlicher Mentalität spricht womöglich auch die vor allem im Ruhrgebiet geübte Praxis, den aus dem Osten Preußens als Bergarbeiter angeworbenen Männern, die überwiegend aus ländlichen Familien stammten, zusätzlich zu den Bergarbeiterwohnungen noch kleine Flächen am Haus zur Verfügung zu stellen, die der Ernährungsunterstützung dienten und an die enkulturierten Traditionen anknüpften. Dies schien Ledebour durchaus bewusst gewesen zu sein, wenn er von der „Besitzliebe“ sprach.

Außerdem legte er in einem Beitrag für den „Vorwärts“ am 8.8.1895 den Finger in die Wunde der sozialdemokratischen Bauernpolitik, wenn er kritisierte, dass sie es nicht vermöchte, den kleinen Bauern die Angst vor Degradierung zum haus- und heimatlosen „Landarbeiterheere“ zu nehmen, das von den „Oberen zur Ausführung landwirtschaftlicher Massenarbeit umher kommandiert würde“. Ebenso unterschätze die Landagitation den Wunsch nach einem auch so kleinen häuslichen Besitz. In der sozialistischen Gesellschaft, so seine Empfehlung, in der den kleinen Bauern „vorzugsweise der landwirtschaftliche Betrieb zufallen wird, haben sie keinen zureichenden Grund, den Verlust ihrer Heimstätten oder gar eine Verschlechterung ihrer Wohnungsverhältnisse zu befürchten“.[169] Möglicherweise kam Ledebours Vorstellung von sozialistischer Landwirtschaft nicht einem Großbetrieb jener Art nahe, wie sie als LPG in der DDR oder Kolchosen der UdSSR praktiziert wurde, sondern schien eher in die Richtung einer demokratisch selbstverwalteten Kooperative zu gehen, wie sie im lateinamerikanischen Wirtschafts- und Kulturraum anzutreffen ist. Das entspräche seinem demokratischen Basisansatz, seinem aufklärerisch geprägten Denken und seiner Adaption des Parteimarxismus am ehesten und könnte unterfüttert gewesen sein von der Kenntnis der ländlichen Umgebung Hannovers, seiner Familientradition und seinen Beobachtungen in England.

168 Ratz, S. 49.

169 G. L., Was sollen wir dem Landproletarier sagen?, in: Vw, 8.8.1895, S. 9.

9.2. Sozialdemokratie und Wahlbeteiligung in Preußen

Im Gegensatz zu den liberaleren süddeutschen Staaten überlagerte eine weitere Konfliktlinie die Debatten in der preußischen Sozialdemokratie. Das preußische Dreiklassen-Wahlrecht machte es der Sozialdemokratie für lange Jahre nahezu unmöglich, gegen die Zusammenarbeit der Konservativen und Liberalen in den ersten beiden Wählerklassen Abgeordnete in den preußischen Landtag zu entsenden. Generell führte der steinige Weg zur Demokratisierung Preußens als des mit Abstand größten, bevölkerungsreichsten und mächtigsten Einzelstaates im Deutschen Reich vor allem über die Abschaffung des Dreiklassen-Wahlrechts. Erst das Erstarken der Partei nach 1890 warf langsam die Frage auf, ob es nicht sinnvoll sei, statt die Wahlen zu boykottieren nun Kandidatur und Wahlkampf anzustreben. 1893 hatte der Parteitag in Köln beschlossen, dass sich die Partei bei solcherart undemokratischen Wahlen der Kandidatur und Stimmempfehlung enthalten solle. Erst im Jahr 1900 wurde dieser Beschluss revidiert und der Partei die Aufgabe gestellt, überall dort zu kandidieren, wo es möglich ist.[170] Im Jahr 1903 beteiligten sich die preußischen Sozialdemokraten erstmalig an den Wahlen zum Preußischen Abgeordnetenhaus. Im Berliner Wahlkreis III kandidierten Bebel und Ledebour, im Wahlkreis I u. a. Wilhelm Pfannkuch, im Wahlkreis II u. a. Leo Arons sowie im Wahlkreis IV Hugo Heimann und Paul Singer.[171] Doch nichts dokumentierte auch noch 1903 den undemokratischen Charakter des Dreiklassen-Wahlrechts drastischer als die Tatsache, dass auf die SPD in Berlin in allen drei Wählerklassen zusammengenommen 68,3 % entfallen waren, aber die Freisinnigen mit 11,6 % der Stimmen alle neun Landtagsmandate erhielten, weil sie im Wahlmännergremium die Mehrheit auf sich vereinigen konnten.[172]

Die SPD hatte im Erfurter Programm konkrete Forderungen für ein demokratisches Wahlrecht aufgestellt.[173] Eduard Bernstein hatte 1893 versucht, im Vorfeld der Wahlen zum Preußischen Abgeordnetenhaus eine Debatte über eine mögliche Kandidatur auszulösen, die er mit dem Hinweis auf dessen politische Bedeutung begründete. Mandatsgewinne ohne Absprachen mit anderen Parteien waren praktisch unmöglich, vor Absprachen etwa mit der Fortschrittspartei oder später dem Freisinn schreckte die Mehrheit der Partei deutlich zurück: „Die Scheu vor solchen Kompromissen war jedoch zunächst größer als die Verlockung, die Opposition im Landtag auf Kosten der konservativen Mehrheit zu

170 Bernstein, Berl. Arbeiterbewegung 3, S. 412.

171 Ebd., S. 414.

172 Ebd., S. 419.

173 Vgl. Erfurter Programm, in: Dowe/Klotzbach, S. 188.

verstärken."[174] Das Ausbleiben einer Wahlrechtsreform in Preußen und die restriktive Handhabung des Vereinsgesetzes gegen die Sozialdemokratie leiteten einen vorsichtigen Umschwung ein.

Im Vorfeld des Parteitages diskutierten nun die preußischen Sozialdemokraten heftig über diese Frage. Auf der Brandenburger Provinzialkonferenz der SPD vom 12. 9. 1897 hatte Max Schippel in seinem Referat für die Beteiligung an den Landtagswahlen in Preußen geworben. Arthur Stadthagen als Reichstagsabgeordneter unterstützte diese Position. Zugleich befürwortete Schippel die Unterstützung des Freisinns dort, wo die SPD nicht selbst kandidieren könne. Ihm trat Ledebour entgegen. Er lehnte eine Unterstützung des Freisinns deshalb ab, weil sie bedeute, ihn mit der Vertretung der Interessen der sozialdemokratischen Wähler zu beauftragen. Damit brachte er eine direktdemokratische gegen eine parlamentarische, auf Bündnisse abzielende Politik in Stellung. Außerdem verwies er auf die strikt antisozialdemokratische Rhetorik Eugen Richters und fragte: „Und diese Partei wollen Sie unterstützen? Diese Partei wollen sie betrauen mit der Wahrnehmung unserer Interessen im Landtage?"[175] Er warnte zugleich vor einer Wahlbeteiligung aus Opportunitätsgründen und rief dazu auf, analog zu anderen Bundesstaaten auch in Preußen der hiesigen Sozialdemokratie das Entscheidungsrecht zuzugestehen. Er selbst sprach sich deutlich gegen eine Wahlbeteiligung und für eine strikte Wahlenthaltung im Jahre 1898 aus. Unterstützung für seine Absage an Wahlkompromisse mit dem Freisinn erhielt er von Stadthagen, der eine demonstrative, aber keine koalitionsaffine Kandidatur bevorzugte. Stadthagen hatte auch den nach mehreren Debatten über verschiedene Anträge angenommenen Beschluss eingereicht, der die Aufhebung des Kölner Beschlusses empfahl und für die Unterstützung des Freisinns im Wahlmännergremium äußerst hohe Bedingungen formulierte. Dazu gehörte die Unterstützung des allgemeinen, gleichen, direkten und geheimen Wahlrechts in Land und Kommunen, die Abschaffung aller partikularrechtlichen Bestimmungen in Preußen, die der Arbeiterschaft und der Arbeiterbewegung wie auch der Landbevölkerung und dem Gesinde die vollständige Freiheit vorenthielten.[176] Dadurch sollte ein Kompromiss angebahnt werden, der der Sozialdemokratie die Kandidatur ermöglichte, aber die Autonomie der Partei weit über Bündniserwägungen stellte. Doch in den Berliner Wahlkreiskonferenzen ergab sich ein uneinheitliches Bild, wobei aber Ledebours strikter Wahlattentismus die größte Unterstützung bekam.[177]

174 Ratz, S. 50.
175 Vw, 14. 9. 1897.
176 Bernstein, Berl. Arbeiterbewegung 3, S. 139.
177 Ebd., S. 140.

Auf dem Parteitag in Hamburg 1897 wurde der Beschluss gefasst, den Kölner Beschluss von 1893 aufzuheben und die Möglichkeit der Kandidatur bei den Landtagswahlen in Preußen dort anzustreben, wo es die Verhältnisse ermöglichten. Dies zu entscheiden sei Sache der Wahlkreise. Doch hieß es abschließend hierzu: „Kompromisse und Bündnisse mit anderen Parteien dürfen nicht abgeschlossen werden."[178] Gleichzeitig verabschiedete der Parteitag einen Katalog von Bedingungen an Kandidaten bürgerlicher Parteien bei Reichstagwahlen, die diese akzeptieren mussten, wollten sie bei Stichwahlen die Unterstützung der Sozialdemokratie erhalten. Über diesen Umweg blieb die politische Berührungsdistanz gewahrt und wurden zugleich Hoffnungen auf Kooperationen bei den Landtagswahlen minimiert.[179] Ledebour interpretierte die Beschlüsse des Parteitages in den „Sozialistischen Monatsheften", die seit 1897 erschienen.[180] Als Gegner einer Wahlbeteiligung sah er die Gründe in der Größe und Struktur Preußens, die er als irrational bezeichnete. Zweitens hielt er den Befürwortern vor, sie überschätzten die politische Bedeutung des Abgeordnetenhauses für die Gestaltung der Politik des Reiches massiv. Drittens warnte er vor Illusionen hinsichtlich der Bündnisfähigkeit und -bereitschaft vor allem des Freisinns, die insbesondere von Ignaz Auer hervorgehoben worden war.

Auch Bebel hatte sich für die Möglichkeit von Kooperationen mit bürgerlichen Parteien ausgesprochen, diesen Ansatz im ursprünglichen Antrag aber hatte eine Mehrheit durch das Kooperationsverbot ersetzt. Ledebour dazu: „Sehr wenig zur Zufriedenheit der Wahlbeteiligungsfreunde! Sie meinen, ein Messer ohne Klinge in die Hand bekommen zu haben." Doch seine Befürchtung richtete sich darauf, dass für die Sozialdemokratie viel zu wenig als Gegenleistung für deren Kompromisse herauskäme. Und so sah er sich bestätigt in seiner Grundkritik an der Wahlbeteiligung: „Der Beschluss kommt auf das hinaus, was ich […] als den einzigen Weg bezeichnet habe, der, wenn die Partei sich überhaupt auf die verkehrte Politik einer Beteiligung an den Wahlen für die preußische Geldsacksvertretung einlassen wollte, wenigstens sich mit dem Charakter unserer Partei vertragen würde, nämlich uns genauso zu verhalten wie bei den Reichstagswahlen."[181]

Den Kurs einer prinzipiellen Ablehnung einer jeden Wahlteilnahme hielt Ledebour auch 1898, dem Jahr der Neuwahlen in Preußen, aufrecht. So fand

178 Prot. PT SPD 1897, S. 217.

179 Osterroth/Schuster 1, S. 82.

180 G. L., Der Hamburger Parteitag und die preußischen Landtagswahlen, in: Sozialistische Monatshefte (SMH), 1. Jg. (1897), S. 525–530.

181 Ebd., S. 528.

am 23. 8. 1898 eine allgemeine, von den Vertrauenspersonen einberufene Parteiversammlung statt, die die Frage der Wahlbeteiligung gemäß der in Hamburg getroffenen Regelung klären sollte. Ledebour trat hier als Referent auf. „Da nun in Berlin die Möglichkeit eines Wahlsieges ohne Bündnis nicht bestehe, so sei auch, führte [...] G. Ledebour, aus, die Wahlbeteiligung in Berlin nicht durch die Verhältnisse gerechtfertigt, sondern Wahlenthaltung zu empfehlen. Seine Ausführungen wurden in der Versammlung für durchschlagend empfunden, und es ward eine in diesem Sinne lautende Resolution beschlossen, die außerdem noch betonte, dass die bürgerlichen Oppositionsparteien die auf sie in den letzten Jahren gesetzten Hoffnungen schwer enttäuscht hätten und die Arbeiter nach wie vor auf ihre eigenen Kräfte angewiesen seien."[182] Ledebour blieb dieser Linie über Jahre hinweg treu. Noch 1899 positionierte er sich gegen Absprachen der bayerischen Genossen mit der Zentrumspartei und stimmte darin mit Wilhelm Liebknecht und Paul Singer überein, während August Bebel den Bayern beipflichtete.[183] Diese Kompromisslosigkeit hatte bereits im Herbst 1897 zu einem zeitweiligen Zerwürfnis mit Arthur Stadthagen geführt, dem er vorwarf, ein Gegner der Wahlbeteiligung zu sein vorzugeben, de facto aber dafür zu sprechen. Da dieser Streit auch die persönliche Ebene erreichte, musste ein Schiedsgericht die beiden Streithähne, beidseitig mit rednerischer Eitelkeit und spitzer Zunge ausgestattet, zur Ordnung rufen, um ihr Temperament zu zügeln.[184] Ledebour wurde übrigens für seine Kompromisslosigkeit nicht belohnt, denn bei der Wahl der Delegierten zum Stuttgarter Parteitag 1898 fiel er in seinem Wahlkreis VI glatt durch.[185] Erst auf dem Mainzer Parteitag wurde mit einer Mehrheit von 163 zu 66 Stimmen auf Initiative August Bebels beschlossen, die Partei auch dort zur Kandidatur zu verpflichten, wo, wie in Preußen, ein Dreiklassen-Wahlrecht bestand. In Preußen bedurften Abmachungen mit bürgerlichen Parteien in einzelnen Wahlkreisen der Zustimmung des Parteivorstands, der hier als Zentralwahlkomitee fungieren sollte.[186]

Über die Hintergründe seiner lang andauernden prinzipiellen Ablehnung einer Wahlbeteiligung in Preußen kann man mutmaßen, dass sie auf seiner Enttäuschung über die Inkonsequenz der bürgerlichen Demokraten hinsichtlich einer demokratischen Oppositionspolitik beruhte, die für Sozialdemokraten keine Brücken geschaffen hatte. Das dürfte der Wahrheit entsprechen, doch

182 Bernstein, Berl. Arbeiterbewegung 3, S. 140.

183 Ratz, S. 54 f.

184 Czitrich-Stahl, S. 244 f.; Ratz, S. 53.

185 Ratz, S. 53.

186 Reuter, S. 310.

darf man nicht aus dem Auge verlieren, dass Ledebours Verständnis vom Parlamentarismus von seinem Aufenthalt in England geprägt worden war. Deshalb darf man annehmen, dass er, noch viel stärker als im Reichstag, im Preußischen Abgeordnetenhaus den Ausdruck eines unvollständigen oder unterdrückten Parlaments, wenn nicht gar eines Scheinparlamentarismus sah.[187] Wo kein Raum für Kompromisse vorhanden war, blieben vor allem Prinzipien hochzuhalten. Diese betonte er noch 1907. Aus dem Verhalten des Freisinns „gehe deutlich hervor, dass wir ausschließlich auf unsere eigene Kraft angewiesen sind, was aber keineswegs ein Nachteil, sondern vielmehr gut für die Partei sei, die, fest an ihren Grundsätzen haltend, ihr Ziel verfolgt". Diese Feststellung beschloss eine Passage seiner wiedergegebenen Rede, die heftige Kritik an der preußischen Politik und ihrer Obrigkeitsstaatlichkeit gegenüber den Menschen sowie an den kaum vorhandenen demokratischen Institutionen zum Ausdruck brachte.[188]

9.3. Der „Revisionismusstreit"

Gegen Ende der 90er-Jahre schließlich begann der Revisionismusstreit, ausgehend von Eduard Bernsteins Artikelserie in der NZ 1896/97 und vertieft durch seine Schrift „Die Voraussetzungen des Sozialismus und die Aufgaben der Sozialdemokratie" (1899). Die zeitliche Parallelität zur Wahlbeteiligungsdebatte in Preußen ist nicht zufällig, sondern entspringt demselben Impuls: Angesichts eines in die Ferne rückenden quasi-naturnotwendigen Zusammenbruchs des Kapitalismus trat die Frage immer stärker in den Vordergrund, auf welchen Wegen und mit welchen Mitteln die Arbeiterbewegung ihre soziale und politische Basis derart stärken könne, dass die politische Macht auch ohne den „großen Kladderadatsch" zu ergreifen sein könnte. Insofern wirkte Bernsteins Intervention folgerichtig, der erklärt hatte, der Anschauung entgegenzutreten, „dass wir vor einem in Bälde zu erwartenden Zusammenbruch der bürgerlichen Gesellschaft stehen und dass die Sozialdemokratie ihre Taktik durch die Aussicht auf eine solche bevorstehende Katastrophe bestimmen, beziehungsweise von ihr abhängig machen soll".[189] Als eine Konsequenz seiner kritischen Auseinandersetzung mit der Zusammenbruchstheorie und der angenommenen Naturnotwendigkeit der gesellschaftlichen Entwicklung hin zum Sozialismus empfahl

187 Vw, 17. 10. 1907, S. 7.

188 Ebd.

189 Bernstein, Die Voraussetzungen des Sozialismus und die Aufgaben der Sozialdemokratie, 7. Aufl. Bonn 1977, S. 6.

Bernstein noch aus seinem Exil in London der SPD, sich zum eigenen Profil einer demokratisch-sozialistische Reformpartei zu bekennen.[190]

Doch ging es Bernstein nicht um eine Revision des Sozialismus als des tragenden programmatischen Grundes der SPD, sondern um eine Neueinstellung der politischen Strategie und der politischen Erwartungen in einem sich wandelnden Kapitalismus. Wenn sich die Arbeiterbewegung von der Vorstellung des bevorstehenden Zusammenbruchs und der daraus folgenden Naturnotwendigkeit des Sozialismus verabschiede, so müsse sie sich auch von der Idee trennen, sie könne sowohl ohne Konfrontation mit der Staatsgewalt als auch ohne soziale und politische Bündnisse den Weg zum Sozialismus einschlagen. „Mit dem unbewältigten Spannungsverhältnis von Zielprojektionen und Bewegung dorthin traf Bernstein einen wunden Punkt der Sozialdemokratie", heißt es nicht ohne Grund bei Brandt/Lehnert.[191] Insbesondere Kautsky repräsentierte die traditionalistische Erwartung des Zusammenbruchs und der Naturnotwendigkeit des Sozialismus: „Bereit sein ist alles!" lautete die Devise dieser lange dominierenden Position im Zentrum der Sozialdemokratie. Bebel und Kautsky bildeten den argumentativen Gegenpol zu Bernstein. Daneben trat mit Rosa Luxemburg eine weitere Kritikerin Bernsteins auf den Plan, die weder dessen Evolutionismus noch den Attentismus der Bebel-Kautskyschen Position teilte und stattdessen einen neuen revolutionären Schub erzeugen wollte. Auf dem Stuttgarter Parteitag (3.–8. 10. 1898) wurde den Positionen Bernsteins eine entschiedene Absage erteilt, aber auch die Gegenposition Rosa Luxemburgs kam kaum zur Geltung. Die beschlossene Linie lautete: „Die bisherige Entwicklung der bürgerlichen Gesellschaft gibt der Partei keine Veranlassung, ihre Grundanschauungen über dieselbe aufzugeben oder zu ändern."[192] Dennoch beschäftigte diese von Bernstein aufgeworfene Debatte weitere Parteitage und erreichte auf dem Dresdener Parteitag 1903 einen erneuten Debattenhöhepunkt, eher sie von der „Massenstreikdebatte" nach 1905 abgelöst wurde, die einen weiteren Prozess der Transformation der Partei von einer teilillegalisierten sozialistischen Oppositionspartei zu einer sozialistischen Parlamentsopposition einleitete.

Georg Ledebour engagierte sich bald nach Aufkommen der Debatte auf der Seite der Gegner einer Revision. Man könnte ihn einer Grundhaltung zuordnen, die als die einer „in den orthodoxen Vorstellungen verharrenden Parteimajorität" beschreibbar ist; an anderer Stelle verhielt sich Ledebour wie ein

190 Brandt/Lehnert, S. 84.

191 Ebd., S. 85.

192 Prot. PT SPD 1898, S. 243.

„Prinzipienwächter".[193] Anlass für sein Engagement gegen den Revisionismus war die „Kompensationsthese" Wolfgang Heines, der sich, ebenso wie Ledebour selbst, um die Reichstagskandidatur im III. Berliner Wahlkreis bewarb; 1898 standen Neuwahlen bevor. Heine hatte, ähnlich wie vorher Max Schippel, das Prinzip „Diesem System keinen Mann und keinen Groschen" als Grundposition bei Haushaltsdebatten und -abstimmungen in Frage gestellt und dazu geraten, nicht jede Militärforderung abzulehnen, wenn dafür „wertvolle Volksfreiheiten" im Gegenzug erlangt werden könnten.[194] Für Ledebour galt dies als Opportunismus, dem er sich entgegenstellen wollte. Seine Position legte er in den „Sozialistischen Monatsheften" dar und betitelte seine Ausführungen mit „Wie die Sozialdemokratie an den Opportunismus gewöhnt wird".[195] Zunächst gab er einen längeren Auszug Heines aus einem Beitrag im „Vorwärts" wieder, worin dieser sich prinzipiell zu den Aussagen des Erfurter Programms zu Militär und Militarismus bekannte, um dann aber zu erläutern, weshalb er nicht prinzipiell jede Militärforderung abzulehnen empfehle. Bebel anführend, hatte Heine geäußert: „Schon Genosse Bebel hat treffend die Analogie hervorgehoben, die zwischen der Verbesserung der Kost der Soldaten und einer Verbesserung ihrer Schutz- und Angriffswaffen besteht."[196] Am Schluss seiner Darlegungen hatte Heine bekräftigt, eine Politik zu befürworten, die Schritt für Schritt ein Hineinwachsen in eine neue Gesellschaft anstrebe und dafür bereit zu sein, auch Kompromisse und Zugeständnisse als Machtmittel dazu anzuwenden.[197]

Überdies hatte Heine Ledebour vorgeworfen, lediglich mit Schlagworten, zu denen er auch „Opportunismus" und „Klassenkampf" zählte, zu arbeiten. Eine Gegendarstellung Ledebours hatte der „Vorwärts" nicht abgedruckt, was den Ausschlag für den Beitrag in den eher reformistischen, aber teilweise diskussionsoffeneren „Sozialistischen Monatshaften" gab. Aus dieser nun dort wiedergegebenen Gegendarstellung zitierte er ausführlich. Heines Verweis auf Bebels geäußerte Analogie von soldatischer Kost oder Ausrüstung beantwortete er prinzipiell: „Es handelt sich bei der Frage, die uns beschäftigt, nicht darum, ob unsere Soldaten mit Leberwürsten ausgerüstet werden sollen, oder mit Kanonen, sondern darum, ob die Sozialdemokratie in die Lage kommen könne, durch Bewilligung von derartigen Militärforderungen, wie Kanonen, die Mitverantwortung

193 Ratz, S. 56.

194 Ebd.

195 G. L., Wie die Sozialdemokratie an den Opportunismus gewöhnt wird, in: SMH, Heft 4/1898, S. 169–178.

196 Zit. ebd., S. 171.

197 Ebd., S. 172.

für die Fortführung des heutigen Regierungssystems, das der adäquate bureaukratisch-militäristische Ausdruck des bestehenden gesellschaftlichen Herrschaftsverhältnisses ist, übernehmen zu müssen."[198] In der Tat bestand Ledebour hier auf dem Primat des Prinzips gegenüber der möglichen Gunst der Stunde, jedoch zeichneten sich bereits in ersten Ansätzen die Konfliktlinien der Entscheidung des 4. 8. 1914, also der Bewilligung der Kriegskredite am Beginn des Ersten Weltkrieges ab. Prinzipiell ausgelegt war ebenso seine Entgegnung zur „Kompensationsthese", wenn er Heine vorwarf, der Sozialdemokratie nun ans Herz zu legen, was sie bei den bürgerlichen Parteien immer verurteilt hatte, nämlich politische Tauschgeschäfte vorzunehmen.[199]

Der ehemalige „Vorwärts"-Redakteur Ledebour, der erst vor einem guten Jahr diese Tätigkeit aufgegeben hatte, sah sich nun vom Parteiblatt benachteiligt und wandte sich an die „Sächsische Arbeiterzeitung" in Dresden, die ihrerseits das Zentralblatt kritisierte: „Wer auf eine sozialreformerische Umwandlung unserer Parteitaktik hinarbeitet, dem wird der breiteste Raum gewährt, – wer aber die sozialrevolutionäre Taktik, welche bisher die Partei zu ihren großen Siegen geführt hat, verteidigt, dem wird, und wenn er auch persönlich angegriffen ist, das Wort entzogen, oder er wird totgeschwiegen."[200]

Ledebour unterließ es keinesfalls, sich selbst auch theoretiebezogen mit den Auffassungen Eduard Bernsteins und anderer Befürworter einer reformsozialistischen Politik zu befassen. Zwar stand bei ihm zunächst eine polemische Form der Auseinandersetzung im Vordergrund, bei der er auch vor Vokabeln wie „Opportunismus", „Flaumacherei" oder „Bernsteinerei" nicht Halt machte, aber je länger sich die Debatte hinzog, desto mehr könnte er eingesehen haben, dass ein einfaches Verdikt per Ordre de Mufti nicht durchsetzbar war. Doch war sein Auftreten ein auf den eigenen Vorteil bedachtes? Sicher wandte Ledebour polemische Begriffe wie die obigen auch an, um einen Kontrast zwischen Prinzipienfestigkeit und Klassenstandpunkt und den Positionen Bernsteins und Anderer aufzubauen. Hatte er versucht, sich mittels dieser „dehnbaren, buntschillernden und pejorativen Schlagworte [...] einer sachlich präzisen Stellungnahme" zu entziehen, um sich daraus „eine schnelle und populäre Resonanz in den Parteiversammlungen" zu sichern?[201] So gesehen wären Eigennützigkeit und Selbstsucht ein ständiges Motiv Ledebours gewesen: „Mit dem feinen Gehör eines auf breite

198 Ebd., S. 173.

199 Ebd., S. 174.

200 Ebd., S. 175.

201 Dies stellt Ratz, S. 59 f. so dar. Sie wirft Ledebour u. a. vor, die theoretische Auseinandersetzung mit Bernstein nur anderen überlassen zu haben.

Massenwirkung ausgehenden Agitators hat es Ledebour in den damaligen Versammlungen und auch später als Reichstagsabgeordneter immer meisterhaft verstanden, sich dieser Klaviatur zu bedienen. Den Pfeffer zu dieser schon ausreichend gewürzten Kost boten seine persönlichen Gehässigkeiten, mit denen er Bernstein, Heine, Auer, Schippel und einen Teil der süddeutschen ‚Prinzipienverräter ‘ bedachte."[202] Schaut man indes näher in seine schriftlichen Auseinandersetzungen mit den Positionen des Revisionismus, so müssen insbesondere seine Artikel in der „Sächsischen Arbeiter-Zeitung" aus dem Spätsommer 1899 zu Rate gezogen werden. Ledebour war dort seinerzeit Verantwortlicher Redakteur in Dresden und folgte darin Rosa Luxemburg, die nur sehr kurzzeitig diese Funktion innehatte. Ledebour sollte dafür sorgen, dass das als marxistisch prinzipienfest geltende Blatt nicht vom Kurs abkommen sollte. Diese politische Aufgabe definierte sicherlich auch seine Form der Auseinandersetzung mit Bernstein.

Den Auftakt seiner mehrteiligen Artikelserie „Will Bernstein die Taktik unserer Partei umstürzen?" bildete eine Kurzbesprechung von Bernsteins Buch „Die Voraussetzungen des Sozialismus und die Aufgaben der Sozialdemokratie", auf das er in den nachfolgenden Beiträgen eingehen sollte. Zunächst stellte er fest, dass es Bernstein zuallererst um Änderungen der Taktik der Partei gegangen sei, also um die Aufgabe einer klaren Oppositionspolitik mit dem Ziel des Sozialismus zugunsten einer Politik der systemüberwindenden Reformen auch mit den Mitteln der Kooperation oder Koalition mit bürgerlichen Parteien. „Erst als es galt, diese zu rechtfertigen, hat er sich an die Beschaffung einer theoretischen und statistischen Grundlage für seine Privat-Taktik gemacht, welches Bemühen indes durchaus missglückt ist […] Er hat seiner opportunistischen Taktik nachträglich die Wissenschaft dienstbar zu machen gesucht."[203] Ledebour verhielt sich hier in seiner Rhetorik keinesfalls singulär. „Die Verfechter der revisionistischen Alternative erschienen den Marxisten jener Epoche, den zahlreichen europäischen Parteien, wie insbesondere der deutschen Sozialdemokratie als eine Art Ketzer, die all das in Frage stellten, ohne etwas Gleichwertiges als Ersatz dafür anbieten zu können. Das eher nüchterne Gerechtigkeitsverlangen einer pragmatischen Reformpolitik […] erschien den Gegnern des Revisionismus als eine existenzielle Schwächung durch den Verlust einer fest geglaubten Hoffnung."[204] Diese Hoffnung verband sich mit dem Sozialismus als Erlösung und dem Zusammenbruch des Kapitalismus als Erwartung. Hier machten weder

202 Ebd.

203 G. L., Will Bernstein die Taktik unserer Partei umstürzen?, Teil I, in: Sächsische Arbeiter-Zeitung (SAZ), 27. 8. 1899, S. 5.

204 Thomas Meyer, Bernsteins Theorie aus aktueller Sicht, in: Heimann u. a. (Hg.), S. 28.

Haltung noch Rhetorik Ledebours eine grundsätzliche Ausnahme. Sein striktes Beharren auf Prinzipientreue mag herausstechen, bildet aber vor allem seine Erfahrungen mit dem Liberalismus ab. Es war allerdings auch eine funktionale Haltung mit Rücksicht auf die Außenwirkung der Zeitung.

Im zweiten Beitrag[205] der Artikelserie wiederum behandelte Ledebour einerseits Bernsteins Äußerungen zum Genossenschaftswesen und zu den Gewerkschaften, bei denen Ledebour wenig Anlass für einen Dissens erblickte. Kein Wunder, denn wie Bernstein zu jener Zeit hatte Ledebour seine Grundanschauungen zur Gewerkschaftsbewegung in England entwickelt; die Genossenschaftsbewegung war ihm aus seiner Zeit als Sozialliberaler sehr vertraut. Bernsteins Erörterungen zur Militärfrage und zum Begriff des „Nationalen" unterzog er allerdings einer Grundsatzkritik. Während Bernstein das Prinzip stehender Heere nicht grundsätzlich ablehnte, sondern eine Umstrukturierung und soziale Öffnung anregte, setzte Ledebour einmal mehr das Milizwesen aus der Schweiz als Gegenmodell eines Volksheeres dagegen, durchaus im Einklang mit der Parteiprogrammatik, die explizit forderte: „Erziehung zur allgemeinen Wehrhaftigkeit. Volksheer an Stelle der stehenden Heere."[206] Bernsteins Nationsbegriff wies Unterschiede zu dem Ledebours auf. Während Ledebour strikt zwischen Staatsgemeinschaft und Sprachgemeinschaft differenzierte, also Nationalstaat und Kulturnation auseinanderhielt, überlagerten sich bei Bernstein die Bedeutungen, sodass der Nationalstaat, der ja für Ledebour die Arena bildete, in dem die Unterdrückten für ihre Gleichberechtigung zu kämpfen hatten, gleich der Sprachgemeinschaft harmonisiert würde. Auch den Minderheitenschutz brachte Ledebour gegen Bernsteins Gedankenführung vor. Doch fehlte nicht nur hier Gehässigkeit, sie unterblieb selbst da noch, worüber Jahre später Bernstein und der Holländer Henri van Kol mit Kautsky und Ledebour aneinandergeraten sollten: bei der Frage der Kolonialpolitik. Hier beharrte Ledebour auf seinem Internationalismus und auf der Nationalitätentoleranz, wohingegen „sozialistische Kolonialpolitik" für Bernstein nicht undenkbar war. Auf polemische Anmerkungen mochte Ledebour zwar nicht verzichten, sie hielten sich jedoch in verbalen Grenzen. Explizit kritisierte er, dass Bernstein damit in eine bedenkliche Nähe zu den bürgerlichen und national orientierten Gedankengängen „hineingeglitten" sei.[207]

Der dritte Teil der Artikelserie erschien am 31. 8. 1899 und befasste sich mit der „Nationalpolitik" des Reiches, vor allem mit der Kolonialpolitik. Stein des Anstoßes der Auseinandersetzung mit Bernstein in dieser Frage war dessen

205 G. L., Will Bernstein II, in: SAZ, 30. 8. 1899, S. 5.

206 Dowe/Klotzbach, S. 188.

207 Ebd.

grundsätzliche Anerkennung des erzwungenen Pachtvertrages in der Kiautschou-Bucht in China zum Zwecke der Gründung eines deutschen Militärstützpunktes, abgeschlossen im März 1898. Mit dem Schutz der deutschen Handelsinteressen begründet, sollte dieser Stützpunkt ein militärischer und politischer Brückenkopf als Ausdruck des Strebens nach einem „Platz an der Sonne" sein, wie es der spätere Reichskanzler Bernhard von Bülow propagiert hatte. Bernstein sah darin eine „Bürgschaft für die zukünftigen Interessen Deutschlands in China" und riet der Sozialdemokratie, „sie gutzuheißen, ohne sich das Geringste an ihren Prinzipien zu vergeben".[208] Ledebour setzte sich detailliert mit Bernsteins Argumentation auseinander und legte den Finger auf deren Wunde, nämlich die prinzipielle Akzeptanz von Kolonialpolitik mit der Folge kolonialer Ausbeutung, hier zumindest implizit auch mit englandkritischen Akzenten. Dies erklärte er für unvereinbar mit sozialistischen Grundsätzen und formulierte gleich eine politische Richtschnur, die sowohl politisch als auch moralisch für seine prinzipielle Haltung zum Verhältnis zwischen den Völkern stand, denn „die Plantagenwirtschaft mit Kulis ist selbst in ihren mildesten Formen eine dem Wesen des Sozialismus so durchaus widerstrebende Wirtschaftsform, dass Sozialisten auch innerhalb der bestehenden Ordnung grundsätzlich und mit aller Macht einem Kolonialwesen, das darauf hinausgeht, feindlich gegenüberstehen müssen".[209] In diesem Beitrag sparte er nicht mit polemischen Anspielungen, argumentierte aber vornehmlich zur Sache. Durch diese Haltung konnte es ihm später gelingen, zum neben Bebel wichtigsten Protagonisten einer antikolonialistischen Politik der Sozialdemokratie zu werden. Dass er in Bernsteins Positionen eine Revision sozialistischer Grundsätze erblickte, ist von daher nicht nebensächlich, sondern Ergebnis seiner tatsächlichen Auseinandersetzung mit den inhaltlichen Aussagen Bernsteins.

Im Gegensatz zum Vorwurf, Ledebour habe die theoretische Auseinandersetzung mit den Positionen Bernsteins anderen überlassen, steht sein vierter Beitrag in der SAZ vom 2.9.1899 über das Bündnis mit dem Bürgertum. Aufschlussreich ist allein schon seine Einleitung: „Wir kommen nunmehr zu denjenigen Ratschlägen Bernsteins, die in ihren logischen Konsequenzen zur völligen Preisgebung der sozialistischen Endziele und des Klassenkampfcharakters der Partei führen müssten [...] Folgte die sozialdemokratische Partei ihm, so würde sie in die ausgefahrenen Geleise bürgerlicher Reformparteien und schließlich in einen Sumpf geraten, in dem sie rettungslos untergehen müsste."[210] Ausführlich

208 G. L., Will Bernstein III, in: SAZ, 31. 8. 1899, S. 5.

209 Ebd.

210 G. L., Will Bernstein IV, in: SAZ, 2. 9. 1899, S. 5.

setzte er sich im Folgenden mit Bernsteins Auffassung vom eigentlichen Charakter der SPD als einer sozialistischen Reformpartei auseinander, die dies nicht wahrhaben wolle und es hinter revolutionären Phrasen verberge. Kritisch prüfte er dessen Ratschlag, man benötige das Bürgertum als Bundesgenossen und dürfe es deshalb nicht mit der Forderung nach Vergesellschaftung erschrecken, um ihn dann zu verwerfen. Das Aufgeben dieser Forderung als einer programmatischen Kernforderung des Erfurter Programms käme einer Selbstpreisgabe der SPD gleich, sie würde „ein Anhängsel der bürgerlichen Parteien, die im Kampfe gegen das Junkertum stehen oder vielmehr stehen sollten, sich aber zu schwach gezeigt haben, ihre Aufgabe zu erfüllen. Bernstein fordert [...] tatsächlich nichts Anderes als den Selbstmord der sozialdemokratischen Partei."[211] Natürlich machte er in dieser Auseinandersetzung deutlich, wie wenig er erfahrungsbedingt von der politischen Konsequenz des Liberalismus hielt, aber formulierte Bernstein seinerzeit nicht auch tatsächlich auf eher Wünschen denn Erfahrungen basierend, blickt man auf die politische Landschaft des Kaiserreichs, in der bestenfalls der Freisinn oppositionelle Praktiken zeigte, die aber eher einer angepassten Opposition entsprachen?[212]

In seinem letzten Beitrag der Artikelserie am 5. 9. 1899 befasste sich Ledebour mit Bernsteins Aussagen zur britischen Chartistenbewegung, der frühen englischen Arbeiterbewegung der Zeit bis 1848.[213] Man kann annehmen, dass es ihm gerade an dieser Frage auch um einen Wettbewerb der Kenntnisse und Interpretationen zur Geschichte der Arbeiterbewegung in Großbritannien ging, da beide Kontrahenten ihre diesbezüglichen Lebenserfahrungen in die Waagschale werfen konnten. Dabei war es die Kernaussage seiner Kritik an Bernsteins Hervorhebung der Chartisten, die ihre Forderungen zunächst an die liberale Partei adressieren, um die Rechtslage der Arbeiterschaft zu verbessern, aber nach 1848 an Einfluss verloren, dass „Bernstein in dem nämlichen Augenblick, da die reiferen englischen Arbeiter sich einem vorgeschrittenen Sozialismus zuwenden und für die selbständige politische Betätigung der Arbeiter als Klassenkampfpartei sich aussprechen, den deutschen Arbeitern das Beispiel der unreiferen englischen Arbeiter vor einem halben Jahrhundert als nachahmenswert anpreist".[214] Und er forderte abschließend, dass der bevorstehende Hannoveraner Parteitag sich eindeutig von Bernstein abgrenzen solle: „Der Parteitag muss es aussprechen, dass die sozialdemokratische Partei nur als eine Partei des proletarischen Klassenkampfes

211 Ebd.

212 Vgl. Langewiesche, S. 211 ff.

213 Vgl. Francois Bedarida, Der Sozialismus in England bis 1848, in: Droz (Hg.), Bd. 2, S. 93 ff.

214 G. L., Will Bernstein V, in: SAZ, 5. 9. 1899, S. 5.

mit unbedingt sozialistischen Zielen sich behaupten kann."[215] Die Befürchtung, die SPD könne aus wahlpolitischen Gründen fundamentale Positionen aufgeben, erinnerte ihn gewiss an die Entstehung der Freisinnigen Partei 1884 und führte ihn zum linken Flügel der SPD, von wo aus er den Revisionismus und andere Formen des Infragestellens des offiziellen Parteimarxismus scharf kritisierte.

An den Debatten auf dem Hannoveraner Parteitag vom 9.–14. 10. 1899 beteiligte sich Ledebour mehrfach, dieses Mal wegen seiner Funktion als verantwortlicher Redakteur der SAZ für Dresden delegiert. Auch an der Debatte über Bernstein beteiligte er sich. Bernstein, der wegen seiner illegalen Betätigung während des „Sozialistengesetzes" in Deutschland eine Festnahme zu befürchten hatte, blieb dem Parteitag fern. Ledebour verwahrte sich gegen Vorwürfe, er hätte ein „Ketzergericht" über Bernstein herbeiführen wollen und verwies darauf, dass er in seiner Artikelserie in der SAZ strikt getrennt habe zwischen der Zurückweisung der politischen sowie theoretischen Positionen Bernsteins und der Integrität der Person. Diesen gegen ihn gerichteten Vorwurf könne er nicht stehen lassen, und so verwies er auf seinen Dissens mit Kautsky in der Agrardebatte über die Expropriation bäuerlichen Eigentums, der inhaltlich nach wie vor bestünde, aber eine inhaltliche und keine persönliche Kontroverse darstelle. Ansonsten pflichtete er der von Bebel gehaltenen Grundsatzrede und der von ihm eingebrachten Resolution zur Taktik der Partei grundsätzlich bei, übte an einem Punkt der Resolution aber Kritik, nämlich an der Darstellung des Verhältnisses der SPD gegenüber anderen Parteien, die er als zu wenig deutlich mit Blick auf die grundlegenden Differenzen empfand, sodass auch alle Vertreter der revisionistischen Position oder die süddeutschen Anhänger von Vollmars zustimmen könnten.[216]

Die Resolution, in der alle inhaltlichen Anliegen des Revisionismus abgelehnt wurden, wurde mit 216 gegen 21 Stimmen bei einer Stimmenthaltung angenommen, auch die Anhänger Bernsteins hatten mehrheitlich zugestimmt. Somit hatte sich Bebels Parteitagsstrategie durchgesetzt, inhaltlich die Grundlinie der Partei zu verteidigen, aber jede Bewegung in Richtung einer Ausgrenzung oder Spaltung zu vermeiden.[217] Auch Ledebour ging es nicht um einen Ausschluss der Kontrahenten. Er formulierte, dass er kein „Ketzergericht" wolle und konzediere, dass die Zugehörigkeit zur Partei eine Gewissensfrage darstelle, was auch für Bernstein gelte.[218] Womöglich hatte er sich ein wenig der Schärfe enthalten, die

215 Ebd.

216 Prot. PT SPD 1899, S. 196. Auch Singer und W. Liebknecht waren dieser Meinung, vgl. Herrmann/Emmrich, S. 520.

217 Ebd., S. 519 ff.

218 Prot. PT SPD 1899, S. 195.

er sonst gern zum Ausdruck brachte, und wollte dadurch nicht zu viel an Kritik auf sich ziehen. Wenig überzeugend bleibt indes jene Deutung, die sein Verhalten in die Nähe leninistischer Denkbilder rückte, wenn Ursula Ratz von einem „Postulat von der Reinerhaltung der Partei und ihrer Grundsätze" und von Ledebours Absicht schrieb, „die Rolle eines Parteizensors zu spielen".[219] Die Revisionismusdebatte erlebte auf dem Dresdener Parteitag 1903 noch eine Neuauflage, bei der erneut Bebel ein Grundsatzreferat hielt und eine entsprechende Resolution vorlegte, die die Beschlusslage von Hannover 1899 bekräftigte. Doch war damit vor allem die Debatte beendet bzw. kanalisiert, der Streit um die Grundsätze und die Taktik der Partei wurde an anderen Fragen weitergeführt.

Die drei großen Debatten des Jahrzehnts zwischen 1890 und 1900, also seit dem Ende des „Sozialistengesetzes", dem Eintritt Ledebours in die SPD (1891) und der Jahrhundertwende, nämlich die Agrardebatte, die Frage der Wahlbeteiligung und der Stimmverhaltens in den Ländern und die Revisionismusdebatte, hatten gezeigt, dass Ledebour ein streitbarer Genosse geworden war. Er verteidigte wortgewaltig, spitzzüngig und kämpferisch seine Positionen, vertrat sie energisch und ging verbissen jede Diskussionsrunde mit. Dabei konnte er durchaus persönlich angreifen und auch verletzend wirken, schien aber im Laufe der Jahre und Debatten die persönliche Schärfe etwas vorsichtiger zu dosieren. Vielleicht hatte er eingesehen, dass man für politische Inhalte, aber auch für persönliche Ambitionen Bündnispartner benötigte, um sich durchzusetzen. Möglicherweise trugen die guten Beziehungen zu Wilhelm Liebknecht und anderen wie Arthur Stadthagen dazu bei, ihn etwas zu mäßigen und sich auf die inhaltliche Auseinandersetzung zu konzentrieren. Denkbar ist auch, dass der Einfluss seiner Tätigkeit als verantwortlicher Redakteur der „Sächsischen Arbeiter-Zeitung" in Dresden, der er seit November 1898 als Nachfolger der streitbaren Rosa Luxemburgs nachging, sich hier geltend machte, denn so musste er für eine Institution der Partei bzw. für eine regionale Gliederung der SPD sprechen und konnte es nicht ausschließlich für sich. Es war jedenfalls nicht mehr so, wie August Bebel noch im November 1898 an Victor Adler geschrieben hatte, dass Ledebours Einfluss in der Partei gleich Null sei.[220]

219 Ratz, S. 59. Vermutlich betrachtete Ursula Ratz die damaligen Prozesse auch aus dem Blickwinkel sozialdemokratischer Politik in den 1960er-Jahren, in denen die SPD mit dem Godesberger Programm den Weg zur Volkspartei einschlug. Da lag es nahe, Bündnisse einzugehen. Da sie in Bezug auf Ledebour von „Intransigenz" sprach, liegt ein Vergleich mit der „Politik der intransigenten Opposition" der SPD unter Kurt Schumacher und Erich Ollenhauer bis 1959 nahe.

220 Bebel an Adler, 4.11.1898, in: Adler, S. 270.

10. Leitender Redakteur der „Sächsischen Arbeiter-Zeitung" in Dresden (1898–1900)

Mit dieser journalistisch-politischen Aufgabe in Dresden konnte sich Ledebour mehr und mehr als eine feste Größe auf Seiten des „marxistischen Zentrums" und der Anti-Revisionisten etablieren. Da das politische Redaktionsgefüge jedoch kompliziert war, galt es Rücksichten zu nehmen, an denen schon Rosa Luxemburg gescheitert war. Georg Gradnauer (1866–1946) hatte die SAZ maßgeblich aufgebaut und geprägt. Als Reichstagsabgeordneter und Redakteur des „Vorwärts" hatte er beträchtlichen Einfluss in der sächsischen Sozialdemokratie. Teile der Redaktion hatten im Oktober 1898 für Gradnauer Partei ergriffen, als es um die Auswertung des Stuttgarter Parteitages in Sachen Revisionismus ging. Rosa Luxemburg hatte sich gegen Gradnauer positioniert und wurde im November zum Rücktritt von der Stellung der verantwortlichen Redakteurin gedrängt.[221] Aus der Redaktion selbst kam die Initiative, mit Ledebour Kontakt aufzunehmen. Ihn schien diese Aufgabe zu reizen, denn er habe „sich sehr gerne bereit erklärt, unter allen Bedingungen in die Redaktion zu treten"; Rosa Luxemburg hatte auf Bedingungen bestanden, selbst auch namentlich zu unterzeichnen, um eigene abweichende Stellungnahmen veröffentlichen zu können.[222] Womöglich bestand der Plan schon etwas länger, ihn für die Redaktion zu gewinnen.[223] Ob auch seine Frau diese neue Tätigkeitschance nach den bescheidenen Jahren der freien Schriftstellerei begrüßt haben wird, ist durchaus anzunehmen, denn bei einem Anlass ließ sie erkennen, dass eine solche Aufgabe ihn auch zuhause verträglicher machen würde.[224] So erinnerte sich Otto Krille, der sozialdemokratische Schriftsteller: „Sie würde es begrüßen, sagte Minna Ledebour, wenn ihr Georg in das nach dem elendsten aller Wahlsysteme (Bismarcks Wort) zusammengestellte Parlament einziehen würde, denn er habe dann eine Aufgabe für seine große Kampfeslust und sei infolgedessen zu Hause recht zutunlich. Sein ganzes Wesen war für mich als jungen Menschen

221 Vgl. Rolf Ziegenbein, Rosa Luxemburg – Chefredakteurin in Dresden, in: „Neustadt – das ist der radikale Teil", Leipzig 2018, S. 28 ff.

222 Rosa Luxemburg, Brief an August Bebel, 7. 11. 1898, in: GB 1, S. 212 f., Zit. S. 213.

223 Dies., Brief an Leo Jogiches, 24. 6. 1898, in: Ebd., S. 161. Dort schrieb sie, dass Parvus, damals noch Schriftleiter der SAZ, nach Berlin kommen solle, um sie u. a. mit Ledebour bekannt zu machen. In einem Brief an Jogiches v. 24. 9. 1898 bezeichnete sie Ledebour als „Wetterfahne", aber Schippel als „Opportunist" und Gradnauer als „ein Nichts", in: GB 1, S. 205.

224 Ratz, S. 39.

eine Verkörperung des Dichterwortes: ‚Ich bin das Schwert, ich bin die Flamme' (Heinrich Heine)."[225]

Doch war es nicht das Preußische Abgeordnetenhaus, für das sich Ledebour bewarb, sondern der Deutsche Reichstag. Hierbei kam ihm seine Funktion als verantwortlicher Redakteur der SAZ in Dresden insofern zu Hilfe, als er dadurch bekannter wurde und Netzwerke knüpfen konnte. Es bewährte sich der „gute Draht" zur Familie Liebknecht. Als Karl Liebknecht 1900 seine politischen Aktivitäten aufnahm, unterstützte ihn Ledebour, indem er in der SAZ seine Artikel unterbrachte und ihm Tipps zum Abfassen von Beiträgen gab. „Auch den späteren Parteiarchivar Max Grunwald beriet er beim Schreiben von Artikeln. Jeder Artikel müsse ein geschlossenes Ganzes sein und so wenig Zahlen wie möglich, keine Bandwurmsätze und nicht so viele Fußnoten enthalten, erklärte er. Andere junge Sozialdemokraten empfanden seine Ratschläge offensichtlich als Schulmeisterei, denn am 4. März 1900 schrieb Ledebour an Max Grunwald: ‚Leider sind die jungen Kräfte in unserer Partei sehr selten von solcher Lernwilligkeit', wobei er auf Auseinandersetzungen in der Redaktion der SAZ mit den jungen Redakteuren Konrad Haenisch und Emil Eichhorn hinwies."[226]

Rosa Luxemburg hatte Ledebour schon 1898 kennengelernt, als er ihr auf den Posten der Schriftleitung der SAZ folgte. Sie schrieb an Leo Jogiches, ihren Lebensgefährten, während des Zeitraums ihrer Kündigung und Ledebours Arbeitsbeginns, dass Ledebour sie besucht habe, als er nach Dresden umzog: „Wir sind eng befreundet. Er bittet unbedingt um einen Leitartikel mit Unterschrift. Er hat mich zum Mittagessen eingeladen, dem ich durch eine Ausrede entgehen konnte. Wir plauderten sehr viel de omnibus rebus.[227] Nebenbei berichtete sie Jogiches über ein Ereignis, das sie einen komischen Vorfall nannte. Ledebour habe in der Redaktion der SAZ noch lange an einem Artikel gearbeitet und sei von seinen Kollegen nicht bemerkt worden, sodass sie Redaktionsräume ab- und Ledebour einschlossen. Ledebour stieg mit seinem Koffer aus dem Fenster hinaus, wurde von einer Frau bemerkt, die die Polizei verständigte, die ihn nach einer halben Stunde als Dieb festnahm.[228] Rosa Luxemburg wertete für die SAZ in der Rubrik „Wirtschaftliche und sozialpolitische Rundschau" vor allem neue ökonomische Tendenzen, technische Neuerungen mit Aussagekraft über

225 Otto Krille, Georg Ledebour 96jährig am 7. März 1946, in: Volksrecht, 7. März 1946, Restnachlass GL.

226 Keller, S. 22.

227 Luxemburg an Jogiches, 7.11.1898, in: GB 1, S. 222 f. *De omnibus rebus* bedeutet hier wohl über alles Wissenswerte.

228 Ebd., S. 223.

die kapitalistische Entwicklung aus und widmete sich der Sozialpolitik im Kontext von Sozialreform und Klassenkampf.[229] Hierzu bot Ledebour ihr Geld für den Erwerb von Abonnements an.[230]

Vorschusslorbeeren waren ihm nicht vorausgeeilt. So mutmaßte Franz Mehring wegen seiner persönlichen Erfahrungen mit Ledebour, „dass er höchstens bis Weihnachten in Dresden aushalten wird, weil er 1. angeblich ein so sagenhafter Faulpelz ist, dass er bald anfangen wird, erst um 10 und um 12 Uhr in die Redaktion zu kommen, 2. so streitsüchtig ist, dass er absolut mit niemandem mehrere Wochen auskommen kann, 3. theoretisch ein völliger Ignorant ist und eine Zeitung nicht leiten kann."[231] Doch hielt er es erheblich länger in dieser Funktion aus, sah sich jedoch den gleichen Problemen der Zusammenarbeit ausgesetzt wie vor ihm Rosa Luxemburg, die auch im Frühjahr 1899 schrieb, sie stünden „auf denkbar bestem Fuß". Allerdings hatte Ledebour ihr berichtet, dass es mit Emil Eichhorn zu Reibereien hinter den Kulissen kam, die jenen ähnelten, die Rosa Luxemburg zur Kündigung als Schriftleiterin der SAZ brachten: „Die gesamte Pressekommission […] ist jetzt gegen die Redaktion und hält zu Gradnauer, der dort unaufhörlich intrigiert."[232] Den Bemerkungen Rosa Luxemburgs in ihren Briefen kann man entnehmen, wie schwierig es mitunter für Ledebour bzw. für die jeweilige Schriftleitung gewesen sein muss, mit den Eitelkeiten der Autoren, z. B. Parvus oder Georgi Plechanow, zurecht zu kommen. Ledebour legte großen Wert auf die Lesbarkeit und den Praxisbezug der Beiträge und lobte Rosa Luxemburg dafür, während er Kautsky oder Plechanow als Beispiele für zu große Gelehrsamkeit und mangelnde Lesbarkeit nannte.[233] Diplomatie galt es auch in Richtung Eduard Bernsteins zu wahren, denn trotz der erkennbaren Differenzen während der Revisionismusdebatte sorgten Rosa Luxemburg und Ledebour dafür, dass die SAZ Bernstein weiter zugestellt würde, nachdem er – versehentlich oder nicht – aus der Abonnentenkartei gestrichen worden war.[234]

Am 2. März 1900 druckte der „Vorwärts" die Ausschreibung der Stelle des 1. Redakteurs bei der SAZ ab. Am Folgetag veröffentlichte das SPD-Zentralblatt eine kurze erläuternde Meldung, in der zu lesen stand, dass die Stelle des leitenden Redakteurs, bisher von Ledebour besetzt, nunmehr frei geworden sei und auch Emil Eichhorns Stelle mit Wirkung vom 1. 4. 1900 neu zu besetzen

229 Laschitza, Im Lebensrausch, S. 109 f.

230 Luxemburg an Jogiches, 8. 12. 1898, in: GB 1, S. 224 f.

231 Dies. an Jogiches, 3. 12. 1898, in: Ebd., S. 221.

232 Dies. an Jogiches, 30. 4. 1899, in: Ebd., S. 320.

233 Ebd.

234 Dies. an Eduard Bernstein, 27. 11. 1898, in: Ebd., S. 219.

wäre.[235] Über die Hintergründe lässt sich nichts Exaktes sagen. Womöglich war dieser Schritt die Folge längerer innerredaktioneller bzw. innerparteilicher Konflikte, auch die Rolle Georg Gradnauers als „grauer Eminenz" könnte eine Rolle gespielt haben, ebenso die Meinungskämpfe zwischen der SAZ und der „Leipziger Volkszeitung" und dem „Vorwärts" über die Richtung der Partei.[236] Clara Zetkin jedenfalls bedauerte Ledebours Weggang und schrieb an Kautsky: „Dass Ledebour aus Dresden geht, tut mir sehr leid. Einmal um seiner selbst wegen, es wird ihm bei seiner Schwerfälligkeit, seinem anständigen Charakter, seiner Auffassung und seiner etwas sonderlichen Natur sehr schwer werden, eine Stellung zu finden. Dann aber und vor allem weil ich fürchte, der Posten kann für die schärfere Strömung verloren gehen und einem Opportunisten in die Hände fallen."[237] Es war das Ende seiner journalistischen Laufbahn, die in London als Autor für „Der Gewerkverein" begonnen hatte, über die links- und sozialliberalen „Demokratischen Blätter" die „Volks-Zeitung" erreichte und nach seinem Eintritt in die SPD über den „Vorwärts" zur „Sächsischen Arbeiter-Zeitung" führte. Zwar erreichte er nie die Anerkennung Franz Mehrings, aber dennoch besaß er seinen ganz eigenen Stil, charakterisiert durch einen Hang zur Polemik, durch ein Talent für Wortspiele und Wortneuschöpfungen und durch eine genaue Beobachtungsgabe für Personen und die sie umgebenden Umstände, wie es auch in seinen Zeichnungen aus London deutlich zu erkennen ist. Seine Rezensionen waren bei der Leserschaft des „Vorwärts" beliebt, denn hier konnte er Ironie, Spott und Haarspalterei walten lassen.[238] Doch nun wandte sich Ledebour endgültig dem Vorhaben zu, Reichstagsabgeordneter zu werden.

11. Auf dem Weg in den Reichstag (1898–1900)

Bereits im Herbst 1898 hatte sich Ledebour vergeblich bemüht, in Berlin als Kandidat für den III. Reichstagswahlkreis aufgestellt zu werden. Immer häufiger war er als Redner auf Volksversammlungen der SPD in Erscheinung getreten. So sprach er u.a. am 18.3.1897 über die Bedeutung des 18. März 1848.[239] Ein Jahr

235 Vw, 2.3. u. 3.3.1900.

236 Ratz, S. 40.

237 Clara Zetkin, Brief an Karl Kautsky, 4.3.1900, zit. n. Ratz, S. 40.

238 Ratz, S. 41. Vgl. auch Carl Severing, Lebensweg 1, S. 184. Hier entwickelte Ledebour aus dem Namen des konservativen Politikers Graf Posadowsky ein Wortspiel, von dem Severing schrieb, es sei nicht gerade schmeichelhaft für diesen gewesen, aber Ledebour habe es richtig getroffen.

239 LAB, Nr. 13112, Bl. 315 u. 333.

später besuchten laut Polizeibericht etwa 750 Personen im „Berliner Prater" in der Kastanienallee 7–8 eine öffentliche Versammlung, auf der Ledebour ebenfalls an die 1848er-Revolution erinnerte, die sich 1898 zum 50. Male jährte. Unter anderem habe er dort gesagt, dass rund 100 Barrikaden in Berlin gebaut und vom Volk verzweifelt verteidigt wurden. Man sage zwar, dass das Militär gesiegt habe, das Volk aber sei als Sieger hervorgegangen.[240] Am 23. 8. 1898 wiederum trat er neben Wolfgang Heine und Leo Arons vor rund 1000 Personen im „Feenpalast" auf und sprach über die vergangenen Reichstags- und bevorstehenden Landtagswahlen, für die er bekanntlich die konsequente Wahlenthaltung empfahl und eine entsprechende Resolution durchsetzte.[241]

Doch besaß Ledebour nicht die Hausmacht in der Partei, um sich gegen Wolfgang Heine, seinen Kontrahenten in der Revisionismusdebatte, durchsetzen zu können. Insbesondere Ignaz Auer, der im Auftrag des Parteivorstandes die Kandidatenauswahl und -abstimmung organisierte, nutzte offenbar seine Netzwerke und Möglichkeiten, Heine zu unterstützen und Ledebour zu verhindern, obwohl Heine wegen seiner „Kompensationsthese" im Wahlverein Kritik einstecken musste.[242] Nach einigen von Auer vermittelten Gesprächen zwischen Heine und Funktionären der Wahlkreisorganisation übte sich Heine in verbaler Zurückhaltung hinsichtlich der strittigen Fragen des Militärbudgets und der Parteitaktik und bekräftigte die geltende Beschlusslage der SPD. Doch die Unruhe blieb bestehen, sodass sich Wilhelm Börner und Georg Ledebour am 10. 2. 1898 ebenfalls zur Wahl stellten. Doch 307 Stimmen für Heine waren ein klares Votum, Börner mit 73 und Ledebour mit 40 Stimmen blieben abgeschlagen.[243] Bei der Reichstagswahl am 16. 6. 1898 gewann Heine zwar die meisten Stimmen, musste aber in die Stichwahl, die er erfolgreich für sich entschied.[244]

Gleichwohl engagierte sich Ledebour im sozialdemokratischen Wahlkampf, der ihn auch nach Sachsen führte. Dort hielt er an fünf Tagen sechs Wahlveranstaltungen ab, bei denen er jedes Mal 1 ½ bis 2 Stunden zum Publikum sprach. Nachdem er in Zwickau und in Haara (an der Zwickauer Mulde) zwei solcher Veranstaltungen an einem Tag absolviert hatte, klappte er nach eigenen Worten vollständig zusammen. Nach wenigen Tagen Erholung begann der Einsatz von Neuem, und zwar zunächst in Rixdorf, um dann wieder seine Fortsetzung in

240 Ebd., Nr. 14922, Bl. 171, 19. 3. 1898.

241 Ebd., Bl. 257–260 v. 24. 8. 1898.

242 Keller, S. 21, schrieb hier von Auers „Machenschaften hinter den Kulissen", was aber eher parteiideologisch der seinerzeitigen SED-Polemik entsprechen dürfte.

243 Rev. Berl. Arbeiterbewegung 1, S. 403.

244 Bernstein, Berl. Arbeiterbewegung 3, S. 198.

Thüringen und Sachsen zu finden. Als Nicht-„Parteibeamter" rechnete er seine Fahrtkosten ab und erhielt für jeden Vortrag 20 Mark, da er ansonsten kein festes Gehalt bezog.[245] Doch schien sein Einsatz in Sachsen die dortigen Sozialdemokraten so beeindruckt zu haben, dass sie ihn später mit Erfolg für die Redaktion der SAZ zu gewinnen suchten.

Wilhelm Liebknecht, mit August Bebel der Parteigründer der SDAP 1869 und mit dem Gothaer Vereinigungsparteitag von 1875 Gründungs-Vorsitzender der SAPD, hatte den Reichstagswahlkreis Berlin VI am 30.8.1888 in der Nachwahl für den schwer erkrankten Parteiveteranen Wilhelm Hasenclever (1837–1889) gewonnen. Dieser hatte erstmals 1877 das Reichstagsmandat für die SPD mit 50,1 % der Stimmen errungen. 1878, 1881 und 1884 errang er das Mandat für den Wahlkreis Breslau 6.[246] Doch schon 1884 siegte Hasenclever erneut in Berlin VI, diesmal mit 47,5 % der Stimmen (24 258 Stimmen), legte das Mandat aber zugunsten von Breslau 6 nieder. 1887 verteidigte er den Wahlkreis erfolgreich, hier mit 51,5 % bzw. 30 453 Stimmen.[247] Von 1884–1887 vertrat Wilhelm Pfannkuch Berlin VI im Reichstag.[248] 1878 und 1881 war der Wahlkreis an den Freisinn gefallen.[249] Nach dem Rücktritt Hasenclevers, der am 3.7.1889 in Schöneberg verstarb, trat Wilhelm Liebknecht erstmals an und konnte mit 62,4 % bzw. 26 067 Stimmen das Wahlkreismandat übernehmen. Am 20.2.1890 erhielt er bei der Reichstagswahl, die schon im Zeichen des Auslaufens des „Sozialistengesetzes" stand, 42 274 Stimmen, entsprechend 62,6 %. Da der Stadtbezirk Wedding im Zentrum des Wahlkreises lag, sprach man bald schon vom „roten Wedding". Auch das sozial ebenso typische Moabit gehörte zu diesem von Arbeiterfamilien und „kleinen Leuten" geprägten Wahlkreis, außerdem Gesundbrunnen, die Oranienburger sowie die Rosenthaler Vorstadt.[250]

Am 7.8.1900 starb Wilhelm Liebknecht an den Folgen eines Schlaganfalls. Etwa 150 000 Menschen säumten den Trauerzug zum Friedhof Friedrichsfelde, der heutigen „Gedenkstätte der Sozialisten".[251] Am Ostersonntag 1902 wurde, durch Spenden von Genossen und Arbeitern finanziert, ein Grabmal für Liebknecht in Friedrichsfelde eingeweiht; Ledebour hielt die Gedächtnisrede.[252] Wer

245 Vgl. Keller, S. 21 f.
246 Fricke, Handbuch 2, S. 753.
247 Schimmler, S. 17.
248 Fricke, Handbuch 2, S. 754.
249 Sozialdemokratischer Wahlverein für den 6. Berliner Reichstagswahlkreis, S. 47 ff.
250 Vgl. https://de.wikipedia.org/wiki/Liste_der_Reichstagswahlkreise_des_Deutschen_Kaiserreichs#Berlin.
251 Tschubinski, S. 329 f.
252 Laschitza, Liebknechts, S. 68.

auf Wilhelm Liebknecht folgte, trat ein großes politisches Erbe an. Georg Ledebour entschloss sich, es zu versuchen.

Der sozialdemokratische Wahlverein für den 6. Berliner Reichstagswahlkreis hatte ursprünglich am 28. 2. 1889 im Weddingpark, Müllerstraße 178, gegründet werden sollen, jedoch wurde die Veranstaltung polizeilich verboten. Auch der zweite Versuch zur Gründung wurde polizeilich unterbunden und dies „allgemein als ein Racheakt der Polizei aufgefasst".[253] Erst als die Gründungskommission, der auch der später enttarnte Spitzel Reinicke angehörte, die Statuten und eine Mitgliederliste eingereicht hatte, konnte die offizielle Gründung vollzogen werden. Wie schwierig die legale politische Betätigung unter den Bedingungen des „Sozialistengesetzes" war, verdeutlicht die Tatsache, dass von den „sieben Versammlungen, die der Wahlverein im ersten Quartal seines Bestehens einberief, [...] drei nicht genehmigt [wurden] und von den vier genehmigten [...] zwei aufgelöst [wurden]".[254] Am 29. November 1895 verfügte der Berliner Polizeipräsident von Windheim im Zuge des sog. „Köller-Coups", also des Versuchs einer strafrechtlichen Verfolgung der Sozialdemokratie in Preußen nach dem Ende des „Sozialistengesetzes", die Schließung der sechs Wahlvereine der SPD und mehrerer ihrer Kommissionen sowie des Parteivorstands der SPD, da sich diese aktiv und gefährdend des Missbrauchs des Versammlungs- und Vereinsrechtsrechtes in Preußen schuldig gemacht hätten.[255] Die SPD klagte erfolgreich gegen diese Schikanierungen und erwirkte im März 1897 die Rücknahme der Vereinsschließungen.[256] Während dieser Periode des faktischen Parteiverbots in Preußen übernahm die Corpora die politische Leitung. Wie auch im 4. Reichstagswahlkreis galt für den 6. die Devise, dass er zum „eisernen Besitzstand der Sozialdemokratie" gehöre, also für die SPD eine feste Größe darstellte.[257]

Ledebour wird sich nach seiner gescheiterten Kandidatur von 1898 frühzeitig darauf eingestellt haben, einen neuen Versuch zu wagen, denn bereits im Frühjahr 1900 hatte er sich bereit erklärt, 1903 in Halberstadt zu kandidieren. Doch der plötzliche Tod Wilhelm Liebknechts und die Anfrage, ob er als Kandidat zur Nachwahl antreten wolle, veränderten die Perspektiven rasch und nachhaltig.[258] Dabei mag ihm hier seine gute Bekanntschaft mit der Familie Liebknecht zur Hilfe gekommen sein.

253 Sozialdemokratischer Wahlverein, S. 17.

254 Ebd., S. 18.

255 Bernstein, Berl. Arbeiterbewegung 3, S. 81.

256 Rev. Berl. Arbeiterbewegung 1, S. 387 f.

257 Bernstein, Berl. Arbeiterbewegung 3, S. 198 ff.

258 Ratz, S. 67.

12. Der Wahlkämpfer (September/Oktober 1900)

Am 26.9.1900 luden die Mitglieder der Sozialdemokratie des Reichstagswahlkreises Berlin VI zu einer Versammlung ins Weddinger Lokal „Eiskeller" ein, um nach dem Tod Wilhelm Liebknechts seinen Nachfolger für das Mandat im Deutschen Reichstag zu wählen. „Das Versammlungslokal war schon lange vor 8 Uhr polizeilich abgesperrt. Mehr als 1000 Personen, die keinen Einlass mehr fanden, standen auf der Straße, während der große Saal von einer dichtgedrängten Menschenmenge, deren Zahl gegen 4000 betragen mochte, gefüllt war. Den Vorsitz führte Eugen Ernst."[259] Ein Versuch, die Abstimmung über die Kandidatenfrage „dem engeren Kreis" zu entreißen und dem Wahlverein selbst zu übertragen, wurde per Abstimmung „fast einstimmig abgelehnt". Womöglich sollte so die Kandidatur Ledebours noch verhindert oder verzögert werden. Auf jeden Fall machten sich die Anhänger der Verlagerung der innerparteilichen Demokratie auf die Wahlvereine Luft. Ledebour selbst war ja ein Anhänger von Versammlungsdemokratie, wobei ihm sein rednerisches Talent in die Hände spielte. Ihm wurde sofort das Wort erteilt, und er nutzte die Gelegenheit, sich direkt in die Tradition des Verstorbenen zu stellen, „den der Tod so jäh aus unserer Mitte gerissen hat: unser alter Vorkämpfer Wilhelm Liebknecht. Wir werden seiner gedenken, solange die Sozialdemokratie ihren Kampf gegen Unterdrückung und Ausbeutung führt. (Beifall.) Einen Mann wie Liebknecht ehrt man nicht durch Trauer, sondern man ehrt ihn, indem man den frischen, fröhlichen Kampf, in dem er uns geführt hat, in seinem Geist unerschrocken weiterkämpft. (Bravo!)."[260] In seiner vom „Vorwärts" ausführlich wiedergegebenen Rede nahm er zu wichtigen politischen Fragen Stellung, die die Zeit und die Wähler der SPD bewegten: Die Wirtschaft war in eine Krise geraten und die Lebensmittel verteuerten sich für die „kleinen Leute" spürbar. Die offizielle Politik suche einmal wieder die Ablenkung in der Außenpolitik, und so warnte Ledebour angesichts des 2. Burenkrieges und der europäischen Strafexpedition gegen China mitsamt der äußerst brutalen Niederschlagung des „Boxeraufstandes" im Juli 1900 vor einer Krise, wie sie die Welt noch nie gesehen habe. Die Ursachen der Krisen lägen in der Tendenz des Kapitalismus zur Überproduktion, bedingt durch die Ausbeutung der Arbeiter durch den von ihnen erpressten Mehrwert, fuhr er fort. Besonders das deutsche brutale Vorgehen geißelte er und beschrieb es als Mischung aus Operettentum und Absolutismus; allein die Sozialdemokratie verurteile glaubwürdig

259 Vw, 28.9.1900, S. 9.

260 Ebd.

die Kolonialpolitik, die überall ein kapitalistischer Raubzug sei, gleich ob in Südafrika oder China.[261]

Ferner zeichnete Ledebour das Bild eines unschlüssigen, gespaltenen Bürgertums, dem eine kampfentschlossene Arbeiterschaft und eine einige Sozialdemokratie gegenübertrete. Mit flammenden Worten rief er zur Geschlossenheit auf: „Wir sind eine jugendfrische, in stetiger Fortentwicklung begriffene Partei. Jeder von uns ist durchglüht von Kampfesmut. Mögen wir auch noch so oft Meinungsverschiedenheiten unter uns haben: wenn es zum Kampfe mit dem Gegner geht, dann stehen wir alle zusammen unter dem *einen* roten Banner, *ein* Heer mit *einem* Kampfruf, *einem* Ziel. Unser Endziel, die Aufhebung des Kapitalismus und Errichtung der sozialistischen Gesellschaft ist das notwendige Ergebnis der wirtschaftlichen Entwicklung. Dies Bewusstsein gibt uns die frohe Siegeszuversicht, um die uns die bürgerlichen Parteien beneiden. Lassen Sie sich auch in dem bevorstehenden Wahlkampf von diesem Bewusstsein durchdringen, dann wird der Sieg nicht ausblieben. (Stürmischer Beifall.)“[262] Nun wurde Ledebour offiziell vom gesamten Funktionärskörper der Wahlkreisorganisation vorgeschlagen. Von einer kleinen Minderheit wurde Ledebour dennoch abgelehnt. Als Alternativkandidaten wurden Theodor Metzner, Leo Arons, Dr. Friedeberg und Theodor Bömelburg (Hamburg) vorgeschlagen. Des Weiteren wurde eingewendet, die nun Vorgeschlagenen müssten doch eigentlich befragt werden, somit sei das Prozedere zu verschieben. Gegen Ledebour wurde vorgebracht, dass es bereits genügend Akademiker gäbe, hier wäre ein Gewerkschafter wie Bömelburg richtig am Platze. Ledebour selbst erklärte, seine Zustimmung zur Kandidatur in Halberstadt zurückgezogen zu haben. Nachdem für einen Debattenschluss abgestimmt wurde, schritten die Anwesenden zur Wahl. Gegen ca. 20 Stimmen wurde Georg Ledebour zum Kandidaten der SPD für die Nachwahl im Reichstagswahlkreis Berlin VI nominiert. Der Bericht des „Vorwärts“ vermerkte „Lebhafte Bravorufe und anhaltendes Händeklatschen“. Ledebour bedankte sich seinerseits für das Vertrauen, ging auf seine unterlegenen Kontrahenten zu und rief die Parteiorganisation auf, so zu kämpfen, als wenn es gelte, den Kreis zu erobern. Jede Stimme für die Sozialdemokratie sei seine Stimme des Protests gegen die herrschende Weltpolitik und gegen das herrschende System, fügte er hinzu.[263] Durch seine

261 Ebd.

262 Ebd.

263 Ebd. Ratz, S. 68f. schrieb, es sei bei der Kandidatenaufstellung zu tumultartigen Szenen gekommen. Dies geht aus dem Vorwärts-Bericht keinesfalls hervor, den die Autorin überdies falsch datiert hat. Es handelte sich bestenfalls um eine lautstarke, aber verschwindend kleine Minderheit.

Kandidatenrede hatte sich Ledebour endgültig als zugehörig zur Position des offiziellen Parteimarxismus erklärt, repräsentiert vor allem durch Bebel und Kautsky. Seine rednerischen Fähigkeiten hatte er einmal mehr unter Beweis gestellt, sodass er die Anwesenden offensichtlich mitzureißen wusste. Nun blieben noch fünf Wochen bis zum Wahltermin. In diesem Zeitraum galt es zu beweisen, dass sich der Kandidat Ledebour nicht allein ins vom alten Liebknecht, seiner politischen Orientierungsfigur, gemachte Nest gesetzt hatte, sondern mit einem Achtungsergebnis aufwarten würde, das auch seine innerparteilichen Kritiker respektieren müssten.

Gleich drei Wahlversammlungen fanden am 2. 10. 1900 statt. Im „Gesellschaftshaus" in Alt-Moabit trat Ledebour selbst als Redner auf.[264] Hier sprach er über die imperiale Weltpolitik, den Arbeiterschutz und die Folgen der Wirtschaftskrise für die Arbeiterschaft. Dass er nicht unumstritten als Kandidat geblieben war, zeigte seine Aufforderung, sich stärker an der Flugblattverteilung zu beteiligen; offenbar reagierten die Gegner seiner Kandidatur mit einer mangelnden Unterstützung. Auf den anderen beiden Veranstaltungen sprachen Heinrich Ströbel im „Berliner Prater" und Eduard Bernstein in den „Borussia-Sälen", der „in warmen Worten" dazu aufforderte, für Ledebour einzutreten.[265] Auf einer weiteren Veranstaltung am 4. 10. 1900 in „Weimanns Volksgarten" im Gesundbrunnen rechnete Ledebour mit den Freisinnigen und dem Zentrum angesichts deren unentschlossener Haltung in Sachen Weltpolitik ab und forderte die Wähler zur Stimmabgabe als Protest gegen die deutsche Chinapolitik auf.[266] Auf drei Großveranstaltungen am 11. 10. warben Ledebour, Wilhelm Pfannkuch und Karl Liebknecht für die Wahl der Sozialdemokratie und ihres Kandidaten. Über seinen Auftritt in „Paulmanns Baudeville-Theater" berichtete der „Vorwärts" von „einer aus Tausenden bestehenden Zuhörerschaft"; Pfannkuch referierte im Moabiter „Gesellschaftshaus" vor 1200 Personen, auch Liebknechts Veranstaltung im „Feldschlößchen" war „sehr gut besucht".[267]

Auf die Stimmen der freisinnigen Wähler konnte Ledebour natürlich nicht zählen. Wie der „Vorwärts" meldete, verzichtete der Freisinn auf eine eigene Kandidatur zur Nachwahl und empfahl die Stimmenthaltung. Die Begründung lautete, „Herr Ledebour könne keinem freisinnigen Manne sympathisch sein"; er

264 Vw, 4. 10. 1900, S. 5.
265 Ebd.
266 Vw, 6. 10. 1900, S. 4.
267 Vw, 13. 10. 1900, S. 4.

sei ein „Renegat".[268] Der „Vorwärts" rechnete dem Freisinn vor, wie viele Wähler dieser seit den Wahlerfolgen Hasenclevers und Liebknechts eingebüßt habe, und schloss daraus, dass die absehbare Chancenlosigkeit den Wahlverzicht des Freisinns hervorgerufen habe. Am 20. 10. 1900 mobilisierte das Blatt mit einer hervorgehobenen Kopfzeile für die Wahl Ledebours: „Gegen den Brotwucher, gegen die von den Agrariern geplante Volksaushungerung, gilt es bei der am 30. Oktober im 6. Wahlkreise stattfindenden Reichstagswahl zu protestieren. Parteigenossen, sorgt daher in rühriger Agitation dafür, dass unser Kandidat Georg Ledebour mit erdrückender Stimmenmehrheit gewählt werde!"[269] Ganz sicher sollte dieser Mobilisierungsaufruf die Aktivitäten für die Wahl Ledebours auch deshalb ankurbeln, weil eine erneute Stimmensteigerung nach der Wahl Liebknechts 1898 eher fraglich war. Überdies konnte nur ein respektables Ergebnis Ledebours auch die Kritiker seiner Kandidatur, die ja auch Vorbehalte gegen einen „Akademiker" geltend gemacht hatten, überzeugen. So fanden auch am 18. 10. 1900 drei weitere Wahlveranstaltungen statt, auf denen neben dem Kandidaten selbst noch Max Schippel und Franz Tutzauer sprachen.[270]

Nach Eduard Bernstein trat mit Max Schippel ein weiterer „Revisionist" auf, mit dem sich Ledebour noch vor Jahresfrist heftige Auseinandersetzungen geliefert hatte – sicher ein Beleg dafür, wie ernst die Partei diese Nachwahl nahm und einen Prestigeverlust zu vermeiden versuchte. Dies kam in dem Bericht über die Veranstaltung mit Schippel im „Swinemünder Gesellschaftshaus" zum Ausdruck, denn dieser hatte betont: „Diese Wahl ist für uns keine gewöhnliche Nachwahl. Sie soll vielmehr zu einem schallenden Protest gegen die gesamte Reaktion werden. Indem wir überall für unseren Kandidaten Ledebour eintreten und die möglichst große Stimmenzahl auf ihn vereinigen, bereiten wir unserem verstorbenen Liebknecht die beste Ehrung." Damit wurden der Protestcharakter des Wahlgangs, die Einheit der Partei und das Andenken Wilhelm Liebknechts in die Waagschale zugunsten Ledebours geworfen, für den dadurch die Messlatte recht hoch gelegt wurde. Das Versammlungslokal der Veranstaltung Ledebours, Mündners Saal in der Bergstraße, Oranienburger Vorstadt, war auch hier offenbar bis zum letzten Platz gefüllt. Ledebour beschloss seine mir großem Beifall aufgenommene Ansprache mit dem Aufruf: „Gegen die Hunnenpolitik, gegen den Brotwucher, gegen jede Ausbeutung und Unterdrückung, – für die Ziele der Sozialdemokratie. Zu ihrem Sieg in diesem Kreis und im ganzen Vaterland."[271]

268 Vw, 10. 10. 1900, S. 9.
269 Vw, 20. 10. 1900, S. 5.
270 Ebd.
271 Ebd.

Den Kampagnenhöhepunkt bildete wohl der 23.10.1900 mit gleich fünf Wahlveranstaltungen, denen laut „Vorwärts" „Tausende von Parteigenossen und Genossinnen" beiwohnten. An diesem Tag warben neben Ledebour noch Paul Singer, Fritz Zubeil sowie die beiden Stadtverordneten Hermann Borgmann und Bernhard Bruns für den Wahlsieg der SPD.[272] Am 26.10.1900 rief der „Vorwärts" zusätzlich die Mitglieder aus den anderen Wahlkreisen zur Mobilisierung auf, vermutlich sowohl ein Zeichen der Entschlossenheit und gleichzeitig der Unsicherheit, ob Ledebour das erhoffte Ergebnis erzielen könne.[273] Auch in den Folgetagen bis zum Wahltermin wurde eifrig mobilisiert.

Am 30.10.1900, dem Tag der Nachwahl, konnte die SPD nicht unzufrieden sein. Auf Georg Ledebour entfielen 53 895 Stimmen, das waren zwar knapp 5000 Stimmen weniger als für Liebknecht 1898 (58 778), aber über 2300 Stimmen mehr, als dieser noch 1893 auf sich vereinigen konnte. Konservative und Zentrum verloren je ein Drittel ihrer Stimmen, der Freisinn war nicht angetreten.[274] Gerade diese Umstände hätten zum Problem für Ledebour werden können: Da von vornherein klar zu sein schien, dass die SPD gewinnen würde, wäre ein deutlicher Stimmenverlust für Ledebour eine persönliche Niederlage geworden – vor allem innerparteilich. Mit diesem Ergebnis konnten die Partei und ihr Kandidat zufrieden sein, wiewohl der betriebene Aufwand darauf hinwies, dass das Charisma Ledebours erwartungsgemäß noch nicht an die Zugkraft Wilhelm Liebknechts heranlangte. Doch ein Achtungserfolg, der seine Stellung in der Partei festigte, war das Ergebnis allemal. So lasen die Leserinnen und Leser des „Vorwärts" am 31.10.1900 auf der Titelseite: „Eine Hochburg. Die Socialdemokratie des sechsten Berliner Reichstags-Wahlkreises hat sich und der Partei einen neuen Ehrentag erfochten. Der Wahlkreis Wilhelm Liebknechts hat im Geiste Liebknechts die Wahlschlacht geschlagen und mit gewaltiger Wucht von 53 896 Stimmen weithin wirkenden Protest gegen alle Schändlichkeiten und alle Unsauberkeiten der gegenwärtigen Zustände erhoben."[275] Julius Motteler, der alte Parteiveteran und als der „Rote Feldpostmeister" der Organisator des illegalen Vertriebs des „Sozialdemokrat" aus der Schweiz und dann von London aus während des „Sozialistengesetzes", verlieh seiner Freude über Ledebours Wahl in den Reichstag beredten Ausdruck: „Ledebour schlug sich trefflich und machte Soldats [W. Liebknecht] Vertrauen auf ihn volle Ehre […] Ich teile Soldats gute

272 Vw, 25.10.1900, S. 9.

273 Vw, 26.10.1900, S. 5.

274 Bernstein, Berl. Arbeiterbewegung 3, S. 200. Der Generalanzeiger für Dortmund und die Provinz Westfalen (GAD), 31.10.1900, meldete 53 896 Stimmen.

275 Vw, 31.10.1900, S. 1.

Meinung von seinem Nachfolger – nach der Schilderung, die mir mündlich von Sld. [mitgeteilt] geworden ist.“[276]

In der Tat war Ledebour nun in der Berliner Sozialdemokratie endgültig zu einer festen Größe geworden und hatte Verantwortung als Reichstagsabgeordneter eines von der Arbeiterklasse geprägten Wahlkreises im Reichstag übernommen. Nach neun Jahren, in denen er sich als freier Schriftsteller, Redakteur und Schriftleiter und als Referent an der Arbeiterbildungsschule, als freier Autor und als Redner mit einem materiell bescheidenen Leben mit eher unstetigen Planungsmöglichkeiten begnügen musste, trat durch das Mandat im Reichstag mehr Aufgabensicherheit in sein Leben. Doch blieb die finanzielle Absicherung der Abgeordnetentätigkeit zunächst Privatsache bzw. wurde von der Sozialdemokratie über die Beschäftigung als Redakteur etc. übernommen. Erst 1906 trat ein Gesetz in Kraft, das den Reichstagsmitgliedern eine jährliche Aufwandsentschädigung von 3000 Mark steuerfrei gewährte.[277] Doch band der Gesetzgeber diese Zahlung an die Anwesenheit des Parlamentariers, denn pro Fernbleiben erfolgte ein Abzug von 20 Mark.[278] Ledebour nahm keine redaktionelle Anstellung mehr an und arbeitete von nun an „hauptamtlich“, was nichts anderes hieß als von der Partei besoldet zu werden, und zwar mit einem Sitzungsgeld von 3 Mark pro Sitzung plus einem Tagegeld von 9 Mark pro Sitzung.[279]

276 Zit. n. Keller, S. 26. Zu Julius Motteler (1838–1907) s. Biographisches Lexikon (GdA), S. 335 f.

277 Das entsprach ungefähr dem Einkommen eines Parteisekretärs oder -redakteurs analog zu mittleren Angestellten und Beamten, somit gleichermaßen weit entfernt vom etwa die Hälfte ausmachenden Facharbeiterlohn und in die andere Richtung etwa das Doppelte betragender Akademikerbesoldung.

278 Deutscher Bundestag, Wissenschaftliche Dienste: Das Diätenrecht des Reichstages (1871–1918) und der Weimarer Nationalversammlung, in: https://www.bundestag.de/resource/blob/413332/3ab719bf37bfe3d44488c84bfe6bdb56/WD-1-254-08-pdf-data.pdf.

279 Fricke, Handbuch 2, S. 747.

III. VOM PARLAMENTARIER ZUM RADIKALEN SOZIALISTEN (1900–1914)

1. Der wortgewaltige Parlamentarier

Als Georg Ledebour durch die Nachwahl im Liebknecht-Wahlkreis Berlin VI sein Reichstagsmandat erlangte, waren die neuerlichen personellen Weichenstellungen in der deutschen Politik eben erst vollzogen. Im Oktober 1900 ernannte Kaiser Wilhelm II. den Berufsdiplomaten, vormaligen preußischen Außenminister und Staatssekretär des Auswärtigen Amtes im Deutschen Reich, Bernhard von Bülow, zum Reichskanzler und preußischen Ministerpräsidenten. Damit verband sich durchaus die Erwartung, der Kaiser werde nun noch stärker zum Mittel des „persönlichen Regiments" greifen, galt doch von Bülow als sein politischer Intimus. Von Bülow stützte sich auf eine neue parlamentarische Mehrheit, denn neben den Nationalliberalen und den beiden konservativen Fraktionen schloss sich die katholische Zentrumspartei der Mehrheit an. Insbesondere die sozialpolitischen Maßnahmen wie der Ausbau der Unfall- und Krankenversicherung, das Verbot der Kinderarbeit in der Heimindustrie und die Förderung des Wohnungsbaus für Arbeiterwohnungen, verantwortet von Staatssekretär Graf Posadowsky-Wehner, ließen das Zentrum stärker an die Regierung heranrücken.[1]

Gleichzeitig blickte die Sozialdemokratie zum Zeitpunkt der Jahrhundertwende auf eine rasante Erfolgsgeschichte zurück, die ihresgleichen suchte. Noch 1863 und 1869 in Leipzig und Eisenach als Gründung zweier konkurrierender sozialistischer Kleinparteien angetreten, die großen Ziele der Freiheit, der Gerechtigkeit und der später Solidarität genannten Brüderlichkeit zu erstreben, hatten sich ADAV und SDAP in Gotha 1875 zur SAPD vereinigt. 1878 durch Bismarcks „Sozialistengesetz" zwölf Jahre lang politisch unterdrückt, war die SPD, wie sie seit dem Parteitag von Halle 1890 hieß, zu einer schlagkräftigen, mit den Gewerkschaften verbundenen Massenpartei geworden. Die Anzahl ihrer Reichstagsmandate hatte sich von 2 (1871) auf 10 (1877) gesteigert, um während des „Sozialistengesetzes" auf minimal 11 (1887), maximal 24 (1884) zu wachsen. 1890 stellte die SPD bereits 35, im Jahr 1893 sogar 44 Abgeordnete. Als 1898 der

1 Winkler, S. 296 f.

Reichstag erneut gewählt wurde, gewann die Partei 56 Mandate.[2] August Bebel schrieb 1900 in seinem berühmten Kalendertext „Die Aufgaben des 20. Jahrhunderts" der Parteiseele aus dem Herzen, als er das kommende 20. Jahrhundert als das des Sieges der Arbeiterbewegung und des demokratischen Sozialismus heraufziehen sah: „Die Voraussetzung zum Siege der sozialistischen Bewegung ist nicht die Zahl der Fäuste, sondern die Zahl der klaren Köpfe, der starken Willen. Liefert auf der einen Seite die gesellschaftliche Entwicklung die Bedingungen und die notwendigen Elemente für den kommenden Sieg des Sozialismus, so ist es auf der anderen Seite die Sache aller derjenigen, die in der Bewegung stehen, durch unausgesetzte, zähe und aufopfernde Aufklärungsarbeit die Elemente zu schulen, durch die allein der Sieg ermöglicht und beschleunigt werden kann. Das neunzehnte Jahrhundert hat alle Vorbedingungen für diesen Kampf und den schließlichen Sieg geschaffen. Aufgabe des zwanzigsten Jahrhunderts ist, zu vollenden, was das neunzehnte Jahrhundert begonnen hat. Die Entwicklung schreitet nicht mehr, sie stürmt nach vorwärts."[3]

Ledebour betrat die parlamentarische Bühne zu einer Zeit, „da in den Parlamenten noch ernsthaft um Weltanschauungsfragen gerungen wurde, da die Sitzungssäle der Parlamente noch Tribünen waren, von denen aus zum Volk oder zu den Völkern gesprochen wurde, da Reden im Parlament – nicht zuletzt durch das Echo, das sie ‚draußen' fanden – die Waagschale politischer Entscheidungen zugunsten der einen oder anderen Seite senken konnten", wie Richard Kleineibst sich erinnerte.[4] Beeindruckt vom englischen Parlamentarismus und selbst ein geübter Redner, musste Ledebour die Abgeordnetentätigkeit als Herausforderung und Belohnung gleichermaßen verstanden haben. War das politische Gewicht des Reichstags zu jener Zeit noch vom Bundesrat beschränkt, in dem die Fürsten der Bundesstaaten ihre eigene Kammer und die prioritäre Gesetzesinitiative besaßen, konnte dennoch die Sozialdemokratie hier die parlamentarische Debatte zur „Tribüne des Klassenkampfes" umfunktionieren und ihre Positionen und Forderungen laut- und wortstark öffentlichkeitswirksam zum Ausdruck bringen – eine Situation wie geschaffen für ihn. So wies Kleineibst auf den bekannten Ausspruch von Friedrich Engels hin, „dass die Sozialdemokratie sogar unter der eingeschränkten (parlamentarischen)

2 Fricke, Handbuch 2, S. 720.

3 August Bebel, Die Aufgaben des zwanzigsten Jahrhunderts, in: Wolfgang Abendroth u. a. (Hg.), Sozialdemokratie und Sozialismus, Köln 1974, S. 181.

4 Richard Kleineibst, Parlament und Parlamentarier im Wandel der Zeiten, in: Ledebour. Mensch und Kämpfer, S. 34. Kleineibst (1886–1976) gehörte 1931 zu den Gründern der SAP und floh wie Ledebour, Crispien u. a. 1933 vor der NS-Verfolgung in die Schweiz.

Demokratie ‚stramme Muskeln und rote Backen' bekäme".[5] Wilhelm Dittmann knüpfte hieran an, wenn er sich an den Parlamentarier Georg Ledebour erinnerte: „Im Parlament war Ledebour ganz in seinem Element und gehört bald zu den maßgebenden Vertretern der sozialdemokratischen Reichstagsfraktion, besonders in den Fragen der auswärtigen Politik und des Verfassungswesens. Sein umfassendes Allgemeinwissen und seine große Sprachbeherrschung im Verein mit seiner klaren, scharf akzentuierenden Aussprache und einer ausgeprägten rednerischen Begabung verschafften ihm bald den Ruf eines der besten Parlamentsredner."[6]

Seine Reden trug Ledebour von Beginn an mit Selbstsicherheit und Selbstbewusstsein vor, spickte sie häufig mit messerscharfer Polemik und nutzte sie zu Generalabrechnungen mit dem System der Hohenzollern.[7] Dadurch polarisierte er selbstverständlich. Die bürgerlichen Parteien sahen sein Auftreten als Ausfälle und als „Exzesse sozialdemokratischer Kritiksucht", während in der Sozialdemokratie seine Reden mit großer Zustimmung und Begeisterung aufgenommen wurden. Seine Angriffslust entsprach dem Anspruch der Fraktion, „bei allen Gelegenheiten zu zeigen, wie schlecht in Deutschland regiert wird", und Missstände gnadenlos aufzuzeigen.[8] Generell nutzte Ledebour die zur Verfügung stehende Redezeit meistens weitgehend aus und gab stets Kostproben seines Allgemeinwissens und seiner Fähigkeit, aus dem Stegreif zu sprechen. Letzteres anerkannten auch seine politischen Gegner. Seine Reden waren nicht allein an die Arbeiterschaft als Resonanzboden gerichtet, sondern wandten sich häufig an die Parteien des Bürgertums mit der Aufforderung, endlich das Junkertum zu entmachten und ein vollständiges parlamentarisches System durchzusetzen. Die eigene biographische Enttäuschung über das Arrangement des Bürgertums mit der Monarchie fand hier ein probates politisches Ventil und Forum. Die Reden waren so gestaltet, schrieb Kleineibst, „dass es für jeden Menschen, der Sinn hat für guten Stil, für schlagkräftige Formulierungen, für Humor, Witz, Ironie und natürliche Heiterkeit und gute Laune, eine Freude ist, sie zu lesen".[9] Außerdem arbeitete Ledebour in zahlreichen parlamentarischen Kommissionen und Ausschüssen mit. Zu nennen sind die Petitions-Kommission[10], die wichtige Budgetkommission, die Geschäftsordnungskommission, den Seniorenkonvent, die

5 Ebd.

6 Dittmann, Ledebour, in: Ledebour. Mensch und Kämpfer, S. 37.

7 Vgl. Ratz, S. 76.

8 Ebd., S. 76f.

9 Kleineibst, S. 36.

10 Vw, 15.11.1900, S. 2. Neben Ledebour entsandte die Fraktion noch Theodor Schwartz, Friedrich Adolf Thiele und Franz Tutzauer in die Petitions-Kommission.

Zolltarifkommission, die Kommission zur Untersuchung der Landkonzessionen in Südwestafrika, die Kommission zur Ausarbeitung der elsass-lothringischen Verfassungsreform und die Bibliothekskommission.[11] Mitten im Ersten Weltkrieg kam es im Mai 1917 zur Bildung eines Verfassungsausschusses, für den selbstverständlich Georg Ledebour von der USPD benannt wurde. Er, dem die Parlamentarisierung stets am Herzen lag, vertrat nun kurzzeitig mit Hugo Haase, dann mit Arthur Stadthagen deren Fraktion in diesem Ausschuss, in dem es um die überfällige Parlamentarisierung des politischen Systems gehen sollte, für Ledebour eine Herzensangelegenheit.[12]

Ledebours parlamentarisches Wirken kann hier natürlich nicht in aller Vollständigkeit, sondern vor allem exemplarisch rekonstruiert werden. Dabei sollen die Inhalte im Vordergrund stehen, für die er für die Sozialdemokratie als Abgeordneter und Redner auftrat, aber auch die Reden selbst und ihre Gestaltung. Nicht zuletzt muss darauf geschaut werden, wie seine parlamentarische Tätigkeit auf die Partei und ihre Anhängerschaft zurückwirkte.

Sein rhetorisches Talent blieb im Reichstag und in der Öffentlichkeit nicht verborgen. Richard Kleineibst schrieb dazu: „Unter diesen Umständen konnte ein Parlamentarier von ungewöhnlicher rednerischer Begabung, wie sie Georg Ledebour […] eigen war und […] bezeugt ist, von der Parlaments-Tribüne aus viel eher direkten Einfluss auf das politische Geschehen gewinnen und – was vielleicht mehr ist – Fernwirkungen erzielen als das heute der Fall zu sein pflegt. Das gilt um so mehr, wenn die Rednergabe, wie bei Ledebour, gepaart ist mit starkem Verantwortungsbewusstsein, tiefdringender politischer Einsicht und der Fähigkeit zu konstruktivem Denken.“[13] Andere sahen Ledebours Auftreten als Redner kritischer: „Seine Reden waren oft langatmig, weitschweifig und verloren sich in Nebensächlichkeiten, was bisweilen auf Kosten der zu erörternden Sachfragen ging. Besondere Vorliebe zeigte er für historische Exkurse; seine Exempel zur Illustration bestimmter Tatbestände fanden meist freundliche Resonanz bei den Zuhörern.“[14] Anders Wilhelm Dittmann, auf Ledebours parlamentarisches Wirken zurückblickend: „Ledebour hat in den 24 Jahren seiner Zugehörigkeit zum deutschen Reichstag wohl zu den wichtigsten Fragen, die dort verhandelt worden sind, in der einen oder anderen Form Stellung genommen. Seine Reden waren wie aus einem Guss, sie entsprangen einer großen einheitlichen Weltanschauung, dem demokratischen Sozialismus.“[15] Ratz

11 Ratz, S. 77 f.

12 Vgl. Czitrich-Stahl, S. 641–648.

13 Kleineibst, S. 34.

14 Ratz, S. 77.

15 Dittmann, Ledebour, in: Ledebour. Mensch und Kämpfer, S. 48.

tendierte hinsichtlich der Reden Ledebours eher zu einer liberalen und englisch geprägten Einordnung: „Ledebours eigentliche Stärke lag auf dem Gebiet der extemporierten Rede. Hier sprühte er geistreiche Pointen, parierte schnell und treffsicher und verstand es, bald mit Humor, bald mit beißender Ironie rhetorische Glanzlichter aufzustecken. Es ist nur allzu verständlich, dass er auf Grund seiner Befähigung, aus dem Stegreif zu sprechen, der Auffassung huldigte, dass ‚die parlamentarische Rede in der Hauptsache aus einer Kette von Improvisationen' bestehe."[16]

In einer späteren Stellungnahme im „Vorwärts" vom 20.10.1916, als sich die sozialdemokratische Spaltung in der Phase nach der Gründung der „Sozialdemokratischen Arbeitsgemeinschaft" am 24.3.1916 und vor der Gründung der USPD (6.–8.4.1917) befand, ließ Ledebour seine Vorliebe für den englischen Debattenstil und den Charakter eines Parlaments als Debattenparlament erkennen, als er feststellte, dass die großen Reden etwa von August Bebel „ergänzt [wurden] durch lebendige, aus der Situation geborene Wechselreden, die das eigentliche Merkmal parlamentarischer Verhandlungen sind".[17] Dabei führte er auch der Beispiel des britischen Unterhauses an, in dem die Kommissionsarbeit zugunsten der Plenardebatte reduziert wurde, also ein Arbeitsparlament, das vorwiegend in Kommissionen Gesetzesberatungen durchführt, in Grenzen gehalten wurde, und schloss seine Betrachtungen mit dem Fazit: „Ein starker Parlamentarismus hält die Kommissionsverhandlungen kurz, ein schwacher gibt ihnen mehr und mehr Raum und entfremdet sich dadurch seinem Nährboden, der allgemeinen Volksteilnahme, die nur in breitester Öffentlichkeit gedeihen kann."[18] Unschwer kann man sich ihn in jungen Jahren in London, das Unterhaus besuchend, als Zuschauer vorstellen, der beeindruckt war vom Debattenstil im House of Commons, und gleichzeitig als Politiker selbst im Reichstag, der großen Wert darauf legte, dass auch unter den eingeschränkten Bedingungen des deutschen Parlamentarismus so viel wie möglich an Außenwirkung zu erzielen ist. Ledebour war fraglos ein vom britischen Parlamentarismus beeinflusster und durch ihn geschulter Befürworter einer Art Versammlungsdemokratie, die er und viele andere Sozialdemokraten wie Arthur Stadthagen auch, gern und häufig auf sozialdemokratischen Volksversammlungen praktizierten.[19]

16 Ratz, S. 77.

17 G. L., Der Entwicklungsgang des deutschen Parlamentarismus, in: Vw, 20.10.1916.

18 Ebd.

19 Vgl. Lehnert, Liberaldemokratie, in: Lehnert (Hg.), Vom Linksliberalismus zur Sozialdemokratie, S. 15.

1.1. Die ersten Schritte als Abgeordneter für Berlin VI

Seine „Jungfernrede" im Reichstag hielt Ledebour am 25. 1. 1901 auf der 33. Sitzung der II. Session anlässlich der Haushaltsdebatte über das Rechnungsjahr 1901, und zwar den Etat des Reichsamts des Innern betreffend. Zuvor hatte der konservative Abgeordnete Gamp eine Rede des Sozialdemokraten Gottfried Sachse (Breslau) über die Konsumvereine angeführt und darüber Aussagen getätigt, die Ledebour nun zum Anlass nahm, Gamp gründlich zu korrigieren. Erstens, so merkte Ledebour an, seien die Konsumvereine keine sozialdemokratischen Organisationen, wie Gamp es dargestellt hatte, sondern autonom, wohl aber arbeiteten Sozialdemokraten dort mit, „weil eben die ganz überwiegende Mehrheit aller aufgeklärten Arbeiter Deutschlands Sozialdemokraten sind". Ferner hatte Gamp behauptet, Sachse habe die Löhne und die Arbeitszeit in den Konsumvereinen als ausreichend hoch und als genügend kurz bezeichnet. Auch in dieser Hinsicht widersprach ihm Ledebour, denn Sachse habe die Löhne in den Konsumvereinen als höher als im privaten Gewerbe bezeichnet. Hinsichtlich der Arbeitszeiten fügte Ledebour hinzu, dass die Konsumvereine die Arbeitszeiten sofort senken würden, wenn statt des gesetzlichen Neunuhr-Ladenschlusses der Achtuhr-Ladenschluss zum Gesetz würde, den diese längst praktizierten.[20] Kernpunkt seiner Rede zur Sache waren allerdings die Ausführungen Gamps zu der angeblich positiven Auswirkung der protektionistischen Kornzölle für die Arbeiterschaft in Preußen. Die Korrekturen an den Bemerkungen Gamp zu den Konsumvereinen sollten sicher vor allem dokumentieren, dass Ledebour zu solchen Fragen eigene Kompetenz besaß und diese, auch als Parlamentsneuling, zum Ausdruck bringen könne. Er wollte sich also Respekt verschaffen.

Als Anhänger des Freihandels, den die Sozialdemokratie und auch Ledebour dem Protektionismus vorzogen, der seit Bismarck als Schutzzollpolitik favorisiert und praktiziert wurde, kritisierte er Gamps Rechtfertigung der niedrigen Löhne für die preußischen, vor allem ostpreußischen Landarbeiter. Diese könnten von den Grundbesitzern erhöht werden, so Gamp, wenn auch die Kornzölle erhöht würden, die die preußischen Grundbesitzer vor unliebsamer Konkurrenz z. B. aus Russland schützen sollten. Dort und in Teilen Amerikas war man, so stellte er im Reichstag fest, zur „Raubwirtschaft" übergegangen, also zum Raubbau des Bodens durch intensive Produktion, um die Kosten zu senken. Ledebour hielt dem entgegen, dass sowohl in den USA als auch Russland diese „Raubwirtschaft" zu Verelendung und zur Abwanderung von landwirtschaftlichen Produzenten

20 Reichstagsrede v. 25. 1. 1901, Sten. Ber. RT, Bd. 179, S. 891 f.

geführt habe.[21] Dann ging er zum rhetorischen Gegenangriff über, und man kann dem Wortlaut durchaus entnehmen, dass er sich von Satz zu Satz mehr ereiferte und seine rhetorische Angriffsdosis steigerte. Dabei spitzte er natürlich gern zu, wenn er z.B. formulierte: „Herr Gamp hat nun aber, nachdem er diese allgemeinen Ausführungen gemacht hat, ein Loblied gesungen auf die Zustände in den östlichen Provinzen. Nach der Schilderung, die er davon entworfen hat, müsste man glauben, dass es das reine Arbeiterparadies ist. Da muss ich doch fragen: wie kommt es denn, dass die Herren gerade über die Leutenot klagen, darüber klagen, dass sie Landarbeiter ihnen weglaufen, dass sie sie nicht halten können, wenn das ein solches Arbeiterparadies ist, wie Herr Gamp es geschildert hat? Das ist der deutlichste Beweis dafür, dass die Ausführungen, die Herr Gamp heute gemacht hat, mit den Tatsachen absolut nicht übereinstimmen können."[22]

Danach konfrontierte er seinen Vorredner, den er mit den Grundbesitzern gleichsetzte, mit den Widersprüchen ihrer eigenen Aussagen: „Denn wenn wirklich im Vergleich zu den Industriearbeitern die landwirtschaftlichen Arbeiter in den östlichen Provinzen ein so glänzendes Dasein führten, dann würden die Herren nicht ewig die Klage wiederholen, dass die Industriestädte ihnen die Arbeiter wegziehen und sie durch höhere Löhne, durch bessere Lebenshaltung, durch allerhand Annehmlichkeiten in die Industriestädte hineinlocken. In dem Widerspruch, dass die Herren auf der einen Seite in Klagen über Leutenot ausbrechen und auf der anderen Seite dieses Loblied auf die Verhältnisse im Osten singen, liegt doch der beste Beweis, dass keineswegs die Zustände in den östlichen Provinzen derart glänzend sind, wie sie Herr Gamp zu schildern beliebt."[23] Doch blieb dies nicht der einzige Inhalt, den Ledebour kritisch aufnahm und in eine heftige Anklage ummünzte. Nun wandte er sich der kaiserlichen Regierung, speziell dem Reichsschatzssekretär Arthur von Posadowsky-Wehner zu. Dieser hatte in einer vorausgegangenen Stellungnahme im Reichstag die Behauptung aufgestellt, dass republikanische Institutionen unvereinbar mit der Reichsverfassung seien, weil die Fürsten das Deutsche Reich gegründet haben. Ledebour korrigierte den Vizekanzler in seiner Rede mit dem Verweis auf die Sukzession der Verfassungen, ausgehend vom Norddeutschen Bund. So sei der König von Preußen im Namen des Norddeutschen Bundes in das Deutsche Reich eingetreten, ebenso wie die souveränen Fürsten der nunmehrigen Bundesstaaten. Hier setzte er seine Spitze gegen den Vizekanzler an, „denn der Norddeutsche Bund ist aufgegangen im Reiche, das Reich ist nur eine verfassungsmäßige Erweiterung des

21 Ebd., S. 892f.

22 Ebd., S. 893.

23 Ebd.

Norddeutschen Bundes, und die konstituierenden Gewalten des Norddeutschen Bundes sind eben auch die konstituierenden Gewalten des Deutschen Reiches. In der Norddeutschen Bundesverfassung sind als ehemals konstituierende Gewalten des Norddeutschen Bundes ausdrücklich die freien Hansastädte aufgeführt neben den deutschen Fürsten."[24]

Damit wies er den Versuch Posadowsky-Wehners, Republikanismus aus der Monarchie zu verbannen, nicht nur politisch, sondern auch mit verfassungsrechtlich relevanten Argumenten zurück. Gleichzeitig warf er den Vertretern aus den freien Städten vor, ihre eigenen Interessen nicht zu vertreten und hielt ihnen vor, es der SPD zu überlassen, den Republikanismus zu verteidigen. Die Sozialdemokraten erklären, „dass wir auch dann Republikaner sein und bleiben würden, wenn es keine freien Hansestädte bei uns gäbe [...] Und ich muss bei dieser Gelegenheit meinem Befremden Ausdruck geben, dass nicht ein Vertreter der Freien Städte sofort Gelegenheit genommen hat, sich gegen diese Deduktionen des Herrn Staatssekretärs zu wenden und dagegen, dass ihrem Staatswesen die Gleichberechtigung im Deutschen Reich abgesprochen wird."[25] Darüber hinaus griff er die Debatte über die „12 000 Mark-Affäre" auf. Das Reichsamt des Inneren war im August 1899 an den Zentralverband deutscher Industrieller herangetreten und hatte diesen um eine Zuwendung von 12 000 Mark zum Zwecke der Finanzierung einer Kampagne für einen extrem arbeiterfeindlichen Gesetzentwurf zum Schutz gewerblicher Arbeitsverhältnisse ersucht. Nachdem dieser Entwurf im Reichstag gescheitert war, veröffentlichte die „Leipziger Volkszeitung" im Oktober 1900 einen Brief des Generalsekretärs des Zentralverbandes an das Reichsamt und löste damit eine zunächst heftige parlamentarische Debatte aus, die aber ins Leere lief, nachdem die beiden liberalen Parteien keinen Handlungsbedarf mehr sahen. Natürlich nutzte Ledebour dies zu einer heftigen Attacke gegen Nationalliberale und Freisinnige, die einer Interpellation der SPD-Fraktion, in der die Entlassung der Verantwortlichen im Reichsamt gefordert worden war, ihre Zustimmung verweigert hatten. Reichskanzler von Bülow hatte diesen Vorgang im Reichsamt als Intrige behauptet und gab damit allen anderen Fraktionen die Gelegenheit, der SPD-Position nicht zu folgen.[26]

Der hier ausführlicher betrachteten Rede mangelt es keinesfalls an Selbstbewusstsein, aber auch nicht an Struktur und Konsistenz. Die bereits zitierte Kritik, dass „seine Reden oft langatmig, weitschweifig [waren] und [sich] in Nebensächlichkeiten [verloren], was bisweilen auf Kosten der zu erörternden Sachfragen

24 Ebd.

25 Ebd.

26 Prot. PT SPD 1901, S. 77 ff.

ging“, trifft auf seine Jungfernrede keinesfalls zu.[27] Stattdessen bündelte er am Schluss der Rede seine Ansatzpunkte und Aspekte für Schlussbemerkungen, die Steilvorlagen für die sozialdemokratische Presse waren, getreu der Sichtweise, das Parlament als „Tribüne des Klassenkampfes“ zu nutzen, und beendete seine Ausführungen mit den Worten: „Die Sozialdemokratie wird ebenso, wie sie ihre bisherigen großen Erfolge errungen hat, weiter schreiten von Sieg zu Sieg, sie wird sich immer weiter ausbreiten [...] Wir werden stets das Wort beherzigen, dass unser großer Vorkämpfer Karl Marx uns auf den Weg gegeben hat: Geh deinen Weg aufrecht und unbekümmert!“[28] Im Übrigen trat er als zweiter Redner der SPD-Fraktion auf, den Anfang hatte Georg von Vollmar gemacht, auf Ledebour folgte Hermann Molkenbuhr.

In der Presse traf sein parlamentarischer Auftritt naturgemäß auf ein gespaltenes Echo. Der „Vorwärts“ nahm die Bälle auf, die Ledebour und nach ihm Hermann Molkenbuhr in ihren Reden eingespielt hatten: „Genosse Ledebour, der seine Jungfernrede hielt, und Genosse Molkenbuhr polemisierten nachdrücklich gegen den freikonservativen Gegner, der die Lage der Landarbeiter in Ostelbien wieder einmal in den glänzendsten Farben gepriesen und es so dargestellt hatte, als sei es ein Glücksfall für den armen Landheloten, im Dienste seines Grundherrn zu erkranken.“ Ledebour habe besonders mit Unterbrechungen der Rechten zu kämpfen gehabt, berichtete das Zentralblatt der SPD weiter.[29] Auch der „Hannoversche Courier“ berichtete ausführlich, aber mit einem Schuss Polemik über die Reden und gab einen Überblick über die von Ledebour, der ja aus Hannover stammte, angesprochenen Fragen.[30] Im „Leipziger Tageblatt und Anzeiger“ hingegen sparte man nicht mit Häme gegen Ledebour. Selbst Bebel habe eine Zeitung während der Rede gelesen, Abgeordnete hätten laut miteinander gesprochen, Ledebours Rede habe sich vor allem gegen Personen gerichtet, beschrieb das Blatt den Eindruck von der Rede.[31] So dürfte sein Einstand gleich die Wirkung gezeigt haben, die Ledebour häufig erzeugte: Er polarisierte. Allerdings zeigte er auf dieser Sitzung auch eine für ihn typische Eigenschaft, nämlich

27 Ratz, S. 77.

28 Reichstagsrede v. 25. 1. 1901, S. 897. Ledebour spielt auf die Vorrede von Marx zur ersten Auflage 1867 zum „Das Kapital“ mit dem „Wahlspruch des großen Florentiners: *Segui il tuo corso, e lascia dir le genti!*“ an [„Geh deinen Weg und laß die Leute reden“, abgewandeltes Zitat aus Dante, „Die göttliche Komödie“, „Das Fegefeuer“, 5. Gesang], zit. nach MEW 23, S. 17 u. 846/Erläuterung, ein durchaus für Ledebours eigenen Lebensweg passendes Motto.

29 Vw, 26. 1. 1901, S. 1.

30 Hannoverscher Courier (HaC), 26. 1. 1901-M, S. 6.

31 Leipziger Tageblatt und Anzeiger (LTA), 26. 1. 1901-M, S. 5.

Beharrlichkeit. So nutzte er eine persönliche Bemerkung des Freikonservativen Gamp über die Lage der Arbeiter im Osten Preußens erneut für eine rhetorische Attacke in einer eigenen persönlichen Erklärung, um Gamp ein weiteres Mal vorzuwerfen, dass er die Lage dieser Arbeiter als paradiesisch bezeichne, wo er selbst davon spreche, dass diese schlechter bezahlt würden als zur Arbeit eingesetzte Gefangene. Gamp quittierte dies mit einer etwas herablassenden Bemerkung. Offenbar wollte er Ledebour zeigen, dass dieser seiner Auffassung nach so etwas wie ein „Grünschnabel" sei.[32]

Seine zweite Rede, dieses Mal als einziger Fraktionssprecher, hielt Ledebour nur drei Wochen später während der zweiten Beratung des Haushalts für das Rechnungsjahr 1901. Dieses Mal nahm er zunächst zur Lage des Nahverkehrs im Raum Berlin Stellung, in dessen Infrastruktur er noch sehr große Lücken und Widersprüche aufzählte, vor allem aber zur Benachteiligung der polnischen Minderheit im Postverkehr. Hier machte sich wieder seine Haltung zur Nationen-Toleranz und zur Gleichberechtigung geltend. Heftig kritisierte er, dass die kulturelle und sprachliche Eigenständigkeit der polnischen Minderheit immer weiter eingeschränkt werde und nannte die Postbeförderung als Beispiel. Immer häufiger würden Briefe nicht zugestellt, wenn die Adresse auf Polnisch angegeben sei. Hierzu sagte Ledebour: „Die Vertreter der Polen, die hier gesprochen haben, haben wiederholt darauf hingewiesen, dass vor allen Dingen nicht eingewendet werden kann, es sei unmöglich, Briefe mit polnischer Adresse zu befördern. Jahrzehnte, ein Jahrhundert lang ist von der Post das geschehen und hat das gegolten, und jetzt, weil man sagt, dass plötzlich Briefe mit polnischer Adresse in ihrer Zahl angeschwollen seien, kommt man dazu, den polnisch redenden Leuten dies abgewöhnen zu wollen."[33] Er rückte dies in die Nähe der hakatistischen Ideen, also der Idee der Germanisierung, und fuhr fort: „Weil der preußische Staat zum deutschen Reich gehört, deshalb, behauptet man, müssten die in diesem Staat und im Reichsgebiet wohnenden fremdsprachigen Nationen sich die deutsche Sprache aneignen […] Wird aber systematisch darauf hingearbeitet, dass den Polen mit allerhand künstlichen Mitteln die Muttersprache abgedrängt werden soll, und dass in den polnischen Volksschulen das Deutsche anstelle des Polnischen gelehrt wird, so kommt man dahin, dass die Kinder weder gut polnisch noch gut deutsch verstehen."[34]

Seine Grundposition fasste Ledebour folgendermaßen zusammen: „Meine Herren, auf welche Weise die Polen an Deutschland, an den preußischen Staat

32 Reichstagsrede v. 25. 1. 1901, S. 911.

33 Reichstagsrede v. 16. 2. 1901, Sten. Ber. RT, Bd. 180, S. 1424.

34 Ebd.

gekommen, will ich hier nicht erörtern. Wir nehmen wie die Polen das selbstverständlich als ein historisches Faktum an. Aber indem wir eine fremdsprachige Bevölkerung als vollberechtigte Staatsbürger in großen Massen in unser Staatswesen aufnehmen, haben wir die einfache Verpflichtung, dem natürlichen Recht der Leute, ihre Mutterspreche im freien Verkehr zu gebrauchen, kein Hindernis in den Weg zu legen."[35] Nachdem er darauf hingewiesen hatte, welche Entrüstung in Deutschland Versuche in Ungarn oder in Russland ausgelöst hatten, deutsche Minderheiten zu magyarisieren bzw. zu russifizieren, beschloss er seine Rede mit dem Hinweis auf die Rechtslage in der Schweiz, „wo alle dort ansässigen Nationalitäten das gleiche Recht in der Ausnutzung ihrer Sprache in Handel und Wandel, in Familie, Schule und Verkehr haben. Ehe wir das nicht erreichen, dürfte auch dieser polnisch-deutsche Zwist nicht überwunden sein. Und diejenigen, die beständig die Reichs- und Staatsregierung dazu aufhetzen, gegen die Polen mit Schikanen vorzugehen, sind es, die diesen unseligen Zwist verewigen werden."[36] Wie schon als Links- und Sozialliberaler sah er einen wirklichen Frieden zwischen den Völkern erst dann als möglich an, „bis endlich der von uns befürwortete Zustand einer wirklichen Nationalitätentoleranz in der ganzen Welt sich Geltung verschafft haben wird".[37]

Der „Vorwärts" wies auf der Titelseite der Ausgabe am Folgetag auf die Debatte und auf Ledebours Eintreten für die Minderheitenrechte der Polen in Preußen hin: „Eine große Rolle spielten wieder die Briefe mit polnischer Aufschrift. Freikonservative und Nationalliberale wetteiferten in Chauvinismus, den Ledebour scharf zurückwies. Er erinnerte mit Recht an die Entrüstungsschreie, die im Deutschen Reich ertönen, wenn von der Unterdrückung der Deutschen in Russland und Ungarn die Rede ist."[38] Der „Berliner Börsen-Courier" hingegen polemisierte gegen Ledebour und dessen Ausführungen, die er als „sehr heftige Ergüsse" bezeichnete. So habe Paul Singer erklärt, dass die SPD-Fraktion von diesem Konflikt „nicht viel Aufhebens mache".[39] Ob Ledebour hier auf eigene Faust sprach oder die Fraktion doch die Taktik gewechselt hatte oder sich durch Ledebours Argumente überzeugen ließ, muss offenbleiben. Der „Hannoversche Courier" wiederum gab den Spott des Freikonservativen Freiherr von Thiedemann wieder, der den Vertretern der Partei der Polen kondoliert hatte, weil sie den Beistand Ledebours gefunden

35 Ebd.
36 Ebd., S. 1425.
37 Ebd.
38 Vw, 17.2.1901, S. 1.
39 BBC, 17.2.1901.

hätten.[40] Die „Badische Landeszeitung" aus Karlsruhe erwähnte diese Situation ebenfalls und lastete Ledebour an, die Beschwerden der Polen übertrieben zu haben.[41]

Sein dritter Redebeitrag folgte am 27.2.1901 und befasste sich wiederum mit dem Problem nationaler Minderheiten in Deutschland. Vor ihm hatten August Bebel und Arthur Stadthagen im Rahmen der Debatte über den Etat der Verwaltung des Reichsheeres zur Sache gesprochen. Ledebour brach ein weiteres Mal eine Lanze für die Gleichberechtigung der nationalen Minderheiten in Deutschland, bezog sich vor allem auf die Polen, aber auch auf die Dänen in Schleswig-Holstein, kritisierte die antipolnische Propaganda und Politik der Regierungen im Reich und in Preußen und forderte die Gleichstellung aller Minderheiten nach dem Vorbild der Schweiz.[42]

Der Status eines Fraktionsneulings blieb Ledebour bis zu seiner Entsendung in die Budgetkommission nach den Reichstagswahlen vom 16.6.1903 erhalten.[43] So blieb sein Einfluss innerhalb der Fraktion lange Zeit begrenzt, denn seine Neigung zu unabgesprochenen Vorstößen stieß bei vielen seiner Fraktionskollegen auf Skepsis. Doch er begann sich sukzessive einen Ruf als interessanter Redner aufzubauen. So erinnerte sich Paul Lenzner (1884–1955), ein späterer sozialdemokratischer Redakteur und nach dem Zweiten Weltkrieg Funktionär der SED in der SBZ bzw. DDR: „Neben August Bebel war er der mitreißendste Versammlungsredner, der trotz seiner fünfzig Jahre uns Jugendliche begeisterte, wie kein zweiter Redner der damaligen Zeit. Seine Sachkenntnis in außen- und kolonialpolitischen Fragen mussten auch seine bürgerlichen Gegner anerkennen. Der meist leere Plenarsitzungssaal des Reichstags füllte sich sofort, wenn der Abgeordnete Ledebour das Wort erhielt [...] So erinnere ich mich an den Kampf Ledebours gegen die Germanisierungspolitik der Kaiserlichen Regierung in den deutschen Ostprovinzen. Sein tapferes Eintreten für die unterdrückten Polen trug ihm in nationalistischen Kreisen den Spitznamen ‚Ledebourski' ein."[44] Exakt 31 Parlamentsreden bis zum Ende der Sitzungsperiode im Frühjahr 1903 sind protokollarisch vermerkt, auch wenn Mehrfachbeiträge während einer Sitzung nicht mitgezählt werden. Das bedeutet, dass sich Ledebour gut in das parlamentarische Leben eingefügt hatte, wenn auch nicht ohne Konflikte.

40 HAC, 17.2.1901, S. 5.

41 Badische Landeszeitung, 18.2.1901, S. 2.

42 Reichstagsrede v. 27.2.1901, Sten. Ber. RT, Bd. 180, S. 1583 ff.

43 Ratz, S. 81.

44 Paul Lenzner, zit. n. Keller, S. 26.

Diese Jahre bewirkten einen Integrationsprozess in die Spitzenebenen von Fraktion und Partei. So berichtete Rosa Luxemburg Privates unter Beteiligung Ledebours, als sie, die seit 1898 in Berlin lebte, mehr und mehr Kontakt zu den Spitzenpolitikern der SPD fand, vor allem durch die „regelmäßigen Treffen bei Julie und August Bebel oder bei den Kautskys […] Dort trafen beispielsweise Ignaz Auer, Franz Mehring, Fritz Zubeil, Hugo Heimann, Eugen Dietzgen, Paul Singer, Georg Ledebour, Heinrich Dietz, Natalie Liebknecht, Heinrich und Lily Braun und Heinrich Cunow zusammen."[45] Dass er aufgrund der Mitgliederstärke seines Wahlvereins des Reichstagswahlkreises Berlin VI keine zu vernachlässigende Größe gewesen sein dürfte, ist ebenfalls anzunehmen. Im Jahr 1890, vor Ledebours Beitritt zur Sozialdemokratie, zählte der Wahlverein rund 1300 Mitglieder, natürlich noch unter den Bedingungen des „Sozialistengesetzes". Im Jahr 1894 belief sich die Mitgliederzahl auf 5937 Mitglieder, um 1895 mit 7965 den vorläufigen Höhepunkt zu erreichen. Nach dem zwischenzeitlichen Verbot der Partei durch den „Köller-Coup" 1895 sank die Mitgliederzahl bis auf 5200 im Jahr 1897, um danach wieder anzusteigen. Als Ledebour im Oktober 1900 in den Reichstag nachgewählt wurde, zählte der Wahlverein wieder 6616 Mitglieder. Fünf Jahre später (1905) bestand er aus rund 11 000 Genossen, und nun auch Genossinnen.[46] Auch die Wahlergebnisse im VI. Berliner Reichstagswahlkreis verliehen Ledebour zusätzliches politisches Gewicht.

Die Reichstagswahl vom 16.6.1903 wurde zu einem Triumph für die Sozialdemokratie. Im gesamten Reich verbesserte sie ihre Stimmenzahl um ca. 900 000 auf 3 010 771 Stimmen, was einer Verbesserung des Stimmenanteils von 27,2% auf 31,7% entsprach.[47] Berlin VI, Ledebours Wahlkreis, trug gemeinsam mit dem von Paul Singer seit 1884 stets gewonnenen Wahlkreis Berlin IV zum unangefochtenen Wahlsieg der SPD in Berlin bei. Wilhelm Dittmann schilderte eine Wahlveranstaltung mit Georg Ledebour am 31.5.1903 im „Schumann-Theater" in Berlin als „imposanteste des Wahlkampfes".[48] Lediglich Leo Arons scheiterte im Wahlkreis Berlin I, einer freisinnigen Domäne, nur knapp.[49] Ledebour erhielt am 16.6.1903 stattliche 79 478 Stimmen und verbesserte sein Resultat vom 31.10.1900 (53 896) um exakt 25 482 Stimmen, was eine Steigerung um beinahe 50% bedeutete. Die konkurrierenden Parteien blieben chancenlos: Der Freisinn verbuchte 14 166, die Konservativen 14 813, das Zentrum 2476 und die Polen 589 Stimmen. Damit zog

45 Laschitza, Im Lebensrausch, S. 118.

46 Sozialdemokratischer Wahlverein, S. 26ff.

47 Fricke, Handbuch 2, S. 720.

48 Dittmann, Erinnerungen 1, S. 130.

49 Czitrich-Stahl, S. 415; Bernstein, Berl. Arbeiterbewegung 3, S. 196ff.

Ledebour die zweieinhalbfache Stimmenzahl auf seine Person wie Kandidaten der anderen Parteien zusammengenommen.[50] Kein Wunder, waren doch die dem Reichstagswahlkreis Berlin VI zugeordneten Ortsteile vorwiegend Arbeiterwohnbezirke. Im Wedding beispielsweise, ebenso wie Gesundbrunnen am 1.1.1861 durch preußische Kabinettsorder nach Berlin eingemeindet, befanden sich bedeutende Industriebetriebe wie die Schering AG, die Schwartzkopff AG und die von Emil Rathenau gegründete Allgemeine Elektricitäts-Gesellschaft (AEG). Weitere in der damaligen Zeit wichtige Betriebe hatten ebenfalls ihren Sitz im Wedding und beschäftigten eine große Zahl von Arbeiterinnen und Arbeitern.[51]

Doch auch namhafte Vertreter der SPD um die Jahrhundertwende besaßen ihren Wohnsitz zeitweilig im Wedding, so Karl Liebknecht, Paul Singer, Fritz Zubeil, Wilhelm Pfannkuch, Eduard Bernstein oder Emil Basner. Eine Besonderheit im Wedding waren die von Hugo Heimann gestifteten „Roten Häuser" in der Prinzenallee 46a. Heimann, der sich als Politiker und Mäzen der SPD hervortat, hatte sie 1901 bauen lassen, um den Kandidaten der SPD für die Stadtverordnetenversammlung die Möglichkeit von Eigentum zu verschaffen, denn die Hälfte der Mitglieder der SVV musste nach dem Eigentümerprivileg im preußischen Dreiklassen-Wahlrecht Hausbesitzer sein.[52] Typisch für den Wedding waren zusätzlich die Elendsquartiere und Mietskasernen mit all ihren sozialen und hygienischen Problemen. Der liberale Politiker und berühmte Arzt Rudolf Virchow engagierte sich beständig für eine Verbesserung der Lage der arbeitenden Menschen und setzte den Neubau eines Krankenhauses durch, das nach seinem Tod nach ihm benannt wurde und noch heute existiert.[53] In diesem Reichstagswahlkreis war Georg Ledebour nun politisch beheimatet und konnte sicherlich auch durch seine Redegabe und das Charisma, das daraus erwuchs, viele Männer und Frauen für die Sozialdemokratie und ihre Forderungen und Ziele mobilisieren.

1.2. Die Arbeit in der Reichstagsfraktion

Zumal Ledebour bis zur Einführung der Diäten vor allem von der Partei besoldet wurde, sah er sich vermutlich in der Pflicht, seine parlamentarische Tätigkeit mit vollem Einsatz zu leisten. So wirkte er seit dem Beginn seiner Abgeordnetenlaufbahn in zahlreichen Kommissionen und Ausschüssen mit, von denen die Budget-

50 Bernstein, ebd., S. 200.

51 Wedding, S. 6 ff.

52 Schimmler, S. 53 f.

53 Wedding, S. 11.

kommission die bedeutendste war, wurden doch in ihr die Haushaltsansätze der Regierung und ihrer Reichsämter vorgelegt und diskutiert. Von hier aus konnte die Kritik an der Regierung und ihrer Politik mit Zahlen unterfüttert und politisch gedeutet werden, bedenkt man, dass Politik im Grunde nichts Anderes ist ein materialisierter Haushalt. Am 9.12.1903 hatte die nach der Wahl vom 16.6. neu zusammengestellte Fraktion ihn in die Budgetkommission entsandt. Er blieb Mitglied der Kommission bis zum Ende des Weltkrieges.[54] Der Mitarbeit der Sozialdemokraten in den Kommissionen und Ausschüssen lag nicht primär die Absicht der Agitation zugrunde, vielmehr dürfte sich das Verhältnis zwischen Agitation und Praxis in dem von Emanuel Wurm als Berichterstatter der Reichstagsfraktion auf dem Lübecker Parteitag vom 22.–28.9.1901 formulierten Verhältnis bewegt haben: „Wie der Bericht ergibt, ist unsere Fraktion stets den Grundsätzen der sozialdemokratischen Partei getreu vorgegangen. Durch die intensive Beteiligung an den Reichstagsverhandlungen haben wir unsere Gegner gezwungen, bei jeder Gelegenheit Farbe zu bekennen, so dass das Volk zwischen ihren Wahlversprechungen und Taten zu richten vermag; andererseits haben wir, wo unsere Macht ausreichte, Verbesserungen zu Gunsten der Arbeiter erkämpft, Angriffe gegen Wohlergehen und Freiheit des Volkes zurückgewiesen. So ins Einzelne gehend unsere Tätigkeit auch war, niemals hat die Fraktion, wie ihr Verhalten in Wort und Tat beweist, aus dem Auge verloren, dass auf dem Boden der kapitalistischen Wirtschaftsordnung nichts als Abschlagszahlungen für die Arbeiter erlangt werden können [...] Jedes Zugeständnis, das der Kapitalismus den Arbeitern macht, kann nur anspornen, auf der bisher beschrittenen Bahn fortzufahren, bis die Befreiung der Arbeiter von der Ausbeutung durch das Kapital erreicht ist."[55]

Wurm unterschied hier zwischen dem „Endziel" der Überwindung der kapitalistischen Produktionsweise durch Überführung der Produktionsmittel in die Hände der Allgemeinheit und der praktischen Tagespolitik mit dem Ziel der Durchsetzung von Verbesserungen für die Arbeiterschaft. Dies entsprach der Struktur des Erfurter Programms mit seinen beiden Bestandteilen der theoretisch-programmatischen Analyse und Zielsetzung einerseits und den konkreten politischen, rechtlichen, ökomischen und sozialen Forderungen andererseits.[56] Der ideale sozialdemokratische Parlamentarier war also angehalten, aufmerksam die Vorlagen zu studieren und zu bewerten, ihre Auswirkungen für die Arbeiterschaft zu prüfen, die meistens notwendige Kritik im Reichstag bzw. in der Kommission als Redner auszudrücken, Verbesserungsvorschläge im

54 Ratz, S. 77.

55 Prot. PT SPD 1901, S. 85f.

56 Erfurter Programm, in: Dowe/Klotzbach, S. 185ff.

Interesse der Arbeiterschaft zu unterbreiten bzw. Vorschläge von anderer Seite zu prüfen und gegebenenfalls zu unterstützen, in seinem Wahlkreis die Arbeiter- und Anhängerschaft zu informieren und sich Rückendeckung für seine Haltung bzw. die der Fraktion zu holen. Darin steckt nicht nur die Absicht zur Aufklärung oder Agitation, sondern zusätzlich jene der maximalen Durchsetzung von Verbesserungen und nicht zuletzt jene der demokratischen Rückbindung an die Arbeiterschaft über einen permanenten Aufklärungsprozess. Das „Endziel", also der sozialistische Zukunfts- oder Volksstaat, würde „naturnotwendig" durch den Zusammenbruch des Kapitalismus auf die Tagesordnung gesetzt werden, die Arbeiterbewegung und die Arbeiterschaft müssten organisatorisch und kognitiv darauf vorbereitet sein, so die von Bebel und Kautsky, aber auch von der Mehrheit der Meinungsträger der Partei vertretene Auffassung.[57]

Ledebour, der wie erwähnt ein Anhänger des Primats der Diskussion im Plenum gegenüber der Arbeit in den Kommissionen war, „hielt die sozialdemokratische Teilnahme an den Kommissionsverhandlungen für notwendig, es gelte, die bürgerlichen Parteien zu kontrollieren und in die korrupten Parteiverhältnisse hineinzuleuchten".[58] Er befürchtete, andernfalls würden Fraktion und letztlich die Arbeiterschaft „nicht erfahren, wie die Regierungsvertreter die bürgerlichen Abgeordneten eingeseift haben", wie er es auf dem Parteitag in Jena 1913 formulierte.[59] Dass ihm der Parlamentarismus als demokratische Institution und als elementares Verfassungsgut zutiefst am Herzen lag, brachte er an gleicher Stelle zum Ausdruck: „Es ist skandalös, wie diese Gesellschaft das parlamentarische Leben zusammenschrumpfen lässt aus Angst vor der Sozialdemokratie. Je stärker wir werden, desto mehr arbeiten die bürgerlichen Parteien auf die Verkümmerung des Parlamentarismus hin."[60] Neben dem Diätengesetz kritisierte er insbesondere die Nichtöffentlichkeit der Kommissionsverhandlungen, die eine politische Informierung verhindere: „Wenn das aus den Kommissionsverhandlungen nicht so bekannt geworden ist, so liegt das daran, dass notwendigerweise über die Kommissionsverhandlungen nur ganz kurze sachliche unausgeschmückte Berichte gegeben werden können. Ein Nichtteilnehmer kann daher keine Vorstellung davon haben, wie sich unsere Kämpfe dort abgespielt haben."[61]

Von daher muss angenommen werden, dass Ledebour die Kommissionsarbeit als politische Pflichtaufgabe einer strukturierten Oppositionspolitik ansah,

57 Vgl. Brandt/Lehnert, S. 76; Karl Kautsky, Das Erfurter Programm, Bonn 1974.

58 Ratz, S. 78.

59 Prot. PT Jena 1913, S. 357.

60 Ebd., S. 358.

61 Ebd., S. 357.

die parlamentarische Debatte indes tatsächlich als Tribüne des Klassenkampfes, allerdings mit dem Ziel, auch an dieser Stelle noch Verbesserungen für die arbeitenden Menschen zu erkämpfen. Dies machte ihn sicher nicht sonderlich beliebt bei seinen politischen Gegnern. Ob es allerdings zutrifft, dass es seine persönliche Note des Auftretens war, die ihm besondere Aufgaben in der Kommissionsarbeit, z. B. als Berichterstatter der Budgetkommission, verwehrt bleiben ließ, muss hinterfragt werden. „Nicht selten überraschte Ledebour die Kommission mit eigenwilligen, Verdruss erregenden kritischen Einflechtungen. Die bisweilen dozierende Art seines Vortrags, die häufigen Wiederholungen seiner Argumente und die zum Teil im Ton persönlicher Beleidigungen gehaltenen Ausfälle gegen andere Kommissionsmitglieder waren nicht dazu angetan, ihn bei seinen Kollegen beliebt zu machen."[62] Es ist kaum anzunehmen, dass es einem Charakter wie Ledebour primär um Beliebtheit bei seinen Kollegen gegangen sein wird, von deren Entwicklung als vordem Linksliberaler er sich immer mehr distanziert hatte. Im Übrigen hatte er gleich zu Beginn seiner parlamentarischen Tätigkeit ebenso Animosität und Herablassung seitens einiger politischer Kontrahenten erlebt. Eine gewisse Eitelkeit darf man wohl annehmen, wenn er in freier Rede immer wieder sein Allgemeinwissen durchblicken ließ, wenn er unkonventionelle Bezüge herstellte oder rhetorisch ambitioniert agierte. Sein offenkundiges Misstrauen gegenüber Vertretern der bürgerlichen Parteien machte es unwahrscheinlich, dass er den politischen Brückenbau anstrebte, sondern vielmehr eine radikale Opposition mit aufklärerischer Absicht hinsichtlich seiner Basis im Wahlkreis im Besonderen wie der Arbeiterschaft im Allgemeinen. Er dürfte es nicht ungern in Kauf genommen haben, dass er polarisierte.[63]

In der Reichstagsfraktion übernahm Ledebour bis zum Sommer 1913 keine Leitungsfunktion. Die Fraktionsvorsitzenden waren bis zu ihrem jeweiligen Tod Paul Singer (gest. 31. 1. 1911) und August Bebel (gest. 13. 8. 1913). Dennoch baute er seine Position innerhalb der Fraktion nach und nach aus. Dazu dürfte beigetragen haben, dass er sich bei Kolonial-, Marine- und Heeresfragen und bei außenpolitischen Debatten besonders engagierte. Das ihm verhasste „Persönliche Regiment" Kaiser Wilhelms II. und die Rückständigkeit des politischen Systems und der Verfassungsgewichte im Reich gegenüber Großbritannien und dessen wesentlich stärker ausgeprägter Rolle des Parlamentarismus

62 So Ratz, S. 79 f., die insoweit durchaus Voreingenommenheit erkennen lässt.

63 Noch der langjährige Fraktionsvorsitzende der SPD im Deutschen Bundestag, Herbert Wehner (1906–1990), dürfte zwei politische Generationen später aus ähnlichem Holz geschnitzt gewesen sein und eher darauf abgezielt haben, bei politischen Gegnern wegen seiner Scharfzüngigkeit gefürchtet zu bleiben und auch von den eigenen Leuten mehr hoch geachtet als sonderlich geliebt zu werden.

gaben ihm fortwährend Anlass zu beißender Kritik, aber auch zu Perspektivsetzungen. Deshalb wird die Darstellung seines parlamentarischen Wirkens und seines Agierens in der Reichstagsfraktion keiner chronologischen Richtschnur folgen, sondern einer politischen entlang seiner Schwerpunkte. Im Blickpunkt bleibt dabei der Aspekt seiner Wirkung nach außen, indem immer wieder auf Presseberichte zurückgegriffen werden wird.

2. Kolonialpolitischer Experte der Fraktion

In den Jahren des Aufstandes der Herero und Nama in Südwestafrika, im heutigen Namibia, gegen die deutschen Kolonialisten und deren Kolonialherrschaft war es vor allem Ledebour, der den offiziellen Standpunkt der sozialdemokratischen Reichstagsfraktion im Reichstag vertrat. Er galt seit 1901 als Kolonialexperte und sprach bis in die Zeit des Ersten Weltkriegs über Kolonialpolitik und über Imperialismus. Es waren die unübersehbaren Tendenzen von Imperialismus und Kolonialismus, auch und gerade im Deutschen Reich, das seinen „Platz an der Sonne" notfalls mit der Brechstange zu erstreiten suchte, die die Sozialdemokratie verstärkt auf das Parkett der Weltpolitik drängten. Den Anlass hierzu bot vor allem der „Boxeraufstand" in China im Frühjahr 1900, den Wilhelm II. dazu nutzte, die deutsche Außenpolitik zu militarisieren und auf koloniale Ansprüche auszurichten. Des Kaisers „Hunnenrede" am 27. Juli 1900 und die von deutschen Expeditionstruppen verübten Gräueltaten in China sowie die Raubzüge der europäischen Truppen wurden auf dem Mainzer Parteitag 1900 scharf verurteilt. Der Parteitag forderte, „dass die Rechte, die Freiheiten, sowie die Unabhängigkeit dieser Völkerschaften geachtet und gewahrt werden und sie nur durch Lehre und Beispiel für die Aufgaben moderner Kultur und Zivilisation gewonnen werden".[64] Zwar schwingt hier eine paternalistische Grundhaltung mit, liest man den letzten Halbsatz, aber das Selbstbestimmungsrecht wird als Prinzip betont. Insgesamt vertraten die deutsche Sozialdemokratie wie auch die II. Internationale mehrheitlich eine antinationalistische und internationalistische Position. Die Kolonialpolitik der großen Mächte wurde entschieden abgelehnt und verurteilt, das Gegenmittel sollte die allgemeine Volksbewaffnung sein, in der Bebel, Kautsky, Ledebour und die Vertreter des klassischen Marxismus die Gewährleistung des Friedens erblickten, da die Arbeiterschaft und allgemein die Mehrheit des Volkes ohne reale Bedrohung keinen Krieg beginnen würde.[65]

64 Prot. PT SPD 1900, S. 93.

65 Hoffrogge, Sozialismus, S. 165.

Schon auf der Sitzung am 20. November 1900, der ersten, an der Ledebour teilnahm, konfrontierte ihn der Nationalliberale Ernst Bassermann mit dem Hinweis auf Eduard Bernstein und dessen in den „Sozialistischen Monatsheften“ vertretener Auffassung, der zufolge die „höhere Kultur“ die „niedere“ zu beherrschen das Recht habe, und stellte dies zurecht in den Gegensatz zu den von August Bebel besonders vehement vertretenen Mehrheitspositionen zur Kolonialpolitik in der SPD. Und Bassermann führte weiter aus: „Aber weiter ist in der sozialdemokratischen Partei der Gedanke einer imperialistischen Politik doch sehr weit eingedrungen, so weit, dass beispielsweise der neugewählte Herr Abgeordnete Ledebour auf dem Mainzer Kongress die Tatsache konstatieren musste, dass diese Ideen auch in der sozialdemokratischen Partei sich geltend machen.“[66] Ledebour ergriff am Schluss der Debatte das Wort für eine Gegendarstellung. Wörtlich lautete sein erstes Auftreten im Reichstag: „Meine Herren, der Abgeordnete Bassermann hat geglaubt, mich zu den Ausführungen, die mein Parteifreund Bebel gestern gemacht hat, in Widerspruch setzen zu können wegen einer Bemerkung, die ich auf unserem Parteitag in Mainz gemacht habe. Das beruht auf einer ganz irrtümlichen Auffassung meiner Worte. Ich habe da gerade diejenigen Sätze, die Herr Bassermann heute aus Bernsteins Artikeln verlesen hat, meinerseits zitiert und auf das Schärfste mich gewendet gegen diese Auffassung, insbesondere auch gegen Bernsteins Rechtfertigungsversuche für die englischen Raubzüge in Südafrika. Ich habe mich dagegen gewendet als eine imperialistische Politik, die ich, wie die Gesamtheit meiner Parteifreunde, auf das Schärfste verurteile.“[67] So stand die Kolonialpolitik am Beginn seiner parlamentarischen Rednerlaufbahn. Doch im Vordergrund der Presseberichte stand vor allem der offensichtliche Dissens zwischen Bebel und Bernstein, in den der neugewählte Abgeordnete Ledebour nun hineingezogen wurde, um die SPD „vorzuführen“.[68]

2.1. Verbrechen wider die Menschheit – die blutige Niederschlagung des „Boxeraufstands“

Im Frühjahr 1900 forderte der „Boxeraufstand“ in China die europäischen Großmächte heraus, als es, durch einen antichristlichen und prodynastischen Geheimbund vorbereitet, zu Massenaktionen gegen die europäische Präsenz im chinesischen Kaiserreich kam. Im Juni 1900 versuchten rund 25 000 Aufständische,

66 Bassermann, Reichstagsrede v. 20. 11. 1900, https://www.reichstagsprotokolle.de/Blatt_k10_bsb00002790_00052.html, S. 42 ff.

67 Reichstagsrede v. 20. 11. 1900, Sten. Ber. RT, Bd. 179, S. 69.

68 Vgl. Kölnische Zeitung (KöZ), 21. 11. 1900, S. 1.

das Pekinger Geschäftsviertel zu erstürmen, konnten aber von den Verteidigern, darunter auch Truppen der Kolonialmächte, zurückgehalten werden. Als am 20.6.1900 der deutsche Gesandte Clemens Freiherr von Ketteler von Aufständischen ermordet wurde, sah Wilhelm II. den Zeitpunkt der militärischen Intervention gekommen. Die betroffenen europäischen Großmächte, neben Deutschland noch England, Frankreich und Russland, einigten sich auf die Vergabe des Oberbefehls an Deutschland. Wilhelm II. stattete den General Alfred Graf von Waldersee mit den entsprechenden Vollmachten und Befehlen aus und hielt zur Verabschiedung des Expeditionskorps am 27.7.1900 eine Ansprache, die als „Hunnenrede" Eingang in die Geschichte fand. Hierin drückte der Monarch sicher nicht unbeabsichtigt sein Verständnis von deutscher Weltgeltung aus: „Ihr sollt Beispiele abgeben von der Manneszucht und Disziplin, aber auch der Überwindung und Selbstbeherrschung. Ihr sollt fechten gegen eine gut bewaffnete Macht, aber Ihr sollt auch rächen, nicht nur den Tod des Gesandten, sondern auch vieler Deutscher und Europäer. Kommt Ihr vor den Feind, so wird er geschlagen, Pardon wird nicht gegeben; Gefangene nicht gemacht. Wer Euch in die Hände fällt, sei in Eurer Hand. Wie vor tausend Jahren die Hunnen unter ihrem König Etzel sich einen Namen gemacht, der sie noch jetzt in der Überlieferung gewaltig erscheinen lässt, so möge der Name Deutschland in China in einer solchen Weise bekannt werden, dass niemals wieder ein Chinese es wagt, etwa einen Deutschen auch nur scheel anzusehen."[69]

Damit verlieh Wilhelm II. dem militärischen Unternehmen den Charakter einer brutalen Strafexpedition. Tatsächlich gingen deutsche Truppen mit unmenschlicher Härte gegen Chinesen vor und führten Plünderungen, Brandschatzungen und Massenhinrichtungen durch, die erst mit dem Frieden von Peking, dem „Boxerprotokoll" vom 7.9.1901, ihr Ende fanden. Eduard Bernstein verurteilte die Brutalität des Expeditionskorps mit folgenden Worten: „Dass aber ein Teil von ihnen unter dem verrohenden Einfluss des Krieges mit einem Volk, dessen Sprache und Kultur sie nicht verstanden, Handlungen begingen, die durch die Notwendigkeiten des Krieges nicht zu rechtfertigen sind, ist durch viele Soldatenbriefe vom Kriegsschauplatz in glaubwürdiger Weise bekundet worden [...] Viel schlimmer ist, dass der Name des Deutschen als Kriegsmann unter kulturellen Gesichtspunkten schweren Schaden gelitten hat."[70] Die Sozialdemokratie organisierte in erprobter Weise eine Protestkampagne gegen die aggressive Chinaexpedition des Reiches. Unmittelbar vor seinem Tod (7.8.1900) sprach Wilhelm Liebknecht auf dem internationalen Textilarbeiterkongress am 14.7. im

69 Wilhelm II. am 27. Juli 1900 in der „Hunnenrede", in: Pleticha, S. 167.

70 Bernstein, Berl. Arbeiterbewegung 3, S. 44.

Berliner Gewerkschaftshaus und am 22.7. auf dem Sommerfest der Sozialdemokratie des VI. Wahlbezirks und warnte vor wachsender Aggressivität in der internationalen Politik.[71] Liebknecht sollte auf dem bevorstehenden Mainzer Parteitag das Hauptreferat zur „Weltpolitik" halten, verstarb jedoch unerwartet. Die Todesnachricht traf die Partei wie ein Keulenschlag. Die SPD forderte die sofortige Einberufung des Reichstags.[72] Für die Berliner Sozialdemokratie sprachen unter anderem Clara Zetkin und Arthur Stadthagen auf Volksversammlungen.

Auf dem Mainzer Parteitag (17.–21.9.1900) hielt Paul Singer das einleitende Referat zur Weltpolitik und der Haltung der Sozialdemokratie, das eigentlich Wilhelm Liebknecht hatte vortragen sollen. Singer entfaltete in seiner Rede den Zusammenhang zwischen der kapitalistischen Wirtschaftsordnung und der Kolonialpolitik, die auf Kapitalexport und Erschließung neuer Absatzmärkte dränge. Er kennzeichnete dieses als Politik der rücksichtslosen Unterjochung und Ausbeutung der Kolonisierten und prognostizierte als Folge der wachsenden Konkurrenz der Großmächte eine neue Rüstungskonjunktur und den „Keim zu gefährlichen internationalen Konflikten".[73] Die Formulierung einer explizit sozialistischen Position zur Weltpolitik hielt Singer nicht für vordringlich, worin ihm Rosa Luxemburg entschieden widersprach. Dennoch konnten nach Einschätzung Luxemburgs die Marxisten in der SPD insgesamt zufrieden sein, worin sie mit Singer wiederum übereinstimmte.[74]

Ledebour ergriff auf dem Mainzer Parteitag dreimal das Wort, seine erste Wortmeldung betraf die Weltpolitik, ohne dass er direkt auf die Gräueltaten der Expeditionstruppen einging. Er stellte fest, dass „die Mehrheit der kapitalistischen Welt mit einer solchen eroberungslüsternen Weltpolitik" sympathisiere. Diese Tendenzen seien allen kapitalistischen Staaten gemein, auch wenn sie „je nach den Entwicklungsstadien der einzelnen Länder bald diese bald jene Form annehmen, aber im Wesen überall gleich sind, im absolutistischen Russland wie im konstitutionellen England, im republikanischen Frankreich und Amerika wie in Deutschland mit seiner undefinierbaren Regierungsform".[75] Die internationale Sozialdemokratie müsse überall gegen diese Politik vorgehen, so seine Forderung. Hier widersprach er auch Eduard Bernstein, der eine sozialdemokratische Kolonialpolitik für denkbar hielt. Kurz darauf sprach Ledebour auf einer Volksversammlung der SPD des 6. Berliner Reichstagswahlkreises am

71 Rev. Berl. Arbeiterbewegung 1, S. 423.

72 Reuter, S. 374.

73 Ebd., S. 376 f.

74 Laschitza, Im Lebensrausch, S. 154 f.; Rosa Luxemburg an Jogiches, 21.9.1900, GB 1, S. 504.

75 Rede auf dem Parteitag in Mainz am 18.9.1900, in: Prot. PT SPD 1900, S. 166 f.

4. 10. 1900 in Gesundbrunnen zur Weltpolitik. Dort verurteilte er die Passivität der bürgerlichen Parteien im Reichstag, die sich der Nichtachtung des Parlaments durch die Regierung, die den Reichstag nicht einberief, nicht entgegenstellten: „Nicht etwa aus Furcht vor einer Opposition der bürgerlichen Parteien habe die Regierung die Einberufung des Reichstags unterlassen, sondern weil sie eine heilige Scheu habe vor der Geißelung ihrer Politik durch die Vertreter der Sozialdemokratie." Ein Redner der Zentrumspartei habe die Chinapolitik gebilligt, dass sie den deutschen Interessen und der Missionierung das Feld ebne. Dem hielt Ledebour entgegen: „Kein Wort des Tadels habe der Centrumsmann gehabt für die bekannten Hunnentaten der europäischen Soldaten in China. [...] Nur die patriotischen Waffenlieferanten, die beiden Seiten ihre Mausergewehre und Kruppgeschütze lieferten, hätten ihre Freude an dem Völkermord."[76]

Am 3. 3. 1902 kam er nochmals auf die deutsche Chinapolitik zu sprechen. Da die internationale Gewaltaktion zudem mit einem Raub chinesischer Kulturgüter einherging, wurde die Frage ihrer Rückgabe im Reichstag diskutiert. Während die Reichsregierung sich auf den Standpunkt stellte, die chinesische Regierung habe dem Verbleib astronomischer Instrumente aus Peking in Deutschland zugestimmt, kritisierte Ledebour diese Stellungnahme als Rechtfertigung in einer Situation, als sich die geraubten Instrumente längst in Deutschland befanden und China keinen Zugriff mehr auf sie hatte. Da sie im Park von Sanssouci aufgestellt wurden, vermutete er, dass sie besonders einer bestimmten ungenannten Person, gemeint war ganz sicher Kaiser Wilhelm II., zum Gefallen dorthin verbracht wurden. Den ganzen Vorgang bewertete er letztlich als ehrlos, denn er hielt der Regierung vor: „Die internationale Sozialdemokratie zeigt stets, dass sie für wahre nationale Ehre ein besseres Verständnis hat als diejenigen Leute, die ewig den Patriotismus im Munde führen und darunter nur verstehen, im Interesse einzelner großer Interessencliquen Interessenpolitik zu treiben."[77] Die Hauptrichtung seiner Argumentation war dabei auf die dahinter stehende Moral gestützt, die er der Reichsregierung absprach. So konfrontierte er sie mit der moralischen Position Friedrichs II., als des „Alten Fritz", die in dessen Entscheidung über den Verbleib der Mühle in Sanssouci zum Ausdruck gekommen sei: „Nun, meine Herren, wenn Fremde den Park von Sanssouci besuchen, werden ihnen die verschiedenen Sehenswürdigkeiten gezeigt, die da zu sehen sind, und besonders werden sie auf die Mühle von Sanssouci hingewiesen. Da wird ihnen erzählt, dass das ein Denkmal der Gerechtigkeitsliebe der

76 Rede v. 4. 10. 1900 im 6. Berliner Wahlkreis über die deutsche Weltpolitik, Vw, 6. 10. 1900, S. 4.

77 Reichstagsrede v. 3. 3. 1902, in: Sten. Ber. RT, Bd. 183, S. 4547.

preußischen Könige sei […] Aber ich frage: Wenn die Leute, die den Cicerone machen, um den Leuten die Merkwürdigkeiten von Sanssouci zu erklären, künftig die Besucher nach den Instrumenten hinführen, die aus China hergebracht sind, werden sie da auch ähnlichen Anlass zur Ruhmredigkeit haben wie bei der Mühle von Sanssouci? Ich glaube, sie werden es vorziehen, die Geschichte der Instrumente lieber nicht zu erzählen, weil, wenn diese Leute wirklich ein Gefühl der Ehre Deutschlands und aller der Persönlichkeiten haben, die bei uns zu Lande eine maßgebende Rolle spielen, sie besser tun werden, über die Herkunft der Instrumente und der Art und Weise, wie sie zu uns geschafft sind, zu schweigen."[78]

Ledebour selbst hatte in einer Rede auf einer Volksversammlung des 6. Berliner Wahlkreises am 22. 10. 1901 die Niederschlagung des Boxeraufstands als „Verbrechen wider die Menschheit" verurteilt. Doch die Berichterstattung in der nichtsozialdemokratischen Presse hatte für diese Argumente wenig Verständnis. Die „Norddeutsche Allgemeine Zeitung" aus Berlin zitierte vor allem den Konservativen von Kardorff ausführlich, der die Rückgabe der astronomischen Instrumente ablehnte und eine Lanze für die Haltung des Auswärtigen Amtes mit den Worten brach: „Ich halte die deutsche Ehre und Würde durch unser Auswärtiges Amt besser gehütet als durch die Herren Singer, Gradnauer und Ledebour."[79] Die „Solinger Zeitung" gab am 5. 3. 1900 folgende Aussage des Nationalliberalen Hasse wieder: „Die Auffassung von der Gleichheit aller Menschen sei rückständig. Die Menschen seien sehr verschieden und ebenso die Völker", der damit ausdrücklich Ledebour widersprach und die Position der „Alldeutschen", das Deutsche rund um den Erdball zu schützen, unterstützte.[80] Das „Berliner Tageblatt" wiederum erwähnte eine Randnotiz aus Ledebours Rede: „Ledebour hielt es für nützlich, die Wegnahme der Pekinger Instrumente als eine ruchlose Tat zu bezeichnen, was ihm einen Ordnungsruf einbrachte."[81] Als sozialdemokratische Zeitung wies die in Bielefeld erscheinende „Volkswacht" auf Ledebours Bewertung einer Rückgabe der Instrumente an Peking hin und ergänzte, dass er sich für eine Freilassung mindestens der burischen Frauen und Kinder aus den britischen Konzentrationslagern im südlichen Afrika eingesetzt hatte.[82]

78 Ebd., S. 4548. Unter einem Cicerone, wohl angelehnt an Marcus Tullius Cicero, wird sowohl ein archäologischer oder kultureller leiblicher Fremdenführer als auch ein gedruckter verstanden.

79 Norddeutsche Allgemeine Zeitung (NAZ), 4. 3. 1902, S. 11.

80 Solinger Zeitung (SolZ), 5. 3. 1902.

81 BT, 5. 3. 1902-M, S. 2.

82 Volkswacht (Bielefeld/VWB), 4. 3. 1902, S. 2.

2.2. Ledebours Bewertung des Zweiten Burenkrieges (1899–1902)

Am 22.10.1901, hieß es später im „Vorwärts", hielt der sozialdemokratische Wahlverein für den 6. Berliner Reichstags-Wahlkreis „eine sehr gut besuchte Versammlung ab. Reichstags-Abgeordneter Georg Ledebour sprach über das Thema: ‚Der südafrikanische Krieg und seine Lehren'." In seiner Fundamentalkritik am Zweiten Burenkrieg (1899–1902) „schilderte er die Gräuel der englischen Kriegsführung in Transvaal und wies nach, dass der Krieg im Grunde nur verschuldet sei durch den Eigennutz einer geldgierigen Kapitalistenclique, bei deren Unternehmungen auch deutsche und französische Börseaner beteiligt seien". Damit verband Ledebour Kolonialismus und Imperialismus miteinander. Er warnte vor einer deutschen Verstrickung in einen Kolonialkrieg in Afrika, denn nach der blutigen Niederschlagung des Boxeraufstands in China ein gutes Jahr zuvor wisse man, „dass er zu einem Verbrechen wider die Menschheit ausarten werde". Ledebour empfahl eine grundlegende Agitation und Aufklärung darüber, dass mit einem stehenden Heer Schluss gemacht werden müsse zugunsten eines Volksheeres, denn die Buren hätten den Engländern gezeigt, „was ein Volk vermöge, das seine Waffen in der Hand habe".[83] Hier finden wir also den Dreiklang von Kapitalismuskritik, Menschenrechten und Aufklärung, der Ledebours Position grundlegend markierte. Wie erwähnt engagierte er sich bereits zu Zeiten seines Englandaufenthaltes für die Unabhängigkeit der Buren, als er sich 1879 und 1880 als einziger Deutscher zusammen mit Iren, Buren und Engländern als Mitglied des „Transvaal Independent Committee" für die Selbstbestimmung der genannten Völker von England einsetzte. Vor dem Ersten Burenkrieg (1880/81) hatten die englischen Truppen 1877 die von den Buren gegründete Südafrikanische Republik auf dem Gebiet des heutigen Transvaals annektiert. Als 1880 der Liberale William Gladstone, von Ledebour verehrt, zum Premierminister in London gewählt wurde, erhofften sich die Buren eine Rückkehr zur Eigenständigkeit, die jedoch enttäuscht wurde, sodass sie den Aufstand wagten. Im März 1881 musste Großbritannien nach einigen militärischen Niederlagen einen Frieden eingehen, der den Buren in Transvaal mehr Selbständigkeit zugestand, allerdings unter britischer Oberherrschaft. 1884 erlangte die Südafrikanische Republik wiederum ihre volle Unabhängigkeit. Unter dem konservativen Premier Lord Salisbury kehrte Großbritannien zu einer offensiven Kolonialpolitik mit imperialistischen Absichten zurück. Das britische Herrschaftsgebiet sollte „Von Kairo bis zum Kap", also vom Nil bis zur Südspitze Afrikas reichen. Nachdem es in den Burenstaaten Oranje und Transvaal zu Diamantenfunden gekommen war, sahen sich beide

83 Vw, 25.10.1901, S. 4.

Länder einer Einkreisungspolitik seitens der britischen Kapprovinz gegenübergestellt, die 1899 zum offenen Kriegsausbruch führte. Nach ersten militärischen Erfolgen der Truppen der Buren wendete sich 1900 das Blatt zu Gunsten des britischen Militärs. Der offene Krieg wandelte sich zum Guerillakrieg der Buren, dessen die Kolonialtruppen nicht Herr zu werden vermochten. Zunehmend griffen sie zu kriegsverbrecherischen Praktiken, zum Beispiel zur Errichtung erster Konzentrationslager, der Zerstörung der burischen Infrastruktur („verbrannte Erde"), des Aushungerns etc. Beide Seiten führten willkürliche Exekutionen durch und verübten Verbrechen gegen die Menschlichkeit. Erst im Mai 1902 endete diese kriegerische Auseinandersetzung und legte mit dem Friedensschluss den Grundstein des heutigen Südafrika in seiner territorialen Gestalt.

Das Deutsche Reich hatte sich England gegenüber für neutral erklärt. Reichskanzler Bernhard von Bülow lehnte eine diplomatische Intervention in London ab und verwies unter anderem darauf, dass man das Vereinigte Königreich nicht kränken wolle und überdies auch andere europäische Mächte keine Bereitschaft zur diplomatischen Initiative zeigten.[84] Ledebour wies in seiner Reichstagsrede vom 5. 3. 1901 darauf hin, dass Krupp Waffen für den Krieg liefere, dass die deutsche Neutralität England gegenüber nur offiziell gezeigt werde, ansonsten aber ein gutes Einvernehmen mit England bestehe, worauf auch die Nichteinladung des Präsidenten der Republik Transvaal, Paul „Ohm" Krüger hindeute. Dies wiege umso schwerer, als die Reichsregierung Kontakte zu Cecil Rhodes geknüpft habe, der ja die treibende Kraft des Krieges gegen die Buren war.[85]

In seiner Rede vom 3. 3. 1902 kritisierte Ledebour im Besonderen die englische Kriegsführung in Südafrika. England habe sich „zu einem den Grundsätzen der Humanität zuwiderlaufenden Kriege [...] hinreißen lassen" und schlage „damit dem allgemeinen Humanitätsgefühl der zivilisierten Welt ins Gesicht". England habe die Bestimmungen der Haager Landkriegsordnung verletzt und müsse auch von der deutschen Regierung an ihre diesbezüglichen Verpflichtungen erinnert werden.[86] Er mahnte, „es ist immer noch Zeit, in Südafrika durch unsere Regierung die Stimme der Menschlichkeit zur Geltung zu bringen".[87] Explizit forderte er dazu auf, „etwas für die unglücklichen Burenfrauen und

84 Bernhard von Bülow, Sten. Ber. RT, 156. Sitzung, 3. 3. 1902, Bd. 183, S. 4545.

85 Reichstagsrede v. 5. 3. 1901, 61. Sitzung, Sten. Ber. RT, Bd. 180, S. 1697 ff.

86 Reichstagsrede v. 3. 3. 1902, 48. Sitzung, Sten. Ber. RT, Bd. 183, S. 4548. Er bezieht sich auf die Haager Landkriegsordnung in der von der Haager Friedenskonferenz 1899 angenommenen Form. Die heutige HLKO wurde 1907 in leicht veränderter Form nochmals beschlossen.

87 Ebd., S. 4549.

-kinder in Südafrika in den Konzentrationslagern zu tun". Er regte an, die Frauen und Kinder mit Unterstützung einer internationalen Hilfsorganisation aus den Lagern zu schaffen und in Sicherheit zu bringen, wie es schon im deutsch-französischen Krieg im Falle der Belagerung Straßbourgs geschehen sei. Im weiteren Verlauf seiner Rede griff Ledebour auf seine Englischkenntnisse zurück, als er anhand des britischen Blaubuchs der Regierung an das Parlament vorrechnete, wie unmenschlich der Ernährungszustand der Internierten war. Die Kindersterblichkeit habe bei „462 pro Mille", also 46,2 % gelegen, allein im September 1901 sollen 1964 Kinder gestorben sein. In den insgesamt zwölf Konzentrationslagern hätten im September 1901 exakt 53 326 Kinder unter diesen unwürdigen Bedingungen gelebt: „In etwa zwei Jahren würden die ganzen Kinder ausgestorben sein."[88]

Die selbstauferlegte Zurückhaltung der Regierung konfrontierte Ledebour mit einem weiteren Auszug aus dem Blaubuch, also einem anerkannten Instrument der parlamentarischen Kontrolle der Regierung in Großbritannien, der vom britischen Oberbefehlshaber Lord Kitchener selbst stammte, und in dem dieser dem südafrikanischen General Botha schrieb, dass er bereit sei, die Frauen und Kinder, die die Lager verlassen wollten, an Südafrika zu übergeben. Ledebour fordert die Regierung auf, diese humanitäre Geste offiziell zu begrüßen, wie dies im Übrigen schon die sozialistischen Parteien in den Niederlanden, Belgien, Großbritannien und im Deutschen Reich vorgenommen hätten. Im Folgenden drückte er aus, dass dieser Krieg von Seiten der Arbeiterbewegungen als ein „kapitalistischer Raubkrieg" bewertet werde, der von einer „kleinen Clique von Spekulanten Südafrikas" unter Aufhetzung der nationalen Leidenschaften angezettelt worden sei. Es sei ein Ausrottungs- und Vertreibungsprozess im Gange. Es folgte eine scharfe Attacke auf die Kräfte im Reichstag, vor allem die Alldeutschen, die vordem aus antibritischer Haltung die Buren unterstützt hätten und nun, im zweiten Krieg, die Neutralitätspolitik von Bülows unterstützten. Ihnen warf er vor, mit ihrer außenpolitischen Parole, Hammer sein zu wollen, „notwendigerweise zu einer ähnlichen Politik der Gräuel, wie sie von England in Südafrika betrieben wird", zu kommen. Sie seien „ein Fleisch und Blut mit den englischen Chauvinisten".[89]

Interessant an dieser Rede ist zudem, dass Ledebour, als Parallele zur britischen Unterdrückung von Minderheiten, in Deutschland jene den Polen und Dänen gegenüber anführte und seine Kenntnisse der englisch-britischen Kolonialgeschichte in seine Argumentation einbezog. Diese inhaltlichen Komponenten

88 Ebd.; ob er selbst als Sanitäter Augenzeuge war ist nicht ersichtlich.

89 Ebd., S. 4550.

verband er zu einer Conclusio, die sich um den Begriff der „Nationalitätentoleranz" drehte. Der „Politik des Hammers" stelle die internationale Sozialdemokratie genau diese Nationalitätentoleranz entgegen, die im heutigen Sprachgebrauch als „Selbstbestimmungsrecht" zu verstehen ist. Nationale Egoismen seien gerade für Deutschland schädlich, weil viele Deutsche in anderen Staaten lebten und somit selbst Opfer von Unterdrückung werden könnten. Ledebour schloss mit einem flammenden Plädoyer für den Internationalismus: „Indem wir diese Politik treiben, sind wir nicht nur Freunde der Buren, nicht bloß Freunde der Deutschen – da sind wir Freunde der Erhaltung aller Nationalitäten in der ganzen Welt, und da überall in der ganzen Welt die Sozialdemokraten in ihren wachsenden Fortschritten diese Frage in der gleichen Weise lösen und gelöst haben wollen wie wir, so liegt darin auch die sichere Gewissheit, dass unser Gedanke zum Siege dringt über Ihre alldeutschen und hakatistischen Alfanzereien hinweg."[90]

Der „Vorwärts" vom 4.3.1902 druckte eine längere Passage aus Ledebours Rede wörtlich ab. Dies galt sowohl hinsichtlich der Rückgabe der geraubten astronomischen Instrumente an China als auch hinsichtlich des aktuellen Krieges im südlichen Afrika. Diese Rede übrigens folgte jener Georg Gradnauers und sollte eventuelle Gegenargumente anderer Fraktionen aufnehmen, um ihnen aus Sicht der SPD entsprechend zu begegnen. Sprachlich fällt auf, dass Ledebour sich sowohl englischer wie französischer Redewendungen bediente. Typisch für seine inhaltlichen Schwerpunkte war seine Bezugnahme auf die diplomatischen Beziehungen zu Großbritannien. Hier warf er dem Reichskanzler vor, gegenüber London „eine sehr unglückliche Hand" zu haben. Statt missverständlicher Reden gegen die britische Politik und deren Politiker hätte eine Mediation erfolgen sollen. Dass er das diplomatische Ungeschick vor allem vom persönlichen Regiment Wilhelms II. ausgehen sah, verdeutlicht seine Kritik an der England-Politik als einer „Politik des Hans Dampf in allen Gassen".[91] Bei der Fortsetzung der Debatte sprach er sich erneut für eine diplomatische Initiative London gegenüber aus.[92] In dieser Rede sprach er seine Mitarbeit im „Transvaal Independence Committee" an, um sich gegen den an ihn und Gradnauer gerichteten Vorwurf

90 Ebd., S. 4551. Zu den Hakatisten siehe https://de.wikipedia.org/wiki/Deutscher_Ostmarkenverein. Als Alfanzereien bezeichnete man die Gaukelei oder das Possenreißen.

91 Vw, 4.3.1902, S. 2.

92 Die Dortmunder Zeitung (DoZ) vom 5.3.1902, S. 1, bezog sich auf die Fortsetzung der Debatte am 4.3. und zitierte Ledebour: „Die Sozialdemokraten verlangen keine Intervention im Burenkriege in dem Sinne, dass diese zum Kriege führen müsste, sondern um die Geltendmachung freundschaftlicher Ratschläge, von denen sie sich eine Wirkung ersprießlicher Art versprechen."

der Unkenntnis der Dinge in Südafrika zu wehren. Er verwies darauf, schon seit 1880 mit dem genannten Komitee in Verbindung gestanden zu haben, und forderte, den von England bedrängten südafrikanischen Republiken die gleichen völkerrechtlichen Kompetenzen zuzugestehen wie es zwischen den europäischen Staaten Praxis sei. Einen weiteren, ihm am Herzen liegenden rechtlichen Aspekt sprach Ledebour ebenfalls in dieser Rede an, nämlich die Gleichbehandlung von Minderheiten in einem Staat. Er warf dem Nationalliberalen Hasse vor, den Begriff „Deutscher" in der Reichsverfassung bewusst auf die ethnische Mehrheit zu reduzieren und die Minderheiten auszugrenzen bzw. als Staatsbürger zweiter Klasse zu behandeln: „Dieser Ausdruck ‚Deutscher' in der Reichsverfassung ist indes ein staatsrechtlicher Begriff, der sich vollkommen deckt mit dem Begriff ‚Reichsangehöriger', ganz abgesehen von Abstammung, Glauben und Muttersprache. Er gilt also genau so gut wie für die Reichsangehörigen deutscher Zunge auch für die polnischer, dänischer, französischer, wendischer, litauischer Zunge." Hasse, so kritisierte Ledebour, ersetze den staatsrechtlichen Begriff des Deutschen durch jenen der Sprach- und Abstammungsgemeinschaft.

Ledebour fuhr fort mit längeren Ausführungen zum Burenkrieg und zitierte aus einer Resolution der englischen Sozialisten im Wahlkreis Battersea, wo rund 2000 Menschen sich entschieden gegen den Krieg gegen die Buren gewandt hatten und stellte fest, dass dies die Position der internationalen Sozialdemokratie sei, die in allen Ländern gelte und zur Sprache gebracht würde.[93] Alsdann forderte er den Reichstag und die Regierung auf, sich mit den um ihre Freiheit kämpfenden Buren zu solidarisieren, deren Kampf nicht nur aus Gründen der Humanität gerechtfertigt sei, sondern auch als ein Kampf gegen Imperialismus, Militarismus und Kapitalismus. Das Denken der herrschenden Klassen in England sei vergiftet worden seit dem Beginn des Krieges und beschäftige sich mit Unterdrückungsbestrebungen, zu denen er die Konzentrationslager zählte. Dieses Denken habe auch die deutschen Herrschenden zu ergreifen begonnen, warf er der Regierung und deren parlamentarischer Mehrheit vor. Verblüfft stößt man dann auf eine Passage, deren Zukunftsrelevanz damals sicher noch nicht ersichtlich war: „Herr Hasse hat gefragt: Wo ist denn so was zu Tage getreten? Haben wir schon Konzentrationslager angelegt? [...] Nein, weil Sie noch keine Gelegenheit dazu gehabt haben; aber im Prinzip ist unsere Weltpolitik und unsere Heimatpolitik, die im engsten Zusammenhange damit steht, ganz dasselbe wie die englische Politik."[94] Koloniale Unterdrückung und mangelnder Minderheitenschutz, Imperialismus und Nationalismus standen für Ledebour in einem

93 Reichstagsrede v. 4. 3. 1902, Sten. Ber. RT, Bd. 189, S. 4571.

94 Ebd., S. 4572.

unauflöslichen Verhältnis zueinander und bedurften einer grundsätzlichen und scharfen Kritik, der er sich mit Hingabe widmete. Diese Kritik trug er auch seiner Basis im Reichstagswahlkreis Berlin VI, aber auch bei Reden außerhalb Berlins mit Engagement und Verve vor. Am 22.3.1902 hielt er eine Rede über den Burenkrieg und die Haltung der Sozialdemokratie im hessischen Offenbach.[95]

Der 2. Burenkrieg endete am 31. Mai 1902 mit dem Friedensschluss von Vereeniging. Die unterlegenen Buren wurden mit den umkämpften Gebieten in das Empire eingegliedert, jedoch erhielten sie weitgehende Autonomierechte, sodass die Versöhnung zwischen Buren und Briten recht schnell gelang. Dazu gehörte auch die Rechtmäßigkeit der niederländischen Burensprache, des „Afrikaans". Dies legte den Grundstein für die heutige Republik Südafrika, die aus der 1910 gegründeten Südafrikanischen Union hervorging. Allerdings wurden die Friedensvereinbarungen auf Kosten der nichtweißen Bevölkerung geschlossen, denen viele Rechte vorenthalten wurden. Ein Ergebnis dieser Entwicklung war letzten Endes die Politik der Apartheid, die bis 1994 die farbige Bevölkerung ethnisch, rechtlich und politisch diskriminierte.

Kurz nach dem Ende des Krieges befasste sich Ledebour in einem Beitrag in der NZ mit dem Friedensschluss im südlichen Afrika. Gleich im ersten Satz seiner Stellungnahme ließ er seine grundsätzlichen Sympathien für die Bestrebungen der Buren erkennen: „Das Blutvergießen in Südafrika ist zu Ende gekommen. Nach einem beispiellosen, bis in die letzte Zeit noch vielfach siegreichen Widerstand von mehr als zweieinhalb Jahren gegen eine schließlich zehnfach an Zahl überlegene Armee europäisch geschulter Truppen haben die Buren die Waffen gestreckt." Ledebour bewertete die den Buren gemachten Zugeständnisse mit großer Skepsis. Deren völlige Entwaffnung war ausgeblieben und wurde auch nicht kodifiziert. Ledebour sah dies weniger als ein Zugeständnis an, sondern als eine Notwendigkeit, um das Recht auf Selbstverteidigung zu garantieren, waren die Buren doch auch Kolonisten und hatten der eingeborenen Bevölkerung Land genommen. Die Zugeständnisse in Sachen Selbstverwaltung hielt er für zweideutig und unbestimmt: „Auch die Einführung der Selbstverwaltung ist völlig in die Hände der englischen Behörden gestellt. Soweit sich aus ihrer bisherigen Politik schließen lässt, werden sie suchen, die Einführung der Selbstverwaltung so lange hinauszuschieben, bis sie glauben, über eine englische Kolonistenmehrheit in den eroberten Gebieten verfügen zu können."[96] Er sah die Anglisierung als das eigentliche Ziel der englischen Kolonialpolitik am Kap und ließ dabei außer

95 Diese Rede ist nicht dokumentiert, allerdings bei Ursula Ratz in der Bibliographie zu Ledebour aufgelistet: Offenbacher Abendblatt Nr. 70, 24.3.1902.

96 G.L., Zum Friedensschluß in Südafrika, in: NZ, 1901/02, H. 10, S. 308–311, Zitate S. 308f.

Acht, dass ein Kompromiss zwischen Buren und Engländern in jedem Fall eine europäische Vormachtstellung sichern half.

Dieser Anglisierungverdacht galt nicht zuletzt für die sprachliche Autonomie der Buren: „Es ist nicht etwa gesagt worden, dass den Kindern ihre Muttersprache als Schulsprache zugesichert ist, die holländische Sprache soll vielmehr nur, ‚wo die Eltern das wünschen', gelehrt werden. Das kann nur so zu verstehen sein, dass die Unterrichtssprache die englische zu sein hat, während die holländische nur als Fremdsprache gelehrt werden soll" (S. 309f.). Doch hielt er den Buren ihre Zähigkeit zugute und erwartete deshalb, „dass ihnen die englischen Staatskünstler auch mit solchen Methoden nicht so leicht das Rückgrat werden brechen können" (S. 310). Ebenso kritisch bewertete Ledebour den Umgang Englands mit den Rebellen. Auf die Verhängung von Todesstrafen wurde verzichtet, allerdings konnte das Wahlrecht eingeschränkt werden, sodass die so Gemaßregelten als Wählerschaft der Burenpartei ausfielen. Hoffnung machte ihm die Ankündigung, dass der König auch Rebellen, die wegen Hochverrats angeklagt und verurteilt wurden, begnadigen werde (S. 310f.). Als Fazit glaubte er herausstellen zu müssen, dass die offenkundige relative Milde der Friedensbedingungen allein dem Zweck diente, die englischen Interessen zu befestigen. Die Buren, so könnte man rückschließen, sollten so nach seiner Auffassung „gezähmt" werden (S. 311). Dass schon wenige Jahre später eine Südafrikanische Union aus den vier entweder von Buren oder Engländern dominierten Kaprepubliken entstehen sollte, war wahrscheinlich nicht nur für Ledebour nicht erkennbar, zeigte allerdings eine neue Beweglichkeit im Rahmen kolonialer Herrschaftspraxis.

2.3. Der Genozid an den Herero und Nama (1904–1909) – Folge der deutschen Landnahme?

Schon während der 1. Session des 11. Reichstags vollzog sich im fernen „Deutsch-Südwestafrika" eine Tragödie ohne Beispiel. Dort hatten sich 1904 zum zweiten Mal seit 1886 die Herero gegen die deutsche Kolonialmacht erhoben. Seit 1884/85 befand sich dieses Gebiet des heutigen Namibia unter der Kolonialhoheit des Deutschen Reiches, nachdem der Bremer Kaufmann Adolf Lüderitz durch Verträge und Eroberungen die Grundlage für „Deutsch-Südwestafrika" gelegt hatte und dafür den kaiserlichen Schutzbrief erhielt.[97] Seit April 1894 amtierte Major Theodor von Leutwein als Gouverneur in der Kolonie und schlug bis 1904 mehrere kleinere Erhebungen der Einheimischen nieder, die jedoch in Deutschland weitgehend unbeachtet blieben.

97 Pleticha, S. 163.

Infolge einer Heuschreckenplage und einer Rinderpest in den Jahren vor 1900 verarmten die unterworfenen Herero zusehends; gleichzeitig enteigneten die deutschen Kolonialherren immer mehr eingeborenes Landeigentum für die nun für die deutschen Siedler attraktiv gewordene Rinderzucht. Diese Enteignungen sowie Demütigungen und schwere Menschenrechtsverletzungen führten die Herero in den Aufstand. Am 12. 1. 1904 erhoben sie sich unter ihrem Anführer Samuel Maharero und töteten 123 Deutsche. Neben den genannten Auslösern waren folgende Gründe mitverantwortlich für den Aufstand: Die weißen Siedler beanspruchten immer mehr Weideland und beengten die Existenzgrundlage der Herero, die teils in Reservate abgeschoben wurden. Deren Bodengröße und -güte war von minderer Qualität. Außerdem führte die koloniale Enteignungspolitik zu immer größerer Rechtsunsicherheit der Herero. Hinzu kam, dass die oft bei deutschen Händlern verschuldeten Herero immer häufiger Zwangspfändungen ihres Viehs hinnehmen mussten. Alles in allem verschlechterten sich die Lebensbedingungen der Einheimischen in kurzer Zeit sehr drastisch und führten zu immer größerer Verzweiflung, die sich schließlich im Aufstand entlud.[98]

Zur Unterstützung der Kolonialarmee und des deutschen Gouverneurs Theodor von Leutwein entsandte Wilhelm II. den seit der Niederschlagung des Boxeraufstandes berüchtigten Admiral Lothar von Trotha in die Kolonie, wo er seinen Vernichtungsfeldzug gegen die Herero durchführte. Nachdem diese am Waterberg festgesetzt waren, wurden sie durch die Kolonialtruppen unter dem Befehl von Trothas in die nahezu wasserlose Omaheke-Wüste getrieben und von den Wasserstellen verjagt, sodass ein Großteil des Volkes der Herero mitsamt seinen Viehherden verdurstete oder ermordet wurde.[99] Ca. 2500 Überlebende wurden zur Zwangsarbeit für den Eisenbahnbau eingesetzt. Es wird angenommen, dass zwischen 16000 und 30000 Herero den Genozid überlebten. Die Anzahl der Todesopfer ist umstritten. Neuere Berechnungen gehen sogar von 40000 bis 60000 Todesopfern unter den Herero aus.[100] Das Bekanntwerden des Genozids führte zu einer Intervention des Reichskanzlers von Bülow bei Wilhelm II., der schließlich Leutwein abberief und von Trotha zur Beendigung des Vernichtungsfeldzuges

98 Katja Böhler, Für's Vaterland nach Afrika, in: Dies./Jürgen Hoeren (Hg.), Afrika. Mythos und Zukunft, Bonn 2003, S. 33ff.

99 Ebd. Die Zahlenangaben der Opfer schwanken beträchtlich. Sie reichen von 20 000 bis 85 000, da die Gesamtanzahl der Herero nicht bekannt ist. Böhler vermutet, etwa 50 000 Stammesangehörige haben vor dem Völkermord gelebt, die Kolonialschätzungen sprachen von 80 000 bis 100 000 Herero. Lutz van Dijk, Die Geschichte Afrikas, Bonn 2005, S. 106, schreibt von 75 000 getöteten Herero und Nama.

100 https://de.wikipedia.org/wiki/V%C3%B6lkermord_an_den_Herero_und_Nama.

drängte. Doch zu Beginn der zweiten Session des 11. Reichstags am 28.11.1905 schwelte noch ein weiterer Kolonialkrieg: Gleichzeitig mit den Herero erhoben sich die Nama gegen das deutsche Kolonialregime. Sie waren – im Unterschied zu den Herero – noch nicht unterworfen. Ihre bewaffneten Kämpfer suchten nicht die offene Schlacht, sondern praktizierten eine Guerillataktik. Sie konnten erst 1909 endgültig besiegt werden. Die Zahl ihrer Todesopfer wird auf 10000 geschätzt. Zahlreiche überlebende Nama und Herero wurden in nach dem englischen Vorbild errichtete Konzentrationslager verbracht. Noch heute ist der Streit um die Wiedergutmachung nicht endgültig beigelegt.[101]

Dieser Kolonialkrieg trug wesentlich dazu bei, dass die 2. Session verkürzt wurde und in die vorgezogenen Reichstagswahlen vom 25.1.1907 mündete. In diesen Jahren war genau die Situation eingetreten, die Ledebour anlässlich seiner Rede vor der Volksversammlung des 6. Berliner Wahlkreises am 22.10.1900 befürchtet hatte: Die deutsche Kolonialmacht beging ein Verbrechen wider die Menschheit, einen Genozid. Im Reichstag nahm Ledebour anlässlich der Debatte über die Beteiligung des Reiches am Eisenbahnbau in Kolonialgebieten auch zum Aufstand der Herero Stellung. Die wahren Gründe des Aufstands lägen in der Landspekulation auf Kosten der Eingeborenen und in deren Ausbeutung, nicht beim Eisenbahnbau als solchem: „Also selbst wenn da eine Eisenbahn durch ganz Südwestafrika von Nord nach Süd durchgegangen wäre [...] würde das den wirklichen Gründen für den Hereroaufstand gar keinen Abbruch getan haben. Vielleicht wäre dann die Landspekulation und die Ausbeutung der Neger noch viel wüster geworden, der Aufstand wäre vielleicht eher ausgebrochen."[102] Den gleichen Vorwurf wiederholte er am 14.6.1904 anlässlich der Debatte über den Bau einer Kolonialbahn in Togo und wurde prompt vom Vizepräsidenten des Parlaments unterbrochen. Doch seine auf Togo bezogenen Aussagen zum Umgang mit dem Rechts- und Eigentumsverständnis der indigenen Bevölkerung, das auf dem Gemeineigentum beruhte, lassen sich insgesamt verallgemeinern und den Schluss zu, dass die Vertragspraxis der Kolonialherren und -gesellschaften unrechtmäßig bzw. mit dem heute noch anwendbaren Begriff sittenwidrig waren. Sollten die Betroffenen die Konsequenzen des Handelns ihrer Häuptlinge letztlich erkennen, wären Aufstände wahrscheinlich, wie es in Südwestafrika geschehen sei, so Ledebour.[103] In einer Resolution forderte

101 https://www.spiegel.de/politik/deutschland/herero-und-nama-deutschland-erkennt-kolonialverbrechen-in-afrika-als-voelkermord-an-a-e0c59c97-4e80-4adc-9f1a-f887fc8fc348.

102 Reichstagsrede v. 25.4.1904, Sten. Ber. RT, Bd. 199, S. 2411.

103 Reichstagsrede v. 14.6.1904, Sten. Ber. RT, Bd. 200, S. 3128ff.

die Fraktion der SPD die Rückgabe des so erworbenen Landes an die togolesischen Betroffenen, scheiterte allerdings mit ihrem Antrag an der Mehrheit.[104] Diese Initiative brachte er in seiner Schrift „Die deutsche Kolonialpolitik" von 1907 noch einmal zur Sprache.

Am 18.3.1905 sprach Ledebour zum Haushaltsetat für die Schutzgebiete. Auch in dieser Rede klagte er die Erwerbspraktiken beim Landkauf erneut an und verlangte namens der SPD die Rückgabe des durch Ausnutzung der Unkenntnis des europäischen bzw. deutschen Rechts entsprechend zum Niedrigstpreis erworbenen Landes an die betroffenen Eingeborenen.[105] Am 31.3.1905 wiederum appellierte er an die Regierung und die Kolonialverwaltung, nicht durch Provokationen der Stämme die Ausweitung des Aufstandes auf weitere ethnische Gruppen zu riskieren, denn die Nama, hier nach ihrem Anführer Henri Witboi als „Witboi" bezeichnet, hatten sich ja schon gegen die deutschen Kolonialisten erhoben. So wie die SPD in der Landfrage die Rückgabe an die indigene Bevölkerung forderte, verlangte sie im Umgang mit den Völkern in der Kolonie eine Pazifizierung.[106] Doch an eine geregelte Landrückgabe schien die Kolonialverwaltung nicht zu denken, denn der Kolonialdirektor „hat gesagt, unter keinen Umständen könne daran gedacht werden, den Herero das Land, das sie früher im Besitz gehabt hätten, wiederzugeben", was einer anderen von dieser getätigten Aussage widerspräche. Stattdessen würde durch die Einrichtung von Reservaten die Landnahme faktisch fortgesetzt, selbst wenn, wie Kolonialdirektor Stübel versichert habe, die Prinzipien der Humanität obwalten sollten. Diese Rede nutzte Ledebour zu einer Generalabrechnung mit der deutschen Kolonialpolitik. So sagte er: „Alle diese Umstände, diese Bedrängung, Bedrückung und Landberaubung, haben gerade zu dem Aufstande in höchstem Maße beigetragen. Und nachdem dieser Aufstand erfolgt ist, wird nun diesen Völkern zur Strafe für den Aufstand, in den sie tatsächlich auch nach dem Zeugnis aller Missionare, die sich mit diesen Sachen befasst haben, hineingetrieben worden sind, ihr Land abgenommen werden. […] Wenn ein solcher Plan tatsächlich durchgeführt werden wird, wenn die Nutznießung des Landes, das die Stämme bisher im Besitz gehabt haben […] ihnen abgenommen werden soll, so ist das nichts weiter als eine Beraubung, für die sich ein Rechtstitel auf Grund zivilisierter Staatseinrichtungen absolut nicht geltend machen lässt."[107]

104 Resolution Auer und Genossen (Anlage 481) in: https://www.reichstagsprotokolle.de/Blatt_k11_bsb00002818_00771.html.

105 Reichstagsrede v. 18.3.1905, in: Sten. Ber. RT, Bd. 203, S. 5391 f. u. 5399 f.

106 Reichstagsrede v. 31.3.1905, ebd., S. 5818 f.

107 Reichstagsrede v. 6.4.1905, Bd. 204, S. 5885.

Mit dem Hinweis darauf, dass eine Ausweitung des Krieges auf andere Stämme eine Wiederholung der Gräueltaten des Krieges gegen die Herero bewirken werde, lehnte die SPD den Budgetansatz der Regierung ab; natürlich blieb sie in der Minderheit. In einer weiteren Replik während dieser Debatte charakterisierte Ledebour den Umgang mit den besiegten Herero als barbarisch: „Nur die Barbarei, die barbarische Unterdrückung, die barbarische Behandlung der Unterworfenen würde bei diesem die Ansicht erwecken, dass er es mit einem kraftvollen Gegner zu tun hat. Ja, das ist eine Auffassung, der wir diametral gegenüberstehen".[108] Am folgenden Tag ergriff er während der dritten Beratung des Haushalts für die Schutzgebiete noch einmal kurz das Wort, um der Regierung vorzuhalten, sie habe mit ihrer Drohung, sie zu entwaffnen, die Nama und die Ovambo erst in den Aufstand getrieben. Er belegte diesen Vorwurf mit Zitaten des Generalmajors von François, eines früheren Kolonialbeamten, der in einer Schrift über den Aufstand geschrieben hatte: „Den Anlass zum Ausbruch sollen die verschiedensten Umstände gegeben haben: Eingebung eines äthiopischen Propheten, religiöser Wahnsinn, Furcht vor der Absetzung der Kapitäne mögen mitgesprochen haben. Bestimmend scheint die Besorgnis vor der Entwaffnung gewesen zu sein. Die Abgabe der Gewehre bedeutet für Witboi das Ende der Unabhängigkeit, und für seine Freiheit will er kämpfen." An gleicher Stelle zitierte er aus einer Stellungnahme des Geheimen Regierungsrats Prof. Wohltmann, der empfohlen hatte, „gleichzeitig auch mit den Ovambos reinen Tisch zu machen und die vollständige Unterwürfigkeit dieses unsere unbedingte Vorherrschaft noch nicht anerkennenden Volkes durchzusetzen". Gleichzeitig warnte er vor einer Wiederholung des fürchterlichen Krieges gegen die Herero nun gegen Nama und Ovambos.[109] Die weitere Entwicklung gab ihm Recht, wenngleich die Nama nicht die offene Feldschlacht suchten, sondern eine Kriegsführung aus dem Hinterhalt betrieben, die den Krieg bis 1909 hinzog.

Der „Vorwärts" nahm am 7.4.1905 die Argumente Ledebours auf und berichtete ausführlich über die, so muss man es heute lesen, kriegslüsternen und rassistischen Reaktionen der Parlamentsmehrheit. So gebe es nur die Alternative der Beraubung oder der Niedermetzelung der Aufständischen (Dr. Paasche/ Nationalliberale), andere warnten von „schwächlicher Humanität" und maßen der deutschen Kolonialmacht als das stärkere Volk das Recht auf Brutalität zu.[110] Diese Ausgabe dokumentierte einige Auszüge aus der Debatte, die sich auf Äußerungen Ledebours und der Reaktionen seiner Kontrahenten bezogen.

108 Ebd., S. 5888.

109 Reichstagsrede v. 7.4.1905, Sten. Ber. RT, Bd. 204, S. 5906 f.

110 Vw, 7.4.1905, S. 5.

Hieran wird deutlich, dass sich eine Politik des angeblichen Rechtes des Stärkeren und eine Politik der Solidarität mit den kolonial Unterdrückten unversöhnlich gegenüberstanden. So kritisierte Ledebour die sich abzeichnende Enteignung und Vertreibung der Aufständischen als eklatanten Verstoß gegen das Völkerrecht: „Wenn in Europa das nach einem Kriege geschähe, würde man es als schreiende Barbarei betrachten."[111] Im Folgenden bezeichnete er die Bewilligung von Budgetmitteln für die Kolonien als „weggeworfenes Geld" und lehnte sie namens der SPD-Fraktion ab. Der Abgeordnete Dr. Arendt meinte, eine Enteignung wäre schon deshalb geboten, weil die Herero eine andere Reaktion nicht als zivilisiertes Handeln, sondern als Schwäche ansehen und zur Gewalt zurückkehren würden, schließlich gehe es hier nicht um einen Krieg zwischen zivilisierten Nationen. Ledebour konterte mit dem Verweis darauf, dass mit dem (Schein-) Argument der Schwäche alle „barbarischen Misshandlungen des überwundenen Feindes" legitimiert werden könnten. Stattdessen verwies er auf den völkerrechtlichen und humanen Grundsatz der Milde und brachte als Beleg dafür die Behandlung der Truppen der Südstaaten nach dem amerikanischen Bürgerkrieg 1861–1865 als Erfolgsbeispiel. Zwischen Dr. Paasche und ihm entspann sich eine kurze Auseinandersetzung. Paasche hatte den Krieg gegen die Herero und nun gegen die Nama als gerecht bezeichnet, weil jene mit Gewalt über die deutschen Siedler hergefallen seien und die deutschen Kolonialinstitutionen nur friedliche Kulturarbeit geleistet hätten. Ledebour wies dessen Darstellung entschieden zurück.[112] Die „Kölnische Zeitung" hob besonders die Position hervor, dass von deutscher Seite aus die Kriegsführung gerechtfertigt sei und die Schuld bei den Aufständischen läge.[113]

Am 13.11.1906 nahm der Reichstag seine Arbeit wieder auf, es sollte eine überaus kurze Sitzungsperiode werden. Schon in der 117. Sitzung griff Ernst Bassermann (Nationalliberale) die Außenpolitik der Regierung von Bülow und damit indirekt auch das persönliche Regiment Wilhelms II. wegen der greifbaren Gefahr der Isolierung Deutschlands scharf an. Die Regierung beantragte einen Nachtragshaushalt, um die Kämpfe in der südwestafrikanischen Kolonie finanziell zu unterstützen. Es war Georg Ledebour, der die Kolonialpolitik einer Generalkritik unterzog, die Kriege gegen die Herero und die Nama anprangerte

111 Als der Zweite Weltkrieg mit der Kapitulation NS-Deutschlands und der Befreiung vom Nationalsozialismus und der Neufestsetzung der Grenzen in Europa endete, sollte diese Frage für Ledebour noch einmal Anlass zu einer öffentlichen Intervention werden, vgl. VI. 4.1. in vorliegendem Buch.

112 Vw, 7.4.1905, S. 5.

113 KöZ, 7.4.1905, S. 1.

und der Reichsregierung empfahl, die Kolonien aufzugeben.[114] Vor allem Ledebour und Bebel sprachen in dieser Session für die sozialdemokratische Fraktion zur Sache. Es bahnte sich eine Niederlage der Reichsregierung an, „da sich nicht nur die Sozialdemokraten, Welfen, Elsaß-Lothringer und Polen gegen den Antrag aussprachen, sondern, unter dem Einfluss seines linken Flügels um den württembergischen Abgeordneten Matthias Erzberger, auch das Zentrum", mehr Mittel für die Kolonialarmee bereitzustellen.[115] Am 13.12.1906 kam es zur Abstimmung: Die entsprechende Reichstagskommission empfahl mehrheitlich die Ablehnung des Nachtragshaushalts. Ledebour sprach in seiner Rede auch über die Bedingungen im Internierungslager für Herero und Nama auf der Haifischinsel[116] und führte eine Generalabrechnung mit der Regierungspolitik durch. Die Rücktrittsdrohung von Reichskanzler von Bülow quittierte er mit der Bemerkung, er begrüße diese, dann werde endlich mal Ernst gemacht seitens der Regierung.[117] Die namentliche Abstimmung ergab eine knappe Mehrheit gegen die Regierungsvorlage von 177 gegen 168 Stimmen bei einer Enthaltung. Daraufhin verlas Reichskanzler von Bülow eine Erklärung des Kaisers, von ihm selbst gegengezeichnet und verkündete die Auflösung des Reichstags.[118] Mit dem – von der Sozialdemokratie stets verweigerten – „Kaiserhoch" zogen die Fraktionen nun in den vorgezogenen Wahlkampf.

3. Die „Hottentottenwahl" vom 25. Januar 1907

Nach der vorbereiteten Reichstagsauflösung vom 13.12.1906 begab sich Reichskanzler Bernhard von Bülow an die Aufgabe der Sammlung aller national und konservativ gesinnten Kräfte im Reich, die eine „offensive" Kolonialpolitik unterstützten und gleichzeitig die Situationsmehrheit des 13.12. aus Sozialdemokraten, Zentrum und nationalen Minderheiten zurückzudrängen bereit waren. Von Bülow sah die Massenagitation, so wie sie sonst die Sozialdemokratie praktizierte, als ein adäquates Mittel im Kampf um die Köpfe und Wählerstimmen an. Außerdem erblickte er im gezielten Einsatz von Missionaren eine wertvolle Unterstützung der Regierung seitens der beiden christlichen Kirchen, was sich

114 Reichstagsrede v. 28.11.1906, Sten. Ber. RT, Bd. 218, S. 3976 ff.

115 Winkler, S. 297.

116 Shark Island in der Lüderitzbucht, s. https://de.wikipedia.org/wiki/Shark_Island_(Namibia).

117 Reichstagsrede v. 13.12.1906, Sten. Ber. RT, Bd. 218, S. 4365 ff.

118 Ebd., S. 4357 ff.

direkt auch gegen die Zentrumspartei richten sollte. Er maß überdies der nur scheinbar neutralen Informationsarbeit durch die „Deutsche Kolonialgesellschaft“ eine große Bedeutung zu, die vor allem mit finanziellen Mittel auf Seiten der Regierung einzugreifen angesprochen werden könne. Weiterhin forderte von Bülow den gezielten agitatorischen Einsatz von Afrikakämpfern auf der Seite der Regierungstreuen und empfahl die Bestechung von Sozialdemokraten und Gewerkschaftern, die Afrikakämpfer gewesen waren.

Letztlich legte von Bülow den Kirchengemeinden und Kommunen nahe, an den Kriegerdenkmälern die Namen von Gefallenen im Kolonialkrieg feierlich zu enthüllen, natürlich unter Anwesenheit der regionalen und lokalen Honoratiorenschaft, also der Landräte, Bürgermeister und Militärkommandeure. Nationaler Pomp und obrigkeitliche Feierlichkeit sollten die Menschen für die Regierung gewinnen.[119] Von Wichtigkeit war ebenso die Tätigkeit des „Reichsverbandes gegen die Sozialdemokratie“, von jener stets als „Reichslügenverband“ bezeichnet. Auf der Seite der Regierung stritten zusätzlich die Unternehmerverbände, der Flottenverein und die Kriegervereine mit Losungen wie etwa „Gegen Sozialdemokraten, Polen, Welfen und Zentrum!“[120] Durch diese direkte Bezugnahme auf die Kolonialpolitik und die Zuspitzung auf ihre Gegner erhielt die Januarwahl von 1907 den Beinamen der „Hottentottenwahl“, da sie bewusst auch nationalistische und rassistische Ressentiments aufgriff und schürte. In der Hauptstadt Berlin richteten die nun geschlossen an der Politik des „Bülow-Blocks“ teilnehmenden liberalen Parteien in der Behrenstraße ein „Büro für Sammlungen“ ein, wo finanzkräftige Magnaten die vereinigte Politik gegen die Regierungsgegner des 13. 12. 1906 materiell fördern konnten.[121]

Schon am 14. 12. 1906 veröffentlichte die SPD-Reichstagsfraktion ihren Aufruf zu den Reichstagswahlen. Darin hieß es unter anderem: „Wähler! Ihr habt nunmehr durch die Wahl neuer Abgeordneter zu entscheiden, wie Ihr nicht nur über die Sachlage in Südwestafrika, sondern über unsere gesamte innere und äußere Politik denkt!“ Mit dramatischen Worten verurteilte der Aufruf die Rüstungspolitik der Regierung, das wachsende Misstrauen der europäischen Mächte gegeneinander und die Politik, die Deutschland in die zunehmende Isolierung führte: „Wir haben unausgesetzt verlangt und verlangen immer wieder, dass die Kulturvölker statt in der Errichtung großer Armeen und Flotten und in der Erfindung und Herstellung der vollendetsten Massenvernichtungsmaschinen in

119 Bernhard von Bülows „Vorschläge zur Führung des Wahlkampfes durch die Regierung“, in: GdA 2, S. 357.

120 Ebd.

121 Rev. Berl. Arbeiterbewegung 1, S. 473.

den Werken des Friedens und der Zivilisation wetteifern [...] Statt dessen sehen wir die herrschenden Klassen, die mit der Losung: Wer den Frieden will, muss für den Krieg sich rüsten, die Völkerverfeindungspolitik zur Aufrechterhaltung ihrer Klassenherrschaft im Innern betreiben."[122] Dieser Aufruf widerspiegelt die enorme Zuspitzung der innenpolitischen Entwicklung zwischen 1903, dem Jahr des letzten Wahltriumphs der Sozialdemokratie, und der Lage 1906/07. Gleichzeitig drückt er aus, dass die Sozialdemokratie vor allem auf die parlamentarische Perspektive zu setzen begonnen hatte. Der Hegemoniegewinn der gemäßigten Strömung war trotz des noch immer vorhandenen Verbalradikalismus unübersehbar geworden.[123]

Auch Ledebour befand sich wieder im Wahlkampf. In einem doppelseitig eng bedruckten Flugblatt rief die Wahlkreisorganisation der SPD im Wahlkreis Berlin VI zur Wahl Ledebours auf. Die Forderungen der SPD bezogen sich nicht nur auf die Kolonialpolitik, sondern verbanden diese mit der für die Arbeiterschaft materiell drängenden Frage der Lebensmittelverteuerung, aber auch mit Forderungen zur rechtlichen Stärkung der Krankenkassen und der Gewerkschaften und nach einem gerechten Steuersystem, denn schließlich dienten viele der indirekten Steuern der Finanzierung der Aufrüstung des Reiches. Ganz im Sinne Ledebours forderte die SPD-Wahlkampfagitation das Ende der protektionistischen Schutzzollpolitik, die billigere Einfuhren beispielsweise aus Russland, vor allem von Getreide, aber auch von Fleisch, verhinderte und durch die Verteuerung die Arbeiterschaft betraf. Für Ledebour und die Partei galt der Freihandel als die bessere Alternative, sollte er doch zu einem Gleichgewichtspreis führen, der für die Arbeiterschaft günstiger wäre.[124] Die Wahlkampfphase dauerte nur wenige Wochen, inmitten darin die Weihnachtstage und der Jahreswechsel, bei denen es eher ruhig zuging. Ledebour wurde am 18. 12. auf einer Wahlversammlung seines Wahlkreises einstimmig als Kandidat für die SPD im Wahlkreis Berlin VI nominiert; an diesem Tag eröffnete die Berliner Sozialdemokratie ihren Wahlkampf. Der „Vorwärts" schrieb: „Ledebour dankte für das Vertrauen, welches ihm die Genossen schenken und erklärt, dass er es rechtfertigen werde und hoffe, seinen Gegnern noch recht unbequem zu werden. Er machte in seinem Schlusswort darauf aufmerksam, dass der sechste Wahlkreis im Verhältnis zu der Zahl der wahlberechtigten Arbeiter im Kreise noch eine weit größere Stimmenzahl für die Sozialdemokratie aufbringen müsste. Falls die schwarzen Pläne

122 Dokumente und Materialien 4, S. 199 f.

123 Vgl. Czitrich-Stahl, S. 471 ff.

124 An die Wähler des 6. Berliner Reichstagswahlkreises, in: Bernstein, Berl. Arbeiterbewegung 3, S. 201 f.

der Reaktionäre zur Wirklichkeit werden und eine Wahlrechtsverschlechterung eintreten sollte, so müsste die Partei noch stärker gerüstet sein, um der Regierung die Antwort geben zu können, die sie verdiene.“[125]

Am 3.1.1907 führte die Wahlkreisorganisation des Bezirks Berlin VI insgesamt acht Wahlveranstaltungen durch. Ledebour sprach vor ca. 1200 Teilnehmenden bei „Ballschmieder“ im Gesundbrunnen. Er verurteilte die Kolonialpolitik, warf der Regierung und indirekt dem Kaiser vor, den Absolutismus zu verschärfen, wo dieser doch gerade in Russland zusammenbräche, und beschrieb es als „Pflichterfüllung“, die Sozialdemokratie gerade jetzt entscheidend zu stärken.[126] An den folgenden Tagen fanden weitere Wahlveranstaltungen statt, bei denen Ledebour nicht selbst auftrat, die aber die „Kieze“ im Wahlkreis abdeckten.[127] Er selbst trat am 8.1.1906 im „Artushof“ in der Perleberger Straße in Moabit auf, die Versammlung war laut dem Bericht des „Vorwärts“ schon vor Beginn überfüllt. Auch hier griff Ledebour die Kolonialpolitik heftig an, die er als nutzlos für die Menschen bezeichnete, selbst die Siedler lebten ökonomisch vor allem von den Schutztruppen. An verschiedenen Orten in Deutschland kam es auf Wahlversammlungen zu Polizeiattacken gegen Arbeiter, auch dieses Vorgehen sprach er an, um der Regierung vorzuwerfen, sie eskaliere mit ihrer Konfrontation gegen die Sozialdemokratie die innenpolitische Lage bis hin zu Gewaltausbrüchen. Das Bürgertum bezeichnete er als reaktionär, es gehe „mit der Regierung durch dick und dünn. Das deutsche Volk könne Freiheit und Kultur nur durch die Sozialdemokratie erwarten“.[128]

Am 9.1.1907 führte der Wahlkampf Ledebour in den Wahlkreis Osthavelland, in dem Karl Liebknecht für den Reichstag zum zweiten Male kandidierte. In Potsdam sprach er natürlich über die Reichstagsauflösung, die deutschen Untaten in der Kolonialpolitik und in den Kolonien und über die Lebensmittelverteuerung. Unter die Teilnehmerinnen und Teilnehmer hatten sich auch politische Gegner gemischt, die ihrerseits das Wort ergriffen. Darüber schrieb der „Vorwärts“: „Von den drei sich an der Diskussion beteiligenden Gegnern erfuhren hauptsächlich die beiden ersten eine so glänzende Abfuhr, dass sie es in Zukunft wohl kaum wieder wagen dürften, über Sachen zu sprechen, von denen sie nicht die geringste Ahnung haben.“[129] In der gleichen Ausgabe beschäftigte

125 Vw, 19.12.1906, S. 4.

126 Ebd., 5.1.1907, S. 9.

127 Vgl. An die Wähler des 6. Berliner Reichstagswahlkreises, a.a.O., S. 200.

128 Vw, 10.1.1907, S. 10. Insofern benutzte er die Charakterisierung aus dem „Gothaer Programm“ (1875) von der „reaktionären Masse“.

129 Vw, 12.1.1907, S. 3.

sich das Blatt mit den Ungerechtigkeiten der Wahlkreisgeometrie zwischen Berlin VI und Schaumburg-Lippe, einer ländlichen Region im Hannoverschen im Weserbergland: „Der Stimmenanzahl nach wiegt Genosse Ledebour 17 ½ mal so schwer wie z.B. der nationalliberale Vertreter von Schaumburg-Lippe, der in der Stichwahl mit nur 4552 Stimmen das Mandat erlangte." Ledebour hatte 1903 wie erwähnt in der Hauptwahl mit 79 478 Stimmen das Mandat in Berlin VI souverän verteidigt und seinen Vorsprung ausgebaut.[130] Für den 13. 1. 1907 waren weitere Versammlungen angekündigt, der Reigen der Wahlveranstaltungen setzte sich unvermindert fort. So musste sich Ledebour auf einer Veranstaltung in den „Germaniasälen" in der Chausseestraße mit Gegenrednern auseinandersetzen. Neben einem Anarchisten, der sich generell wider Parlamentarismus und Wahlen äußerte, kam auch ein weiterer Redner zu Wort, der sich gegen die SPD positionierte. Doch vermochten sie wohl wenig auszurichten, denn der „Vorwärts" schrieb von einer „frisch-fröhlichen Kampfstimmung" und stellte heraus, dass Ledebour seinen Gegenrednern eine „gebührende Zurechtweisung" erteilte. Dem Anarchisten warf er vor, „wenn auch unbeabsichtigt, die Geschäfte der Reaktion zu besorgen".[131]

In der Ausgabe des 16. 1. 1907 stimmte der „Vorwärts" die Leserschaft auf die letzten Tage der Wahlkampfauseinandersetzung ein und benannte die Gesamtheit der Kandidaten für die sechs Berliner Wahlkreise sowie für die angrenzenden Vorortwahlkreise Niederbarnim und Teltow-Beeskow-Storkow-Charlottenburg, die wie zwei Krägen rund um Berlin angesiedelt waren. Es waren neben Ledebour (VI) noch Leo Arons (I), Richard Fischer (II), Wolfgang Heine (III), Paul Singer (IV) und Robert Schmidt (V), außerdem Arthur Stadthagen (Niederbarnim) und Fritz Zubeil (Teltow etc.).[132] Auf der Titelseite abgedruckt war die 2. Folge des Beitrags „Der Nutzen der Kolonien für die Arbeiter". Er ist thematisch eng angelehnt an die von Ledebour etwa gleichzeitig vorgelegte Schrift „Die deutsche Kolonialpolitik", die die Positionen der Sozialdemokratie formulierte und veröffentlichte. Da der Beitrag nicht namentlich gezeichnet wurde, kann aber durchaus angenommen werden, dass zumindest Teile der Artikelfolge von Ledebour selbst stammen können.[133] Zu diesem Thema sprach er am 15. 1. 1907 im Wahlkreis Berlin V, um damit Robert Schmidt zu sekundieren. Auch hier setzte er sich wortgewaltig mit der Kolonialpolitik auseinander und ließ nebenbei kein gutes Haar an der Haltung der Freisinnigen und der Nationalliberalen.[134]

130 Ebd., S. 9.
131 Ebd., 15. 1. 1907, S. 9.
132 Ebd., 16. 1. 1907, S. 1.
133 Ebd., S. 1 f.
134 Ebd., 17. 1. 1907, S. 10.

Dass aber auch seine Kontrahenten nicht vor harten Bandagen zurückschreckten, veranlasste Ledebour zu einer Gegendarstellung, die der „Vorwärts“ am 20. 1. 1907 veröffentlichte. Aus dem Zusammenhang gerissen tauchte ein Zitat aus dem Wahlkampf von 1903 wieder auf, das Ledebour zum Anlass genommen hatte, die tatsächliche Position der SPD darzustellen. Aber das von ihm aufgenommene Zitat besagte, für die Mittelständler, die kleinen Gewerbetreibenden, Handwerker etc. würde die Sozialdemokratie nichts unternehmen, um sie gegen das große Kapital zu schützen. Das hatte Ledebour in diesem Kontext richtiggestellt, nun aber tauchte das Ursprungszitat als ihm zugeschrieben wieder in den „Leipziger Neuesten Nachrichten“ auf. Am 17. 1. 1907 verfasste er seine Gegendarstellung in Leipzig, wo er selbst als Wahlkämpfer agierte.[135] Den 22. 1. 1907 nutzte die Berliner Sozialdemokratie zu einem weiteren Großeinsatz mit zahlreichen Versammlungen.

Am 25. 1. 1907 endlich fand die Reichstagswahl statt, die als „Hottentottenwahl“ in die deutsche Demokratiegeschichte eingehen sollte. Sie brachte der Sozialdemokratie ein zwiespältiges Ergebnis. Als am 25. Januar 1907 die Stimmen der Hauptwahl ausgezählt waren, konnten die Sozialdemokraten mit dem Wahlausgang kaum zufrieden sein. Die Polarisierung im Reich hatte vor allem zu Gunsten des rechten Lagers zu Gewinnen geführt. Es profitierte besonders von der gegenüber 1903 von 75,78 % auf 84,35 % erhöhten Wahlbeteiligung.[136]

Zwar hatte sich in absoluten Zahlen auch die Wählerschaft der Sozialdemokratie weiter vergrößert, nämlich um knapp 250 000 Stimmen von 3 010 771 auf 3 259 020[137], jedoch war es dem sich bildenden „Bülow-Block“ gelungen, eine deutlich größere Anzahl von Neuwählern für sich zu mobilisieren: Erhielten Konservative, Nationalliberale, Linksliberale und Antisemiten 1903 zusammen noch rd. 3,616 Mio. Stimmen, so steigerten sie ihre Gesamtstimmenzahl bei der „Hottentottenwahl“ am 25. 1. 1907 auf rd. 4,645 Mio. Stimmen. Selbst das Zentrum, das ebenfalls rund 300 000 neue Wähler gewann, sank im Wähleranteil um 0,3 %, was der unerhörten Polarisierung des Wahlkampfes Ausdruck verlieh. Die Sozialdemokratie verlor im Vergleich zur Wahl 1903 beinahe die Hälfte ihrer in der Hauptwahl errungenen Mandate; statt 56 Mandate eroberte sie lediglich 29. In der Stichwahl gewann sie dank einer Stichwahlabsprache mit dem Zentrum noch 14 Mandate hinzu, sodass ihre Fraktionsstärke von 81 auf 43 sank. Da sie auch im Wähleranteil beinahe drei Prozentpunkte verlor, musste sie diese nationalistisch aufgeladene „Hottentottenwahl“ als ihre erste wahlpolitische

135 Ebd., 20. 1. 1907, S. 2.

136 Osterroth/Schuster 1, S. 531.

137 Fricke, Handbuch 2, S. 720.

Niederlage seit 1881 begreifen. Der „Bülow-Block“ hingegen durfte sich als eindeutiger Gewinner fühlen, konnte er doch auch in der Stichwahl der Sozialdemokratie weitere Reichstagswahlkreise entreißen. Die Sozialdemokratie war also politisch verletzbar geworden, ihr schier unaufhaltsamer Siegeszug seit 1887 schien umkehrbar geworden zu sein. Jedoch trug der demographisch äußerst ungerecht gewordene Wahlkreiszuschnitt, der die dicht besiedelten Arbeiterregionen erheblich benachteiligte, zur Niederlage der SPD bei.

In Berlin eroberte die Sozialdemokratie mit 66,2 % (1903: 66,8 %) und einem absoluten Stimmengewinn von etwa 33 000 fünf der sechs Wahlkreise gleich in der Hauptwahl: Richard Fischer, Wolfgang Heine, Paul Singer, Robert Schmidt und Georg Ledebour siegten in den Wahlkreisen II bis VI. Insbesondere Paul Singer und Georg Ledebour schraubten mit enormen Stimmengewinnen das Berliner Resultat hoch, während Fischer, Heine und Schmidt stagnierten. Im I. Wahlkreis schaffte es Leo Arons in die Stichwahl, unterlag dort jedoch wie schon 1903 seinem freisinnigen Kontrahenten.[138] Paul Singer eroberte den Wahlkreis Berlin IV mit 82 039 Stimmen, verbesserte sein Ergebnis von 1903 (68 758 Stimmen) mithin um mehr als 13 000 Stimmen. Ledebour jedoch schoss den Vogel ab: Er errang 99 560 gegenüber 79 478 Stimmen 1903, verbesserte sein Resultat also um etwas mehr als 20 000 Stimmen![139]

In der verkleinerten Fraktion der Sozialdemokratie im Reichstag saßen nun einige neue Gesichter, so Ludwig Frank (Mannheim), Gustav Noske (Chemnitz), Carl Severing (Bielefeld), die den gemäßigten Flügel der Fraktion stärkten und einige Jahre später zusammen mit Friedrich Ebert, Philipp Scheidemann und Eduard David die Fraktion dominieren sollten.[140] In der Tat begann die Wahlniederlage bei der „Hottentottenwahl“ das Gesicht der SPD-Politik im Reichstag peu á peu zu verändern. Während sich im Rückblick Severings Singer „in jedem Richtungsstreit [...] im Lager derer [befand], die sich als die Radikalen bezeichneten“, wandelte sich Bebel „nach den Wahlen des Jahres 1907 immer stärker zum Realpolitiker“.[141] Bebel selbst erkrankte im Laufe des Jahres 1907 an einem Herzleiden, das seine Aktivitäten für zwei Jahre erheblich beeinträchtigte; Paul Singer vermochte diese Lücke nicht recht zu füllen. Doch auch Ignaz Auer verstarb am 10. April 1907, sodass die sozialdemokratische Fraktion

138 Fricke, Handbuch 2, S. 723; Rev. Berl. Arbeiterbewegung 1, S. 473 f.; Reuter, S. 462.

139 Fricke, ebd., S. 722; Bernstein, Berl. Arbeiterbewegung 3, S. 198.

140 Fricke, ebd., S. 758. Carl Severing beschrieb in seinen Erinnerungen besonders die wichtige Rolle, die Eduard David für ihn und später für weitere „Junge“ unter den Reichstagsabgeordneten spielte. Severing, S. 156 ff.

141 Severing, ebd., S. 157.

unter Führungsproblemen litt. So bildeten sich in dieser Phase deutlich zwei Fraktionsflügel heraus, die als „Linke“ oder „Radikale“ einerseits und als „Gemäßigte“ oder „Reformisten“ andererseits bezeichnet werden können, ergänzt um eine Anzahl Ungebundener. Während die Radikalen von Ledebour organisiert wurden, sammelten sich die Gemäßigten um Scheidemann und Eduard David. Damit bildeten sich jene Grundstrukturen hinaus, die nach dem Tode Singers (1911) und Bebels (1913) in die Spaltungsphase der SPD nach dem 4. August 1914 einmünden sollten.[142]

Auch in dieser Sitzungsperiode des Reichstags meldete sich Ledebour zu Kolonialfragen zu Wort. Vor allem aber publizierte er im Auftrag des Parteivorstands die Schrift „Die deutsche Kolonialpolitik“, auf die nachfolgend eingegangen werden soll und durch die er die offizielle Position der SPD zur Kolonialpolitik prägte. Als Parlamentsredner blieb er aktiv in den kolonialpolitischen Debatten. So sprach er 1907 an fünf Tagen im Reichstag zur Sache, 1908 und 1909 an jeweils drei Tagen. Im Jahr 1910 trat er an sieben Tagen im Reichstag zur Kolonialpolitik auf und 1911 an weiteren vier Tagen. Am 25. 1. 1910 sprach er über die Haltung des Kolonialamtes gegenüber den Diamanteninteressen in Deutsch-Südwestafrika. Wilhelm Dittmann erinnerte daran, dass Ledebour als Gegner der Unterdrückungspolitik gegen ethnische Minderheiten im eigenen Land genauso ein leidenschaftlicher Kämpfer gegen die Diskriminierung der einheimischen Bevölkerung in den Kolonien war, was ganz besonders für die Schwarzafrikaner galt.[143] Als Beleg dafür führte er die folgende Passage aus Ledebours Rede an: „In der Kommission fragte ein Mitglied, was der Neger, der in Südwest-Afrika zuerst die Diamanten entdeckt hat, für eine Belohnung bekommen habe. Da sagte der Herr Staatsekretär Dernburg: ‚Was wird er gekriegt haben? Wichse wird er gekriegt haben‘. Nachher meinte er, mit Sicherheit wisse er das nicht. Aber schon die Tatsache, dass er auf Grund seiner Kenntnisse der dortigen Verhältnisse von vornherein annehmen zu müssen glaubte, dass der Neger, durch dessen Entdeckung zahlreiche Leute reich geworden sind, Wichse gekriegt hat, enthält eine scharfe Kritik dieser habgierigen Bande, die einerseits die Neger ausbeutet und andererseits alles Mögliche anwendet, um auch das Deutsche Reich und die deutschen Steuerzahler auszuplündern, eine Kritik, schärfer als wir sie jemals über das koloniale Ausbeutertum ausgesprochen haben.“[144]

142 Reuter, S. 466 ff. Zu Bebels Herzkrankheit s. Herrmann/Emmrich, S. 662 ff.

143 Dittmann, Ledebour, in: Mensch und Kämpfer, S. 45.

144 Reichstagsrede v. 25. 1. 1910, Sten. Ber. RT, Bd. 259, S. 792. Mit „Wichse“ sind natürlich Prügel gemeint. Staatssekretär Bernhard Dernburg war der amtierende Leiter des Kolonialamtes.

Weiter führte Ledebour aus: „So geht's. Ungleich verteilt werden des Lebens Güter. Die Leute, die da an der Quelle gesessen haben, [...] die dabei ihr Vermögen gemacht haben, ohne selber etwas Anderes zu tun als einen Pflock mit dem Namen ‚Meyer' irgendwo in den Sand zu rammen, die werden Millionäre! Der Herr Staatssekretär Dernburg heimst die Bewunderung aller bürgerlichen Patrioten ein und kriegt noch einen Roten Adlerorden mit Brillanten, und der Neger, der ursprüngliche Entdecker dieser Diamanten, kriegt Wichse. Ja, meine Herren, diese ganzen Vorgänge sind ja für uns, für die sozialdemokratische Agitation und Propaganda, so außerordentlich wertvoll, weil man an diesem Beispiel aus dem heutigen Leben wieder sehen kann, wie das Kapital akkumuliert wird, wie Blut, Betrug, Gaunerei an der ursprünglichen Kapitalanhäufung kleben."[145] Durch plastische Beispiele und drastische Wortmittel konnte Ledebour sowohl Probleme oder Situationen nachvollziehbar machen, emotionalisieren und dann, wenn es persönliches Handeln und Verantwortung für die vorgestellten Probleme und Situationen betraf, Konkurrenten oder politische Gegner bloßstellen, womöglich gar dem Gespött preisgeben. Hier geschehen am Beispiel des Staatssekretärs Dernburg in Verbindung mit dem menschenfeindlichen Verhalten den Farbigen gegenüber auf dem Hintergrund der Marxschen Theorie der ursprünglichen Akkumulation.[146] Dass die Betroffenen in der Regel kein gutes Wort für Ledebour fanden und in der unmittelbaren Auseinandersetzung beleidigt oder aufgeregt reagierten, ist naheliegend. Diese Angriffslust sollte selbst vor August Bebel nicht Halt machen. Auch nach der Reichstagswahl vom Januar 1912 blieb Ledebour diesem Thema sowie seinem Stil und seiner Schärfe der Kritik treu.

4. „Die deutsche Kolonialpolitik" (1907)

1907 erschien Ledebours im Auftrag des Parteivorstandes verfasste Schrift „Die deutsche Kolonialpolitik", die sein publizistisches Hauptwerk zu diesem Politikbereich darstellte und gleichzeitig die politische Richtung der Mehrheit von Parteivorstand und Reichstagsfraktion festschrieb.[147] Sie erschien ohne Namensangabe als Denkschrift anlässlich des Internationalen Sozialistenkongresses (18.–24. 8. 1907) in Stuttgart und wurde im Vorwärts-Verlag veröffentlicht, dessen Leiter Paul Singer war. Wilhelm Dittmann bestätigte Ledebours Autoren-

145 Ebd.

146 Karl Marx, Das Kapital, Erster Band, MEW 23, S. 741 ff.

147 G. L., Die deutsche Kolonialpolitik, Berlin 1907, S. 2.

schaft.[148] In dieser Schrift, in zehn Kapitel gegliedert, konzedierte Ledebour, dass das Deutsche Reich später als andere kapitalistische hochentwickelte Staaten dem Kolonialdrang folgte, dass aber auch beim deutschen Kapital der Drang vorherrschte, sein Ausbeutungsgebiet zu erweitern und es somit „den Kapitalisten anderer Länder in der Ausbeutung transozeanischer Länder und Völker gleichzutun“ gedachte.[149]

Durch die verspätete Nationalstaatsbildung, so seine Schlussfolgerung, habe der junge deutsche Kolonialismus sich lediglich solches Kolonialgebiet aneignen können, das von so „minderwertiger Natur [ist], dass dessen Ausbeutung nicht entfernt den Vorteil einbringen kann, den in früherer Zeit andere kolonisierende Völker aus der Ausbeutung der Tropenkolonien angeblich gezogen haben“ (S. 2). Zwar schlösse diese Gesamtanalyse nicht aus, dass es durchaus für einzelne Kapitalisten enorme Profite geben würde, insgesamt aber überwiege für das Gesamtkapital der Nachteil hinsichtlich der deutschen Kolonialpolitik. Stattdessen empfahl Ledebour eine Freihandelspolitik, die die Konsumkraft des eigenen Volkes hebe und den überseeischen Handelspartnergebieten „die besten Entwicklungsbedingungen für Handel und Industrie wie für jedwede kapitalistische Erwerbsbetätigung“ schüfe, wie er formulierte und damit auch seinen ursprünglich liberalen Hintergrund offenbarte. Auch ihm war damals nicht klar, dass Freihandel nicht mit „fair trade“ gleichzusetzen ist. Dass dieser von ihm als Gegenkonzept zum Protektionismus bzw. seiner preußischen Variante, der Schutzzollpolitik verstandene Freihandel sich nicht als politische Handlungsoption durchsetzen konnte, schrieb Ledebour den deutschen Unternehmern und den innenpolitischen Verhältnissen im Kaiserreich zu: „In ihrer traditionellen politischen Unselbständigkeit und Unfähigkeit gaben sie aber, sobald die Agrarier sich der Schutzzollidee zuwandten, dem junkerlich bureaukratischen Einfluß nach, um sich monopolistischen Absperrungstendenzen zuzuwenden. Diese Tendenzen betätigten sich in der Verstärkung der industriellen und der Einführung agrarischer Schutzzölle zur monopolistischen Ausbeutung des inneren Marktes. Sie verleiteten aber auch zu dem Gedanken, dem Druck der ausländischen Konkurrenz durch die monopolistische Ausbeutung eigener Kolonien zu entrinnen“ (S. 1). Von daher sei die deutsche Kolonialpolitik per se reaktionär.

Ledebour erblickte in der deutschen Kolonialpolitik die andere Seite der Medaille der Unterdrückung nach Innen mittels „Sozialistengesetz“ und Schutzzollpolitik, einer „politischen Unterdrückungsperiode, durch die das deutsche

148 Ratz, S. 102, Fn. 158.

149 G. L., Kolonialpolitik, S. 1. Im Folgenden werden die Seitenzahlen daraus in Klammern im Text angegeben.

Volk seit drei Dezennien bedrängt wird". Da diese Kolonialpolitik des zu spät gekommenen Deutschen Reiches einer ideologischen Rechtfertigung bedarf, haben beide christlichen Kirchen „der Ausbeutung fremder Rassen das Mäntelchen der Christianisierung" umgehängt. Es folgte der Verweis auf den Anspruch auf einen „Platz an der Sonne", den der spätere Reichskanzler Bernhard von Bülow 1897 erhoben hatte, wenn es heißt: „Andere Schichten der herrschenden Klassen behaupten, die Großmacht Deutschland sei es der Ehre und dem Ansehen des deutschen Namens schuldig, gleich anderen Mächten eine Welt- und Kolonialpolitik großen Stils zu treiben. Da unter diesen Herolden des deutschen Imperialismus sich die lautesten Schreier befinden, haben sie dem ganzen Getriebe der kolonialen Bewegung ihren großsprecherischen Charakter aufgedrückt." Zudem sei die deutsche Kolonialpolitik im Vergleich zu jener der klassischen Kolonialmächte, als die er Spanier, Holländer, Engländer und Franzosen aufzählt, lediglich eine „pfuscherhafte Imitation" (S. 2).

Im Weiteren schrieb er über den Landraub, den die deutschen Kolonisten mit zutiefst fragwürdigen Mitteln vorgenommen hätten, auch unter Zuhilfenahme von Gewalt. Kaufverträge, mit denen eine Rechtmäßigkeit des tatsächlichen Landraubs vorgetäuscht werden sollte, verurteilte Ledebour nach einer Darlegung der traditionellen Rechtsverhältnisse in den Kolonialgebieten. So sei dem Bau der Eisenbahn vom Lome nach Paliwe in Togo ein Landkauf vorausgegangen, bei dem der Hektar Land für umgerechnet sechs Pfennige an die Togo-Landgesellschaft verkauft wurde. Der Vertrag sei auf die Art und Weise zu Stande gekommen, indem „die Häuptlinge der einzelnen Stämme in Gegenwart eines Regierungsbeamten ein Schriftstück unterkreuzt hatten, durch welches der Verkauf des Landes an den Landspekulanten kontraktlich festgelegt war". Privatbesitz sei in der Regel nicht vorhanden gewesen, sondern Gemeineigentum, das Einzelnen befristet zum Nießbrauch überlassen worden sei und nach Ablauf dieser Frist wieder der Gemeinschaft zufiele (S. 3). So betrachtet sei kein Stammesvertreter je befugt gewesen, ein Rechtsgeschäft mit den Kolonialisten einzugehen. Diese Praxis habe dazu geführt, dass in Togo die Subsistenzgrundlage für die einheimische Bevölkerung des Njambo-Gebietes nur noch die Hälfte des Notwendigen betrage. Ein Antrag der SPD-Fraktion zur Rückgabe des faktisch annektierten Gebietes an die Einheimischen wurde allerdings von der Reichstagsmehrheit abgelehnt, eine freiwillige Rückgabe, die die Togo-Landgesellschaft angeboten hatte, wurde verschleppt und verlief im Sande (S. 4).

Ähnliches gelte auch für das damalige Südwestafrika, heute Namibia. Versuche der Fraktion, über einen parlamentarischen Untersuchungsausschuss Klarheit über die Verhältnisse zu gewinnen und den Ausschuss mit dem Recht auf eidliche Zeugenvernehmung auszustatten, wie es in England schon Praxis war, wurden abgelehnt, weil Regierung und bürgerliche Parteien keine Neigung gezeigt hätten, „die Rechte der Eingeborenen zu berücksichtigen“. Doch nicht die Betroffenheit der Letzteren hatte den Reichstag zur Befassung bewogen, sondern die Klagen der weißen Siedler über die Boden- und Preisspekulation der Landgesellschaften (S. 5). Als Auswanderungsgebiete für deutsche Siedler käme, so Ledebour, nur ein sehr kleiner Teil der Kolonialgebiete in Frage, vor allem wegen der klimatischen und geographischen Bedingungen, die er exemplarisch anführte. Hinsichtlich des Verhältnisses zwischen dem Bevölkerungszuwachs im Reich und der Zahl der Auswanderungen pro Jahr stellt er fest, dass bei einem jährlichen Bevölkerungswachstum von rund 800 000 Menschen und einer Auswanderungszahl zwischen 20 000 und 200 000 Menschen eine Begründung der Kolonialpolitik als Siedlungspolitik sinnlos und „nicht mit einer nüchternen Prüfung von Tatsachen in Einklang zu bringen“ ist. Derartige Behauptungen „entspringen entweder den Hirngespinsten unklarer Ideologen, oder sind von raffinierten Kolonialinteressenten mit einigem Erfolg in die Welt gesetzt worden, um das leichtgläubige Publikum zur Hergabe von Geldern für die Kolonialpolitik zu ködern“ (S. 6).

Diese Fragwürdigkeiten gelten nicht minder für die erwarteten Siedler aus dem Reich. Ein solcher Farmer bräuchte zur Landwirtschaft die Arbeitskraft von 6–8 eingeborenen Arbeitskräften nebst Familien und würde so nicht zum Landwirt, sondern zum „Großunternehmer, der seinen Hauptprofit aus der Ausbeutung der Arbeitskraft der Eingeborenen erzielt“ (S. 7). Gerade im heutigen Namibia habe die Landwirtschaft „blutwenig Erträge abgeworfen“, die Kolonie habe vor dem Bankrott gestanden. Erst der Krieg gegen die Herero und Nama habe den Bauern Gewinne gebracht, weil sie ihr Vieh an die Truppen verkaufen konnten. Sein Fazit lautete, „für die deutsche Sozialdemokratie liegt keinerlei Grund vor, mit dem Geld deutscher Steuerzahler Unternehmungen zu fördern, die auf die rücksichtsloseste Ausbeutung der Ureinwohner der Kolonien abzielen“. Oder klassisch nach Bebel formuliert: Dem Kolonialsystem keinen Mann und keinen Groschen! Überdies habe – so seine Kennzeichnung der Interessenlagen in der Kolonialpolitik – der Aufstand der Herero und Nama gezeigt, wer deren eigentlichen Nutznießer seien, nämlich die Armeelieferanten, die der „Regierung Waffen, Munition und Proviant verkaufen“ (S. 8). Die menschenverachtende Behandlung der Aufständischen Herero und Nama durch Armee und Behörden klagte Ledebour drastisch an, heute gilt der Krieg als Genozid. Diese Unmenschlichkeit, so seine Feststellung, sei der imperialistischen Kolonialpolitik inhärent (S. 13). Im Mittelteil der Schrift befasste sich Ledebour mit den ökonomischen Realitäten in den Kolonien und mit dem Handel sowie mit dem Eisenbahnbau als einem zentralen Aspekt von Infrastruktur und Ansiedlung. Die Gesamtheit dieser Projekte, so sein abschließendes Urteil, sei völlig unrentabel und verschlinge auch zukünftig Extrakosten (S. 6–12). Verwaltung und Gerichtsbarkeit in den Kolonien hätten sich überdies von ihrer schlechtesten Seite gezeigt; alle Gräuel der Kolonialherrschaft, und hierzu zählte er auch den Völkermord an den Herero und Nama, entsprängen dem prinzipiellen „System der Unterjochung und Ausbeutung", womit er den Imperialismus selbst meinte. Die Organe der Kolonialherrschaft seien Teil dieses Systems (S. 13).

In dieser Schrift finden wir ein Beispiel für die Empathie, die Ledebour den kolonisierten Völkern entgegenbrachte. Eurozentrismus kommt trotzdem zu Beginn dieser längeren Passage vor, wenn er schreibt: „Fragt man, welche Folgen die deutsche Kolonialpolitik für die Eingeborenen gehabt hat, so kann ohne weiteres zugegeben werden, dass in mancher Hinsicht die Eingeborenen von der Okkupation Vorteile gezogen haben. Der Sklavenhandel ist beseitigt, manchen Missbräuchen heimischer Despoten ein Ende gemacht worden. Unterricht und Bildung, allerdings hauptsächlich im Zusammenhang mit der Missionstätigkeit, die auch ohne Unterjochung vor sich gehen kann, ist einem Teil der Eingeborenen zugängig gemacht. Sie haben aber diese Vorteile teuer bezahlen müssen dadurch, dass sie der rücksichtslosesten kapitalistischen Ausbeutung, häufig in den Formen schlecht verhüllter Sklaverei, preisgegeben wurden. Ihr Land wurde ihnen geraubt. Lehnen sie sich auf gegen die neue Herrschaft, so droht ihnen ein Vernichtungskrieg. An den Hereros und den Hottentotten haben wir es vor unseren Augen erlebt, welche Folgen die weiße Herrschaft für bis dahin selbständige Völker gehabt hat. Die Hereros waren vor dem Kriege 80 000 Köpfe stark. Zum größten Teil sind sie ausgerottet, zum Teil auf englisches Gebiet geflohen. Der Rest, der im deutschen Gebiet verblieben ist, wird auf 20 000 Köpfe geschätzt. Ihr Land ist ihnen genommen, ihre Viehherden sind vernichtet. Sie sind widerstandslos der Ausbeutung durch die weißen Unternehmer preisgegeben" (S. 8). Die kolonisatorische Tendenz ginge überall dorthin, „die Eingeborenen zu landlosen und unterwürfigen Ausbeutungsobjekten für die Unternehmer zu machen". Es herrsche „Hunger nach ausbeutungsfähigem dunklem Menschenfleisch" (S. 15).

Ledebours Argumentation war stark ethisch-humanistisch unterfüttert, wenn er von der „moralischen Degradation der deutschen Bourgeoisie" schreibt, die den Eroberer und letztlichen Menschenschinder Carl Peters zum Pionier erhob. Die Konsequenz seiner Ausführungen lautete, dass die Sozialdemokratie deshalb rundweg die deutsche Kolonialpolitik ablehnen muss. Dort, wo es möglich ist, muss sie für die betroffenen kolonisierten Völker die Übel möglichst abschwächen und über Ausbeutung und Gräuel aufklären, und: „Nicht minder drängt sich uns die Pflicht auf, die unterdrückten und ausgebeuteten Eingeborenen in den Kolonien nach Möglichkeit zu schützen" (S. 16). Der Parlamentarier in Ledebour kam in der Bemerkung zum Ausdruck, dass die „kapitalistische Regierung und die kapitalistischen Parteien" diese Praktiken unrechtmäßigen Landerwerbs deckten, „und wie notwendig auch gegenüber dem kapitalistischen Landerwerb die sozialdemokratische Kritik und Kontrolle ist" (S. 4). Diese Position blieb über viele Jahre die dominante in Partei und Reichstagsfraktion. Daran hatte Ledebour einen nicht zu unterschätzenden Anteil, natürlich durch sein Auftreten im Reichstag, aber auch durch die Kodifizierung dieser Position in der Denkschrift „Die deutsche Kolonialpolitik".

Ursula Ratz bewertete die Ausführungen Ledebours in Wort und Schrift kritisch, denn sie warf ihm vor, den Antagonismus und Arbeit und Kapital „direkt auf die Kolonien zu übertragen" und durch seinen „aufklärerisch-unproblematischen Zukunftsoptimismus" Naivität zu offenbaren, ferner „nicht vor gelegentlichen Idealisierungen der Eingeborenen und ihrer Lebensweise" zurückzuschrecken. Ledebour verfocht eine Selbstverwaltung der Eingeborenen, die SPD forderte beständig die Rückgabe der Kolonien an die indigene Bevölkerung. Das stand im Einklang mit den programmatischen Positionen im „Erfurter Programm" von 1891, worin es hieß, dass die Befreiung der Arbeiterklasse das gleichmäßige Werk der Arbeiterklassen aller Kulturländer sei, und deshalb die Sozialdemokratie „jede Art der Ausbeutung und Unterdrückung [bekämpft], richte sie sich gegen eine Klasse, eine Partei, ein Geschlecht oder eine Rasse".[150] So betrachtet wirkt der Vorwurf der Naivität doch eher aufgesetzt, außerdem gehörte der Zukunftsoptimismus zur Leitkultur der deutschen und internationalen Arbeiterbewegung, mit der einem bekannten Liedtext gemäß die neue Zeit ziehe. Der Aspekt der indigenen Selbstverwaltung hingegen ist durchaus modern, bedenkt man, dass aktuelle Entwicklungskonzepte oft von den Axiomen der Nachhaltigkeit und der Hilfe zur Selbsthilfe ausgehen, wie es in den UN-Entwicklungszielen für nachhaltige Entwicklung 2015–2030 heißt.[151] Man kann Ledebour, Kautsky, Bebel und den Mehrheitspositionen in der internationalen Arbeiterbewegung allenfalls attestieren, dass sie zwar ein „revolutionäres Konzept der internationalen Solidarität entworfen" haben, aber nicht die Entgegensetzung von „Zivilisation" und Unterentwicklung konzeptionell überwinden konnten.[152]

150 Erfurter Programm, in: Dowe/Klotzbach, S. 187.

151 https://de.wikipedia.org/wiki/Ziele_f%C3%BCr_nachhaltige_Entwicklung.

152 Hoffrogge, Sozialismus, S. 173.

5. Die Koordinaten seiner Position zur Kolonialpolitik: Menschenrechte, Selbstbestimmung, Gleichberechtigung und Freihandel

In den Folgejahren, insbesondere während der Zeit des Aufstandes der Herero und Nama von 1904–1905, entwickelte sich Ledebour neben August Bebel zum Hauptredner der Reichstagsfraktion in Sachen Kolonialpolitik. Um seine Grundpositionen zu charakterisieren, muss man diese der Minderheitenposition in der SPD und der II. Internationale entgegenstellen. Denn sowohl in der deutschen wie auch in der internationalen Sozialdemokratie existierte eine Strömung, die die Position einer „sozialistischen Kolonialpolitik" unterstützte. Als deren prominenteste Vertreter galten der Niederländer Henri van Kol und der wohl diesbezüglich noch durch seine „englische Brille" (Rosa Luxemburg) schauende Deutsche Eduard Bernstein. Die Auffassungen beider Strömungen, also des marxistischen Zentrums und der „sozialistischen Kolonialpolitik", prallten auf dem Internationalen Sozialistenkongress im August 1907 und auf dem Parteitag der SPD im September 1907 in Essen heftig aufeinander.

Beispielsweise gab es die berühmte Kontroverse mit Eduard Bernstein auf dem internationalen Sozialistenkongress vom 18. bis 24. 8. 1907 in Stuttgart, auf dem es auch um die grundsätzliche Haltung zur Kolonialpolitik ging. Der Holländer Henri van Kol hatte sich für eine europäische Kolonialpolitik ausgesprochen, da die Kolonien den europäischen Mächten z. B. wertvolle Rohstoffe sicherten. Sehr hochmütig klingt folgende Bemerkung van Kols: „Wenn wir Europäer mit Werkzeugen und Maschinen dahin kommen, wären wir die wehrlosen Opfer der Eingeborenen. Deshalb müssen wir mit Waffen in der Hand dort hinkommen, auch wenn Kautsky das Imperialismus nennt."[153] Eduard Bernstein hatte seinerseits formuliert: „Eine gewisse Vormundschaft der Kulturvölker gegenüber Nichtkulturvölkern ist eine Notwendigkeit, die auch Sozialisten anerkennen sollten."[154] Ledebour konterte an gleicher Stelle: „Wenn wir seiner Methode der Kolonialpolitik folgen würden, würden wir bald in den kapitalistischen Sumpf kommen [...] im Gegensatz zu Bernstein verwerfe ich absolut die Bevormundung anderer Nationen und halte es für unmöglich, dass der Kongress eine solche Bevormundung gutheißt."[155] Man kann Ralf Hoffrogge durchaus folgen, der diesen Grunddissenz kommentierte: „Vertrat Kautsky eine Art eurozentrische ‚Entwicklungshilfe' mit dem Bild des ‚edlen Wilden' im Hinterkopf, so ergriff van Kol

153 Henri van Kol, zit. nach Keller, S. 34 f.

154 Bernstein, zit. nach ebd., S. 35.

155 G. L., zit. nach ebd.

mit seinem Bild vom bösen Menschenfresser offen Partei für den europäischen Imperialismus."[156] Was für Karl Kautsky galt, traf genauso für Georg Ledebour zu. Eduard Bernstein revidierte seine Haltung unter dem Eindruck von Kriegsgefahr und Krieg später beträchtlich.[157]

Die Sichtweise von Gleichwertigkeit, Gleichberechtigung und Gleichbehandlung war typisch für Ledebour. Man kann seine Argumentationsstruktur und ihre Wirkung folgendermaßen zusammenfassen: „Vergleicht man Ledebours kolonialpolitische Bestandsaufnahme mit den allgemeinen parteioffiziellen Verlautbarungen zur Kolonialpolitik in dieser Zeit, so zeigt sich eine frappierende Übereinstimmung der Auffassungen sowohl was die Gesamtbeurteilung des Phänomens als auch was die Betonung der einzelnen Merkmale der Kolonialpolitik betrifft. Rentabilitätserwägungen, außenpolitische Einwände, innenpolitische Argumente – insbesondere der Hinweis auf die negativen moralischen Folgen des Kolonialismus für die herrschende Oberschicht – und nicht zuletzt der humanitäre Aspekt fließen in Ledebours Ablehnung der Kolonialpolitik zusammen. Diese Kolonialkritik war es, auf die auch Kautsky, Bebel, Liebknecht und die sozialdemokratische Publizistik den kolonialpolitischen Oppositionskurs vor 1914 stützten, wobei ohne Zweifel das humanitäre Moment, die Verwerfung jeglicher Ausbeutung der Eingeborenen, im Mittelpunkt der Überlegungen stand."[158] Sein Rechtsstandpunkt ergab sich aus der Verbindung von Klassenstandpunkt und Gleichheitsstandpunkt und hieß, dass alle Völker überall ein Recht auf Gleichbehandlung besitzen, und wo sie unterdrückt werden, die Arbeiterbewegung für Verbesserungen und für ihre Rechte einzutreten habe. In Stuttgart auf dem Internationalen Sozialistenkongress sagte Ledebour weiterhin: „Solange wir eine kapitalistische Gesellschaft haben, wird die Kolonialpolitik stets die scheußlichen Formen zeigen, die wir alle verurteilen. [Eduard] David scheint diese Scheußlichkeiten für vermeidbar und für Begleiterscheinungen der heutigen Kolonisation zu halten. Das ist ein grundsätzlicher Irrtum [...] In einer Resolution müssen wir an die Spitze stellen, dass wir von der kapitalistischen Kolonialpolitik keine Berücksichtigung der kulturellen Mission erwarten. Da wir grundsätzliche Gegner jeder Ausbeutung und Unterdrückung im eigenen Lande sind, müssen wir die noch viel schlimmere Ausbeutung in den Kolonien grundsätzlich bekämpfen."[159]

156 Hoffrogge, Sozialismus, S. 169.

157 Vgl. Czitrich-Stahl, „Wir wollen nie die Zugehörigkeit zur Internationalen vergessen!" Eduard Bernstein und der Internationalismus, in: Heimann u. a. (Hg.), S. 103 ff.

158 Ratz, S. 103 f.

159 Vgl. Keller, S. 34.

Ledebours Mitgefühl, das sich aus seinen moralischen Auffassungen ergab, war eng mit dem Grundsatz der Gleichheit verbunden. Hieraus ergab sich eine strikte Ablehnung jeder Form von Anlehnung an die herrschende Kolonialpolitik, die er in der Sozialdemokratie über einen beträchtlichen Zeitraum aufrechterhalten konnte. Darin liegt seine positive Bedeutung für die damalige Zeit. Das hebt für die Historiographie der damaligen DDR auch Elke Keller hervor: „Er wartete mit detaillierten Kenntnissen über die Menschen und die Verhältnisse in den Kolonien auf. Er sah es als Pflicht eines sozialdemokratischen Abgeordneten an, die Interessen- und Rechtsvertretung der Eingeborenen zu übernehmen, ihr Los zu erleichtern, die Menschenrechte zu bewahren und wandte sich grundsätzlich gegen die imperialistische Kolonialpolitik.“[160] Natürlich konnte auch er nicht dem damals gängigen und noch bis heute leider nachwirkenden, immerhin längst verpönten Sprachgebrauch von den „Negern“ etc. entrinnen. Aber bei ihm hatte es nicht den Beiklang arroganter Herablassung aus kultureller Arroganz oder gar rassistischen Vorurteilen, was damals und noch für weitere Generationen so z. B. für „Nigger“ als „in Amerika verächtliche Bezeichnung eines Negers“ galt.[161]

Fragen der Kolonialpolitik im Allgemeinen und der Lage in Deutsch-Südwestafrika beschäftigten Ledebour als Parlamentsredner bis kurz vor Ausbruch des Ersten Weltkrieges. Am 2. 5. 1912 stellte er als Fraktionsredner einen Antrag der SPD vor, den nach ihrem Aufstand unterworfenen Stämmen wieder die Erlaubnis zu erteilen, Großvieh zu halten, was ihnen nach dem Krieg untersagt wurde, zumal sie, wie Ledebour und die Fraktion der SPD es befürchtet hatten, in Reservate umgesiedelt wurden. Nur der Gouverneur konnte ihnen die Erlaubnis erteilen. Er rechnete dem Reichstag vor, dass die deutschen Siedler als Großlandwirte kein Interesse daran hätten, den indigenen Völkern gleichfalls Viehwirtschaft in großem Maßstab zu ermöglichen, da in der Klima- und Vegetationszone Südwestafrikas nur extensive Wirtschaft möglich ist und überdies die Eingeborenen längst als Arbeiter für die weißen Siedler arbeiteten. Ledebour verglich die Lage der unterworfenen Arbeiter mit jener von Halbsklaven und Hörigen. Durch ihre Selbständigkeit würden sie wieder in den Stand versetzt, ihre Ernährungsgrundlage als freie Bauern selbst zu produzieren.[162] Wie wir heute wissen, konnten die Menschen erst nach dem Ende des Kolonialismus dieser Vorstellung ein Stück näherkommen, sind aber oft noch weit von eigener Ernährungssouveränität entfernt.

160 Ebd., S. 29.

161 Vgl. Meyers Großes Konversations-Lexikon, Bd. 14, 6. Aufl. Leipzig 1908, S. 689.

162 Reichstagsrede v. 2. 5. 1912, Sten. Ber. RT, Bd. 285, S. 1630 ff.

6. „Ledebourski" – der Streiter für die Minderheitenrechte der Polen

Da ihm die Gleichberechtigung der nationalen Minderheiten mit ihren kulturellen Eigenheiten und ihrer Sprache ein Grundanliegen blieb, gehörte Ledebour zu den entschiedensten Gegnern der preußisch-deutschen Polenpolitik. Die Polen waren die größte nationale Minderheit im Reich und in Preußen. Kaum in den Reichstag nachgewählt, gehörte die Behandlung der polnischen Minderheit zu den ersten drängenden Fragen der Politik, zu denen er sich als Redner äußerte. Am 16. 2. 1901 debattierte der Reichstag über die Behandlung polnisch adressierter Post durch die deutschen Postbehörden. Deren partielle Nichtanerkennung polnisch geschriebener Adressen drückte das offizielle Bestreben der Zurückdrängung der polnischen Sprache im preußischen Staat aus. Ledebour kritisierte diese Politik auf das Schärfste, u. a. mit den Worten: „Es wird von den Vertretern der hakatistischen Idee ein schnödes Spiel getrieben mit dem Wort ‚deutsch'. Weil der preußische Staat zum Deutschen Reich gehört, deshalb, behauptet man, müssten die in diesem Staat und im Reichsgebiet wohnenden fremdsprachigen Nationen sich die deutsche Sprache aneignen."[163]

Am 10. 12. 1901 debattierte der Reichstag abermals über die Nationalitätenfrage. Anlass war der „Wreschener Schulkrawall" bzw. „Wreschener Schulstreik". Die deutschen Behörden hatten in der Provinz Posen angeordnet, nun auch den Religionsunterricht ausschließlich im Deutschen als Unterrichtssprache durchzuführen. Der Religionsunterricht war das letzte Refugium für polnischsprachigen Unterricht, abgesehen von 1–2 Wochenstunden, die aber ausschließlich den polnischen Religionsschülern zustanden. Aus Protest dagegen waren in der östlich der Stadt Posen gelegenen Kleinstadt Wreschen 118 Schülerinnen und Schüler der katholischen Volksschule mit einem Lehrer in den Streik getreten. Schulaufsicht und Behörden gingen disziplinarrechtlich und mit Züchtigungen gegen die Streikenden vor. Der Fall landete vor der Justiz, die einige Eltern verurteilte. Reichskanzler von Bülow lehnte es in dieser Funktion ab, eine Stellungnahme zum Fall Wreschen abzugeben. Zuständig sei der Preußische Landtag. Dies war formal natürlich nicht falsch, aber schließlich amtierte der Reichskanzler in Personalunion als Preußischer Ministerpräsident.[164]

Während der nachfolgenden Debatte ergriff Ledebour für die SPD-Fraktion das Wort. Er bezeichnete die Züchtigungen an der Wreschener Volksschule als „Kinderfolter". Scharf wandte er sich gegen das von ihm als Grundsatz der

163 Reichstagsrede v. 16. 2. 1901, Sten. Ber. RT, Bd. 180, S. 1424.

164 Vgl. Reichstagsprotokoll v. 10. 12. 1901, Sten. Ber. RT, Bd. 182, S. 3087.

herrschenden Politik identifizierte Prinzip des „cuius regio, eius lingua", wonach die Herrschenden ihrem Volk die Sprache aufzwingen würden. Er nannte dies „kulturmörderisch" und verantwortlich dafür, dass nach den Religionskriegen des 16./17. Jahrhunderts nun Nationalitätenkriege die Völker ins Verderben reißen würden. Neben der Anprangerung dieser Politik der Unterdrückung nationaler Minderheiten nutzte Ledebour die Rede zu einer grundsätzlichen Abrechnung mit der Qualität des deutschen Volksschulwesens: „Sie erreichen nicht, dass die Kinder germanisiert werden, sie erreichen nur, dass sie deutsch stümpern lernen, aber dabei allerdings sich auch in der eigenen Muttersprache nicht schriftlich ausdrücken können. Wenn sie jahrelang dieses System fortsetzen werden, so wird dabei nichts Anderes herauskommen als Verdummung; Volksbildung und Germanisation erlangen Sie nicht."[165]

Als 1906 weitere 200 Volksschulen beauflagt wurden, den Religionsunterricht ebenfalls ausschließlich in der deutschen Sprache zu gestalten, kam es zu großflächigen Maßnahmen der Gegenwehr der polnischen Bevölkerung in diesen preußischen Gebieten. Auch hier versuchten Behörden und Schulaufsicht, die Gegenwehr der polnischen Eltern und Schüler disziplinarrechtlich zu maßregeln. Der nach der „Hottentottenwahl" neu zusammengetretene Reichstag nahm diese Entwicklungen am 19.3.1907 in den Blick. Ledebour sprach für die neue, nur noch 43-köpfige SPD-Fraktion. Er nannte die behördlichen Vorschriften zum Religionsunterricht und die Maßregelungen der polnischen Protestierenden durch die Obrigkeit einen Eingriff in das Selbstbestimmungsrecht der Polen in Preußen und bezeichnete dies als einen Racheakt der preußischen Regierung dafür, dass alle bisherigen Germanisierungsversuche absolut erfolglos geblieben seien.[166] Im „Vorwärts" des Folgetages wurden kommentarlos Auszüge aus dieser Parlamentsdebatte abgedruckt. Das „Berliner Tageblatt" hingegen bezog sich auf andere Passagen seiner Rede, enthielt sich ebenfalls einer Wertung. Es dokumentierte eine Passage, in der sich Ledebour gegen die Zwangsmaßnahmen wie Relegationen von den Gymnasien entschieden aussprach und ihren Befürwortern vorhielt, damit würden sie erst recht den Widerstand der polnischen Betroffenen aufreizen. Auf unfruchtbaren Boden jedenfalls schienen dort seine Ausführungen nicht gefallen zu sein.[167] Der „Generalanzeiger der Stadt Mannheim und Umgebung" stellte die Zustimmung des polnischen Abgeordneten Czaplinski zu Ledebours Rede heraus, Czaplinski rief den Abgeordneten Ortel auf, ihm vorher anzukündigen, wenn er einmal mehr das

165 Reichstagsrede ebd., S. 3106ff.

166 Reichstagsrede v. 19.3.1907, Sten. Ber. RT, Bd. 227, S. 627.

167 BT, 20.3.1907, S. 7.

polnische Volk angreifen wolle, damit er nicht gezwungen sei, sich dies anzuhören.[168]

In den Jahren bis zum Ersten Weltkrieg gab es für Ledebour weitere Anlässe, in größerer Rede auf diese Problematik zurückzukommen. Er meldete sich dort mehrfach zu Wort und vertrat seine gewachsenen Auffassungen von der Nationalitätentoleranz und dem Selbstbestimmungsrecht der Völker vehement. Gerade der Wunsch des polnischen Volkes, wieder einen eigenen Staat zu haben und sich aus der ungeliebten Situation der Zugehörigkeit zum Zarenreich zu befreien, stellte für ihn auch einen Schutz vor Konflikten mit Russland dar. Sollte die Unterdrückung der Polen in Preußen fortgesetzt werden, würden auch antideutsche Ressentiments beibehalten, sodass möglichweise die Antipathien nicht Russland, sondern stärker das Deutsche Reich beträfen. Eine polenfreundliche Politik hingegen könne zu einer freundschaftlichen Beziehung zwischen beiden Völkern und im Falle der Rückgewinnung polnischer Staatlichkeit zwischen beiden Staaten führen, Russland wäre dann politisch auf Distanz gehalten.[169] Doch neben diese außenpolitische Kalkulation trat vermutlich ein drittes Moment, nämlich die Sympathie des Demokraten und Sozialisten mit den demokratischen und nationalen Bewegungen in Polen, die sich seit 1830 bzw. 1848 immer wieder kämpferisch gezeigt hatten.

1908 erreichte die Unterdrückung der polnischen Minderheit in Preußen einen neuen Höhepunkt, als die Maßnahmen „zur Stärkung des Deutschtums in den Provinzen Westpreußen und Posen“ im Reichstag diskutiert wurden. Der „Ostmarkenverein“, also die „Hakatisten“, hatten mit ihrem und dem Einfluss der Alldeutschen bewirkt, dass der Gesetzentwurf der preußischen Regierung es vorsah, dass bis zu 70000 Hektar Land von polnischen Besitzern enteignet und auf Deutsche übertragen werden konnten. Zwar wurden im Entwurfstext nicht explizit die polnischen Preußen als zu Enteignende genannt, aber natürlich lag dies auf der Hand.

Ledebour verurteilte diese Eskalation der antipolnischen Politik in Preußen in mehreren Reden im Reichstag. So beschrieb er das Gesetzesvorhaben als Verstoß gegen die Gleichbehandlung der Staatsbürger in Preußen gleich welcher ethnischen Zugehörigkeit: „Auch aus diesem Grunde [...] verstößt dieser Versuch der preußischen Regierung, ohne dass die preußische oder die Reichsverfassung in diesem Sinne geändert ist, die Polen als Objekte einer Ausnahmegesetzgebung auf Grund ihrer Muttersprache zu behandeln, auch gegen die Reichsverfassung.“

168 Generalanzeiger der Stadt Mannheim und Umgebung (GAM), 21.3.1907, 2. Mittagsbl., S. 4.

169 Vgl. Ratz, S. 90.

An anderer Stelle fuhr er fort: „Das Deutsche Reich und Preußen befinden sich da in der unangenehmen Gemeinschaft mit Russland und Ungarn, wo auch derartige Brutalitäten vorkommen – dort interessanterweise auch gegen die Deutschen."[170] Nach einer langen Passage der Anklage gegen die Politik der preußischen Regierung sprach er noch die Warnung aus, dass die Großgrundbesitzer und die preußischen Mächtigen an dem eigenen Aste sägten, wenn sie diese Politik fortsetzten, weil ein solches Gesetz die Unantastbarkeit des Besitzes an Grund und Boden auflöste. Damit würde dem Sozialismus in die Hände gespielt, frohlockte Ledebour.[171] Letztlich erlangte dieser Gesetzentwurf trotz dieses Einwurfs und weiterer Bedenken von anderer Seite dennoch Gesetzeskraft.[172]

Ledebours pro-polnisches Engagement änderte sich selbst mit dem Kriege nicht und fand seinen Höhepunkt vor allem mit der Wiederentstehung eines polnischen Staates nach Kriegsende. Dennoch haben weder er noch die deutsche Sozialdemokratie ein Nationalitätenprogramm entwickelt. Ledebour unterbreitete lediglich, allerdings schon 1903, den Vorschlag, das Erfurter Programm um den Punkt zu erweitern, dass der Schulunterricht in der Volkssprache zu erteilen sei. Im Gegensatz zur österreichischen Sozialdemokratie, die sich der Realität eines Vielvölkerstaates schon eher stellte und erst mit Karl Renner, später mit Otto Bauer zwei konzeptionelle Vordenker besaß, blieb die deutsche Sozialdemokratie bei der grundsätzlichen Opposition gegen die Politik der Germanisierung. Wahrscheinlich war der politisch-ethnisch-kulturelle Druck in Preußen und im Deutschen Reich zu gering, um auf die Minderheiten zuzugehen. Die österreichische Doppelmonarchie beherbergte mit den Tschechen und den Ungarn zwei selbstbewusste und kopfstarke Völker, die weit mehr waren und beanspruchten als regionale Minderheiten.[173]

Ledebour zog daraus die Konsequenz, dass die deutsche Sozialdemokratie vor allem den Schulterschluss mit der noch kleinen „Polnischen Sozialistischen Partei in Preußen" (PPS) suchen müsse, die als Partei der polnischen Arbeiterinnen und Arbeiter in Preußen eine direktere Interessenvertretung sein könne. Dies würde bedeutet haben, dass die SPD ihren Monopolanspruch auf alle im Reich lebenden Menschen aus der Arbeiterklasse hätte aufgeben und die Existenz einer teilweise eigenständigen polnischen sozialistischen Regionalpartei akzeptieren müssen. Und zweitens existierte mit der „Sozialdemokratie des

170 Reichstagsrede v. 16. 1. 1908, Sten. Ber. RT, Bd. 229., S. 2467.

171 Ebd., S. 2470 f.

172 Ratz, S. 92.

173 Vgl. Ratz, S. 93 f. Das Kapitel über die Nationalitätenpolitik und Ledebours Aktivitäten dazu (S. 85–94) ist m. E. das überzeugendste der Biographie.

Königreichs Polen und Litauen“ (SDKPiL) bereits eine politische Kraft, die über Rosa Luxemburg, Leo Jogiches und etwa Julian Marchlewski mit anerkannten Repräsentanten in der deutschen Sozialdemokratie wirksam war. Ledebour befand sich mit seiner Position sowohl im Widerstreit mit dem Parteivorstand wegen der Frage der Selbständigkeit der PPS und der Selbständigkeit eines polnischen Staates als auch u. a. mit Rosa Luxemburg, die den Kampf gegen den Zarismus als gesamte Arbeiterklasse in „Kongresspolen“ führen wollte und nicht einen polnischen Staat als Voraussetzung dafür sah.[174] Ledebour knüpfte hier an seine „Vaterfigur“ Wilhelm Liebknecht an, der schon 1897 erklärt hatte, dass er die polnische Frage für ebenso berechtigt halte wie jede andere nationale Frage.

Die Mehrheit der Parteiführung stellte die Frage des Klassenkampfes über die der Nation und bekräftigte damit den Monopolanspruch der SPD.[175] So konnte die PPS zunächst als autonomer Bestandteil der SPD existieren, die zahlreiche ihrer Initiativen wie die Gründung der „Gazeta Robotnicza“ im Jahre 1891 in die Wege leitete. Rosa Luxemburg engagierte sich im Sinne des Parteivorstands für die PPS und forderte diese auf, ihren Schwerpunkt stärker auf die Provinz Posen zu setzen, um dort der katholischen Hegemonie die Arbeit der sozialdemokratischen Aufklärung entgegenzusetzen. Diese aber müsse im Einklang mit den Forderungen und Zielen der deutschen Sozialdemokratie auf dem Boden des Klassenkampfes stehen und nicht als Kampf um die nationale Souveränität zuerst geführt werden.[176] Im Gegensatz zu ihr hatten Karl Marx und Friedrich Engels die Loslösung Polens aus dem Zarenreich als Voraussetzung für die Zurückdrängung des erzkonservativen Einflusses Russlands in Europa propagiert. Rosa Luxemburg hingegen lehnte eine solche Föderalisierung Europas als der vermeintlichen historischen Entwicklungstendenz zu mehr Zentralismus widersprechend ab und konnte sich eine Föderalisierung zu Lasten der großen Flächenreiche und -staaten in Europa kaum vorstellen. Insofern blieb sie den Bestrebungen der PPS gegenüber äußerst skeptisch.[177]

Ihre Positionierung musste sie in den Gegensatz zu Ledebour bringen. Dieser hatte auf dem Lübecker Parteitag im September 1901 eine Resolution eingereicht, in der die SPD zur besseren Zusammenarbeit mit der PPS aufgefordert wurde. 1901 hatte es einen Bruch zwischen der PPS und der SPD gegeben,

174 Vgl. Laschitza, Im Lebensrausch, S. 145.

175 Vgl. Ratz., S. 94 ff.

176 Vgl. Laschitza, Im Lebensrausch, S. 145 ff.

177 Vgl. Holger Politt, Rosa Luxemburgs „Krakauer Horizont“, in: Ders. (Hg.), Rosa Luxemburg. Nationalitätenfrage und Autonomie, Berlin 2018, S. 9–33; Laschitza, Im Lebensrausch, S. 143–148.

der sich an der nationalen Frage vollzog. Rosa Luxemburg, die den Spitznamen „Ledebourski“ aufgriff, widersprach Ledebours Antrag mit dem Verweis darauf, dass es sich bei der PPS um eine Gruppe polnischer Sozialdemokraten handele, „die auf nationalem Boden stehen“ und nicht auf internationalem.[178] Deren Werkzeug sei Ledebour, so ihre Polemik gegen ihn, der „auf jedem Parteitage eine lustige Aufführung bei der Polenfrage zu inszenieren“ versuche, überdies habe er sich mit der Übernahme des Liebknechtschen Wahlkreises Berlin VI zur „Ehrenpflicht“ gemacht, „Polen unbedingt wiederherzustellen“.[179] Mit ihrer Intervention erreichte Luxemburg, dass die Resolution nicht befasst wurde. Ledebour hatte in dieser Frage eine empfindliche Niederlage erlitten, die sich aber nicht derart auswirkte, dass er den Kontakt zu Rosa Luxemburg fortan vermied. Die beiden gerieten auch 1903 auf dem Dresdener Parteitag in dieser Frage aneinander, als sie formulierte, dass es nicht Aufgabe des Proletariats sei, „neue Klassenstaaten zu schaffen“, Ledebour aber darauf beharrte, das Selbstbestimmungsrecht der Polen prinzipiell zu respektieren. Einmal mehr offenbarte dieser Konflikt, dass dieses Prinzip zu den Kernbestandteilen seines politischen Denkens gehörte, das keine Veränderung der Zeitläufte oder der politischen Konjunkturen und Organisationsformen schwächen konnte.

7. Flottenpolitik und Kriegsgefahr – die Marokkokrisen 1906/07 und 1911

Die Aufrüstung der kaiserlichen Flotte bildete den politischen Ausgangspunkt der „Sammlungspolitik“ der Machteliten und ihrer Organisationen und Parteien. Damit einher ging die Wendung Deutschlands zu einer aggressiven Außenpolitik, die in Konflikte mit den konkurrierenden europäischen Großmächten hineinführte. „Denn gewiss war nur, dass der Schlachtflottenbau gegen Großbritannien und niemanden sonst gerichtet war und daher die See-Weltmacht auf Leben und Tod zum Duell forderte. Schon 1900 hieß es, die Flotte müsse so stark sein, ‚dass ein Krieg auch für den seemächtigsten Gegner mit derartigen Gefahren verbunden ist, dass seine eigene Machtstellung in Frage gestellt‘ würde“.[180] Diese nationalistische Aufladung fand ihre innenpolitische Vorbereitung in der Tätigkeit zweier nationalkonservativ und militaristisch orientierter Verbände:

178 Laschitza, ebd., S. 170 (auch Zitat); Ratz, S. 98 ff.

179 Ratz, S. 99.

180 Christian Graf von Krockow, Die Deutschen in ihrem Jahrhundert. 4. Aufl. Reinbek b. Hamburg 1990, S. 81.

des „Alldeutschen Verbandes" und des „Deutschen Ostmarkenvereins". Beide Organisationen führten zwar um 1900 nur je rund 20 000 Mitglieder, besaßen aber einen gehörigen Einfluss auf die Meinungsbildung im nationalliberalen wie im konservativ-nationalen Lager. Gerade der Alldeutsche Verband hatte seit 1894 „ein deutsch beherrschtes Mitteleuropa und den Übergang Deutschlands von der Großmachtstellung zur Weltmachtstellung" gefordert.[181] Der Ostmarkenverein wiederum drängte auf eine mehr oder minder offen propagierte „Germanisierung" der Gebiete mit gemischter deutscher und polnischer Bevölkerung zunächst durch deutschtümelnde Gefühlspropaganda, aber auch durch Eindeutschung von Familien- und Ortsnamen und durch die Verdrängung polnischer durch deutsche Siedler.[182]

Die Befürworter einer offensiven Flottenpolitik allerdings rüsteten ideologisch und publizistisch auf. So hatte sich eine „freie Vereinigung für Flottenvorträge" unter Beteiligung angesehener Persönlichkeiten gebildet. Auch namhafte Wissenschaftler wie der Ökonom Gustav Schmoller, der Sozialwissenschaftler Werner Sombart und der Historiker Hans Delbrück unterstützten diese Bewegung.[183] Die geopolitische Bedeutung des Paradigmenwechsels machte die deutsche Hinwendung zum Imperialismus so explosiv: „Was die Verantwortlichen der deutschen Außen- und Flottenpolitik taten, wich nicht prinzipiell vom Imperialismus anderer Großmächte wie England und Frankreich ab [...] Wenn Deutschland, dem durch die Reichsgründung schon ein halbhegemonialer Status auf dem europäischen Kontinent zugefallen war, sich entschied, Weltpolitik zu betreiben, hieß das, dass es mit seiner kontinentalen Machtstellung nicht mehr zufrieden war, dass es zu einer Seemacht werden wollte, die England zumindest in der Nordsee ebenbürtig war, dass es von einer ‚halben' zur ‚ganzen' Hegemonie aufsteigen wollte."[184] Die politischen Folgen waren dramatisch und bedeuteten eine Abkehr von der Bismarckschen Politik, die einen Zweifrontenkonflikt stets vermeiden wollte: Frankreich und England, aber auch Russland mussten sich bedroht sehen, was ein gemeinsames Interessenband gegen das Deutsche Reich konstituierte. Am 8. 4. 1904 schlossen sich Frankreich und das Vereinigte Königreich zur Entente Cordiale zusammen, um ihre Interessenkonflikte in Afrika zu bewältigen. Am 31. 8. 1907 schlossen Großbritannien und Russland den Vertrag von Sankt Petersburg. Da zwischen Russland und Frankreich bereits seit 1894 ein Defensivabkommen bestand, die Französisch-Russische Allianz, wurde aus der

181 Winkler, S. 274; Siehe auch Pleticha, S. 87.
182 Winkler, S. 277.
183 Bernstein, Berl. Arbeiterbewegung 3, S. 42.
184 Winkler, S. 275.

Entente Cordiale nun die Triple Entente, durch die das Deutsche Reich eingekreist zu sein schien, obwohl die Triple Entente ein reines Defensivbündnis war. Aber so hatte die Außenpolitik der Ära Bülow aus der nach Bismarck saturierten Situation Deutschlands eine potenzielle Zweifrontenlage gemacht.

Das persönliche Agieren Wilhelms II. auf dem weltpolitischen Parkett trug wesentlich zu dieser Kalamität bei. Schon Ende März 1905 war er mit dem Schiff im marokkanischen Tanger gelandet, um massiv die deutschen Interessen zu bekunden, schließlich war Frankreich eifrig um eine Vergrößerung seines Einflusses auf Marokko bemüht. Die dadurch ausgelösten Spannungen zwischen Paris und Berlin sollten 1906 auf der Konferenz von Algeciras verhandelt werden, auf die Deutschland gedrängt hatte. Doch wurde Deutschland immer mehr isoliert und sah sich der Entente Cordiale gegenüber ohne Wirkungsmöglichkeit. Als Wilhelm II. 1908 einem englischen Versuch zur Flottenrüstungsbegrenzung, vermittelt über die royalen Familienkontakte, schroff eine Absage erteilte und so eine Entspannung verhinderte, begann die außenpolitische Lage sich weiter zuzuspitzen. Da gleichzeitig die Lage auf dem Balkan zwischen Österreich-Ungarn und Serbien wegen der Annexion Bosniens durch Österreich-Ungarn eskalierte und Russland als Partner Serbiens in eine Konfliktstellung zu Wien geriet, waren durch die Kolonialkonflikte einerseits und die Lage auf dem Balkan andererseits die Konfliktherde geschürt, die die Triple Entente einerseits und die Mittelmächte Deutschland und Österreich-Ungarn andererseits gegeneinander in Stellung brachten.

Die Kriegsgefahr mobilisierte die internationale Arbeiterbewegung. Vom 18.–24.8.1907 fand in Stuttgart der Internationale Sozialistenkongress statt, der über die Gefahr einer bewaffneten Auseinandersetzung zwischen den Großmächten und die erforderlichen Gegenreaktionen der Arbeiterparteien debattierte. August Bebel legte in einer großen Rede einen Resolutionsentwurf vor, der Aktionen wie den Massenstreik enthielt. Auf Initiative von Rosa Luxemburg, W.I. Lenin und Julius Martow wurde ein Passus durchgesetzt, der die Bebelsche Resolution ergänzte: „Falls der Krieg dennoch ausbrechen sollte, ist es die Pflicht, für dessen rasche Beendigung einzutreten, und mit allen Kräften dahin zu streben, die durch den Krieg herbeigeführte wirtschaftliche und politische Krise zur Aufrüttelung des Volkes auszunutzen und dadurch die Beseitigung der kapitalistischen Klassenherrschaft zu beschleunigen."[185] In die Vorbereitung dieser Ergänzung war auch Ledebour einbezogen, der überdies in der Kolonialfrage aktiv war und erfolgreich dafür eintrat, mit knapper Mehrheit die von Bernstein und van Kol begründete „sozialistische Kolonialpolitik" zu verwerfen.

185 Vgl. Czitrich-Stahl, S. 487.

Eine Nation, so Ledebour, könne nicht frei sein und andere Nationen unterdrücken.[186] Über Krieg und Frieden wurde ebenso auf dem Essener Parteitag der SPD (15.–21.9.1907) heftig gestritten. Nicht zuletzt die Rede von Gustav Noske vom 25.4.1907 im Reichstag hatte die Parteigemüter erhitzt. Noske hatte sich im Falle eines Angriffs auf Deutschland für eine Vaterlandsverteidigung ausgesprochen und den Beifall auch des Kriegsministers eingeheimst, weil er die „Wehrhaftigkeit" Deutschlands als ein hohes Gut bezeichnet hatte.[187] Karl Liebknecht, Arthur Stadthagen und Georg Ledebour griffen den Inhalt der Rede scharf an. Ledebour bestritt, dass Noske für die Fraktion gesprochen habe. Die Fraktion habe Georg von Vollmar als Redner bevorzugt, Noske aber habe nicht auf die Gelegenheit einer Jungfernrede verzichten wollen.[188] Dass August Bebel Noskes Rede verteidigte, war natürlich dem Bestreben geschuldet, die Parteieinheit zu wahren, wies aber gleichzeitig auf subkutane Wandlungsprozesse in der Fraktion hin, in der sich immer stärker eine Annäherung zwischen Reformisten und altem Parteizentrum vollzog.[189]

Die Entlassung Bernhard von Bülows und die Ernennung Theobald von Bethmann Hollwegs zum Reichskanzler im Juli 1909 änderten wenig am Konfrontationskurs der deutschen Reichsleitung und an der Zunahme der internationalen Spannungen. Inmitten dieser außenpolitischen Konfliktlage fand vom 12.–18.9.1909 der Leipziger Parteitag der SPD statt. Auf ihm stritt die Sozialdemokratie über die Frage eines möglichen Zusammengehens mit den Liberalen, also über eine Blockbildung „von Bebel bis Bassermann", von SPD bis zu den Nationalliberalen, um gegen die neue Mehrheit aus Konservativen und Zentrum zu opponieren. In der Frage der Erbschaftssteuervorlage als Kern der Reichsfinanzreform hatten sich SPD und die liberalen Parteien einander angenähert und gemeinsam für eine reichsunmittelbare Lösung gestimmt, Konservative und Zentrum stimmten dagegen, sodass der „Bülow-Block" zerbrach; von Bülows Entlassung folgte kurz darauf. Für die SPD hatte wesentlich Albert Südekum als finanzpolitischer Sprecher an einem Bündnis mit den Liberalen gearbeitet.[190]

Als Ledebour, der wegen akuter Heiserkeit darum bat, seinen Beitrag um einen Tag zu verschieben[191], den Bericht der Reichstagsfraktion vortrug, sagte

186 Ebd.; Laschitza, Im Lebensrausch, S. 279.

187 Vgl. Czitrich-Stahl, Sozialdemokratie 1903–1912, in: Lehnert (Hg.), SPD und Parlamentarismus, S. 114ff.; Czitrich-Stahl, S. 480.

188 LAB A Pr. Br. Rep 030, Vgl Nr. 9500, Bl. 64e, Vs, 17.9.1907.

189 Vgl. Czitrich-Stahl, Sozialdemokratie 1903–1912, in: Lehnert (Hg.), SPD und Parlamentarismus, S. 112ff.

190 Vgl. Bloch (Hg.), S. 41.

191 Vw, 14.9.1909, S. 2.

dazu: „Genosse Bebel hat mich gebeten, eine Erfahrung mitzuteilen, die er gemacht hat, nachdem [Friedrich] Naumann seinen bekannten und viel belachten Ausspruch vom ‚Bunde von Bebel bis Bassermann' in die Welt geschleudert hatte. Bebel traf damals zufällig Herrn Bassermann und sagte zu ihm: ‚Na, Herr Bundesbruder, wie ist es mit unserem Bund?' Da erwiderte Bassermann: ‚Ach Unsinn!' Bebel stimmte dem zu und knüpfte daran die Bemerkung, er sei der Überzeugung, dass, wie einmal die politische Konstellation sei und wie die Liberalen sich verhalten haben, es eine Utopie sei, zu glauben, dass es zu einem Bündnis irgendwelcher Art zwischen Sozialdemokraten und Liberalen kommen könnte."[192] Doch die Realität wies in eine andere Richtung. Vor allem die Sozialdemokratie in Bayern und Baden liebäugelte mit einer möglichen Budgetbewilligung und auch der Kooperation mit den Liberalen. Ein aus Berlin gestellter Antrag auf dem Parteitag, der jedwede Kooperationen ausschließen wollte, wurde von Wilhelm Dittmann energisch verteidigt und zunächst beschlossen. Doch ein Geschäftsordnungsantrag einiger süddeutscher Delegierter führte zur nochmaligen Abstimmung und Ablehnung. Damit war ein Kooperationsverbot niedergestimmt und der Weg frei für neue taktische Überlegungen innerhalb der Fraktion, ein Sieg der Reformisten und Praktizisten. Ledebour, Stadthagen und andere Vertreter der radikaleren Strömung befanden sich in der Minderheit.[193] Diese neuen Konstellationen machten sich in kommenden Jahren auch in der Frage des politischen Umgangs mit der Regierung in Krise und Krieg mehr und mehr geltend. Massenaktionen als Gegenwehr und zur Mobilisierung, wie Ledebour, Stadthagen und die Radikalen sie forderten, waren nicht mehr selbstverständlich. Die zweite Marokkokrise sollte dies zum Ausdruck bringen.

Seit Mitte März 1911 beunruhigte sich die außenpolitische Lage durch die Ankündigung Großbritanniens, ein gewaltiges Flottenbauprogramm ins Werk zu setzen, an dessen Ende 1913 der Dreibund (Deutschland, Österreich-Ungarn und Italien) und Frankreich übertroffen werden sollten. Gleichzeitig bot Außenminister Grey der deutschen Regierung Verhandlungen über Maßnahmen zur Rüstungsbeschränkung an, die von Reichskanzler von Bethmann-Hollweg nur halbherzig begrüßt wurden. Die sozialdemokratische Reichstagsfraktion brachte eine Resolution in den Reichstag ein, in der die deutsche Regierung zu Maßnahmen der internationalen Verständigung aufgefordert wurde. Diese wurde im Reichstag abgelehnt.[194] Die Mächte Europas trieben immer stärker auf die Lösung außenpolitischer Konflikte mit Mitteln der Gewalt zu, Bebel erwartete

192 Ledebour, zit. n. Dittmann, Erinnerungen 1, S. 145.

193 Vgl. Dittmann, ebd., S. 146ff.; Czitrich-Stahl, S. 529f.

194 Laschitza, Im Lebensrausch, S. 378.

seit 1910 den Ausbruch des Krieges für das Jahr 1912.[195] Die Indifferenz der beteiligten Großmächte auch hinsichtlich ihrer eigenen Rüstungsbegrenzungsvorschläge sollte sich im Sommer 1911 in einer weiteren Krise kundtun, dem deutschen „Panthersprung nach Agadir".[196] Dann nämlich eskalierte die diplomatische Krise zwischen Frankreich und Deutschland um Marokko, die seit dem Frühjahr schwelte. Nach Unruhen dort besetzte Frankreich Fes und Rabat. Die deutsche Regierung war zwar bereit, Marokko als französischen Kolonialbesitz zu akzeptierten, forderte aber für diese Zustimmung Kompensation durch Gebietsabtretungen im Kongo. Doch nicht mittels Diplomatie machte die Reichsleitung ihre offensive Position deutlich, sondern sie entsandte das Kanonenboot „Panther" nach Marokko, das am 1. Juli 1911 in Agadir landete.[197] Die Gefahr eines Krieges mit Frankreich nahmen die Verantwortlichen dabei durchaus billigend in Kauf. Frankreich erhielt noch im Juli 1911 Rückendeckung von Seiten Englands.[198] Der Ausbruch eines Krieges wurde vor allem deshalb vermieden, weil sowohl Russland als auch Österreich-Ungarn und Italien ihren Verbündeten signalisierten, dass sie den Konflikt nicht als Bündnisfall ansahen. Frankreich verwandelte Marokko nun in ein Protektorat, das Deutsche Reich erhielt die Zusage einer wirtschaftlichen Meistbegünstigung und verzichtete auf weitere politische Einflussnahme in Marokko. Zusätzlich tauschten die beiden Mächte koloniale Flächen in Togo und im Kongo aus.[199] Die Risikopolitik des Kaisers hatte letztlich keinerlei Prestigegewinn erbracht, sondern vor allem die Kriegsgefahr verschärft.

Ledebour beteiligte sich an den Debatten über die deutsche Außenpolitik im Zeichen des Weltmachtstrebens und deren Folgen. In einer Reichstagsrede am 13.2.1911 wies er das immer wieder regierungsseitig vorgebrachte Argument zurück, Deutschland brauche eine große Kriegsflotte, um seinen Welthandel wirkungsvoll zu schützen: „Die Entwicklung des deutschen Handels und der deutschen Handelsflotte beruht auf der Leistungsfähigkeit des deutschen Volkes, auf der Entwicklungsfähigkeit der deutschen Industrie, auf der hohen geistigen und technischen Ausbildung des deutschen Arbeiters, auf der Leistungsfähigkeit all derjenigen Elemente, die bei der Produktion unserer Waren mitwirken und auch derjenigen Elemente, die für den Vertrieb unserer Waren im Auslande

195 Dittmann, Erinnerungen 1, S. 165.

196 Winkler, S. 310f.

197 Ebd. Hinter dieser provozierenden Aktion standen der Staatssekretär des Auswärtigen Amtes, Alfred von Kinderlen-Wechter, der massiv vom nationalistischen „Alldeutschen Verband" unterstützt wurde.

198 Ebd.; Pleticha, S. 194f.

199 Winkler, S. 311.

sorgen. Sie können einen schönen Handel haben und eine große Warenproduktion; das wird aber in keiner Weise beeinflusst dadurch, dass Sie immer größere Kriegsflotten bauen."[200] Damit widersprach er auch dem Zentrumsabgeordneten Matthias Erzberger, einem seiner Vorredner. Ledebour forderte die Regierung auf, einen Krieg zu verhindern. Zugleich sprach er von der internationalen Solidarität der Arbeiterparteien, die in ihren Ländern für eine Politik der Kriegsverhütung einträten. Es gebe „keine Bevölkerungsklasse, die so sehr ein Interesse daran hat, dass ein Krieg vermieden wird, wie die Arbeiter. Gerade die Arbeiterparteien in allen Ländern arbeiten wie die deutsche Sozialdemokratie darauf hin, den Krieg mit aller Macht zu verhindern. Aber die Politik, die Sie im Einklang mit der Marineverwaltung treiben, trägt weiter dazu bei, die Kriegsgefahr auf das höchste zu entflammen."[201]

Dann klagte Ledebour die Praxis der an Konflikten beteiligten Regierungen an, die Verantwortung für eventuelle Gewaltanwendungen stets der anderen Seite zuzuschieben: „Wenn es irgendeine triviale Redensart gibt, so ist es diese, die von sämtlichen Vertretern der Großmächte vorgebracht wird: einen Angriffskrieg wollen wir beileibe nicht! Wie kann man so etwas von uns denken! Wir sind ausgemachte Friedensfreunde. Aber die anderen! Und dann wird in Deutschland offen oder versteckt behauptet, die Engländer wollen über uns herfallen; in England wird dasselbe von den Deutschen gesagt und von beiden Teilen wird behauptet, deshalb müssen wir rüsten!"[202] Er bezeichnete es im Anschluss daran als die Hauptaufgabe jeder Arbeiterpartei in jedem Land, die dortigen Kriegshetzer zu bekämpfen. Und er sprach mit Rückblick auf die deutschen Kriegsgräuel in China die Befürchtung aus, dass im Angesicht eines ausbrechenden Krieges „diese damals gegen den sogenannten gelben Feind ausbrechende Kriegsfurie plötzlich in Deutschland gegen andere Nationen lostobt". Das Auftreten der deutschen Politik England gegenüber auf diplomatischem Parkett hielt er für unglaubwürdig: „Also erst in der Zeit des Friedensfürsten Tirpitz haben wir die Möglichkeit eines Krieges zwischen England und Deutschland wirklich ernstlich zu erörtern, früher hat sie nicht bestanden. Darin liegt aber doch der beste Beweis, dass auf die gut gemeinten Friedensversicherungen eines Ministers und auch sonstiger höherer Offiziere und Beamten gar nichts zu geben ist."[203] Die Kriegsgefahr könne nur durch Rüstungsbeschränkungen vermindert werden, fügte er hinzu. Nach einer Abwägung zwischen der deutschen und der englischen

200 Reichstagsrede v. 13.2.1911, Sten. Ber. RT, Bd. 264, S. 4612.

201 Ebd., S. 4613.

202 Ebd.

203 Ebd.

Position in Sachen Rüstungsbeschränkungen auf See warf er der deutschen Regierung vor, das größere Hindernis für Rüstungsbeschränkungen zu sein.[204]

Der „Vorwärts“ berichtete über Ledebours Rede und erwähnte, dass er ein internationales Seerechtsabkommen zur beiderseitigen Abrüstung und Abschaffung des Seebeuterechts, das dem Schutz der Handelsflotten bisher entgegenstehe, vehement gefordert hatte. Außerdem bezog sich das Blatt auf eine Redepassage, die Marineminister von Tirpitz in Rage versetzte, als Ledebour eine Ansprache des Großadmirals Prinz Heinrich vor einem Kriegerverein aufgegriffen hatte. Dieser forderte, auch in seiner Funktion als Befehlshaber, mit Blick auf die kommenden Reichstagswahlen dazu auf, den „inneren Feind“, also die Sozialdemokratie, zu bekämpfen.[205] Das „Berliner Tageblatt“ vom 15. 2. 1911 nahm ebenfalls zu diesem Vorfall Stellung und zitierte aus der „Germania“, dem Zentralblatt der Zentrumspartei. Dort war die Rede des Prinzen als unvorsichtig und unnötig bezeichnet worden. Es sei nicht im Interesse der Monarchie, so das Blatt, der Sozialdemokratie die Argumente an die Hand zu geben, „für den Republikanismus und gegen die Monarchie Stimmung zu machen“.[206] Die „Kölnische Zeitung“ vom 14. 2. 1911 ergriff in ihrer Berichterstattung erkennbar Partei für den Marineminister, der sich in seiner zürnenden Replik auf Ledebour für den Prinzen Heinrich verwendet hatte.[207] Offensichtlich hatte Ledebour mit dieser doch recht übersichtlichen Passage aus seiner Rede die Regierung gezwungen, sich den Hohenzollern gegenüber als loyal zu beweisen. Die diesbezüglichen Empfindlichkeiten im Herrscherhause und in der kaiserlichen Regierung dürften seit den rhetorischen Fehlgriffen und erwischten Fettnäpfchen des Kaisers wie der „Daily Telegraph-Affäre“ recht groß gewesen sein.[208]

Als im Sommer 1911 ein Kriegsausbruch bevorzustehen schien, wurde die internationale Arbeiterbewegung mobil. Für das Sekretariat der II. Internationale sondierte Camille Huysmanns, der aus Belgien stammende Sekretär der Internationale, mit hochrangigen Vertretern der beteiligten Arbeiterparteien die Möglichkeit, gemäß der in Stuttgart (1907) und Kopenhagen (1910) gefassten Beschlüsse zur gemeinsamen Kriegsverhinderung ein koordiniertes Vorgehen zu erreichen; ein Generalstreik war 1910 nicht beschlossen worden. Der Vorstand der SPD setzte mehrheitlich auf ein beschwichtigendes Vorgehen, die Groß-Berliner Sozialdemokratie hingegen organisierte am 4. 7. 1911 immerhin 31

204 Ebd., S. 4615.

205 Vw, 14. 2. 1911, S. 2.

206 BT, 15. 2. 1911-M, S. 3.

207 KöZ, 14. 2. 1911, S. 1.

208 https://de.wikipedia.org/wiki/Daily-Telegraph-Aff%C3%A4re.

Protestkundgebungen, auf denen die Agitation gegen die Kriegsgefahr mit der Forderung nach einem demokratischen Wahlrecht verbunden wurde. Im Juli und August folgten weitere Kundgebungen der Gewerkschaften und der Sozialdemokratie Groß-Berlins. Am 8.8.1911 schließlich gab der Parteivorstand seine Zurückhaltung auf und mobilisierte mit einem Aufruf für machtvolle Kundgebungen.[209] Am 3.9.1911 kamen im Treptower Park mindestens 200000 Menschen zur bis dahin größten Friedenskundgebung in Berlin zusammen. Von zehn Tribünen aus sprachen die Redner der Sozialdemokratie zu den Zuhörenden, darunter neben Karl Liebknecht und Arthur Stadthagen auch Georg Ledebour. Der „Vorwärts" berichtete am 4.9.1911 in einer Extra-Ausgabe über die Großkundgebung und schrieb pathetisch: „Die Kundgebung der Berliner Arbeiter im Treptower Park ist sicherlich die größte Friedensdemonstration, die die Welt je gesehen hat [...] Würdig war dieser Tag der Hauptstadt der deutschen Sozialdemokratie, der Hauptstadt der völkerverbrüdernden Internationale."[210]

Ausführlich und mit viel Detailfreude berichtete das Blatt über die Demonstrationszüge und die Kundgebungen an den einzelnen Tribünen. Auf Seite 3 fanden Leserinnen und Leser eine Zeichnung, die Georg Ledebour mit gestikulierender Hand und angesichts des großflächig verteilten Massenpublikums durch weit geöffneten Mund veranschaulichter lauter Stimme auf der Tribüne zeigt. „Abg. Ledebour spricht" lautete der Titel der Zeichnung, in der dargestellten Zuhörerschaft findet sich ein Transparent mit der Aufschrift „Gegen den Krieg". Ledebour selbst sprach auf der Tribüne 5 nach Emanuel Wurm. Ledebours Ansprache wurde in ihren Grundaussagen wiedergegeben. Zu Ledebours Rede hieß es, dass er mehrfach von Beifall unterbrochen wurde. Ledebour bezeichnete das Interesse an einem Krieg als jenes von „kleinen internationalen Interessengruppen", die nun die Arbeiter aufgerufen hätten, diese Politik zu unterstützen. Er ergänzte: „Das klassenbewusste Proletariat könne nie und nimmer der kapitalistischen Raubpolitik Hilfe leisten [...] Ein habgieriger Sultan, dessen ‚Untertanen' sich seine Blutsaugereien nicht mehr gefallen lassen wollten, soll auf dem Thron erhalten werden. Aber was hinter der ganzen Geschichte steht, sind die kapitalistischen Interessen."[211]

209 So am 28. Juli in der „Neuen Welt" mit rund 10 000 Teilnehmern und einer französischen Delegation und am 1. August 1911 in den „Germaniasälen" in der Chausseestraße, wo Kurt Rosenfeld sprach. Zu Rosenfeld vgl. besonders Seydewitz, Es hat sich gelohnt zu leben. Seydewitz und Rosenfeld gründeten 1931 nach ihrem Parteiausschluss die SAP. Siehe Rev. Berl. Arbeiterbewegung 1, S. 520f. und Dokumente und Materialien 4, S. 355ff. zur innerparteilichen Kontroverse um die Reaktion auf den „Panthersprung".

210 Vw, 4.9.1911-Extra.

211 Ebd., S. 3f.

Ledebour schloss seine Ansprache mit einem Bekenntnis zu den Beschlüssen der Internationale, auch zum Generalstreik, und mit einem Aufruf zum Handeln: „Das klassenbewusste Proletariat aber werde trotz aller Kriegshetzereien jeden Krieg zu hindern suchen. Wenn's sein muss, werden wir alle politischen und wirtschaftlichen Machtmittel und eventuell auch den politischen Massenstreik anzuwenden wissen. Das geht jedoch nicht in einem Lande durchzuführen, es muss das internationale Proletariat sein, das ein solches Mittel anwendet. Da sehen wir wieder, von welch' großer Bedeutung die internationale Verständigung des Proletariats ist. Das Volk selbst muss überall sein Geschick in die eigene Proletarierfaust nehmen. Und darum muss überall die Losung sein: Nieder mit dem Kapitalismus! Hoch die internationale Sozialdemokratie! (Stürmischer Beifall)".[212] Die unterschiedlichen Auffassungen in der Spitze der SPD blieben dennoch vorhanden. Während Arthur Stadthagen, Georg Ledebour und auch Rosa Luxemburg auf ein entschlosseneres Handeln drängten, favorisierten August Bebel und Karl Kautsky eine abwartende Haltung, um den absehbaren Triumph bei den kommenden Reichstagswahlen nicht zu gefährden. Der bevorstehende Parteitag in Jena würde sich dieser unterschiedlichen Vorstellungen annehmen müssen.

Von einer Konfliktentschärfung ohne Gewaltanwendung in der Marokkokrise noch entfernt war die Situation zum Zeitpunkt der Eröffnung des Parteitages, der nach 1905 abermals in Jena vom 10.–16. 9. 1911 abgehalten wurde. Schon in seiner Eröffnungsrede zeigte sich August Bebel pessimistisch: „Nicht Abrüstung heißt künftig für das bürgerliche Europa die Losung, sondern Aufrüstung. Wir werden von jetzt ab einem Zustande entgegengehen, der meiner Überzeugung nach nur noch mit der großen Katastrophe enden kann und enden muss."[213] Die radikale Linke um Georg Ledebour, Rosa Luxemburg und Clara Zetkin indes griff den Parteivorstand wegen dessen zögerlicher Haltung zu den Massenaktionen gegen die Kriegsgefahr scharf an. Rosa Luxemburg, Clara Zetkin und Gustav Hoch brachten einen Antrag ein, der die Positionen der von August Bebel formulierten Resolution des Parteivorstandes[214] zuzuspitzen beabsichtigte, indem schärfere Formulierungen gegen Aufrüstung, Kriegshetze und Kolonialismus sowie die Orientierung auf Massenaktionen gefordert wurden.[215] Doch hier nun griff die Parteitagsstrategie der Gemäßigten ein. Der revisionistisch-reformistische

212 Ebd.

213 Bebel, zit. n. Dittmann, Erinnerungen 1, S. 191; Siehe auch Herrmann/Emmrich, S. 705 ff.

214 Resolution gegen die imperialistische Machtpolitik, in: Dokumente und Materialien 4, S. 369 f.

215 Antrag Hoch, Luxemburg und Zetkin, in: Ebd., S. 367 f.

Flügel stellte sich demonstrativ hinter den Parteivorstand und wies das Ansinnen des Antrags der Linken zurück; Eduard David brachte formale Gründe für die dann erfolgreiche Ablehnung des Antrages vor.[216] Die beschlossene Resolution verzichtete völlig auf politische Handlungsanweisungen und beließ es bei der Forderung nach der sofortigen Einberufung des Reichstags.[217] Dahinter verbarg sich vor allem die Furcht, dem politischen Gegner im Reichstagswahlkampf in die Hände zu spielen, was jedoch angesichts der durchaus hohen Erwartungen – Stadthagen sprach ja im Vorfeld von rund 100 Sitzen im Reichstag – recht kleinmütig wirken konnte. Die Resolution des Parteivorstandes wurde schließlich einstimmig angenommen.

Ledebour ergriff in Jena mehrmals das Wort, um den Parteivorstand für sein zurückhaltendes Vorgehen zu kritisieren. Zunächst sprach er Rosa Luxemburg seine Solidarität aus. Sie hatte in einer Streitschrift mit dem Titel „Wieder Masse und Führer" den Parteivorstand öffentlich für dessen Haltung gerügt, dieser hatte mit Vorwürfen wie „Indiskretion", „Irreführung" oder „Illoyalität" auf ihre Schrift geantwortet; Bebel zeigte sich persönlich beleidigt.[218] In seiner ersten Wortmeldung hob Ledebour hervor, dass es nicht das Verdienst Hermann Müllers gewesen sei, dass der Parteivorstand zu den Großdemonstrationen aufgerufen hatte, sondern jenes von Rosa Luxemburg. „Wenn die Kritik nicht gekommen wäre, Genossen vom Parteivorstand, Sie säßen heute noch vergnügt da und hätten den Finger nicht gerührt, ebenso wie sie jetzt vergnügt dasitzen."[219] Bebel verteidigte das Vorgehen des Parteivorstands politisch und in der Sache Rosa Luxemburg. Am Folgetag nahm Ledebour erneut das Wort, um dem Parteivorstand u.a. vorzuwerfen, unrichtige Aussagen über seine Gespräche mit Vertretern des Sekretariats der Internationale und über die Zusammenarbeit mit den französischen Sozialisten in der Marokkofrage getätigt zu haben. Dabei ließ er sich auch durch Zwischenrufe Bebels nicht aus der Ruhe bringen und attackierte ihn direkt. Abermals stellte er sich an die Seite der von Bebel heftig angegriffenen Rosa Luxemburg und forderte eindringlich den Schulterschluss mit den Bruderparteien zur entschlossenen und gemeinsamen Abwehr der Kriegsgefahr.[220]

Bebel wiederum sah sich persönlich getroffen und reagierte mit einer persönlichen Rüge auf Ledebour: „Ledebour hat nicht nur seine Behauptung, ich sei vorgeschoben, um dem Vorstand aus der Patsche zu helfen, aufrechterhalten,

216 Dittmann, Erinnerungen 1, S. 189; Laschitza, Im Lebensrausch, S. 390.

217 Resolution gegen die imp. Machtpolitik, S. 369f.

218 Laschitza, Im Lebensrausch, S. 389. Siehe auch Rosa Luxemburg, GW 3, S. 37–42.

219 Prot. PT SPD 1911, S. 212.

220 Ebd., S. 249ff.

sondern sie noch verschärft, durch die Erklärung, es komme auch vor, dass man geschoben wird, ohne es zu wissen, d.h. er hat mich als einen Menschen hingestellt, der unfähig sei, zu beurteilen, aus welchen Motiven heraus er aufgetreten sei. (Widerspruch von Ledebour) [...] Aber es scheint mir, dass Ledebour gar nicht mehr begreift, welche Bedeutung seine Worte haben. Ich kann nur sagen: In Taktlosigkeit übertrifft er alle Parteigenossen."[221] Der so Gerügte reagierte umgehend. Im August war er nach Paris gereist, um mit den französischen Sozialisten zu reden und mit ihnen gemeinsame Auftritte gegen die Kriegsgefahr zu vereinbaren. Dass es letztlich zu Kooperationen kam, gehe also nicht auf den Parteivorstand zurück, sondern auf die Kritik Rosa Luxemburgs und seine Initiative vom 4.8.1911, warf Ledebour ein und warf dem Parteivorstand vor, an der Frage der Beteiligung der französischen Syndikalisten beinahe die Kooperation mit den Sozialisten habe platzen lassen und nur unter Druck gehandelt zu haben.[222]

Offensichtlich sah Ledebour das Agieren unter dem Damoklesschwert eines Krieges nicht unter taktischen Gesichtspunkten, sondern unter prinzipiellen. Seine Unkonventionalität in der Bündnispolitik, die er ja schon früh in Berlin etwa im Umkreis des „Friedrichshagener Dichterkreises" und der „Freien Volksbühne" gezeigt hatte, wo ihm um der Sache willen Anarchisten wie Landauer oder Unabhängige Sozialisten wie Wille näher waren als sein langjähriger Freund und Kollege Franz Mehring, stellte er auch hier unter Beweis. Nach dem Motto: Hier geht es um das Prinzip, scheute er mit Niemandem einen rhetorischen Schlagabtausch. Dies hatte er in seinem ersten Redebeitrag auf dem Parteitag auch hinsichtlich Rosa Luxemburgs schon praktiziert, als er sprach: „Genossin Luxemburg hat mit mir sehr häufig in Konflikten gestanden, und wie ich die Genossin Luxemburg kenne, und wie ich mich kenne, werden wir im Laufe unseres hoffentlich noch recht langen Wirkens für die Partei noch öfter in Konflikt geraten. Aber das hält mich doch nicht ab, ausdrücklich zu erklären, dass, wenn es überhaupt jetzt in Deutschland zu großen Aktionen, zu großen Demonstrationen gegen den Krieg und gegen die Kriegshetzer gekommen ist, nicht Müller [...] das Hauptverdienst daran hat, sondern die Genossin Luxemburg durch ihre Kritik."[223] So wurde dieser Parteitag in Jena zu einem streitbaren Parteikongress in stürmischen Zeiten. Ledebour hatte, wie auch Stadthagen oder Clara Zetkin, den Parteivorstand für sein Agieren heftig kritisiert. Aber er wurde auch Zeuge einer personellen Zäsur und einer Weichenstellung. Für den am 31.1. 1911 verstorbenen Co-Parteivorsitzenden, Co-Fraktionsvorsitzenden und Berliner Stadtverordneten Paul Singer

221 Ebd., S. 264f.
222 Ebd.
223 Ebd., S. 212.

rückte nun der Rechtsanwalt, Reichstagsabgeordnete und Vertreter des gemäßigt linken Parteiflügels Hugo Haase zum Co-Vorsitzenden der SPD auf. Für August Bebel sollte es der vorletzte Parteitag werden.

Der „Vorwärts" berichtete am 12. 9. 1911 ausführlich über diese heftige Debatte und gab einen Einblick in die Redeliste pro und contra Rosa Luxemburg bzw. Georg Ledebour und dem attackierten Parteivorstand mit seinem Vorsitzenden August Bebel. Es waren Paul Lensch, Wilhelm Dittmann, Hoffmann (Elberfeld), Wilhelm Düwell und Clara Zetkin, die neben Ledebour die Kritik am Vorgehen des Parteivorstandes bekräftigten. Dittmann wiederholte Ledebours Kritik, der Parteivorstand habe sich von der Generalkommission der Gewerkschaften zur Zurückhaltung „schieben" lassen, Ledebour wurde zitiert, „dass nicht die Genossin Luxemburg, sondern der Vorstand auf der Anklagebank sitze". Natürlich wurde Bebels geharnischte Replik auf Ledebours Attacke ausführlich dargelegt, unter anderem mit Bebels Vorwurf, Ledebour betreibe „eine Herabwürdigung der ganzen deutschen Arbeiterpartei", womöglich ein Seitenhieb in Richtung Ledebours Herkunft aus der liberalen Bewegung. Für das Vorgehen Bebels bzw. des Parteivorstandes sprachen u. a. Otto Wels, Robert Schmidt, Max Quarck, Carl Legien und Hermann Molkenbuhr. Der Berliner Reichstagsabgeordnete Richard Fischer (Berlin II), der den Revisionisten zugerechnet wurde, warf Ledebour „geschwollene[s] Getue, hinter dem nichts steht", sowie „persönliche Wichtigtuerei" vor, wohl auch, um die Kritik am Vorstand zu entpolitisieren und auf Personen umzulenken.[224] Zu einer größeren Beliebtheit Ledebours trugen seine Einlassungen auf dem Parteitag in Jena wohl nicht bei, denn Luise und Karl Kautsky, sogar Rudolf Hilferding distanzierten sich in privaten Korrespondenzen von ihm.[225] Wilhelm Dittmann erwähnte die Auseinandersetzungen in Jena nicht einmal in seinen Erinnerungen, sondern hob vor allem Bebels Rede und seine ja drei Jahre später Realität werdende Furcht vor einem großen Krieg hervor. Dies mag wohl so gedeutet werden, dass er seine kritische Haltung zum Vorgehen Bebels und des Parteivorstandes überdacht hatte.[226]

Der Fortgang der Marokkokrise beschäftigte den „Vorwärts" auch während des Parteitages, sodass immer über die aktuelle diplomatische Lage berichtet wurde.[227] Auch das „Berliner Tageblatt" informierte seine Leserschaft mit einem mittellangen Bericht, der auch die Konfliktlinie und deren Protagonistinnen und Protagonisten benannte. Der Bericht begann mit dem Satz: „Die Diskussion

224 Zit. n. Ratz, S. 133.

225 Vgl. ebd., S. 135.

226 Dittmann, Erinnerungen 1, S. 191 f.

227 Vw, 12. 9. 1911, S. 2.

über den Geschäftsbericht, mit der heute Nachmittag begonnen wurde, glich zu Beginn einer Gerichtssitzung über den Parteivorstand." Über Rosa Luxemburg schrieb das Blatt, sie habe „die Rolle des ersten Staatsanwalts vorzüglich" gespielt. Zu Ledebour hieß es: „Besonders scharf formulierte Ledebour seine Vorwürfe, die der Kritik der Genossin Luxemburg das Verdienst daran zusprachen, dass überhaupt noch etwas in der Marokkofrage geschehen sei. Der Parteivorstand habe in dieser großen Frage überhaupt vollständig versagt."[228] In der Abendausgabe des Folgetages entwarf die Zeitung ein anderes Szenario der Parteitagsdebatten und stellte die Frage nach der künftigen Richtung der Sozialdemokratie durchaus recht nuanciert: „Man war bisher gewöhnt, die Differenzen innerhalb der Sozialdemokratie nach dem Schema Radikalismus und Revisionismus zu beurteilen. Dieser Maßstab hat in Jena versagt. Oder will man wirklich behaupten, dass Bebel unter die Revisionisten gegangen sei? Herr Ledebour und Frau Luxemburg suchten allerdings einen ähnlichen Eindruck zu erwecken. Auch ist es ganz richtig, dass die Darlegungen Bebels besonders bei den süddeutschen Delegierten Beifall fanden. Schon Frau Rosa Luxemburg meinte, dass vor allem die Revisionisten Bebel Beifall geklatscht hätten. Bebel selbst spielte mit dem Gedanken, dass er nun auch in die ‚Wolfsschlucht des Revisionismus' geworfen werde, und er rief gutgelaunt, als er unter lebhaftem Beifall die Tribüne verließ, den süddeutschen Delegierten zu: ‚Wollt Ihr wohl ruhig sein, Ihr Revisionisten!'"[229] Tatsächlich verschoben sich in der Spitze der Sozialdemokratie die Gewichte langsam aber stetig in Richtung einer stärkeren Zusammenarbeit zwischen dem Parteizentrum um Bebel und Kautsky mit dem gemäßigteren Flügel, sodass die Radikalen immer mehr an potenzieller Mehrheitsfähigkeit verloren, was eine Folge der Differenzierungsprozesse im Gefolge der Massenstreikdebatte seit 1905 war. Angesichts der zu erwartenden großen Wahlerfolge im Januar 1912 lag es durchaus nahe, mögliche kooperationsfähige Parteien im kommenden Reichstag nicht durch zu radikale Verlautbarungen und Aktionen zu verschrecken, sondern ihnen eine Mäßigung zu signalisieren.[230]

Die „Kölnische Zeitung" vom 12.9.1911 griff ebenfalls die Marokkodebatte in Jena auf und erwähnte Ledebour in ihrem Bericht. Dieser „in seiner erregten Art" habe gefragt: „Warum sei man nicht eingegangen auf die Einladung des Internationalen Sozialistischen Büros zu einer Marokko-Konferenz, obwohl man wusste, welchen Eindruck eine Ablehnung im Auslande machen würde? [...] Jetzt glaube man draußen, dass die deutsche Partei entweder nicht wolle

228 BT, 12.9.1911-M, S. 2.

229 Ebd., 13.9.1911-A, S. 1.

230 Vgl. Brandt/Lehnert, S. 99.

oder nicht wage, den internationalen Verpflichtungen nachzukommen, die ihr aus ihrer Stärke erwüchsen [...] Ledebour rief mit Nachdruck: Wir können heute nicht sagen, wir werden den Generalstreik machen, und noch viel weniger aber können wir sagen, wir werden keinen machen. Da der Parteivorstand der Pflicht zu solchen vertraulichen Erörterungen nicht genügt habe, müsse er vorwärtsgetrieben werden, damit die wichtigsten Aufgaben des kämpfenden Proletariats erfüllt würden."[231]

Seit der Massenstreikdebatte hatte sich das ideologisch-politische Spektrum der SPD zu differenzieren begonnen. Bildeten einst die politischen Erben der „Eisenacher" und „Lassalleaner" die konkurrierenden Hauptströmungen innerhalb der SAPD und danach anders motivierte Polaritäten in den Reformismus- und Revisionismusdebatten der SPD, so existierte um 1910 eine veränderte Gemengelage. Das „marxistische Zentrum" um Bebel und Kautsky blieb zwar die dominierende Kraft innerhalb der Sozialdemokratie. Ihre breite und durchaus heterogene Anhängerschaft verband praktische Reformarbeit in den Parlamenten und Körperschaften mit einer populärwissenschaftlichen Theorie bzw. vor allem Rhetorik. Hierin bestand ihre nicht zu unterschätzende Integrationsfunktion für die Parteibasis und die Öffentlichkeit. Dennoch blieb die revolutionäre Rhetorik diffus in ihrer Orientierung, denn eine Revolution in Gestalt eines Massenaufstands oder von Barrikadenkämpfen stellten sich die „Zentristen" nicht mehr vor, eher das „naturnotwendige", von Krise zu Krise spürbarer werdende Ermatten der kapitalistischen Gesellschaft. Auf den Moment des Zusammenbruchs vorbereitet zu sein galt somit als die Hauptaufgabe der sozialdemokratischen Aufklärung und Organisationspolitik: „Bereit sein ist alles!".[232] Die Massenstreikdebatte seit 1905 trennte mehr und mehr die Wege innerhalb der ursprünglichen, aus Entwicklungen bei den „Eisenachern" entstandenen und dem Erfurter Programm und dessen Theorieteil verpflichteten marxistisch orientierten Mehrheit.

Während deren Majorität den Massenstreik lediglich defensiv als Verteidigungsinstrument einzusetzen gewillt war, forderte eine Minderheit um Rosa Luxemburg, Georg Ledebour oder Arthur Stadthagen seinen offensiven Einsatz zur Mobilisierung der Arbeiterschaft und zur Öffnung des Weges zu einer sozialistischen Transformation.[233] Doch unterschätzten die nun immer häufiger als „Radikale" bezeichneten Anhänger einer revolutionären Massenstreikorientierung die Bereitschaft auch in der gewerkschaftlich organisierten Arbeiterschaft,

231 KöZ, 12.9.1911, S. 13.

232 Miller/Potthoff, S. 71.

233 Ebd., S. 70; Czitrich-Stahl, S. 434ff.

einer aktivistischen sozialistischen Mobilisierung und Revolutionierung der Köpfe zu folgen. Von daher gerieten die Radikalen zunehmend in eine Minderheitenposition. Die praktische Reformpolitik des marxistischen Zentrums und der Praktizismus der Reformisten oder Gemäßigten, die in Baden längst auch dem Haushalt zugestimmt und damit das tradierte Prinzip des „Diesem System keinen Mann und keinen Groschen!“ ad acta gelegt hatten, wies indes größere Schnittmengen auf und mündete bald in eine neue Parteimehrheit, gegen die die Radikalen wenig auszurichten vermochten.[234] Die heftigen Debatten zur Budgetfrage, zur Landesverteidigung und zur Reaktion der Arbeiterbewegung auf die weiter anwachsende Kriegsgefahr sollten nach dem 4. 8. 1914 auch die Radikalen spalten und den Grundstein legen für bis dato undenkbare Veränderungen der Parteienlandschaft in der Arbeiterbewegung.

8. Britische Vorbilder und deutsche Rückständigkeiten – Parlamentarismus, Innenpolitik und Verfassung

Der von seinem mehrjährigen Englandaufenthalt und vom britischen Liberalismus politisch grundsozialisierte Ledebour hat es in seinen Reichstagsreden nie versäumt, „die Einführung des Parlamentarismus englischen Musters in Deutschland zu postulieren“.[235] Ledebour war ein Verfechter eines starken Parlaments als des gewichtigsten aller Verfassungsorgane, dem die Regierung verantwortlich sei und das einem Regierungschef auch sein aktives Misstrauen aussprechen könne, womit dieser zurückzutreten habe. In einer Rede am 12. 3. 1904 zum Budget der Verwaltung des Reichsheeres flocht er ein: „Bei unserem Regierungssystem, das nichts weiter ist als ein bureaukratisches System mit parlamentarischem Aufputz, werden die wichtigsten Dinge immer hinter den Kulissen abgemacht; im Parlament kommen dann nur die Resultate zu Tage.“[236] Sechs Jahre später äußerte er sich ähnlich: „In Wirklichkeit werden die Regierungsgeschäfte in allen Verzweigungen des öffentlichen Lebens von der Bureaukratie gehandhabt. Dadurch unterscheidet sich das Verfassungsleben, unterscheiden sich die deutschen Zustände sehr wesentlich von derjenigen anderer vorgeschrittener Kulturstaaten, in denen der demokratische Parlamentarismus sich bereits vollständig Bahn gebrochen hat und das öffentliche Leben beherrscht, wie das in der Republik Frankreich oder sogar auch in der Monarchie England der Fall

234 Brandt/Lehnert, S. 94.

235 Ratz, S. 70.

236 Reichstagsrede v. 12. 3. 1904, Sten. Ber. RT, Bd. 198, S. 1761.

ist." In der Entwicklung zur Durchsetzung eines demokratischen Parlamentarismus sah er nicht nur eine Notwendigkeit, sondern auch eine verfassungspolitische Zwangsläufigkeit, wenn er ergänzte: „Dieser demokratische Parlamentarismus ist eine Phase in der Gestaltung der öffentlichen Geschäfte, die in Deutschland gar nicht mehr umgangen werden kann. Darauf drängen alle Erscheinungen unseres öffentlichen Lebens hin. Es ist notwendig, dass nicht bloß im Reich, sondern auch in den Einzelstaaten die Entscheidung über alle wichtigen Fragen in den Parlamenten getroffen wird, und dass auf Grund dieser Entscheidungen der Parlamente die Ministerien, die dann selbstverständlich nur ausführende Organe der Parlamentsmehrheit zu sein haben und aus dieser Parlamentsmehrheit hervorgehen, die Geschäfte des Landes leiten."[237]

In den Jahren zwischen diesen beiden Reden hatte sich eine Parlamentarisierungsdebatte zu entwickeln begonnen. Die „Daily Telegraph-Affäre" des Kaisers hatte die politische Öffentlichkeit erregt, wobei man sich in England eher belustigt zeigte. In einem Interview mit der bedeutenden Londoner Zeitung hatte der Monarch in der Ausgabe vom 28. 10. 1908 erklärt, er gehöre zu einer englandfreundlichen Minderheit im Lande, außerdem habe er 1899 ein Zusammengehen der Kontinentalmächte gegen England im Burenkrieg verhindert und seiner „verehrten Großmutter" Queen Victoria einen Feldzugsplan übersandt, der den britischen Sieg begünstigt habe. Auch die Flottenrüstung sei nicht gegen England gerichtet, hatte Wilhelm II. verlautbaren lassen. Vor allem versagte die politische Abstimmung mit Reichskanzler von Bülow, der den Interviewtext nicht einmal gelesen und ihn trotzdem an den Kaiser zurückgeleitet hatte, sodass dieser die Veröffentlichung freigab.[238] Zwar hatte Bülows Nachlässigkeit mit den Amtsgeschäften als Kanzler den Fauxpas erst möglich gemacht, jedoch hatten die Großspurigkeit des Kaisers, seine vollmundigen und unbedachten Reden und undiplomatischen Äußerungen die Unzufriedenheit mit seinem „persönlichen Regiment" erhöht und die deutsche Öffentlichkeit in Teilen gegen ihn aufgebracht.

Diese kaiserliche Co-Exekutivkompetenz unterzog Ledebour immer wieder einer genauso fundamentalen wie beißenden Kritik. Zu einer grundsätzlichen Reform der politischen Ordnung kam es in dieser Situation deshalb nicht, weil auch die liberalen Parteien keine prinzipielle Schwächung der politischen Rolle der Monarchie anstrebten und sich damit begnügten, das konkrete Fehlverhalten Wilhelms II. zu kritisieren.[239] Doch hatte die Affäre das Vertrauen des Kaisers in seinen Reichskanzler Bernhard von Bülow erschüttert. Am 24. 6. 1909 scheiterte

237 Reichstagsrede v. 15. 3. 1910, Sten. Ber. RT, Bd. 260, S. 2118.

238 Winkler, S. 299.

239 Langewiesche, S. 222 ff.

dieser mit seinem Versuch, im Reichstag eine „große Reichsfinanzreform" durchzusetzen. Es waren vor allem die Deutschkonservativen und die Zentrumspartei, die das Erbschaftssteuergesetz scheitern ließen. Zwei Tage später bat von Bülow den Monarchen um seine Entlassung, die am 14.7.1909 vollzogen wurde.[240] Immerhin hatte der Reichstag zumindest „die Zähne gezeigt". Zu einer wirklichen Parlamentarisierung kam es bekanntlich erst unmittelbar vor dem Kriegsende 1918, als die militärische Niederlage nicht mehr zu kaschieren war.

Ledebour selbst trat in dieser Periode mehrfach öffentlich auf. In Leipzig sprach er vor rund 3000 Menschen am 8.11.1908 und stellte heraus, dass es seit der 1848er-Revolution noch nie so eine günstige Situation für die Durchsetzung einer parlamentarisch basierten politischen Ordnung gegeben habe.[241] Als sich im Reichstag eine Verfassungsdebatte entwickelte, sah sich Ledebour am richtigen Ort, um die sozialdemokratischen Vorstellungen von parlamentarischer Demokratie vorzutragen. Die Reichstagsfraktion hatte einen Antrag eingebracht, der Änderungen an der Reichsverfassung benannte, die sich mit der Verantwortlichkeit des Reichskanzlers, seiner Suspendierung und seiner juristischen Behandlung bei Verletzungen seiner Amtspflicht befassen.[242] Hätten diese Verfassungsänderungen Gültigkeit erlangt, wäre Reichskanzler von Bülow unmittelbar angeklagt und vor den Staatsgerichtshof gebracht worden. Die Kernformulierungen dieses Antrags betrafen folgende Festlegungen des Artikel 17 der Reichsverfassung. Er lautete: „Dem Kaiser steht die Ausfertigung und Verkündigung der Reichsgesetze und die Überwachung der Ausführung derselben zu. Die Anordnungen und Verfügungen des Kaisers werden im Namen des Reichs erlassen und bedürfen zu ihrer Gültigkeit der Gegenzeichnung des Reichskanzlers, welcher dadurch die Verantwortlichkeit übernimmt."[243]

Den letzten Halbsatz beantragte die SPD zu streichen, um die Verantwortlichkeit des Reichskanzlers dem Kaiser gegenüber endgültig abzuschaffen. Stattdessen beantragte sie folgende Ergänzung als Art. 17 a: „Der Reichskanzler ist für seine Amtsführung dem Reichstage verantwortlich. Diese Verantwortlichkeit erstreckt sich auf alle Handlungen und politische Unterlassungen des Kaisers. Der Reichskanzler ist zu entlassen, wenn der Reichstag es fordert." Damit wäre

240 Winkler, S. 300f.

241 Zit. n. Keller, S. 38f.

242 Antrag Albrecht und Genossen: Gesetz, betreffend die Abänderung der Verfassung des Deutschen Reiches, https://www.reichstagsprotokolle.de/Blatt_k12_bsb00002930_00453.html. Dort auch die Zitate des nächsten Absatzes.

243 Vgl. Gesetz, betreffend die Verfassung des Deutschen Reiches, Bundesgesetzblatt des Deutschen Bundes, Nr. 16, https://www.lwl.org/westfaelische-geschichte/que/normal/que840.pdf.

die Parlamentarisierung der Regierungsgewalt verbunden gewesen, überdies würde auf diesem Wege der Monarch zu einem dem englischen Verfassungsmodell entsprechenden „Kaiser-im-Parlament“ zurückgestutzt, da der Reichskanzler für die Handlungen des Kaisers vom Reichstag in die Pflicht genommen worden wäre. Dies hätte gewiss eine institutionelle Revolution der Reichweite englischer Entwicklungsschritte seit der „Glorious Revolution“ bedeutet. Entsprechend beinhaltete der Antrag im neu zu setzenden Art. 17 b das Recht des Reichstags, den Reichskanzler der Verletzung seiner Amtsgeschäfte anzuklagen, das strafrechtliche Folgen ausdrücklich einschloss. Die Verhandlungen wären vor dem Staatsgerichtshof zu führen, wobei der Reichstag das Ernennungsrecht der 24 Richter besäße, dem Reichskanzler aber ein Vetorecht gegen höchstens zwölf Richter zustünde. Bei einer Verurteilung könnte der Angeklagte zeitweilig von öffentlichen Ämtern ausgeschlossen werden, strafrechtliche Aspekte hätte der Staatsgerichtshof in seinem Urteil zu berücksichtigen.

Ledebour begründete diesen weitreichenden Änderungsantrag zur Reichsverfassung. Er verlangte vom Reichstag, „aufzutreten und zu sagen, was da geschehen kann und muss, damit der tief gehenden Bewegung im Volke, die wirklich verlangt, dass das deutsche Volk endlich als ein mündiges und nicht von Bureaukraten bevormundetes Volk behandelt werde, endlich Rechnung getragen wird“. Den Äußerungen und parallel vorliegenden Anträgen von anderen Fraktionen warf er vor, nichts ändern zu wollen und ansonsten nur „leere[s] Stroh noch weiter zu dreschen“.[244] Deren Vorschläge, z. B. der Freisinnigen, richteten sich vor allem gegen Auswüchse des „persönlichen Regiments“, nicht gegen dieses Prinzip als ein Quasi-Prärogativ. Dazu sagte er: „Um was es sich hier handelt, das ist ja nicht bloß die Zurückweisung einiger Ausschreitungen des sogenannten persönlichen Regiments; denn das, was man das persönliche Regiment nennt, das ist doch nichts weiter als die notwendige, unvermeidliche Begleiterscheinung des gesamten scheinkonstitutionellen, bureaukratischen Regierungssystems, unter dem noch heute das deutsche Volk leidet, dieses Volk, das sich das Volk der Dichter und Denker zu sein rühmt. Und das dennoch in dieser wichtigsten Frage des politischen Lebens, der Frage der Mündigkeit weit zurücksteht hinter anderen vorgeschrittenen Kulturvölkern unserer Zeit.“[245]

Im Gegensatz zu den liberalen Fraktionen, die es überwiegend bei der Kritik an Wilhelms II. persönlichem Agieren beließen, griff Ledebour nun die Regierung scharf an: „Wenn Sie die Reden und etwaige Interviewäußerungen Kaiser Wilhelms II. vollständig streichen würden, wenn Sie diese Musik, die zu

244 Reichstagsrede v. 2. 12. 1908, Sten. Ber. RT, Bd. 233, S. 5916.
245 Ebd.

dem Regierungstext gemacht worden ist, nicht gehört hätten, dann würde dennoch das vollständige Fiasko unserer Inlands- und Auslandspolitik in jeder einzelnen Phase genauso zutage getreten sein, wie es besonders prägnant aus der Unvereinbarkeit dieser eben erwähnten Äußerungen mit den Interessen des Volkes hervorgetreten ist."[246] Kein gutes Haar ließ er an personalpolitischen Entscheidungen kaiserlicher Regierungen: „Unsere Regierung ist eine rein bureaukratische Regierung, es sind bloß Bureaukraten oder Diplomaten, die einmal infolge irgendeiner Suggestion der Hofkamarilla hier oder da aufgelesen und in ihre Ämter gebracht worden sind. Plötzlich tauchen sie hier auf und machen die Politik." Eine Personalauswahl unter der Verantwortung des Parlaments, so der Grundgedanke, würde hier qualitative Abhilfe schaffen. Doch vorher spöttelte er noch einmal über die Personalentscheidungen der Reichsleitung: „Wie werden denn jetzt bei uns die Minister gemacht? Meine Herren, die Ministerfabrikation vollzieht sich bei uns in einer Dunkelkammer, aus der plötzlich ein ganz unbekannter Genius, wie ein Homunkulus aus der Retorte, herausspringt. Was für Persönlichkeiten haben wir hier nicht plötzlich als Minister auftauchen sehen!"[247]

Als er entsprechend dann zum Reichskanzler kam, unterbrach ihn der Vizepräsident des Reichtags, Dr. Paasche, und forderte ihn auf, mit dieser Kritik an Regierungspersonen aufzuhören; doch Ledebour blieb hartnäckig und argumentierte, diese Beispiele seien notwendig, um nachzuweisen, dass für die Regierungsauswahl völlig andere, nämlich parlamentarische Kompetenzen geschaffen werden müssten. Und dann forderte er die bürgerlichen Parteien auf, die Chance zu ergreifen, um das politische System in Deutschland zu parlamentarisieren. Sich auf den „alten Ziegler", einen Vorkämpfer des Bürgertums berufend, wiederholte er dessen Appell: „Erfüllen Sie sich doch mit dem wilden Mute des Junkertums und erobern Sie sich die Macht."[248] Das auf den Kaiser ausgerichtete Regierungssystem sah Ledebour als zusammengebrochen und ergänzte: „Jawohl, Sie können sich die Macht jetzt erobern, weil sie das Volk hinter sich haben."[249] Am Ende dieser fulminanten Rede entwickelte er das Szenario einer zweiten bürgerlichen Revolution, als er den bürgerlichen Parteien dringend riet, bei einer kommenden Reichstagswahl den demokratischen Parlamentarismus zur grundsätzlichen Alternative zu machen und für die Überwindung des

246 Ebd., S. 5917.

247 Ebd., S. 5917 f.

248 Ebd., S. 5920. Gemeint ist Franz Ziegler (1803–1876), Oberbürgermeister von Brandenburg a. d. Havel, der als 1848er-Revolutionär seines Amtes enthoben wurde.

249 Ebd., S. 5917 u. 5920.

„scheinkonstitutionellen, bureaukratischen junkerlichen Regierungssystems" zu kämpfen.[250] Hier kam einmal mehr zum Ausdruck, was Anna Siemsen über Ledebour schrieb, dass er zum entschiedenen Marxisten wurde und ein radikaler Demokrat blieb. Er bekämpfte als Demokrat die Rückständigkeit des Hohenzollernstaates, der die Revolution von 1848 niedergeworfen hatte, und als Sozialist und Demokrat kämpfte er für die volle Emanzipation des Volkes, besonders für die bislang minderberechtigte Arbeiterschaft, was die wirtschaftliche, politische, soziale und kulturelle Selbstbestimmung anbelangte. Diese Rede wurde von der Vorwärts-Buchdruckerei eigens nachgedruckt und unter dem Titel „Bureaukratismus und Kamarillaregierung oder demokratischer Parlamentarismus?" vertrieben, sodass sie einen größeren Adressatenkreis erreichen konnte.[251]

Euphorisch berichtete der „Vorwärts" am 3. 12. 1908 unter der Überschrift „Der Verfassungskampf" über die Debatte. Gleich zu Beginn war zu lesen: „Wie haben sich für den Reichstag der Hottentottenwahlen die Zeiten geändert! Als er zusammentrat, da glaubten die bürgerlichen Parteien, in nationaler Begeisterung die Sozialdemokratie über den Haufen gerannt zu haben, und eine neue Ära nationaler Herrlichkeit wurde uns angekündigt. Heute musste es derselbe Reichstag schweigend hinnehmen, als Ledebour in der bedeutenden Rede, in der er die Anträge unserer Fraktion vertrat, den Zusammenbruch des herrschenden Systems in der inneren und auswärtigen Politik verkündete. Sie durften nicht protestieren, denn dass der Reichstag diese Debatte führen musste, ist ja nur eine der Folgen des Zusammenbruchs."[252] Die „Norddeutsche Allgemeine Zeitung" zitierte vor allem den Abgeordneten Gräf (Wirtschaftl. Vereinigung/Antisemiten), der die sozialdemokratischen Vorschläge rundweg ablehnte und Ledebour vorwarf, er sei im Reichstag als „berufsmäßiger Spaßmacher aufgetreten, als ob er im Zirkus oder im Theater wäre; er hat den Reichstag auf das Niveau eines sozialdemokratischen Parteitags herabgedrückt".[253] Etwas abwiegelnd fiel die Bewertung der „Dortmunder Zeitung" aus, die meinte: „Die Debatte selbst bot nicht so viel, wie die Neugierde der Hausgäste erwartete hatte. Selbst die fünfviertelstündige Rede Ledebours hielt die allgemeine Spannung nur für ihren ersten Teil einigermaßen aufrecht. Die Rede Ledebours war offenbar mehr auf die Erheiterung des Hauses als auf den Ernst der Lage zugeschnitten."[254] So blieb die

250 Ebd., S. 5922.

251 Bureaukratismus und Kamarillaregierung oder demokratischer Parlamentarismus, LAB, Nr. 12428, Bl. 178–185. Auch Dittmann zitiert in Ledebour. Mensch und Kämpfer auf S. 38 f. aus dieser Rede.

252 Vw, 3. 12. 1908, S. 1.

253 NAZ, 3. 12. 1908, S. 7.

254 DoZ, 3. 12. 1908, S. 1.

Resonanz gespalten und spiegelte die gesellschaftliche und mediale Fragmentierung wider.

Die Groß-Berliner Sozialdemokratie hatte im Vorfeld der Reichstagsdebatte die „Daily Telegraph-Affäre“ zum Anlass für Mobilisierungen genommen. Am 10.11.1908 rief sie in den sechs Berliner Reichstagswahlkreisen und den beiden der unmittelbaren Umgebung zu insgesamt 26 Veranstaltungen unter dem Motto „Deutschlands innere und äußere Politik“ auf. Zu den Referenten zählten neben Ledebour auch Eduard David, Richard Fischer, Hugo Heimann, Wolfgang Heine, Paul Hirsch, Adolph Hoffmann, Hermann Molkenbuhr, Gustav Noske, Philipp Scheidemann, Robert Schmidt, Carl Severing, Arthur Stadthagen, Heinrich Ströbel und Fritz Zubeil.[255] Auf allen Versammlungen wurde über eine Resolution abgestimmt, die u.a. das Ende des „persönlichen Regiments“ und die Verantwortlichkeit des Reichstags für Krieg und Frieden forderte und die SPD dem Frieden verpflichtete. Auch wurde der Reichstag aufgefordert, keine Mittel für die angestrebte Reichsfinanzreform zu bewilligen, ehe eine parlamentarische Regierung gebildet worden sei.[256] Die große Reichsfinanzreform sollte also politisch an die Bedingung einer Verfassungsreform geknüpft werden, ein Angebot vor allem an die liberalen Fraktionen und an das Zentrum, von daher auch Ledebours Verve in punkto Griff nach der politischen Macht durch weitgehende Parlamentarisierung. Angesichts der geschrumpften eigenen Fraktion musste die SPD um Stimmen der anderen Fraktionen kämpfen.

Ledebour führte seine Versammlung in den „Prachtsälen Nordwest“ in Moabit durch, mitten in seinem Wahlkreis. Die Polizei zählte rund 1000 Personen.[257] Der „Vorwärts“ berichtete neben den bekannten Aussagen Ledebours zur Sache noch, dass ein demokratisch-parlamentarisches Regierungssystem auch deshalb unbedingt nötig sei, weil Deutschland in Frieden mit seinen Nachbarn leben müsse und die Kriegshetzereien zu beenden seien. Auch die Spannungen mit den Nachbarn England und Frankreich und deren Annäherung an Russland bezeichnete Ledebour als das Resultat des „persönlichen Regiments“ und lag damit gewiss nicht falsch. Immer wieder kamen seine sozialdemokratischen Genossen und er auf ihren Veranstaltungen auf die Entscheidungshoheit des Parlaments über Krieg und Frieden zu sprechen. Diese Frage war nicht nur prinzipieller, sondern auch aktueller Natur, weil Österreich-Ungarn am 5.8.1908 die formell noch zum Osmanischen Reich gehörende Provinz Bosnien-Herzegowina annektiert hatte, was eine diplomatische Krise erzeugte. Da Deutschland

255 LAB, Nr. 12428, Bl. 4.

256 Ebd., Bl. 6, Berliner Allgemeine Zeitung (BAZ), 11.11.1908.

257 LAB, Nr. 12428, Bl. 15.

das Vorgehen Wiens unterstützte, wäre der Bündnisfall mit der Folge des deutschen Kriegseintritts möglich gewesen. Die Mobilisierungen der SPD vor der Verfassungsdebatte und die Verknüpfung der Verfassungsreform mit der Aufforderung, durch einen neuen Reichstag mit entsprechend gestärkten demokratischen Rechten die Reichfinanzreform zu beraten, hatten den Boden bereitet für die Diskussion über eine Demokratisierung des Parlaments, die am 2.12.1908 begonnen und am Folgetag fortgesetzt wurde.

Diesmal verteidigten Paul Singer, der den erkrankten August Bebel vertrat, und Wolfgang Heine die Position der SPD. Am Ende wurden die gestellten Anträge auf Vorschlag des Liberalen Müller (Meiningen) in eine auf 28 Mitglieder verstärkte Geschäftsordnungskommission überwiesen; der von Paul Singer eingebrachte Gegenantrag, nur die die Geschäftsordnung betreffenden Anträge in dieser Kommission, alle anderen, die Verfassung betreffenden Anträge in einer gesonderten zu behandeln, wurde mehrheitlich abgelehnt. So gelang es den bürgerlichen und konservativen Fraktionen, den politischen Druck abzuwehren, hier zu einer Entscheidung zu kommen. Dadurch wurde das von Ledebour und der SPD ausgemalte Szenario des Zusammenbruchs des Systems der kaiserlichen Regierung als wenig realistisch enthüllt, eher als Wunschdenken oder reines taktisches Manöver, um die liberalen Fraktionen vor sich her zu treiben. Insgesamt stand aber um 1908/09 das politische System des Deutschen Reichs keineswegs schon an der Schwelle zur Parlamentarisierung, da weder die Konservativen zur Verlagerung der Verfassungskompetenzen bereit waren noch sich das Zentrum von einem Regimewechsel mehr erhoffte als von der bisherigen Politik wechselnder Mehrheiten.

Die Liberalen vermieden es, durch einen Kompromiss mit der Sozialdemokratie näher an diese heranzurücken. Dieser Ausgang ließ auch Reichskanzler von Bülow noch im Amt verbleiben.[258] Der „Vorwärts" zeigte sich dementsprechend enttäuscht vom Verhalten der bürgerlichen Parteien und warf diesen vor, so sehr dem reaktionären Block verfallen zu sein, dass sie ihre ureigensten Interessen vernachlässigten.[259] Immerhin schien der Debattenverlauf für die Redaktionen verschiedener Zeitungen so interessant gewesen zu sein, dass diese umfangreiche Auszüge aus einigen Reden veröffentlichten. Dies dürfte den Namen Ledebour wieder ein Stück weiter bekannt gemacht haben.[260] Er selbst und die SPD im Allgemeinen waren sich über die Aussichtslosigkeit der Durchsetzung ihrer Anträge im Klaren, doch hatte die Sozialdemokratie eine

258 Czitrich-Stahl, S. 523 f.

259 Vw, 4.12.1908, S. 1.

260 Vgl. GAH, 4.12.1908, 3. Beil., S. 1; KöZ, 4.12.1908, S. 1.

Entwicklung angestoßen, die kleine Schritte in die angestrebte Richtung bedeuteten und über die Geschäftsordnung den Reichstag stärkten. Dazu trug Ledebour bei, indem er 1910 in die Geschäftsordnungskommission eintrat. So wurden das Diätenrecht und das Interpellationsverfahren geändert. Interpellationen und kleine Anfragen gehörten bald zum Parlamentsalltag.[261]

Solange Wilhelm II. als Deutscher Kaiser und König von Preußen der Auffassung war, ein „persönliches Regiment" betreiben zu müssen, nahm Ledebour dies zum Anlass, den Finger in die dem Parlament zugefügte Wunde zu legen und vor der Selbstherrlichkeit des Monarchen zu warnen. So nahm er die Berufung Wilhelms II. auf die Legitimation seiner Herrschaft durch ein Gottesgnadentum zum Anlass für eine weitere Fundamentalkritik und eine Warnung. Wilhelm II. hatte im August 1910 in Königsberg auf einem Fest der Provinz Ostpreußen auf die Krönung seines Großvaters Wilhelm I. zum König von Preußen Bezug genommen und geäußert, dass sich dieser die Königskrone mit der Bemerkung auf das Haupt gesetzt habe, dass er sie kraft Gottes Gnaden erhalten habe und nicht von einem Parlament oder von Volksversammlungen. Er sähe sich als ein auserwähltes Instrument des Himmels an und werde daran als seine Regenten- und Herrschaftspflicht festhalten. Wilhelm II. habe nach dieser Erinnerung folgen lassen: „Als Instrument des Herrn mich betrachtend ohne Rücksicht auf Tagesansichten und -meinungen gehe ich meinen Weg, der einzig und allein der Wohlfahrt und friedlichen Entwicklung unseres Vaterlandes gewidmet ist."[262]

Am 26.11.1910 brachte Ledebour diese imperiale und spätabsolutistische Rhetorik im Deutschen Reichstag zur Sprache; er bezeichnete diese Äußerungen „als die offenkundige Bestätigung und Verkündung des Gottesgnadentums und des persönlichen Regiments"[263] und fuhr fort: „Sollte unter dem Segen der Benediktiner und der Franziskaner und der Kapuziner usw. usw. Kaiser Wilhelm II. wirklich weiter diesen Bahnen folgen, die er in Königsberg eingeschlagen hat, dann hat er einen für sich und sein Haus verderblichen Weg betreten. Das ist der Weg, der die Stuarts in England und die Bourbonen in Frankreich ins Verderben gestürzt hat; das ist der Weg, der in unseren Tagen den jungen König Manuel von Portugal, der auch mit solchen Ansichten wie Kaiser Wilhelm II. erblich belastet ist, dahin geführt hat, dass er schließlich bei Nacht und Nebel aus seinem Lande flüchten musste."[264] Diese kurze Passage

261 Ratz, S. 77 f.

262 Zit. n. Dittmann, Ledebour, in: Ledebour. Mensch und Kämpfer, S. 40.

263 Reichstagsrede v. 26.11.1910, Sten. Ber. RT, Bd. 262, S. 3168.

264 Ebd., S. 3171.

lässt darauf schließen, dass er eine solche Situation eines despotischen Monarchen im Konflikt mit Verfassung und Parlament für einen Anlass zu einer revolutionären Erhebung ansah. So war es schließlich in England 1640 und 1688 und in Frankreich 1789/1792 geschehen. In Nacht und Nebel war 1688 Karl II. Stuart aus England geflohen und hatte 1792 Ludwig XVI. vergeblich die Flucht aus Frankreich versucht, bis er in Varennes gestellt wurde. Aber in dieser Konnotation steckt genau so der Hinweis auf die Enthauptung Karls I. Stuart 1649 und auf die Hinrichtung Ludwigs XVI. im Januar 1793. Da im August 1914 seine Befürchtungen insoweit wahr wurden, als Wilhelm II. das Deutsche Reich in den Ersten Weltkrieg hinein manövrierte und seine Autorität in die Waagschale warf, um auch die Sozialdemokratie hinter sich zu bringen, war es nur konsequent, dass Ledebour im November 1918 zu den entschiedensten Verfechtern einer revolutionären Erhebung gehörte. Nicht zuletzt das Widerstandsrecht gegen eine ungerechte Herrschaft, so wie es schon der frühliberale John Locke in seinen Abhandlungen über die Regierung formuliert hatte, würde eine solche Erhebung rechtfertigen.

9. Massenstreikdebatten und Wahlrechtskämpfe

Am 22. 1. 1905 trat ein Ereignis ein, das den Verlauf der Ereignisse politisierte und in die „Massenstreikdebatte“ in der Arbeiterbewegung einmündete: die erste russische Revolution von 1905. Die soziale Lage und der ungünstig verlaufene russisch-japanische Krieg von 1904/05 verschärften die Spannungen innerhalb des Zarenreiches. In St. Petersburg gingen die Arbeiter des Putilow-Werkes zum Jahresbeginn 1905 in den Streik. Für den 9. (22.)1. 1905 war eine Demonstration angekündigt worden. Als an diesem Tage 140 000–150 000 Demonstranten einen friedlichen Demonstrationszug zum Zarenpalais formierten, um dem Herrscher eine Bittschrift zu übergeben, voller Zuversicht auf die Verständigungsbereitschaft des Zaren, ließ jener auf die Demonstration schießen. Rund 1000 Tote hinterließ dieser „Blutsonntag“ und rief landesweite Proteste, Massenstreiks und Kämpfe hervor, die bis 1907 andauerten und parallel zum Krieg gegen Japan den Zarismus an den Rand des Zusammenbruchs brachten, zum Aufstand des Panzerkreuzers „Potemkin“ führten, den Friedensschluss mit Japan beschleunigten und erste soziale und politische Reformen erzwangen, die allerdings nur Konzessionscharakter besaßen.[265] Die deutsche Sozialdemokratie rief zu Solidaritätsversammlungen mit den streikenden Bergarbeitern am 23. und 24. 1. 1905 auf.

265 Vgl. Czitrich-Stahl, S. 437.

Georg Ledebour sprach im „Prater" vor rund 1000 Berlinern die Hoffnung aus, dass in Russland die Revolution siegen und auch die deutsche Arbeiterbewegung stärken werde.[266]

Am 9. 2. führte die Sozialdemokratie Berlins und Umgegend weitere 21 große Versammlungen über „Die Revolution in Rußland" durch, davon elf in den Berliner Wahlkreisen und je fünf in den Vorortwahlkreisen.[267] Unter anderem sprachen Bebel, R. Fischer, Heine, Adolph Hoffmann, Ledebour, Liebknecht, R. Lipinski, Molkenbuhr, Singer, W. Stolle, Ströbel, E. Wurm, C. Zetkin, Zubeil und Stadthagen. Ledebours Veranstaltungsort war die „Brauerei Friedrichshain", eine der größeren Versammlungsstätten.[268] Schon ein Jahr zuvor, am 18. 2. 1904, hatte die Sozialdemokratie auf 14 Versammlungen die Solidarität mit der russischen Arbeiterbewegung bekundet und „gegen die Unterstützung und Förderung des russischen Despotismus" protestiert. Hintergrund war die Verhaftung und spätere Ausweisung russischer Sozialisten, die in ihrer illegalen Arbeit von deutschen Sozialisten unterstützt wurden, was durch die Zusammenarbeit der preußischen und russischen Polizei entdeckt wurde. Der folgende „Geheimbundprozess" machte besonders Karl Liebknecht populär.[269] Georg Ledebour sprach am 18. 2. 1904 im „Alten Schützenhause" in der Linienstraße in Berlin-Mitte, dem Wahlkreis V zugehörig.[270]

Es waren u. a. Clara Zetkin, Karl Liebknecht und Rosa Luxemburg, die aus diesen Ereignissen in Russland und aus den Solidaritätskundgebungen die Schlussfolgerung zogen und verbreiteten, dass der politische Massenstreik das geeignete Kampfmittel sei, um die Arbeiterschaft aufzuklären, zu organisieren und für die sozialistischen Perspektiven eines Volksstaates zu mobilisieren.[271] Doch waren es gerade die Gewerkschaften, die zu Pfingsten auf ihrem Kongress in Köln eine von Theodor Bömelburg verfasste Resolution annahmen, die eine Festlegung auf den Massenstreik als verbindliche Taktik ablehnten und so dem marxistischen Flügel insgesamt eine Niederlage bereiteten. Das gewerkschaftliche Bestreben nach stärkerer Unabhängigkeit von der SPD verband sich mit dem Skeptizismus solchen Massenaktionen gegenüber in der Partei und

266 Rev. Berl. Arbeiterbewegung 1, S. 447.

267 Vw, 7. 2. 1905, S. 12.

268 Vw, 10. 2. 1905, S. 4; Rev. Berl. Arbeiterbewegung 1, S. 449 f.

269 Laschitza, Liebknechts, S. 89 ff.

270 Vw, 16. 2. 1904, S. 8, ebd., 19. 2. 1904, S. 4.

271 Clara Zetkin, Rede am 21. März 1905 in Kellers Festsälen, in: Rev. Berliner Arbeiterbewegung 1, S. 453; Karl Liebknecht, Gesammelte Reden und Schriften 1, S. 156; Rosa Luxemburg, GW 1, 2. Halbbd., S. 595 ff.

führte zur allmählichen Stärkung der gemäßigten Strömungen in der Sozialdemokratie.[272] Nach dem ablehnenden Beschluss auf dem Gewerkschaftskongress musste der in Jena anberaumte Parteitag der SPD Klärung schaffen. Rosa Luxemburg hatte bereits nach dem Kölner Gewerkschaftsbeschluss ihre Auffassung klar zu Papier gebracht: „Der politische Massenstreik wird in einem gewissen Stadium des Klassenkampfes ebenso wenig durch ablehnende Kongressbeschlüsse verhindert, wie er durch das langweilige Hausieren mit dieser Idee in abstrakter Form herbeigeführt wird, wo die objektiven Bedingungen dafür fehlen. Der Massenstreik als politisches Kampfmittel ist eben ein geschichtliches Produkt des Klassenkampfes, das genau wie die Revolution weder auf Kommando ‚gemacht' noch auf Kommando ‚abgelehnt' werden kann."[273] Ledebour stand in diesem Konflikt auf der Seite der Befürworter des Massenstreiks. Seine Haltung hatte sich jedoch binnen Jahresfrist unter dem Eindruck der russischen Revolutionsbewegung geändert. Noch im Sommer 1904 hatte er dafür plädiert, dem Parlamentarismus den Vorzug vor Massenaktionen zu geben und befand sich damit im Einklang sowohl mit Bebel als auch mit anderen traditionellen Marxisten.[274]

Zu diesem Zeitpunkt plädierten auch und vor allem Revisionisten wie Eduard Bernstein für Massenaktionen zur Durchsetzung des demokratischen Wahlrechts in Preußen.[275] Ledebour selbst hatte auf dem Parteitag der Sozialdemokratie Preußens als Parteitagsreferent die skeptische Position gegenüber dem Massenstreik in Form einer Resolution vorgelegt. So forderte die später mit großer Mehrheit angenommene Resolution „die volle Beseitigung des Herrenhauses und für das Abgeordnetenhaus die Erteilung des allgemeinen, gleichen und direkten Wahlrechts mit geheimer Stimmabgabe für alle staatsangehörigen Männer und Frauen, die das zwanzigste Lebensjahr überschritten haben, nach Maßgabe des Proportionalwahlrechts".[276] Die Handlungsanleitung war auf den Passus „Wir fordern alle Parteigenossen auf, durch unablässige Agitation in Wort und Schrift dafür zu wirken, dass dieses Ziel erreicht wird", reduziert.[277] Dies reichte vor allem Bernstein nicht, der einen Zusatzantrag stellte,

272 Deppe u.a. (Hg.), S. 82ff.; Miller/Potthoff, S. 69f.; Schneider, S. 95ff.; Resolution Th. Bömelburg in: Schneider, S. 416.

273 Rosa Luxemburg, GW 1, 2. Halbbd, S. 580ff., Zitat S. 581.

274 Ratz, S. 123.

275 Ebd., S. 124. Vgl. Czitrich-Stahl, Preußische Wahlrechtskämpfe vor dem Ersten Weltkrieg, in: Lehnert (Hg.), Wahl- und Stimmrechtskonflikte, S. 149–169.

276 Stadthagen, Der erste Parteitag der Sozialdemokratie Preußens, NZ, 1904–1905, H. 15, S. 489.

277 Ebd.

in dem u. a. stand, dass „in allen Großstädten und Industriezentren Massendemonstrationen größten Stiles gegen die Klassenwahl und für das demokratische Wahlrecht zu veranstalten" seien.[278] Dieser Antrag wurde nach intensiver Diskussion abgelehnt, als eine der Begründungen führte Stadthagen an, es habe keinen Sinn für die Sozialdemokratie, die herrschende Klasse mit scheinbar machtvollen Aktionen überzeugen zu wollen, sondern man müsse die Arbeiterklasse aufklären, sodass man für den Zeitpunkt bereit sei mit großer Macht zu handeln, wenn das alte System zusammenbräche. Hier brachte er die noch als Richtschnur des Erwartungshorizonts dienende Zusammenbruchstheorie mit ihrem strategischen Fazit des „Bereit sein ist alles!" zum Ausdruck, die auch noch Ledebours damaligem Denken entsprach.[279]

Mit den Entwicklungen in Russland veränderte sich auch der Blick der skeptischen Mehrheit auf den Massenstreik. Neben den Anhängern Bernsteins auf dem revisionistischen bzw. reformistischen Flügel entstanden in diesem Prozess zwei weitere Grundpositionen. Die Position Bebels, Kautskys und des „marxistischen Zentrums" stellte darauf ab, den Massenstreik als Kampfmittel dann einzusetzen, wenn die Arbeiterklasse und ihre Rechte sich massiver Bedrohung ausgesetzt sähen, z. B. durch Wahlrechtsverschlechterungen. Rosa Luxemburg, Clara Zetkin und weitere Repräsentanten der radikalen Linken hingegen wollten den Massenstreik auch offensiv anwenden, um die Arbeiterschaft für den Sozialismus zu gewinnen und eine revolutionäre Lösung vorzubereiten. Georg Ledebour stand in dieser Frage deutlich näher an der Position des „marxistischen Zentrums". Dessen Repräsentanten waren zusätzlich bestrebt, das durch den Kölner Gewerkschaftsbeschluss getrübte Verhältnis zu den Gewerkschaften zu klären. Einer Unterordnung unter die Direktiven der Partei hatten diese eine deutliche Absage erteilt. Ledebour erklärte dazu auf einer Veranstaltung am 22. 8. 1905 im VI. Wahlkreis: „Es ist die Pflicht beider Glieder der Arbeiterbewegung, in den nächsten Jahren dafür zu sorgen, dass eine dauernde engere Fühlung zwischen Partei und Gewerkschaften erreicht werde. Beschlüsse, die in das Wesen der gesamten Arbeiterbewegung eingreifen, können nur bei gemeinsamer Verständigung gefasst werden. Sollten wir uns einmal entschließen, den politischen Massenstreik als Kampfmittel zu gebrauchen, kann es nur in vollem Einverständnis mit den Gewerkschaften geschehen."[280] So bereitete er seine Parteiorganisation im Wahlkreis auf den Parteitag in Jena vor.

278 Ebd.

279 Ebd., S. 489 f.

280 Vw, 24. 8. 1905, S. 7.

Auf dem Parteitag im von Ernst Abbe gestifteten „Volkshaus“[281] in Jena (17.–23.9.1905) legte August Bebel eine Resolution vor, nachdem er in einer flammenden Rede den Massenstreik als eines der Kampfmittel der Sozialdemokratie propagierte. Hier stand ihm Rosa Luxemburg zur Seite mit einer energischen Rede gegen die gewerkschaftliche und revisionistische Opposition, für die sich Robert Schmidt und Wolfgang Heine gegen den politischen Massenstreik aussprachen.[282] Im Resolutionstext hieß es zur Frage der Anwendung des Massenstreiks als Abwehrmittel gegen Wahlrechts- und Koalitionsrechtseinschränkungen: „Demgemäß erklärt der Parteitag, dass es namentlich im Falle eines Anschlages auf das allgemeine, gleiche, direkte und geheime Wahlrecht oder das Koalitionsrecht die Pflicht der gesamten Arbeiterklasse ist, jedes geeignet erscheinende Mittel zur Abwehr nachdrücklich anzuwenden. Als eines der wirksamsten Kampfmittel, um ein solches politisches Verbrechen an der Arbeiterklasse abzuwehren oder um sich ein wichtiges Grundrecht für ihre Befreiung zu erobern, betrachtet gegebenen Falles der Partei *die umfassendste Anwendung der Arbeitseinstellung.*“[283]

Auch hob die Resolution hervor, dass sich jedes Parteimitglied gewerkschaftlich organisieren müsse, genauso wie klassenbewusste Gewerkschaftsmitglieder der SPD beitreten sollten. Im Endeffekt bedeutete dieser Beschluss, der mit 287 gegen 14 Stimmen bei zwei Enthaltungen gefasst wurde, eine Niederlage für die radikalen Linken um Rosa Luxemburg, schränkte der Beschluss doch die Anwendung des Massenstreiks auf konkrete Abwehrkampfszenarien ein und begrenzte seine positive Anwendung auf Grundrechte, sah somit keine revolutionäre Erhebung vor. Zweitens wurde durch die Aufforderung zum beiderseitigen Beitritt deutlich, dass Gewerkschaften und Partei fortan auf Augenhöhe verhandelten. Drittens konnten die Revisionisten um Bernstein, die den Wahlrechtskampf mit dem Massenstreik verbinden wollten, sich inhaltlich gestärkt fühlen. Dies brachte Bernstein zum Ausdruck als er rückblickend konstatierte: „Aber Bebel […] wandte sich in seinem Schlusswort auch gegen Rosa Luxemburg, die mit dem Ausspielen des ‚russischen Vorbildes‘ in Deutschland besonders stark operierte“.[284] Letztlich lag die Bebelsche Resolution durchaus auf der Bernsteinschen, von Paul Löbe und Karl Liebknecht und Anderen unterstützten Linie des

281 Zum „Volkshaus“ in Jena vgl. Czitrich-Stahl, Zum Gedächtnis der Arbeiterbewegung. Zwei Gedenktafeln in Jena und Apolda, in: Mitteilungen. Förderkreis Archive und Bibliotheken zur Geschichte der Arbeiterbewegung, Heft 64 (Sept. 2023), Berlin 2023, S. 17 ff.

282 Laschitza, Im Lebensrausch, S. 225.

283 Resolution zum politischen Massenstreik, in: Dokumente und Materialien 4, S. 157.

284 Bernstein, Berl. Arbeiterbewegung 3, S. 162.

Preußen-Parteitages von 1904.[285] Doch der Taktiker Bebel blieb sich treu: „Die Parteidisziplin ging ihm immer über alles."[286]

Hermann Molkenbuhr, der altgediente Hamburger Sozialist und MdR, gab einen Tagesbuchseufzer von sich: „So ist denn der Parteitag in Jena ganz anders verlaufen, als viele gedacht haben. Wäre doch die Geschlossenheit der Partei, die hier geheuchelt wurde, in Wirklichkeit vorhanden, d.h. wären doch die sogenannten Führer ebenso einig wie die Genossen!"[287] Ledebours Fazit verlief eher erleichtert, als er am 3.10.1905 in seinem Wahlkreis berichtete. So vermutete er, dass es keine Gegenstimmen gegen den Resolutionstext gegeben hätte, wenn sich die Delegierten, die auch beim Kölner Gewerkschaftskongress abgestimmt hatten, nicht an dessen Beschluss gebunden gefühlt hätten. Ebenso meinte er, dass nun die Gegensätze zwischen Partei und Gewerkschaft im Schwinden begriffen seien. Alsdann legte er dar, worin der Unterschied zwischen Generalstreik und politischem Massenstreik liege.[288] Doch die Debatte war damit noch lange nicht beendet und wurde auf dem Mannheimer Parteitag von 1906 in neue Bahnen kanalisiert.

Im Mannheimer „Apollo-Theater" fanden sich am 23.9.1906 die 313 Delegierten und die weiteren Parteitagsteilnehmer qua Amt, zu denen als Reichstagsabgeordneter auch Ledebour gehörte, zu jenem denkwürdigen Parteitag zusammen, der letztlich zur Durchsetzung des gemäßigten Sozialismus beitragen sollte. Natürlich erwartete die Partei, die gesamte Arbeiterbewegung, eine Klärung der heftig umstrittenen Frage des Massenstreiks. Doch worum handelte es sich in seinem Kern beim Massenstreik? „Der Mehrheit der Befürworter des Massenstreiks ging es nicht um das ‚Wundermittel' des anarchistischen Generalstreiks, sondern um eine Aktion, die sowohl den Generalstreik als politischen Streik als auch die Arbeitsniederlegung mit gleichzeitig ökonomischer und politischer Zielrichtung beinhaltete. Das Wesen des Massenstreiks, wie er von seinen Befürwortern in der deutschen Arbeiterbewegung vor dem ersten Weltkrieg vornehmlich verstanden wurde, beruht also nicht allein in seinem Massencharakter, sondern auch in seinem Überschreiten des Lohnkampfes zum politischen."[289]

285 Löbe, S. 34f. Löbe bekennt sich hier ausdrücklich als Anhänger Bernsteins und erwähnt zudem, dass auch Ledebour als Redner in Breslau weilte.

286 Ebd., S. 35.

287 Hermann Molkenbuhr, Tagebucheintrag v. 23.9.1905, in: Bernd Braun/Joachim Eichler (Hg.), Arbeiterführer – Parlamentarier – Parteiveteran. Die Tagebücher des Sozialdemokraten Hermann Molkenbuhr 1905–1927, München 2000, S. 53.

288 Vw, 5.10.1905, S. 7.

289 Deppe u.a. (Hg.), S. 110.

Einen solchen Qualitätssprung dieser Aktionsform hatte der „Rote Sonntag" am 21.1.1906 dokumentiert. Nach intensiver Debatte verknüpfte die Sozialdemokratie Preußens die Solidarität mit der russischen Revolution mit dem Kampf für ein demokratisches Wahlrecht in Preußen. Zur Mobilisierung verteilten die Parteimitglieder Flugblätter und die Broschüre „Gegen Volksverdummung, Volksknechtung, Volksausbeutung", die sich gegen das Dreiklassen-Wahlrecht richtete. In 31 Sälen und an 63 weiteren Stätten fanden sich mehrere Zehntausende zusammen, um diesen Forderungen und der Solidarität mit der russischen Arbeiterbewegung Ausdruck zu verleihen. Allein in Ledebours Wahlkreis organisierte die Partei elf Veranstaltungen.[290] Dieser Schwung bereitete Teilen der Partei- und Gewerkschaftsspitze Kopfzerbrechen, man befürchtete mit Blick auf den 18.3.1906, dem 58. Jahrestag der 1848er-Revolution in Berlin, eine Eskalation der Ereignisse mit der Folge einer gewaltsamen Reaktion der Ordnungskräfte. Doch verhielten sich die Demonstrierenden auch dieses Mal sehr diszipliniert und gaben der Polizei keinen Anlass zum Einschreiten. Auch hatte die Mobilisierung insgesamt etwas nachgelassen.

Ausdruck dieser Furcht vor einem unkalkulierbaren Verlauf des Massenstreiks war eine Übereinkunft zwischen Parteivorstand und Generalkommission von Mitte Februar 1906, möglichst einen Massenstreik zu verhindern. Sollte dieser dennoch ausbrechen, wolle man sich an die Spitze stellen, um ihn zu kanalisieren, lautete die Hauptaussage dieser inoffiziellen Übereinkunft. Diese wurde auf dem Mannheimer Parteitag (23.–29.9.1906) zur Diskussion gestellt und als „Mannheimer Abkommen" beschlossen. Damit war eine klare „rote Linie" dadurch gezogen, dass sich Partei und Gewerkschaft einig sein mussten, um einen Massenstreik auszurufen. Diese beiden Organe der Arbeiterbewegung bestätigten sich in diesem Beschluss ihre gegenseitige Augenhöhe und verpflichteten ihre Vorstände zur engen Kooperation in Fragen, die „den siegreichen Fortgang des proletarischen Klassenkampfes" betrafen.[291] Ledebour nahm am Mannheimer Parteitag teil und sprach sich in der Debatte über die Resolution zum Massenstreik für die Annahme der Resolution aus. Ferner sprach er sich an anderer Stelle dafür aus, die „Lokalisten" nicht von den gewerkschaftlichen Verbänden auszuschließen.[292] Er gehörte ohnehin zu jenen Funktionären der Partei, die immer wieder auf Veranstaltungen der Gewerkschaften als

290 Das Flugblatt in Rev. Berl. Arbeiterbewegung 1, S. 460; Vgl. Vw., 21.1.1906, S. 1; Reuter, S. 446.

291 Resolution des SPD-Parteitages 1906 in Mannheim („Mannheimer Abkommen"), in: Schneider, S. 418.

292 Prot. PT SPD 1906, S. 286 u. 318.

Referenten antraten und befand sich z. B. 1902 damit in Gesellschaft von Ignaz Auer, August Bebel, Wilhelm Pfannkuch, Paul Singer, Adolph Hoffmann, Karl Liebknecht, Rosa Luxemburg und Emma Ihrer.[293]

Damit war die Massenstreikdebatte erst einmal durch die Beschlüsse von Jena und Mannheim abgeschlossen und vor allem auf die Abwehr von akuten Bedrohungen für die Arbeiterbewegung und für den Wahlrechtskampf in Preußen konzentriert. Auf dem Parteitag von 1913, der zum dritten Mal nach 1905 und 1911 in Jena stattfand, versuchte Rosa Luxemburg, den Massenstreik erneut als offensives Kampfmittel in den Vordergrund zu rücken. In einem von ihr eingebrachten Antrag führte sie im Gegensatz zum Mannheimer Beschluss aus: „Der Massenstreik kann jedoch nicht auf Kommando von Partei- und Gewerkschaftsinstanzen künstlich herbeigeführt werden. Er kann sich nur als Steigerung einer bereits im Fluss befindlichen Massenaktion aus der Verschärfung der wirtschaftlichen und politischen Situation ergeben." Dieser Passus drückte ihre Vorstellung von der „Spontaneität der Massen" als Voraussetzung für Kämpfe um gesellschaftliche Veränderungen aus. Ledebour unterstützte diese Resolution und verteidigte sie in mehreren Wortbeiträgen gegen Interventionen von Ludwig Frank, Gustav Bauer und Philipp Scheidemann. Während Frank den Massenstreik als Mittel im Wahlrechtskampf ausdrücklich bejahte, sich aber gegen den Antrag Rosa Luxemburgs aussprach, wandten sich Bauer und Scheidemann gegen den Massenstreik überhaupt. Neben Ledebour unterstützten Arthur Stadthagen, Wilhelm Dittmann und Paul Levi den Antrag Luxemburgs. Die Resolution wurde dennoch mit 333 gegen 142 Stimmen abgelehnt.[294]

Der Parteitag selbst stand unter dem Eindruck des Todes des Parteipatriarchen und jahrzehntelangen Vorsitzenden August Bebel. Er war am 13. 8. 1913 in Passugg/Schweiz an Herzversagen verstorben. Die mit Wilhelm Liebknecht prägendste Persönlichkeit der Gründergeneration trat damit ab. Bebel wurde am 17. 8. 1913 in Zürich bestattet, begleitet von rund 50 000 Menschen, darunter Rosa Luxemburg, Otto Antrick, Georg Ledebour, Karl Liebknecht und Fritz Zubeil.[295] Zu Bebels Nachfolger wurde in Jena Friedrich Ebert gewählt, der schrittweise in die Nachfolge des 1907 verstorbenen Ignaz Auer, des praktizistischen Leiters der Parteiorganisation, hineingewachsenen war und nun auch als Verbindungsmann zu den Gewerkschaften das Gegengewicht zum linkeren Mitvorsitzenden Haase bildete.

293 Rev. Berl. Arbeiterbewegung. 1, S. 437.

294 Vgl. Czitrich-Stahl, S. 580; Antrag Luxemburg in: Schneider, S. 418 f.

295 Herrmann/Emmrich, S. 740; Osterroth/Schuster 1, S. 133; Czitrich-Stahl, S. 579 f.

10. Gegen das elendste aller Wahlsysteme

Die Fraktion der Freisinnigen im Preußischen Landtag hatte den Antrag eingebracht, am 10. Januar 1908 über die Übertragung des demokratischeren Reichstagswahlrechts auf Preußen zu debattieren. Flugs rief der Parteivorstand der SPD die Parteimitglieder zu Demonstrationen gegen das Dreiklassen-Wahlrecht am 9.1. auf. Der „Vorwärts" mobilisierte in der Ausgabe dieses Tages auf der Titelseite in großen Lettern: „Das Abgeordnetenhaus der Privilegierten wird am Freitagmittag 12 Uhr über das Recht des Volkes beraten! Entrechtete! Zeigt heute Abend durch den Massenbesuch der Wahlrechts-Versammlungen Euren unerschütterlichen Willen, Eurer unverkürztes Recht zu erringen!"[296] Bei Schneestürmen und bitterer Kälte fanden in Groß-Berlin Kundgebungen unter der Losung „Der Wahlrechtskampf in Preußen" statt. In Berlin spitzte sich die Lage während dieser Tage um den 10.1.1908 herum nachfühlbar zu. Noch am 9.1. forderten die Wahlrechtsversammlungen die Beseitigung des undemokratischen Wahlrechts, die Polizei riegelte daraufhin die Straßen zur Innenstadt ab. Sozialdemokraten verteilten am Morgen des 10.1. ein Extrablatt des „Vorwärts" zur Wahlrechtsfrage und den vorabendlichen Massenversammlungen. Als der Preußische Landtag am 10.1. zusammentrat, war er von Tausenden von Menschen umringt, die das geheime und gleiche Wahlrecht für Preußen forderten. Doch Bernhard von Bülow als Preußischer Ministerpräsident erteilte dem Anliegen nach gerechterer Partizipation des Volkes eine harsche Absage und erklärte, „dass die Übertragung des Reichstagswahlrechts auf Preußen dem Staatswohl nicht entsprechen würde".[297]

Damit provozierte von Bülow eine weitere Eskalation der Lage, denn am Sonntag, d. 12.1.1908, gingen etwa 100000 Berliner gegen das Dreiklassen-Wahlrecht auf die Straße. Die Polizei ging mit gezogenem Säbel gehen die Massendemonstrationen vor. Den Massenaufmärschen gingen Kundgebungen der Sozialdemokratie voraus, die um 12 Uhr mittags begannen und gegen 14 Uhr beendet waren. Das Viertel um das Schloss glich einem „Kriegslager". Etwa gegen 16 Uhr hatte die Polizei mithilfe des Waffengebrauchs die Demonstrationen aufgelöst.[298] Im Süden und Südosten Berlins bildete sich ein spontaner Demonstrationszug von 15000 bis 20000 Personen.[299] Ledebour und andere Funktionsträger der

296 Vw, 9.1.1908, S. 1.

297 Zit. n. Rev. Berl. Arbeiterbewegung 1, S. 486.

298 Ebd.

299 Vw, 10.1.1908, S. 4. An diesem Datum erschien zusätzlich noch eine Extraausgabe mit Berichten von den Versammlungen.

SPD traten auf den zahlreichen Versammlungen als Redner auf. Er selbst sprach in den Pharus-Sälen in der Weddinger Müllerstraße, wie der „Vorwärts" berichtete, vor „1500 Personen. Die Versammlung wurde zeitig abgesperrt. Tische und Stühle mussten aus dem Saale entfernt werden. Vor dem Lokale wogte noch eine mehrtausendköpfige Menschenmenge auf und ab."[300]

Die Stadt befand sich ohnedies in Unruhe, denn schon am 21.1.1908 kam es in Berlin zu Arbeitslosendemonstrationen, gegen die die Polizei auch diesmal wieder mit Härte vorging. Die Krisenlasten verspürten 1907/08 vor allem die Arbeiter, von denen im Reich Ende 1908 über 1 Million ohne Arbeit sein sollten, darunter rund 100 000 in Berlin und über 10 500 im Kreis Niederbarnim.[301] Eine tiefgreifende Wirtschaftskrise hatte das Land ergriffen und bedrückte vor allem die Arbeiterschaft. Die Regierenden waren durch Krise und Wahlrechtskämpfe durchaus genötigt, ein gewisses Entgegenkommen zu signalisieren. Nach einer Interpellation im Reichstag, von der SPD eingebracht, die das massive Vorgehen der Polizeikräfte rügend thematisierte, reagierte der preußische Ministerpräsident und Reichskanzler von Bülow zunächst ablehnend und verurteilte die Massenaktionen der preußischen Sozialdemokratie.[302]

Doch die Aktionen zeigten langfristige Auswirkungen. Am 3.6.1908 fanden die Urwahlen zum Preußischen Abgeordnetenhaus statt. Die SPD erreichte im gesamten Preußen 598 522 Stimmen und wurde mit 23,9 % zur stimmenstärksten Partei im Land. 1903 erhielt sie noch 314 149 Stimmen (18,8 %). Die Zentrumspartei verdoppelte ihre Stimmenzahl von 251 958 auf 499 343 Stimmen und verbuchte 1908 einen Stimmenanteil von 19,9 % im Vergleich zu 15,1 % im Jahr 1903. Zwar erhielten auch die beiden konservativen Parteien mehr Stimmen als 1903 (372 132), nämlich 418 395, sanken aber im Stimmenanteil von 22,3 % auf 16,75 %. Auch die beiden liberalen Parteien gewannen an Stimmen hinzu, büßten jedoch Stimmenanteile ein.[303] Nichts aber verdeutlichte die Ungerechtigkeit des Dreiklassenwahlrechts mehr als das Ergebnis der Wahlmännerabstimmung. Der stimmenstärksten Partei in Preußen, der SPD, fielen ganze sieben Abgeordnete zu, davon sechs in Berlin. Dabei gewann die Sozialdemokratie vor allem in den Wahlbezirken, die im Reichstagswahlkreis Berlin VI lagen oder Überschneidungen hatten. Hier gewannen Heinrich Ströbel, Karl Liebknecht und Adolph

300 Vw, 10.1.1908, Extraausgabe, S. 2.

301 Vgl. Czitrich-Stahl, S. 493.

302 Als die Deutschen demonstrieren lernten, S. 9.

303 Fricke, Handbuch 2, S. 767. Nationalliberale 1903: 256 220 Stimmen (15,3 %), 1908: 318 589 Stimmen (12,7 %); Freisinnige 1903: 89 980 Stimmen (5,4 %), 1908: 120 593 Stimmen (4,8 %).

Hoffmann. Weitere Mandate gewannen in Berlin Hermann Borgmann, Hugo Heimann und Paul Hirsch sowie in Hannover Robert Leinert.[304] Unter fadenscheinigen Begründungen wurden am 19.5.1909 die Mandate von Borgmann, Heimann, Hirsch und Hoffmann für ungültig erklärt. In den Neuwahlen vom 30.11.1908 gewannen aber alle Kandidaten außer Adolph Hoffmann in Moabit ihre Mandate zurück. So gab es „eine Fülle von Gründen für die Sozialdemokratie, die Feindschaft, die der preußische Staat ihr bewies, von Herzen zu erwidern".[305]

Es war vor allem ein symbolischer Sieg der SPD, deren sieben Abgeordnete zu wenige waren, um selbständige Anträge und Interpellationen einzubringen, für die mindestens 15 bzw. 30 Abgeordnete erforderlich waren. Das Preußische Abgeordnetenhaus blieb eine „Dreiklassenfestung", die Sozialdemokratie hatte allerdings eine Bresche hineingeschlagen.[306] Die strukturellen Veränderungen des preußischen Wahlgesetzes von 1906, das durch die Teilung bevölkerungsreicher Wahlkreise die Anzahl der Mandate vergrößerte, führten aber zu einem politisch nachwirkenden Nebeneffekt. Vor allem die Konservativen mit ihrer Mehrheit in der ersten Wählerklasse erhielten überproportional mehr Sitze im Abgeordnetenhaus selbst nach Maßstäben des Dreiklassenwahlrechts, in der dritten Wählerklasse mit der nunmehr aus der Teilung hervorgegangenen größeren Anzahl der Wahlkreise profitierte die SPD. In der bislang von den liberalen Parteien dominierten zweiten Wählerklasse sank ihr Einfluss. So hielten die Konservativen ihre Abgeordnetenzahl fast unverändert (202 statt 203), wohingegen das Zentrum sich verbesserte (104 statt 97). Die Nationalliberalen verfügten über deutlich weniger Mandate als 1903 (65 statt 79), die Freisinnigen verbuchten einen kleinen Zugewinn (36 statt 33).[307] Auch wenn die liberalen Parteien in Preußen noch nicht zur Abkehr vom Dreiklassen-Wahlrecht fanden, so war die Schwächung der bürgerlich geprägten zweiten Wählerklasse ein Anstoß für linksliberale Kräfte, mehr Nähe zur Sozialdemokratie zu suchen. Wie sonst ist es zu erklären, dass gerade Vertreter des gemäßigten Sozialismus wie Eduard Bernstein oder Ludwig Frank zu den entschiedensten Verfechtern des Wahlrechtskampfes mit den Mitteln des politischen Streiks gehörten? Hier bahnten sich Interessenskongruenzen an.[308]

304 Sozialdem. Wahlverein, S. 34f.

305 Ebd., S. 35; Zitat Hagen Schulze, Preußens Arbeiterbewegung, in: Manfred Schlenke (Hg.), Preußen. Beiträge zu einer politischen Kultur, Berlin 1981, S. 248.

306 Rev. Berl. Arbeiterbewegung 1, S. 489.

307 Fricke, Handbuch 2, S. 767.

308 Czitrich-Stahl, Preußische Wahlrechtskämpfe, in: Lehnert (Hg.), Wahl- und Stimmrechtskonflikte S. 161ff.

Am 20. 10. 1908 eröffnete Ministerpräsident Bernhard von Bülow den neuen preußischen Landtag. Er stellte als Reaktion auf den Einzug der SPD und die politischen Umgewichtungen im Abgeordnetenhaus eine „organische Fortentwicklung" des Wahlrechts in Aussicht, die „der wirtschaftlichen Entwicklung, der Ausbreitung der Bildung und des politischen Verständnisses sowie der Erstarkung staatlichen Verantwortungsgefühls" Rechnung tragen sollte. Seitens der SPD befürchtete man wohl nicht zu Unrecht, dass „ein neues Wahlunrecht an Stelle des bestehenden" treten könne.[309] Noch am gleichen Abend mobilisierte die Partei für Volksversammlungen, der „Vorwärts" druckte auf der Titelseite einen ganzseitigen Aufruf ab, in dem die undemokratischen Verhältnisse und das Dreiklassen-Wahlrecht mit folgender Bemerkung charakterisiert wurden: „Preußen, der größte deutsche Bundesstaat, hat es heute glücklich dahin gebracht, dass er den Hohn und Spott aller wirklichen Kulturländer herausfordert." Der Anhängerschaft wurde das politische Ziel gestellt: „Auf zur Mitarbeit an der Befreiung des Volkes! Werbt neue Kämpfer für das allgemeine, gleiche, direkte und geheime Wahlrecht für alle über 20 Jahre alten Staatsbürger ohne Unterschied des Geschlechts! Kämpft mit uns für die Demokratisierung des preußischen Staatswesens."[310] Doch die angekündigten Maßnahmen von Bülows zur Wahlrechtsreform, ob öffnend oder weiter exkludierend, ließen auf sich warten.

Auch Ledebour war während dieser Phase der Wahlrechtskämpfe mehrfach als Redner aufgetreten. Am 26. 11. 1907, dem Datum der Eröffnung der letzten Tagungsperiode des preußischen Landtages vor der Wahl im Juni 1908, führte die Groß-Berliner Sozialdemokratie 50 Massenveranstaltungen durch. Ledebour sprach in Moabit vor ca. 2500 Personen in der „Kronenbrauerei", wie der „Vorwärts" berichtete: „Das Lokal war um 7 ½ Uhr abgesperrt. Genosse Ledebour, mit großem Applaus begrüßt, referierte unter großem Beifall [...] Nach der Absperrung hatte ein starkes Polizeiaufgebot vor dem Lokal Posto gefasst, um die nach Hunderten Einlass Begehrenden abzuweisen."[311] Auf weiteren großen Volksversammlungen im VI. Wahlkreis sprachen Johann Heinrich Wilhelm Dietz, Hugo Heimann, Paul Hirsch und Eduard Bernstein. Auch auf dem Parteitag der Sozialdemokratie Preußens hatte Ledebour das Wort ergriffen und zur Taktik der Partei gesprochen. In der „Neuen Zeit" gab er eine Rückbetrachtung der Debatten auf dem Parteitag in Berlin. Vor allem hob er hervor, dass der Parteitag allen Versuchen von Vertretern des gemäßigten Flügels wie etwa

309 Zit. n. Als die Deutschen demonstrieren lernten, S. 9; BT, 28. 2. 1910.

310 Vw, 20. 10. 1908, S. 1.

311 Vw, 27. 11. 1907, S. 4. Posto fassen meint sich als Posten aufstellen.

Leo Arons, Eduard Bernstein, Max Maurenbrecher oder Paul Löbe, zu Übereinkünften mit anderen wahlreformerisch orientierten Parteien im Vorfeld der Wahlen zu gelangen, eine Absage erteilt hatte. Ledebour setzte, wie die überwältigende Mehrheit des Parteitages, auf eine eigenständige und machtvolle proletarische Wahlrechtsbewegung und lobte den Parteitag, „Gewähr dafür [zu] leisten, dass die Sozialdemokratie in Preußen den Wahlrechtskampf mit gewohnter Tatkraft und Wucht und im Geiste einer ‚proletarischen Klassenkämpferpartei' führen wird".[312] Im Übrigen schien auch Ledebour von einem schnellen Erfolg der Wahlrechtskämpfe überzeugt gewesen zu sein, denn er kritisierte Maurenbrecher und Bernstein dafür, dass sie darin deutlich skeptisch urteilten. So hatte Bernstein vermutet, dass es noch etwa zehn Jahre des Kampfes benötige, bis in Preußen ein demokratisches Wahlrecht durchgesetzt sei.[313] Tatsächlich brachte erst die Novemberrevolution 1918/19 den Durchbruch, sodass die Preußische Landesversammlung am 26.1.1919 mit einem demokratischen und auch die Frauen berechtigenden Wahlrecht gewählt werden konnte.

Mit dem Rücktritt von Bülows als Reichskanzler und Preußischer Ministerpräsident am 31.7.1909 schienen sich die Bedingungen für ein demokratisches Wahlrecht zu verbessern, da sein Nachfolger von Bethmann Hollweg die Zentrumspartei stärker einzubeziehen gedachte. Die SPD hatte durch die beträchtlichen Mobilisierungserfolge während der vergangenen Phase der Wahlrechtskämpfe eine aktionspolitische Umorientierung vorgenommen und das Mittel der Massenkundgebungen an die Seite der Saalversammlungen gestellt. Dem Gewerkschafter und Reichstagsabgeordneten aus Bielefeld, Carl Severing (1875–1952), war aufgefallen, dass das energische Vorgehen der SPD hinsichtlich des Wahlrechts großen Anklang besonders bei der Arbeiterbevölkerung fand und „das politische Leben im Allgemeinen frischer und bunter färbte". Diese Art der Propaganda, so Severing, „missfiel all denen, die an der Aufrechterhaltung des Geldsackwahlrechts […] das lebhafteste Interesse hatten".[314] Immer wieder versuchten die Berliner Polizeibehörden solche Kundgebungen zu verbieten. Doch wich die Sozialdemokratie dann auf die Treptower Wiesen aus. Organisatorisch durch die Massenaktionen gestärkt und in ihrer Kampfkraft bestärkt, sollte das Jahr 1910 zum Höhepunkt der Wahlrechtskämpfe in Preußen werden. Auf dem Parteitag vom 3.–5.1.1910 nahmen die rund 210 Delegierten, darunter 12 Frauen, einen von Heinrich Ströbel eingebrachten

312 G.L., Das Ergebnis des preußischen Parteitags, in: NZ, 1907/08, H. 9, S. 284–288, Zitat S. 288.

313 Ebd., S. 286.

314 Severing, S. 165.

Antrag an, in dem die Partei aufgefordert wurde, einen „Wahlrechtssturm" zu entfesseln.[315]

Am 4.2.1910 legte die preußische Regierung ihren Wahlrechtsentwurf dem Landtag vor. Er enthielt nur unzureichende Veränderungsvorschläge, so die Ersetzung der indirekten durch die direkte Wahl oder das Aufrücken von sog. „Kulturträgern" aus Beamtenschaft, Armee und Intelligenz in die zweite Wählerklasse auch dann, wenn sie die finanziellen Bedingungen nicht erfüllten. Das Abgeordnetenhaus bildete am 10.2. eine 28-köpfige Wahlrechtskommission, in die als einziger Sozialdemokrat Ströbel eintrat. Die Parteiführung der SPD betrachtete den Wahlrechtsentwurf als eine „Kriegserklärung" und startete für mehrere Wochen eine intensive Kampagne für ein allgemeines und gleiches Wahlrecht.[316] Am 13.2.1910 wurden im ganzen Land Preußen Massenversammlungen durchgeführt, die meistens mit Wahlrechtsdemonstrationen verbunden wurden. Allein in Groß-Berlin fanden 42 Wahlrechtsveranstaltungen statt. Nachdem die Polizei eine Großkundgebung im Treptower Park untersagt hatte, orientierte die SPD unter der Hand ihre Anhänger in Richtung Tiergarten, wo schließlich 150000 Menschen zusammentrafen und eine machtvolle Kundgebung erlebten.[317] Von den 42 Versammlungen fanden allein im VI. Wahlkreis sechs in den bekannten Versammlungsorten statt. Auch Ledebour beteiligte sich als Redner.[318]

Am 6.3.1910 schließlich organisierte die Sozialdemokratie Preußens den Kampagnenhöhepunkt ihrer Wahlrechtsbewegung. Dieser Sonntag sollte bis zu den Ereignissen der Revolution des Novembers 1918 der Tag bleiben, an dem die größte Anzahl von Menschen politisch demonstrierte. So kamen allein bei den sonntäglichen „Wahlrechtsspaziergängen" in Berlin im Treptower Park, im Humboldthain, im Tiergarten und im Friedrichshain rund eine Viertelmillion Menschen zusammen.[319] Schließlich zog Ministerpräsident von Bethmann Hollweg den Entwurf vom 4.2.1910 zurück. Weitere Wahlrechtsaktionen fanden bis 1913 statt, ohne an der Sachlage etwas zu ändern. Dass es neben der Zentrumspartei vor allem die Nationalliberalen in Preußen waren, die Bethmann Hollwegs Entwurf zu Fall brachten, auch wenn es ihnen um das geheime Wahlrecht und nicht um das Dreiklassen-Wahlrecht schlechthin ging, dürfte Ledebour einerseits gefallen haben, andererseits wird er es als weiteren Beleg für die Schwäche

315 Rev. Berl. Arbeiterbewegung 1, S. 503f.

316 Wieland, S. 50f.

317 Dittmann, Erinnerungen 1, S. 150.

318 Vw, 23.2.1910, S. 16.

319 Dittmann, Erinnerungen 1, S. 150.

und Inkonsequenz des Liberalismus im Reich und in Preußen betrachtet haben. Eine Chance für eine Zusammenarbeit gegen die Regierung Bethmann Hollweg sah er zweifellos in der Frage der Einführung des Verhältniswahlrechts, denn er arbeitete in einem Beitrag für den „Vorwärts" am 18. 1. 1912 dessen Vorzüge prinzipieller Art im Vergleich zum Mehrheitswahlrecht heraus und forderte die liberalen Parteien in ihrem eigenen Interesse auf, hier den Kampf zu führen und mit der SPD gemeinsam das kaiserliche Regierungssystem der Vergangenheit zuzuführen: „Das liberale Bürgertum steht am Scheidewege: Will es rettungslos im Reaktionssumpf versinken oder will es im Bunde mit der Sozialdemokratie dem deutschen Volk ein freies Staatsleben und die Erlösung von der Herrschaft der Bureaukraten, Junker und Pfaffen erkämpfen?"[320]

11. Verständigung – nicht gefährliche Konkurrenz: Die Beziehungen zu Großbritannien

Nach der Entlassung von Bülows als Reichskanzler und preußischer Ministerpräsident hatte Theobald von Bethmann Hollweg seinen Platz eingenommen. Nach dem Desaster der „Daily Telegraph-Affäre" aber war unübersehbar geworden, dass die Rüstungskonkurrenz der europäischen Großmächte zu einer ernsten Gefahr für den Frieden werden würde. Insbesondere Großbritannien sah sich durch die deutsche Flottenrüstung herausgefordert. Im Frühjahr 1912 organisierte die Sozialdemokratie Berlins und Umgegend etliche Aktionen und Versammlungen. So kam es am 12. 3. 1912 zu Protestkundgebungen gegen die Verhältnisse im Zarenreich fünf Jahre nach der endgültigen Niederschlagung der Revolution von 1904/05, u. a. mit Ledebour als Redner.[321]

Im Reichstag wiederum bereitete die Regierung eine neue Militärvorlage vor. Sie beinhaltete die Bereitstellung von 338 Mio. Mark für die Aufrüstung des Heeres und der Flotte in den kommenden Haushaltsjahren und die Erhöhung der Präsenzstärke des Heeres um 29 000 Mann. Die Sozialdemokratie reagierte mit Protestversammlungen, allein in Berlin kamen am 25. 4. 1912 mehrere Zehntausende in 42 Volksversammlungen zusammen und beschlossen eine Protestresolution gegen die Finanzierung der neuerlichen Aufrüstungsrunde, in der neben dem entschiedenen Aufruf zum Beenden des Wettrüstens und der Forderung nach Ersetzung des stehenden Heeres durch eine Miliz die Bereitschaft bekundet wurde, „nach wie vor sich der imperialistischen Politik der herrschenden Klassen

320 G. L., Die Verantwortung des Liberalismus, in: Vw, 18. 1. 1912, S. 1.

321 Vgl. Rev. Berl. Arbeiterbewegung 1, S. 534.

widersetzen zu wollen". Den Arbeitern der anderen Länder versicherte die Berliner Sozialdemokratie ihre unverbrüchliche und brüderliche Solidarität.[322]

Doch hatte sich in der Sozialdemokratie ein Sinneswandel hinsichtlich der Frage der Kriegsverhütung angebahnt. Schon in der Resolution vom 25.4.1912 wird zwar hervorgehoben, dass der Kapitalismus mit seiner „Gier nach neuen Ausbeutungsobjekten, nach neuen Absatzgebieten bestimmend auf die Staatsgewalt einwirkt und deshalb die Regierung zu einer Politik der gepanzerten Faust, des Länderraubes und der Unterdrückung des eigenen Volkes treibt", also deshalb erst seine Ablösung wirklichen Frieden sichern würde; doch wird hier ein weiterer Akzent auf Maßnahmen des Rüstungsstopps und der Friedenssicherung gesetzt. Von einer „Naturnotwendigkeit" eines Krieges ist nicht die Rede. Kautsky hatte schon mehrfach in den Jahren seit 1909 argumentiert, dass der Kapitalismus ein eigenes Interesse an einer friedlichen Durchsetzung seiner Ausbreitung habe, da eine kriegerische Expansion die ruinösere Variante sei. Er erwartete eine Art „Staatenkartell zur friedlichen gemeinsamen Eroberung des Weltmarktes", was eine gegeneinander gerichtete Aufrüstung weniger nötig oder unnötig mache. Abrüstung sei daher nicht nur Kriegsverhütung, sondern Voraussetzung für ökonomischen Fortschritt.[323]

Ledebour teilte Kautskys Position und äußerte sich im „Vorwärts" im gleichen Sinne. Am 6. und 8.4.1911 schrieb er einen Schwerpunktbeitrag über „Sozialdemokratie und Rüstungsbeschränkung". Im ersten Teil des Beitrags (6.4.) nahm er Bezug auf die Kritik, die in der „Leipziger Volkszeitung" und der „Bremer Bürgerzeitung" an einem Antrag zur Rüstungsbeschränkung geübt worden war, den die Reichstagsfraktion eingebracht hatte. Diese beiden Parteizeitungen hatten die alte Position bekräftigt, der zufolge Rüstungsbeschränkungen im Kapitalismus letztlich unmöglich bzw. illusorisch seien. Ledebour antwortete darauf: „Unsere Freunde in Leipzig und Bremen sind nun [...] zu ihrem irrigen Schlusse nur gekommen, weil sie sich blenden ließen durch die zweifellos gewaltigen Kräfte und Strömungen innerhalb des Kapitalismus, die auf eine gewaltsame staatliche Raubpolitik und damit auf die stetige Rüstungssteigerung hindrängen. Sie fassten dabei aber nicht ins Auge oder würdigten nicht genügend die innerhalb der kapitalistischen Gesellschaft sich gleichfalls stetig entwickelnden Gegenkräfte und Gegenströmungen, die für den Frieden und damit für Rüstungsbeschränkung wirken." Ledebour zeigte sich als ein Realpolitiker, als er das Beispiel des britischen Ministers Sir Edward Grey anführte, der vor den innenpolitischen Folgen und den außenpolitischen

322 Resolution v. 25.4.1912, in: Dokumente und Materialien 4, S. 411.

323 Vgl. Ratz, S. 114f.

Gefahren eines Rüstungswettlaufs warnte und ein multilaterales Abkommen über Rüstungsbegrenzungen für richtig hielt.[324]

Ledebour bewertete die aggressiven Potenziale innerhalb der Kapitalfraktionen und unterschied zwischen der Konsumgüterindustrie und dem Handelskapital einerseits und der Schwerindustrie, dem Rohstoff- und Investitionsgütersektor und der Rüstungsindustrie andererseits und hielt Erstere für friedensfähig. Das Wettrüsten beträfe nicht den Welthandel oder den Außenhandel als Bestandteile der kapitalistischen Politik schlechthin, sondern vor allem die Konkurrenz der mächtigen Staaten untereinander. Von daher, so seine Folgerung, rängen innerhalb der kapitalistischen Gesellschaften friedliche und kriegerische Tendenzen miteinander, so „dass der Kapitalismus als restlos kriegerisch in seinem Gesamtwirken nicht mehr angesprochen werden kann". So vermutete er, dass es noch nicht entschieden sei, „ob die Resultante dieses Parallelogramms der Kräfte mehr dem Weltkrieg oder dem Weltfrieden zustrebt".[325] Ledebour sah die Abrüstungsidee vor allem dank der von England und Frankreich bekundeten Bereitschaft zu Verhandlungen auf dem Vormarsch, wenngleich er konzedierte, dass die Gefahr eines Weltkrieges kaum gemindert sei. Doch wie realistisch war diese Einschätzung angesichts der zunehmenden Spannungen wirklich? Das Deutsche Reich sollte zur treibenden Kraft in der II. Marokkokrise 1911 werden, im September 1911 begann der italienisch-türkische Krieg in Nordafrika, 1912/13 ordneten die beiden Balkankriege die Region zwischen Adria, Ägäis und dem Schwarzen Meer neu und schwächten das Osmanische Reich.

Sicher waren Ledebour und Kautsky mit ihren Positionen dem allgemeinen Parteidenken der SPD in dieser Frage voraus, doch die Reichsleitung und der Kaiser waren nach wie vor bereit zu Risikopolitik. Gleichzeitig aber hatte sich die Position zur Frage der Landesverteidigung seit der Rede von Gustav Noske 1907 und ihrer Verteidigung durch August Bebel auf dem Essener Parteitag im selben Jahr zu verschieben begonnen. Am 28. 5. 1912 blieb der Reichstagsabgeordnete Otto Landsberg beim Kaiserhoch im Sitzungssaal und hörte stehend zu, während seine Fraktionskollegen, also auch Ledebour, traditionsgemäß den Saal verließen. Die alte Fundamentalposition von der Zwangsläufigkeit einer kriegerischen Entwicklung als dem Kapitalismus inhärent verlor an Bindewirkung. Neben einer Hinwendung der Partei zu einer Politik der Rüstungsbeschränkung und -kontrolle entstand eine wachsende Bereitschaft zur Unterstützung der Landesverteidigung. War die Partei selbst gefangen in einem Geflecht aus Bündnisstrukturen und Bedrohungsszenarien? Auf dem Chemnitzer Parteitag von 1912

324 G. L., Sozialdemokratie und Rüstungsbeschränkung (I), in: Vw, 6. 4. 1911, S. 5 f.

325 G. L., ebd., (II), in: Vw, 8. 4. 1911, S. 5.

bekräftigte die SPD ihre Feststellung, dass wirklicher Frieden erst mit der Überwindung von Kapitalismus und Imperialismus erreicht werden könne, aber alles getan werden müsse, um deren „gemeingefährlichen Wirkungen zu mildern".[326]

Ledebour selbst stritt für eine Verständigung zwischen Deutschland und Großbritannien. Er sah gute Grundlagen für die Durchsetzung einer per Abkommen geregelten Rüstungskontrolle in einer vorausgehenden deutsch-britischen Verständigung. Beim Wegfall der Flottenaufrüstung und einer Garantieerklärung für die Integrität der deutschen Handelsflotte wären die Hauptstreitpunkte ausgeräumt, die anderen Mächte könnten einbezogen werden. Seine Vorstellungen gipfelten in einem Plädoyer für einen vom Freihandel getragenen Wirtschaftsraum in Europa, der nicht von Konkurrenz und Rüstung, sondern von Verständigung und Austausch charakterisiert sei.[327] Doch selbst kleinste Schritte zur Verständigung zwischen Deutschland und England hinsichtlich der Begrenzung der Seerüstung scheiterten am Desinteresse der deutschen Regierung. Ledebour wies darauf hin, dass Reichskanzler von Bülow am 10.12.1908 erklärt habe, eine englische Kontaktaufnahme in Form formaler Vorschläge sei ihm nicht bekannt. Allerdings, so Ledebour, musste diese Feststellung später in der entsprechenden Reichstagskommission richtiggestellt werden, wie er in seiner Reichstagsrede am 29.3.1909 hervorhob. Die regierungsoffizielle Reaktion aus Berlin habe ihre Wirkung in Großbritannien nicht verfehlt. Wenn selbst auf dem nichtöffentlichen Wege der Diplomatie vorgebrachte Vorschläge öffentlich negiert würden, müssten die englische Regierung und das Parlament sowie die herrschenden Klassen davon ausgehen, „dass sich Deutschland mit bösen Plänen gegenüber England trage".[328]

Zum Beweis zitierte Ledebour aus einem Sitzungsprotokoll des Unterhauses, vor dem Premierminister Asquith eine Regierungserklärung zur Frage der Flottenrüstungen abgegeben hatte. Nach dessen Rede, so Ledebour, hätte der Chairman des Unterhauses auf den Premierminister geblickt, dann auf die Mitglieder des Unterhauses, minutenlang aber habe sich keine Stimme geregt. Die Rede des Premierministers habe eine Panik erzeugt. Im Reichstag allerdings erhob sich Lachen als Reaktion auf Ledebours Worte, selbst noch, als er als mögliche Konsequenz aus der unkontrollierten Flottenrüstung die Gefahr eines Präventivkrieges ableitete. Er warnte davor, dass Chauvinisten in beiden Ländern die Regierungen in den Krieg treiben könnten und führte an, dass es im britischen Unterhaus die Sozialisten seien, die eine Stimme der Vernunft zum Ausdruck brächten. Längst zeigten sich in beiden Ländern Tendenzen der Umverteilung von

326 Vgl. Ratz, S. 116.

327 Ebd., S. 118.

328 Reichstagsrede v. 29.3.1909, Sten. Ber. RT, Bd. 236, S. 7819.

Haushaltsmitteln zu Lasten sozialer Projekte, um die Rüstung zu finanzieren. Stattdessen warb Ledebour dafür, eine gegenseitige Verständigung herbeizuführen.[329] Doch Kaiser Wilhelm II. selbst übte sich in mitunter brüsker Zurückweisung britischer Verständigungsversuche.

Ledebour hingegen warb offensichtlich für Empathie hinsichtlich der englischen Befürchtungen. So zitierte er am 7.3.1910 aus einem konservativen britischen Blatt eine kommentierende Äußerung, die das britische Interesse an Rüstungskontrolle zum Ausdruck brachte: „Niemand zweifelt Deutschlands Recht an, als unabhängiger Staat eine gewaltige Flotte zu bauen. Dieses schließt jedoch nicht aus, dass andere dadurch verletzt werden. Die Wahrheit ist, dass die öffentliche Meinung dieses Landes erregt und erstaunt ist, nicht, weil dem englischen Steuerzahler dieselben Lasten wie dem deutschen aufgebürdet werden, sondern vor allem, weil diese Rüstungen eine Verminderung der deutschen Freundschaft bedeuten. Zweifellos wird Deutschland dies bestreiten. Eine Freundschaft aber, die uns viele Millionen pro Jahr kostet und durch Misstrauen so verbittert ist, dass sie Garantien in *dreadnoughts* suchen muss, kann niemals mehr als diplomatische Redensart sein."[330]

Als einen wichtigen Schritt zur Deeskalation empfahlen die Sozialdemokraten die Beseitigung des Seebeuterechts, das es im Kriegsfall erlaubte, auch Handelsschiffe zu kapern. Damit, so Ledebour, werde das Argument hinfällig, Deutschland brauche eine starke Kriegsflotte zur Sicherung des deutschen Welthandels auf den Meeren. Da aber England wegen seiner weltweiten Präsenz auf den Weltmeeren hier im Vorteil sei, müsse auch Deutschland Entgegenkommen zeigen. Ledebour verwies darauf, dass eine Rüstungsbegrenzung bei gleichzeitiger Novellierung des Seerechts Deutschland und England entgegenkäme.[331] Doch stießen die Ausführungen Ledebours und der Fraktion im Reichstag bei den Mehrheitsparteien stets auf taube Ohren. Aus Anlass einer gescheiterten Initiative der Fraktion, die Regierung aufzufordern, auf internationaler Ebene die Rüstungskontrolle der internationalen Mächte in die Wege zu leiten, hatte er schon 1909 die offizielle deutsche Haltung sarkastisch mit den Worten kommentiert: „Verhöhnt von dem Reichskanzler, abgelehnt von der Gesamtheit der bürgerlichen Parteien."[332]

329 Ebd., S. 7819 ff.

330 Reichstagrede v. 7.3.1910, Sten. Ber. RT, Bd. 260, S. 1826. Dreadnoughts waren seit ca. 1905 ein neuer Typ von Schlachtschiffen, die nicht auf umgebauten Linienschiffen beruhten, sondern speziell für Seekriegszwecke entwickelt und gebaut wurden.

331 Ebd., S. 1827.

332 Zit. n. Keller, S. 54.

So wie sich Ledebour im Reichstag entschieden für Abrüstung und Verständigung aussprach, nutzte er auch das internationale und außerparlamentarische Parkett. Sein Einsatz führte ihn am 2.8.1908 ins schweizerische Schaffhausen. Die Landesorganisation der deutschen und österreichischen Sozialisten in der Schweiz hatte zu einer internationalen Friedenskundgebung aufgerufen. Sie sollte angesichts der „frivolen Kriegshetzereien der herrschenden Klassen" die Solidarität, die Friedensliebe und den Willen zur Völkerverbrüderung seitens der Arbeiterklasse zum Ausdruck bringen. Rund 7000 Personen nahmen an dieser Kundgebung teil. Georg Ledebour bezeichnete die Flotten- und Rüstungsbefürworter als „Panzerplatten-Patrioten" und „geißelte die Friedenskomödien" der deutschen Regierungspolitik. Im „Vorwärts" hieß es abschließend: „Stürmischer Beifall lohnte die begeisternde Rede."[333] Zwei Jahre später nahm er am Internationalen Sozialistenkongress in Kopenhagen teil, der vom 28.8.–3.9.1910 tagte. Dort war er vor allem in der Abrüstungs- und Friedenskommission beteiligt und wirkte dort auch als deren Berichterstatter. Dort wurde z.B. die Einsetzung von internationalen Schiedsgerichten gefordert, die Ledebour prinzipiell unterstützte, deren Wirksamkeit er aber eher skeptisch einschätzte. Darüber hinaus forderte Ledebour eine möglichst vollständige Abrüstung, ihr vorausgehend eine Übereinkunft über die Einschränkungen der Seerüstungen und die Abschaffung des Seebeuterechts.[334] Doch war ihm klar, dass allein Abkommen allein den Frieden nicht herstellen würden, solange es möglich sei, dass herrschende Kräfte versteckt oder offen auf einen Krieg hinarbeiten könnten. Er machte sich also keine friedenspolitischen Illusionen, sah es aber als notwendig an, jeden möglichen diplomatischen Friedenshebel zu betätigen.[335]

Besonders das gemeinsame Vorgehen der deutschen, britischen und französischen Sozialisten schien Ledebour eine dringend gebotene Möglichkeit zur Verhinderung eines Krieges zu sein. Im „Volksblatt" (Halle/Saale) forderte er die „Verständigung der französischen, englischen und deutschen sozialistischen Parteien über die gemeinsame Aktion gegen den Krieg".[336] Was damals angesichts der 2. Marokkokrise geboten war und erst nach Druck auf den deutschen Parteivorstand umgesetzt wurde, sollte sich im Moment des Kriegsausbruchs Anfang August 1914 als unmöglich erweisen. Dies brachte auch zum Ausdruck, dass Ledebour England und Frankreich gegenüber eine positivere Haltung einnahm als dem zaristischen Russland gegenüber. Hier machte sich die gleiche

333 Vw, 4.8.1908, S. 5.

334 Vgl. Keller, S. 54.

335 Vgl. Reichstagsrede v. 3.4.1911, Sten. Ber. RT, Bd. 266, S. 6139.

336 G.L., Parteivorstand und Internationale, in: Volksblatt (Halle), 9.9.1911, zit. n. Keller, S. 58.

fundamentale Gegnerschaft zu absolutistischen oder halbabsolutistischen Systemen geltend, die schon in seiner Ablehnung der Hohenzollernherrschaft zum Ausdruck kam. Hier stand er fest in der Tradition August Bebels und Wilhelm Liebknechts. Hinzu kam die von ihm massiv kritisierte Polenpolitik Russlands und auch Preußens, die er bereits in seiner Phase als demokratischer Journalist heftig angegriffen und mit der Rubrik „Russo-Borussen" an den Pranger gestellt hatte. Auch für ihn war ein Angriff von Seiten Russlands auf Deutschland ein Grund, in diesem Fall die Landesverteidigung zu befürworten.

Doch war für Ledebour nicht das stehende Heer oder das preußische Militär das probate Mittel hierzu, sondern das auch in der sozialdemokratischen Programmatik verankerte Volksheer. So formulierte das Erfurter Programm eine Volkswehr statt des stehendes Heeres, die Erziehung zu allgemeiner Wehrhaftigkeit, die parlamentarische Hoheit über die Entscheidung über Krieg und Frieden, aber eben auch internationale Schiedsgerichte.[337] Ledebour nahm in dieser speziellen Haltung zu Russland keine Sonderstellung ein, denn hier befand sich ein sozialdemokratischer Eckpunkt jeder Beurteilung internationaler Entwicklungen.[338] Doch hatten sich England und Frankreich, seit April 1904 in der „Entente Cordiale" bündnispolitisch vereinigt, durch den Vertrag von Petersburg zwischen England und Russland zur „Triple Entente" erweitert. Von daher konnte eine Lösung des Problems der Aufrüstung letztendlich nur dann erfolgen, wenn in Frankreich und England Sozialisten die Regierungen stellen würden. Mit dem Scheitern der russischen Revolution von 1905–1907 hatten sich diesbezügliche Hoffnungen auf eine Wende in St. Petersburg zerschlagen. Die Situation war sicherlich schon vom Prinzip her dramatischer, als sie auch von der Sozialdemokratie wahrgenommen wurde. Das Deutsche Reich hatte sich seit der Thronbesteigung Wilhelms II. stetig von der Bismarckschen Politik größtmöglicher Sicherheit verabschiedet und sah sich um 1910 gemeinsam mit Österreich-Ungarn im Zweibund einer gefährlichen Zweifrontenkonstellation gegenüber.

12. Der Wahltriumph vom Januar 1912 – und eine Zwischenbilanz

Mit Spannung erwartete die Sozialdemokratie den Ausgang der Reichstagswahl im Januar 1912. Die Bemühungen der Partei- und Fraktionsspitze waren darauf gerichtet, nicht durch verbalradikale oder zuspitzende Äußerungen und Aktionen mögliche liberale Wähler zu verprellen, was Rosa Luxemburg oder Georg

337 Erfurter Programm, in: Dowe/Klotzbach, S. 188.

338 Vgl. Ratz, S. 119ff.

Ledebour schon 1911 heftig kritisiert hatten. Am 12. 12. 1911 leitete die Berliner Sozialdemokratie mit 43 Wählerversammlungen zum Thema „Die kommende Reichstagswahl“ die „heiße“ Wahlkampfphase ein. Im Wahlkreis VI fanden allein zehn Versammlungen statt.[339]

Am Tag der Hauptwahl 12. 1. 1912 konnte sich die SPD über einen Erdrutschsieg freuen, denn sie hatte reichsweit ihre Stimmenanzahl um beinahe eine Million auf rund 4,25 Mio. Stimmen erhöht. Ihr Stimmenanteil wuchs auf 34,7 % der Stimmen, ein Zuwachs von fast 6 % gegenüber 1912. Gleichzeitig wuchs ihre Fraktion nach der zwei Wochen darauf erfolgten Stichwahl von 43 auf 110 Abgeordnete.[340] Der Erfolg in den Berliner Wahlkreisen war ebenfalls beträchtlich. Richard Fischer (Berlin II), Wilhelm Pfannkuch (III), Otto Büchner (IV), Robert Schmidt (V) und Georg Ledebour (VI) gewannen bereits im Hauptwahlgang souverän, ebenso Fritz Zubeil und Arthur Stadthagen in den beiden Umlandwahlkreisen Teltow-Beeskow-Storkow-Charlottenburg und Niederbarnim. Karl Liebknecht eroberte sensationell den „Kaiserwahlkreis“ Spandau-Osthavelland. Nur Wilhelm Düwell scheiterte in der Stichwahl in Berlin I, nach wie vor eine Domäne des Freisinns.[341] In beinahe jedem der sechs Berliner Wahlkreise legte die SPD zu, nur in Berlin I gab es einen Rückschlag bei den abgegebenen Stimmen. Der Nachfolger des 1911 verstorbenen Paul Singer, Otto Büchner, steigerte sich in Berlin IV von 82 039 auf 89 507 Stimmen bzw. von 75,6 auf 82,4 % und verbuchte somit den höchsten Stimmenanteil im Reich. Ihm folgte Georg Ledebour mit 80,8 % anstelle von 71,7%, er schoss aber bei der Stimmentwicklung erneut den Vogel ab: Hatte er 1907 noch 99 560 Stimmen auf sich vereinigt, so waren es nun 142 500.[342]

Die um 67 neue Mandate verstärkte Reichstagsfraktion bestand neben den Altgedienten wie Adolf Albrecht, August Bebel, Eduard David, Johann H. W. Dietz, Richard Fischer, Karl Frohme, Fritz Geyer, Wolfgang Heine, Gustav Hoch, Georg Ledebour, Carl Legien, Hermann Molkenbuhr, Arthur Stadthagen und Georg von Vollmar nun aus einer Reihe von Rückkehrern, die bei der „Hottentottenwahl“ ihr Mandat verloren hatten, wie etwa Hugo Haase, Eduard Bernstein, Fritz Baudert, Georg Gradnauer und Joseph Herzfeld. Gleichzeitig zogen „Neulinge“ in die Fraktion ein, zu denen Gustav Bauer, Friedrich Ebert, Oskar Cohn, Wilhelm Dittmann, Alfred Henke, Karl Liebknecht, Jacques Peirotes, Max Quarck, Otto Rühle und Otto Wels gehörten. August Bebel, Hugo Haase und Hermann Molkenbuhr wurden zu Vorsitzenden der neuen, stärksten

339 Vw, 12. 12. 1911, S. 11.

340 Fricke, Handbuch 2, S. 720.

341 Vgl. Czitrich-Stahl, S. 559 ff.

342 Rev. Berl. Arbeiterbewegung 1, S. 525.

Fraktion im Reichstag gewählt.[343] Als der Reichstag am 7. Februar 1912 zu seiner Eröffnungssitzung zusammentrat, bereiteten „große Mengen Schaulustiger" den sozialdemokratischen Abgeordneten einen begeisterten Empfang. „Mit besonderen Hochrufen wurden Bebel, Dr. Frank, Stadthagen, von Vollmar und andere bekannte Sozialdemokraten begrüßt."[344]

Wie lässt sich nun, um vor der Zäsur 1914 eine Zwischenbilanz zu versuchen, bis dahin der politische Standort Ledebours in der Sozialdemokratie bestimmen? War er einer spezifischen Strömung innerhalb der SPD zuzuordnen? Zieht man die durchaus zutreffende Charakterisierung des „marxistischen Zentrums" bei Miller/Potthoff als Grundlage der Betrachtung zu Rate, so stößt man auf folgende Beschreibung der Parteimehrheit und ihres Denkens: „Dabei verstand sie unter sozialer Revolution zusehends einen wirtschaftlich-politischen Umgestaltungsprozeß, der sich ohne ihr direktes Zutun vollziehen würde. Die Folge dieser Gesellschaftsinterpretation war ein Verlust an aktivem Gestaltungswillen und das Warten auf das unvorhersehbare große Ereignis. Für diesen Moment galt es gerüstet zu sein, die einzig feste Bastion, die Organisationen, intakt zu halten und ihre Macht oder vermeintliche Macht nicht durch gewagte Manöver zu gefährden."[345]

Wolfgang Abendroth analysierte in seiner Schrift „Aufstieg und Krise der deutschen Sozialdemokratie" die ideologisch-politische Differenzierung in der Sozialdemokratischen Partei mit folgenden Worten: „Aber die Ablehnung des Massenstreiks durch die Gewerkschaftsführung führte 1906 zu einem ‚Kompromiß' zwischen Generalkommission und Parteivorstand, der der Sache nach die Kapitulation der Partei vor den Gewerkschaftsführern enthielt und vom Mannheimer Parteitag bestätigt wurde. Damit hatte sich [...] das ‚marxistische Zentrum' in der Praxis am Ende nur als Instrument eines wortradikalen Immobilismus erwiesen. Als ‚marxistisches Zentrum' wird seit den Diskussionen dieser Jahre der vom Parteivorstand und der Majorität der Reichstagfraktion geführte, durch August Bebel politisch und durch Karl Kautsky theoretisch repräsentierte Flügel bezeichnet. Der linke Flügel der Partei, unter so hervorragenden (und häufig divergenten) Führern wie Rosa Luxemburg, Karl Liebknecht, Franz Mehring, Georg Ledebour und Clara Zetkin, begann seine eigenen Wege zu gehen und im preußischen Wahlrechtskampf – hier in Übereinstimmung mit manchen Revisionisten [...] – den Immobilismus der Führung zu attackieren."[346]

343 Czitrich-Stahl, S. 562 f.

344 LAB, Nr. 15957, Bl. 74, BLA, 7. 2. 1912.

345 Miller/Potthoff, S. 71.

346 Wolfgang Abendroth, Aufstieg und Krise der deutschen Sozialdemokratie, 4. erw. Aufl. Köln 1978, S. 43 f.

Die Definition Abendroths erklärt Georg Ledebour zum Vertreter der Linken, wohingegen er in der Historiographie der DDR als „Zentrist" galt.[347] Diese Bewertung wurde ebenso Arthur Stadthagen zuteil. Da die politischen Positionen beider sich sehr glichen, ist diese Zuordnung gleichermaßen zu hinterfragen. Stadthagen und Ledebour gehörten stets zu den schärfsten Kritikern des Revisionismus, trugen aber die eingebrachten Resolutionen des Parteizentrums um Bebel in der Regel mit. Sicher gehörte Ledebour zumindest in vielen zentralen politischen Fragen eher zur Linken als zum Zentrum der Partei. Gleichzeitig jedoch verhielt er sich als Reichstagsabgeordneter abseits seiner scharfen und meistens klassenkämpferischen Reden durchaus kooperativ und arbeitete in zahlreichen parlamentarischen Kommissionen und an entsprechenden Gesetzen aktiv mit. In dieser Hinsicht war er sozusagen ein „praktischer Revisionist", auch wenn er den programmatischen Revisionismus entschieden bekämpfte und in seinen Reden entschieden polarisierte.

Ledebour blieb ein entschiedener Befürworter eines durch eine Verfassung garantierten starken Parlamentarismus. Diesen schätzte er nicht nur als „Tribüne des Klassenkampfes", sondern auch als *das* Willensbildungs- und Entscheidungsorgan eines demokratischen Verfassungsstaates, über den er auch den Weg zu einer sozialistischen Gesellschaft zu beschreiten für möglich hielt. Er knüpfte gedanklich an die Revolution von 1848 und die Paulskirchenbewegung an. Doch war der Parlamentarismus auch die Arena, in der es materiell und politisch die Interessen der Arbeiterklasse und aller „kleinen Leute" nicht nur zu bekunden, sondern mittels sozialer und juristischer Reformen notfalls auch in kleinen Schritten durchzusetzen lohnte. Es fällt bei der Betrachtung der politischen Gesamttätigkeit Ledebours bis zu diesem Zeitpunkt auf, dass er sich in beide Richtungen – radikal und sozialreformerisch – aktivierend verhielt. Wohl gehörte er nach der ebenfalls marxistischen Betrachtung Abendroths zu den Linken. Sicherlich ist die politische Prägung Ledebours herkunfts- und generationsbedingt eine andere als die Liebknechts und Rosa Luxemburgs und näher an 1848 als an der Pariser Kommune von 1871. Ledebour mit seiner Rednergabe genoss es, vor einem möglichst großen Publikum aufzutreten. Hier konnte er alle rhetorischen Register ziehen, scharfe Attacken reiten und heftige Anklagen gegen die politischen Gegner, den Obrigkeitsstaat, den er als „Bureaukratismus" verurteilte, und gegen die Hohenzollernmonarchie und das „persönliche Regiment" Wilhelms II. führen. Diese Situationskontexte zwischen Reichstagsplenum, sozialdemokratischen Parteitagen und Volksversammlungen an der Basis charakterisieren ihn als einen großen Befürworter einer Versammlungsdemokratie. Hier

347 Vgl. GdA 2, S. 288.

zeigte sich, dass er radikaler Demokrat geblieben und entschiedener Sozialist geworden war.

Georg Ledebour stand vor 1914 also insgesamt eher auf den Positionen des linken Zentrums, misst man dies an der Massenstreikdebatte und an den Wahlrechtskämpfen, und dies auf einer programmatischen Grundlage, die dem geistigen Gemeinbesitzstand der II. Internationale und des Erfurter Programms und dem Erfahrungshintergrund der Gründer- und Aufbaugenerationen der deutschen sozialistischen Arbeiterbewegung im marxistischen Sinne entsprach. Ihnen galt, wie besonders auch Bebel, die Einheit der Partei als sakrosankt. Die jüngeren Linken wie Luxemburg und Liebknecht wiederum teilten zwar diesen programmatischen Gemeinbesitz, verfügten aber über divergierende biographisch-politische Erfahrungen, die sie zu an bestimmten Fragen radikaleren Schlüssen gelangen ließen, die zur Einleitung früherer organisatorischer Schritte der Autonomisierung von der Vorkriegssozialdemokratie führten.

In vielen politischen Fragen gab es bei Georg Ledebour weiterhin große Übereinstimmungen mit August Bebel und Karl Kautsky. Dazu gehören auch jene Politikbereiche, in denen Ledebour selbst wortführend war, etwa in der Kolonialpolitik oder in Fragen von Frieden und Abrüstung. Das macht ihn im Grundsatz dem „marxistischen Zentrum" zugehörig. In Fragen der außerparlamentarischen Orientierung der Politik lassen sich Überschneidungen mit den radikaleren Linken um Rosa Luxemburg und Karl Liebknecht feststellen, sodass man – wie auch bei Stadthagen – von Ledebour als einem „Linkszentristen" sprechen könnte. Was ihn aber insbesondere nach dem Tod von Wilhelm Liebknecht zu einem politischen Unikat machte, war sein starker Rückbezug auf revolutionäre demokratische Ideen von 1848. Dies machte sich vor allem in seinem unablässigen Agieren für Demokratisierung, Parlamentarisierung und eine entsprechende Umgestaltung der politischen Ordnung im Reich und vor allem in Preußen sowie in seiner auf Freiheit, Gleichheit und Brüderlichkeit beruhenden Haltung zu Nationalitätentoleranz und freier Selbstbestimmung der Völker geltend. Auch hier wird ihm Wilhelm Liebknecht ein großes Lebensvorbild geworden und geblieben sein.

IV. WELTKRIEG, SPALTUNG, REVOLUTION: DER OPPOSITIONELLE SOZIALDEMOKRAT (1914–1918)

1. SPD am Scheideweg: Die Vorgeschichte des 4. August 1914

In den Jahren seit 1911 hatte sich die Kriegsgefahr rund um die Mittelmeerregion erheblich verschärft. Das „Pulverfass Balkan“ bot neben der Möglichkeit eines Krieges wegen kolonialer Interessen das wahrscheinlichste Szenario eines Kriegsausbruchs.[1] So waren die Anstrengungen der Sozialdemokratie darauf gerichtet, die deutsche Risikopolitik in Konkurrenz zu Großbritannien und die Aufrüstung als Kriegsvorbereitung zu enttarnen und öffentlich zu machen. Auch auf internationaler Ebene bemühten sich die sozialdemokratischen Parteien um die Mobilisierung der Öffentlichkeit gegen die Kriegsgefahr. Am 17. 11. 1912 fanden in mehreren europäischen Hauptstädten Friedenskundgebungen statt. In Berlin sprachen neben u. a. Hugo Haase, Arthur Stadthagen und Fritz Zubeil noch James R. MacDonald, Jean Jaurès und Engelbert Pernerstorfer, 150 000 Menschen sollen an den verschiedenen Kundgebungen teilgenommen haben.[2] Ledebour war nicht selbst als Redner angekündigt, doch fanden zwei Veranstaltungen in seinem Wahlkreis statt.[3] Robert Schmidt im Wedding und Arthur Stadthagen in Moabit konnten den österreichischen Reichsratsabgeordneten Karl Renner (1870–1950) begrüßen, eine der großen Persönlichkeiten der österreichischen Sozialdemokratie und späterer Staatskanzler.[4]

Am 24./25. 11. 1912 war Basel der Schauplatz des außerordentlichen sozialistischen Friedenskongresses, an dem 555 Delegierte aus 23 Staaten teilnahmen. Unter den deutschen Beteiligten waren August Bebel, Hugo Haase, Karl Kautsky, Eugen Ernst, Clara Zetkin und Georg Ledebour vertreten. In einem einstimmig verabschiedeten „Manifest der Internationale zur gegenwärtigen Lage“ versicherten die Arbeiterparteien sich gegenseitig den entschlossenen Einsatz gegen

1 Vgl. G. L., Ein fadenscheiniger Rüstungsvorwand, in: NZ, 1912/13, H. 26, S. 929–934.

2 Rev. Berl. Arbeiterbewegung 1, S. 543 f.

3 Vw, 17. 11. 1912, S. 1. Das Plakat zu den Veranstaltungen wies im Wahlkreis Berlin VI auf die „Germaniasäle“ im Wedding und auf das „Moabiter Gesellschaftshaus“ hin (Vw, ebd., S. 20).

4 Vw, 18. 11. 1912, S. 3.

einen drohenden Krieg.[5] Als sich einige Monate später die Lage weiter zuspitzte, traten die Spitzengremien der deutschen und französischen Sozialdemokraten mit einer gemeinsamen Erklärung an die Öffentlichkeit, die als Flugblatt am 15. 3. 1913 verteilt wurde. Parteivorstand und Reichstagsfraktion hatten auf Seiten der SPD unterzeichnet, darunter auch Ledebour.[6]

Eine Kehrtwende von ihrer bisherigen Politik hatte die SPD-Fraktion in der Debatte um die Erhöhung der Präsenzstärke des Heeres bis 1915 von 683000 auf 900000 Soldaten und der damit verbundenen Deckungsvorlage vollzogen. Die Mehrkosten von rund 1,3 Milliarden Mark – immerhin einige Prozente des Nettosozialprodukts[7] – sollten durch einen erstmaligen „Wehrbeitrag" und eine „Vermögenszuwachssteuer" der Besitzenden mit aufgebracht werden. Aus Furcht vor einer Reichstagsauflösung wich die Fraktion von ihrer bisherigen Praxis der Ablehnung der militärbezogenen Finanzvorlagen ab. Am 25. 6. 1913 ergab eine interne Abstimmung von 52 Ja- gegen 37 Nein-Stimmen und 7 Enthaltungen eine Mehrheit für die Zustimmung zur Deckungsvorlage. Nun wurde die Minderheit, darunter Stadthagen und Ledebour, in die Pflicht der Fraktionsdisziplin genommen. Am 30. 6. 1913 stimmten 105 Abgeordnete der SPD in namentlicher Abstimmung der „Deckungsvorlage" zu, erstmalig in ihrer Geschichte.[8] Auch Ledebour, Liebknecht, Stadthagen und andere Unterlegene fügten sich der Fraktionsdisziplin.[9]

Eine knappe Rückblende auf bereits Erwähntes mag hier für Anknüpfungspunkte nützlich sein: Am 13. 8. 1913 war in Passugg (Schweiz) August Bebel verstorben, nur einen Monat später trat zum dritten Mal in Jena nach 1905 und 1911 im „Volkshaus" der jährliche SPD-Parteitag zusammen, auf dem die Diskussion über den Dammbruch in Sachen Deckungsvorlage fortgesetzt werden sollte. Dieser Parteitag fand ohne die beiden Parteivorsitzenden statt. Neben dem verstorbenen Bebel fehlte auch Hugo Haase wegen einer Erkrankung. Friedrich Ebert wurde zum Nachfolger Bebels gewählt. Die politischen Entscheidungen wurden in Jena durch das Zusammengehen des alten „Zentrums" mit dem gemäßigten Flügel getragen. So wurde ein von Rosa Luxemburg eingebrachter und auch von Dittmann, Ledebour, Levi und Stadthagen unterstützter Antrag zur

5 Czitrich-Stahl, S. 573.

6 Manifest der Sozialdemokratischen Partei Deutschlands und der Sozialistischen Partei Frankreichs vom 1. März 1913 gegen die imperialistische Rüstungspolitik, in: Dokumente und Materialien 4, S. 445 ff.

7 Dieter Groh, Negative Integration und revolutionärer Attentismus. Die deutsche Sozialdemokratie am Vorabend des Ersten Weltkrieges, Frankfurt a. M. 1974, S. 395.

8 Vgl. Prot. PT SPD 1913, S. 169 ff.

9 Czitrich-Stahl, S. 577 ff.

Anwendung des Massenstreiks mit einer Mehrheit von 333 gegen 142 Stimmen abgelehnt, nachdem Scheidemann und Bauer dem Antrag widersprochen hatten.[10] Ebenso nachhaltig sollte sich die Niederlage der Radikalen in der Debatte um die Deckungsvorlage auswirken. Friedrich Geyer (1853–1937) setzte sich für die Beibehaltung des oppositionellen Kurses des „Diesem System keinen Mann und keinen Groschen" ein, doch Emmanuel Wurm (1857–1920), der sich von den Radikalen zu distanzieren begonnen hatte, legte eine andere Konzeption vor. Ihr zufolge sollte die Fraktion immer dann für direkte Steuern stimmen, wenn dadurch indirekte vermeidbar würden. Dies kam einer Legitimierung der Zustimmung zur Deckungsvorlage gleich. Rosa Luxemburg befürchtete, dass man „eine schiefe Ebene […], auf der es keinen Halt mehr gibt", betreten habe und argwöhnte, dass im Falle eines nicht mehr zu verhindernden Kriegsausbruchs die Fraktion „für die Bewilligung der Kriegskosten eintreten würde".[11] In der Debatte über die künftige Budgetpolitik der Fraktion standen auch Dittmann, Stadthagen und Ledebour auf der Seite der von Geyer bekräftigten Haltung in der Budgetfrage. Der Parteitag nahm die „Resolution Wurm" mit 336 gegen 140 Stimmen an. Zur Minderheit gehörten neben Ledebour noch Stadthagen, Dittmann, Hoch, Vogtherr und Zubeil.[12] Da die Mehrheitsverhältnisse hier ähnlich ausfielen wie bei der Abstimmung über Rosa Luxemburgs Massenstreikresolution, gab dies einen eindeutigen Einblick in die Mehrheitsverhältnisse in der SPD, in der die „Radikalen" nun in die Oppositionsrolle verwiesen waren.

Eine Chance, die Position der „Radikalen" zu stärken, ergab sich für Ledebour bei der durch Bebels Tod notwendig gewordenen Neuwahl des zweiten Fraktionsvorsitzenden neben Hugo Haase – nominell war Hermann Molkenbuhr seit 1912 ein dritter Vorsitzender.[13] So schlug der linke Flügel Georg Ledebour vor, der seit einem halben Jahr schon dem Fraktionsvorstand angehörte. Philipp Scheidemann kandidierte für die andere Grundströmung, ohne selbst zur dezidierten Parteirechten zu gehören. Bei der ersten Abstimmung am 2.12.1913 erhielt er 49, Ledebour aber 50 Stimmen, doch hatte dieser es abgelehnt, für sich selbst zu stimmen und Josef Emmel gewählt, außerdem gab es zwei Stimmenenthaltungen. Auch die zweite Abstimmung ergab mit 48 zu 47 bei zwei Enthaltungen keine absolute Mehrheit, sodass die Wahl in Uneinigkeit über ein solches Ergebnis vertagt wurde. Auf der Fraktionssitzung am 10.12.1913 erhielt

10 Ebd., S. 580.

11 R.L., Rede auf dem Jenaer Parteitag, in: Dies., GW 3, S. 341.

12 Prot. PT SPD 1913, S. 515f.

13 Einleitung zu Reichstagsfraktion 1, S. CXIII, zur Abstimmung über Ledebours Kandidatur S. 306f.

Scheidemann nun mit drei Stimmen Vorsprung gegenüber Ledebour die absolute Mehrheit. Wilhelm Dittmann kommentierte zu Ledebour: „In seiner Überanständigkeit beging er auch noch die Torheit, statt einen weißen Zettel abzugeben, für Emmel zu stimmen und dadurch die Gesamtzahl der gültigen Stimmen um eine zu vermehren, wodurch er sich selber um die Mehrheit gebracht hatte. Wir machten ihm deshalb Vorwürfe, die er achselzuckend anerkannte und über sich ergehen ließ."[14] Das trifft zwar – auf Basis obiger Ziffern – rechnerisch so nicht zu, denn das Problem lag letztlich darin, die Enthaltungen sogar noch im zweiten Wahlgang zu berücksichtigen, und das sah nach einer Regie aus, die Zeit bis zur erneuten Abstimmung gegen die Wahl Ledebours zu nutzen. Was eine Fraktionsführung Haase-Ledebour – vielleicht hätte Molkenbuhr dann bald seinen Platz für den 14 Jahre jüngeren, rhetorisch mit Ledebour gleichrangigen Scheidemann frei gemacht und so Haase in eine zentristische Integrationsrolle gedrängt – bedeutet hätte, kann als reine Spekulation hier ebenso wie etwaige, kaum sehr wahrscheinliche „Zähmung" Ledebours durch solche hochrangige Verantwortung nicht weiter erörtert werden. Dass zwar Abspaltungen in der einen oder anderen Richtung zu erwarten waren, die komplette Spaltung in die zwei sozialdemokratischen Parteien SPD und USPD aber nicht historisch zwangsläufig war, zeigt insbesondere der Vergleich mit der österreichischen SDAP. Dieser gegenüber konnte die KPÖ bis zum Ende der Ersten Republik nie über einen Sektenstatus hinaus gelangen, ohne dass es dort umgekehrt Abwanderungen zu einer bürgerlichen Mitte hin gab.[15]

Am 28.6.1914 erschoss der bosnisch-serbische Nationalist Gavrilo Princip in Sarajevo das österreichische Thronfolgerpaar Franz Ferdinand und Sophie. Zwischen Berlin und Wien entwickelten sich lebhafte diplomatische und militärpolitische Erörterungen, wie man gegen Serbien, dem man die Verantwortung für das Attentat anlastete, vorgehen solle. Die gespannte Lage kam der Reichsleitung und den Militärs sowie dem Monarchen sehr gelegen, die Forderung lautete, „die serbische Frage radikal zu lösen, von der *nationalen* Öffentlichkeit durfte man erwarten, dass sie die Forderung nach *Satisfaktion* so unterstützen würde, wie das der zeitgenössischen Duellmentalität entsprach".[16] Dass es hierdurch zu

14 Dittmann, Erinnerungen 1, S. 227. Vgl. Erläuterungen in ebd., Erinnerungen 3, S. 1083, Fn. 125.

15 Gegenargumente wären aber z. B., dass in Österreich das Parlament weithin ausgeschaltet war und so der SDAP-Fraktion die Abstimmung über Kriegskredite erspart blieb. Überhaupt ähnelten die Verhältnisse dort – auch mit eher noch einem Primat der Partei über die im Deutschen Reich stärkeren und besonders integrationsbereiten Gewerkschaften – noch mehr der mittleren Ära Bebel vor der Jahrhundertwende.

16 Winkler, S. 330.

einem großen Krieg kommen würde, in dem die konträren Bündnisstrukturen zum Tragen kämen, wurde nicht schlafwandlerisch ignoriert, sondern billigend in Kauf genommen. Die „Julikrise" nahm ihren Lauf, und am 6. 7. 1914 erteilte die deutsche Reichsführung der österreichischen Regierung jenen „Blankoscheck", in dem sie ihre Bündnisverpflichtungen uneingeschränkt bekräftigte und Wien somit zum militärischen Vorgehen ermutigte. Die österreichische Regierung stellte der serbischen Regierung ein auf 48 Stunden befristetes Ultimatum mit weitreichenden Forderungen. Sie forderte die völlige Einstellung aller gegen die Habsburgermonarchie gerichteten Propaganda, vor allem die eigene Beteiligung an Maßnahmen zur Niederschlagung der antihabsburgischen Bewegungen und an der Untersuchung des Attentats. Die serbische Regierung reagierte am 25. 7. diplomatisch recht geschickt und lehnte lediglich aus Souveränitätsgründen die Beteiligung Wiens an den gerichtlichen Untersuchungen ab.[17] Noch am 28. 7. brach Wien die diplomatischen Beziehungen ab und erklärte Serbien den Krieg.

2. Das Drama des 4. August – vergeblicher Widerstand auf der Straße und in der Fraktion

In dieser dramatischen Lage veröffentlichte der Parteivorstand der SPD am 25. 7. 1914 einen Aufruf zu Massenversammlungen für den Frieden. Darin verurteilte er scharf und ausdrücklich die Kriegsprovokation Österreich-Ungarns gegen Serbien und forderte die Reichsregierung auf, mäßigend auf die Regierung in Wien einzuwirken. „Kein Blut eines deutschen Soldaten darf dem Machtkitzel der österreichischen Gewalthaber, den imperialistischen Profitinteressen geopfert werden." Der Parteivorstand rief die deutsche Arbeiterklasse auf, „sofort in Massenveranstaltungen den unerschütterlichen Friedenswillen des klassenbewussten Proletariats zum Ausdruck zu bringen. Eine ernste Stunde ist gekommen, ernster als irgendeine der letzten Jahrzehnte. Gefahr ist im Verzuge! Der Weltkrieg droht! Die herrschenden Klassen, die euch im Frieden knebeln, verachten, ausnutzen, wollen euch als Kanonenfutter missbrauchen. Überall muss den Gewalthabern in die Ohren klingen: Wir wollen keinen Krieg! Nieder mit dem Kriege! Hoch die internationale Arbeiterverbrüderung!"[18] Die deutsche Arbeiterbewegung, so schien es, war bereit, den Kampf gegen den Krieg entschlossen aufzunehmen. Allein in der Hauptstadt fanden am 28. 7. exakt 32 Antikriegskundgebungen mit rund 30 000 Teilnehmern statt, für das gesamte Reich

17 Ebd., S. 331.

18 Aufruf des Vorstandes der SPD, 25. 7. 1914, in: Dokumente und Materialien 4, S. 492 f.

schwankten die Schätzungen zwischen einer halben Million und – wohl übertrieben formuliert – „Millionen von Versammlungsteilnehmern".[19] In Ledebours Wahlkreis traf man sich in den „Germaniasälen", im „Kastanienwäldchen" in der Badstraße, in den „Pharussälen" und im „Moabiter Gesellschaftshaus". Aus vielen der Versammlungslokale strömten die Menschen in Richtung Innenstadt und Schloss, um ihren Friedenswillen zu bekunden. „Die Massen vor den Pharussälen strömten die Müllerstraße entlang nach dem Stadtinnern", hieß es im „Vorwärts". Als die Polizei Straßensperren einrichtete, nahmen die Demonstrierenden aus dem Wedding Umwege in Kauf und marschierten weiter in Richtung Innenstadt.[20]

Am 29.7.1914 unternahm die internationale Arbeiterbewegung einen letzten Versuch des Eingreifens. In Brüssel trat „das internationale sozialistische Büro zusammen, um von den Vertretern aller durch den Weltkrieg bedrohten Nationen Erklärungen über die politische Lage in ihren Ländern entgegenzunehmen. In einem einstimmig gefassten Beschluss forderte es die Proletarier aller beteiligten Nationen auf, die Kundgebungen für den Frieden nicht nur fortzusetzen, sondern zu verstärken."[21] Die anschließende Friedenskundgebung in Brüssel bedeutete den letzten Versuch der Arbeiterbewegung, in die Speichen des Rades der Geschichte zu greifen. Die SPD wurde durch Hugo Haase und Karl Kautsky vertreten, Rosa Luxemburg nahm als Vertreterin der polnischen Sozialisten teil. Haase und Jean Jaurès hofften, durch massive Friedenskundgebungen am 9.8. den verhängnisvollen Gang der Ereignisse noch beeinflussen zu können.[22]

Unterdessen nahm die Regierung Kontakt zur SPD-Spitze auf. Haase wurde am 29. zu einem vertraulichen Gespräch mit dem Reichskanzler eingeladen, befand sich aber in Brüssel. Auch an Ebert, Molkenbuhr und Scheidemann hatte sich die Reichsleitung vergeblich gewandt, sie waren nicht in Berlin. So traf am 29.7. der zum rechten Parteiflügel zählende Albert Südekum mit Bethmann Hollweg zu einer Unterredung zusammen, in der Südekum dem Reichskanzler versicherte, dass seitens der SPD „gerade aus dem Wunsch heraus, dem Frieden zu dienen, keine Streik- oder Sabotageaktionen zu erwarten seien".[23] Südekum nahm den Eindruck mit in die Fraktion, dass Bethmann Hollweg „in der Tat guten Willens sei und sein Bestes zur Erhaltung des Friedens tue".[24] Damit ging

19 Vgl. Miller, S. 40; Rev. Berl. Arbeiterbewegung 1, S. 559; Severing, S. 196.

20 Vw, 29.7.1914, S. 2.

21 Prager, S. 17.

22 Seils, S. 452.

23 Vgl. Bloch (Hg.), S. 64.

24 Ebd., S. 65.

er eine schwerwiegende Verpflichtung ein, denn diese Zusage galt es nun in der Fraktion durchzusetzen, von deren Mitgliedern zahlreiche am Vortag noch auf Friedenskundgebungen gesprochen hatten. Doch bestand der „Deal" aus folgenden Elementen: „Keine Verhaftung führender Sozialdemokraten gegen Änderung der Presseveröffentlichungen, keine Warnung vor dem Krieg in der bisherigen Form, keine Aufforderung zu Straßenaktionen mehr."[25] Noch am 30. berichtete der „Vorwärts" über Zusammenstöße der Friedensdemonstranten mit der Polizei, von Friedensaktionen im Ausland und über diplomatische Entwicklungen. Er rief die betroffenen Regierungen dazu auf, den Frieden zu retten und schloss seinen Appell mit der Mahnung: „Schon ist es die allerletzte Stunde!"[26] Doch am gleichen Tag berichtete Bethmann Hollweg dem Kabinett, es sei „von der Sozialdemokratie und dem sozialdemokratischen Parteivorstand [...] nichts Besonderes zu befürchten".[27] Dass nämlich die Sozialdemokratie in ihrer Spitze auch von Ratlosigkeit geplagt wurde, konnte man der Rede Arthur Stadthagens am 28.7. entnehmen, denn die Handlungsempfehlung des ansonsten immer auf Aktivitäten Drängenden blieb vage, genaue Aufforderungen wie den Aufruf zum Massenstreik unterließ er.[28]

Am 30. tagte der Parteivorstand zunächst ohne Friedrich Ebert und Otto Braun, die in die Schweiz gereist waren, um Teile der Parteifinanzen in Sicherheit zu bringen. Haase kam gerade aus Brüssel zurück, parallel dazu hatte Russland die Teilmobilmachung angeordnet. Die deutsche Regierung antwortete mit der Erklärung des „drohenden Kriegszustandes". Haase wandte sich gegen einen Artikelentwurf Friedrich Stampfers, in dem dieser pathetisch die Landesverteidigung bejaht und eine mögliche Zustimmung zu den Kriegskrediten, den Schulterschluss mit der Reichsleitung angedeutet hatte.[29] Für den 31. wurde eine gemeinsame Sitzung von Partei- und Fraktionsvorstand anberaumt. Aufrufe zu weiteren Protestveranstaltungen unterblieben nun, der Widerstand gegen den Krieg begann zu zerfallen. Am 31.7. traten die beiden Spitzengremien der SPD zusammen. Anwesend waren neben Haase, Scheidemann, Molkenbuhr, Richard Fischer, Eduard David, Hermann Müller, Wilhelm Pfannkuch und Otto Wels u.a. noch Luise Zietz und Georg Ledebour.[30] In der von Haase konkret

25 Seils, S. 457.

26 Vw, 30.7.1914, S. 1f.

27 Zit. n. Miller, S. 43.

28 Czitrich-Stahl, S. 592.

29 Seils, S. 458; auch Philipp Scheidemann, Memoiren eines Sozialdemokraten, Band 1, S. 195ff. Zu Friedrich Stampfer vgl. Detlef Lehnert, Friedrich Stampfer 1874–1957. Sozialdemokratischer Publizist und Politiker, Berlin 2022.

30 Kriegstagebuch David, S. 3.

aufgeworfenen Frage der Haltung zu den Kriegskrediten zeichnete sich ein Dissens ab. Haase riet zu deren Ablehnung, David sprach sich für Annahme aus, Scheidemann, Molkenbuhr und R. Fischer rieten von einer Ablehnung ab. Ledebour „steht auf Haases Standpunkt, scheint aber noch zu schwanken", meinte David einschätzen zu müssen.[31] Scheidemann hingegen beschrieb es eindeutiger, er sah, dass „Haase und Ledebour Stimmung zu machen suchten für die Ablehnung der Kriegskredite".[32] Der am 30. beschlossene und am 31. im „Vorwärts" veröffentlichte Aufruf des Vorstands enthielt sich jeder konkreten Handlungsanweisung und riet von Einzelaktionen ab: „Unbesonnenheiten, nutzlose und falsch verstandene Opfer schaden in diesem Augenblick nicht nur dem Einzelnen, sondern unserer Sache."[33] Hermann Müller wurde nach Paris entsandt, um Rücksprache mit den französischen Sozialisten zu halten.[34] Der Rückzug der SPD-Spitzengremien von konkreten Widerstandsmaßnahmen vollzog sich in einem Umfeld, in dem der Druck in Richtung einer deutschen Kriegsteilnahme forciert wurde. Schon am 30. hatte der „Berliner Lokal-Anzeiger" in einem Extrablatt die allgemeine Mobilmachung verkündet, was die Reichsleitung umgehend dementierte, aber die Spannung in der Bevölkerung wurde dadurch geschürt.[35]

Am 1. 8. schließlich wurde die Mobilmachung verkündet. Das Deutsche Reich hatte Russland den Krieg erklärt. Die Nachricht platzte mitten in ein Treffen von Fraktionsmitgliedern, die zur Bewilligung der Kriegskredite bereit waren.[36] Die Nachricht, dass in Paris Jean Jaurès am 31. 7. von einem Attentäter erschossen wurde, traf im Laufe des Tages ein. Für den 2. 8. war eine Sitzung des Fraktionsvorstandes angesetzt. Hugo Haase plädierte erneut für eine Ablehnung der Kriegskredite, Georg Ledebour ebenso. Die Mehrheit, unterstützt von Otto Wels und Wilhelm Pfannkuch, stimmte mit vier gegen zwei Stimmen (Haase, Ledebour) dafür, der Fraktion die Zustimmung vorzuschlagen. Die weitere Sitzung wurde auf den Abend vertagt. Die Mehrheit reichte ihren Entwurf ein, dessen Grundlage von Südekum verfasst wurde, Ledebour verlas als Position der Minderheit seinen Entwurf, „der eine äußerst scharfe Ablehnung darstellt: eine Zustimmung würde den Namen Jaurès schänden".[37] Die Mehrheit indes schien besser auf die politische Entscheidungssituation vorbereitet zu sein, denn sie

31 Ebd., S. 4.

32 Scheidemann, Memoiren 1, S. 201.

33 Zit. n. Seils, S. 459.

34 Scheidemann, Memoiren 1, S. 201.

35 Dittmann, Erinnerungen 2, S. 238.

36 Kriegstagebuch David, S. 5. Er zählte außer sich selbst noch Albert Südekum, Paul Göhre, Eduard Bernstein, Georg Schöpflin, Wolfgang Heine und Robert Schmidt auf.

37 Kriegstagebuch David, S. 7.

hatte sich vorher auf ein gemeinsames Papier verständigt, wohingegen Haase und Ledebour kein gemeinsames Statement erarbeitet hatten, nicht einmal für die entscheidende Sitzung der Fraktion am Folgetag.[38] Der „Westfälische Merkur" aus Münster erörterte am 3.8. die Ungewissheiten über das Verhalten der Fraktion und prognostizierte, dass ein großer Teil dafür stimmen würde. Die Frage sei, ob „aber alle Radikalen mit Einschluss Stadthagens, Liebknechts und Ledebours sich den gleichen Entschluss abringen werden" oder ob sie dem Drängen der Berliner, Leipziger und Bremer Radikalen nachgäben?[39]

Die Fraktionssitzung begann am 3.8.1914 um 11 Uhr. Haase unterrichtete die Anwesenden über eine Unterredung im preußischen Innenministerium. Südekum berichtete über sein Gespräch mit Bethmann Hollweg. Die Regierung habe ernsthaft den Frieden gewollt und die Friedenskundgebungen der SPD daher begrüßt. Die Sitzung muss unter sehr dramatischen Bedingungen verlaufen sein, denn „die Nerven lagen blank, Scheidemann und David hatten nachts vorher kaum geschlafen, andere wahrscheinlich auch nicht. Fischer wurde von Weinkrämpfen geschüttelt, man schrie sich gegenseitig an."[40] Die Zusammenkunft wurde unterbrochen und auf 15.30 Uhr vertagt, weil Haase und Scheidemann sowie die Vorsitzenden der anderen Parteien vom Reichskanzler eingeladen waren. Bei der anschließenden Fortsetzung der Fraktionssitzung waren Karl Kautsky und für den „Vorwärts" Heinrich Ströbel sowie mehrere Parteivorstandsmitglieder anwesend.[41] Die gegensätzlichen Meinungen prallten heftig aufeinander. Eduard David berief sich bei seiner Befürwortung der Kriegskredite auf das Prinzip der Landesverteidigung, das schon Lassalle und Bebel bejaht hätten: „Insbesondere berief er sich auf Bebels sogenannte Flintenrede aus dem Jahre 1904, in der er gesagt hatte, gegen Russland werde er noch als alter Kerl die Flinte auf den Rücken nehmen."[42]

Tatsächlich hatten sich Scheidemann und Haase zwischenzeitlich bei dem Gespräch der Parteispitzen mit dem Reichskanzler die Zustimmung abringen lassen, dass der Reichstagspräsident am 4.8. nach der Kanzlerrede um einen einstimmigen Beschluss für die Bewilligung der Kriegskredite werben solle.[43] Dies lässt darauf schließen, dass zumindest bei Haase schon feststand, dass deren Ablehnung durch die Fraktion nicht mehr realistisch sei. In der Sitzung selbst

38 Miller, S. 56f.
39 Westfälischer Merkur, 3.8.1914, S. 3.
40 Seils, S. 468.
41 Kriegstagebuch David, S. 7.
42 Seils, S. 468.
43 Miller, S. 58.

sprach er gegen die Zustimmung, Ledebour hob hervor, dass es sich um einen imperialistischen Krieg handele und daher jede Unterstützung abzulehnen sei.[44] Außer Ledebour und Haase waren es Karl Liebknecht, Paul Lensch und Joseph Herzfeld, die die Bewilligung ablehnten, andere Linke wie Gustav Hoch und Arthur Stadthagen waren bedingt für eine Annahme, für die sich vor allem Ludwig Frank, Hermann Molkenbuhr und Richard Fischer einsetzten.[45] Ledebour warf Eduard David vor, eine „Kriegervereinsrede gehalten" zu haben.[46] Er schien erwartet zu haben, dass Hermann Müller aus Paris die Nachricht mitbringen würde, dass die Sozialisten Frankreichs dessen Kriegsfinanzierung ablehnen würden, denn er war „wie elektrisiert", als Hermann Müller seinen Bericht hielt, aber dann wohl sehr enttäuscht, als er erfuhr, dass in Frankreich das Deutsche Reich als hauptschuldig für den Kriegsausbruch angesehen würde.[47] Ströbel nannte den sich anbahnenden Zustimmungsbeschluss einen „Verrat an der Internationale".[48]

Die Beschlussvorlage sollte von einer Kommission aus Eduard David, Ludwig Frank, Gustav Hoch, Karl Kautsky und Otto Wels vorbereitet werden, Ledebour war vorgeschlagen worden, hatte jedoch abgesagt.[49] Anzunehmen ist, dass er keinen Wortlaut vorbereiten wollte, den er nachher ohnehin abgelehnt hätte. Weder Davids „Kriegervereinsrede" noch Haases Ausführungen waren als erklärungstauglich angesehen worden.[50] Es folgte die Abstimmung der Fraktion zur Bewilligung der Kriegskredite. Von den anwesenden Abgeordneten stimmten 78 dafür, 14 dagegen. Das war eine niederschmetternde Niederlage des radikalen Flügels der Fraktion, weil auch mehrere radikale Mitglieder mit Ja stimmten, andere, wie Stadthagen, sich enthielten. Zu den 14 Unterlegenen gehörten Wilhelm Bock, Friedrich Geyer, Hugo Haase, Joseph Herzfeld, Alfred Henke, Fritz Kunert, Paul Lensch, Georg Ledebour, Karl Liebknecht, Otto Rühle und Ewald Vogtherr.[51] Einen weiteren Dammbruch beschloss die Fraktion: Beim „Kaiserhoch", vor dem die sozialdemokratische Fraktion stets

44 Seils, S. 468 f.

45 Vgl. Kriegstagebuch David, S. 8; Dittmann, Erinnerungen 3, S. 1441 (Brief Wolfgang Heine an Georg v. Vollmar, 4. 8. 1914).

46 Seils, S. 468.

47 Kriegstagebuch David, S. 8; Scheidemann, Memoiren 1, S. 204 f.

48 Wieland, S. 64.

49 Kriegstagebuch David, S. 9; Dittmann, Erinnerungen 3, S. 1441.

50 Miller, S. 59.

51 Kriegstagebuch David, S. 9. Unterschiedliche Nennungen gibt es bei Dittmann, Erinnerungen 2, S. 243, und Liebknecht, Klassenkampf, S. 15. Dies betrifft Otto Antrick, Jacques Peirotes, Karl Wilhelm Stolle, Adolf Albrecht und Georg Horn.

geschlossen den Sitzungssaal verlassen hatte, wollte man nun sitzenbleiben und dann aufstehen.[52]

Am Morgen des 4.8.1914 traf sich die Formulierungskommission. Der Entwurf Eduard Davids wurde zur Grundlage der Erklärung gemacht, Gustav Hoch und Karl Kautsky hatten das Nachsehen. Als sich um 10 Uhr die Gesamtfraktion traf, entbrannte aufs Neue eine heftige Auseinandersetzung. Stadthagen und Liebknecht versuchten, Änderungen der Erklärung durchzusetzen, jedoch nicht mit großem Erfolg.[53] Die Gegenwehr der Opposition ließ kaum Zugeständnisse zu. Die Totalität der Niederlage der Minderheit wird daran deutlich, dass Haase bedrängt wurde, als Fraktionsvorsitzender die Erklärung im Reichstag abzugeben, gegen die besonders er, Ledebour und Liebknecht in der Fraktion aufgetreten waren. Dass die Abläufe gewisse Züge kollektiver Hysterie, psychologischer Depression oder nationaler Hochspannung trugen, war vermutlich auch eine Folge des ungeheuren Drucks, der auf den Repräsentanten der Partei wirkte. Die Furcht vor der Verhaftung, vor dem Verlust der erlangten Lebenssicherheit, vor der Illegalisierung der Partei führte zu einer ungeheuren Erregung und Überangespanntheit. Manche, wie Ludwig Frank, zeigten sich offen für die Kriegsbegeisterung, Frank sollte das schnell an der Front mit dem Leben bezahlen.[54] Andere, wie Haase oder Ledebour, verweigerten sich dem Anschluss an des Kaisers Aufruf zu nationaler Geschlossenheit und konnten zumindest einen Kern ihrer Überzeugungen aufrecht erhalten. Der Fraktionsdisziplin jedoch verweigerten auch sie sich nicht.[55] Im Übrigen galt nach außen hin Stillschweigen. Dies galt auch für Fritz Zubeil, der den Wahlkreis Teltow-Beeskow-Storkow-Charlottenburg vertrat. Noch am Abend des 3.8. traf er mit Rosa Luxemburg zusammen und schwieg zur alles entscheidenden Frage. Rosa Luxemburg befürchtete daraufhin das Schlimmste, dachte aber noch nicht an eine Zustimmung der Fraktion zur Bewilligung.[56]

Um 15 Uhr begann die schicksalsträchtige Reichstagssitzung. Die SPD-Fraktion begann sich einzureihen in den Schulterschluss des Parlaments mit der Reichsleitung: Beifall für die Kanzlerrede, teilweises Aufstehen bei dessen Appell an die Einigkeit der Nation. Nach einer Unterbrechung folgte die Schlusssitzung, in der Haase am Ende des Statements, das auch die Vorbehalte und

52 Seils, S. 469.

53 Kriegstagebuch David, S. 10f.; Czitrich-Stahl, S. 597ff.

54 Ludwig Frank, geb. 1874, Abgeordneter im badischen Landtag und seit 1907 Reichstagsabgeordneter, wurde am 3.9.1914 an der Front in Lothringen getötet, nachdem er sich freiwillig zum Kriegsdienst gemeldet hatte.

55 Ratz, S. 152; Seils, S. 471.

56 Piper, S. 460f.

Kritikpunkte am Krieg durchaus benannte, die entscheidenden Worte sprach: „Wir lassen in der Stunde der Gefahr das Vaterland nicht im Stich." Zum Schluss, nach einem Hinweis auf die Grausamkeit des Krieges, die Notwendigkeit des Völkerfriedens und das Ideal des Sozialismus, benannte er den Beschluss der SPD-Fraktion: „Von diesen Grundsätzen geleitet, bewilligen wir die geforderten Kredite."[57] Nur zwei Mitglieder der Fraktion entzogen sich dennoch dem Votum: Josef Simon und Fritz Kunert scherten aus der Fraktionsdisziplin aus. „Für alle übrigen, auch Haase, Karl Liebknecht und Ledebour, die stärksten Kritiker der Kreditbewilligung, galt das in der SPD-Fraktion unumstößliche Prinzip der Fraktionsdisziplin."[58] Womöglich verhielten sie sich nicht so wie Kunert und Simon, weil ihr Fernbleiben sicher aufgefallen und doch als politische Demonstration gewertet worden wäre.[59] Von Ledebour heißt es dennoch, dass er „hinter uns Gift spie", als sich nach Bethmann Hollwegs Rede ein Teil der Fraktion erhob.[60]

Andere wie Eduard David labten sich am Beifall der anderen Parteien, der Regierung und der Tribünen. Er schrieb in sein Tagebuch, dass ihm dies unvergessen sei und er die Reaktionen als „uns dargebrachte Ovation" empfand.[61] Die Politik des „Burgfriedens" mit der Reichsleitung war geboren. Am selben Tag meldete die „Volkswacht" aus Freiburg i. Breisgau, dass gegen Rosa Luxemburg, Wilhelm Düwell, Georg Ledebour und Kurt Rosenfeld wegen der Massenstreikresolution auf der Groß-Berliner Generalversammlung der SPD von der Staatsanwaltschaft Anklage erhoben worden sei.[62] Die Angeklagten reichten den Antrag auf Aussetzung des Verfahrens ein, da Rosenfeld zur Landwehr einbestellt worden war.[63] Dem Antrag wurde im Rahmen der von der Regierung ausgesprochenen Amnestie stattgegeben, wie die „Volkswacht" aus Bielefeld am 21.8.1914 meldete.[64]

Die unerwartete Zustimmung zur Bewilligung der Kriegskredite löste eine schwere Krise aus und traf einige ihrer Kritiker in Mark und Bein. Rosa Luxemburg und Clara Zetkin dachten kurzfristig an Selbstmord. Doch ihre kurzfristige Depression wich schnell, angeregt durch ihre Freundeskreise, dem Willen zum Widerstand.[65] Sieben linke Sozialdemokraten trafen sich in Rosa Luxemburgs

57 Seils, S. 476f.

58 Ebd., S. 477.

59 Miller, S. 67.

60 Friedrich Ebert, zit. n. Kruse, S. 154.

61 Kriegstagebuch David, S. 12.

62 Volkswacht (Freiburg i. Breisgau/VWF), 4.8.1914, S. 3.

63 NAZ, 5.8.1914, S. 7.

64 VWB, 21.8.1914, S. 6.

65 Piper, S. 461.

Wohnung in Berlin-Südende, um die Lage zu erörtern und Handlungsoptionen zu entwickeln. Hermann Duncker, Hugo Eberlein, Julian Marchlewski, Franz Mehring, Ernst Meyer und Wilhelm Pieck kamen überein, die SPD nicht zu verlassen, sondern den Kampf gegen den Krieg in der Partei weiterzuführen. Die Idee, hierzu eine Konferenz Oppositioneller in Berlin zu organisieren, wurde per Telegramm an über 300 bekannte Linke gesendet[66], darunter sicher auch an Ledebour. Doch die meisten reagierten nicht, nur Clara Zetkin stimmte zu. Es dominierte häufig eine kritisch-abwartende Stimmung, wie Wilhelm Dittmann sich erinnerte, aber die Wogen tosten zwischen Enttäuschung über das Abstimmungsverhalten und strikter Ablehnung bis hin zu großer Zustimmung.[67] So begannen sich erste Spaltungslinien abzuzeichnen. Schon am 13.8. sprach sich Georg Schöpflin gegenüber Eduard David für Haases Absetzung als Fraktionsvorsitzender aus, David stimmte ihm zu.[68] Robert Schmidt, der gewerkschaftsnahe Berliner Abgeordnete, redete am 15.8. bei einer Zusammenkunft Eduard Davids mit befreundeten Genossen des rechten Flügels Klartext. Er zeigte sich entschlossen, „für den Fall, dass die radikalen Doktrinäre versuchen, die Partei wieder zu separieren und den alten Faden weiterzuspinnen, den Schnitt zu machen".[69]

3. Von der Fraktionsminderheit zur Spaltung der Fraktion (August 1914 – März 1916)

3.1. Der schwierige Weg in die Fraktionsopposition

Schon kurz darauf zeigte sich die Kehrseite dieser Wende: „Da die Entscheidung der Reichstagsfraktion in krassem Widerspruch zu der von der Partei noch kurz zuvor betriebenen Antikriegspropaganda stand, waren die meisten Genossen wie vor den Kopf geschlagen. Viele mussten bei Kriegsausbruch sofort zur Armee, andere gerieten in den systematisch erzeugten und auch in der Parteipresse propagierten hurrapatriotischen Sog", schilderte Max Seydewitz die unterschiedlichen Wahrnehmungen in der SPD.[70] So wurden Tendenzen der Auseinanderentwicklung gefördert. Am 30.8.1914 kam es zu einem Versuch Liebknechts,

66 Ebd. Diese Aktion kann als die Basisinitiative gewertet werden, aus der die „Gruppe Internationale" entstand, s. Piper, S. 462.

67 Dittmann, Erinnerungen 2, S. 253; Kriegstagebuch David, S. 13 f.

68 Kriegstagebuch David, S. 16.

69 Ebd., S. 17.

70 Seydewitz, S. 51; Osterroth/Schuster 1, S. 139: „Bei Kriegsausbruch wird die Hälfte der SPD-Mitglieder, bis 1917 75 % zum Militär eingezogen."

den Kontakt zu Rosa Luxemburg, Paul Lensch und Georg Ledebour herzustellen, nachdem sein Vorhaben, den Groß-Berliner Zentralvorstand der SPD für die Durchführung von Protestveranstaltungen zu gewinnen, gescheitert war. Doch an diesem Abend waren Ledebour und Lensch schon von Rosa Luxemburg eingeladen worden, sodass Liebknecht hinzustieß. Lensch und Ledebour erschienen aber nicht. Liebknecht lud nun seinerseits für den 31.8. die beiden und Rosa Luxemburg zu sich ein, um gemeinsam zu beraten. Das Ergebnis war für Rosa Luxemburg und ihn ernüchternd: „Bei dieser Zusammenkunft zeigte sich Ledebour bereits sehr zurückhaltend und empfindlich. Meinen Vorschlag wegen der Versammlungen wies er energisch zurück; über meinen Antrag beim Berliner Parteivorstand war er ärgerlich.“[71] Ledebour war gegen Aktionen auf eigene Faust und ohne den Segen des zuständigen Vorstands.[72] Somit waren die Weichen für die spätere enge Kooperation von Rosa Luxemburg und Karl Liebknecht gestellt, aber auch jene für die in anderen Bahnen verlaufende Entwicklung der innerfraktionellen Opposition: Einerseits der Weg zur „Gruppe Internationale“, zur „Spartakusgruppe“ und zum „Spartakusbund“, schließlich zur Kommunistischen Partei Deutschlands (KPD), andererseits zu den „Dezembermännern“ von 1915, aus denen sich die „Sozialdemokratische Arbeitsgemeinschaft“ (SAG) und die Unabhängige Sozialdemokratische Partei Deutschlands (USPD) bilden sollten.

Die spätere „Gruppe Internationale“ begann sich bei einem Treffen am 11.9.1914 bei Clara Zetkin in Sillenbuch bei Stuttgart herauszubilden, an dem sie und ihr Sohn Kostja, Edwin Hoernle, Friedrich Westmeyer, Paul Levi, Rosa Luxemburg und der später gemäßigtere Arthur Crispien teilnahmen.[73] Auch in Berlin konstituierte sich eine Opposition, die von beiden marxistischen Strömungen getragen wurde.[74] Das oppositionelle Agieren zeitigte erste Früchte. „Mitte September wurde in Berliner Parteikreisen angenommen, dass die ‚*L-L-L*‘, d.h. Liebknecht – Luxemburg – Ledebour, bereits die Mehrheit der Berliner Vertrauensleute hinter sich haben.“[75] Wolfgang Heine, der dem rechten Flügel der Fraktion angehörte, stellte gar fest: „Unter der Hand […] entfalten Haase, Ledebour, die

71 Liebknecht, Reden und Schriften, Bd. IX., S. 277.

72 Piper, S. 464. Dennoch schrieb sie an Pieter Jelles Troelstra, dass die 14 Gegner der Bewilligung in Berlin „große Sympathien haben [sollen].“ Luxemburg an Pieter Jelles Troelstra, ca. 31.8.1914, in dies., GB 6, S. 201. Pieter Jelles Troelstra (1860–1930) war ein niederländischer Linkssozialist.

73 Laschitza, Im Lebensrausch, S. 470; Piper, S. 470.

74 Dittmann, Erinnerungen 2, S. 256.

75 Laschitza, Liebknechts, S. 249; LAB, Nr. 15989, Bl. 55: Aufruf „Für unsere Zahlabendleiter“, veröffentlicht im „Mitteilungsblatt des Verbandes sozialdemokratischer Wahlvereine Berlin und Umgegend“ (MBl), Nr. 6, September 1914.

Rosa Luxemb[urg], Dr. Duncker, Mehring und ein Teil der Redakteure des Vorwärts und eine Anzahl ähnlicher Geister eine intensive Wühlarbeit, um Stimmung zu machen gegen den Beschluss vom 4. August und gegen jede Änderung in der Haltung der Partei."[76] Doch dass niemand vor Desinformation geschützt war belegt eine Meldung der „Berliner Börsen-Zeitung", in der auf eine Richtigstellung des „Vorwärts" gegenüber der „Vossischen Zeitung" verwiesen wurde, die berichtet hatte, dass Ledebour, Haase und ausgerechnet Südekum eine Konferenz mit italienischen Genossen gehabt hätten und von jenen scharf zurückgewiesen worden seien. Der „Vorwärts" hatte entgegengehalten, dass niemand der Genannten Berlin bzw. Deutschland nach dem Ausbruch des Krieges verlassen habe.[77]

Das Wirken der Linken in der Berliner Partei, darunter neben Ledebour, Liebknecht und Luxemburg auch Arthur Stadthagen als Redakteur des „Vorwärts", begann allmählich Wirkung zu zeigen bzw. von anders motivierten Kriegskreditgegnern begleitet zu werden. Am 25.9. sagte sich Eduard Bernstein von der Mehrheit los. „Hätte er gewusst, dass der Krieg so grausam von unserer Seite geführt würde, so hätte er am 4. August gegen die Kredite gestimmt. Diese Mitteilung wird von L-L-L mit großem Beifall begrüßt."[78] Im Herbst 1914 erwiesen sich die Hoffnungen über die erfolgreiche Heimkehr der Soldaten auf ein „Weihnachten wieder zu Hause" als von der Kriegspropaganda erzeugte Illusionen. Ende 1914 waren bereits über 800 000 Tote, Verwundete und Vermisste auf deutscher Seite zu beklagen. In dieser Situation erhielt die Reichstagsfraktion am 5.11. die Nachricht der Regierung übermittelt, dass die nächsten Kriegskredite beantragt werden würden.[79] Als sich der Versuch der Mehrheit abzeichnete, diese Frage ähnlich schnell „durchzuziehen" wie im August 1914, erhob Karl Liebknecht Protest. Er versuchte, Mitstreiter für ein Separatvotum zu gewinnen, weil eine Stellungnahme gegen die Kriegskredite und gegen den Krieg nicht mehrheitsfähig sein würde. Am 28.11. hatte Ledebour einen Kreis von Oppositionellen in seine Wohnung eingeladen, darunter auch Liebknecht, Ewald Vogtherr, Joseph Herzfeld und Fritz Geyer. Doch man konnte sich nicht auf ein einheitliches öffentliches Vorgehen einigen.

Die Fraktion traf sich am 29.11. und tagte bis zum 2.12. Nachdem Scheidemann für und Haase gegen die erneute Bewilligung gesprochen hatten, entwickelte sich eine heftige Diskussion, auch mit persönlichen Angriffen gegen Haase.

76 Wolfgang Heine, zit. n. Laschitza, Liebknechts, S. 249.

77 BBZ, 5.9.1914, S. 4.

78 Kriegstagebuch David, S. 43.

79 Rev. Berl. Arbeiterbewegung 1, S. 572 ff.

Ledebour sekundierte ihm mit der Bemerkung: „Wenn hier wie in Frankreich der Feind im Land stehen würde, so wäre ich wie Vaillant für die Kredite, und wenn es sich um einen Befreiungskampf für die von Russland unterdrückten Völker handeln würde, so wäre ich auch dafür. Wie die Dinge aber tatsächlich stehen, bin ich gegen die Bewilligung der Kriegskredite."[80] Haase und Ledebour waren zuvor im Fraktionsvorstand dafür eingetreten, die in ihren Augen nicht verhinderbare erneute Zustimmung an die Bedingung zu knüpfen, dass die Regierung ausdrücklich den Verzicht auf Annexionen erklären würde.[81] Später stellte Gustav Hoch die Anträge, im Statement der Fraktion ausdrücklich anzumerken, dass erstens der Krieg das Volk unterdrücke, dass allein Freiheit der Menschheit diene und dass zweitens von neutralen Staaten wie der Schweiz angebotene Vermittlungs- und Friedensverhandlungen von der Regierung positiv aufgenommen werden müssten. Eduard David widersprach sofort, Ledebour unterstützte Hochs Anträge, die beide mehrheitlich abgelehnt wurden.[82] Danach wurde über die Frage der Bewilligung der zweiten Kriegskredite abgestimmt. Es votierten in der Abstimmung 82 Abgeordnete für und 17 gegen die Bewilligung. Nur langsam wuchs also die Zahl der Opponenten. Diese um drei Mitglieder angewachsene Minderheit rekrutierte sich aus 13 der 14 Opponenten vom 3. August – Paul Lensch hatte wohl schon die Seite gewechselt – sowie übereinstimmend um Josef Emmel und Arthur Stadthagen. Der dritte und vierte neue Opponent ist in der Erinnerungsliteratur umstritten.[83]

Keiner außer Liebknecht selbst zeigte sich aber bereit, der kriegskritischen Position auch in offener Abstimmung seine Stimme zu verleihen. Alfred Henke forderte, dass die Minderheit öffentlich im Reichstag ein Separatvotum abgeben und begründen dürfe. Diese Initiative aber wurde auf Anraten Haases und Molkenbuhrs wieder zurückgezogen, dann von Liebknecht aufgenommen, aber mehrheitlich abgelehnt.[84] Nur Bernstein stimmte ihm im Grundsatz zu.[85] Der 2.12.1914 fand deshalb Eingang in die Annalen der Arbeiterbewegung, weil Liebknecht seine angekündigte Ablehnungserklärung in der Plenarsitzung des Reichstags abgab. Weshalb verhielt sich der prinzipientreue Ledebour nicht wie Liebknecht, sondern richtete sich abermals nach der Fraktionsdisziplin? Hinter diesem scheinbaren Widerspruch standen wohl grundsätzliche wie auch

80 Zit. n. Dittmann, Erinnerungen 2, S. 259; vgl. Kruse, S. 208 f.

81 Miller, S. 94; vgl. auch Liebknecht, Klassenkampf, S. 35.

82 Dittmann, Erinnerungen 2, S. 261.

83 Vgl. Reichstagsfraktion 1, S. CXXXVIII; Liebknecht, Klassenkampf, S. 39; Dittmann, Erinnerungen 3, S. 1114; Miller, S. 93.

84 Prager, S. 42.

85 Laschitza, Liebknechts, S. 257 f.

taktische Überlegungen. Kautsky beispielsweise kalkulierte, dass die hurrapatriotischen Erwartungen auf ein Ende des Krieges bis Weihnachten sich schon jetzt als Wunschdenken zu erweisen begonnen hätten, und es angesichts der ersten Kriegsmüdigkeit an der Zeit wäre, die Bewilligung aus einer „Notstandssituation" heraus mit einer Friedensrede zu verbinden.[86] Haase wollte durch Änderungen der Erklärung verhindern, dass der gemäßigte Fraktionsflügel in einer Mehrheitserklärung kritiklos der Reichspolitik huldigte. Viele mit Liebknecht inhaltlich übereinstimmende Vertreter des „marxistischen Zentrums" wie Ledebour und Stadthagen wollten anscheinend insgesamt verhindern, dass jetzt schon, vor einer möglichen Veränderung der Kriegslage, die Partei als Ganze auseinanderbräche.[87] So blieb Liebknecht allein bei seinem mutigen Schritt. Dennoch brach er den Bann für weitere Opponenten. Vor allem begannen jene offenbar zu sehen, dass eine Spaltung der Fraktion und so auch der Partei zur realen Möglichkeit wurde. Haase jedenfalls drohte am 1.12. offen damit, nahm aber im letzten Moment Abstand von dieser Konsequenz.[88] Es galt immer noch das Prinzip, dass eine Verletzung des einheitlichen Auftretens der Partei dem größtmöglichen Frevel gleichkam. Liebknecht erntete nicht nur Rufe der Entrüstung aus den Reihen der bürgerlichen Parteien, sondern auch „von einigen rechtsstehenden Mitgliedern unserer Fraktion", wie sich Wilhelm Dittmann erinnerte.[89] Am 3.12.1914 bedauerte die Fraktion, d.h. ihre Vorstandsmehrheit, in einer Meldung im „Vorwärts" Liebknechts „Bruch der Disziplin, der die Fraktion noch beschäftigen wird, aufs tiefste".[90]

3.2. Ledebours Rücktritt aus dem Fraktionsvorstand (9.1.1915) und die Folgen

Nach der Plenumssitzung vom 2.12.1914 wurde der Reichstag auf drei Monate vertagt. Da aber in der Reichstagsfraktion einige Frage offengeblieben waren, forderten unabhängig voneinander Gustav Hoch, Wilhelm Dittmann und Georg Ledebour die Einberufung einer Fraktionssitzung. Ledebour hatte den Antrag am 9.12. gestellt. Doch sei dessen Behandlung aus nichtigen Gründen immer wieder hinausgeschoben worden, beklagte er. Als am 22.12. endlich über seinen Antrag im Fraktionsvorstand beraten wurde, habe dieser mit der Mehrheit

86 Dittmann, Erinnerungen 2, S. 259f.

87 Miller, S. 93f.

88 Kriegstagebuch David, S. 77; Miller, S. 94.

89 Dittmann, Erinnerungen 2, S. 268.

90 Ebd., S. 269.

von drei gegen zwei Stimmen (Haase, Ledebour) den Antrag abgelehnt. Inhaltlich war es ihm unter anderem um den „Fall Südekum" gegangen, der im Auftrag der Regierung ohne Wissen des Parteivorstands zwei Auslandsreisen unternommen hatte, um in Rumänien Petroleum zu beschaffen und in Frankreich vor französischen Kriegsgefangenen gegen Liebknecht zu agitieren.[91] Hinzu kam die Frage des Verhaltens von Liebknecht am 2. 12. 1914, deren Behandlung die Fraktion sich vorgenommen hatte.

Daraufhin erklärte Ledebour in seinem Zirkular am 9. 1. 1915 seinen sofortigen Rücktritt aus dem Fraktionsvorstand und begründete seinen Schritt mit der Ablehnung seines Antrags. Hierzu verfasste er eine mehrseitige Denkschrift.[92] Insbesondere warf er der Mehrheit um Ebert vor, den „Fall Südekum" als nicht in der Kompetenz der Fraktion liegend abgetan und damit dessen Behandlung verhindert zu haben. Ledebour betrachtete dieses Vorgehen als Teil einen langen Kette von Zerrüttungserscheinungen in der Fraktion, wollte die Mitverantwortung für diese Art von Geschäftsführung nicht länger mittragen und legte deshalb sein Amt im Fraktionsvorstand nieder, wie er in seinem Schreiben an Haase formulierte.[93] Außerdem warf er der Mehrheit im Vorstand eine „Verschleppungs- und Vertuschungstaktik" vor. Seine Vorwürfe gipfelten in der Bemerkung, dass die Weigerung des Fraktionsvorstandes, zwischen den seltenen Reichstagssitzungen in Kriegszeiten die Fraktion zusammenzurufen, damit diese vordringliche Parteifragen erörtern könne, ein Zeichen verstärkter Einflussnahme der Reichsregierung einerseits und der Generalkommission der Gewerkschaften andererseits sei.[94] Eduard David notierte in seinem „Kriegstagebuch" dazu: „Hoffentlich bleibt er bei seinem Rücktritt."[95] Darüber hinaus verlangte Ledebour abermals die Einberufung einer Fraktionssitzung und forderte seine Fraktionskollegen zur Unterstützung auf. Doch sein Rücktritt stieß nicht überall auf so viel „Verständnis" wie bei David. Dittmann bewertete Ledebours Schritt kritisch: „Das war zweifellos eine große Torheit, durch Ledebours hitziges Temperament hervorgerufen."[96] Dadurch verlor die Opposition

91 Ebd., S. 285.

92 Vgl. ders., Erinnerungen 3, S. 1121, Fn. 1. Die Denkschrift ist abgedruckt in: Reichstagsfraktion 2, S. 14ff.

93 Reichstagsfraktion 2, S, 15ff. Vgl. Dittmann, Erinnerungen 2, S. 277; Kriegstagebuch David, S. 96, Fn. 6 zum 12./13. 1. 1915.

94 Ratz, S. 154. Der Vorsitzende der Generalkommission der Gewerkschaften, Carl Legien, war gleichzeitig Reichstagsabgeordneter der SPD und Anhänger der Politik des „Burgfriedens" der SPD mit der Reichsleitung.

95 Kriegstagebuch David, S. 96.

96 Dittmann, Erinnerungen 2, S. 277.

einen ihrer erfahrensten und redebegabtesten Parlamentarier im Kampf für eine Abkehr von der Politik des „Burgfriedens". Es ist anzunehmen, dass er mit diesem Schritt den Widerspruch zwischen seinen politischen und inhaltlichen Prinzipien und der mit der Funktion verbundenen Verpflichtung, seiner Position entgegenstehende Beschlüsse umzusetzen, aufheben wollte. In jedem Fall markiert dieser Rücktritt einen Markstein auf seinem Weg zur Opposition in der Fraktion.

Unbemerkt blieb sein Schritt keineswegs, denn die „Berner Tagwacht" brachte eine Meldung über den Rücktritt, von Eduard David kommentiert: „Die internsten Dinge werden nun dort berichtet und vor der Welt ausgebreitet."[97] Ledebour griff daraufhin zum Mittel der Antwort im „Vorwärts", worin er am 31.1.1915 in einer Erklärung äußerte, dass die Veröffentlichung seines Rücktritts in der „Berner Tagwacht" ohne sein Wissen erfolgt und vermutlich auf die Weitergabe seines Zirkulars zurückzuführen sei. Gleichzeitig hob er hervor, dass die Öffentlichkeit das Recht habe, über die Gründe seines Schrittes informiert zu sein, was er am 2.2. in der Fraktion ausführen werde.[98] Die innerfraktionellen Nachwirkungen dieser Indiskretion reichten bis in den August 1915 hinein, als Wilhelm Keil den Antrag stellte, deren Urheber für eine ehrlose Handlung zu missbilligen. Ledebour widersprach Keil, da sich dieser Beschluss pauschal gegen die Opposition richte. In deutlich abgeschwächter Form erfolgte die Annahme des Antrags.[99] Auf jeden Fall dürfte das Zirkular über Clara Zetkin an Robert Grimm gelangt sein, sodass man annehmen kann, dass es über ein Mitglied des sich künftig „Gruppe Internationale" nennenden Netzwerkes um Luxemburg, Liebknecht und Mehring an sie gekommen war.[100]

Zu Ledebours Nachfolger wurde Gustav Hoch und damit wieder ein Vertreter des linken Flügels gewählt[101] – ein Zeichen, dass es für dessen Marginalisierung noch keine Mehrheit gab. Die eingeforderte Fraktionssitzung fand vom 2.–4.2.1915 statt und geriet aber zu einer Niederlage der Opposition. Gegen den Widerstand besonders von Stadthagen und Bernstein wurde das Abstimmungsverhalten Liebknechts am 2.12.1914 mit Mehrheit verurteilt, ein Ausschluss

97 Kriegstagebuch David, S. 100.

98 G.L., Erklärung, in: Vw, 31.1.1915, S. 9.

99 Dittmann, Erinnerungen 2, S. 338ff.

100 Clara Zetkin an Robert Grimm, 28.1.1915, in: Clara Zetkin. Die Briefe 1914–1933, Hg. Marga Voigt. Bd. 1: Die Kriegsbriefe (1914–1918), Berlin 2016, S. 108. Vgl. dort auch Zetkin an Heleen Ankersmit, 23.7.1915, S. 178f.

101 Prager, S. 52.

aus der Fraktion aber nicht vollzogen, obwohl Carl Legien ihn beantragt hatte. Dass sich längst eine mentale Spaltung innerhalb der Fraktion ergeben hatte, erschließt sich aus den Eintragungen Eduard Davids über seine Kontrahenten: „Haase, der ein unglaublich geriebener Jurist, Rabulist und Regisseur ist. Unsere Leute zum Teil gute Redner, aber nicht entfernt so gerieben wie die andere Seite. (Stadthagen, Emmel, Liebknecht, Ledebour, Hoch, alles mit allen Wassern gewaschene Demagogen und parlamentarische Fechter)."[102] Doch in der Behandlung der Causa Ledebour bestätigte sich der Zusammenhalt der Mehrheit. Ledebour wiederholte seine Kritikpunkte am Fraktionsvorstand bzw. dessen Mehrheit und wurde dabei von Fritz Zubeil unterstützt.[103] Für Legien und Ebert waren diese gegenstandslos, David bezeichnete sie als unglaublichen Vorstoß, „Anklageschrift" und als „verleumderische Schmähschrift eines politischen Querulanten".[104]

Überdies war es zu einer heftigen Kontroverse zwischen Legien und Ledebour gekommen, weil Ersterer auf Anregung des Kriegsministeriums die Einladung angenommen hatte, ein Kriegsgefangenenlager in Döberitz besuchen, was Ledebour in der zuständigen „freien Kommission" kritisiert hatte. Hier waren also zwei Mitglieder der SPD-Fraktion gegeneinander aufgetreten. Dittmann ergriff hier Partei für den gescholtenen Ledebour, der aber insgesamt von der Fraktionsmehrheit für seine Kritik am Fraktionsvorstand und an Legien abgestraft wurde. Mit 70 gegen 7 Stimmen wurden seine Vorwürfe als unbegründet erklärt, mit 47 gegen 36 Stimmen wurde sein Vorgehen auf das Schärfste verurteilt. Sein Antrag, die Pflichten des Fraktionsvorstandes zu formulieren, der damit zukünftig stärker demokratisch kontrollierbar wäre, wurde knapp mit 35 gegen 32 Stimmen abgelehnt.[105] Der nun fast 65-jährige Ledebour wurde durch diese gegen ihn verlaufene Sitzung endgültig in die Opposition gedrängt. Dies galt nicht allein politisch, sondern gewiss ähnlich stark mental: „Der Ankläger Ledebour wird zum Angeklagten [...] Eine furchtbare Blamage und Niederlage, die jeden anderen politisch töten würde", frohlockte Eduard David.[106] Doch bemühte er sich um eine Verbreitung der kriegskritischen und auf einen Friedensschluss drängenden Positionen auch in der Provinz.[107]

102 Kriegstagebuch David, S. 101.
103 Dittmann, Erinnerungen 2, S. 286.
104 Vgl. Kriegstagebuch David, S. 10; Dittmann, ebd.
105 Prager, S. 51 f.
106 Kriegstagebuch David, S. 100 f.
107 Vgl. Kruse, S. 213 f.

3.3. Von der internen Opposition zum „Gebot der Stunde“ (März – Juni 1915)

Die Tendenz der zunehmenden Fraktionsspaltung setzte sich in der Vorbereitung der Abstimmung über das Reichsbudget fort. Am 18. 3. 1915 beschloss die Mehrheit mit 77 gegen 25 Stimmen die Zustimmung zur Bewilligung von 10 Milliarden Mark, nachdem ein Versuch der Minderheit um Gustav Hoch, die Zustimmung auf den Betrag von 5 Mrd. M. zu begrenzen, gescheitert war.[108] Die Opposition wuchs also stetig an. Dies zeigte sich in der Auseinandersetzung noch klarer, wie die Abstimmung mit 69 gegen 30 Stimmen bei fünf nachträglichen Nein-Stimmen ergab.[109] Für die Abstimmung selbst kündigten Karl Liebknecht und Otto Rühle ihr Nein zur Kreditbewilligung an.

In der Reichstagssitzung am 20. 3. 1915 hielten mit Stadthagen und Ledebour zwei Vertreter der Minderheit Reden, zum Missfallen der Mehrheit. Stadthagen als Redakteur des „Vorwärts“ sprach die zahlreichen Maßnahmen der Zensur und sonstige Eingriffe der Regierungsbehörden gegen das Blatt an und ließ erkennen, wie distanziert er dem „Burgfrieden“ gegenüberstand, für David eine „taktlose eineinhalbstündige Rede“.[110] Ihm folgte Ledebour mit einer langen Rede „Gegen Ausnahmegesetze und Vergeltungspolitik“.[111] Äußerst kritisch setzte er sich beispielsweise mit den durch den Kriegszustand verhängten muttersprachlichen Einschränkungen für die Minderheiten in Deutschland und die Kriegspraxis in den Frontgebieten auseinander. Gottesdienste in Elsass-Lothringen durften demnach nur noch in deutscher Sprache abgehalten werden. Auch die in Deutschland lebenden Polen wurden durch den Krieg noch stärker in ihrer sprachlichen und kulturellen Kommunikation reglementiert. Ledebour ließ es sich nicht nehmen, den Nationalismus mit dessen eigenem Vokabular zu geißeln: „Meine Herren, Sie suchen immer nach Hochverrätern in Deutschland: die schlimmsten Hochverräter in Deutschland – das sind die Leute, die die französisch sprechende Bevölkerung in Elsass-Lothringen hineintreiben in die Arme der Franzosen! (*Lebhafte Zustimmung bei den Sozialdemokraten.*) Die

108 Dittmann, Erinnerungen 2, S. 306; Prager, S. 54.

109 Prager, S. 55.

110 Kriegstagebuch David, S. 113.

111 Beide Reden wurden im Laufe des Frühjahrs 1915 über Stadthagens Wahlkreisorganisation Niederbarnim innerhalb der oppositionellen Strukturen und Netzwerke vertrieben unter dem gemeinsamen Titel „Unter dem Belagerungszustand. Stenographischer Bericht über die Reden der Abgeordneten Stadthagen und Ledebour im Reichstage am 20. März 1915“.

schlimmsten Hochverräter sind die, die alles aufbieten, um die Polen geradezu hineinzutreiben in die Feindschaft gegen Deutschland, und ebenso die Dänen in die Feindschaft gegen Deutschland."[112] Ebenso griff er die Regierung an, die er in ihrem Umgang mit ethnischen Minderheiten mit der Praxis der Russifizierung im Zarenreich gleichsetzte, da sie große Teile des eigenen Staatsvolkes sprachlich vergewaltige. Indem er den Zarismus beschuldigte, sich auf dem Balkan als Befreier der Slawenvölker aufzuspielen, im eigenen Staatswesen aber der schlimmste Unterdrücker sei, attackierte er durch die Gleichsetzung die moralisch-politische Autorität der Reichsregierung massiv. Auch bezog er eine Vergeltungsdrohung der Heeresleitung gegen Russland in seine Philippika ein und provozierte damit die Konservativen.[113]

Das missfiel der Fraktionsmehrheit, für die Scheidemann erklärte, Ledebour habe nur zum Sprachenparagraphen für die Fraktion gesprochen, aber was er darüber hinaus gesagt habe, gelte nur für ihn allein.[114] Seine Erklärung erfolgte nach einer rechtfertigenden Bemerkung Ledebours.[115] Diese protokollarisch festgehaltene Einlassung markierte den Riss in der Fraktion, für deren Minderheit Stadthagen und Ledebour den „Burgfrieden" öffentlich aufzukündigen begonnen hatten. Auf der Seite der bürgerlichen Parteien habe es eine „Sturmszene bei seiner Kritik der Heeresleitung" gegeben, Liebknecht habe gar an deren Adresse „Barbarei!" zwischengerufen. „Die Rechte tobt. Das Haus ist in furchtbarem Aufruhr. Die Mehrheit der Fraktion ist in heller Entrüstung; drängt nach der Tribüne; Ebert ruft Ledebour zu: Sie sagen das nicht im Auftrag der Partei", beschrieb David das Szenario nach der Rede Ledebours.[116] Damit hatte Ledebour öffentlich und protokolltauglich die definitive Konfliktkonstellation innerhalb der Fraktion deutlich gemacht[117] und die Ansprüche der Opposition angemeldet, abweichende Positionen auch zu äußern. Ledebour selbst schrieb in einem Brief an Dittmann vom 30. 3. 1915: „In der gesamten bürgerlichen Presse, leider auch in einem Teil der sozialdemokr[atischen], bin ich wegen meiner Reichstagsrede vom 20. März mit einer Flut von Schmähungen und Verleumdungen überschüttet worden."[118]

Die Auseinandersetzung fand ihre Fortsetzung auf der zwischenzeitlichen Fraktionssitzung. Erneut sollte Ledebour zur Rede gestellt werden. Karl

112 Ebd., S. 23.
113 Ebd., S. 25; Dittmann, Erinnerungen 2, S. 310.
114 Ebd., S. 31.
115 KöZ, 21. 3. 1915-M-1, S. 1.
116 Kriegstagebuch David, S. 114.
117 Vgl. LTA, 21. 3. 1915, S. 11.
118 G. L., Brief an Wilhelm Dittmann, 30. 3. 1915, in: NL Dittmann.

Hildenbrand warf ihm vor, durch die „klobige Form" der Rede provoziert und die Stellung der Fraktion gefährdet zu haben. Ludwig Quessel gab an, jede Unmenschlichkeit zu verurteilen und widersprach Ledebour in der Sache der Vergeltungsmaßnahmen. Das Niederbrennen von Regierungsgebäuden sei im Krieg eine berechtigte Vergeltung. Stadthagen hingegen unterstützte Ledebour, denn nicht um Regierungsgebäude ginge es bei „Hindenburgs Ukas", sondern um das Niederbrennen von Dörfern. Ebert fragte, ob Ledebour ohne Weiteres berechtigt war, so zu sprechen, denn sein vehementes und attackierendes Vorgehen hätte die Fraktionspolitik durchkreuzen können. Ledebour antwortete, dass das nicht seine Absicht gewesen sei, er habe sich von Menschlichkeit und politischer Klugheit leiten lassen. Die Fraktion beschloss abschließend, diesen Vorfall auf sich beruhen zu lassen.[119] Als danach der Reichstag zur Abstimmung zusammentrat, votierten Liebknecht und Rühle offen gegen das Budget. Doch weitere 30 sozialdemokratische Abgeordnete, darunter Ledebour, verließen einer fraktionsinternen Vereinbarung gemäß den Plenarsaal, um ihrer Ablehnung keinen demonstrativen Charakter zu geben.[120]

In den folgenden Monaten formierte sich die „Gruppe Internationale" um Liebknecht, Luxemburg und Mehring immer stärker als politisch eigenständige Gruppierung innerhalb der Linken. Gleichzeitig trat die Fraktionsopposition mit einem Unterschriftenblatt gegen die „Burgfriedenspolitik" an die Parteiöffentlichkeit und forderte von Partei- und Fraktionsvorstand, „auf der ganzen Linie den Klassenkampf nach den Grundsätzen des Programms und der Parteibeschlüsse, den sozialistischen Kampf für den Frieden" zu eröffnen. Neben Liebknecht und Heinrich Ströbel waren wohl auch Ledebour, Mehring und Hermann Duncker an der Abfassung beteiligt. Der Kreisvorstand der Niederbarnimer SPD unterschrieb geschlossen als Gremium, viele Parteisekretäre und zwölf Reichstagsabgeordnete, darunter Liebknecht, Rühle, Ledebour und Stadthagen gehörten zu den Unterzeichnern.[121] Mit etwa 600 Unterschriften versehen fand es Verbreitung im ganzen Land und wurde sowohl von der „Gruppe Internationale" als auch von der „Gruppe Haase-Kautsky" unterstützt. In ihm warf die sich herausbildende marxistische und pazifistische Opposition der Fraktionsmehrheit vor, dem Kriegstaumel erlegen zu sein: „Die Mehrheit der Reichstagsfraktion wich jedem ernsthaften Kampf aus, selbst dem für die Koalitionsfreiheit, für die Wahlreform. Sie lehnte es ab, auch nur die Aufhebung des

119 Dittmann, Erinnerungen 2, S. 312 f.

120 Der Fraktionsbeschluss findet sich bei Liebknecht, Klassenkampf, S. 68.

121 Unterschriftenflugblatt der Opposition, 9. 6. 1915, komplett abgedruckt bei Prager, S. 65 ff. Vgl. auch Miller, S. 108 f.

Belagerungszustandes zu beantragen, und verwandelte damit die aufgezwungene Rechtlosigkeit in eine freiwillig übernommene, um dann durch ihren Redner der untertänigen Hoffnung Ausdruck zu geben, eine Milderung der Zensur lasse sich vielleicht von einer Fürsprache beim Kaiser erreichen." Weiterhin attackierte die Opposition die Mehrheit scharf, da diese es unterließ, „nach langen 10 Monaten eines furchtbaren, in Dauer und Ausgang unübersehbaren Krieges in einer nachdrücklichen unzweideutigen Kundgebung die schleunige Beendigung des Krieges" zu fordern. Man erwartete, dass sie „dem entschlossenen Friedenswillen der Sozialdemokratie Ausdruck verleihen würde – entsprechend dem vom deutschen Parteitag noch ausdrücklich gebilligten Beschluss des Stuttgarter Kongresses, der eine Partei verpflichtet, den Krieg zur Aufrüttelung der Massen im Klassenkampf auszunutzen und so für seine rasche Beendigung zu wirken".[122]

Am 17. 5. traf die Fraktion erneut zusammen, nachdem durch das zu erwartende Hinzutreten Italiens zur Entente für die Mittelmächte eine neue Lage entstanden war. Für den 27. 5. wurde vom Reichskanzler Bethmann Hollweg eine Regierungserklärung erwartet. Ledebour plädierte für eine schnelle Interpellation der Fraktion, damit diese ihren Friedenswillen ausdrücken könne, aber Haase besaß Bedenken, die von der Mehrheit natürlich unterstützt wurden. Stadthagen, Liebknecht und Emmel sprachen für Ledebour. Doch mit Mehrheit votierte die Fraktion für eine Vertagung der Debatte.[123] Noch am 21. 3. 1915, also unmittelbar nach der Reichstagssitzung mit der Abstimmung über das Budget, war Liebknecht, der zum zweiten Male die Bewilligung offen abgelehnt hatte, als Armierungssoldat zum Kriegsdienst eingezogen worden. Da er als Soldat Fälle von Misshandlungen und harter Kriegsjustiz erlebt hatte, schlug Ledebour vor, ihn und Georg Davidsohn, der ebenfalls eingezogen worden war, in die Budgetkommission des Reichstags zu entsenden, damit sie diese Fälle zur Sprache brächten. Doch am 17. 5. wurde auch diese Entscheidung vertagt.

Am 27. 5. trat der Reichstag zusammen. Italien war der Entente beigetreten, der britische Dampfer „Lusitania" war nach einem deutschen Torpedoangriff versenkt worden.[124] Innerhalb der Fraktion entbrannte eine Auseinandersetzung über das Verhalten zum bevorstehenden Kriegseintritt Italiens gegen Deutschland. Während die Linke, namentlich Ledebour, Hoch, Liebknecht, Dittmann, Bernstein, Emmel und Stadthagen, eine Interpellation der Fraktion an den Reichskanzler mit dem Ziel forderten, sich mit einer Friedensinitiative

122 Ebd., S. 65.
123 Dittmann, Erinnerungen 2, S. 319 ff.
124 Ebd., S. 323 ff.

an Italien zu wenden und jegliche Annexionsabsicht zu verurteilen, zögerte Haase; Noske, David, Scheidemann und Ebert sprachen sich dagegen aus. Mit knapper Mehrheit von 57 gegen 52 folgte die Fraktion den Letzteren.[125] Ein Antrag Liebknechts, die Aufhebung des Belagerungszustands zu fordern, wurde ebenso verworfen wie ein Antrag Ledebours, Beschwerden von Polen gegen das deutsche Verhalten dem Reichstag vorzutragen. Entscheidend aber dürfte gewesen sein, dass die Benennung von Haase, dem immer noch etwas vom Nimbus als Bebels „Kronprinz" und Nachfolger Paul Singers anhaftete, als Hauptredner demonstrativ niedergestimmt worden war. Diese Niederlagen könnten den Ausschlag für die nachfolgenden Initiativen der Opposition gegeben haben.

3.4. „Das Gebot der Stunde" und die offene Opposition (Juni – Dezember 1915)

Die innerparteilichen Entwicklungen gaben den Startschuss für einen Schritt, der von Karl Kautsky, Hugo Haase und Eduard Bernstein vorbereitet wurde. Am 19.6.1915 erschien die von ihnen verfasste Schrift „Das Gebot der Stunde"[126], in der die Lage der SPD als an einem Scheideweg stehend beschrieben und die Abkehr vom „Burgfrieden" mit den Kriegstreibern und Annexionisten gefordert wurde: „Die gegenwärtige Gestaltung der Dinge ruft die deutsche Sozialdemokratie auf, einen entscheidenden Schritt zu diesem Ziele zu tun. Sie ist heute vor die Wahl gestellt, diesem Gebot Folge zu leisten oder dem Vertrauen einen tödlichen Stoß zu versetzen, das sie bisher im deutschen Volke und in der gesamten Welt als Verfechterin des Völkerfriedens genoss."[127] Für viele Sozialdemokraten bedeutete die Veröffentlichung des „Gebots der Stunde" einen Markstein, es „war endlich für Millionen Proletarier das erlösende Wort gesprochen worden".[128] Es wandte sich sofort an die breiteste Öffentlichkeit, verließ also bewusst den Weg der rein innerparteilichen Opposition und bekundete damit den Willen der vom marxistischen Zentrum dominierten Opposition, den Kampf um die Richtung der Partei nun entschlossener zu führen. Es spricht in weiten Teilen für sich selbst und für die Dramatik der Lage in der SPD im Spannungsfeld zwischen Klassenkampf und „Burgfrieden", die dem Unterschriftenflugblatt und dem „Gebot der Stunde" vorausging. Der Aufruf ist wohl als Fortschreibung des Unterschriften-

125 Ebd., S. 318 ff.

126 Komplett abgedruckt bei Prager, S. 68 ff.

127 Ebd., S. 70.

128 Ebd., S. 72; Dittmann, Erinnerungen 2, S. 336.

flugblatts anzusehen, das noch nicht ausgereift genug zu sein schien, um einen breiteren Konsens zu erzielen.[129] Außerdem richtete sich „Das Gebot der Stunde" an die Öffentlichkeit und nicht wie das Unterschriftenflugblatt an die Parteigremien. Mit Hugo Haase, Karl Kautsky und Eduard Bernstein standen ein Co-Vorsitzender und die beiden Verfasser des Erfurter Programms für den Aufruf und warfen ihre Autorität in die Waagschale. Die Folge war, dass die Zensur einigen Parteizeitungen die Veröffentlichung untersagte, die „Leipziger Volkszeitung" wurde nach der Veröffentlichung des Aufrufs für eine Woche verboten. Sie hatte den Aufruf auf die Titelseite gesetzt.[130]

Noch im Juni schaltete die Parteimehrheit auf Ausgrenzung um, als der Parteiausschuss mit Mehrheit am 30.6./1.7.1915 zum „Gebot der Stunde" und zum Wirken Haases feststellte: „Wenn darin von der Einmütigkeit der Partei geredet wird, so sind wir der Überzeugung, dass diese durch nichts schwerer gefährdet wird als durch ein solches Vorgehen." Haase selbst warf man vor, eigenmächtig und abgekoppelt von Partei- und Fraktionsgremien seine Amtspflichten als Partei- und Fraktionsvorsitzender verletzt zu haben.[131] Auf der Tagung des Parteiausschusses mit der Fraktion am 14.8.1915 standen die Kriegsziele im Zentrum der Beratungen. Während die Opposition jede Form von Annexionspolitik verwarf, hatte Eduard David Leitsätze formuliert, die laut Selbstauskunft in ihrer Zielsetzung „in dem positiven wirtschaftlichen Programm und der prinzipiellen Grundlage: Interesse und Sicherung des eigenen Landes" lagen. Annexionen wurden demgemäß nur bei den Kriegsgegnern kritisiert.[132] Sämtliche Anträge der Opposition (Haase, Hoch, Henke), die sich gegen Davids Leitsätze richteten, wurden mit Mehrheit verworfen. Ein Alternativpapier aus der Feder Bernsteins, das einen Verständigungsfrieden auf Basis des Völkerrechts forderte, kam durch die mehrheitliche Annahme der etwas entschärften Davidschen Leitsätze nicht mehr zur Abstimmung.[133]

Ledebour und Haase sorgten sich um die Zukunft Europas, das nicht aus dem Kriege als ein von Tränen und Blut durchtränkter Trümmerhaufen herauskommen dürfe.[134] Die Zukunft Europas bestand nach Ledebours Vorstellungen in seinem Kernbereich als ein zusammenhängender Wirtschaftsraum; eine

129 Miller, S. 109.

130 Seils, S. 506; LVZ, 19.6.1915, S. 1 f.

131 Erklärung des Parteiausschusses, zit. n. Prager, S. 70 f.; Kriegstagebuch David, S. 136: „Misstrauensvotum gegen Haase beschlossen"; Seils, S. 507.

132 Kriegstagebuch David, S. 141 f.; Prager, S. 77.

133 Vgl. Dittmann, Erinnerungen 2, S. 340–358. Dort auch beide Beschlussvorlagen, S. 358 ff.

134 Willy Buschak, Welches Europa? Richard Calwer, Max Cohen, Hermann Kranold und Georg Ledebour, in: Schöler/Scholle (Hg.), Weltkrieg – Spaltung – Revolution, S. 52.

auf Deutschland und Österreich-Ungarn beschränkte Zollunion lehnte er ab.[135] Diese sei ein „gefährlicher wirtschaftlicher Rückschritt für Deutschland, weil ein Sonderbündnis einzelner Staaten alle Staaten der Wohltat der Meistbegünstigung beraube".[136] Auch diese Positionierung konnte so ein triftiges Motiv für sein Plädoyer für einen Frieden auf Verständigungsbasis gewesen sein.

Am 20.8.1915 lag dem Reichstag ein Antrag auf Bewilligung der vierten Kriegskredite in Höhe von 10 Mrd. Mark vor. Am 17.8. traf sich die Fraktion. Haase steuerte auf eine erstmalige Ablehnung zu. Ledebour sekundierte mit dem Argument, dass die Regierung nach erneuter Bewilligung den Krieg beliebig fortsetzen könne, und forderte, von Bethmann Hollweg eine Erklärung gegen einen deutschen Eroberungskrieg einzufordern. An die Mehrheit gerichtet verlangte er: „Wenn Sie aber gegen Annexionen sind, wie Sie erklären, dann müssen Sie jetzt die Kredite ablehnen."[137] Ein Antrag Gustav Hochs, den Reichskanzler zu fragen, ob er in Friedensverhandlungen einzutreten bereit sei, wenn sie auf Grundlage von Verständigung geführt würden, wurde mit 57 gegen 37 Stimmen abgelehnt. Die Abstimmung über die Bewilligung ergab eine Mehrheit dafür mit 68 Stimmen gegen 31 Stimmen dagegen.[138] Damit war die Anzahl der Kritiker zwar gestiegen, aber noch weit von einer Mehrheit entfernt.

In der Reichstagssitzung am 20.8.1915 hielt David eine Rede mit starken Anklängen an die Positionen der Reichsregierung und der bürgerlichen Parteien, was auch der „Vorwärts" kritisierte, in dessen Redaktion die Nähe zur Opposition dominierte, waren doch Redakteure wie Stadthagen oder Ströbel prägend.[139] Prager bezifferte die Stärke der Minderheit nun auf 36 Mitglieder, die in der Fraktion gegen eine Bewilligung votierten oder in Abwesenheit ihr Nein erklärten. 36 Abgeordnete sollen es auch gewesen sein, die vor der Abstimmung den Saal verließen. Liebknecht stimmte mit Nein.[140] Ledebour verfasste eine Erklärung, nur zum Privatgebrauch bestimmt, in der er seine Ablehnung mit dem Charakter des Krieges als Eroberungskrieg begründete und einen Friedensschluss forderte.[141] Rund zwei Wochen später reiste Ledebour nach Bern, um von

135 Ebd., S. 52f.

136 Ebd., S. 54.

137 Dittmann, Erinnerungen 2, S. 366.

138 Ebd., S. 366; Kriegstagebuch David, S. 142f.

139 Vw, 21.8.1915, S. 5.

140 Prager, S. 77; Dittmann, Erinnerungen 2, S. 367; Brief Kautsky an Adler, 30.8.1915, in: Adler, S. 626.

141 Erklärung. Manuskript für Privatgebrauch, o.O. o.J., NL Dittmann. Ob es sich um das Original handelt oder Ledebour es später abgetippt hat ist nicht erkennbar, aber er soll ja erst als Achtzigjähriger die Maschinenschrift erlernt haben.

dort aus per Fuhrwerk in das Örtchen Zimmerwald gefahren zu werden, wo auf Einladung des Schweizer Linkssozialisten Robert Grimm (1881–1958) eine internationale Konferenz von Vertretern des linken Flügels mehrerer sozialistischer Parteien durchgeführt wurde, die sich mit dem Wiederaufbau einer sozialistischen Internationale nach dem Scheitern der II. Internationale bei Kriegsausbruch beschäftigen sollte.

Liebknecht hatte im November 1915 von seinem Lazarettlager in Königsberg aus, ohne die Fraktion offiziell zu befragen, sechs Anfragen an das Reichstagsbüro gesandt, die sich mit verschiedenen Fragen des Krieges und der Kriegsführung, der Friedenspolitik und der Kriegsfolgen befassten. Die Mehrheit der Linken jedoch versuchte ihn davon zu überzeugen, die Interpellationen zurückzuziehen, allerdings vergebens. Am 27.11. wurde mehrheitlich der Ausschluss Liebknechts von den Fraktionsberatungen beschlossen.[142] Eine weitere Niederlage für die Linken bedeutete die Ablehnung der von Ledebour weitgehend im Liebknechtschen Sinne formulierten, gegen Annexionen und für Friedensverhandlungen gerichteten Interpellation zugunsten einer wenig konkreten Version von David, Ebert, Richard Fischer, Molkenbuhr und Scheidemann.[143] Der „Duisburger General-Anzeiger“ berichtete am 7.12. auf seiner Titelseite von den innerfraktionellen Auseinandersetzungen und stellte sich auf die Seite der Mehrheit. Dieses Blatt führte aber auch die Position der LVZ an, in der zu lesen stand, dass man nun hoffe, dass die Minderheit aus dieser Niederlage im Konflikt um Ledebours gescheiterte Interpellation entsprechende Lehren für das Handeln ziehen möge.[144]

Diese Strategie der Mehrheit trug auch noch während der Reichstagssitzung am 9.12.1915. Scheidemann brachte die Interpellation ein und regte eine Friedensinitiative an, blieb in seiner Begründung aber ambivalent, doch Kanzler Bethmann Hollweg brüskierte die Initiative der Fraktion, indem er sich jeder konkreten Aussage enthielt, gleichzeitig aber Annexionen andeutete, was die bürgerlichen Parteien befürworteten. Zudem wurde dem zweiten Redner der Fraktion, Otto Landsberg, das Wort entzogen. Es schlossen sich stürmische Proteste der sozialdemokratischen Fraktion gegen den Missbrauch der Geschäftsordnung an, die zur Erteilung des Wortes führten. Gerade Haase und Ledebour setzten das Präsidium unter Druck.[145] Doch nun sprach Landsberg als Mehrheitsvertreter gegen die eigene Fraktionsminderheit, indem er nationalistische

142 Dittmann, Erinnerungen 2, S. 386 ff.

143 Ebd., S. 388 ff.

144 Duisburger General-Anzeiger, 7.12.1915, S. 1.

145 Vgl. G.L., Reichstagsrede, 9.12.1915, Sten. Ber. RT, Bd. 306, S. 439.

Töne anstimmte, ein „Messerstich in den Rücken der eigenen Fraktion, in deren Namen der Redner sprach", wie Dittmann feststellte.[146] Dieses Vorgehen gegen die eigene Minderheit war kein Fauxpas, sondern zielte auf eine Verständigung mit der Reichstagsmehrheit ab. Die so vorgeführte Minderheit verfasste ein Flugblatt, in welchem sie die Erklärungen der Regierung scharf verurteilte, die Annexionsforderungen der bürgerlichen Mehrheit im Reichstag entschieden zurückwies, von der Regierung eine Friedensinitiative dringend forderte und sich ansonsten jeder Polemik gegen die eigene Fraktionsmehrheit enthielt. Aus der Fraktion unterschrieben 36 Abgeordnete dieses Flugblatt, darunter selbstverständlich Ledebour.[147]

Die Zuspitzung in Richtung einer innerfraktionellen Entscheidungssituation war nun kaum noch aufzuhalten. Am 13./14. 12. tagte erneut die Fraktion. Ein Versuch Ledebours, eine Erklärung zu erwirken, nach der sich die Fraktion deutlich gegen Annexionen im Reichstag ausspräche, scheiterte an einer Mehrheit von 60 gegen 24 Stimmen. Er hatte die Rede Landsbergs zum Anlass genommen, den Antrag zu stellen, dass die Fraktion im Plenum erklären sollte, dass Landsberg eine Unterlassung bezüglich der Annexionen begangen habe und sie nun eindeutig gegen Bethmann Hollwegs Ausführungen Stellung beziehe.[148] Damit wäre Landsberg öffentlich gerügt worden. Am Folgetag sprach sich Ledebour vehement gegen eine weitere Zustimmung zur Bewilligung aus, da so die Annexionspolitik unterstützt würde. „Wenn wir die neuen Kredite ablehnen, werden wir einen ernstlichen Schritt für den Frieden tun, indem wir die Friedensbewegung in anderen Ländern stärken."[149] Doch alle Anstrengungen führten nicht zu einer Kurskorrektur. Die Abstimmung über die neuen Kriegskredite fiel mit 66 gegen 44 Stimmen zwar deutlich knapper aus als zuvor, eine Mehrheit blieb aber eine Illusion.[150] Diese erneute Niederlage führte nach intensiven Gesprächen innerhalb der Minderheit zum Entschluss von 20 Mitgliedern, im Reichstag offen gegen die Kriegskredite zu stimmen. Gustav Hoch versuchte auf der Fraktionssitzung, einen Kompromiss vorzuschlagen. Die Minderheit solle sich im Plenum erklären, aber vor der Abstimmung den Saal verlassen, doch Dittmann und Ledebour widersprachen. Ledebour warf der Mehrheit „unsozialistische[s] und intolerante[s] Verhalten" vor und betonte: „Ich war nie für den Verteidigungsnihilismus, aber jetzt ist der Krieg zweifellos ein

146 Dittmann, Erinnerungen 2, S. 397 ff., Zitat auf S. 399.

147 Abgedruckt ebd., S. 399 f. Auf S. 400 sind die Unterzeichner benannt.

148 Ebd., S. 403.

149 Ebd., S. 405.

150 Ebd., S. 407.

Eroberungskrieg. Der heuchelt, der das leugnet. Wir machen diese Heuchelei nicht mit. Wir handeln im Einklang mit den Beschlüssen der Parteitage und der internationalen Kongresse."[151] Die Mehrheit der Fraktion sprach sich gegen ein Sondervotum der Minderheit aus.

Fritz Geyer verlas die von Haase verfasste Stellungnahme der Minderheit. Im Plenum stimmten 20 Vertreter der Opposition gegen die Kriegskredite, weitere 22 hatten vorher den Saal verlassen.[152] Auf der anschließenden Fraktionssitzung versuchten sowohl David als auch Legien vergeblich, einen Beschluss zum Ausschluss der 20 durchzusetzen. Mit einer deutlichen Mehrheit entschied sich die Fraktion dafür, den Streit dem Parteiausschuss vorzulegen.[153] Daraufhin legte Haase den Fraktionsvorsitz nieder, Hoch trat aus dem Fraktionsvorstand zurück.[154] Die heftigen Auseinandersetzungen ließen erkennen, dass die Spaltung nun unvermeidbar sein würde. Selbst Befürworter eines Zusammenbleibens der Fraktion wie Molkenbuhr sahen die Chancen schwinden, weil sie die taktischen Verhaltenskomponenten beider Strömungen durchschauten. Explizit warf er „Ledebour, Stadthagen und Genossen" vor, auf die Toleranz der Mehrheit zu vertrauen, sie aber selbst nicht praktizieren zu mögen.[155] Dass die Opposition argumentativ die Einheit der Partei verteidigte, kann zumindest teilweise als taktisches Verhalten bewertet werden, durfte sie nach diesen Äußerungen annehmen, dass die Mehrheit eine Spaltung billigend in Kauf nähme. Womöglich suchte die Opposition in dieser Lage einen strategischen Vorteil, bliebe die Verantwortung für den Spaltungsprozess bei der Mehrheit haften.

3.5. Spaltung der Fraktion seit Dezember 1915 und Bildung der Sozialdemokratischen Arbeitsgemeinschaft (SAG) am 24. März 1916

Unmittelbar vor dem Jahreswechsel 1915/16 verfasste Wolfgang Heine eine Schrift mit dem Titel „Sonderbund", in der er die Verfasser der „Öffentlichen Erklärung" vom Dezember 1915 als „Sonderbündler" titulierte. Unter anderem Dittmann, Haase, Ledebour, Liebknecht und Stadthagen seien es, die „ihre Namen durch die Zerstörung der organisierten Kraft der Partei berühmt gemacht hätten".[156] Er bezichtigte sie der Verantwortungslosigkeit. Die Mehrheit schien

151 Ebd., S. 410.

152 Die Namen der beiden Gruppen der Minderheit siehe ebd., S. 413.

153 Ebd., S. 417.

154 Seils, S. 516.

155 Molkenbuhr, S. 277.

156 Wolfgang Heine, Sonderbund, in: LAB, Nr. 15816, Bl. 6f., 29.12.1915.

zum Bruch entschlossen, Heine gab den Startschuss. Auch Paul Lensch sekundierte mit den Bemerkungen, die 20 Vertreter des Minderheitenvotums seien „Reaktionäre", und es gäbe bisher drei Geschlagene im Kriege: „Belgien, Serbien und die deutsche Sozialdemokratie".[157] Am 12.1.1916 erklärte die Fraktion mit Mehrheit, Karl Liebknecht habe wiederholt gegen Fraktionsbeschlüsse verstoßen und damit seine Rechte als Fraktionsmitglied verwirkt. Ledebour setzte sich für Liebknecht ein, doch mit 60 gegen 25 Stimmen wurde die von David verfasste Erklärung angenommen. Liebknecht verließ die Fraktion. Ihm folgte kurz darauf Otto Rühle.[158] Schon auf der Sitzung des Parteiausschusses vom 7.–9.1.1916 war die Opposition massiv attackiert worden. Eine Mehrheit verurteilte deren Vorgehen, missbilligte das Verhalten Haases als Vorsitzenden und beraubte den „Vorwärts" der Funktion des zentralen Parteiblattes, da er „die auf Parteizerrüttung gerichteten Bestrebungen fördere".[159] Als Liebknecht in seinen Rechten als nun fraktionsloser Abgeordneter immer mehr behindert wurde, brachte Ledebour dies im Reichstag zur Sprache und forderte die Beachtung der Rechte eines jeden Abgeordneten ein, die Sache stehe über der Person.[160]

Am 20.1.1916 traten Ledebour und Legien als sozialdemokratische Kontrahenten auf einer Parteiversammlung in Kiel auf, um die Parteidifferenzen an der Basis der SPD darzustellen. Eigentlich wohl als ein Forum für die Anhänger der Mehrheit im Wahlverein gedacht, erhielt Ledebour offenbar eine unerwartet hohe Zustimmung. Da Legien seine Redezeit unwidersprochen erheblich überzog und es auf Mitternacht zuging, kam es nicht mehr zu einer Debatte. Ledebour schlug deshalb vor, Legien und ihm noch einmal ein Schlusswort zu erteilen. Er selbst könne nicht sagen, wann er zu einer Debatte wieder nach Kiel kommen könne. Doch die Debatte fand ihre Fortsetzung am 10.2.1916, ohne dass Ledebour eingeladen worden war. Seine Anfrage beim Vorsitzenden des Wahlvereins blieb unbeantwortet, Vertreter der Opposition drängten ihn zum Kommen. Als er die Versammlung aufsuchen wollte, verweigerte man Ledebour den Zutritt. Auch Legien war nicht anwesend. Doch anstelle eines klärenden Wortes des Vorsitzenden gab es in der „Schleswig-Holsteinischen Volkszeitung" einen gegen Ledebour gerichteten Bericht, der ihm vorwarf, er habe durch sein angeblich unangekündigtes Erscheinen Legien ausstechen wollen. So blieb ihm nur der Weg der Richtigstellung im „Vorwärts", zumal die Mehrheit in Kiel einen ihre

157 LAB, ebd., Bl. 81; VZ, 14.1.1916.

158 Dittmann, Erinnerungen 2, S. 432.

159 Osterroth/Schuster 1, S. 148.

160 Reichstagsrede, 17.1.1916, Sten. Ber. RT, Bd. 306, S. 705 ff.

Politik befürwortenden Beschluss erreichte. Zudem zeigt dieses Ereignis, dass die Mehrheit in Fraktion und Partei über gut funktionierende Kommunikationskanäle verfügte und offenbar einmal mehr besser vorbereitet war.[161] Es scheint nicht zum ersten Mal, dass taktisches Verhalten nicht zu den gepflegten Stärken Ledebours zählte.

Ab dem 12.3.1916 tagte die Fraktion zur Vorbereitung der Reichstagssitzung am 24.3., auf der der Notetat verabschiedet werden sollte. Schon am 18.3. versuchte David, Ebert und Scheidemann gegen die Opposition in Stellung zu bringen, sie „müssen in scharfem Gegensatz zu Haase und Cie. gehalten werden".[162] Offensichtlich sah er die Chance, die Opposition zu schwächen, denn er notierte zum Streit innerhalb der Opposition: „Liebknechts neuer Spartakusbrief rechnet mit Ledebour und Adolf Hoffmann ab. Gut so!"[163] Die Differenzierungsprozesse innerhalb der Opposition verstärkten sich durch die Bildung der „Spartakusgruppe" um Luxemburg, Liebknecht und Mehring seit Januar 1916. In den „Spartakusbriefen" nahm die Gruppe selbständig politische Stellungnahmen vor. Dazu gehörte auch der von Liebknecht verfasste Beitrag „Die Gegensätze in der *Opposition*". Darin warf Liebknecht unter anderem Ledebour und Hoffmann vor, das Ende der Zweiten Internationale nicht als Tatsache anzuerkennen und deshalb nicht die Notwendigkeit einer neuen Internationale zu sehen. So ergebe sich die Konsequenz, „die Genossen Hoffmann und Ledebour getrost [zu] verlassen" und eigene Oppositionsstrukturen aufzubauen.[164] Zuvor hatten Ledebour und Hoffmann die zentralistischen Tendenzen der Spartakusgruppe kritisiert.[165]

Angesichts der schwierig werdenden Ernährungslage für die Bevölkerung verlangte die Opposition eine offene Debatte im Reichstag, was die Mehrheit abblockte. Die Stellungnahme zum U-Boot Krieg wurde auf Initiative Davids abgemildert, sodass die Regierung nicht direkt kritisiert wurde. Anschließend stimmte eine Mehrheit von 44 gegen 36 Stimmen dafür, den Notetat anzunehmen.[166] Schon am Abend vorher hatten die 20 Oppositionellen des Dezembers 1915 beschlossen, mit einem erneuten Minderheitenvotum aufzutreten, Haase

161 G.L., Richtigstellung, in: Vw, 17.2.1916, S. 6f.

162 Kriegstagebuch David, S. 166.

163 Ebd.; Liebknecht, Die Gegensätze in der „Opposition", Spartakusbrief, 9.3.1916, in: Ders., Reden und Schriften, Bd. 8, S. 517ff.

164 Ebd.

165 Vgl. Kruse, S. 221. Die Erklärung von Ledebour und Hoffmann vom 25.2.1916 vgl. auszugsweise bei Ratz, S. 160f. Auf Mikrofilm ist sie vollständig im NL Dittmann (AdsD) zu finden.

166 Dittmann, Erinnerungen 2, S. 442ff.

sollte es vorbringen. Darüber wurde die Fraktion nicht in Kenntnis gesetzt.[167] Als Haase zu Beginn der entscheidenden Reichstagssitzung am 24. 3. Scheidemann über seine Redeabsicht informierte, begannen auf Seiten der SPD-Mehrheit tumultartige Szenen, die Haase aber nicht von seinem Vorgehen abbrachten. Als er die Position der Opposition kundtun wollte, wurde er unterbrochen, es wurde ihm mit Unterstützung aus der Fraktionsmehrheit das Wort entzogen. Dabei fielen Worte wüstester Beschimpfungen gegen die Opposition und gegen Haase als deren Vertreter: „Scheidemann ruft: Dreckseele, Ebert: Schamloser Kerl. Frecher Halunke."[168] Gustav Bauer und Carl Legien sollen sogar antisemitische Schmähungen ausgerufen haben.[169] Gegen die Zwischenrufer erhoben Ledebour und Geyer ihre Arme zur Drohung.[170]

Nach der Plenarsitzung beschritt die Mehrheit den Weg der endgültigen Ausgrenzung. Mit 58 gegen 33 Stimmen wurde beschlossen, dass „Haase und diejenigen Fraktionsmitglieder, welche die gemeinsam gefassten Beschlüsse gröblich missachten und öffentlich durchkreuzen, dadurch die aus der Fraktionszugehörigkeit entspringenden Rechte verwirkt haben".[171] Hugo Haase legte am 25. 3. sein Amt als Parteivorsitzender nieder, vorher hatten alle 18 Vertreter der Minderheit, die offen gegen den Notetat gestimmt hatten und bis dato noch Fraktionsmitglieder waren, die „Fraktion der Sozialdemokratischen Arbeitsgemeinschaft" gegründet; Liebknecht und Rühle waren ja bereits seit Januar 1916 fraktionslos. Stadthagen gehörte ebenso zur SAG wie Bernstein, Wurm und Zubeil; Haase, Ledebour und Dittmann wurden in den Vorstand gewählt. Weitere Angehörige der SAG waren Bock, Büchner, Cohn, Dittmann, Geyer, Henke, Herzfeld, Horn, Kunert, Schwartz (Lübeck), Stolle und Vogtherr.[172] Von der SAG, damals noch Bestandteil der SPD als Gesamtpartei, ausgehend nahmen nun ihre Abgeordneten, unterstützt von ihren Wahlkreisorganisationen, den Kampf um die SPD unter erschwerten Bedingungen wieder auf. Jetzt konnte es nur noch heißen, die Mehrheit in der Partei zu erkämpfen, um die Spaltung der Gesamtpartei zu verhindern.

167 Ebd., S. 455 f.

168 Kriegstagebuch David, S. 168.

169 Vgl. Karlludwig Rintelen, Gustav Bauer, ein undemokratischer Demokrat, Frankfurt a. M. 1993, S. 116 f.; Quellen seiner Angaben auf S. 11, Fn. 26.

170 Seils, S. 523.

171 Miller, S. 126.

172 Krause, USPD, S. 66 f.; Miller, S. 126 f.; Osterroth/Schuster 1, S. 149 f.; Prager, S. 91 f.

4. Die Zimmerwalder Konferenz (5.–8. September 1915) und ihre Auswirkungen

Nachdem in den Kriegsstaaten die Parteien der II. Internationale samt und sonders die Beschlüsse ihrer internationalen Konferenzen übergangen und sich hinter ihre Regierungen gestellt hatten, war die Internationale als Instrument einer sozialistischen Gegenmacht komplett ausgefallen. Doch blieben die Fragen, welche Rolle die sozialistischen Parteien der neutralen Staaten einnehmen und wie sie sich gegenüber den Pendants in den kriegführenden Staaten verhalten sollten, ebenso virulent wie diejenigen nach dem politisch-organisatorischen Ausgangspunkt für Friedensinitiativen. Insbesondere die Sozialdemokratische Partei der Schweiz, in vorderster Reihe Robert Grimm[173], ergriff nach dem Kriegseintritt Italiens die Initiative für eine Zusammenkunft der Kräfte, die in Opposition zur Politik ihrer Regierungen standen bzw. als Opposition in der eigenen Partei gegen deren Kooperation mit der Regierung kämpften. So fand am 11.7.1915 in Bern eine von Grimm eingeladene Vorberatung statt. Doch konnte man sich nicht auf einen Teilnehmermodus für die zu planende Konferenz einigen: Während Grimm die Frage stellte, ob die Opposition oder eine offizielle Parteiabordnung geladen werden sollte, plädierte Grigori Sinowjew von den russischen Bolschewiki für die Einladung von Kräften, die in Richtung einer neuen Internationale gehen wollten.[174]

Der Tagungsort Zimmerwald lag etwa zwei Stunden von Bern entfernt, abseits großer Verkehrswege und von daher für ein konspiratives Treffen geeignet, wie Grimm befand.[175] Am 5.9.1915 „brachen die 38 Tagungsteilnehmer in vier Pferdekutschen von Bern nach Zimmerwald auf. In der Pension Beau Séjour diskutierten sie vier Tage lang, mit wenigen Stunden Schlaf, über Maßnahmen zur Beendigung des Krieges."[176] Unter den 38 Teilnehmerinnen und Teilnehmern waren mit Angelica Balabanoff (Italien), Henriette Roland Holst (Niederlande) und den beiden deutschen Sozialistinnen Berta Thalheimer und Minna Reichert immerhin vier Frauen. Für die deutsche Opposition waren zudem Georg Ledebour und Adolph Hoffmann, Ewald Vogtherr, Ernst Meyer, Heinrich Berges, Joseph Herzfeld, Gustav Lachenmaier und Julian Borchardt angereist. Weitere Teilnehmer waren u. a. W. I. Lenin, Grigori Sinowjew (Bolschewiki), Paul Axelrod und Julius Martow (Menschewiki), Leo Trotzki, Fritz Platten

173 Zu Robert Grimm s. McCarthy; Voigt; Bernhard Degen u. a. (Hg.).

174 Voigt, S. 122 ff.; Degen/Richers (Hg.), S. 92 ff.

175 Degen, Die Zimmerwalder Konferenz, in: Degen/Richers (Hg.), S. 96.

176 Degen/Richers, Zwei Bauerndörfer in der Weltgeschichte, in: Dies. (Hg.), S. 7.

und Karl Radek.[177] Zwei Briten hatten deren Behörden die Pässe verweigert, Karl Liebknecht war eingezogen worden. Zwei französische Teilnehmer waren nicht von der Arbeiterpartei SFIO, sondern von der Gewerkschaft CGT nach Zimmerwald gekommen.[178] Die Debatten waren mitunter hitzig, die Konfliktlinie widerspiegelte den Dissens der Vorberatung zwischen Grimm und Sinowjew, besonders an der Frage der zu organisierenden Friedensaktionen. Vorher hatten sich die Teilnehmenden ausführlich mit den Situationsberichten aus den verschiedenen Ländern befasst.

Eine der zentralen politischen Fragen war, ob es zu einer Annäherung der deutschen und der französischen Sozialisten käme. Hierzu legten beide Delegationen eine gemeinsame Erklärung vor, in der sie sich vom „Burgfrieden" lossagten, den imperialistischen Charakter des Krieges hervorhoben und als gemeinsame Aufgabe formulierten, gegen jede Annexion vorzugehen, auf das Kriegsende hinzuwirken, möglichst schnell einen Verständigungsfrieden zu ermöglichen und dem Klassenkampf treu zu bleiben: „Wir nehmen die ausdrückliche Verpflichtung auf uns, unablässig in diesem Sinne, jeder in seinem Lande, zu wirken, damit die Friedensbewegung stark genug wird, unseren Regierungen die Beendigung dieser Schlächterei aufzuzwingen." Für die deutschen Teilnehmer unterzeichneten Adolph Hoffmann und Georg Ledebour, für die französischen Alphonse Merrheim und Albert Bouderon.[179] Über die Zielsetzung der koordinierten Friedensaktion indes gab es deutliche Meinungsverschiedenheiten. Die Bolschewiki hatten einen Entwurf vorgelegt, der eine scharfe Abgrenzung nicht nur zur Mehrheitssozialdemokratie, sondern auch zur zentristischen Opposition enthielt, und vor allem auf die Perspektive der sozialen Revolution setzte.[180] Demgegenüber forderte Ledebour dazu auf, nicht den Eindruck einer Spaltung innerhalb der Linken zu erzeugen, sondern auf eine starke Friedensaktion hinzuwirken, die alle Kräfte einbeziehe, die auf dem Boden des Sozialismus stünden und für eine rasche Beendigung des Krieges einträten.[181] Henriette Roland Holst und Leo Trotzki legten einen Entwurf vor, der zwischen den Positionen von Lenin und Ledebour stand. Lenin schien Ledebour in Zimmerwald als einen Hauptkontrahenten im Kampf um die politische Linie angesehen zu haben.[182]

177 Die komplette Teilnehmerliste s. Degen/Richers (Hg.), S. 103 ff. Trotzki vertrat die Nasche Slowo, Radek die SDKPiL, Platten die SPS.

178 Degen, in: Degen/Richers (Hg.), S. 96, Teilnehmerliste, S. 105.

179 Der komplette Wortlaut der Erklärung bei Angelica Balabanoff, Die Zimmerwalder Bewegung, S. 13 f.; Degen/Richers (Hg.), S. 216 f.

180 Entwurf bei Balabanoff, ebd., S. 15 ff.

181 Degen, Zimmerwalder Konferenz, S. 98; Balabanoff, ebd., S. 16 f.

182 Vgl. W. I. Lenin, Über die Kommunistische Internationale, Berlin (DDR) 1969, S. 94 ff.

Am Schlusstag verabschiedete die Konferenz einstimmig das Manifest mit dem Titel „Proletarier Europas!“, das Kompromisscharakter trug. Es appellierte an alle Arbeiterinnen und Arbeiter, über die Grenzen hinweg die gemeinsamen Friedensinteressen in den Vordergrund zu stellen, die Regierungen zum Frieden ohne Annexionen zu zwingen und den Klassenkampf dem Nationalismus entgegenzustellen. Den Sozialisten der kriegführenden Länder wurde es aufgegeben, diesen gemeinsamen Kampf aufzunehmen, die Sozialisten der neutralen Staaten sollten sie dabei unterstützen. Der Aufruf endete mit den Schlussworten „Proletarier aller Länder vereinigt Euch!“ aus dem „Kommunistischen Manifest“ von Karl Marx und Friedrich Engels.[183] Auch hier zeichneten Hoffmann und Ledebour im Namen der deutschen Delegation. Anschließend machte Ledebour den Vorschlag, ein Koordinationsgremium als politisches Büro einzurichten. So entstand die „Internationale Sozialistische Kommission zu Bern“, der unter anderem Angelica Balabanoff und Robert Grimm angehörten.[184]

Die Auswirkungen der Zimmerwalder Konferenz machten sich schnell bemerkbar. Die Opposition in der Reichstagsfraktion bereitete nun ihr öffentliches Nein zu den Kriegskrediten vor und rang um neue Mitstreiter. Das Minderheitenvotum vom 20. 12. 1915 kam auf der Basis der Zimmerwalder Konferenz zustande. Es waren Herzfeld, Vogtherr und Ledebour, die als Reichstagsabgeordnete das Bindeglied zwischen Zimmerwald und der offenen Oppositionspolitik bildeten. Doch wurde ihr Agieren auch skeptisch beurteilt, so von Rosa Luxemburg.[185] Berta Thalheimer, die für die Gruppe Internationale in Zimmerwald weilte, schrieb an Robert Grimm: „Die Rosa soll in ihrer Zelle wie ein Löwe toben, dass sie den Led[ebour], Haase und Konsorten nicht den Kopf waschen kann.“[186]

Doch auf Ledebour besaß Zimmerwald eine weitere Auswirkung. Das rigorose Auftreten der Bolschewiki und ihr Nahestehender wirkte auf ihn so, dass es ihn „befremdete, ja abstieß“.[187] Wahrscheinlich prägten diese Debatten seine Vorbehalte, die er gegen das autoritäre Herangehen der Bolschewiki und gegen autoritäre Formen des Sozialismus danach immer wieder zum Ausdruck brachte. An der 2. Zimmerwalder Konferenz in Kiental (24.–30. 4. 1916) konnte er nicht teilnehmen, da ihm kein Pass ausgestellt wurde. Zu diesem Zeitpunkt existierte die SAG bereits seit einem guten Monat. Doch das Manifest von Kiental kam ihm

183 „Proletarier Europas“ in: Balabanoff, ebd., S. 17 ff.; Degen/Richers (Hg.), S. 212 ff.

184 Degen, in: Degen/Richers (Hg.), S. 99.

185 An Clara Zetkin schrieb sie vom „großen Ledebour“, der niemandem weh tun wolle. Luxemburg an Zetkin, 18. 10. 1915, in: GB 5, S. 81 f.

186 Zit. n. Laschitza, Im Lebensrausch, S. 509.

187 Ratz, S. 168.

an vielen Punkten sehr entgegen. Es formulierte an die Sozialisten unter anderem die Aufgabe: „Übt auf eure Abgeordneten, auf eure Parlamente, auf eure Regierungen den stärksten Druck aus. Fordert die sofortige Ablehnung jeglicher Unterstützung der Kriegspolitik der Regierungen durch die Vertreter der sozialistischen Parteien. Verlangt von den sozialistischen Parlamentariern, dass sie von nun an gegen die Kriegskredite stimmen."[188] Damit war auch die parlamentarische Oppositionsstrategie legitimiert, denn eine deutsche Revolution lag noch nicht im Bereich des Wahrscheinlichen.

5. Von der SAG zur USPD

Die erste Erklärung der SAG drückte aus, dass sich ihre Mitglieder den Idealen der alten Sozialdemokratie verpflichtet sahen und die Trennung als erzwungen und als vorübergehend begriffen.[189] In der Mehrheitsfraktion Verbliebene verfassten gar eine Solidaritätserklärung mit den Gründern der SAG. Doch auf Betreiben Eberts formulierte der Parteiausschuss am 29. 3. die Unvereinbarkeit der SAG mit dem Organisationsstatut.[190] Die SAG als Parlamentsfraktion war nun die einzige legale Organisationsform, die Inhalte der Opposition ohne Furcht vor Verhaftung und Einkerkerung zum Ausdruck bringen konnte. Diese besondere Funktion kam nach einem Eklat im Reichstag am 8. 4. 1916 zum Ausdruck. Nachdem Stadthagen für die SAG und Heine sowie Landsberg für die SPD zum Justizetat geredet hatten, ergriff Liebknecht das Wort zum Etat des Reichsschatzamtes. Ohne selbst zu provozieren, rief sein Auftritt bei Vertretern der bürgerlichen Parteien einen solchen Aufruhr hervor, dass Dittmann, Haase, Kunert, Henke, Ledebour, Zubeil und andere Oppositionelle Liebknecht vor Handgreiflichkeiten schützen mussten.[191] Liebknecht wurde das Wort entzogen. Der „Vorwärts" ließ seine Solidarität mit ihm erkennen und kritisierte, dass der ihm offizielle zugesandte Bericht über diese Parlamentssitzung und den Eklat nicht verwendbar seien.[192]

Am 12. 5. brachte die SAG den Umgang mit Liebknecht im Plenum vor, Ledebour sprach gegen die Beschränkung von dessen Redefreiheit. Auch Bernstein,

188 Kientaler Manifest, abgedruckt bei Degen/Richers (Hg.), S. 218 ff.; Balabanoff, Zimmerwalder Bewegung, S. 45 ff.

189 Vgl. die Erklärung zur Bildung der SAG am 24. 3. 1916 in: Krause, USPD, S. 66.

190 Czitrich-Stahl, S. 623; Miller, S. 127 f.

191 Dittmann, Erinnerungen 2, S. 466 ff.; Laschitza, Liebknechts, S. 297 f.

192 Vw, 9. 4. 1916, S. 6.

Dittmann und Stadthagen kritisierten den Umgang des Präsidiums mit Liebknecht. Ledebour stellte die Redefreiheit jedes Abgeordneten und die wahrheitsgemäße Berichterstattung über die parlamentarischen Verhandlungen als zu den wichtigsten Fragen für Existenz und Wirksamkeit der Parlamente gehörig heraus und appellierte an die Presse, sich der politischen Beeinflussung durch unwahrheitsgemäße, vom Präsidium veranlasste Berichte zu widersetzen.[193] Dabei enthüllte er, dass es nach dem Eklat des 8.4. zu einer Sitzung im Büro des Reichstagspräsidenten Kaempf (Freisinn) gekommen sei, an der neben einigen Vertretern der bürgerlichen Fraktionen auch Staatssekretär Helfferich und ein Vertreter des Oberkommandos in den Marken teilgenommen hätten. Dort sei beschlossen worden, einen geschönten Sitzungsbericht zu verfassen.[194] Diese Verletzungen der Amtspflichten des Reichstagspräsidenten hinsichtlich Redefreiheit und Berichterstattung verband er mit einem – mehrheitlich abgelehnten – Antrag der SAG, ihn an diese zu erinnern.[195] Scheidemann widersprach umgehend und forderte dazu auf, zur Tagesordnung überzugehen.

5.1. Opposition zwischen Konkurrenz und Kooperation

Die Solidarität der SAG mit den Anhängern der Gruppe Internationale bzw. der Spartakusgruppe war allerdings keine grundsätzliche. Schon Liebknechts individuelle Initiativen gegen die Kriegskredite und gegen die Regierung fanden bei den um Haase und Ledebour gruppierten Oppositionellen wenig Zuspruch. Auch das zunehmende Drängen Liebknechts, Luxemburgs und anderer radikalerer Oppositioneller auf eine Loslösung von der alten Sozialdemokratie und ihrer II. Internationale sowie auf die soziale Revolution als Kampf gegen den Krieg entsprachen nicht dem Kalkül der zentristischen Opposition, die die Rückgewinnung der SPD anstrebte und deshalb einer neuen Internationale skeptisch gegenüber blieb. So schrieb Karl Kautsky an Victor Adler im Herbst 1914: „Bisher ist Rosas Anhang sehr gering – Ledebour ist zu meinem Erstaunen ein wütender Gegner der Rosa geworden", und benannte das strategische Dilemma des „marxistischen Zentrums". Eine zu große Nähe zur „Burgfriedenspolitik" würde zahlreiche Arbeiter in Richtung Liebknecht/Luxemburg treiben. „Treten wir gegen die rechte Gruppe auf, so wird sie uns den Massen als *Rosaurier*, wie Ledebour sagt, denunzieren, die Leute, die sich von Rosa nur an Mangel an Mut

193 Ebd., 13.5.1916, S. 7.

194 Reichstagsrede, 12.5.1916, Sten. Ber. RT, Bd. 307, S. 1052.

195 Ebd., S. 1053. Den Antrag siehe als Resolution 292 unter https://www.reichstagsprotokolle.de/Blatt_k13_bsb00003422_00138.html.

unterscheiden."[196] Für Molkenbuhr, der jetzt vollständig zum gemäßigten Flügel gehörte, waren die Anhänger der Spartakusgruppe Anarchisten mit der Revolution als Selbstzweck.[197]

In der Tat sah sich die zentristische Opposition häufiger dem Vorwurf der Unentschlossenheit ausgesetzt. So kritisierten Rosa Luxemburg sowie Käte und Hermann Duncker Ledebours Rede im Reichstag über die Versenkung eines deutschen U-Bootes durch das englische Kriegsschiff „Baralong"[198] heftig. Rosa Luxemburg warf ihm vor, den Charakter des deutschen U-Boot-Krieges als Abwehrmaßregel zu verharmlosen und lediglich „um maßvolle Anwendung des bestialischen Prinzips zu betteln".[199] Hermann Duncker schrieb an seine Frau: „Georgs Rede enttäuscht mich ja sehr – es ist traurig, wie immer die Gelegenheiten verpasst werden."[200] Käte Duncker schrieb ihrem Mann über die Spannungen zwischen beiden Gruppen, dass „das Tischtuch zwischen den Familien von Onkel Georg und Vetter Karl und uns zerschnitten" sei.[201] Der so Gescholtene betrachtete die Einzelinitiativen Liebknechts und die Aktivitäten der Spartakusgruppe offensichtlich als Spaltpilz der Opposition. Er selbst könnte sich als eine Art Oppositionssprecher gesehen haben, der ungern an seiner Autorität kratzen ließ.[202]

Insgesamt polarisierten die Auseinandersetzungen zwischen Mehrheit und SAG die Gesamtpartei und trieben sie in Groß-Berlin deutlich nach links. Das war Grund genug für die Linken, den Angriff auf die Leitungsebenen zu wagen. Wegen des Kriegsausbruchs hatte der Zentralvorstand der Groß-Berliner SPD beschlossen, mit Rücksicht auf die im Felde stehenden Mitglieder keine Funktionärsneuwahlen vorzunehmen. Am 25.4.1916 entschied sich der Zentralvorstand auf Antrag von Berlin IV (Wahlkreis Otto Büchner), Berlin VI (Ledebour) und Niederbarnim (Stadthagen) zur Einberufung einer Generalversammlung zur Neuwahl der Leitungsgremien. Die Minderheit im Vorstand, darunter Eugen Ernst und Otto Wels, legte vergeblich scharfen Protest ein. Der Zentralvorstand

196 Kautsky an Adler, 28.11.1914, in: Adler, S. 606f.

197 Molkenbuhr, S. 286.

198 Reichstagsrede, 15.1.1916, Sten. Ber. RT, Bd. 306, S. 651 u. 674f.

199 Luxemburg, Die Politik der sozialdemokratischen Minderheit, in: Dies., GW, Bd. 4, S. 175. Vgl. Vw, 27.6.1916, S. 9, über die Debatte auf der Generalversammlung der Groß-Berliner Sozialdemokratie.

200 Hermann Duncker, Brief an Käte Duncker, zit. n. Keller, S. 80.

201 Käte Duncker an Hermann Duncker, 18.2.1916, in: Duncker, Ein Tagebuch in Briefen, S. 275f.

202 So liest es sich bei Keller, S. 73. Vgl. Heinz Wohlgemuth, Die Entstehung der KPD, Frankfurt a.M. 1978, S. 115.

setzte als Termin der Generalversammlung des Verbandes den 25.6. fest und lud in die „Germania-Säle" im Wedding ein.[203] Die Generalversammlung entwickelte sich zu einem Fiasko für die Gemäßigten. Alle Anhänger der Linie des Parteivorstandes wurden mit deutlichen Mehrheiten abgewählt, darunter Eugen Ernst und Otto Wels. Insgesamt erwies sich das marxistische Zentrum als dominierende Kraft, wohingegen die Spartakusgruppe, für die Rosa Luxemburg und Ernst Meyer auftraten, in der direkten Konkurrenz unterlegen blieb. So wurden Adolph Hoffmann zum Vorsitzenden und Karl Leid zum zweiten Vorsitzenden gewählt. In den Aktionsausschuss wählten die Delegierten exponierte Vertreter der beiden marxistischen Strömungen. Rosa Luxemburg wurde in die Pressekommission entsandt, unterlag aber in direkter Abstimmung bei der Wahl zum Parteiausschuss mit 66 Stimmen gegen Arthur Stadthagen, der 262 Stimmen bekam. Die gesamte Linke wählte sie dann geschlossen zu Stadthagens Vertreterin. Die Generalversammlung forderte die Abkehr von der „Politik des 4. August" und beschloss eine Solidaritäts- und Sympathieerklärung mit dem inhaftierten Karl Liebknecht.[204] Insgesamt verdeutlicht das Ergebnis der Generalversammlung durchaus die Vorstellung, die Ledebour und Mitstreiter wie Stadthagen von einer oppositionellen Politik gegen den gemäßigten Flügel gehabt haben dürften: Linker Pluralismus unter ihrer Führung. Der Parteivorstand erkannte diese Wahl zunächst nicht an. Kurz darauf wurden Rosa Luxemburg, im Februar erst aus dem Gefängnis entlassen, und Franz Mehring in „Schutzhaft" genommen. Die radikale Opposition war damit neben Liebknecht um zwei weitere zentrale Persönlichkeiten geschwächt.[205]

5.2. Der Parteispaltung entgegen (Mai 1916 – Januar 1917)

Unterdessen entwickelte sich seit dem 1.5.1916, dem Tag der Verhaftung Liebknechts während der Friedenskundgebung auf dem Potsdamer Platz, mit dem Inhaftierten eine Solidaritätsbewegung in Berlin, die sich gleichzeitig gegen die Lebensmittelknappheit richtete. Am 28./29.6. streikten rund 50 000 Arbeiter aus wichtigen Groß-Berliner Betrieben als Protest gegen den Liebknecht-Prozess. Insbesondere Arbeiter aus Munitionsbetrieben wie den Deutschen Waffen- und Munitionsfabriken Berlin und Wittenau oder der AEG waren aktiv.[206] Unterdessen steuerte der Kampf um die künftige Richtung der SPD auf eine Entscheidung

203 Czitrich-Stahl, S. 625 f.

204 Rev. Berl. Arbeiterbewegung 1, S. 603 ff.

205 Laschitza, Im Lebensrausch, S. 530 f.

206 Prager, S. 103; Rev. Berl. Arbeiterbewegung 1, S. 605 f.

zu. Da aber ein Parteitag strömungsübergreifend auf Bedenken stieß, einigte sich der Parteiausschuss am 20./21.6.1916 auf die Einberufung einer Parteikonferenz.[207] Dass es in der Partei gärte, notierte auch Hermann Molkenbuhr in seinem Tagebucheintrag vom 15.7.[208] Diese Reichskonferenz fand vom 21.–23.9. in Berlin statt und beriet trotz Eingaben zur Erweiterung der Tagesordnung lediglich über die Punkte „Politik der Partei" und „Tätigkeit des Parteivorstandes". Friedrich Ebert verurteilte die Versuche der oppositionellen Sozialisten, auf Munitionsarbeiterstreiks zu orientieren. Als Reaktion darauf kam es zu tumultuarischen Zuständen, während der bayerische Abgeordnete Johannes Timm Arthur Stadthagen tätlich angriff.[209] Die Psychologie dieser Situation bringt zum Ausdruck, dass es ein unmögliches Unterfangen war, zwischen dem Flügel der Klassenauseinandersetzung und dem der Klassenkooperation zu vermitteln. Enttäuscht vom Verlauf der Konferenz erklärten die SAG und die Spartakusgruppe, dass sie an Abstimmungen über Sachfragen nicht mehr teilnehmen würden. Zuvor war ein von Haase und Ledebour eingebrachter Antrag gescheitert, der mit der Begründung, die Reichskonferenz sei nicht zu Beschlüssen in der Sache befugt, den Verzicht auf Abstimmungen forderte.[210] Letztendlich jedoch zeichnete sich die Spaltung der Sozialdemokratie immer deutlicher ab: Die Parteipresse lag, den „Vorwärts" z.B. noch ausgenommen, überwiegend in den Händen der Gemäßigten, die Ausgrenzungsprozesse dauerten fort, Beschlüsse im Sinne der Opposition waren auf der Reichskonferenz nicht zustande gekommen.[211] Die Niederlage der Opposition wurde durch den „Vorwärts-Raub", wie es die Opposition nannte, komplettiert. Nach dem erneuten Verbot des „Vorwärts" durch die Militärbehörde im Oktober 1916 sicherte die Mehrheit dem Oberkommando die Einsetzung des zur Mehrheit zählenden Hermann Müller als Redaktionsbevollmächtigten zu. Damit war der linken Redaktion jedwede Eigenständigkeit genommen. Proteste des Groß-Berliner Zentralvorstandes vom 29.10.1916 ignorierend wurden umgehend Arthur Stadthagen, Karl Leid und Heinrich Ströbel entlassen, Ernst Däumig und andere Linke folgten bald.[212]

Diametral auseinanderliegende Positionen offenbarten sich in der Frage der Behandlung des U-Boot-Krieges. Während die SPD-Fraktion und die bürgerlichen Parteien im Hauptausschuss mit klarer Mehrheit gegen eine U-Boot-Debatte

207 Miller, S. 135.

208 Molkenbuhr, S. 286.

209 Vgl. Kriegstagebuch David, S. 199; Prager, S. 106; Scheidemann, Memoiren 1, S. 245.

210 Kriegstagebuch David, S. 200; Krause, USPD, S. 72; Prager, S. 109.

211 Krause, USPD, S. 73; Prager, S. 106 ff.

212 Miller, S. 145 ff.; Prager, S. 111 ff.

im Plenum votierten, wurde diese von den Konservativen wie auch mit konträrer Position von Ledebour vergeblich gefordert. De facto existierten bereits zwei Parteien, die der alten SPD entwachsen waren. Dies offenbarte sich am „Vaterländischen Hilfsdienstgesetz", das die gesamte Gesellschaft auf die Kriegswirtschaft hin formieren sollte; der Entwurf dazu gelangte im November 1916 in den Reichstag. Am 29. 11. trat das Parlament in seine erste Beratung ein. Dahinter verbarg sich ein umfassendes Rüstungsprogramm. Zur Durchführung dieses Programms wurden die gesamte Kriegsindustrie, die Landwirtschaft, die Krankenpflege und kriegswichtige Betriebe dem „Hilfsdienstgesetz" unterstellt. Es erfasste alle männlichen, nicht eingezogenen Männer vom 17. bis zum 60. Lebensjahr. Die Folge war eine weitere dramatische Zuspitzung der Versorgungslage im Reich. Vogtherr sprach für die SAG gegen das Gesetz in der ersten Lesung, Dittmann zu Beginn der zweiten Lesung. Für die SAG, die zwanzig – komplett abgelehnte – Änderungsanträge einreichte, sprachen außerdem noch Wurm, Kunert, Henke, Haase, Ledebour, Zubeil, Stolle und Stadthagen. In der dritten Beratung des Gesetzes am 2. 12. wandten sich Haase, Dittmann, Stolle, Henke, Ledebour und Stadthagen gegen die Annahme des Gesetzes. Die Fraktion der SPD hingegen stimmte letztlich dem „Hilfsdienstgesetz" zu.[213]

5.3. Die Reichskonferenz der Opposition in Berlin (7. Januar 1917)

Am 7. 1. 1917 trafen sich auf Einladung der SAG Vertreter der gesamten Opposition zur Reichskonferenz in Berlin. 157 Delegierte waren unter Ausschluss der Öffentlichkeit im Reichstagsgebäude anwesend, darunter 35 Abgesandte der Spartakusgruppe.[214] Georg Ledebour eröffnete die Reichskonferenz und „verwies in seiner Eröffnungsrede darauf, dass sie wesentlich veranlasst sei durch das parteizerstörende Treiben des Parteivorstandes, den Raub des *Vorwärts*, der Gründung der rechtssozialdemokratischen Gegenorganisationen usw.". Wilhelm Dittmann übernahm die Konferenzleitung, Hugo Haase hielt ein Referat über „Die Lage der Partei unter Berücksichtigung der Taktik der oppositionellen Reichstagsabgeordneten", Richard Lipinski sprach über Organisationsfragen und Ernst Meyer nahm als Korreferent der Spartakusgruppe zu beiden Fragen Stellung.[215] Haase riet zur Einheit der Parteiopposition, lehnte es aber ab, die alte sozialdemokratische Partei aufzugeben und befürwortete, weiterhin als Minderheit in

213 Vgl. Czitrich-Stahl, S. 632 ff.

214 Prager, S. 120.

215 Protokolle der Parteitage der Unabhängigen Sozialdemokratischen Partei Deutschlands, Bd. 1: 1917–1919, Glashütten i. T. 1975, S. 85.

der Partei um Mehrheiten zu kämpfen. Meyer hingegen vertrat die Position, nur so lange in der SPD zu bleiben, „als wir den Klassenkampf gegen den Parteivorstand führen können. In dem Augenblick, wo wir darin gehemmt werden, wollen wir in der Partei nicht bleiben.“[216]

Einigkeit bestand vor allem im gemeinsamen Kampf gegen die Linie des Parteivorstandes, der Unterschied hingegen in der radikalen Orientierung auf eine revolutionäre Aktion und Organisation (Spartakusgruppe) einerseits und in dem Versuch der SAG andererseits, die marxistische Politik der Vorkriegsperiode wiederzubeleben. Mit 111 Stimmen verabschiedeten die Delegierten die „Resolution Lipinski“, die die sozialistische Orientierung bekräftigte und zum Kampf innerhalb der SPD aufforderte.[217] Nach der Abstimmung meldete sich Ledebour zu Wort und appellierte an die Zusammenarbeit der oppositionellen Strömungen gegen die Politik des Parteivorstandes. Eine Wortmeldung von Carl Minster (Spartakusgruppe/Duisburg) aufgreifend betonte er, „dass in diesem Saal keiner ist, der glaubt, dauernd mit diesen Leuten in einer Partei zusammen arbeiten zu können. Aber wir wollen dieser Partei die Entscheidung zuschieben und dafür sorgen, dass, wenn gespalten werden muss, sich die Scheidemann, Ebert und Fischer herausspalten. Dafür wollen wir wirken.“[218] Man begann, sich auf das inzwischen Unvermeidbare vorzubereiten. Schon am 4. 1. 1917 hatte sich der SPD-Parteivorstand mit einer unmissverständlichen Warnung an die SAG und den „Spartakus“ gewandt. Er erklärte die Konferenz als unvereinbar mit dem Organisationsstatut der SPD, bezeichnete die Einladenden als „unberufene Parteigenossen“ und bezeichnete alles als ein die „Partei zerstörendes Treiben“. Die Zeichen standen auf Sturm.[219]

Am 18. 1. 1917 tagte der Parteiausschuss der SPD und fasste mit 29 gegen 10 Stimmen den Ausschlussbeschluss gegen die SAG.[220] Paul Löbe, der bis dahin eine vermittelnde Position einnehmen wollte, neigte inhaltlich – wohl auch in alter Verbundenheit mit Eduard Bernstein – weiterhin in manchem noch der Opposition zu, verblieb aber wie Gustav Hoch und andere linkere Fraktionsmitglieder in der alten Partei.[221] Die organisatorische Zentrierung der ausgeschlossenen Opposition stand nun unabweisbar auf der Tagesordnung, auch wenn sie eher als Notbehelf empfunden wurde.

216 Ebd., S. 89 (Haase), 94 (Meyer); Krause, USPD, S. 80.

217 Ebd., S. 97 ff. Hier auch die abgelehnte „Resolution Meyer“ (34 Stimmen).

218 Ebd., S. 118.

219 Krause, USPD, S. 79.

220 Ebd., S. 82.

221 Löbe, S. 45.

5.4. Die Gründung der USPD in Gotha (6.–8. April 1917)

Am 9.2.1917 druckte die „Leipziger Volkszeitung“ den von Hugo Haase, Georg Ledebour und Ewald Vogtherr verfassten Aufruf „Parteigenossen. Die Stunde der Entscheidung ist für uns alle gekommen“, in dem zum Zusammenschluss der Opposition und zur Durchführung einer Oppositionskonferenz aufgerufen wurde: „Solidaritätspflicht ist es jetzt für alle grundsatztreuen Genossen, sich organisatorisch zu vereinen zu gemeinsamer Arbeit für die Gesundung der sozialdemokratischen Bewegung in Deutschland, für die Durchführung eines sozialdemokratischen Programms sowie der Beschlüsse der Parteitage und der internationalen Sozialistenkongresse!“[222] Mitten in die Vorbereitungszeit der Konferenz hinein traf die Nachricht von der erfolgreichen Februarrevolution in Russland. Die SAG nutzte den revolutionären Schub zur Einbringung eines Antrags in den Reichstag, der einen schnellen Friedensschluss, baldige Reichstagswahlen, die Aufhebung des Belagerungszustands und entscheidende Demokratisierungs- und Transformationsschritte im Reich einforderte.[223] Gleichzeitig herrschte bei den Initiatoren des Oppositionskongresses noch keinerlei Übereinstimmung über das gewollte Ergebnis der Konferenz, die für den 6.–8.4.1917 nach Gotha einberufen wurde. Es entschied sich schließlich der Kongress mit 143 Delegierten, darunter 15 Reichstagsabgeordnete, unter ihnen Ledebour, für die Formierung als Partei mit dem Namen „Unabhängige Sozialdemokratische Partei Deutschlands“ (USPD).

Am dritten Verhandlungstag referierte Ledebour über „Unsere Aufgaben“. Grundsätzlich hob er hervor, dass der Parlamentarismus das Hauptmittel des politischen Kampfes sei, denn: „Wir sind Demokraten. Nicht nur Sozialisten, sondern auch Demokraten.“[224] Dann thematisierte er die Frage der Kriegskredite und befürwortete eine Zustimmung für den Fall, dass es sich um einen wirklichen Verteidigungskrieg handele. Als Beispiel dafür nannte er die Situation, wenn in Russland eine sozialistische Regierung ihren Gegnern ein Friedensangebot mache, diese aber weiter einen Eroberungskrieg führten. Alles andere sei „Verteidigungsnihilismus“.[225] Doch hatte auch Ledebour noch nicht eine revolutionäre Situation vor Augen, sondern eine Demokratisierung und

222 Krause, S. 84; Prager, S. 129; NL Dittmann, Sig 25.

223 Prager, S. 135f.

224 G.L., Unsere Aufgaben. Referat auf dem Gründungsparteitag der USPD (6.–8.4.1917), in: Protokolle USPD 1, S. 51ff., Zitat S. 52.

225 Ebd., S. 56ff. Tatsächlich trat diese Situation in Russland ja nach der Oktoberrevolution 1917 und im Bürgerkrieg nach 1918 ein.

vor allem einen gerechten Friedensschluss. Dem widersprach seitens der Spartakusgruppe Fritz Heckert, der sich von Ledebours Rede enttäuscht zeigte, weil sie keine revolutionäre Perspektive, auch nicht für die parlamentarische Arbeit, aufgezeigt habe.[226] In seinem Schlusswort fand Ledebour versöhnliche Töne gegenüber der Spartakusgruppe und appellierte an die Einigkeit der neuen Partei: „Jedenfalls wollen wir jetzt hinausgehen zu gemeinsamer Arbeit für das Proletariat und für den Frieden", was mit lebhaftem Beifall goutiert wurde.[227]

Die Delegierten wählten Hugo Haase und Georg Ledebour zu Vorsitzenden, Luise Zietz und Wilhelm Dittmann zu Sekretären, Adolf Hofer, Gustav Laukant und Robert Wengels zu Beisitzern der USPD. Stadthagen übernahm keine Parteifunktion und folgte damit seiner skeptischen Position großen Parteiapparaten gegenüber.[228] Das „Manifest" der Reichskonferenz, von Kautsky verfasst, forderte eine Amnestie für politische Gefangene (Luxemburg, Liebknecht u. a.), die Aufhebung der Zensur, unbeschränktes Vereins-, Versammlungs- und Koalitionsrecht, die Aufhebung bestehender kriegsbezogener Ausnahmegesetze für bestimmte Arbeiter- und Berufsgruppen und für Landarbeiter, Arbeitsschutz und Achtstundentag, Einführung des allgemeinen, geheimen, freien und gleichen Wahlrechts für Männer und Frauen und für alle Körperschaften. Außerdem begrüßten die Delegierten die Februarrevolution in Russland als einen „für die Demokratie, für die Eröffnung der Bahn zum Sozialismus, aber auch für den Frieden" errungenen Fortschritt des russischen Proletariats. Weiterhin wurden die „Internationale Solidarität des Proletariats" und ein Verständigungsfrieden gefordert. Damit stellte sich die USPD auf den Boden des Kampfes um Frieden und für die Ablösung der Monarchie.[229] Ein neues Parteiprogramm und Statuten verfasste man nicht, sondern beanspruchte in beidem demonstrativ auch das Erbe der alten SPD vor 1914. Insgesamt prägten die „Zentristen", unter ihnen federführend Ledebour, das Antlitz der neuen Partei. Seine Betonung des Demokratischen als Merkmal der USPD kam gewiss nicht von ungefähr, sondern dürfte als Aussage der Unterscheidung zur Spartakusgruppe zu verstehen sein. Wenn diese gewissermaßen die Revolution als Mutter aller Dinge begriff, war Revolution im zentristischen Sinne die Fortsetzung der Politik mit anderen Mitteln.

226 Fritz Heckert, in: Protokolle USPD 1, S. 67.

227 Schlusswort G. L., ebd., S. 79 f.

228 Dittmann, Erinnerungen 2, S. 499 ff.; Protokolle USPD 1, S. 71 f.

229 Protokolle USPD 1, S. 79 ff.

6. Zwischen USPD-Gründung und Novemberrevolution (April 1917 – November 1918)

6.1. Für eine radikale Parlamentarisierung: Der Verfassungsausschuss 1917

Im Reichstag machte sich nach der russischen Februarrevolution eine starke Stimmung für eine Parlamentarisierung bemerkbar. SPD und FVP forderten entscheidende Schritte in diese Richtung. Gustav Stresemann (NLP) forderte die innenpolitische Neuordnung Deutschlands einschließlich der Wahlrechtsfrage in Preußen. Daher beantragte seine Fraktion, „einen besonderen Ausschuss von 28 Mitgliedern (Verfassungsausschuss) zu bilden für die Prüfung verfassungsrechtlicher Fragen, insbesondere der Zusammensetzung der Volksvertretung und ihres Verhältnisses zur Regierung". Ein mit einem SPD-Antrag kombinierter neuer Antrag wurde angenommen. 227 Abgeordnete von SAG bis Zentrum unterstützten die Bildung des „Verfassungsausschusses", 33 lehnten ihn ab und 5 enthielten sich der Stimme.[230] Weitere Anträge der SAG hingegen scheiterten, wie etwa nach einem schnellen Friedensschluss und nach Amnestie für politische Gefangene.[231]

Diese mögliche Entwicklung auf eine Parlamentarisierung hin beruhte auf mehreren Faktoren. Der Kriegseintritt der USA im April 1917 schwächte die Mittelmächte und setzte deren Regierungen unter Druck. Zudem brachten die Konservativen im Preußischen Abgeordnetenhaus einen mit Rücksicht auf den „Burgfrieden" jahrelang zurückgehaltenen Antrag zur Sicherung der überkommenden Adelsprivilegien ein, der die SPD und die Liberalen düpierte, die SAG wurde am Reden gehindert.[232] Die Reichsleitung geriet also von mehreren Seiten in die Defensive: SPD, FVP, Zentrum und NLP drängten auf Reformen, die Konservativen in Preußen auf ein quasi-feudales „Roll-Back", die Arbeiterschaft war des Krieges müde, die Alliierten stellten schwerwiegende Bedingungen. Am 3. 5. wurde im Reichstag die Besetzung des Verfassungsausschusses bekannt gegeben. Zu ihm gehörten bekannte Parlamentarier wie Kuno Graf von Westarp (Deutschkonservative), Dr. Peter Spahn, Adolf Gröber (beide Zentrum), Eugen Schiffer (Nationalliberale) sowie Dr. Ernst Müller (Meiningen) und Dr. Hermann Pachnicke (beide FVP) an. Die USPD vertraten Ledebour und Haase, die SPD entsandte David, Gradnauer, Heine, Johannes Hoffmann, Landsberg und Scheidemann. Letzterer wurde zum Vorsitzenden gewählt, Stadthagen gelangte am 7. 5. für den ausscheidenden Haase hinzu.

230 Bollmeyer, S. 142.
231 Ebd., S. 144.
232 Czitrich-Stahl, S. 645.

Im Reichstag hatte sich Ledebour bereits am 26. 10. 1916 zum wiederholten Male für eine Parlamentarisierung stark gemacht, als er mutmaßte, dass das Volk von seinen Abgeordneten verlangen werde, auch gegen diese Regierung die parlamentarische Regierungsform über das Budgetbewilligungsrecht zu erzwingen, eine Reminiszenz an die „Glorious Revolution".[233] Auf das Volk beriefen sich sowohl Befürworter wie Gegner von Verfassungsreformen. So hatte am selben Tag der Deutschkonservative Hermann Kreth eine Parlamentarisierung abgelehnt und darauf abgestellt, dass das Volk nicht für sie zu begeistern sei.[234] Wenige Monate später forderte Ledebour unter dem Eindruck der Februarrevolution, „auch bei uns in Deutschland die demokratische Republik, gegen alle Anfechtungen gesichert, unverrückbar auf dem Boden des Volkswillens zu errichten", wobei er Volkswillen offenbar mit Volkssouveränität gleichsetzte.[235] Doch auch hier gab es konservative Gegenrede, sodass der Kampf um die Legitimität mit staatsrechtlichen Begriffen ausgefochten wurde. Deren Inhalte spiegelten zwar die Kämpfe der Innenpolitik wider, waren aber noch nicht kodifiziert. Während die Konservativen Reformen verhindern wollten, versuchten die faktische Koalition des „interfraktionellen Ausschusses" und die SAG, später USPD, unter Berufung auf eine Volksmehrheit bzw. auf die Volksmehrheit der arbeitenden Menschen Reformen mit unterschiedlicher Reichweite durchzusetzen.

Eine zentrale Rolle im Ausschuss spielte das Reichstagswahlrecht. Dabei fasste man zunächst eine Wahlkreisreform ins Auge, die die bestehenden Ungerechtigkeiten abmildern bzw. beseitigen sollte. Zum Beispiel brachte die FVP erfolgreich einen Antrag ein, alsbald einen Gesetzentwurf vorzulegen, der für bevölkerungsreiche Wahlkreise eine entsprechende Vermehrung der Mandate unter Einführung der Verhältniswahl bestimme. Die USPD, also Ledebour und Stadthagen, das Zentrum und die Vertreter beider konservativen Parteien stimmten dagegen. Zentrum und Konservative profitierten entweder von der Homogenität der Wahlbevölkerung oder von der geringen Wahlkreisgröße. Die USPD verfocht eine Strategie der maximalen Parlamentarisierung und versuchte, über das Verhältniswahlrecht die Befugnisse für die Aufstellung von Kandidaten-Wahllisten zu demokratisieren, indem nicht die Parteivorstände dieses Recht zugesprochen bekämen, sondern „die Gesamtheit der Partei", wie es Ledebour anmahnte, womit er versammlungsdemokratische Institutionen wie Delegierten- oder gar Wahlkreisvollversammlungen assoziiert

233 Reichstagsrede v. 26. 10. 1916, Sten. Ber. RT, Bd. 308, S. 1829. Vgl. Bollmeyer, S. 74 ff.

234 Kreth, Reichstagsrede v. 26. 10. 1916, S. 1826; Bollmeyer, S. 74 ff.

235 Reichstagsrede v. 30. 3. 1917, Sten. Ber. RT, Bd. 309, S. 2930; Bollmeyer, S. 87.

haben dürfte.[236] Der FVP-Vorschlag ging der USPD nicht weit genug. Die sozialdemokratischen Vertreter brachten zudem das Frauenwahlrecht in die Debatte ein.[237] Natürlich war Ledebour ein entschiedener Verfechter des Frauenwahlrechts, eine Frage, in der sich die gespaltene Sozialdemokratie in der Sache einig blieb. Im Reichstag sprach er am 26. 10. 1916 hierzu.[238] Diese Rede war eine der ersten nach einer zwischenzeitlichen, gesundheitlich bedingten Pause. Am 28. 8. 1916 hatte Haase brieflich Dittmann mitgeteilt: „Ledebour ist körperlich sehr herunter und hat sich für einige Zeit ins Riesengebirge begeben."[239]

Im Verfassungsausschuss nahmen Stadthagen und Ledebour, später Emanuel Wurm zwar eine Außenseiterrolle ein, da sie keinerlei Rücksichten nehmen mussten, übten aber vor allem auf die Vertreter der SPD politischen Druck aus. Gerade die Rolle des Parlaments im Verfassungsgefüge versuchten sie besonders zu forcieren. Ledebour sprach am 4. 5. von der „Parlamentsherrschaft", Stadthagen am 27. 9. von einem „parlamentarisch regierte[n] Staat [...] dessen Regierung in der Hand der Volksvertretung liege".[240] Dies zwang die SPD zu Konzessionen, die immer wieder zu Konflikten im „interfraktionellen Ausschuss" führten. Stadthagen und Ledebour definierten die Rolle der Volksvertretung als eine der Nationalversammlung der Französischen Revolution gemäße, wenn sie postulierten, dass „die Regierung in der Hand der Volksvertretung" liegen müsse.[241] Beide verfochten die Position der vollen Verantwortung des Reichskanzlers gegenüber dem Parlament. Dieses sollte die Kompetenz besitzen, den Kanzler mit Mehrheit zu entlassen. Diese unbedingte Vorrangstellung des parlamentarischen Regierungssystem teilte nicht einmal die SPD.[242] Ledebour und die USPD strebten die Überwindung der bestehenden Ordnung an. Letztlich aber verblieben die Ergebnisse des Ausschusses weitgehend unbeachtet. Seine faktische Bedeutung lag vielmehr in der Verstetigung der Kooperation der SPD mit den liberalen Parteien und dem Zentrum. Der USPD blieb die Rolle einer fordernden Opposition. Zum 5. 7. 1917 schied Ledebour aus dem Verfassungsausschuss aus und wurde durch Wurm ersetzt.[243]

236 Bollmeyer, S. 156; Czitrich-Stahl, S. 647.

237 Bollmeyer, S. 147 f.

238 Vgl. Reichstagsrede am 26. 10. 1916, Sten. Ber. RT, Bd. 308, S. 1831.

239 Dittmann, Erinnerungen 2, S. 479.

240 Zit. n. Bollmeyer, S. 159.

241 Stadthagen, zit. n. ebd., S. 161.

242 Bollmeyer, S. 165.

243 Czitrich-Stahl, S. 648.

6.2. Von Moabit bis Stockholm: Massenaktionen gegen den Krieg (April – Oktober 1917)

Die russische Februarrevolution löste nun im Deutschen Reich gesteigerte Protestaktivitäten aus, als nach dem „Steckrübenwinter" 1916/17 die Munitionsarbeiter in den Streik traten und Massenaktionen gegen die sozialen und politischen Missstände organisierten. Auch die Spartakusgruppe und die USPD unterstützten die mehrwöchigen Arbeiteraktionen. So schrieb Wilhelm Dittmann über den 21. 4. 1917: „In Berlin nahmen weit über 100 000 Männer und Frauen an der Streikbewegung teil, und auch hier waren es unsere führenden Genossen in den Betrieben, die der Bewegung Ziel und Inhalt gaben. Haase, Ledebour und Stadthagen, Adolph Hoffmann, Paul Hoffmann, ich und andere Reichstags- und Landtagsabgeordnete sprachen auf Ersuchen der Streikleitungen in riesigen Massenveranstaltungen der Streikenden."[244] Die „Aprilstreiks" begannen als spontane betriebliche Bewegungen und weiteten sich zum Massenstreik aus. Ledebour, der noch auf dem Gründungsparteitag der USPD in Gotha die Priorität des parlamentarischen Kampfes gegenüber Massenaktionen betont hatte, fand dennoch schnell Zugang zu den Aprilstreiks, denn er hatte in seinem Referat die Bedeutung von Massenaktionen anerkannt, aber deren bewusste Initiierung skeptisch beurteilt und vor allem auf spontane Bewegungen gesetzt.[245] So wurde er selbst in die Arbeitskämpfe einbezogen: Die Arbeiter in den Berliner Waffen- und Munitionsfabriken bildeten am 18. 4. 1917 einen Arbeiterrat, dem neben drei Vertretern der Belegschaft noch Haase, Adolph Hoffmann und Ledebour angehörten, die durch ihre parlamentarische Immunität die schützende Hand über das basisdemokratische Organisationsprinzip halten sollten. Auch sprachen Haase und er am 19. 4. in der Weddinger Badstraße vor den Arbeitern von Hasse & Wrede.[246] Mehr oder weniger „eilten [sie] von Saal zu Saal".[247] Als Ledebour am selben Tag eine Versammlung in den Weddinger „Pharussälen" durchführte, löste das Oberkommando in den Marken sie auf und stellte die Waffen- und Munitionsfabriken in Moabit und Wittenau unter militärisches Kommando; den Arbeitern wurde die Wiederaufnahme der Arbeit befohlen.[248] Damit war das Ende

244 Dittmann, Erinnerungen 2, S. 509. Vgl. Rev. Berl. Arbeiterbewegung 1, S. 622 ff.

245 Protokolle USPD 1, S. 52.

246 Keller, S. 90; Rev. Berl. Arbeiterbewegung 1, S. 627.

247 Lange, S. 738.

248 Ebd., S. 628. Laut Keller, S. 91, verfiel auch eine Versammlung am 20. 4. in den Munitionsfabriken der Auflösung.

der Streikbewegung vorgezeichnet. Doch hatte sie die USPD politisch gestärkt. Am 13.4. war die Partei mit dem Aufruf der Zentralleitung an die Öffentlichkeit getreten. In ihm stellte sie sich in die Tradition von Marx, Engels und Lassalle sowie von Bebel, des alten Liebknecht und Singer. Die Arbeiterinnen und Arbeiter wurden aufgerufen, sich für den Frieden und „die hehren Ziele des Sozialismus" in der USPD zu organisieren. Zu den Unterzeichnern gehörte selbstverständlich auch Ledebour.[249] Doch als Reaktion wurde behördlicherseits erwogen, strafrechtlich gegen ihn und weitere Aktivisten der USPD vorzugehen.[250]

Der Sekretär des Internationalen Sozialistischen Büros (ISB), Camille Huysmans, lud für den 15.5.1917 zu einem sozialistischen Kongress in Stockholm ein. Das Vorhaben scheiterte jedoch an Konflikten zwischen den Arbeiterparteien, die einem Kriegsbündnis angehörten. Doch die Behörden waren vorbereitet und hatten die Anweisung, USPD-Mitgliedern keine Pässe oder Sichtvermerke auszustellen.[251] Für Mitglieder der SPD galt dies nicht, und so konnte eine neunköpfige Delegation am 2.6.1917 nach Stockholm reisen.[252] Da sich die politische Lage insgesamt bewegt hatte, forderte nun auch die SPD einen Verständigungsfrieden, wohl wissend um die ungünstiger gewordene Lage seit dem Kriegseintritt der USA.[253] In Stockholm verabschiedete die deutsche Delegation unter Leitung Eberts das „Stockholmer Memorandum", in dem ein Frieden ohne Annexionen, der Verzicht auf Kontributionen, eine Neuordnung Europas auf Grundlage der nationalen Integrität und Souveränität, die Respektierung der Nationalitäten und der Verbleib Elsass-Lothringens im Reich postuliert wurden.[254]

Nach allen bewältigten Hindernissen bei der Erteilung der Pässe trafen Haase, Kautsky, Bernstein, Herzfeld und Stadthagen am 22. Juni 1917 zu einer ersten Besprechung in Stockholm ein.[255] Doch litten die Stockholmer Beratungen unter der Zerstrittenheit der Beteiligten. Zwei Wochen verbrachten die USPD-Teilnehmer mit Gesprächen mit verschiedenen anderen Delegationen, Vertretern der II. Internationale und den „Zimmerwaldern", die die Trennung

249 Prager, S. 145f.

250 Keller, S. 91; Lange, S. 741.

251 LAB Nr. 15980, Bl. 30, 10.5.1917. Namentlich galt die Anweisung für Eduard Bernstein, Karl Kautsky und Luise Zietz.

252 Scheidemann, Memoiren 2, S. 9.

253 Ebd., S. 7.

254 Vgl. ebd, S. 11ff.; Vw, 16.6.1917, S. 1f. Auf S. 2 sind die Namen der Delegationsteilnehmer verzeichnet.

255 Vw, 24.6.1917, S. 1.

von der II. Internationale anstrebten. Dennoch entstand hier das Manifest der USPD zum Frieden, das ein detailliertes Friedensprogramm formulierte.[256] Das umgehend von den Militärbehörden verbotene Manifest verlas Haase am 19.7. im Reichstag.[257] Diese beredte Aktion Haases und der USPD richtete sich nicht nur gegen die Regierung und die Annexionisten, sondern brachte nicht zuletzt die Kritik an der „Friedensresolution" der Parteien des „interfraktionellen Ausschusses" zum Ausdruck, die zwar deutlich von der Regierungspolitik abrückte, aber auf konkrete Forderungen verzichtete. Die „Friedensresolution" wurde mit 212 gegen 126 Stimmen, darunter die der USPD, und 17 Enthaltungen angenommen. Reichskanzler Michaelis relativierte die Friedensresolution der drei Parteien umgehend mit den Worten „wie ich sie auffasse", und manövrierte sich damit schnell ins Abseits.[258] Immerhin markierte die Resolution eine Neuorientierung in Deutschland. Zu einer weiteren Vorberatung reisten Dittmann und Ledebour am 31.7. nach Stockholm.[259]

Vom 5.–12.9.1917 fand in Stockholm die dritte Konferenz der Zimmerwalder Bewegung statt. Für die USPD nahmen Hugo Haase, Georg Ledebour, Arthur Stadthagen, Adolf Hofer, Robert Wengels und Käte Duncker an der Konferenz teil. Angelica Balabanoff, die Sekretärin der „Zimmerwalder", erschrak über den Zustand vieler Delegierter: „Die Teilnehmer der Konferenz, besonders die aus Deutschland und Österreich Gekommenen, trugen in ihrem ganzen Wesen den Stempel des Kriegselendes: unterernährt, gealtert! Besonders elend sah Arthur Stadthagen aus"[260], der wenige Monate darauf verstarb. Die Gespräche standen im Zeichen der sich zuspitzenden revolutionären Lage in Russland. Die Sympathien der meisten Teilnehmer der dritten Zimmerwalder Konferenz galten den Sowjets und den Bolschewiki. So beschloss man eine Resolution, in der ein gemeinsamer internationaler Massenstreik zugunsten der Revolution in Russland gefordert wurde; Ledebour hatte diesen vorgeschlagen und war auch an der der Resolution beteiligt.[261] Damit sollten der Krieg beendet und der Frieden gesichert werden. Da diese Resolution de facto einen internationalen Revolutionsaufruf darstellte, beschloss man, bei seiner Veröffentlichung behutsam vorzugehen. Sie sollte erst dann nach der Rückkehr der Delegierten in ihre Heimatländer an die Öffentlichkeit gelangen, wenn die nicht in Stockholm anwesenden Parteien ihr zugestimmt

256 Wheeler, S. 30f. Der Text des Manifests bei Prager, S. 150ff.

257 Seils, S. 576ff.

258 Zur Friedensresolution vgl. Miller, S. 309f.; Scheidemann, Memoiren 2, S. 48ff.

259 Balabanoff, Zimmerwalder Bewegung, S. 89.

260 Ebd., S. 90; Zur Beschreibung vgl. dies., Erinnerungen, S. 168.

261 Wheeler, S. 34f.

haben würden.[262] Stadthagen schmuggelte das Manifest nach Deutschland, indem er es nach einem selbst entwickelten System auf eine Hemdmanschette stenographierte und auf eine Nachricht von Angelica Balabanoff hin verbreitete.[263] Die Mitglieder der USPD-Delegation befanden sich in akuter Gefahr, denn die Unruhen in der deutschen Flotte hatten zur Vollstreckung von Todesurteilen an den Matrosen Max Reichpietsch und Albin Köbis, die der USPD nahe standen, am 5.9.1917 geführt. Deshalb fuhr Luise Zietz kurz nach der Konferenz erneut nach Stockholm, um die Veröffentlichung des Aufrufs zu verschieben, doch Ledebour schrieb an Balabanoff, dass er die Position von Zietz nicht unterstütze.[264]

Vom 14.–20.10.1917 fand der Parteitag der SPD in Würzburg statt, der erste seit dem Jenaer Parteitag vier Jahre zuvor. Vor allem die Lage der SPD, die Frage der Parteispaltung und natürlich der Krieg beherrschten die Debatten. Insgesamt wurde es „ein Parteitag der Selbstbestätigung für die Parteileitung und -mehrheit und der Niederlage für jene kleine Minderheit, die sich trotz ihrer Kritik an deren Politik nicht zu einer Trennung entschloss".[265] Die intensive Diskussion über Anträge, die die Wiederherstellung der Parteieinheit thematisierten zeigte jedoch, dass die Parteispaltung eher bei den höheren Parteiebenen auf Sympathie stieß als bei der Parteibasis.[266] Insgesamt begann sich die SPD auf ihre Aufgabe als kommende Regierungspartei vorzubereiten.[267] Natürlich reagierte die USPD darauf mit heftiger Kritik. Im „Mitteilungsblatt", das sie von der Groß-Berliner Parteiorganisation übernommen hatte, die überwiegend in der USPD aufgegangen war, fällte man ein wenig schmeichelhaftes Urteil. Der „Burgfrieden" habe zur Verlängerung des Krieges beigetragen, die SPD habe die Arbeiter an die Seite ihrer Gegner geführt, sie sei nur noch dem Namen nach sozialdemokratisch, in Wirklichkeit aber nationalsozial. Dies waren nur einige der Vorwürfe und Polemiken an die Adresse der SPD.[268] Im November gab es einen erneuten Wechsel im Reichskanzleramt. Georg Michaelis wurde nach nur wenigen Monaten durch Georg Graf von Hertling ersetzt. Dem eher schwachen neuen Kanzler sollte ein Vizekanzler an die Seite gestellt werden, wogegen sich auch Ledebour aussprach.[269]

262 Vgl. Balabanoff, Erinnerungen, S. 167 f.; Krause, USPD, S. 101 f.; Wheeler, S. 35 f.
263 Balabanoff, Erinnerungen, S. 170.
264 Ebd., S. 172.
265 Miller, S. 331.
266 Ebd., S. 336 ff.
267 Ebd., S. 347.
268 MBl, 11.12.1917, S. 1.
269 KöZ, 12.10.1917-M-1, S. 1.

7. Ledebour in der Revolutionsära 1918/19

7.1. Vom Munitionsarbeiterstreik bis zur Revolution (Januar – November 1918)

Die Oktoberrevolution in Russland, die zeitlich auf den SPD-Parteitag folgte, veränderte die innenpolitischen Koordinaten ein weiteres Mal. Der USPD-Vorstand, namentlich auch Ledebour, begrüßte die revolutionäre Entwicklung und forderte einen allgemeinen Waffenstillstand[270], doch die Reichsregierung liebäugelte nach dem Friedensangebot aus St. Petersburg mit Gebietsgewinnen[271]. Gegen eine beabsichtigte Annexion der baltischen Gebiete hatte Ledebour schon im Reichstag entschieden protestiert und einen schnellen Frieden verlangt.[272] Doch da sich in Deutschland wie auch in Österreich-Ungarn die Ernährungslage weiter verschlechtert hatte, gärte es besonders unter der Arbeiterbevölkerung. Seit Mitte Januar 1918 entwickelte sich in Österreich eine Streikbewegung, die schnell auf das Deutsche Reich überschwappte. Träger der Aktivitäten in Deutschland waren die „Revolutionären Obleute", die der Opposition im Deutschen Metallarbeiter-Verband (DMV) entstammten und auch schon den Streik gegen die Verhaftung Karl Liebknechts (28.6.1916) und den Aprilstreik 1917 initiiert hatten.[273] Schon zum Jahresende 1917 waren sie an den USPD-Vorstand herangetreten und hatten die Stimmung unter der Arbeiterschaft geschildert. Dieser zeigte sich noch uneinig, eine Minderheit um Ledebour befürwortete einen Aufruf zum Kampf.[274] Man einigte sich auf einen Kompromiss und verfasste einen Protestaufruf für einen Frieden ohne Annexionen, den die Revolutionären Obleute im Geheimen vervielfältigten und über die USPD verbreiteten.[275]

Am 28.1.1918 traten rund 400000 Berliner Arbeiterinnen und Arbeiter in den Streik, besonders die Rüstungsbetriebe waren lahmgelegt. Am Nachmittag trafen sich 414 von den Belegschaften entsandte Delegierte im Gewerkschaftshaus am Engelufer, formierten sich als Arbeiterrat und wählten einen Aktionsausschuss unter Vorsitz von Richard Müller, der Zentralfigur der „Revolutionären Obleute". Gleichzeitig formulierte der Arbeiterrat einen Forderungskatalog mit explizit politischen Forderungen, zu denen neben Frieden auch grundlegende

270 „An das sozialistische Proletariat Deutschlands", LVZ, 12.11.1917, S. 1.

271 Dittmann, Erinnerungen 2, S. 524f.

272 Reichstagsrede, 10.10.1917, Sten. Ber. RT, Bd. 310, S. 3848ff.; Aus dem Hauptausschuss des Reichstages, HaK, 1.12.1917-M, S. 2.

273 Hoffrogge, Richard Müller, S. 38ff.

274 Ebd., S. 49f.

275 Ebd., S. 50.

Maßnahmen zur Demokratisierung zählten.[276] In den Aktionsausschuss wurde erstmals eine Frau gewählt. Seine Verhandlungswirkung in Richtung Reichsregierung sollte durch die Delegation von je drei Vertretern von SPD und USPD gestärkt werden. Für die SPD traten Ebert, Scheidemann und Otto Braun ein, für die USPD Dittmann, Haase und Ledebour.[277] Doch am 29. 1. verweigerte die Reichsregierung jede Verhandlung und ließ die Polizei gegen Streikende und Protestierende einschreiten, Streikkomitees wurden behördlich verboten. Als am 31. 1. große Protestversammlungen stattfinden sollten, schritt die Polizei ein zur Auflösung dieser eine halbe Million Menschen zählenden Kundgebungen, ein Beleg dafür, wie groß die Unzufriedenheit und gleichzeitig die Kampfbereitschaft waren.[278] Allerdings zerbröckelte diese große Massenstreikbewegung, nachdem sich die SPD-Vertreter vom Streik zu distanzieren begannen und Haase und Ledebour separate Verhandlungen mit Reichskanzler Graf Hertling führten, um legal eine Delegiertenversammlung möglich zu machen. Da die Regierung unnachgiebig blieb, wurde der Streik am 3. 2. beendet, ohne dass die materiellen und politischen Forderungen verhandelt wurden. Es setzte eine Repressionswelle ein. So war Wilhelm Dittmann bereits am 31. 1. im Treptower Park verhaftet worden, Richard Müller und weitere Obleute wurden an die Front befohlen.[279] Doch sollte sich dieser nochmalige Sieg der staatlich-polizeilichen Autorität als Pyrrhussieg erweisen, denn die Erfahrung der Streikenden, in so riesiger Anzahl im Krieg die Berliner Rüstungsindustrie zum Stillstand gebracht und die SPD zum zeitweiligen Einschwenken gezwungen zu haben, sollte nachhaltiger sein als die kurzfristigen Repressionen. So keimten die Bedingungen heran, „die zehn Monate später zum Zusammenbruch und zur Revolution führte[n]".[280]

Am 11. 3. 1918 starb Karl Wilhelm Stolle (geb. 1842), der ebenfalls der USPD angehörte und den Wahlkreis Zwickau-Crimmitschau im Reichstag vertrat. Eine Nachwahl war dadurch notwendig. Für die USPD kandidierte Fritz Heckert, für die SPD Richard Meier. Ledebour war im Wahlkampf vor Ort und sprach in Zwickau, ebenso Scheidemann für die SPD. Der Sieg fiel an Richard Meier.[281]

276 Ebd., S. 51 f.; Dittmann, Erinnerungen 2, S. 526 f. Am 8. 1. 1918 hatte US-Präsident Woodrow Wilson sein 14-Punkte-Programm für Friedensverhandlungen verkündet, in denen gerade die Demokratisierung Deutschlands eine zentrale Bedingung für Verhandlungen darstellte.

277 Hoffrogge, Richard Müller, S. 54. Auch Dittmann, Erinnerungen, S. 527; Helga Grebing, Geschichte der deutschen Arbeiterbewegung, München 1977, S. 147.

278 Hoffrogge, ebd., S. 56.

279 Vgl. ebd., S. 57 f.; Dittmann, Erinnerungen 2, S. 527 ff.

280 Dittmann, ebd., S. 532.

281 Seydewitz, S. 67.

Noch also konnte die USPD nicht von einem Bedeutungsverlust der SPD ausgehen. Doch als in Berlin I am 15.10.1918 nach dem Tod des Reichstagspräsidenten Kaempf neu gewählt werden musste, setzte Ledebour die Nominierung Richard Müllers zum USPD-Kandidaten durch, sodass dieser von der Front heimkehren und sich in den Dienst der nahenden Revolution stellen konnte.[282]

In den Monaten nach der Oktoberrevolution entflammte auf dem Gebiet des nun von den Bolschewiki regierten ehemaligen Zarenreichs ein Bürgerkrieg. Teile der Ukraine hatten sich von der Zentralregierung in Petrograd losgesagt (Ukrainische Volksrepublik). Mit dieser schlossen die „Mittelmächte" einen Separatfrieden, der besonders in Deutschland und Österreich-Ungarn die katastrophale Ernährungslage verbessern, andererseits Russland unter Druck setzen sollte, einem Diktatfrieden zuzustimmen. Kurz darauf folgte der Frieden von Brest-Litowsk, der für Sowjetrussland mit gewaltigen Gebietsverlusten verbunden war.[283] Die USPD protestierte im Reichstag gegen beide Friedensschlüsse, die vor allem die Westfront stützen sollten. Ledebour sprach drei Mal im Februar und März 1918 dazu. In seiner Rede am 20.2. verteidigte er die Haltung der Bolschewiki, die Verhandlungen mit Deutschland abzubrechen, da dieses keinen Verständigungsfrieden, den die Bolschewiki angestrebt hatten, sondern Annexionen gewollt habe. Zum „Brotfrieden" warf er ein, dass die ukrainische Gegenregierung gar nicht ermächtigt gewesen sei, für alle Volksgruppen dieses Gebietes zu sprechen, die so ihres Selbstbestimmungsrechts und im Falle Polens zusätzlich historisch angestammter Territorien beraubt worden seien.[284] Er beschloss seine Rede mit einem Aufruf zum internationalen Massenstreik, durch den die Arbeiterklasse den Weltfrieden erzwingen werde.[285] Seine Vorwürfe hinsichtlich der Missachtung des Selbstbestimmungsrechts der Völker und der verschleierten Annexion im Osten wiederholte Ledebour am 11.7.1918 im Reichstag.[286]

282 Ledebour-Prozeß, S. 27; Hoffrogge, Richard Müller, S. 60.

283 Vgl. Winkler, S. 357f.; Dokumente der russischen Revolution und des Brest-Litowsker Friedens, in: Müller, Novemberrevolution, S. 205ff.

284 Vgl. VZ, 26.1.1918-M, S. 4.

285 Reichstagsrede, 20.2.1918, Sten. Ber. RT, Bd. 311, S. 4034ff. Vgl. Reichstagsreden 19.3.1918, ebd., S. 4473ff. und 22.3.1918, ebd., S. 4559ff. Die Reden Ledebours (20.2.1918) und Oskar Cohns (22.2.1918) wurden von der USPD als Druck veröffentlicht: Die Unabhängige Sozialdemokratie und der „Brotfriede" mit der Ukraine. Amtliches Stenogramm der Reichstagsreden der Abgeordneten Ledebour in der 130. Sitzung vom 20. Februar 1918 und des Abgeordneten Dr. Cohn (Nordhausen) in der 131. Sitzung vom 22. Februar 1918, Berlin o.J. (1918). Zur Rede am 19.3.1918 vgl. VZ, 20.3.1918-M, S. 10.

286 VZ, 12.7.1918-A, S. 2.

Es zeigte sich durch das offensive und entschiedene Auftreten der USPD-Abgeordneten, dass sich die Rolle des Reichstags im Laufe der Kriegsjahre deutlich gewandelt hatte. Denn die Chance auf einen grundlegenden Wandel wuchs, als im Sommer 1918 die deutsche Westoffensive vor allem durch den Einsatz US-amerikanischer Truppen gestoppt und mehr und mehr zurückgeschlagen werden konnte. Am 8. 8. 1918 gelang britischen Panzerverbänden bei Amiens der Durchbruch, die Front verschob sich immer mehr nach Osten, Auflösungserscheinungen machten sich bemerkbar. Dazu trugen nicht zuletzt die an die Front gezwungenen Aktivisten der Revolutionären Obleute und Anhänger der USPD und der Spartakusgruppe bei. Doch erst als sich der militärische Zusammenbruch im August abzeichnete, fiel die Agitation an der Front auf den fruchtbaren Boden der soldatischen Kriegsmüdigkeit.[287]

7.2. Militärische Niederlage und Oktoberreformen

Ab September 1918 mehrten sich die Anzeichen für eine Niederlage der „Mittelmächte". Österreich-Ungarn bot Frieden an, Bulgarien stand vor dem Zusammenbruch. Auf Seiten der Entente wiederum wurden immer öffentlicher Bedingungen für Friedensverhandlungen erörtert, zu denen die Wiederherstellung und Entschädigung Belgiens und die Rückgabe Elsass-Lothringens an Frankreich gehörten. Österreich-Ungarn und Bulgarien suchten den Kriegsaustritt. Am 29. 9. 1918 sprachen Hindenburg und Ludendorff für die Oberste Heeresleitung (OHL) das Eingeständnis der bevorstehenden Niederlage aus. Wilhelm II. war genötigt, einer Regierungsumbildung auf parlamentarischer Grundlage zuzustimmen, damit eine so legitimierte Regierung einen Waffenstillstand und Friedensverhandlungen anbahnen konnte. Sie sollte die Suppe auslöffeln, die die Militärs eingebrockt hatten.[288] Am 3. 10. schließlich erfuhren die Leser des „Vorwärts" von der erfolgreichen Ernennung Max von Badens zum Reichskanzler und des Liberalen Friedrich von Payers zum Vizekanzler. Damit war durch eine Reform von oben die erste, einem Zentralparlament verantwortliche Regierung in Deutschland entstanden. Am 4. 10. wartete der „Vorwärts" mit der Meldung über die vollständige Ernennung der Reichsregierung auf, der mit Scheidemann und Gustav Bauer erstmals zwei Vertreter der Mehrheitssozialdemokratie angehörten.[289] Am 3. 10. hatte die Regierung ein sofortiges Waffenstillstands- und Friedensgesuch an den US-Präsidenten Wilson abgesandt, das die 14-Punkte

287 Müller, Novemberrevolution, S. 124 ff.
288 Vgl. Winkler, S. 363 f.
289 Vw, 4. 10. 1918, S. 1.

akzeptierte.[290] Ab Mitte Oktober begannen die deutschen Rückzugsgefechte ihre Wirkungen zu verlieren. Auch die offiziellen Lageberichte kamen um das Eingeständnis nicht länger herum, dass immer mehr Positionen geräumt werden mussten.[291]

Als Reichskanzler Max von Baden am 22.10. zum zweiten Mal vor den Reichstag trat und zur Lage sprach, waren seine Ausführungen wesentlich auf die außenpolitische Wirkung hin orientiert. Nach dieser Sitzung fasste der „Vorwärts" die von der Mehrheitssozialdemokratie wahrgenommene Bedeutung dieses Tages mit folgenden Worten überschwänglich zusammen: „Ohne Sang und Klang, ohne Ehren und warmen Nachruf, nach Armsünderart auf einem Schinderkarren und unter den verächtlichen Zurufen der Menge wurde gestern jemand im Reichstag zu Grabe getragen: Das bankrotte Junkerregiment, das verkrachte System des preußisch-deutschen Feudalismus [...]. Gelebt wie gestorben in Unehren, das wird man dieser Herrschaft auf den Grabstein setzen."[292] Wie ein Angebot an die radikale Linke klang die Nachricht, dass auf Drängen Scheidemanns nun Karl Liebknecht aus dem Zuchthaus entlassen worden sei. Liebknecht sei „ein Draufgänger, kein Stratege" gewesen, dem viele Sozialdemokraten ihre Sympathie bewahrt hätten, selbst wenn sie seine Entscheidungen nicht immer mittragen konnten.[293] Doch Ledebour kritisierte am 24.10. heftig, dass Hindenburg und Ludendorff über die wirkliche Kriegslage nicht dem Volk die Wahrheit gesagt hätten.[294] Außerdem fügte er hinzu, dass von einer Parlamentarisierung nicht die Rede sein könne, „es seien lediglich einige Parlamentarier bureaukratisiert worden", hieß es in der „Westfälischen Zeitung" aus Bielefeld. Ein Ordnungsruf folgte, weil Ledebour aus einer privaten Korrespondenz des Kaisers mit dem Zaren aus dem Jahr 1895 vorlas.[295] Einige Tage zuvor hatte das „Norddeutsche Volksblatt" der SPD aus Wilhelmshaven das Schreckbild einer „Regierung Haase-Ledebour" beschworen und das Duo mit Lenin und Trotzki verglichen.[296] Am 24.10. warnte er im Reichstag vor solchen Gebietsveränderungen in Ostmittel- und Osteuropa, die ohne Rücksicht auf Sprachgrenzen vorgenommen würden, richtete sich dabei vor allem gegen großpolnische Ambitionen zu Lasten Russlands und Deutschlands und nahm dessen territoriale Lage nach

290 Vgl. Gerhard A. Ritter/Susanne Miller (Hg.), Die deutsche Revolution 1918–1919, Frankfurt a.M. 1983, S. 28.

291 Vw, 17.10.1918, S. 1.

292 Ebd., 23.10.1918, S. 1.

293 Ebd., S. 2.

294 KöZ, 25.10.1918, S. 1; VZ, 25.10.1918, 2. Beil.

295 Westfälische Zeitung, 25.10.1918, S. 3.

296 Norddeutsches Volksblatt, 20.10.1918, S. 1.

dem Versailler Vertrag, also den „polnischen Korridor" sowie Ostpreußen als Exklave vorweg.[297]

Wer Zeitungen las, konnte kaum noch darüber hinwegsehen, dass der Krieg sich mit einer deutschen Niederlage seinem Ende zuneigte. Doch während im Hintergrund die diplomatischen Prozesse für Waffenstillstandsverhandlungen anliefen, handelte die Seekriegsleitung auf eigene Faust, als sie der Schlachtflotte am 29. 10. ohne Wissen des Reichskanzlers den Befehl zum Auslaufen erteilte. Damit wurde jene Kettenreaktion in Gang gesetzt, die die Verdichtung und Beschleunigung des revolutionären Prozesses erzeugte und am 9. 11. 1918 in Berlin ihren Höhepunkt erreichen sollte. Die von Wilhelmshaven ausgehende Militärrevolte erreichte am 3./4. 11. Kiel und setzte sich von dort aus nach Süden fort. Von Österreich-Ungarn kommend, das am 3. 11. den Waffenstillstand unterschrieben hatte, erfasste eine weitere revolutionäre Welle den Süden des Reiches und beendete am 7. 11. die Monarchie in Bayern, Kurt Eisner (USPD) wurde vom Arbeiter- und Soldatenrat zum Ministerpräsidenten des Freistaates Bayern ausgerufen. Die Revolution hatte in vielen Regionen fast gleichzeitig begonnen.[298]

7.3. Revolution und Opposition: Der 9. November 1918 und Ledebours Absage an eine gemeinsame Revolutionsregierung

Hinter den Kulissen wurde in Berlin längst die Frage der Abdankung Kaiser Wilhelms II. diskutiert. Was die Friedensbedingungen der Alliierten nahelegten, war von Scheidemann und von der FVP schon gegenüber dem Reichskanzler Max von Baden angesprochen worden; Scheidemann riet zur freiwilligen Abdankung.[299] Als am 7. 11. in München der erfolgreiche Aufstand und die Abdankung des Königs und die Einsetzung Eisners zum Ministerpräsident des Freistaates Bayerns bekannt wurde, sah sich die SPD-Spitze zum Handeln veranlasst und beschloss einen Aufruf, in dem u. a. die Demokratisierung Preußens, die Zurückhaltung von Militär und Polizei bei Massenaktionen sowie die Abdankung des Kaisers und der Thronverzicht des Kronprinzen bis zum Mittag des 8. 11. gefordert wurden.[300] In den ersten Novembertagen hatte sich in

297 VZ, 25. 10. 1918, 2. Beil.

298 Vgl. Czitrich-Stahl, Revolution in der Hauptstadt und ihrer Presse: Berlin 1918/19, in: Lehnert (Hg.), Revolution 1918/19 in Preußen, S. 57 f.; Lehnert (Hg.), Revolution in Norddeutschland 1918/19, Berlin 2018; Johanna Meyer-Lanz u. a. (Hg.), Hamburg in der Novemberrevolution von 1918/19, Bielefeld 2022.

299 Scheidemann, Memoiren 2, S. 253 f.

300 Ebd., S. 279.

der Berliner Arbeiterschaft eine revolutionäre Stimmung entwickelt, die baldige Umwälzungen erwarten ließ. Loyalität, aber auch Furcht gegenüber den Autoritäten schwanden, Arbeiterräte bildeten sich, dem behördlichen Verbot zum Trotz, die militärische Präsenz in Berlin verlor ihre abschreckende Wirkung.[301] Unter diesen Bedingungen traf sich am 2. 11. ein von den Revolutionären Obleuten bestimmtes Revolutionskomitee zu einer geheimen Sitzung. Der für den 4. 11. vorgeschlagene Aufstand wurde mit knapper Mehrheit verschoben, die Unterstützung der gesamten Arbeiterschaft Berlins wurde als noch nicht ausreichend eingeschätzt, die eigene militärische Kraft schien noch zu gering zu sein. Außerdem hatte ein Oberleutnant Walz, der sich Ledebour gegenüber als loyal zur Revolution erklärt und seine Truppen zur Verfügung gestellt hatte, nach seiner Verhaftung durch den Regimentschef sich als nicht standfest entpuppt und am 4. 11. dem Untersuchungsrichter sein Wissen offenbart.[302]

Am 4. 11. sprach Ledebour auf einer öffentlichen Versammlung über die Matrosenrevolten in Wilhelmshaven und Kiel, die zunächst erst spärlich in der Presse ihren Weg nach Berlin fanden.[303] In Kiel hatten Arbeiter- und Soldatenräte die Kontrolle übernommen, nachdem die Matrosen in Wilhelmshaven aus Protest gegen einen selbstmörderischen Befehl, gegen die überlegene englische Flotte in die Schlacht zu ziehen, revoltiert hatten. Doch konnte das „Mitteilungsblatt“ der USPD wegen seiner wöchentlichen Erscheinungsweise erst am 10. 11. über die Entwicklungen im Norden berichten, als sich in Berlin selbst die Revolution längst zu vollziehen begonnen hatte.[304] Ledebour war am 3./4. 11. in Berlin geblieben, stattdessen war Haase nach Kiel gereist, um mit dem Arbeiter- und Soldatenrat zu sprechen. Er begründete sein Verhalten damit, dass er in jenen Tagen unter den Abgeordneten die einzige treibende Kraft war und befürchtete, dass seine Abwesenheit das notwendige Losschlagen weiter verzögern könne.[305] Die endgültige Entscheidung sollte am 6. 11. fallen, doch drangen diese geheimen Absprachen an die Polizei, die mit Verhaftungen begann. Seiner eigenen Verhaftung konnte sich Ledebour ebenfalls nur knapp entziehen. Als er am 4. 11. über den Matrosenaufstand im Norden sprach, löste ein anwesender Polizeileutnant

301 Dittmann, Erinnerungen 2, S. 552 ff.

302 Müller, Novemberrevolution, S. 146; Ledebour-Prozeß, S. 30. Vgl. auch G. L., Die deutsche Novemberrevolution (2. Fortsetzung), in: Sozialistische Arbeiterzeitung (SoAZ), 14. 11. 1931, ebd. (3. Forts.), 15. 11. 1931; „Freiheit“ (Ft), 29. 11. 1918-M, S. 5.

303 Czitrich-Stahl, Revolution in der Hauptstadt, in: Lehnert (Hg.), Revolution 1918/19 in Preußen, S. 57 ff.

304 G. L., Der Kampf ums Recht, MBl, 10. 11. 1918, S. 1. Ledebour zitierte hier wieder Rudolf Ihering: „Im Kampfe sollst Du Dein Recht finden.“

305 Ledebour-Prozeß, S. 29.

die Versammlung auf und forderte Ledebour auf, ihn zum Polizeipräsidium zu begleiten. Ledebour antwortete: „Fällt mir gar nicht ein! Ich gehe jetzt nach Hause. Sie aber bleiben hier!“, und verband diese Antwort mit der Aufforderung an die Versammlung: „Genossen, ihr sorgt wohl dafür, dass der Herr dort erst eine Viertelstunde nach mir diesen Saal verlässt!“, was dann auch so geschah.[306] Am 8. 11. wurde Ernst Däumig (USPD) verhaftet, deshalb beschloss das Revolutionskomitee, am Morgen des 9. 11. die Revolution zu beginnen. Mittels von Aufrufen wurden die Belegschaften darüber informiert.[307] Unterschrieben hatten neben Ledebour unter anderem noch Emil Barth, Hugo Haase, Karl Liebknecht und Wilhelm Pieck.[308]

Dittmann, Ledebour und Vogtherr verbrachten den Abend im Fraktionszimmer der USPD im Reichstag.[309] Minna Ledebour und Dittmanns Ehefrau erschienen im Laufe des Abends, um zu berichten, dass es um den Reichstag herum von Polizeispitzeln wimmele.[310] Ledebour hatte die letzten Nächte bei einem Genossen verbracht, um einer drohenden Verhaftung zu entgehen. Als er sich wieder zur konspirativen Unterkunft begeben wollte, hielten Dittmann und Vogtherr ihn mit dem Hinweis davon ab, dass sich zweifellos Spitzel an ihn heften würden. So verbrachten sie die Nacht in ihren Arbeitszimmern im Dachgeschoss des Reichstags auf dem Sofa, um sich kurz vor 6 Uhr morgens im Fraktionsvorstandszimmer der USPD zu treffen. Ledebour „war viel zu sehr Feuer und Flamme für das, was kommen sollte, als dass er nicht beim Morgengrauen schon auf den Beinen gewesen wäre“.[311] Wohl nicht nur Dittmann bewegte die Frage, „ob die Massenstreikaktion nicht zu blutigen Zusammenstößen führen und eine Periode wochenlanger, vielleicht gar monatelanger Kämpfe mit Bürgerkriegscharakter einleiten werde“.[312] Doch nach Berlin entsandte Truppen verweigerten den Einsatz, die Berliner Schutzleute lagen einsatzbereit im Schlosskeller, auch Hof und Keller des Berliner Rathauses waren mit Schutzleuten belegt. Eine gewaltsame Auseinandersetzung war keinesfalls auszuschließen, wenngleich immer mehr Truppenteile Räte wählten und sich einem Einsatz widersetzten.[313]

306 G. L., Die deutsche Novemberrevolution (5. Forts.), in: SoAZ, 18. 11. 1931.

307 Müller, Novemberrevolution, S. 149; Ledebour-Prozeß, S. 30 f.

308 Laschitza, Liebknechts, S. 385.

309 Ledebour-Prozeß, S. 31.

310 Dittmann, Erinnerungen 2, S. 554.

311 Ebd., S. 554 f. Das Zitat bezog sich auf eine Äußerung Scheidemanns, Ledebour habe die Revolution verschlafen, s. Scheidemann, Memoiren 2, S. 298.

312 Dittmann, ebd., S. 555.

313 Müller, Novemberrevolution, S. 239 f.

Nach der Frühstückspause leerten sich die Betriebe und setzten sich große Demonstrationszüge Richtung Innenstadt in Bewegung, Soldaten schlossen sich den Arbeiterinnen und Arbeitern an. Währenddessen trafen gegen 10 Uhr Ebert, Scheidemann und Otto Braun bei Dittmann und Vogtherr ein, die im Fraktionsvorstandszimmer der USPD auf Neuigkeiten warteten.[314] Ledebour wurde aus dem Lesesaal geholt, da er neben Haase der Vorsitzende der USPD war, Haase sich aber auf der Rückreise von Kiel befand. Die SPD-Emissäre unterbreiteten das Angebot einer gemeinsamen Regierung, aber gerade Ledebour zeigte umgehend seine Ablehnung, während Dittmann und Vogtherr erst Haase sowie die Leitungsorgane der USPD konsultieren wollten. Es wurde eine Beratungszeit bis 12 Uhr vereinbart.[315] Kurz zuvor war Scheidemann aus der Regierung zurückgetreten, die SPD hatte den Druck auf den Reichskanzler erhöht, die Abdankung Wilhelms II. herbeizuführen.[316] Davon allerdings wussten Ledebour und Genossen noch nichts. Ledebour begründete seine ablehnende Haltung zu einer Koalition mit dem Verhalten Eberts, Scheidemanns und Genossen der Opposition gegenüber, man habe jene „einer ehrlosen Handlung schuldig“ gesprochen, was Ledebour ihnen nicht verzeihen wollte. So habe er „die Augenbrauen hochgezogen und gesagt: ‚Ach, na so was!‘[317] Scheidemann beschrieb, dass Ledebour das Angebot nur „zur Kenntnis“ genommen habe, „zum Entsetzen seiner beiden Freunde“.[318] Dittmann wiederum erinnerte sich, dass Ledebour „schon durch Gesten, Mienenspiel und Zwischenbemerkungen seiner Ablehnung unverhohlen Ausdruck“ gab. Er sprach sich „in schroffer Weise gegen unseren Eintritt in die Regierung aus“, während Dittmann dafür sprach, die USPD-Leitungsorgane einzubeziehen.[319] Ledebour selbst erinnerte sich, dass er sich beim Zusammentreffen mit der SPD-Delegation jeder definitiven Aussage für oder gegen eine Koalition enthalten habe, wohingegen Dittmann schnell zustimmte und die paritätische Ämterbesetzung vorgeschlagen habe, die nachher auch umgesetzt wurde.[320]

In der vereinbarten Beratungspause erklärte Reichskanzler Max von Baden die Abdankung Wilhelms II. und die Einsetzung Friedrich Eberts als Reichskanzler. Ledebour fuhr zwischenzeitlich zu einer Unterredung mit Führern der

314 Ledebour-Prozeß, S. 31. Nach Dittmann, Erinnerungen 2, S. 555, war Eduard David statt Otto Braun der dritte Vertreter der SPD. David selbst schrieb nichts darüber.

315 Ledebour-Prozeß, S. 32; Dittmann, Erinnerungen 2, S. 556.

316 Scheidemann, Memoiren 2, S. 296f.

317 Ledebour-Prozeß, S. 32.

318 Scheidemann, Memoiren 2, S. 299.

319 Dittmann, Erinnerungen 2, S. 556.

320 Ledebour-Prozeß, S. 33.

Revolutionären Obleute in einem Vorort Berlins. Währenddessen entwickelte sich innerhalb der USPD-Leitungskader eine deutliche pro-Koalitionshaltung, die sich am Abend des 9.11. letztlich gegen den Widerstand von Ledebour und Richard Müller durchsetzen sollte. Ledebour selbst nutzte seine Rückkehr von der Unterredung mit den Obleuten, um gemeinsam mit Adolph Hoffmann durch die Stadt zu fahren. Unterwegs hielten sie Ansprachen und trafen auf Karl Liebknecht. Sie fuhren weiter zum Polizeipräsidium, wo sie zu Dritt vor den Menschen redeten.[321] Bevor es Abend in Berlin wurde, hatte Scheidemann gegen 14 Uhr die Republik ausgerufen und zwei Stunden nach ihm Liebknecht die sozialistische Republik, war aus einer kurzzeitigen parlamentarischen Monarchie eine demokratische Republik geworden. Ungeklärt war noch die Frage der Bildung einer gemeinsamen Koalitionsregierung, der Vertreter von SPD und USPD angehören sollten.

Zur Klärung traf man sich am Abend des 9.11. im Fraktionszimmer der USPD im Reichstag. Die SPD drängte immer stärker auf eine Entscheidung. Dittmann befürwortete eine gemeinsame Revolutionsregierung, unterstützt vom inzwischen eingetroffenen Haase. Ledebour, R. Müller und Barth lehnten sie ab.[322] Haase war gegen 21 Uhr vom Lehrter Bahnhof abgeholt und zur Sitzung gefahren worden. Dort sprach er sich nach den Kieler Erfahrungen für ein Zusammengehen von USPD und SPD aus, seine Autorität gab den Ausschlag. Er selbst wurde mit Barth und Liebknecht für die gemeinsame Revolutionsregierung vorgeschlagen, Ledebour hatte eine Teilnahme für seine Person abgelehnt.[323] Da Liebknecht nur für drei Tage amtieren wollte, um ein Mandat für Waffenstillstandsverhandlungen zu garantieren, wurden Dittmann und für die Revolutionären Obleute Barth für den künftigen „Rat der Volksbeauftragten" nominiert. Für den Eintritt in die gemeinsame Revolutionsregierung formulierte die USPD sechs Bedingungen: Deutschland sollte eine soziale Republik werden, die geteilten Staatsgewalten sollten ausschließlich in den Händen von gewählten Vertrauensmännern der Arbeitenden und der Soldaten liegen, bürgerliche Mitglieder sollten von der Regierung ausgeschlossen werden, ferner sollte die USPD-Beteiligung zunächst auf drei Tage befristet sein, um ein Mandat für Waffenstillstandsverhandlungen zu schaffen, und die Kabinettsleitung sollte gleichberechtigt zwischen SPD und USPD sein.[324] Nun galt es, diese Bedingungen mit der SPD zu verhandeln.

321 Ebd.

322 Dittmann, Erinnerungen 2, S. 558; Müller, Novemberrevolution, S. 256.

323 Ledebour-Prozeß, S. 35.

324 Vgl. Dittmann, Erinnerungen 2, S. 558 ff.

Doch welche Hürden dieser Beschluss der USPD zu Verhandlungen mit der SPD zu überwinden hatte, verdeutlicht die Aussage Eduard Bernsteins: „Hier stieß schon der bloße Gedanke eines Zusammenarbeitens mit den von den Mehrheitssozialdemokraten ausgewählten Personen auf den leidenschaftlichen Widerspruch eines Teils der führenden Parteivertreter, dessen energischster Sprecher Georg Ledebour war. Nach ihm und Gleichdenkenden waren die Führer der Mehrheitler, die Ebert, Scheidemann, Landsberg und Genossen, Verräter am Sozialismus, mit denen man unter keinen Umständen eine Regierung bilden dürfe".[325] Rund ein halbes Jahr später führte Ledebour über seine damalige Haltung aus: „Ich konnte neben den sachlichen auch aus persönlichen Gründen es nicht über mich gewinnen, mich mit den Herren auf eine Ministerbank zu setzen. Aus politischen Gründen aber hielt ich es nicht für gut, ein Koalitionskabinett zu bilden, in dem die beiden Kräfte einander die Waage halten, weil drei Pferde vor und drei Pferde hinter den Wagen gespannt werden […] Im normalen Lauf der Dinge, auch in der Revolutionsperiode, hätten wir Unabhängigen Sozialdemokraten die Regierung allein übernehmen müssen."[326] Insgesamt dürften sowohl politische als auch persönliche Gründe für seine Ablehnung einer Koalition mit der SPD von Gewicht gewesen sein. Im Gegensatz zu Haase oder Dittmann konnte er persönliche Abneigungen nicht politischen Erwägungen unterordnen und vergab möglicherweise damit für die USPD die Chance, sich stärker durchzusetzen. Opposition überwog jedenfalls den Willen zur politischen Mitgestaltung.[327]

Am 10.11.1918 bildeten nach zähen Verhandlungen SPD und USPD den „Rat der Volksbeauftragten" als provisorische Revolutionsregierung. Der Rat aus je drei Vertretern beider Parteien, also Ebert, Scheidemann, Landsberg (SPD) und Haase, Dittmann, Barth (USPD), sah sich durch die Arbeiter- und Soldatenräte einerseits und, was die Person Eberts anbelangt, durch die überwundene Ordnung legitimiert, hatte doch Max von Baden ihm das Reichskanzleramt am Vortag übertragen. Diesen Legitimitätsanspruch brachte der „Vorwärts" implizit am 10.11. zum Ausdruck, als er den Aufruf „An die deutschen Bürger!" abdruckte, der von Ebert als Reichskanzler sprach und in dem die künftige Regierung als „Volksregierung" angekündigt wurde. Gleichzeitig rief der neue Kanzler die Beamtenschaft zur Mitarbeit auf und appellierte an deren Vaterlandsliebe. Die rechte Spalte richtete sich explizit an die Soldaten und an die Arbeiter. Die Soldaten rief man zum Verbleib in den Kasernen und zur Mitarbeit

325 Bernstein, Revolution, S. 64; Ledebour-Prozeß, S. 35.

326 Ledebour-Prozeß, S. 35.

327 Vgl. Ratz, S. 181. Sie bezieht sich auch auf Emil Barth, der den Gegensatz zwischen Ledebour und Ebert u.a. nicht als prinzipiellen, sondern als persönlichen bezeichnete.

in den Soldatenräten auf, die Arbeiterschaft erfuhr von der Absicht der SPD, mit der USPD gemeinsam die Umgestaltungen in Angriff zu nehmen: „Kein Bruderkampf!" hieß es, an anderer Stelle etwas zu euphorisch, „dass alte Partei und Unabhängige sich am Tage der Revolution wieder zusammengefunden und zu der alten geschlossenen Partei geeint haben".[328]

Das „Mitteilungsblatt" der USPD veröffentlichte am 17.11. einen Aufruf an die Leserschaft. Nach den Jahren der Spaltung und der harten Auseinandersetzungen mit der SPD galt es nun zu erklären, weshalb es doch zu einer am 10.11. kaum möglich scheinenden Einigung zwischen den beiden Parteien kam. Der Aufruf erklärte die Revolution daher zum mehr oder weniger alleinigen Erfolg der USPD: „Die Unabhängige Sozialdemokratische Partei Deutschlands hat vom ersten Tage ihres Bestehens an das bevorstehende Ende des Militarismus und des Imperialismus verkündet und alles getan, um die revolutionären Kräfte der Arbeiterklasse zu entfesseln [...] Die Not der Stunde verlangte gebieterisch die Herstellung einer Regierung, die dem blutigen Gemetzel ein Ende machen, die begonnenen Waffenstillstandsverhandlungen zum Abschluss und den Frieden sicherstellen sollte. Eine Regierung, die mit Nachdruck an die Verwirklichung der sozialistischen Grundsätze herantritt [...] Deshalb verlangten wir, das neue politische Kabinett müsse ein rein sozialistisches sein." Der Parteivorstand hatte namentlich unterzeichnet, auch Georg Ledebour.[329] Am 12.11. veröffentlichte der Rat der Volksbeauftragten sein „Regierungsprogramm", das einstimmig beschlossen worden war und die Grundlagen für eine demokratische und soziale Republik legen sollte.[330]

7.4. Dauerstreit: Im Vollzugsrat der Arbeiter- und Soldatenräte

Am 10.11.1918 wurde auf einer Vollversammlung der Groß-Berliner Arbeiter- und Soldatenräte im Zirkus Busch der Vollzugsrat als exekutives Gremium gewählt. Schon am Vortag zeichnete sich ein Stimmungsbild ab, das von dem Wunsch nach einem gemeinsamen Handeln der Arbeiterparteien geprägt war.[331] Rund 3000 Arbeiter- und Soldatenräte waren anwesend. Nach der Eröffnung durch Barth sprachen nacheinander Ebert, Haase und Liebknecht. Während Ebert und Haase den Wert des gemeinsamen Handelns betonten, wandte sich

328 Vw, 10.11.1918, S. 1.

329 MBl, 17.11.1918, S. 1.

330 Vgl. bei Müller, Novemberrevolution, S. 460.

331 Vgl. ebd., S. 264 über die Rolle des „Vorwärts", der diesen Wunsch hervorhob und von der Masse der Arbeiterschaft begehrlich gelesen wurde; Kolb, S. 118 ff.

Liebknecht gegen Ebert und die vermutete SPD-Strategie, der Revolution den Wind aus den Segeln zu nehmen. Als Ebert auf die Einigung über die Bildung des Rates der Volksbeauftragten (RdV) hinwies, erhielt er stürmischen Beifall; Liebknecht erntete besonders von den anwesenden Soldaten Widerspruch für seine Ausführungen.[332] Sie waren es auch, die durch ihren Protest verhinderten, dass der ursprünglich vorgesehene Aktionsausschuss ausschließlich mit Linkssozialisten besetzt würde. Schließlich wurde ein Vollzugsrat (VR) gewählt, dem je sieben Mitglieder der Rev. Obleute und der SPD sowie vierzehn Vertreter der Soldatenräte angehörten. Unter den von den Obleuten Benannten gehörten Barth, Däumig, Ledebour und R. Müller, die SPD endsandte u. a. Franz Büchel, Gustav Heller und Hermann Müller. Zu den Soldatenvertretern zählten Oberleutnant Eduard Paul Walz und Brutus Molkenbuhr, der Sohn des Hamburger Parteiveteranen.[333] Anschließend wählte auf Vorschlag Richard Müllers die Versammlung den RdV und verlieh ihm dadurch die Legitimität als provisorische Revolutionsregierung.[334]

Die SPD-Spitzen, vor allem Ebert, betrachteten den VR mit Misstrauen und sahen in ihm eine potenzielle Mobilisierungsbasis der linkssozialistischen Konkurrenz. Für diese aber, darunter Ledebour, bildete der VR mit seiner Rätebasis ein Gegengewicht gegen die SPD und ihr Agieren im RdV.[335] Tatsächlich hatten die Revolutionären Obleute inkl. Ledebour ihr Ziel verfehlt, den RdV zu dominieren. Die taktische Finesse der SPD-Vertreter hatte sie ausgebremst. Das Heft des Handelns lag beim RdV und zunehmend bei den drei Mitgliedern der SPD, Ebert, Landsberg und Scheidemann.[336] So vollzog sich ein Prozess der schleichenden Entmachtung des VR und des Scheiterns des Versuchs, den RdV zu kontrollieren. Ledebour selbst muss als Mitglied des VR nicht immer eine glückliche Figur gemacht haben. Das Mitglied des VR, Heinrich Schäfer (SPD) schrieb über ihn mit einem schroff ablehnenden Akzent: „Ledebour dagegen war weniger gut gelitten. Dessen Polemik war durchweg verletzend und hatte stets einen Stich ins Persönliche. Die Dialektik dieses alten Graukopfes artete in der Regel in eine widerliche Haarspalterei aus. Das glattrasierte Gesicht ließ von Hass und Ehrgeiz verzerrte Züge in die Erscheinung treten."[337] Richard Müller zitierte Schäfer

332 Ebd., S. 119; Müller, Novemberrevolution, S. 265 f.

333 Vgl. ebd., S. 267. Hermann Müller trat dem VR erst am 11. 11. bei und ersetzte Hiob. Zu Walz vgl. Ft, 29. 11. 1918-M, S. 5.

334 Kolb, S. 119; Müller, Novemberrevolution, S. 267.

335 Kolb, S. 121; Ratz, S. 181 f.

336 Hoffrogge, Richard Müller, S. 79.

337 Zit. nach Müller, Novemberrevolution, S. 385.

unkommentiert in seiner Historiographie der Revolution, sodass man von seiner Zustimmung auch zu den nachfolgenden Passagen ausgehen kann: „Es gehörte zu Ledebours Art, anscheinend teilnahmslos dazusitzen, um dann nervös aufzuspringen und, während seinem wohlgepflegten Mund raffiniert geformte, spitzige Sätze entquollen, die Luft mit seinen hageren Fingern zu zerschneiden."[338] Sein Widerpart war offensichtlich vor allem Hermann Müller. Sein Namensvetter Richard Müller halte die Zügel der Leitung fest in der Hand, was in einem Revolutionsparlament ungemein wichtig sei, schrieb Schäfer weiter. Als Müller beklagte, dass der RdV den VR nicht gebührend respektiere und Ebert verdächtig sei, einen Staatsstreich zu planen, reagierte sein Widerpart: „Das gibt Ledebour Veranlassung, seine neunundneunzigste Rede gegen die *Konterrevolution* zu halten. Unbarmherzig geht er mit dem Offizierskorps ins Gericht. Er spart nicht mit Verbalinjurien, einige von ihnen warf er den Mehrheitssozialisten an den Kopf […] Das ruft Hermann Müller auf den Plan, der, durch Zwischenrufe gereizt, Ledebour allerhand Liebenswürdigkeiten ins Gesicht schreit. Rot vor Ärger lehnt er sich in seinen Sessel zurück. Ledebour, der jetzt mehr steht wie sitzt, will Müller ans Fell."[339] Auch habe Ledebour bei dieser beschriebenen Versammlung „ein besonders giftiges Gesicht" gemacht. Doch sind wegen dieser prinzipiellen Abneigung Schäfers natürlich auch Vorbehalte geboten, zumal er Ledebour unterstellte, gern „Deputationen und Demonstrationen" zur Unterstützung seiner Politik zu organisieren, was aber wohl unzutreffend war.[340]

Die soldatischen Mitglieder des VR schienen von Beginn an nicht sehr positiv Ledebour gegenüber eingestellt gewesen zu sein. Schon auf der ersten Sitzung des VR hatte er Mühe, gegen die Störungen anzureden, weil er in den Augen der Soldatenratsvertreter für die Spaltung zu stehen schien. Damit war er politisch in dieser Lage angreifbar.[341] Doch auch Ledebour misstraute den Soldaten, die er für noch nicht hinreichend aufgeklärt und deshalb empfänglich für Demagogien auch von Seiten Eberts und der SPD hielt.[342] Dass sich die USPD-Volksbeauftragten von Ledebour und Däumig als VR-Mitglieder nicht hinreichend unterstützt fühlten, dürfte für ihr im Vergleich zu den SPD-Mitgliedern im RdV unentschlossenes Auftreten nicht unerheblich gewesen sein. Müller, Ledebour und Däumig „gaben bei unseren Vollzugsratsmitgliedern den Ton an und schlugen sich mit den mehrheitssozialistischen Mitgliedern des Vollzugsrats herum,

338 Ebd.

339 Ebd., S. 386 f.

340 Ebd., S. 386 ff. Siehe Müllers Fn. 11 auf S. 388.

341 SolZ, 12. 11. 1918, S. 1 f.

342 Ft, 20. 11. 1918, S. 5.

die im Gegensatz zu unseren mit ihren Volksbeauftragten konform gingen".[343] Selbst zwischen Haase und Dittmann als RdV-Mitgliedern und Ledebour, Müller und Däumig klaffte über die Frage der Machtverteilung zwischen VR und RdV ein Riss. Um einen Kompromiss zwischen RdV und VR zu ermöglichen, trafen sich beide Organe am 18. 11. und beschlossen eine Fünf-Punkte-Vereinbarung, in der die Souveränität so lange in die Hände des VR gelegt wurde, bis ein Allgemeiner Reichsrätekongress die staatsrechtlichen Fragen endgültig regeln würde. Gleichzeitig wurde die Exekutive dem RdV übertragen.[344] Doch trug diese Übereinkunft nicht zum Ausgleich zwischen beiden Organen und schon gar nicht innerhalb des VR bzw. der Arbeiter- und Soldatenräte bei. Damit war der institutionelle Weg für die im Raum stehende Frage einer Nationalversammlung oder einer Räteorganisation geebnet. Auch hier waren sich die USPD-Vertreter in den beiden Organen uneins. Haase, Dittmann, teils auch Barth sprachen nicht prinzipiell gegen eine Nationalversammlung, Ledebour, Müller und Däumig lehnten sie als die verfassunggebende Instanz ab.[345]

Die schleichende Entmachtung des VR auch wegen seiner ständigen internen Konflikte führte dazu, dass Ledebour einen seiner politischen Schwerpunkte, die Außenpolitik, nicht in Angriff nehmen konnte. Der VR beriet Anfang Dezember über die Wahl von Beauftragten für die Kontrolle der Reichsämter. Als neben Ledebour noch Max Cohen (Reuß) von der SPD vorgeschlagen wurde, griff Ledebour ihn wegen seiner politischen Nähe zu Scheidemann an. Als Cohen selbst den Vorschlag machte, beide zu wählen, lehnte Ledebour dies ab und schlug den Liberalen Paasche vor. Dieser setzte sich bei der Wahl durch, Ledebour erhielt mit drei Stimmen das schlechteste Ergebnis. Dazu Hermann Müller nicht ohne Häme: „Aus Ärger über diese durch seinen Eigensinn und sein unkameradschaftliches Verhalten hervorgerufene wohlverdiente Niederlage lehnte Ledebour nun auch ab, als Beauftragter für das Innere zu fungieren."[346] Über seinen Schatten zu springen war in dieser Situation nicht seine Stärke.

Im Abstand von 13 Jahren urteilte auch Ledebour selbst kritisch über seine Arbeit im VR. Er gestand ein, dass die Mitarbeit ein Fehler war, weil der VR machtpolitisch dem RdV unterlegen gewesen sei und seine Gegenbeschlüsse lediglich den Charakter wirkungsloser öffentlicher Rügen besessen hätten. Er hätte seine Zeit nützlicher außerhalb dieses Gremiums anwenden können, blickte

343 Dittmann, Erinnerungen 2, S. 579.

344 Vgl. ebd., S. 579 f.

345 Vgl. Kolb, S. 129 ff.

346 Ratz, S. 184, das Zitat von Hermann Müller ebd.

er zurück.[347] Doch muss es ihm seinerzeit politisch nahegelegen haben, sich im VR zu engagieren, war es nach seiner Absage an den RdV doch die Hauptmöglichkeit der Einflussnahme. Seine Selbstkritik ist eher als das Eingeständnis einer gravierenden politischen Niederlage zu verstehen, zumal er sich der Folgen seiner Haltungen im November 1918 bewusst gewesen sein dürfte, schrieb er doch 1931 in der gleichen Artikelserie, dass es aus der USPD viel Kritik an ihm gegeben habe, es ihm aber häufig im Leben so ergangen sei, dass der Gang der Dinge ihm später Recht gegeben habe. Daher rühre sein „Geruch des eigensinnigen Eigenbrödlers".[348]

347 G. L., Die deutsche Novemberrevolution (10. Forts.), in: SoAZ, 25. 11. 1931.

348 Ebd. (9. Forts.), in: SoAZ, 24. 11. 1931.

V. REPUBLIKZEIT: DER OPPOSITIONELLE LINKSSOZIALIST (1918–1933)

1. Nationalversammlung oder Räterepublik?

1.1. Der Kampf um die Richtung der Revolution

Die Hauptkonfliktlinie zwischen SPD einerseits und USPD bzw. dem Spartakusbund andererseits sowie innerhalb des RdV verlief an der Frage der zukünftigen Verfassungsordnung für Deutschland. Die SPD und mit ihr die bürgerlich-demokratischen Parteien strebten eine schnelle Einberufung einer Nationalversammlung sowie die parlamentarische Republik an, innerhalb der USPD gab es unterschiedliche Positionen. Ledebour trat wie die Mehrheit des radikaleren USPD-Flügels und der Spartakusbund für eine Räterepublik ein, der Flügel um Haase und Dittmann vertrat, auch innerhalb des RdV, die Position, die Nationalversammlung zu einem späteren Zeitpunkt einzuberufen.[1] Weiterhin war die Frage der künftigen Struktur der bewaffneten Macht grundsätzlich zu klären. Noch am 10. 11. hatte General Groener mit Ebert telefoniert und die Truppen der neuen Regierung unterstellt. Man einigte sich auf ihren Einsatz zur Wahrung von Ruhe und Ordnung, zur Bekämpfung des „Bolschewismus", und auf ihre Demobilisierung unter Leitung der Generalität. Damit sollten Versuche des VR zur Bildung einer eigenen bewaffneten Macht („Rote Garde") konterkariert werden. Am 12. 11. hatte der RdV einstimmig einen Erlass zur Wahrung der Vorrechte der Offiziere verabschiedet, sodass die Soldatenräte auf eine beratende Funktion beschränkt wurden. Dies stieß auf den Widerstand der USPD-Linken und der Parteipresse wie z. B. der LVZ.[2]

Doch waren diese beiden Fragen sowie die der Sozialisierung auf dem 1. Allgemeinen Reichsrätekongress zu klären, der für den 16. 12. nach Berlin einberufen worden war. Tatsächlich knüpften sich nicht nur verfassungspolitische, sondern auch wirtschaftliche Machtfragen an die dort zu treffenden Richtungsentscheidungen. Würde es überhaupt noch eine Sozialisierung im Bereich der Industrien geben können, wenn die Nationalversammlung

1 Vgl. Kolb, S. 157 ff.

2 Vgl. Lehnert, S. 85 ff.

für die Machtfragen zuständig ist? So zeigte sich auch die linkspazifistische „Republik" am 5.12. skeptisch über die Aussichten einer sozialistischen Umgestaltung der Wirtschaft: „Ist die Entwicklung so weit, dass die Vergesellschaftung, die Enteignung des Privateigentums der Arbeiterklasse als reife Frucht in den Schoß fällt? Ich glaube nicht!" Der Autor vermisste die umfassenden Grundlagen eines solchen Projektes und rief deshalb zu entschlossenem Handeln auf: „Die Revolution gebiert Recht aus sich selbst und ist naturnotwendig rücksichtslos. Sonst versandet sie."[3] Ledebour sprach in diesen Tagen häufig auf Veranstaltungen der USPD, so am 3.12. in Treptow. Er kritisierte die „reformistische Tätigkeit" der SPD und sprach gegen deren Selbstdarstellung als treibende Kraft der Revolution. Dabei entging er knapp einem wohl recht dilettantischen Anschlag, als mitten in seiner Rede die Decke der Bühne einstürzte. Vorher war der USPD eine Warnung zugegangen. Verletzt wurde niemand, erkennbar aber war die zunehmende Zuspitzung der Konfrontation über die Grundfragen der künftigen Entwicklung: Verfassungsordnung, Stellung des Militärs, Sozialisierung.[4]

Bevor der Reichsrätekongress zusammentreten konnte, erschütterten Berlin am 6.12. bewaffnete Zusammenstöße. Ausgangspunkt waren unbewaffnete Versammlungen des Spartakusbundes. Doch hatten sich Gardefüsiliere, also Regierungstruppen, an der Ecke Chausseestraße/Invalidenstraße schussbereit aufgestellt und eröffneten das Feuer auf die Spartakusdemonstranten. 16 Tote und 12 Schwerverletzte sowie zahlreiche weitere Verletzte forderte deren Beschießung. Gleichzeitig kam es durch mehrere Tausend Soldaten zu Solidaritätsbekundungen vor der Reichskanzlei für Ebert, den sie zum Reichspräsidenten ausrufen wollten. Parallel dazu verhinderte Barth den Versuch anderer Uniformierter, den VR zu verhaften.[5] Dieser Gewaltakt wurde als Putschversuch verurteilt, die Rolle der Mehrheitssozialdemokratie, besonders Eberts, blieb unklar, aber die Verantwortung wurde ihm angelastet, besonders scharf durch Ledebour. Er warf Ebert vor, wie Julius Caesar die ihm von den Soldaten angebotene Herrschaft „mit einer solchen Handbewegung zurück[zuweisen], als hätte er das dringende Bedürfnis, sie an sich zu ziehen".[6] Doch auch Haase blieb nicht von Ledebours Impulsivität verschont. Als unmittelbar vor diesen gewaltsamen Zusammenstößen eine USPD-interne Konferenz zur Besprechung der strittigen Fragen stattfand, gerieten die beiden über die Frage der von Ledebour und

3 Die Republik, 5.12.1918, S. 1.

4 Ft, 6.12.1918, S. 5.

5 Müller, Novemberrevolution, S. 392ff.

6 Ledebour-Prozeß, S. 37f., Zitat S. 38. Vgl. auch Laschitza, Liebknechts, S. 406f.

Liebknecht geforderten Beendigung der Kooperation mit der SPD beinahe tätlich aneinander.[7] Gerüchten über einen Rücktritt als Co-Parteivorsitzender trat er mit einer Richtigstellung in der „Freiheit“ entgegen.[8] Doch würde die USPD auf dem Reichsrätekongress überhaupt einheitlich auftreten können?

1.2. Reichsrätekongress, Weihnachtskämpfe und Austritt der USPD aus dem Rat der Volksbeauftragten

Am 16. 12. 1918 trat der 1. Allgemeine Reichskongress der Arbeiter- und Soldatenräte im Preußischen Abgeordnetenhaus zusammen. War es ein „Reichsparlament der Revolution“, wie die „Freiheit“ an diesem Datum titelte? Die Mehrheit der 489 Delegierten jedenfalls stand auf Seiten der SPD (296), wohingegen die USPD (96) und die 11 „Vereinigten Revolutionäre“ die radikale Linke repräsentierten. Bei Betrachtung aller weiteren Delegierten – darunter parteilose Soldatenvertreter – konnte allein die SPD auf eine Mehrheit von über 60 % setzen.[9] Carl Severing vom Fraktionsvorstand der SPD-Räte bezeichnete es als deren Absicht, „zu verhindern, dass dem Völkerkrieg ein noch grausamerer Bürgerkrieg folgen würde […] Die Parole *Alle Macht den Arbeiter- und Soldatenräten* war der Kriegsruf der Spartakusgruppe geworden.“[10] Der erste Verhandlungstag war der Eröffnung des Kongresses, der Zusammensetzung seines Tagungspräsidiums, Grußworten und den Berichten des VR vorbehalten. Während Ebert für den RdV den Kongress begrüßte, hielt Dittmann dessen Bericht. Anschließend erfolgten die Diskussion über die Rechenschaftsberichte sowie erste Abstimmungen. Hierbei lehnte eine Mehrheit die Zulassung von R. Luxemburg und K. Liebknecht ab, die kein Mandat erlangt hatten, eine herbe Niederlage für USPD und Spartakusbund und eine erste gewonnene Kraftprobe für die SPD.[11]

Ledebour nahm am 17. 12. das Wort zur Geschäftsordnung und bestritt Landsbergs Auffassung, sich als Mitglied des RdV jederzeit außerhalb der Redeliste in die Debatten einzuschalten. Er lehnte eine Bevorzugung der Exekutive in der Legislative demonstrativ ab und verglich sie mit den „Krebsschäden des Reichsbetriebs“ im Reichstag. Landsberg habe „dieses ihm widerrechtlich zugestandene Recht ausgenutzt, um fortgesetzt Angriffe gegen uns zu richten“, womit

7 Dittmann, Erinnerungen 2, S. 581.

8 G. L., Eine Richtigstellung, Ft, 15. 12. 1918, S. 2.

9 Sabine Roß, Politische Partizipation und nationaler Räteparlamentarismus, Köln 1999, S. 141.

10 Severing, S. 232.

11 Braeg/Hoffrogge (Hg.), S. 103 f.

er den VR meinte.[12] Letztlich wurde auf Anraten Eberts die Geschäftsordnung wortgetreu gehandhabt. Offensichtlich war dies ein Gerangel um die Augenhöhe der konkurrierenden Organe RdV und VR, zumal auf dessen Terrain. Anschließend griff Ledebour wegen des 6. 12. Ebert frontal an, warf ihm vor, durch sein Verhalten indirekt weitere Putschversuche zu ermutigen, bezeichnete ihn als Schandmal der Republik und erklärte ihn für fehl am Platze. Am Weiterreden wurde er durch heftige Proteste gehindert, sodass der Kongress erst nach einer Pause weitertagen konnte.[13] In einem weiteren Beitrag zur Geschäftsordnungsdebatte übernahm Ledebour die Forderungen protestierender Berliner Truppen, sofort über die Entwaffnung der Offiziere, das Verbot der alten Dienstzeichen und die Umorganisation der Truppen nach dem Räteprinzip abstimmen zu lassen. Dabei berief er sich auf die revolutionäre Legitimität des Kongresses, den er als Brennpunkt der Revolution bezeichnete. Als die SPD-Delegierten drohten, den Saal zu verlassen, schlug Haase vor, die Abstimmung nicht sofort, sondern am Folgetag durchzuführen. Gegen den Protest Ledebours wurde Haases Vorschlag angenommen, die USPD hatte sich durch das einheitliche SPD-Agieren spalten lassen.[14]

Eine Weichenstellung für die politische Entwicklung erfolgte am 18. 12., als ein Antrag von Hermann Lüdemann (SPD), bis zur endgültigen Regelung durch die Nationalversammlung die Kompetenzen von Legislative und Exekutive an die Volksbeauftragten zu übertragen, mit großer Mehrheit angenommen wurde[15] – eine weitere Entmachtung der Rätebewegung. Weitere Niederlagen für die Anhänger der radikalen Linken um Ledebour, Otto Braß, Curt Geyer und Richard Müller folgten. So entschied sich der Kongress mit etwa 400 gegen 50 Stimmen für die Wahlen zur Nationalversammlung am 19. 1. 1919 und in getrennter Abstimmung gegen die von Däumig beantragte Räteverfassung.[16] Die Schlusstage des Kongresses widmeten sich vornehmlich der Sozialisierung und der Friedensfrage. Die sieben „Hamburger Punkte" regelten nach intensiver Debatte die Demokratisierung des Militärs, der Kommandostrukturen und das Ende der Privilegien des Adels. Der Beginn der Sozialisierung vor allem des Bergbaus sowie die Einsetzung eines „Zentralrats der Arbeiter- und Soldatenräte Deutschlands" wurden ebenfalls beschlossen. Da die USPD dessen Konstruktion

12 G. L., ebd., S. 138 f. Tatsächlich sah die Geschäftsordnung des Kongresses eine Reihenfolge der Wortmeldungen vor, siehe Braeg/Hoffrogge (Hg.), S. 47.

13 Ebd., S. 145 ff.

14 Vgl. ebd., S. 198 ff.

15 Ebd., S. 268.

16 Vgl. Ebd., S. 323 ff.

boykottierte, gehörten ihm ausschließlich SPD-Vertreter an. Seine Lebensdauer blieb kurz und endete mit der Eröffnung der Nationalversammlung am 6. Februar 1919.[17] Die SPD hatte sich in nahezu allen entscheidenden Fragen gegen die USPD durchgesetzt, der Bruch zwischen ihnen rückte näher, zusätzlich traten USPD-Vertreter wie Ledebour und Dittmann auch gegeneinander auf.[18]

Ledebour beteiligte sich sowohl an der formalen Debatte als auch an den inhaltlichen Diskussionen. Doch trat er meistens polarisierend auf. Dittmann warf ihm vor, er lebe „noch immer im Richtungsstreit der Kriegszeit und hielt[e] seine Fortsetzung in der Revolution für das wichtigste Gebot". Aus seiner Sicht entlud Ledebour seinen ganzen Hass über Ebert und Scheidemann, ihm habe insgesamt „jedes Gefühl für die Situation auf dem Kongress" gefehlt. „Durch die Maßlosigkeit seiner Angriffe und ihren hasserfüllten Ton brachte sich Ledebour um jede Wirkung und steigerte nur die Animosität gegen sich und den Vollzugsrat", blickte Dittmann sehr kritisch auf die Rolle seines Freundes zurück.[19] Insbesondere an der strittigen Frage der Kompetenzen des „Zentralrats der sozialistischen Republik" ereiferte sich Ledebour und ließ sich zu verbalen Attacken hinreißen. Während Dittmann die Kooperation von USPD und SPD im Zentralrat befürwortete, um sich gegen die bürgerlichen Parteien mit einem möglichst einheitlichen Vorgehen bis hin zu einem gemeinsamen Wahlvorschlag durchzusetzen, lehnte Ledebour die Zusammenarbeit „mit den Führern der sozialdemokratischen Partei, die die Hauptschuldigen" für die Spaltung der Arbeiterbewegung seien, zwar nicht theoretisch, aber praktisch kategorisch ab.[20] Da sich die Gruppe um Ledebour, Braß und R. Müller innerhalb der USPD durchsetzte, blieb diese dem Zentralrat fern und nahm sich deshalb jede Möglichkeit der Einflussnahme, auch wenn es die SPD um Ebert verstanden hatte, dem Zentralrat wirkliche legislative Kompetenzen vorzuenthalten.[21] Die Vermutung, dass die USPD-Linke um Ledebour die Gemäßigteren um Haase und Dittmann damit zum Rückzug aus dem RdV nötigen wollte, wurde von Dittmann selbst geäußert und dürfte auf der Hand liegen.[22] Ledebours Projektion lag auf einem Bündnis der USPD-Linken mit dem Spartakusbund, mit dem die gemeinsame Opposition auf dem Rätekongress besser funktionierte als die Kooperation mit dem gemäßigten Flügel um die eigenen Volksbeauftragten.

17 Vgl. Lehnert, S. 197ff.

18 Vgl. Braeg/Hoffrogge (Hg.), S. 253ff.; Dittmann, Erinnerungen 2, S. 594ff.

19 Dittmann, ebd.

20 Braeg/Hoffrogge (Hg.), S. 506ff.

21 Vgl. Dittmann, Erinnerungen 2, S. 598ff.; Lehnert, S. 197ff.; Müller, Novemberrevolution, S. 438ff.; Braeg/Hoffrogge (Hg.), S. 425ff.; Prager, S. 179ff.

22 Dittmann, Erinnerungen 2, S. 599; Ratz, S. 190f.

Am 23./24.12.1918 kam es rund um das Berliner Schloss zu bewaffneten Auseinandersetzungen zwischen der Volksmarinedivision und regulären Regierungstruppen. Es war ein Machtkampf um die Durchsetzung des Militärerlasses einerseits, der alle Truppen der Kommandogewalt der Offiziere unterstellt hatte, und gleichzeitig ein Versuch der Regierung, nach der Entscheidung pro Nationalversammlung die Radikalen militärisch zu entmachten.[23] Scheidemann erinnerte sich, dass Otto Wels (SPD) als Stadtkommandant das Ziel radikaler physischer Gewalt war, wohingegen Ledebour darauf verwies, dass der Volksmarinedivision die Zahlung des Soldes verweigert werden sollte bzw. die Matrosen dies als Faktum befürchteten. Außerdem lief das Gerücht durch Berlin, die Volksmarinedivision würde im Schloss marodieren.[24] Als es über die Fragen der Löhnung und eines neuen Quartiers für die Matrosen zu keiner Einigung kam, beschlossen diese für den 23.12. eine Demonstration.

Auf Anordnung Eberts wurden reguläre Truppen nach Berlin beordert, um die Demonstration aufzulösen. Doch die Matrosen besetzten aus Protest Teile der Reichskanzlei und sperrten vorübergehend den Telefonverkehr. Die Regierungstruppen eröffneten das Feuer auf die Matrosen und töteten drei von ihnen, gleichzeitig begann Wels mit der Ausgabe des Solds. Die erzürnten Matrosen nahmen ihn und zwei weitere Personen gefangen. Es drohte eine bewaffnete Auseinandersetzung zwischen Regierungstruppen und der Volksmarinedivision, die lediglich auf Intervention Barths bei Ebert und Landsberg vermieden werden konnte. Barth und Ledebour waren als Vermittler eingeschaltet worden. Doch bereits am folgenden Morgen des 24.12. eskalierte der Konflikt erneut. Um 8 Uhr eröffneten Regierungstruppen das Feuer auf den Marstall, der von der Volksmarinedivision belegt war. Im Nu solidarisierten sich Hunderte von Arbeitern mit den Matrosen und ließen sich bewaffnen. Nach einer Feuerpause zum Schutz von Frauen und Kindern kam es zu weiteren Scharmützeln, aber die personell weit unterlegenen Matrosen und Arbeiter ließen sich nicht vertreiben und erreichten einen Waffenstillstand, der einem Sieg gleichkam: Wels wurde freigelassen, aber abgesetzt, die Division blieb bestehen, die Regierungstruppen mussten sich zurückziehen.[25]

Ledebour wurde in den Nacht vom 23. auf den 24.12. von den Matrosen angerufen und um Vermittlung gebeten. Nachts um 2 Uhr wurde er zum Marstall gefahren, wo er mit den Kommandanten der Volksmarinedivision zusammentraf, später mit denen der Regierungstruppen. Die berechtigten Forderungen der

23 Lehnert, S. 209; Dittmann, Erinnerungen 2, S. 607.

24 Scheidemann, Memoiren 2, S. 339f.; Ledebour-Prozeß, S. 39.

25 Ledebour-Prozeß, S. 39ff.; Müller, Novemberrevolution, S. 423ff.; H. J. L. Adolph, Otto Wels und die Politik der deutschen Sozialdemokratie 1894–1939, Berlin 1971, S. 101.

Beisetzung der Opfer der Weihnachtskämpfe in Berlin, 29. Dez. 1918.
Georg Ledebour spricht auf der Trauerkundgebung vor dem Berliner Schloss
SAPMO-BArch, BildY 1-318-1758-67 / Fotograf: Fritz Mammach

Matrosen wurden anerkannt. Am 24. 12. noch hielt Ledebour vor der Universität auf einem Bierwagen stehend eine Ansprache, in der er die Einigung verkündete und die Demonstranten zum Fortgehen aufrief, um die Lage zu deeskalieren. Im gegen ihn geführten Prozess äußerte er den Verdacht, dass die Regierung nur deshalb eingelenkt habe, weil sie sich militärisch nicht durchsetzungsfähig fühlte, dies aber die späteren Gewalttätigkeiten in Berlin mit verursacht habe.[26] Dies brachte er auch in seinem Rückblick 1931 zum Ausdruck und bezichtigte die SPD-Volksbeauftragten der planmäßigen Herbeiführung der Konfrontation.[27]

Für den 29. 12. war der Trauerzug für die Opfer der „Weihnachtskämpfe" anberaumt, Ledebour hielt die Ansprache zu ihren Ehren. Schiller zitierend schwor er die Kundgebung darauf ein, entschlossen und notfalls mit eigenem Herzblut die Errungenschaften der Revolution zu verteidigen.[28] Angesichts der vorausgegangenen Kämpfe war eine Regierungskrise unvermeidlich und spürbar geworden. Am 29. 12. schließlich wartete die „Republik" mit der Top-Nachricht auf: „Die Volksbeauftragten Haase, Dittmann, Barth sind heute Nacht nach mehrstündigen Verhandlungen mit Ebert, Scheidemann und Landsberg und dem Zentralrat aus dem Rat der Volksbeauftragten ausgetreten."[29] Zur Begründung hieß es später: „Unvermeidlich wurde eine klare Entscheidung zwischen Mehrheitssozialisten und Unabhängigen, als am 24. Dezember Schloss und Marstall bombardiert wurden und neue Blutopfer fielen."[30] Zu ihren Nachfolgern wurden Noske, Rudolf Wissell und zunächst auch Paul Löbe benannt, der allerdings die Berufung durch den „Zentralrat der Deutschen Sozialistischen Republik" umgehend ablehnte.[31]

2. Zwischen Aufstand und demokratischem Aufbruch

Am 30. 12. 1918 begann im Festsaal des preußischen Abgeordnetenhauses die Reichskonferenz des Spartakusbundes, die am 1. 1. 1919 zur Gründung der KPD führte. Die Spartakusgruppe beschloss die Trennung von der USPD und gegen die Auffassung von Rosa Luxemburg und Karl Liebknecht die Nichtbeteiligung an den Wahlen zur Nationalversammlung (NV).[32] Noch am Silvestertag über-

26 Ledebour-Prozeß, S. 40 f.

27 G. L., Die deutsche Novemberrevolution (12. Forts.), SoAZ, 27. 11. 1931, Beil.

28 Ft, 30. 12. 1918, S. 2; Jones, Am Anfang war Gewalt, S. 143.

29 Die Republik, 29. 12. 1918; Ft, 30. 12. 1918-M, S. 1.

30 Ebd., 30. 12. 1918-M, S. 3.

31 Löbe, S. 49; Piper, S. 645.

32 Vgl. Piper, S. 647 ff.; Laschitza, Liebknechts, S. 418 ff.

brachten Vertreter der Revolutionären Obleute die Nachricht, dass Ledebour, Däumig und R. Müller ebenfalls mit dem Gedanken spielten, eine neue Partei links von der USPD zu gründen, die aber keine kommunistische sein solle. Es kam zu Verhandlungen zwischen Liebknecht, Wilhelm Pieck und Ernst Meyer mit u. a. den drei genannten potenziellen USPD-Abtrünnigen. Doch am 1. 1. 1919 gingen die Verhandlungen ohne konkretes politisches Ergebnis zu Ende. Ledebour hatte unter anderem gefordert, den Beschluss zur Nichtkandidatur zur NV zurückzunehmen.[33] Noch kurz zuvor hatte er sich gegen die Aufstellung Haases als Berliner Spitzenkandidat der USPD für die Wahlen zur NV gewandt. Dittmann vermutete, weil Ledebour sich „damals unserer Partei stark entfremdet" hatte, sei er davon ausgegangen, Spitzenkandidat dieser neuen Linkspartei zu werden.[34] Er hatte allerdings als Parteivorsitzender ohne Mandat verhandelt und musste deshalb wegen dieser heftig kritisierten Eigenmächtigkeit am 1. 1. 1919 als USPD-Parteivorsitzender zurücktreten.[35] Doch hatte der Austritt der USPD aus dem RdV dem linken Parteiflügel um Ledebour und den Revolutionären Obleuten einen größeren Aktionsspielraum verschafft, um offensiv die Revolution weiterzutreiben. Die Wahlen zur NV waren durch den Reichsrätekongress für den 19. 1. 1919 anberaumt worden. Durch die Gründung der KPD und nach ihrem Beschluss, die Nationalversammlung zu boykottieren und zu verhindern, war der innersozialistische öffentliche Meinungskampf eröffnet.

Am 4. 1. 1919 erhielt der Berliner Polizeipräsident Emil Eichhorn (USPD) seine Entlassungsurkunde, ausgestellt von Paul Hirsch (SPD) als preußischem Innenminister; die USPD-Mitglieder waren am Vortag aus der preußischen Regierung ausgetreten. Eichhorn war somit als Einziger im Amt verblieben. Ziel der preußischen Regierung war es, ihn aus dem Amt zu entfernen. Der „Vorwärts" schrieb, Eichhorn befände sich „im Solde Rußlands". Außerdem habe er die Verteidiger der Volksmarinedivision am 24. 12. 1918 mit Waffen versorgt.[36] Die Leitung der USPD und die Revolutionären Obleute riefen für den 5. 1. zu einer Solidaritätskundgebung mit Eichhorn auf, an der sich rund 100 000 Menschen beteiligten, die „Freiheit" vom 6. 1. schrieb gar über „Hunderttausende".[37] Eugen Ernst (SPD), Eichhorns Nachfolger, scheiterte mit dem Versuch, diesen zur Amtsübergabe zu bewegen. Unterdessen sprachen Eichhorn, Däumig, Liebknecht und Ledebour vom Balkon des Polizeipräsidiums zu den Menschen.

33 Laschitza, ebd., S. 422 f.; Ratz, S. 191.

34 Dittmann, Erinnerungen 2, S. 633.

35 Ratz, S. 191; Keller, S. 107. Vgl. Ft, 2. 1. 1919-M, S. 3; G. L., Erklärung, ebd., 3. 1. 1919-M, S. 2.

36 Vw, 4. 1. 1919, S. 1 (USPD-Austritt) und 7 (Eichhorn). Vgl. Bernstein, Revolution, S. 185 ff.

37 Ft, 6. 1. 1919, S. 1. Aufruf s. Bernstein, Revolution, S. 188 f.

Ledebour schärfte den Demonstranten ein, jederzeit gerüstet zu sein, „derartige konterrevolutionäre Versuche im Keim zu ersticken“.[38]

In dem gegen ihn geführten Prozess erklärte Ledebour: „Ich lege Wert darauf, hier an dieser Stelle zu erklären, dass alle diese Verleumdungsgeschichten, die gegen meinen Freund Eichhorn vorgebracht wurden, vollkommen ungerechtfertigt sind [...] Als diese Treibereien am Werke waren, war natürlich die Arbeiterschaft Berlins der revolutionären Parteien auf das heftigste empört. Es wurde uns klar, dass beabsichtigt war, demnächst Eichhorn unter irgendeinem Vorwande zu beseitigen. Eichhorn war zu Beginn der Revolution von der siegreichen revolutionären Arbeiterschaft ins Amt eingesetzt worden, von dieser hatte er seinen Auftrag erhalten, ebenso wie der Stadtkommandant Wels und wie die ganze Regierung, die Herren Ebert, Scheidemann und Landsberg, ebenso wie meine Freunde Haase, Dittmann und Barth. Die ganze Regierung ist nicht auf legalem Wege zustande gekommen, sondern durch die Erhebung der revolutionären Arbeiterschaft.“[39] Ledebour berief sich also auf eine revolutionäre Legitimität. Gleichzeitig rief er dazu auf, „auszuharren, zusammen zu halten, um evtl. einer gewaltsamen Beseitigung von Eichhorn Widerstand zu leisten“. Mit scharfen Worten geißelte er die SPD-Politik, besonders als Personen Ebert und Scheidemann, doch fehlte es bei aller Schärfe nicht an Aufrufen zur Besonnenheit und zur Ruhe.[40] Ganz sicher war es ein Drahtseilakt in einer stark aufgeladenen Situation: „Nun hatten zunächst alle diese Ansprachen [...] allen, die daran teilgenommen haben, die Überzeugung beigebracht, dass die Massen zur Aktion drängen, dass unbedingt ihre Geduld erschöpft war [...] Ich habe allerdings der Empörung der Massen zum Teil Ausdruck gegeben, aber ich habe auch vor Unvorsichtigkeiten gewarnt und nicht etwa zum sofortigen Losschlagen aufgefordert“, gab er im Prozess zu Protokoll.[41] Doch ging es nicht nur um die Abwehr der Absetzung Eichhorns, sondern auch um den Sturz der „Regierung Ebert-Scheidemann“.[42] In dieser Haltung zwischen Appellen zur Besonnenheit einerseits und zur Umsturzbereitschaft andererseits kam zum Ausdruck, dass der Demokrat und Parlamentarier innerlich mit dem linkssozialistischen Revolutionär Ledebour kämpfte.

Die angestaute, aber trotz aller Appelle an die Besonnenheit auch angefachte Dynamik der Massenstimmung war nicht mehr aufzuhalten. Ledebour sagte im Prozess aus, „die Massen sind bereit, aber ob wir es verantworten können, die

38 Ft, ebd.; vgl. Jones, Gewalt, S. 155.

39 Ledebour-Prozeß, S. 43 f.

40 Ebd., S. 82 u. 412.

41 Ebd., S. 51. Dies wurde von R. Müller, Novemberrevolution, S. 544 f., bestätigt.

42 Ledebour-Prozeß, S. 53.

Parole zum Losschlagen auszugeben, das steht noch dahin. Da müssen wir erst hören, wie die Verhältnisse liegen."[43] Seine Deutung jedenfalls besagte, dass er erstens von einer revolutionären Situation ausging, die eine Entscheidung zwischen Regierung und demonstrierenden Massen erforderte, somit eine rein defensive Aktion zur bloßen Verteidigung Eichhorns nicht ausreiche, sondern nach erfolgreicher Verteidigung „auch die Regierung verschwinden müsste, sie hätte sich abgewirtschaftet". Dass er ein Kräftepatt sah, drückte er an anderer Stelle aus: „Wir konnten höchstens so sagen: Wir werden der Gewalt Gewalt entgegensetzen. Wird die Regierung sich dann geneigt zeigen, auf Verhandlungen einzugehen, so verhandeln wir. Denn Pflicht eines jeden Kämpfers ist es [...] sich Verhandlungen niemals zu entziehen."[44] Aus dieser Lageeinschätzung als revolutionärer Situation erwuchs die Bildung eines provisorischen Revolutionsausschusses, der am Abend des 5. 1. 1919 eingesetzt wurde und an dessen Spitze Ledebour, Liebknecht und Paul Scholze, ein revolutionärer Obmann, standen. Däumig und R. Müller hatten sich gegen die Aufforderung zum Sturz der Regierung ausgesprochen.[45] Offenbar wurde die Entscheidung zum Aufstand nicht nur von sachlichen Überlegungen getragen: „Die Euphorie, die von Männern wie Ledebour Besitz ergriff, speiste sich aus dem Gefühl, dass die radikalen Kräfte im Kampf um die politische Herrschaft auf den Straßen Berlins plötzlich die Oberhand gewonnen hatten."[46]

Der am 6. 1. veröffentlichte Aufruf des Revolutionsausschusses war von Liebknecht und Scholze unterschrieben, für den abwesenden Ledebour hatte Liebknecht i. V. unterzeichnet: „Kameraden! Arbeiter! Die Regierung Ebert-Scheidemann hat sich unmöglich gemacht. Sie ist von dem unterzeichneten Revolutionsausschuss der Vertretung der revolutionären sozialistischen Arbeiter und Soldaten (Unabhängige sozialdemokratische Partei und Kommunistische Partei) für abgesetzt erklärt. Der unterzeichnete Revolutions-Ausschuss hat die Regierungsgeschäfte vorläufig übernommen. Kameraden! Arbeiter! Schließt Euch den Maßnahmen des Revolutions-Ausschusses an. Berlin, den 6. Januar 1919.

Der Revolutions-Ausschuss i. V. Ledebour, Liebknecht, Scholze"[47].

Über die Ziele des Aufstands äußerte Ledebour, dass „die Absicht [bestand], wenn die Bewegung Erfolg gehabt hätte, die Regierung zu stürzen, dann – wie wir es damals am 9. November gemacht haben – allgemeine Arbeiter- und

43 Ebd., S. 51.

44 Beide Zitate ebd., S. 52.

45 Ratz, S. 193.

46 Jones, Gewalt, S. 162.

47 Ledebour-Prozeß, S. 55.

Soldatenratswahlen zu veranlassen, um von den gewählten Räten eine provisorische Regierung einsetzen zu lassen, die ihrerseits wieder als provisorisch nur so lange fungieren sollte, bis ein in ganz Deutschland gewählter Arbeiter- und Soldatenrat eine definitive Regierung eingesetzt hätte".[48] Doch hatte die Dynamik einen anderen Weg genommen als den vom Revolutions-Ausschuss angestrebten. Schon am Abend des 5. 1. wurden die Gebäude des „Vorwärts" und weiterer Zeitungen im „Zeitungsviertel" von bewaffneten Arbeitern besetzt. Die Nachricht erreichte den Revolutions-Ausschuss in der Nacht zum 6. 1. Er habe diese spontanen Aktionen nicht befürwortet, gab Ledebour im Prozess zu Protokoll, doch waren seine Mitstreiter und er nicht mehr in der Lage, es zu ändern. Von daher habe er dazu geraten, dies als eine vollendete Tatsache hinzunehmen und von der Basis der dadurch geschaffenen Lage aus zu operieren.[49] Er argumentierte, dass es im engeren Sinne keine direkte politische Beziehung zwischen dem Ziel des Sturzes der Regierung und den nicht vorgesehenen Besetzungen der Pressehäuser gäbe.[50] Was an dieser Aussage natürlich auch prozesstaktisch gemeint war, gibt dennoch Aufschluss über die Dynamik der Ereignisse. Es handelte sich nicht um eine von politischen Führern konkret vorbereitete Handlungskette, sondern entscheidende Handlungen entzogen sich dem Willen Ledebours und seiner Mitstreiter.

Die blutigen Ereignisse nahmen ihren Lauf, die als „Januaraufstand" oder in zeitgenössischer Terminologie als „Spartakusaufstand" in die Geschichte eingingen. Besonders die Besetzung des „Vorwärts" trieb die Eskalationsspirale voran. Das SPD-Zentralorgan wurde nun durch die Besetzer als „Organ der revolutionären Arbeiterschaft Groß-Berlins" herausgegeben und glich inhaltlich stark der „Roten Fahne" der KPD. Doch hatten die Aufständischen ihre eigene Stärke über- und die Handlungsmöglichkeiten der Regierung unterschätzt. Schon am 6./7.1. bot die USPD-Führung an, zwischen Aufständischen und Regierung zu vermitteln, wie die „Freiheit" berichtete; als Zeichen des guten Willens verzichtete sie auf den Aufruf zu weiteren Massenstreiks.[51] Innerhalb der SPD-Führungsebene entbrannten heftige Debatten über Verhandlungen, eine Vermittlungsinitiative von Kautsky wurde schließlich negativ beschieden, sodass sich die Befürworter eines harten Kurses zur Erstürmung durchgesetzt hatten. Der „Vorwärts"

48 Ebd., S. 92.

49 Ebd., S. 93.

50 Ebd., S. 94 f.; Bernstein vermutete, dass diese Aussage nicht den Tatsachen entsprach, sondern nahm an, dass die Besetzer gleichzeitig einer ganz bestimmten Parole gefolgt seien, s. ders., Revolution, S. 195. Doch spräche dies eher für eine Separatstrategie nach dem Vorbild der Oktoberrevolution. Ob das Ledebours Überlegungen entsprach ist zweifelhaft, vor allem nicht beweisbar.

51 Ft, 7. 1. 1919-M, S. 1; ebd., 7. 1. 1919-A, S. 1.

erschien regulär erst wieder ab 12. 1., auch die „Volks-Zeitung“ und die „Morgenpost“ waren wie andere Organe der Verlage Büxenstein, Mosse, Scherl, Ullstein und das Wolffsche Telegraphenbüro von Aufständischen besetzt.[52]

Die kurze Phase der Verhandlungen begann am 6. 1., als der Vorstand der USPD Emissäre zum RdV und zum Revolutions-Ausschuss entsandte.[53] Der Revolutionsausschuss benannte eine zwölfköpfige Verhandlungsdelegation mit Ledebour als Vorsitzenden. Aus der Revolutionsleitung war er zuvor ausgetreten.[54] Die USPD entsandte fünf Delegierte, um die Verhandlungen zwischen dem RdV und den Vertretern der Aufständischen zu leiten. Doch die Verhandlungen gerieten schnell ins Stocken, da der RdV nur eine Übereinkunft nach der Freigabe der Pressehäuser zu schließen bereit war. Im Hintergrund bemühte sich Noske um die Heranziehung von Truppen zur Entsetzung der Pressehäuser. Nach mehreren Versuchen, dem Standpunkt des RdV entgegenzukommen, um dessen Gewaltverzichtserklärung zu erwirken, wurden die Verhandlungen am Abend des 8. 1. unterbrochen. Dittmann betrachtete rückwirkend diesen Moment als das faktische Scheitern.[55] Dennoch gab es noch am 9. 1. weitere Initiativen für Verhandlungen. Eine Volksversammlung im Humboldthain im Wedding hatte unter Beteiligung von Anhängern der SPD, USPD und KPD beschlossen, eine Delegation zum Revolutionsausschuss mit der Forderung nach Fortführung der Verhandlungen zu entsenden.[56] Am 10. 1. traf man sich ergebnislos im preußischen Abgeordnetenhaus, um sich auf den 11. 1. zu vertagen. Für Ledebour hatte es die Regierung, die durch Hermann Müller, Mitglied des Zentralrats, vertreten wurde, lediglich auf Zeitgewinn abgesehen, um genügend Truppen nach Berlin zu schaffen.[57] Doch waren Verhandlungen überhaupt mit Chancen auf eine Einigung zu führen? Allein die Konstellation beiderseits der USPD-Verhandlungswilligen lässt dies zweifelhaft erscheinen. Auf der Seite des Revolutions-Ausschusses saß Ledebour, der federführend den Aufruf zum Sturz der Regierung unterschrieben hatte, auf der anderen Seite befanden sich mit Ebert und Scheidemann diejenigen politischen Führer, die gestürzt werden sollten. Alles wurde getragen von einer Stimmung der Unbedingtheit auf beiden Seiten, wie man aus der jeweiligen Parteipresse und aus den Äußerungen der Handelnden ablesen

52 Bernstein, Revolution, S. 194. Näheres zu den Verlagshäusern s. De Mendelssohn, S. 96–149.

53 Vgl. Dittmann, S. 637 ff. Konkret waren dies Breitscheid, Kautsky und Dittmann (RdV) und Oskar Cohn und Luise Zietz (Rev.-Aussch.), s. S. 638.

54 Ebd., S. 638; Ledebour-Prozeß, S. 67.

55 Dittmann, S. 639 f.

56 Ledebour-Prozess, S. 67.

57 Ebd., S. 67 f.

kann.[58] Noske jedenfalls hatte sich, frisch zum Oberbefehlshaber der Regierungstruppen ernannt, konsequent gegen eine Verhandlungslösung ausgesprochen.[59] Da die Revolutionsleitung auch nicht bereit war, die Pressehäuser vollständig wieder freizugeben – der „Vorwärts" sollte als Faustpfand bis zur Einigung besetzt bleiben – setzte die Regierung auf eine militärische Entscheidung.[60]

Während der Tage der Verhandlungen kam es immer wieder zu Scharmützeln mit Toten und Verletzten in der Innenstadt und um das Zeitungsviertel, wie sich Harry Graf Kessler erinnerte.[61] Unterdessen war dem Volksbeauftragten Noske der Oberbefehl über die Regierungstruppen übertragen worden, dabei soll der berüchtigte Satz gefallen sein, dass einer der „Bluthund" sein müsse.[62] Am 9. 1. beschloss die Regierung die gewaltsame Niederschlagung des Aufstandes. Am 11. 1. gingen Freikorps gegen die Besetzer des „Vorwärts" vor, wobei es zu willkürlichen Erschießungen kam.[63] Am 13. 1. konnten die Zeitungen erscheinen, die „Morgenpost" jubilierte: „Sonnabendabend. Es geht auf halb acht. In die heimliche Konferenz der heimatlosen Ullstein-Redakteure schrillt ein Telefonruf: Das Haus ist frei!"[64]

Die bekanntesten Opfer der Militäraktion zur Niederschlagung des Januaraufstandes waren Rosa Luxemburg und Karl Liebknecht, die von Soldaten der Gardekavallerie-Schützendivision am 15. 1. 1919 hingerichtet wurden. Die „Republik" und die „Berliner Morgenpost" meldeten ihre Ermordung am 17. 1. Insgesamt kostete die Militäraktion wahrscheinlich 156 Menschenleben auf Seiten der Besetzer, 13 auf Seiten der Soldaten. In den Augen der „Republik" war die Militäraktion ein „Wahnsinn in Berlin", und sie fügte hinzu, „Unter den Trümmern des ‚Vorwärts' liegen etwa 100 Tote und Verwundete."[65]. Auch die „Freiheit" verurteilte den Militäreinsatz, indem sie Haase zitierte, der in einer Rede gesagt hatte: „Ich kenne kaum einen Fall in der Geschichte, in der man so leichtherzig, so frivol ein Blutbad angerichtet hat"[66].

Eduard Bernstein bezweifelte die Erfolgschancen des Aufstandes im Ganzen. Weder seien die Massen bereit gewesen, die politische Macht zu übernehmen, noch waren sich die Männer im Revolutions-Ausschuss einig über die

58 Vgl. Jones, Gewalt, S. 171 ff.

59 Noske, S. 73.

60 Dittmann, Erinnerungen 2, S. 640; Ratz, S. 196; Noske, S. 74.

61 Vgl. Kessler, Tagebücher, S. 92–101.

62 Lehnert, S. 233.

63 Ebd., S. 245 f.

64 Berliner Morgenpost (BMP), 13. 1. 1919, S. 1.

65 Die Republik, 12. 1. 1919, S. 1.

66 Ft, 13. 1. 1919-M, S. 1.

Reichweite der Ziele und Aktionen. Ein vollständiger Generalstreik war unmöglich, weil die Arbeiterschaft, die die SPD unterstützte, ihn am 6. 1. nicht befolgte, sondern einem Gegenaufruf Eberts und Scheidemanns nachkam.[67] Die Besetzung zentraler Regierungs- und Funktionsgebäude nach dem Vorbild der Oktoberrevolution in Russland wäre militärisch unmöglich gewesen. So hätten die allgemeinen Voraussetzungen gefehlt, um den Aufstand zu einer Revolution werden zu lassen.[68] Bernstein bezeichnete im Nachhinein den Versuch des Sturzes einer Regierung, die kurz zuvor ihr Mandat vom Allgemeinen Reichsrätekongress ausgesprochen bekommen hatte, als den Versuch eines Gewaltaktes.[69]

Ein Jahr später zog die „Rote Fahne" der KPD eine hämische Bilanz der Rolle Ledebours und anderer führender Akteure des Aufstandes. Diese hätten, während die Massen auf das Zeichen zum Losschlagen gewartet hätten, beraten und nochmals beraten und die Massen allein gelassen.[70] Mit dem Abstand von einem Jahrhundert kann man der Deutung zustimmen, dass die Januarkämpfe kein organisierter „spartakistischer" Aufstand waren, sondern eher „ein improvisierter Umsturzversuch mit sehr geringen realen Erfolgsaussichten", zumal die Besetzung der Pressehäuser eine militärische Lösung durchaus nahelegte, da die Militärs logistisch und strategisch nun einen gewaltigen Vorteil besaßen.[71] Georg Ledebour spielte in dieser Situation offenbar mit dem Feuer. Denn nicht der Barrikadenkampf der heldenmütigen Berliner Bürgerinnen und Bürger am 18. 3. 1848 stellte das Drehbuch für die kommenden Tage, sondern die Niederschlagung der Pariser Kommune am 28. 5. 1871.

3. Verhaftung und „Ledebour-Prozess" – Opposition von der Anklagebank aus

Am 10. 1., einem Freitag, kam Ledebour gegen Mitternacht nach Hause und legte sich schlafen. Gegen 1 Uhr drangen mehrere bewaffnete Soldaten in die Wohnung in Steglitz ein und versuchten unter dem Vorwand, Ernst Meyer wolle ihn sprechen, Ledebour aus der Wohnung zu locken. Da er sich weigerte und einen Haftbefehl verlangte, wurde ihm eine Pistole auf die Brust gesetzt. Er sollte in

67 Müller, Novemberrevolution, S. 551 f.

68 Bernstein, Revolution, S. 197 ff.

69 Ebd., S. 193.

70 „Die Rote Fahne" (DRF), zit. n. Scheidemann, Memoiren 2, S. 346. Natürlich diente dies der eigenen Legendenbildung der KPD als „der" Partei der Revolution.

71 Jones, S. 161.

Schlafkleidung abgeführt werden, wogegen Minna Ledebour energisch protestierte. Während er sich anzog, durchsuchten Soldaten seine Sachen. Man brachte Meyer und ihn auf die Kommandantur Unter den Linden. Dort blieben sie ungefähr eine halbe Stunde im Auto, währenddessen die Soldaten berieten, ob Ledebour und Meyer zu töten seien.[72] Einmal wurde ihnen die Gelegenheit zur Flucht mit dem Auto gegeben, bei der sie vermutlich sofort erschossen worden wären, ein zweites Mal wurden sie Zeuge, wie der Rat gegeben wurde, Meyer und ihn zu erschlagen, um sie dann wie später Rosa Luxemburg ins Wasser zu werfen. Nach wenigen Tagen illegalen Militärgewahrsams wurde die Untersuchungshaft verhängt, die Ledebour im Gefängnis in der Lehrter Straße in Moabit verbrachte.[73] Die Todesgefahr war allgegenwärtig, befand er sich doch in unmittelbarer Nähe von Truppen der Freikorpsbrigade Reinhardt, die bei den Märzkämpfen eine Blutspur hinterlassen hatte.[74] Wiederholte Anträge z. B. des VR auf Haftentlassung[75] wurden stets mit der Begründung abgelehnt, wegen der zu erwartenden Strafe sei Haftentlassung unzulässig. Ledebour selbst vermutete, dass ihn die Regierung durch eine verlängerte Untersuchungshaft daran hindern wollte, gegen sie aufzutreten.[76]

Bis Anfang Mai blieb Ledebour im Moabiter Zellengefängnis.[77] Das könnte ihm das Leben ein weiteres Mal gerettet haben, brachen doch im März 1919 nach einem Generalstreik in Berlin heftige Unruhen aus. Den Auftakt der „Märzkämpfe“ bildete der Generalstreikbeschluss der Vollversammlung der Berliner Arbeiter- und Soldatenräte vom 3. 3. 1919. Zentrale Forderungen der Streikbewegung, die vermutlich rund eine Million Beschäftigte mobilisierte, waren die Sozialisierung der Schlüsselbetriebe, die Demokratisierung der Streitkräfte und die Entwaffnung der reaktionären Freikorps sowie die Einrichtung von mit Entscheidungskompetenzen versehenen Räten im Bereich der Wirtschaft und der Betriebe. Nach sozusagen „Fake News“ aus Reihen der Armee ließ die Regierung die Streikbewegung gewaltsam niederschlagen. In Lichtenberg und im Berliner Osten schossen die Uniformierten mit Artillerie in die Wohngebiete und führten Massenerschießungen durch, denen rund 1200 Menschen zum Opfer fielen. Der Generalstreik selbst wurde am 8. 3. beendet, doch die Racheaktionen der Freikorps erstreckten sich noch bis

72 Ledebour-Prozeß, S. 68 ff.; Ft, 24. 1. 1919-M, S. 2; G. L., Wie ich verhaftet wurde, Ft, 31. 1. 1919-A, S. 3.

73 Vgl. KöZ, 29. 1. 1919, S. 7.

74 G. L., Herr Heine als oberster Hüter des Rechts II, Ft, 12. 4. 1919-A, S. 1.

75 Vgl. Vw, 29. 1. 1919-M, S. 3.

76 G. L., Herr Heine als oberster Hüter des Rechts I, Ft, 12. 4. 1919-M, S. 1 f.

77 Ledebour-Prozeß, S. 70 f.

zum 16.3.[78] Ledebour wäre erneut in akute Todesgefahr geraten, womöglich hätte ihm das Schicksal von Leo Jogiches, des langjährigen Partners von Rosa Luxemburg gedroht, der am 10.3.1919 im Untersuchungsgefängnis in Moabit ermordet wurde, gewissermaßen in Ledebours Haftnachbarschaft.[79] Da auch im Ruhrgebiet und in Mitteldeutschland vergleichbare Unruhen vor sich gingen, könnte man von einer zweiten Revolutionswelle sprechen.[80]

Am 19.5.1919 wurde der Prozess gegen Ledebour vor dem Geschworenengericht Berlin-Mitte (Landgericht I) eröffnet. Den Vorsitz hatte der Landgerichtsdirektor Macco inne, die Anklage vertraten Staatsanwaltschaftsrat Gysae und Staatsanwalt Zumbroich. Georg Ledebour wurde von vier Rechtsanwälten verteidigt: Dr. Joseph Herzfeld, Theodor Liebknecht, Gerhard Obuch und Dr. Kurt Rosenfeld. Schon am ersten Verhandlungstag wurde das Verfahren gegen Ernst Däumig abgetrennt, da dieser an einer schweren Grippe erkrankt war. Die Anklage gegen Ledebour lautete auf Landfriedensbruch, Aufruhr, unbefugter Bildung eines bewaffneten Haufens und Dynamitverbrechen.[81] Die „Vossische Zeitung" berichtete ab dem 19.5. regelmäßig über den Prozessverlauf, ein Zeichen dafür, mit welcher Aufmerksamkeit der Prozess in der Öffentlichkeit verfolgt wurde[82], und ein Hinweis darauf, warum Ledebour anders als Rosa Luxemburg und Karl Liebknecht nicht ermordet worden war: Seine Bekanntheit auch als langjähriger Berliner Reichstagsabgeordneter hätte vermutlich zu erneutem Aufruhr geführt.

Von vornherein verfolgte Ledebour eine argumentative Offensivstrategie. Ihm ging es darum, und das betonte er unmissverständlich bei Prozessbeginn, endlich die Gelegenheit zu erhalten, „mit dieser Regierung abzurechnen, die uns die Revolution vom 9. November verpfuscht hat [...], die in Deutschland eine Gewaltherrschaft mit Söldnertruppen aufrichtet, die uns im Auslande diskreditiert und jetzt drauf und dran ist, Deutschland durch ihre törichte Politik noch tiefer ins Unglück hineinzustürzen".[83] Die außenpolitische Komponente dieser Aussage richtete sich aller Wahrscheinlichkeit nach gegen die Haltung der

78 Vgl. Jones, Am Anfang war Gewalt, S. 237ff.; Weipert, Zweite Revolution, S. 41ff.; Dietmar Lange, Massenstreik und Schießbefehl, Berlin 2012.

79 Vgl. Karl Retzlaw, Spartakus. Aufstieg und Niedergang, 2. Aufl. Frankfurt a.M. 1972, S. 138f.

80 Vgl.; Axel Weipert u.a. (Hg.), Eine zweite Revolution? Das Frühjahr 1919 in Deutschland und Europa, Berlin 2020; ders., Zweite Revolution.

81 Ledebour-Prozeß, S. 7ff. u. 19f. Laut Dittmann, Erinnerungen 2, S. 679, gehörte Macco im März 1920 zu den Teilnehmern des Kapp-Lüttwitz-Putsches.

82 VZ, 19.5.1919-A.

83 Ledebour-Prozeß, S. 9f.

Regierung zum Versailler Vertrag, über den zu diesem Zeitpunkt gerade verhandelt wurde. Die deutsche Verhandlungsdelegation hatte sich zu unterschreiben geweigert, die Regierung befand sich in einer schweren Krise.[84] Vermutlich gehörte diese Akzentuierung genauso zu seiner mit den Verteidigern verabredeten Prozessstrategie wie die Angriffe gegen die Regierung. Das Ziel war, den Angeklagten zum Ankläger zu machen. Da lag es nahe, dass seine Verteidiger die politisch in aller Regel konservativ-nationale Anbindung der Richter und Staatsanwälte zum Bestandteil des Vorgehens und sich deren Ablehnung der neuen Ordnung zunutze machten.[85] Kritik übte Ledebour dennoch am Gericht, das er als „antiproletarisches Gericht" bezeichnete, weil „Vertreter der Arbeiterschaft überhaupt auf der Geschworenenbank gar nicht Platz finden können".[86]

Am Prozessverhalten Ledebours fällt das uneingeschränkt selbstbewusste Auftreten auf. Kein Zeichen von Unterordnung ist zu erkennen. So blieb er entgegen der Gerichtsgewohnheit bei einer Aussage sitzen, anstatt sich zu erheben, was ihm umgehend die Aufforderung zum Aufstehen eintrug. Seine Antwort ist durchaus symbolhaltig: „Ich denke nicht immer gleich daran, wenn ich Sie sitzen sehe, dass es nicht üblich ist, vor Gericht sitzen zu bleiben. Ich bin gewohnt, immer mit allen Menschen auf gleichem Fuße zu verkehren; aber selbstverständlich füge ich mich den hiesigen Gewohnheiten."[87] Die „Vossische Zeitung" berichtete von kritischen Bemerkungen Ledebours zur Arbeit der Anklagebehörde, die er aufforderte, endlich mit konkreten Beweisen herauszukommen. An einer Stelle sprach Ledebour von einer „Entartung der Rechtspflege".[88] Überhaupt nutzte er, ganz sozialistischer Parlamentarier, die Verhandlungen als „Tribüne des Klassenkampfes", sowohl mit Blick auf das Urteil als auch bedacht auf die öffentliche Wirksamkeit. Erstaunlich ist, dass der vorsitzende Richter ihm den entsprechenden Spielraum meistens beließ, ein Hinweis darauf, dass es ihm auch, allerdings aus konservativer Sicht, um die Kritik an der Regierung bzw. an der demokratischen Ordnung angelegen gewesen sein könnte.[89]

Befragt zu den Ausgleichsverhandlungen mit der Regierung erklärte Ledebour, dass er stets Verhandlungen befürwortet habe, und bezog sich dabei auf die Arbeiterversammlung im Humboldthain und eine Initiative Dittmanns. Er stehe auf dem Standpunkt, gab er an, dass man niemals Verhandlungen abschlagen

84 Scheidemann, Memoiren 2, S. 366ff.

85 Ratz, S. 198, schrieb von *Konkordanz* zwischen Gerichtsleitung und Ledebour.

86 Ledebour-Prozeß, S. 18.

87 Ebd., S. 79.

88 VZ, 22.5.1919-M.

89 Ratz, S. 198f.

solle. Allerdings betonte er das Recht auf Selbstverteidigung auch während der Verhandlungen. Damit schob er der Regierung den „schwarzen Peter“ zu. Der Revolutionsausschuss habe nach dem 8.1. die Wiederaufnahme von Verhandlungen beschlossen, die Delegation unter Ledebours Leitung wurde damit beauftragt. Damit stellte er die positiven Absichten der Seite der Aufständischen heraus, um danach anzufügen: „Die Verhandlungen fanden am Freitagmorgen statt und wurden abgebrochen, wie ich überzeugt bin, unter nichtigen Vorwänden. Die Leute wollten uns nur hinhalten. Das besorgte Herr Hermann Müller [...], der mit der Regierung unter einer Decke steckte.“[90]

Am 4. Verhandlungstag, d. 22.5., stellte die Verteidigung einen Antrag auf Haftentlassung Ledebours, da keine Fluchtgefahr bestehe und er außerdem nicht mit Haftbefehl, sondern durch das Militär festgenommen worden sei. Die „Vossische Zeitung“ berichtete darüber und gab Ledebours Aussage wieder, sodass dieser auch hier seine politische Botschaft an das Publikum richten konnte. „Eine grundsätzliche Verpflichtung eines Revolutionärs, sich den Häschern preiszugeben, erkenne ich nicht an. Ich befinde mich aber gewissermaßen auf dem äußersten Vorposten der Revolution. Ich habe die Verpflichtung, den mir zugefallenen Posten zu halten bis zum bitteren Ende mit Einsetzung meiner Person und meines Lebens. Ich erkläre Ihnen positiv, meine Herren Richter, ich werde nicht entfliehen, sondern pünktlich am Montag zu Stelle sein. Sollte ich entfliehen, so würde ich Verrat an der Revolution begehen.“ Nachdem der von Rosenfeld begründete Haftentlassungsantrag richterlich abgelehnt wurde, protestierte Th. Liebknecht dagegen und kritisierte den Entscheid als politisch motiviert, um erneut Haftentlassung zu beantragen. Der vorsitzende Richter interpretierte dies als den Vorwurf der Rechtsbeugung und verhängte gegen Liebknecht eine Ordnungsstrafe von 100 Mark.[91] So sorgten Angeklagter und Anwälte dafür, dass dieser Prozess seine politische Komponente erhielt.

Am 23. Verhandlungstag schließlich, d. 23.6.1919, wurde das Urteil gesprochen. Vorher hatten Rosenfeld und Liebknecht auf Freispruch plädiert, Ledebour hatte in seinem Schlusswort sein Verhalten als Revolutionär verteidigt und die Regierung angegriffen sowie Staatsanwaltschaft und Richter attackiert. Die Staatsanwaltschaft befand Ledebour der Bildung eines bewaffneten Haufens, der Teilnahme am Aufruhr und des Landfriedensbruchs für schuldig.[92] Die Geschworenen befanden Ledebour nach einer dreiviertelstündigen Beratung in allen fünf Anklagepunkten für nicht schuldig. Das Urteil des Gerichts lautete auf

90 Ledebour-Prozeß, S. 122f.

91 VZ, 23.5.1919-A.

92 Vgl. Ledebour-Prozeß, S. 688, 785 u. 786ff.

Freisprechung, die Verfahrenskosten wurden der Staatskasse auferlegt. Zu einem Eklat kam es beinahe nach der Urteilsverkündung. Rosenfeld wandte sich an den Richter, nachdem er die Aussage eines Offiziers vernommen hatte, der zufolge Ledebour und seine Verteidiger im Falle eines Freispruches umgebracht würden, und bat um Geleitschutz, der auch gewährt wurde.[93]

Die „Kölnische Zeitung" gab den Freispruch in einer kurzen Meldung bekannt, verzichtete auf jeden Kommentar.[94] Noch knapper, in zwei kurzen Sätzen, meldete der „Hannoversche Kurier" das Urteil.[95] Der „Vorwärts" druckte am 23. 6. Auszüge aus Ledebours Verteidigungsrede ab, ohne polemisch zu kommentieren. Offensichtlich wollte man dem Urteilsspruch nicht vorgreifen.[96] Am 24. 6. aber kommentierte das SPD-Zentralblatt den Freispruch sarkastisch. Eine Verurteilung hätte Ledebour zum Märtyrer gemacht, nun werde man ihn zum Heros stilisieren. Doch Ledebour, so hieß es weiter, werde dann automatisch sofort versagen, „wo es noch etwas anderes zu leisten gibt als oppositionell-witzige Kritik". Ansonsten glich der Beitrag eher einem Abgesang auf den Freigesprochenen.[97] Ganz im Sinne Ledebours kommentierte die „Freiheit": Ledebour sei freigesprochen, verurteilt worden aber sei die Regierung Ebert-Scheidemann, den Bürgerkrieg und Blutvergießen nicht verhindert zu haben und die Sache des Proletariats, der sie selbst entstamme, preisgegeben zu haben.[98]

Schon im August 1919 legte Georg Ledebour auf der Grundlage des amtlichen Stenogramms den Band „Der Ledebour-Prozess" vor, erschienen bei der Verlagsgenossenschaft „Freiheit". So konnte er publizistisch fortsetzen, was er im Prozess begonnen hatte, den Kampf um die öffentliche Deutung der Revolution und ihrer dramatischen Höhe- bzw. Tiefpunkte. Im Vorwort erinnerte er an die ihm zentralen politischen Anliegen: Die Bildung einer entschlossenen revolutionären und möglichst einigen Partei, die Hebung des proletarischen Selbstbewusstseins nach den Niederlagen von Januar und März 1919, den Kampf um den Sozialismus und für ein demokratisiertes Rechtssystem.[99] Wilhelm Dittmann beschrieb das Auftreten seines Freundes als „ein leuchtendes Beispiel für alle Kämpfer um Freiheit und Menschlichkeit".[100] Die Verteidigungsrede Ledebours

93 Ebd., S. 827.

94 KöZ, 24. 6. 1919-M-1.

95 HaK, 24. 6. 1919-M-1, S. 3.

96 Vw, 23. 6. 1919-A, S. 3.

97 Ebd., 24. 6. 1919-M, S. 3.

98 Ft, 24. 6. 1919-M, S. 2.

99 Ledebour-Prozeß, S. 4.

100 Dittmann, Erinnerungen 2, S. 682. Im Übrigen existiert von Ledebour ein Revolutionsgedicht „Sang an Thor", veröffentlicht in: Die Aktion Nr. 1, 9. Jg. (1919), S. 19 f.

beeindruckte den jungen Wolfgang Abendroth so sehr, dass er sie fast auswendig kannte und Ledebour zu seinem ersten politischen Vorbild wurde.[101]

4. Nationalversammlung, zweite Revolutionswelle und Gegenrevolution (1919/20)

Als am 19.1.1919 die Nationalversammlung (NV) gewählt wurde, befand sich Ledebour in Untersuchungshaft in Moabit und konnte nicht an der Wahl teilnehmen. Die Kandidatur mit Gemäßigten wie Haase auf gleicher USPD-Liste hatte er ohnehin abgelehnt und sich mit Initiativen zur Gründung einer neuen Partei, die aber nicht die KPD sein sollte, auch teilweise die „Gunst bei seinen früheren Anhängern verscherzt".[102] So befand er sich erstmals seit 1900 wieder außerhalb des Parlaments. Nach wenigen Tagen stand das Endergebnis fest: Die SPD war mit 37,9% der Stimmen (11,51 Mio.) und 163 Abgeordneten zur weitaus stärksten Partei gewählt worden. Zählt man die nur ca. 2,32 Mio. der USPD (7,6%, 22 Abg.) hinzu, kam die gesamte Sozialdemokratie auf 45,5%, blieb aber von einer absoluten Mehrheit der 421 Sitze deutlich entfernt. Die liberale DDP, ehemals FVP, erreichte ein Resultat von 18,5% (75 Abg.) und rund 5,64 Mio. Stimmen. Ein respektables Votum verzeichnete auch das Zentrum mit 5,98 Mio. Stimmen (19,7%, 91 Abg.). Die Parteien des „interfraktionellen Ausschusses" kamen also auf 76,1% der Stimmen, wobei die Bürgerlichen und die SPD sich die Waage hielten. Die rechtsorientierten (DVP) und weit rechten (DNVP) Parteien kamen insgesamt nur auf 14,7%, die USPD blieb auf der fünften Position stehen.[103] Dass in Berlin die militärischen Auseinandersetzungen die Arbeiterbewegung geschwächt und das politische Klima polarisiert hatten, zeigte sich am Gesamtverlust des Stimmenanteils von SPD/USPD zur Reichstagswahl von 1912 um 11,7%. Die SPD erreichte 36,4%, die USPD 27,6%, die rechten und bürgerlichen Parteien (dabei vor allem die DNVP gegenüber den 1912 vor Ort fast nicht existenten Konservativen) gewannen 12,4% hinzu.[104]

Am 6.2.1919 trat im Weimarer Nationaltheater die Konstituante zusammen. Die DDP-nahe „Morgenpost" schrieb bedeutungsschwer: „Die Erwählten des deutschen Volkes, erwählt nach dem in Wahrheit freiesten Wahlrecht, das es

101 Vgl. Andreas Diers, Arbeiterbewegung – Demokratie – Staat. Wolfgang Abendroth. Leben und Werk 1906–1948, Hamburg 2006, S. 81ff.

102 So Ratz, S. 200, auch unter Bezugnahme auf Dittmann, Erinnerungen 2, S. 633.

103 Vgl. Bracher u.a. (Hg.), Die Weimarer Republik 1918–1933, Bonn 1987, S. 630.

104 Vgl. Lehnert, S. 270f.

in der Welt gibt, haben sich heute Nachmittag im hiesigen Nationaltheater versammelt. Durch sie beginnt nun das deutsche Volk als sein eigener Souverän sein Schicksal zu bestimmen."[105] Dazu gehörte die Wahl des Staatsoberhauptes. Die Wahl Friedrich Eberts zum Reichspräsidenten am 11.2. wurde im „Vorwärts" ausführlich dokumentiert, gewürdigt und mit Biographie und Portrait des neuen Staatsoberhauptes unterlegt.[106] Am 13.2. erfolgten die Wahl Philipp Scheidemanns zum Reichsministerpräsidenten und die Ernennung der Reichsregierung. Ihr gehörten sechs Minister der SPD, je drei der DDP und des Zentrums sowie der parteilose Graf Brockdorff-Rantzau (Außenminister) an.[107] Die anstehenden Friedensverhandlungen warfen ihre Schatten bereits voraus. Die „Freiheit" hatte zu Beginn des Zusammentretens der NV recht versöhnlich, aber dennoch skeptisch formuliert: „Für uns ist Weimar nicht der Brennpunkt der Politik [...] Wenn wir in der Nationalversammlung bis zu einem gewissen Grade die Trägerin der Demokratie erblicken, so sehen wir in den Arbeiterräten Hüter des sozialdemokratischen Gedankens der Revolution."[108] Der Dualismus zwischen der parlamentarisch-demokratischen und rätesozialistischen Option für die Staatsentwicklung war trotz des Zusammentretens der NV in Weimar keineswegs aufgehoben.

Das Ruhrgebiet befand sich seit Jahresbeginn 1919 in einem Zustand ständiger Streiks und Unruhen. Der Bergarbeiterstreik vom 11.1. mobilisierte vor allem in der Region Duisburg/Hamborn ca. 80000 Arbeiter für Verbesserungen der Versorgungslage, der Arbeitsbedingungen und für Sozialisierung. Die Sozialisierung des Bergbaus allerdings blieb aus, stattdessen rückten Truppen ins Ruhrgebiet ein, die Lage eskalierte. Ab Mitte Februar ergriff eine Generalstreikbewegung große Teile des Ruhrgebiets, nachdem Freikorps von Münster aus eingetroffen waren. Am 22.2. beendeten Verhandlungen zwischen den Arbeiter- und Soldaten-Räten und dem Generalkommando in Düsseldorf den Generalstreik. Am 25.2. wurde fast überall im Revier wieder gearbeitet, ohne dass nennenswerte Forderungen der Streikenden erfüllt worden wären. Doch nur einen Monat später begannen Streiks für die Sechsstundenschicht in mehr als zwanzig Zechen. Als der „Alte Verband", also die Bergarbeitergewerkschaft aus der Zeit vor 1918, und der unternehmerische Zechenverband am 1.4. eine Siebeneinhalbstundenschicht vereinbarten, beschlossen die 475 Delegierten von 195 Schachtanlagen am gleichen Tag den erneuten Generalstreik, der vermutlich von ca. 267000 bis 400000 Bergarbeitern befolgt wurde. Zugleich bildeten sich

105 Berliner Morgenpost (BMP), 7.2.1919, S. 1.

106 Vw, 12.2.1919-M, S. 1f.

107 Scheidemann, Memoiren 2, S. 359f.

108 Ft, 6.2.1919-M, S. 2.

betriebliche Räte und ein Zentralzechenrat. Am 7.4. erfolgte eine Einigung auf die Siebenstundenschicht. Zwischen Rhein und Weser blieb es dennoch auch in der zweiten Jahreshälfte unruhig.[109]

In Mitteldeutschland entstand das dritte bedeutende Zentrum der Rätebewegung. Viel stärker als in Berlin oder im Ruhrgebiet nahmen die Räte in der Region zwischen Mansfeld, Halle, Leipzig und Jena von vornherein einen explizit auf politische Transformation gerichteten Charakter an, denn hier dominierte der „Räte-Flügel" der USPD um Müller, Däumig und Curt Geyer. Am 22.2.1919 begann ein Generalstreik, nachdem Verhandlungen über die Anerkennung der Betriebsräte und über Zusagen für Sozialisierungen mit einem für die Rätevertreter wenig zufriedenstellenden Ergebnis geendet waren. Die Reichsregierung suchte während des schnell eine große Mobilisierungskraft entfaltenden Generalstreiks eine Lösung auf dem Verhandlungsweg, die am 4.3.1919 gefunden wurde. Sie ordnete den als verfassungsrechtlich und gesetzlich verankert vorgesehenen Betriebsräten mehr Mitbestimmung bei betrieblichen Abläufen und in der Leitung des Betriebes zu, sah die Entwicklung eines einheitlichen und demokratischen Arbeitsrechts, die Aussicht auf Sozialisierungen sowie Verbesserungen im Militärstrafrecht und bei der kommunalen Lebensmittelversorgung vor. Im Laufe des Jahres kam es zu weiteren politischen Aktionen, die sich allerdings auch gegen die eingerückten Freikorps richteten, z.B. in Jena und Gera um die Monatswende April/Mai 1919. Wie auch in Berlin entwickelte sich eine allgemeine politische Radikalisierung der Rätebewegung.[110] Nach dem Ende des Generalstreiks in allen drei Industriezentren kam es zu weiteren Differenzierungsprozessen. Politisch verschoben sich die Gewichte zwischen den beiden sozialdemokratischen Parteien deutlich zugunsten der USPD und zu Lasten der SPD, aber teilweise auch der Freien Gewerkschaften. Diese Radikalisierungstendenzen weisen zugleich auf ein Abbröckeln des Integrationspotenzials innerhalb der Arbeiterbewegung hin, sie brachte Handlungsansätze wie den einer „zweiten Revolution" immer stärker in den Vordergrund.

Auch Ledebour, der während dieser Phase inhaftiert war, hatte seine Idee einer Rätedemokratie zu Papier gebracht.[111] Seine Rätevorstellung war basisdemokratisch und baute auf „Urgemeinden" auf, deren Größe 2000 Menschen nicht

109 Vgl. Czitrich-Stahl, Zwischen Räterevolution und Mitbestimmung, in: Lehnert (Hg.), Konfliktdemokratie 1920, S. 52f.

110 Vgl. ebd., S. 54f.

111 G.L., Der Aufbau eines sozialistischen Gemeinwesens in Deutschland, in: Der Arbeiter-Rat, 1. Jg. (1919), Nr. 3, S. 10–13, Nr. 4, S. 14–17, Nr. 6, S. 13–19. Die Zeitschrift wurde von Ernst Däumig herausgegeben. Ledebour brachte seine Konzeption auf einer Arbeiterratskonferenz am 7.1.1919 vor, s. Keller, S. 107.

überschreiten sollte. Ihre Existenzbedingungen seien auf dem Lande günstiger als in der Stadt. Darin ähneln sie heutigen Kooperativen, etwa in Lateinamerika, oder den Kibbuzen. Die Menschen wären sowohl landwirtschaftlich, industriell als auch kulturell-bildend tätig. Dadurch könne die Trennung zwischen Hand- und Kopfarbeit, nach Marx ein Merkmal der Entfremdung, aufgehoben werden.[112] Die Gemeinde sollte der Ort der „fortlaufende[n] Selbstentscheidung des Volkes über alle seine gemeinsamen Angelegenheiten“ und „wirkliche[r] Demokratie“ sein.[113] Auch die städtische Räteorganisation baute auf dem Prinzip der Urgemeinden auf, aus denen heraus Vertreter in einen Gemeinderat beschickt würden. In den Städten könnten Betriebsräte und Gemeindevertretungen koexistieren und kooperieren.[114] Dabei sollten Teile der Großindustrie dezentralisiert werden können.[115] Die Verteilung von produzierten Gütern und Nahrungsmitteln fiele Konsumgenossenschaften zu.[116] Er befürworte eine Angleichung von Stadt und Land, z.B. durch Ansiedlung landwirtschaftlicher Betriebe in den Städten.[117] Diese weder von ihm noch vom VR weiterverfolgte Konzeption konstituierte einen Aufbau der politischen Organisationen und der Verwaltung von unten nach oben. Daraus sollten Kreise, Gaue und Landschaften hervorgehen, wobei letztere die oberste Ebene staatlicher Rätegliederung bilden sollten. Eine zentrale „Obrigkeit“ fehlt hier, was Ledebours diesbezüglich kritischem, antiobrigkeitlichen Denken und Handeln natürlich vollends entsprach. Allerdings blieben Fragen wie außenpolitische Kompetenzen offen, vorstellbar aber ist ein ähnlicher Aufbau wie jener auf Kantonen fundierter in der Schweiz, in der die Bundesregierung, der Bundesrat, durch sieben gewählte Vertreter gebildet wird, die die Ämter nach dem Rotationsprinzip zeitlich begrenzt wahrnehmen.[118]

Nachträglich wurde diesem Konzept Unausgegorenheit, Verworrenheit oder der Utopismus der Frühsozialisten vorgeworfen.[119] Doch zieht man heutzutage erprobte Konzepte und Praktiken wie Bürgerbeteiligung und Bürgerhaushalte oder Stadtumbau hinzu und denkt sie mit Digitalisierung, „liquid democracy“ und solidarischer Ökonomie zusammen, um alles mit dem genossenschaftlichen

112 Vgl. Ratz, S. 185; Keller, S. 107f.

113 Zit. Ratz, S. 186.

114 Ebd.

115 Vgl. Keller, S. 108.

116 Ebd.

117 Vgl. Ratz, S. 187.

118 https://de.wikipedia.org/wiki/Bundesrat_(Schweiz). Zur Rätekonzeption von Ernst Däumig s. Volker Stalmann, Ein Theoretiker des Rätesystems: Ernst Däumig (1866–1922), in: Schöler/Scholle (Hg.), S. 255–266.

119 Vgl. Ratz, S. 186ff.; Keller, S. 108.

Organisationsprinzip zu kombinieren, so könnte nicht zuletzt der industriegesellschaftliche Erfahrungshorizont von Bundesrepublik und DDR dazu beigetragen haben, dieses Konzept unisono zu verwerfen. Die damaligen Debatten im VR etwa drehten sich um aktuellere Notwendigkeiten, etwa um die Kompetenzen von Arbeiter- und Betriebsräten und um ihre verfassungsrechtliche Einbindung. Für eine staatspolitische Debatte blieb nach Auffassung von Hermann Müller zu wenig Zeit, alles andere floss in die Auseinandersetzungen um ein Rätegesetz ein, die seit dem Frühjahr 1919 im parlamentarischen und außerparlamentarischen Raum geführt wurden.[120]

Dass mit dem gewonnenen Prozess die Lebensgefahr für Ledebour und andere Linkssozialisten gebannt sei, war kaum zu erwarten. Ledebour entging später nur knapp einem Attentat am Reichstagsgebäude. Nach dem Bericht der „Freiheit" verließ Ledebour am 17.11. das Parlamentsgebäude; Arbeiter, die ihn erkannten, brachten Hochrufe auf ihn aus, als Soldaten mit Gewalt in seine Richtung vordrangen. Einen Soldaten, dem dies gelang, hinderten Arbeiter am Todesschuss, indem sie ihm auf die Hand schlugen, sodass er die Waffe verlor und fliehen konnte.[121] Am 23.11. fanden auf Mobilisierung durch die USPD Kundgebungen gegen die Gegenrevolution statt. In der „Bockbrauerei" sprach Ledebour selbst und rief dazu auf, mit dem Massenstreik gegen die antirevolutionären Kräfte vorzugehen. Auf weiteren Veranstaltungen sprachen u. a. Adolph Hoffmann, Luise Zietz, Kurt Rosenfeld, Fritz Zubeil, Paul Hertz, Fritz Kuhnert und Joseph Herzfeld.[122]

Die Gewalt blieb eine latente Gefahr für die politische Linke, auch in Auseinandersetzungen um Gesetze. Nach der Verabschiedung der Weimarer Reichsverfassung und der Sitzungspause zog die Nationalversammlung nach Berlin um und setzte ab dem 30.9.1919 im Reichstagsgebäude ihre Beratungen fort. Unter den Gesetzesvorhaben befand sich auch das Betriebsrätegesetz. Die Hauptkonfliktfrage lautete, ob die Betriebsräte Teil einer betrieblichen Mitbestimmungsregelung oder gesellschaftliche und betriebliche Kontrollorgane in den Händen der Arbeiterschaft sein sollten. Die USPD, besonders ihr linker Flügel, plädierte für die letztere, potenziell revolutionäre Option.[123] Die politische und publizistische Auseinandersetzung spitzte sich zu. Als am 13.1. und 18.1.1920 die zweite und

120 Vgl. Czitrich-Stahl, Räterevolution und Mitbestimmung in: Lehnert (Hg.), Konfliktdemokratie 1920, S. 55–73; zu Müller s. Ratz, S. 188.

121 Ft, 18.11.1919-M, S. 1.

122 Ebd., 24.11.1919-M, S. 1f.

123 Vgl. Czitrich-Stahl, Räterevolution und Mitbestimmung in: Lehnert (Hg.), Konfliktdemokratie 1920, S. 59ff. Vgl. Siegfried Mielke/Stefan Heinz, Alwin Brandes (1866–1949), Berlin 2019, S. 107ff.

dritte Lesung des BRG in der Nationalversammlung auf der Tagesordnung stand, mobilisierten zwei getrennte Aufrufe für eine Großdemonstration am 13. 1. vor dem Reichstagsgebäude. Ein Aufruf wurde gemeinsam von USPD, KPD und der Betriebsrätezentrale Deutschlands unterzeichnet, ein weiterer vom Bezirksverband Berlin-Brandenburg der USPD, dem Vollzugsrat Berlin und von fünfzehn Gewerkschaften, darunter des mehrheitlich von der USPD beeinflussten DMV.[124]

Die Spannung war mit den Händen zu greifen, als die Demonstration eskalierte. Nach Handgreiflichkeiten mit der Polizei mit einem Toten und fünfzehn Verletzten am Portal I verlagerten sich die Ereignisse nach Portal II. Was dort geschah, schilderte der Historiker und engagierte Zeitgenosse Arthur Rosenberg: „Kein Mensch dachte daran, den Reichstag zu stürmen oder einen Putsch zu versuchen. Die Führer der oppositionellen Arbeiterschaft hielten vor dem Reichstagsgebäude Ansprachen an die versammelten Massen. Man beging freilich den technischen Fehler, dass man die Massen zu lange vor dem Reichstag versammelt hielt. So kam es zu Plänkeleien zwischen den Arbeitern und der Polizeimannschaft, die zum Schutze des Reichstags versammelt war. Schließlich kam die Polizei zu der Meinung, dass ein Sturm auf den Reichstag zu befürchten wäre, und es wurde mit Maschinengewehren auf die unbewaffneten Demonstranten geschossen. Die Menge wurde zersprengt. Zweiundvierzig Arbeiter wurden dabei getötet. Die politische Verantwortung für das Verhalten der Polizei am 13. Januar trug der preußische Innenminister Wolfgang Heine."[125] In der Erinnerungsliteratur von USPD, KPD und deren Umfeld wurde immer hervorgehoben, dass der eigentliche Grund für die militärische Gewaltanwendung gegen die Demonstration am 13. 1. 1920 außerhalb der eigentlichen Sache zu suchen war, nämlich im Streben des Militärs nach der politischen Macht. Wie nahe an der Wahrheit die Befürchtungen Dittmanns und anderer Linkssozialisten[126] waren, sollte sich in der Märzmitte 1920 zeigen.

Zum Jahreswechsel 1919/20 wartete die „Freiheit" mit einer Buchwerbung auf. „Der Ledebour-Prozess" war erschienen und für den Preis von 25 Mark erwerbbar, die allgemeinen Lebenshaltungskosten hatten ohne die regulierten Mieten inzwischen ungefähr den zehnfachen Vorkriegsstand erreicht. Im Werbetext hieß es, dass der Prozessband „als das wichtigste Dokument der Revolution bezeichnet werden [kann]. Ledebour führte seinen Kampf nicht für die eigene Person, sondern für die Arbeiterklasse Deutschlands. Wer sich ein klares

124 Weipert, Zweite Revolution, S. 161 f.

125 Arthur Rosenberg, Geschichte der Weimarer Republik, Frankfurt a. M. 1961, S. 90.

126 Vgl. Czitrich-Stahl, Räterevolution und Mitbestimmung, in: Lehnert (Hg.), Konfliktdemokratie 1920, S. 73 f., bes. S. 74, Fn. 62.

Bild von der deutschen Revolution machen wolle, müsse dieses Buch kennen."[127] Der Prozess, das Buch und die „Freiheit" waren seit der NV-Wahl am 19.1.1919 die hauptsächlichen Möglichkeiten öffentlichkeitswirksamen Agierens für Ledebour. Natürlich war er in den innerparteilichen Auseinandersetzungen der USPD engagiert, sieht man vom „Revolutionsparteitag" im März 1919 ab. Dem Parlamentarier mit Leib und Seele war durch eigenes Agieren die Möglichkeit genommen, aus dem Parlament heraus seine sozialistischen Positionen und seine Kritik an der Reichsregierung zu popularisieren. Aber während seines Prozesses und nach dem Freispruch nutzte er die USPD-Presse stärker als zuvor. Am 18.12.1919 analysierte er in der „Freiheit" die Debatte auf dem Leipziger Parteitag (30.11.–6.12.) über die Haltung zur Internationale und stellte seine Position dar, die weder einen gegenwärtigen Beitritt zur für ihn kompromittierten II. Internationale noch zur Leninschen III. Internationale befürwortete.[128] Da auch Däumig in der „Freiheit" seine Position dargelegt hatte, die auf eine Annäherung an die III. Internationale abzielte, reagierte Ledebour erneut am 29.12.[129] Ein Jahr nach dem Beginn des Januaraufstands blickte er auf die damalige Erhebung zurück, die ihm Haft und Prozess eingetragen hatte. Er bekräftigte seine auch im Prozess erläuterte positive Haltung zur revolutionären Aktion, denn nicht Erfolg oder Misserfolg rechtfertigten diese, sondern dass im „revolutionsungewohnten deutschen Volke wenigstens die Proletariermassen tat- und opferbereit sind, um Freiheit und Leben einzusetzen für die höchsten Ziele der Menschheit".[130] Auch die „Bremer Arbeiter-Zeitung", die dem linken USPD-Flügel nahestand, veröffentlichte Beiträge Ledebours.[131]

Am 7.3.1920 beging Georg Ledebour seinen 70. Geburtstag. Zu seinen Ehren hatten Berliner USPD-Genossen eine Feier mit Chor- und Einzelgesang sowie mit Vorträgen organisiert. Karl Leid hielt die Laudatio auf den Jubilar und nannte ihn einen würdigen Nachfolger Wilhelm Liebknechts. Arthur Crispien entbot die herzlichen Grüße der Zentralleitung der USPD. Auch die englischen und französischen Linkssozialisten hatten Glückwünsche übermittelt. In seiner Dankesrede kündigte Ledebour zugleich seine Bereitschaft zur Kandidatur bei der nächsten Reichstagswahl an, sofern es seine Gesundheit zuließe. An Humoresken schien es nicht gefehlt zu haben, sprach Ledebour doch davon, dass er – anders als im Parlament – im Prozess jederzeit das Wort habe nehmen können,

127 Ft, 31.12.1919-A, S. 4.

128 G.L., Betrachtungen über den Parteitag, Ft, 18.12.1919-M, S. 1 f.

129 G.L., Zur Abwehr, Ft, 29.12.1919-M, S. 1 f.

130 G.L., Die Erhebung im Januar 1919, Ft, 5.1.1920-M, S. 1 f., Zitat auf S. 2.

131 Bremer Arbeiter-Zeitung (BrAZ), 20.12.1919, 22.1.1920, 9.2.1920, 22.7.1920 u. 4.1.1921.

ohne auf die Redeliste Rücksicht zu nehmen, und ihn ein zehnjähriges Mädchen nach ihrem Vortrag dafür lobte, dass er aufmerksam zugehört habe, ohne einmal dazwischen zu rufen. Ledebour sei, so schrieb die „Freiheit", tief ergriffen gewesen.[132]

Sechs Tage später schlug die Gegenrevolution zu. Am Morgen des 13.3.1920 besetzten unter Führung des Deutschnationalen Kapp und des Generals von Lüttwitz aufständische Truppen das Regierungsviertel und erklärten Kapp zum Regierungschef. Die Zeitungen von SPD und USPD wurden umgehend verboten, weitere folgten. Die Reichsregierung floh nach Stuttgart. Noch am gleichen Tag riefen die SPD-Regierungsmitglieder zum Generalstreik auf, ADGB und AfA-Bund vereinten in ihrem Aufruf zum Massenstreik erstmals SPD, USPD und KPD zu gemeinsamen Aktionen. Am 17.3. brach der Putsch zusammen, der Generalstreik hatte ihn zu Fall gebracht.[133] Ob Ledebour während dieser Tage untergetaucht war und bei einem Genossen Unterschlupf gefunden hatte, um der Gefahr von Verhaftung und Tod zu entgehen, ist nicht bekannt, aber wahrscheinlich. Sein Freund Dittmann jedenfalls entzog sich seiner befürchteten Erschießung durch Flucht ins entmilitarisierte Rheinland, das seinem Wahlkreis nahe war.[134]

Nach dem Ende des Generalstreiks wurde im Ruhrgebiet weitergekämpft, auf den fortgesetzten Generalstreik folgte die militärische Strafaktion von Regierungstruppen gegen die „Rote Ruhrarmee" mit einem furchtbaren Blutbad.[135] Nie seit der Revolution war die junge Republik so gefährdet wie in dieser Krise, die vor allem durch das einheitliche Auftreten der Arbeiterorganisationen bewältigt werden konnte. Die Kämpfe im Ruhrgebiet aber waren Salz auf den Wunden von SPD, USPD und KPD. Die neue Regierung mit Hermann Müller als Reichskanzler, die die Regierung Gustav Bauers ersetzte, konnte nicht auf die USPD zählen; Ledebour und weitere Redner wie Rudolf Breitscheid, Cohn, Däumig, A. Hoffmann und Crispien lehnten jedwede Unterstützung ab.[136] Am 24.3. hatte die Parteiführung Bedingungen für eine Arbeiterregierung formuliert.[137] Die „Freiheit" hatte für den 28.3. zu Volksversammlungen aufgerufen, um die

132 Ft, 10.3.1920-A, S. 3.

133 Vgl. Stalmann, Die Gefahr von rechts, in: Lehnert (Hg.), Konfliktdemokratie 1920, S. 83 ff.; Czitrich-Stahl, Zwischen Abwehr und Angriff, in: Lehnert (Hg.), ebd., S. 117 ff.

134 Dittmann, Erinnerungen 2, S. 702 ff.

135 Vgl. Czitrich-Stahl, Abwehr und Angriff, in: Lehnert (Hg.), Konfliktdemokratie 1920, S. 133 ff.

136 GAD, 29.3.1920, S. 2.

137 Erklärung des Zentralkomitees der USPD vom 24.3.1920 zu den Aufgaben einer Arbeiterregierung, in: Braune u.a. (Hg.), S. 244 f.

Haltung der USPD zu veröffentlichen.[138] Ledebour fand für die Verantwortung der SPD für die Ereignisse um den Putsch die Faustformel „Ohne Ebert kein Ehrhardt".[139] Schließlich wurde für den 6. 6. 1920 die Wahl des Reichstages anberaumt, nachdem die Regierung um den Kanzler Gustav Bauer am Kapp-Putsch gescheitert war und das Nachfolgekabinett um den Kanzler Hermann Müller anderthalb Jahre nach Wahl der verfassunggebenden NV innen- wie außenpolitisch eine neue Legitimation benötigte.[140]

5. Ledebour zwischen Räterevolution, Parteispaltung, Wiedervereinigung und Verweigerung (1919–1922)

5.1. Von der sozialistischen Opposition zur revolutionären Massenpartei: Die USPD von Februar 1919 – Juni 1920

Während des Januaraufstands begann in der USPD ein Radikalisierungsprozess, der die Brücken zur SPD immer weiter zermürbte. Der Flügel um die Revolutionären Obleute, der einen Rätesozialismus vom Betrieb bis zum Staat anstrebte, erstarkte zusehends. Die Wahlniederlagen bei den Wahlen zur NV (19. 1. 1919) und zur Preußischen Landesversammlung (26. 1. 1919) waren politisch noch nicht aufgearbeitet, als die zweite Revolutionswelle im Ruhrgebiet, in Mitteldeutschland und im Großraum Berlin ausbrach. Diese Generalstreikbewegungen und deren teilweise blutige Niederschlagung brachten immer weitere Teile der Arbeiterschaft von der SPD fort und hin zur USPD, viel weniger noch zur KPD. Die Rätebewegung kämpfte seit dem Frühjahr 1919 für eine Verankerung der Betriebsräte nach sozialistischen Prinzipien[141], die USPD unterstützte diese Bewegungen parlamentarisch, außerparlamentarisch und programmatisch. Inmitten dieser eskalierenden Lage eröffnete Fritz Zubeil am 2. 3. den Parteitag der USPD in Berlin, der als „Revolutionsparteitag" in die Geschichte der Partei eingehen sollte. Wegen seiner Untersuchungshaft konnte Ledebour nicht am Parteitag teilnehmen, ebenso fehlten zahlreiche Delegierte aus Sachsen und Thüringen,

138 Ft, 28. 3. 1920-M, S. 11.

139 Ebd., 19.05. 1920-M, S. 6. Korvettenkapitän Hermann Erhardt war ein Freikorpsführer und gehörte zu den militärischen Kommandeuren beim Kapp-Lüttwitz-Putsch. Im Text der „Freiheit" wurde sein Name nur mit d statt dt geschrieben.

140 Zu Hermann Müller vgl. Rainer Behring, Hermann Müller (1876–1931) und die Chancen der Weimarer Republik, in: Peter Brandt/Detlef Lehnert (Hg.), Sozialdemokratische Regierungschefs in Deutschland und Österreich 1918–1933, S. 127–157.

141 Vgl. Peter von Oertzen, Betriebsräte in der Novemberrevolution, Berlin 1976.

die den Generalstreik unterstützten, wieder andere bekamen wegen der Streiks keine Zugverbindungen.[142] Insgesamt nahmen 208 Delegierte teil.[143]

Der Parteitag ließ die in der USPD vorhandenen Gegensätze schärfer hervortreten. Hugo Haase hielt das Hauptreferat, das Thema lautete „Die Aufgaben der Partei". Ernst Däumig war für das Korreferat vorgesehen, er befasste sich besonders mit dem Rätesystem. Während Haase neben der Orientierung auf ein Rätesystem am Parlamentarismus und an den klassischen Formen der politischen Arbeit und Organisation von Sozialisten festhielt, skizzierte Däumig das Rätesystem als die einzig gültige Norm der sozialistischen Umgestaltung und des sozialistischen Staates.[144] Um eine Spaltung der USPD schon zu diesem Zeitpunkt zu verhindern, wurde beim beschlossenen Aktionsprogramm ein Gutteil der von Däumig und der Parteilinken geforderten Positionen zum Rätesystem aufgenommen.[145] Doch der Riss innerhalb der USPD offenbarte sich bei den Vorstandswahlen. Zunächst wurden Haase und Däumig zu Parteivorsitzenden gewählt, doch Haase verweigerte die Annahme der Wahl, weil er eine Zusammenarbeit mit Däumig wegen der teils weit auseinanderliegenden Positionen für aussichtslos hielt. Nach einem erneuten Wahlgang trat dann Arthur Crispien, der als weniger radikal galt, an Haases Seite.[146] Mit der Wahl von Luise Zietz und Wilhelm Dittmann blieb die Hegemonie des Zentrums der Partei bestehen, doch erklärte mit Clara Zetkin eine prominente Vorkämpferin der radikalen Linken kurz darauf ihren Parteiaustritt.[147] Inhaltlich war die USPD nach links gerückt, ohne dass sich dies bei der Wahl der Vorstandsgremien widerspiegelte.

Die Stellung der USPD zu SPD und KPD, mithin zur Frage der Zugehörigkeit zur Internationale, beschäftigte die Partei nun in immer stärkerem Maße. Vom 21.–23. 6. 1919 fand auf Einladung der „Zentralstelle für Einigung der Sozialdemokratie" der „Sozialistentag" in Berlin statt, doch zeigte sich für die Parteiführung der USPD, dass eine Annäherung an die SPD nicht in Frage kam.[148] Da im März 1919 in Moskau die III. Internationale unter der Dominanz der

142 Krause, USPD, S. 124.

143 Protokoll über die Verhandlungen des außerordentlichen Parteitages vom 2. bis 6. März 1919 in Berlin, Präsenzliste des Parteitages, in: Protokolle USPD 1, S. 274 ff.

144 Vgl. das Referat Haases, ebd., S. 78 ff, das Referat Däumigs, ebd., S. 95 ff. Vgl. Weipert, Die USPD-Linke 1919/20, in: Braune u. a. (Hg.), S. 157 ff.

145 Programmatische Kundgebung, in ebd., S. 3 f.; Krause, USPD, S. 125 ff.

146 Krause, ebd., S. 125.

147 Ebd., S. 128, auch Fn. 306.

148 Vgl. Krause, USPD, S. 132 ff. Zur „Zentralstelle" s. Teresa Löwe-Bahners, Zwischen allen Stühlen. Eduard Bernstein Stellung in der deutschen Sozialdemokratie 1918 bis 1920, in: Schöler/Scholle (Hg.), S. 385 ff.

Bolschewiki gegründet worden war, existierte eine weitere Option, die dem linken USPD-Flügel Attraktivität signalisierte. Als am 27.7.1919 Walter Stoecker und Wilhelm Koenen als Parteisekretäre berufen wurden, besaß nun auch die Linke direkten Zugang zur Parteizentrale.[149] Die unterschiedlichen Positionen prallten dennoch auf der Reichskonferenz der USPD am 9./10.9.1919 unvermindert aufeinander. Die Partei war binnen eines halben Jahres von 300000 auf ca. 750000 Mitglieder angewachsen und hatte ihre regionalen und lokalen Strukturen ausbauen können, wie Dittmann berichtete. Die Hauptreferate hielten Hugo Haase und Curt Geyer. Während Haase seine auf dem „Revolutionsparteitag" dargelegten politischen Konzeption bekräftigte, zugleich eine „gewisse Ermüdung im Proletariat" konstatierte, sprach Geyer, der Sohn des Parteiveteranen Fritz Geyer, von einer akut revolutionären Situation und betonte, nur über das Rätesystem könne der „Durchbruch zum Sozialismus" gelingen. Ledebour ging auf Geyers Referat ein und ließ eine deutliche Nähe erkennen. Auch er bezeichnete das Rätesystem als das Ziel, doch müssten alle Mittel benutzt werden, „um die Situation zu verschärfen, auch das Parlament […] Die Parlamentswahlen müssen im revolutionären Sinne ausgenutzt werden."[150] In einem weiteren kurzen Statement äußerte er sich zur Lage der Parteipresse.[151] Die Frage der Internationalen wurde zu einem immer wichtigeren Diskussions- und Streitpunkt, der linke Flügel der Partei war erstarkt. Geyers Vorstellungen zeugten von einem revolutionären Aktivismus, der die Revolution weit oberhalb der Demokratie ansiedelte.[152] Geyer hielt übrigens in der Rückschau, als er sich allerdings längst von früheren Überzeugungen verabschiedet hatte, wenig von Ledebour. Dieser sei „das, was man in England einen crank nennt, ein von brennendem Ehrgeiz erfüllter, eingebildeter Mann, der seine Schwäche, sein Hinken […] durch äußerste Streitsucht überkompensierte", und ließ wenig Gutes an ihm.[153]

Durch Pistolenschüsse wurde Hugo Haase am 8.10.1919 vor dem Reichstagsgebäude verletzt, mehrere Operationen konnten ihn nicht retten. Der USPD-Vorsitzende starb am 7.11. Der Mörder war ein arbeitsloser Lederarbeiter, den man schnell zum Psychopathen erklärte, um nicht den Verdacht auf gegenrevolutionäre

149 Krause, USPD, S. 143.

150 Bericht über die Reichskonferenz der Unabhängigen Sozialdemokratischen Partei Deutschlands am 9. und 10. September 1919 im Abgeordnetenhaus zu Berlin, in: Protokolle USPD 1, S. 11 f.

151 Ebd., S. 7.

152 Vgl. ebd., S. 10 f.

153 Geyer, S. 88 ff.

Kräfte zu lenken.[154] Am Jahrestag der Revolution, am 9. 11. 1919, gedachte Ledebour noch im „Walhalla-Theater" auf einer USPD-Veranstaltung des zwei Tage zuvor verstorbenen Haase und rief zur Fortführung der Revolution auf. Als ein Besucher skandierte, der Mörder Haases sei doch geistesgestört gewesen, entgegnete ihm Ledebour, dass dieser es dann ja noch leichter habe als der Mörder Runge, der am Luxemburg-Mord beteiligt war.[155]

Am 30. 11. 1919 wurde in Leipzig der außerordentliche Parteitag der USPD eröffnet, er dauerte bis zum 6. 12. und sollte zur Klärung der strittigen Fragen der Partei beitragen, vor allem hinsichtlich der Internationalen. Die USPD war zu einer Massenpartei geworden, zahlreiche von der SPD enttäuschte oder unorganisierte Arbeiter waren ihr beigetreten und suchten häufig radikale Antworten auf Fragen der Krise. Die Partei hatte sich dadurch verjüngt.[156] Neben der Frage des Beitritts zur III. Internationale stand vor allem ein Aktionsprogramm im Mittelpunkt. Crispien hielt dazu das Hauptreferat und bediente sich dabei einer radikalen Phraseologie, die bei den Anhängern des linken Flügels guten Anklang fand, sodass Ledebour ihn im privaten Kreise scherzhaft als „Methodistenprediger" titulierte.[157] Däumig hielt das Korreferat mit starkem Akzent auf dem Rätesystem und sprach sich bis zu dessen Durchsetzung für eine Übergangszeit aus, in der Parlamentarismus und Gewerkschaften noch von Bedeutung seien. Crispien hatte die Position beibehalten, auf keine der Aktionsformen und -foren zu verzichten, wie es schon Haase betont hatte.[158]

Im „Leipziger Aktionsprogramm" der USPD wurden u. a. die Überwindung des kapitalistischen Staates und seine Ersetzung durch eine proletarische Herrschaftsorganisation auf der Grundlage des Rätesystems beschlossen. In ihm fand sich auch als Willenserklärung der Passus: „In diesem Sinne erstrebt die Unabhängige Sozialdemokratische Partei auch die Schaffung einer revolutionären aktionsfähigen Internationale der Arbeiter aller Länder."[159] Dadurch wurde die Gefahr einer Spaltung zunächst abgewendet, insgesamt rückte die Partei deutlich nach links. Der neue Parteivorstand setzte sich überwiegend aus Vertretern des ehemaligen marxistischen Zentrums („Zentristen") zusammen und stellte mit Arthur Crispien einen der beiden Vorsitzenden, allerdings hatte der

154 Seils, S. 773 ff.; Ernst Haase, Hugo Haase. Sein Leben und Wirken, Berlin-Frohnau 1929, S. 83 ff.

155 VZ, 10. 11. 1919-M.

156 Krause, USPD, S. 149 f.; Fricke, Franz Künstler, S. 135 f.

157 Dittmann, Erinnerungen 2, S. 691.

158 Ebd.

159 Prager, S. 200 ff., Zitat auf S. 202.

rätesozialistische Flügel mit Ernst Däumig (Co-Vorsitzender), Walter Stoecker und Wilhelm Koenen als Sekretäre neben den „Zentristen“ Wilhelm Dittmann, Hermann Radke und Luise Zietz seinen Einfluss stärken können.[160] Crispien konnte sich somit als Sachwalter der gemeinsamen Fundamente der zerstrittenen Partei profilieren.

Schwieriger gestaltete sich die Debatte über die Frage des Beitritts zur III. Internationale, wie ihn Däumig, Stoecker und Koenen forderten. Rudolf Hilferding hatte eingangs der Beratungen seine Ablehnung bekundet und mit der Taktik der Bolschewiki begründet, die seit 1918 nach dem Staatsstreich gegen die Konstituante diktatorisch regierten, überdies herrschte Bürgerkrieg in Sowjetrussland. Stoecker wiederum verteidigte die Diktatur der Bolschewiki und sah keine grundlegenden Differenzen zwischen USPD und III. Internationale. Als dritter Redner entwickelte Ledebour eine Zwischenposition zu Hilferding, der Beratungen mit der II. Internationale nicht ausgeschlossen hatte, und zu Däumig. Er verneinte den Sinn von Gesprächen mit der alten Internationale, aber eine Unterwerfung unter die Bolschewiki lehnte er ab und forderte die Schaffung „einer revolutionären Internationale der Tat“.[161] Eine Spaltung wurde vermieden, indem Hilferding und Ledebour ihre ursprünglichen, in den Reden vorgestellten Resolutionen zurückzogen. Eine Kompromissresolution der Parteispitze enthielt den Bruch mit der II. Internationale und die Aussage, nur mit der III. Internationale verhandeln zu wollen. Ledebour nahm maßgeblich auf Inhalt und Richtung Einfluss.[162] Dafür verzichtete der Flügel um Däumig, Stoecker, Geyer und Koenen auf die Forderung des sofortigen Anschlusses, sodass die Kompromissresolution nun mit 227 gegen 54 Stimmen angenommen wurde. Vorher war die Stoeckersche Resolution mit 169 gegen 114 Stimmen abgelehnt worden.[163] Der Parteitag „war ein Sieg der Parteieinheit, getragen von Crispien, Ledebour und den alten USPD-Anhängern, die […] die Partei weiter nach *links rücken ließen, um die Zustimmung der revolutionierenden*, vielleicht jüngeren Delegierten zu erreichen“.[164] Ledebour selbst wurde als Gegenkandidat gegen Däumig als Mitvorsitzender vorgeschlagen, der gewonnene Prozess hatte ihn wieder deutlich an Ansehen gewinnen lassen. Doch unterlag er mit 124 gegen 151 Stimmen für Däumig.[165] Dies war ein deutliches Signal des linken Flügels, der seinen

160 Krause, USPD, S. 163 f.

161 Ebd., S. 160.

162 Wheeler, S. 139.

163 Dittmann, Erinnerungen 2, S. 691 f.; Krause, USPD, S. 162 f.; Geyer, S. 155 ff.

164 Krause, ebd., S. 162 f.

165 Dittmann, ebd., S. 695.

Machtanspruch zusätzlich noch bei den Beisitzern durchsetzte, die allesamt seiner Vorschlagsliste entstammten, darunter auch der Berliner Gewerkschafter Franz Künstler.[166]

Für die auf den 6.6.1920 anberaumten Reichstagswahlen veröffentlichte die „Freiheit" am 20.4.1920 den zentralen Wahlaufruf der USPD. An führender Stelle hieß es: „Um die Errichtung der sozialistischen Weltordnung ist jetzt der Kampf entbrannt"; der Aufruf atmete den Geist eines bevorstehenden Entscheidungskampfes zwischen Arbeiterklasse und Kapitalisten, Sozialismus und Kapitalismus bzw. Diktatur. Acht Forderungen standen im Fokus der Agitation: Die Entwaffnung der Freikorps und irregulären Truppen, die Aufhebung des Ausnahmezustandes, die Bestrafung der Kapp-Putschisten und der Mörder an den Arbeitern, die Durchführung der Sozialisierung des Bergbaus und des Energiesektors, die Vergesellschaftung von Großgrundbesitz und großen Forsten, die öffentliche Sicherung der Lebensmittelversorgung, der Ausbau der Sozialgesetzgebung sowie Völkerversöhnung, Frieden mit Russland und Erfüllung der friedensvertraglichen Verpflichtungen. Der Aufruf schloss mit dem Appell, mit der USPD für den Sozialismus einzutreten und gegen dessen Gegner vorzugehen.[167]

Öffentliche Wählerversammlungen wurden am 4.5. durchgeführt, neben Ledebour traten unter dem Motto „Die U.S.P. und der neue Reichstag" u.a. Breitscheid, Crispien, Eichhorn, A. Hoffmann, F. Künstler, R. Müller, Stoecker, L. Zietz und Zubeil auf.[168] Ledebour sprach in der „Neuen Welt" vor 5000 Teilnehmenden. Vor ihnen bezeichnete er die USPD als eine revolutionäre Partei, die den Sozialismus „restlos verwirklichen will [...] Zwar werden nicht auf der Parlamentstribüne die Geschicke der Menschheit entschieden, aber wir wären Toren, wenn wir nicht die Gelegenheit benutzen würden, von dort aus in die breiten Massen hineinzudringen". So erteilte er nebenbei dem Antiparlamentarismus auf Seiten der USPD-Radikalen eine Absage. In der Diskussion hob er hervor, dass zwischen USPD und KPD keine prinzipiellen Unterschiede bestünden und einem Zusammenschluss nichts im Wege stünde.[169] Nur eine Woche später rief die „Freiheit" zu Solidaritätskundgebungen mit Sowjetrussland auf, das sich im Bürgerkrieg befand und von westlichen Truppen bedroht wurde. Ledebour und z.B. Eichhorn, Künstler und Zietz von der USPD traten hier gemeinsam mit Paul Levi, Paul Frölich und Jacob Walcher von der KPD auf. Die Kundgebung stand unter dem Motto „Hände weg von Sowjet-Rußland" und fand im

166 Geyer, S. 159f.; Fricke, Franz Künstler S. 138f.

167 Ft, 20.4.1920-M, S. 1.

168 Ebd., 3.5.1920-A, S. 4.

169 Ebd., 5.5.1920-M, S. 3.

Lustgarten statt.[170] Ledebour schrieb während der Wahlkampfphase zwei Beiträge in der „Freiheit" und setzte sich kritisch mit der Politik der SPD auseinander, er war bis zum Wahltermin mehrfach in den Zeitungsmeldungen präsent, sodass er als 70-Jähriger einen aktiven Wahlkampf durchstand.[171]

Am 4.6. läutete die „Freiheit" den Endspurt des Wahlkampfes ein, präsentierte die Wahllisten der USPD für Berlin und Potsdam und forderte zur Stimmabgabe für die Partei auf. Ledebour stand auf der Berliner Wahlliste auf Platz 3, Zietz und Eichhorn waren vor ihm gesetzt, auf Platz vier folgte Crispien.[172] Der Wahltag wurde zu einem Desaster für die SPD, die von 37,9 % auf 21,7 % einbrach, wohingegen die USPD triumphierte; sie wuchs von 7,6 % bei der Wahl zur NV auf 17,9 % an. Die KPD erreichte lediglich 2,1 %, sodass die Parteien der Linken insgesamt 3,8 % einbüßten, was nach dem großen Zuwachs von 1919 weniger ein Problem war als die vertiefte Spaltung. Die zunehmende Polarisierung drückten auch die Gewinne der politischen Rechten aus: Die DVP legte von 4,4 % auf 13,9 % zu, die DNVP von 10,3 % auf 15,1 %. Die anderen beiden Regierungsparteien verloren wie die SPD, die DDP von 18,5 % auf 8,3 %, das Zentrum von 19,7 % auf 13,6 %.[173] Als der Wahlverlierer Hermann Müller (SPD) von Reichspräsident Ebert mit der Regierungsbildung beauftragt wurde, richtete er ein Gesprächsangebot an die USPD. Am 11.6. erklärte der Parteivorstand der USPD seine Ablehnung, man würde keine Fortsetzung der bisherigen Politik durch einen Regierungseintritt möglich machen wollen. Nur eine rein sozialistische Regierung könne von der USPD unterstützt werden.[174] Neuer Reichskanzler wurde nicht Müller, sondern der Zentrumspolitiker Constantin Fehrenbach, der eine Minderheitsregierung leitete.

Die Fraktion der USPD bestand aus 81 Abgeordneten, darunter neun Frauen. 20 Abgeordnete, darunter Ledebour, waren erfahrene Parlamentarier, etwa die gleiche Stärke zählte die Gruppe Neugewählter, die bereits über leitende Parteierfahrungen verfügten. Zu Fraktionsvorsitzenden wurden Georg Ledebour und Fritz Geyer gewählt. Wilhelm Dittmann bestand als Stellvertreter von Paul

170 Ebd., 11.5.1920-M, S. 1, 10.5.1920-A, S. 3. Auch am 24.7. sprach Ledebour im Lustgarten, s. Rev. Berl. Arbeiterbewegung 2, S. 126.

171 G.L., Scheidemanns und Noskes Geschichtsfälschung, Ft, 7.5.1920-M, S. 1; ders., Nochmals das Scheidemannsche Wahlmanöver, Ft, 11.5.1920-A, S. 2.

172 Ft, 4.6.1920-M, S. 1.

173 Vgl. Lehnert, Parteien-, Parlaments- und Regierungskonflikte, in: Lehnert (Hg.), Konfliktdemokratie 1920, S. 202f. Zum Ergebnis des Zentrums können die 4,2 % der bayerischen BVP addiert werden, die dieses Mal eigenständig antrat, doch auch diese Spaltung schwächte die mehr oder minder republiktragenden Kräfte.

174 Dittmann, Erinnerungen 2, S. 713ff.

Löbe (SPD) die Wahl zum Vizepräsidenten des Reichstags.[175] Am 26.6. schrieb das „Hamburger Echo", das wichtigste SPD-Blatt nach dem „Vorwärts", dass die DNVP mit ihrem Abstimmungsverhalten bei der Wahl Dittmanns – sie gab entgegen den Gepflogenheiten weiße Zettel ab –, „Ledebour, dem unentwegten Polterer, die erwünschte Gelegenheit zur Abgabe einer Kriegserklärung" gegeben habe.[176]

5.2. Bevormundung durch Moskau – Die Spaltung der USPD (1919/20)

In der USPD entwickelte sich seit 1919 eine intensive Debatte um die Zukunft bzw. über „einen Wiederaufbau oder einen kompletten Neubau der Internationale", wobei „die innenpolitische Entwicklung im Deutschen Reich und die innerparteilichen Vorgänge in der USPD […] die Frage in den Vordergrund treten [ließen], ob man sich nicht der neugegründeten Dritten Internationale anschließen sollte, die den revolutionären Weg zu gehen schien, den man selbst gehen wollte".[177] Andererseits richtete sich der Blick von Repräsentanten wie Hilferding und Breitscheid auf die westlich-bürgerlichen Länder und die Frage der Stärkung ihrer radikaleren sozialistischen Parteien. Die Parteiführung der USPD hatte die Teilnahme an den Beratungen der II. Internationale beschlossen und festgelegt, „gegen die rechtssozialistischen Tendenzen Stellung zu nehmen und die gegenrevolutionäre Haltung der deutschen Rechtssozialisten vor das Forum der Internationale zu bringen".[178] An dieser Konferenz der II. Internationale ab dem 2.8.1919 in Luzern nahmen Oskar Cohn, Crispien und Hilferding teil, teils in der Absicht, mit einer Mehrheit anderer sozialrevolutionärer Parteien eine neue Mehrheit zu bilden, teils mit dem Ziel, „der Zweiten Internationale den Strick zu liefern, an dem sie sich erhängen sollte".[179]

Nach dem von Ledebour auf dem Leipziger Parteitag wesentlich initiierten Kompromiss galt es nun, die Beschlüsse umzusetzen. Der Bruch mit der II. Internationale wurde Ende 1919 vollzogen, in Bezug auf die III. Internationale hatte der Parteitag prinzipiell seine Bereitschaft zum Anschluss erklärt, vorher aber eine Beratung mit allen sozialrevolutionären Parteien über einen gemeinsamen Eintritt gefordert. Ledebours Begründung lautete, man dürfe nicht jetzt nach Moskau gehen und sich vom westeuropäischen Proletariat isolieren, sondern müsse alle

175 Ebd., S. 717.

176 Hamburger Echo (HE), 26.6.1920-A, S. 1.

177 Krause, USPD, S. 142.

178 Ft, 30.7.1919-A, S. 3.

179 Krause, USPD, S. 144 f.; Wheeler, S. 101 ff., Zitat S. 103.

revolutionären Kräfte zu gemeinsamer Aktion aufrufen.[180] Gleichzeitig sprach er sich für ernsthafte Verhandlungen mit der III. Internationale aus, „dass wir mit ihnen zusammenkommen wollen, das ist mein brennendster Wunsch".[181] Diese Aussage aber war wohl eher als Beruhigung in Richtung der Befürworter des Anschlusses an die III. Internationale zu verstehen, denn Ledebour selbst nahm zu den Bolschewiki eine mehr und mehr distanzierte Haltung ein. Vergeblich hatten Cohn und er in einem Schreiben an den Außenminister Sowjetrusslands Tschitscherin ein Gnadengesuch für den alten Menschewiki Rosanow zu erwirken versucht, der des Verrats bezichtigt und inhaftiert worden war.[182]

So wie die USPD Ende 1919 verließ Ende Februar 1920 auch die SFIO die II. Internationale und sprach sich gegen einen sofortigen Beitritt zur III. Internationale sowie für Verhandlungen mit ihr und für die Durchführung einer gemeinsamen Konferenz der sozialrevolutionären Parteien aus. Da das Vorhaben einer gemeinsamen Konferenz mit den Parteien der III. Internationale sich in den Verhandlungen in Moskau im Juni 1920 als nicht durchführbar erwies, bleiben auch der USPD noch zwei Optionen: Entweder der Beitritt zur III. Internationale oder die Durchführung einer Konferenz jener Parteien, die weder zur II. Internationale zurückkehren noch zur III. Internationale bedingungslos hinzustoßen wollten. Der Flügel um R. Müller, Däumig und C. Geyer drängte auf eine endgültige Klärung. Auch an der Parteibasis existierten große Sympathien für den Beitritt zur III. Internationale, zahlreiche Beschlüsse brachten dies politisch zum Ausdruck und zwangen den Parteivorstand zum Handeln.[183] Verhandlungen in Russland mit der III. Internationale sollten die weitere Entwicklung klären. Doch waren die personellen Umstände für die USPD nicht gerade günstig, denn ihre vierköpfige Delegation (Crispien, Dittmann, Däumig und Stoecker) repräsentierte beide insoweit gegenläufigen Parteiströmungen.[184] Die in Moskau auf dem 2. Kongress der Komintern im Juli/August 1920 beschlossenen 21 Aufnahmebedingungen zum Beitritt wurden in Gegenwart der Delegation der USPD zur Verhandlungsgrundlage. „Während Däumig und Stoecker den baldigen *Anschluss* an die Kommunistische Internationale suchten, hofften Crispien und Dittmann auf einen *Zusammenschluss* mit der Dritten Internationale nach Klärung einiger grundsätzlicher Fragen."[185]

180 Prager, S. 203.
181 Krause, USPD, S. 161 f.
182 Vgl. Wheeler, S. 323, Fn. 19.
183 Vgl. ebd., S. 148 f.
184 Dittmann, Erinnerungen 2, S. 738 ff.
185 Krause, USPD, S. 192.

Von Seiten der Komintern wurde versucht, die Spaltung innerhalb der Delegation der USPD zu vertiefen und somit die Spaltung der Partei zu forcieren. Bestandteil der 21 Bedingungen waren u.a. die Säuberung der Parteifunktionen von Reformisten und Anhängern des Zentrums sowie die Vorbereitung auf den illegalen und bewaffneten Kampf, linke Sozialdemokraten wie Kautsky, Hilferding oder der Marx-Enkel Jean Longuet wurden direkt in den Bedingungen zu untragbaren Persönlichkeiten erklärt.[186] Verärgert versuchten Crispien und Dittmann ihre Position zum Verhandlungsverlauf und zu den 21 Bedingungen in einer Erklärung zu Protokoll zu geben, was aber am Widerstand von Däumig und Stoecker scheiterte. Crispien und Dittmann verwahrten sich gegen die Angriffe auf die USPD bzw. auf den zentristischen Flügel und betonten, sie seien nicht nach Moskau gekommen, „um die im Flusse der Revolution unvermeidlichen Meinungsverschiedenheiten ohne zwingenden Grund zu verschärfen, sondern um zu helfen, das revolutionäre Proletariat der Welt unter *einem* Banner zusammenzuführen".[187] Doch wie Crispien und Dittmann verfiel auch Ledebour seit seinem Auftreten auf dem Leipziger Parteitag nun dem Bannspruch. Von Lenin wurde er zu den „alten opportunistischen Führern" gezählt, die an der Aufgabe, die Revolution zu leiten, ihre Unfähigkeit bewiesen hätten.[188]

Das Fatale der Situation stellte sich unmissverständlich dar: „Die Entscheidung für die Dritte Internationale bedeutete von diesem Zeitpunkt an zugleich eine Entscheidung gegen die USPD, wie sie bestand [...] Obwohl das einer Spaltung der USPD gleichkam (wobei nur noch das Größenverhältnis der beiden Teile zweifelhaft sein konnte), waren Stoecker und Däumig grundsätzlich für die Annahme der Bedingungen; Dittmann und Crispien lehnten sie ab."[189] Zu diesem Zeitpunkt war die USPD noch die größte und wichtigste sozialrevolutionäre Bewegung in Westeuropa.[190] Für den 1./2. September 1920 wurde eine Reichskonferenz der USPD im Reichstagsgebäude einberufen. Crispien bekräftigte in seinem Bericht über die Konferenz der Komintern die Position des notwendigen Zusammenschlusses mit sozialrevolutionären Parteien zwecks gemeinsamen Eintritts in die III. Internationale, zog aber aus der Moskauer Konferenz den Schluss, dass dieser auf Basis der 21 Bedingungen unannehmbar sei. Däumig antwortete

186 Vgl. Dittmann, Erinnerungen 2, S. 747ff. Bemerkenswerterweise fehlt in den Auszügen in der GdA, Bd. 3, S. 600ff., z.B. die Bedingung 7 (Bruch mit Reformisten, Verdikt gegen Kautsky etc.).

187 Ebd., S. 743.

188 W.I. Lenin, Der „linke Radikalismus", die Kinderkrankheit des Kommunismus, in: Ders., Werke, Bd. 31, Berlin (DDR) 1964, S. 59f.

189 Krause, USPD, S. 195.

190 Wheeler, S. 230.

mit einem Appell zum Anschluss an die III. Internationale und verwies auf die grundsätzliche Solidarität mit der Revolution in Sowjetrussland, die die Gesamtpartei eine.[191] Die Konferenz beschleunigte das Tempo des Spaltungsprozesses, den auch Dittmann für unvermeidlich hielt: „Die Genossen, die da meinen, das Programm der Kommunistischen Partei sei das richtige, nun, sie mögen zur Kommunistischen Partei gehen […] Diejenigen Genossen aber, die das Programm der U.S.P.D. für richtig halten, werden auch ferner zur Fahne unserer Partei stehen."[192] Um sie warb auch Ledebour in mehreren Beiträgen in der „Freiheit".

Auch auf der Reichskonferenz trat Ledebour wider einen Beitritt zur III. Internationale auf und verband sich hierbei mit Hilferding und Crispien.[193] Mit Dittmann zusammen wandte sich Ledebour energisch gegen Däumig und dessen oft ausweichendes Verhalten und kritisierte ihn heftig dafür, sich von Positionen Rosa Luxemburgs entfernt zu haben.[194] In der „Freiheit" schrieb er der Partei ins Stammbuch, dass sie sich nicht Moskaus 21 Bedingungen unterwerfen dürfe, weil dies die „Zertrümmerung unserer Partei und die Aufsaugung einzelner Trümmerteile" durch die KPD bedeute.[195] Wenige Tage später wiederholte er an gleicher Stelle, ein Beitritt sei „eine blinde Unterwerfung unter das Moskauer Diktat […], das uns einen moralischen Selbstmord zumutet".[196] Diese Äußerungen kennzeichnen seine Grundhaltung zu den Bolschewiki und zunehmend auch zur KPD. Die diktatorische Herrschaftspraxis in Sowjetrussland widersprach Ledebours Vorstellungen von einem Sozialismus mit Parlamentarismus und freier Rede.[197] Da nun das Leninsche Modell für die Komintern festgeschrieben worden war, würde sich jede ihrer Mitgliedsparteien zum Teil des Moskauer Herrschaftsapparates machen. Die USPD aber war für ihn eine sozialrevolutionäre Oppositionspartei. Am 28.9. noch hatte er in der „Freiheit" von der sowjetischen Herrschaftspraxis als einer „Diktatur über das Proletariat" geschrieben, auf dem Parteitag in Halle sollte er von der „Schreckensherrschaft einer Minderheit" sprechen.[198]

191 Krause, ebd., S. 197f.

192 Dittmann, Erinnerungen 2, S. 768.

193 Krause, USPD, S. 199.

194 Dittmann, Erinnerungen 2, S. 769f.

195 G.L., Worauf kommt es an?, Ft, 28.9.1920-M, S. 1.

196 G.L., In letzter Stunde, Ft, 2.10.1920-M, S. 1f.

197 Auch die Agrarpolitik der Bolschewiki wurde von ihm kritisiert, und zwar als Hindernisse für den Übergang zum Sozialismus schaffend, s. Schöler, S. 246f.

198 G.L., Worauf kommt es an? Vgl. zum Verhältnis Ledebours zur KPD in jener Phase seinen Beitrag „Die Geschichtsfälschungen der Roten Fahne", Ft, 25.9.1920-M, S. 1; Schöler, S. 446.

Sechs Wochen später wurde die Parteispaltung auf dem Parteitag in Halle (12.–17.10.1920) vollzogen. Zum Tagesordnungspunkt „Die Kommunistische Internationale und die Aufnahmebedingungen" sprachen Crispien und Dittmann sowie Däumig und Stoecker, ferner lagen den Delegierten zwei gegensätzliche Anträge vor. Die „Resolution Ledebour-Crispien-Dittmann" bekräftigte die grundsätzliche Kritik an den 21 Bedingungen sowie an der vorgesehenen Unterordnung unter die Komintern und lehnte sie grundsätzlich ab, somit auch den Beitritt. Die „Resolution Däumig-Stoecker" hingegen anerkannte die 21 Bedingungen vorbehaltlos und schlug sofortige „Verhandlungen zur Schaffung einer einheitlichen deutschen Sektion der Kommunistischen Internationale" vor.[199] Nach einer mehrtägigen heftigen und polemischen Debatte – Sinowjew (Komintern) sprach vier Stunden, Hilferdings Gegenrede dauerte drei Stunden – fiel am 16.10. nachmittags die Entscheidung: Mit 237 zu 156 Stimmen folgte eine deutliche Mehrheit der Position der Resolution Däumig-Stoecker. Umgehend erklärte Crispien, dass nach den USPD-Statuten die Mehrheit sich nun für eine andere Parteimitgliedschaft erklärt habe und damit aus der USPD ausgetreten sei.[200] Durch das Mehrheitsvotum habe der Parteitag aufgehört, Parteitag der USPD zu sein, fuhr Crispien fort, woraufhin die Unterlegenen den Versammlungssaal verließen, um an anderer Stätte zu tagen.[201]

Unter dem Tagungsvorsitz Dittmanns verabschiedeten die nun weiterhin als USPD firmierenden Delegierten einstimmig eine von Ledebour verfasste, die 21 Bedingungen der Komintern strikt ablehnende Resolution und ein „Manifest an das deutsche Proletariat", in dem die sozialistischen Grundsätze bekräftigt und das Handeln Moskaus verurteilt wurden.[202] Ferner wurde ein neuer Vorstand mit Crispien und Ledebour als Vorsitzenden gewählt. Zietz und Dittmann bildeten das Sekretariat.[203] Ledebour hielt das Schlusswort des Parteitages, bekräftigte einmal mehr den Gegensatz zwischen einer pluralistischen und demokratischen sozialistischen Partei und der Partei der Kommunisten Moskauer Prägung, in der die Mitglieder wie Parteisoldaten ausgebildet, kommandiert und in den Einsatz geschickt würden.[204] Die KPD ihrerseits griff Ledebour scharf an, weil er im Reichstag die diktatorische Politik in Sowjetrussland und die Gewaltbereitschaft in der kommunistischen Bewegung heftig gegeißelt

199 Ebd., S. 773f.

200 Ebd., S. 795.

201 Dittmann, Erinnerungen 2, S. 795; Prager, S. 216ff.; Braune u.a. (Hg.), S. 253ff.

202 Ebd., S. 795f.

203 Ebd., S. 796. Vgl. Ft, 17.10.1920-M, S. 1f., ebd., 18.10.1920, S. 1f.

204 Vgl. Ratz, S. 206.

und mit den Gewaltexzessen der Freikorps verglichen hatte, dabei sprach er von „kommunistischen Mörderzentralen".[205] Die „Rote Fahne" warf ihm deshalb vor, zur Kommunistenhatz aufzurufen und das Spiel der Gegenrevolution mitzuspielen.[206] Sein rabiates Auftreten gegen die KPD wurde ihm süffisant vom ehemaligen Reichsminister Schiffer (DDP) vorgehalten, der ihn nebenbei als „greisen Herrn Ledebour" abtat.[207] Für die Reichstagsfraktion bedeutete die Spaltung den Verlust allerdings nur einer Minderheit von 22 der 81 Abgeordneten und das Anwachsen der kommunistischen Fraktion von 2 auf 24 durch die Vereinigung der Fraktion der USPD-Linken mit der Fraktion der KPD am 9.12.1920.[208] Vorher hatten sich KPD und USPD-Linke auf dem Parteitag vom 4.–7.12. zur Vereinigten KPD (VKPD) zusammengeschlossen.[209]

5.3. Das Schulprogramm der USPD (1919/20)

Auf dem Berliner „Revolutionsparteitag" (2.–6.3.1919) hatten die Delegierten die Erstellung eines Arbeitsprogramms beschlossen. Es sollte das nach wie vor gültige Erfurter Programm aus dem Jahr 1891 ersetzen. Die Gründung der Partei in Gotha im April 1917 berief sich ausdrücklich auf die revolutionären Traditionen der Vorkriegs-SPD, doch Revolution und Republik hatten die Grundlagen der politischen Arbeit verändert. Auf dem Parteitag in Leipzig (30.11.–6.12.1919) wurde einstimmig das Aktionsprogramm angenommen, das in seiner grundsätzlichen Positionierung und im Sprachlichen an das Erfurter Programm erinnernd in 14 Punkten Grundaussagen zu den Zielen nach der Überwindung des Kapitalismus formulierte. Dazu gehörte als Punkt 7 die „Vergesellschaftung aller öffentlichen Erziehungs- und Bildungseinrichtungen. Öffentliche Einheitsschule mit weltlichem Charakter. Die Schule ist nach sozialistisch-pädagogischen Grundsätzen auszugestalten, die Erziehung mit der materiellen Produktion zu verbinden."[210] Damit verbunden war die Arbeit von Spezialkommissionen wie der Bildungskommission, die die Aussagen des Aktionsprogramms politisch konkretisieren und für die Praxis handhabbar machen sollte. Georg Ledebour

205 Reichstagsrede, 20.10.1920, Sten. Ber. RT, Bd. 345, S. 777ff.

206 DRF, 22.10.1920, S. 1f.

207 Stuttgarter Neues Tageblatt, 23.10.1920-A, S. 1f.

208 Krause, USPD, S. 312.

209 Ebd., S. 220; Rainer Tosstorff, Zwischen parlamentarischer Demokratie und bolschewistischer Revolution. Das Ende der USPD als Massenpartei, in: Braune u.a. (Hg.), S. 202.

210 Aktionsprogramm der Unabhängigen Sozialdemokratischen Partei Deutschlands, beschlossen auf dem außerordentlichen Parteitag in Leipzig 1919, in: Dowe/Klotzbach, S. 197ff., Zitat S. 199f.

übernahm den Vorsitz dieser Kommission, der auch Anna Siemsen und Kurt Löwenstein angehörten, die sich beide einen Namen als Bildungsreformer und Reformpädagogen machten.[211] Siemsen schrieb über Ledebour als Kollegen in der Kommissionsarbeit, dass sie es als Glück empfand, dass sie „die Arbeit am Schulprogramm mit ihm zusammenführte. Ich wurde auch nicht enttäuscht. Er erwies sich als ebenso geistvoll und lebendig wie kameradschaftlich einfach. Und die Sitzungen, in welchen das Programm durchberaten und abgeschlossen wurde, waren ebenso anregend wie erfreulich." Sie beschrieb ihn als „männlich-schönen grauhaarigen Charakterkopf, mit seinem wettergebräunten Gesicht und den lebendig scharfen und humorvollen Augen gemahnte er an einen Dürerschen Holzschnitt. Klein, aber fest gebaut, ging eine jugendliche Kraft von ihm aus." Weiterhin beschrieb sie Ledebour als den von allen prominenten Genossen zugänglichsten, kameradschaftlichsten, der keine Spur von Autoritätsanspruch und Geltungsdünkel besessen habe.[212]

Das Schulprogramm selbst erschien im Frühjahr 1920 und begann mit einem Anklang an das „Kommunistische Manifest", wenn es hieß: „Alle bisherige Bildung und Erziehung diente der Erhaltung der Herrschaft bevorrechtigter Stände und Klassen und der Unterdrückung der Massen des Volkes." Dagegen wurde der Auftrag gestellt: „Die Befreiung aus geistiger Entmündigung kann nur das Werk der Arbeiterklasse selbst und ihrer Kampforgane sein. Das sozialistische Erziehungs- und Bildungswesen ist Sache der sozialistischen Gemeinschaft."[213] Es fanden sich in den Leitsätzen Elemente der damaligen Reformpädagogik ebenso wieder wie das Ziel der Aufhebung der Trennung von Hand- und Kopfarbeit durch die Integration von produktiver Arbeit. Die Schulorganisation selbst fußte

211 Kurt Löwenstein (1885–1939) trat während der Novemberrevolution der USPD bei, war Stadtverordneter in Charlottenburg, später in Groß-Berlin und wurde 1920 in den Reichstag gewählt, dem er bis April 1933 angehörte. 1922 folgte er der Vereinigung der USPD mit der SPD zur VSPD. Von 1921–1933 wirkte er als Volksbildungsstadtrat in Berlin-Neukölln, förderte die Arbeit des Reformpädagogen Fritz Karsen und setzte die Schulspeisung durch. Er starb im Exil in Paris. Anna Siemsen (1882–1951) arbeitete zunächst als Lehrerin, bevor sie seit 1921 in Berlin und ab 1923 in Thüringen als Schulreformerin tätig war. Von 1923–1932 hatte sie eine Honorarprofessur an der Friedrich-Schiller-Universität Jena inne, die ihr vom der NSDAP angehörigen Bildungsminister entzogen wurde. Sie ging ins Schweizer Exil, wo sie sich häufig mit den Ledebours traf. Von 1947 bis zu ihrem Tod 1951 lehrte sie an der Universität Hamburg.

212 Siemsen, S. 11 f. Ob der letzte Halbsatz von allen ihm Begegnenden bestätigt worden wäre, steht allerdings dahin.

213 Schulprogramm. Ein Entwurf der vom Zentralkomitee der Unabhängigen sozialdemokratischen Partei eingesetzten Kommission für das Erziehungs- und Bildungswesen. Mit einem Vorwort von Georg Ledebour, Berlin 1920, S. 8.

auf den Gedanken der demokratischen Selbstverwaltung in der Schule und des Räteprinzips in der Schulverwaltung und -aufsicht. Schule wurde als Gemeinschaftserlebnis gedacht und sollte unentgeltlich sein. Unterstützungsmaßnahmen der Öffentlichen Hand wurden mitbedacht: Schwangerenheime, Verpflegungszuschüsse, Beratungsstellen und Kindergärten sollten als Bildungs- und Erziehungsstätten den Schulen an die Seite gestellt werden.[214] Die Struktur des Schulsystems war als einheitliche vorgesehen, auf eine Grundschul-Unterstufe (bis zum 14. Lebensjahr) folgte deren Oberstufe (15.–16. Lj.), auf diese wiederum die Oberschule (16.–18. Lj.). Weiterhin sollten die völlige Trennung von Kirche und Staat, die sozialistisch-pädagogische Konzeptionierung und Evaluation, der Ausbau des Berufs- und Fachschulwesens etc., nicht zuletzt das Verbot jeglicher Züchtigung Gültigkeit besitzen. Dem sozialistischen Schulwesen hätten die privilegierten höheren Schulen und privaten Anstalten umgehend zu weichen. Auf den Leitungsebenen habe das Kollegialitätsprinzip zu gelten.[215] Am ehesten ließe sich diese Konzeption mit dem späteren klassischen Gesamtschulgedanken vergleichen, angereichert um produktionsorientierte Elemente des DDR-Schulwesens, gestaltet und verwaltet durch Gedanken aus dem Reformschulwesen der Weimarer Republik oder der Bundesrepublik nach 1968.

Ledebour als Vorsitzendem der Kommission war es vorbehalten, das Vorwort zu schreiben. Seine Ausführungen verrieten auch einiges über sein Selbstverständnis und die Motive seines Strebens. „Die Grundbedingung eines Idealmenschen in einem sozialistischen Gemeinwesen ist aber neben der harmonischen Ausbildung aller individuellen Kräfte auch die volle Harmonie des Eigenstrebens mit den Pflichten, die dem Einzelnen aus der Zugehörigkeit zu der menschlichen Gemeinschaft erwachsen […] In der sozialistischen Gemeinschaft, in der es das höchste Glück aller durch alle erwirkt wird, kann die freieste Entfaltung idealer Persönlichkeit nicht in Widerspruch geraten zu dem Gemeinwohl. Dann wird der scheinbare Gegensatz von Individualismus und Sozialismus sich synthetisch verschmelzen zu der freien Gemeinschaft.“[216] Wie Anna Siemsen schrieb, entsprach seine Einführung eigentlich nicht dem Text des Programms als solchem, weil Ledebour nicht so sehr die Gedanken einer sozialistischen Schulreform und deren mögliche Realisierung in den Vordergrund stellte, sondern ein Menschenbild eines Citoyen, „des durchgebildeten und innerlich freien Menschen“, dessen Gewissen ihn verpflichtet, um die Freiheit und das Wohl der anderen Menschen und um soziale Gerechtigkeit für alle Menschen zu kämpfen. Er selbst, meinte

214 Ebd., S. 8 ff.

215 Ebd., S. 11 ff.

216 G. L., Vorwort, ebd., S. 4.

Siemsen, habe sein Leben so zu interpretieren versucht.[217] Tatsächlich verbanden seine Ausführungen offenkundig Rousseau, Schiller und Goethe sowie Marx miteinander.

5.4. Das Scheitern der USPD als „dritter Kraft" (Oktober 1920 – September 1922)

Die Jahre 1920–1922 gehören zu den intensivsten des Parlamentsredners Georg Ledebour. Das Themenspektrum reichte hierbei von Fragen der Geschäftsordnung über die Sozialisierung des Kohlebergbaus, die Ausgliederung Oberschlesiens nach Polen, weitere Fragen der Außenpolitik, besonders die Reparationsfrage, bis zum politischen Strafrecht oder zu den Getreidepreisen. Dabei war er als Mitvorsitzender der Reichstagsfraktion nach der Spaltung der USPD im Oktober 1920 besonders gefordert. Ebenso nutzte er die „Freiheit", die „Bremer Arbeiter-Zeitung", zuweilen auch die „Leipziger Volkszeitung" zur Darstellung seiner oft in Opposition zur Mehrheitsmeinung in der USPD stehenden Haltung zu den entscheidenden Fragen der politischen Auseinandersetzung.[218] Doch von besonderem Gewicht, auch hinsichtlich seiner Stellung in der Partei und für deren weitere Entwicklung waren dabei der Weg der USPD nach der Spaltung, ihre internationale Einbindung und das Verhältnis zur Mehrheitssozialdemokratie. Durch die Verschmelzung des ausgetretenen Räteflügels mit der KPD war der USPD eine linke Konkurrenz entstanden, sodass die Partei ihr Verhältnis zur SPD neu bestimmen musste. Konnte sie als eigenständige Partei überleben, wenn eine KPD mit Anbindung an die III. Internationale und die SPD als zentrale Kraft der II. Internationale sie zu erdrücken drohten? Diese Konstellation sollte sich als Schicksalsfrage für die USPD und für den politischen Weg Ledebours erweisen.

Die Folgen der Spaltung der USPD waren gravierend. Rund 20 % der im Oktober 1920 noch ca. 850 000 Mitglieder wandten sich von beiden Teilen der Partei ab, ein mindestens so großer Wähleranteil verweigerte Parteien links von der SPD fortan ihre Stimme. Die Rest-USPD musste sich nun, vor allem mit Blick auf die Verankerung in den Gewerkschaften, wieder stärker auf eine Annäherung an die SPD orientieren.[219] Insgesamt also bedeutete die Spaltung der USPD eine fundamentale Schwächung des Linkssozialismus. Dennoch besaß die verbliebene USPD den Vorteil, dass die Mehrheit der Parlamentarier und der Parteipresse ihr angehörten. Da aber ehemalige Hochburgen wie Hamburg oder Stuttgart nun

217 Siemsen, S. 10.

218 Vgl. Ratz, S. 253 ff.

219 Tosstorff, S. 202 ff.; Wheeler, S. 264 ff.

über den linken Flügel an die KPD gefallen waren, besaß die USPD einen stark regionalisierten Charakter und wurde von den großen Organisationsverbänden in Berlin, Sachsen und Thüringen dominiert, zudem existierten im Ruhrgebiet einzelne starke Parteigruppen. In den Gewerkschaften, besonders im DMV, blieb die USPD stark vertreten, die Funktionäre wie Robert Dißmann mussten sich aber, da der linke Flügel an der Basis eine große Verankerung besessen hatte, durch Kooperationen mit den der SPD nahestehenden Mitgliedern und Funktionären absichern. Damit war eine Grundrichtung der künftigen Orientierung absehbar.[220]

Die KPD stürzte sich im Frühjahr 1921 in ein politisch-militärisches Abenteuer mit der „Märzaktion" zur Erzwingung einer proletarischen Revolution. Im Bezirk Halle-Merseburg hatten sich Arbeiter der riesigen Leuna-Chemiewerke und der Mansfelder Bergwerke bewaffnet und mit wilden Streiks, Sprengstoff- und Bombenanschlägen einen Putschversuch unternommen. Dabei schreckte man nicht davor zurück, fingierte Anschläge auf KPD-Büros zu inszenieren, um die Wut der Arbeiterschaft zu entfachen und zu einem allgemeinen Aufstand zu führen.[221] Nach zehn Tagen bewaffneten Kampfes mit Hunderten von Toten brach die „Märzaktion" in einer totalen Niederlage zusammen. Paul Levi, der Kampfgefährte Rosa Luxemburgs und auf Druck von Lenin als Vorsitzender der KPD zum Rücktritt gedrängt, schrieb über die Taktik des „Putschismus", die vom Exekutivkomitee der Komintern der KPD aufgenötigt wurde, um das bedrohte Sowjetrussland zu entlasten und eine neue Revolutionswelle zu erzeugen: „Wenn man von Mitteldeutschland absieht, das im Sinne des kurzen Schlages nicht entscheidend ist, haben wir an keiner Stelle das erdrückende Übergewicht. Wer unter diesen Umständen jetzt [...] eine Aktion beginnt, um die Staatsgewalt zu erobern, der ist ein Narr, und wer der Kommunistischen Partei vorerzählt, sie [...] brauche nur zuzugreifen, der ist ein Lügner."[222] Am 15.4.1921 wurde er aus der KPD ausgeschlossen und bildete zusammen mit Däumig, A. Hoffmann, C. und F. Geyer und anderen oppositionellen KPD-Abgeordneten die „Kommunistische Arbeitsgemeinschaft" (KAG). Am 24.1.1922 folgte ihnen Otto Braß, der mit Dittmann und Ledebour bestens bekannt war. Am 6.4.1922 löste sich die KAG auf, Braß, Däumig, C. und F. Geyer, Hoffmann, Levi und weitere ehemalige KPD-MdR traten zur USPD-Fraktion über.[223]

220 Tosstorff, S. 203f.

221 Vgl. Geyer, S. 278ff.; Dittmann, Erinnerungen 2, S. 806ff.; Lorenz, S. 212ff.

222 Paul Levi, Unser Weg. Wider den Putschismus, in: Ders., Band I/3, S. 602.

223 Zu Levi s. Thilo Scholle, Paul Levi (1883–1930), Linkssozialist – Rechtsanwalt – Reichstagsmitglied, Berlin 2017. Zur KAG vgl. Lorenz, S. 230ff.; Scholle, S. 46ff.; Geyer, S. 287ff.

Der USPD und den anderen linkssozialistischen Parteien blieb zeitweilig die Perspektive einer Zwischenstellung zwischen der II. und III. Internationale.[224] So kam es am 5.12.1920 zu dem von der USPD eingeladenen Treffen mehrerer linkssozialistischer Parteien in Bern zur „gemeinsamen Aussprache über die gegenwärtige internationale Situation und zur Stellungnahme zur Frage der Internationalen“[225], der die Wiener Konferenz folgen sollte. Den weiteren Weg nach Wien ebnete ein Vorbereitungskomitee, dem neben Robert Grimm auch Ledebour angehörte. Am 5.12. hatte in Bern eine Vorkonferenz begonnen, Abgesandter der USPD war Kurt Rosenfeld. Sie erarbeitete den Aufruf zu einer Konferenz der sozialistischen Parteien in Wien, die nicht der II. Internationale angehörten, und stellte in diesem Manifest die Schaffung einer „aktionsfähige[n], internationale[n] Kampforganisation“ in Aussicht, eine Wortwahl, wie sie Ledebour schon in Leipzig 1919 gewählt hatte.[226] Der Text stammte überwiegend aus der Feder des Österreichers Friedrich Adler (SDAP). Für die USPD nahmen neben Rosenfeld noch Crispien, Hilferding und Ledebour teil.[227] Crispien und Ledebour legten aus der Sicht der Vorsitzenden ihre Bewertungen dar.[228] Ledebour akzentuierte seinen Beitrag kritisch gegen die Berichterstattung in der „Roten Fahne“ und betonte, dass es – wohl im Gegensatz zur Praxis der Komintern – nicht die Aufgabe der Sozialisten sein könne, den anderen Parteien den eigenen Weg zum Sozialismus aufzuzwingen.[229] Auf einer Kommissionssitzung am 10.1.1921 in Innsbruck wurden die letzten vorbereitenden Aufgaben zur Konferenz bewältigt, z.B. eine Tagesordnung, ein provisorisches Statut und Regularien der Mandatsprüfung. Neben F. Adler, Grimm, Longuet und E.C. Wallhead von der Independent Labour Party gehörte Ledebour dieser Kommission an.[230]

Am 22.2. eröffnete Jean Longuet die Wiener Konferenz. Für die USPD waren neben Crispien, Hilferding und Ledebour noch Lore Agnes, Robert Dißmann, Wilhelm Dittmann, Alfred Henke, Richard Lipinski, Toni Sender und Luise

224 Vgl. Czitrich-Stahl, Die USPD und die Frage der Internationale. Der Weg der Partei zwischen Räterevolution und Parteispaltung (1919–1921), in: Arbeit – Bewegung – Geschichte (ABG), 21. Jg., Nr. 1/2022, S. 33ff.

225 Wheeler, S. 270.

226 Aufruf „An die sozialistischen Parteien aller Länder!“, in: Protokoll der Internationalen Sozialistischen Konferenz vom 22. bis 27. Februar in Wien, S. 5ff., abgedruckt auch in Ft, 10.12.1920-M, S. 1.

227 Ebd., S. 8.

228 Ft, 12.12.1920-M, S. 3 (Crispien), G.L., Unsere Aufgabe in Bern, ebd., 14.12.1920-M, S. 1f.

229 G.L., ebd., S. 1.

230 Protokoll Wiener Konferenz, S. 8f.; McCarthy, S. 246.

Zietz angereist.[231] Ledebour hielt am 26.2. einen umfangreichen Wortbeitrag zum Tagesordnungspunkt „Imperialismus und soziale Revolution/Der internationale Kampf gegen die Konterrevolution", für den er stürmischen Beifall erhielt. Er wies auf die Erstarkung der Gegenrevolution in Deutschland hin und rief zur Zuversicht auf. Am 27.2. schloss er die Konferenz.[232] In Wien wurden die Gründung der „Internationalen Arbeitsgemeinschaft Sozialistischer Parteien" (IASP) inklusive ihrer Statuten, Leitsätze sowie mehrere Resolutionen beschlossen.[233] Ledebour wurde in ihr Exekutivkomitee gewählt, mit ihm Crispien.[234] Die IASP, häufig auch „Wiener Internationale" genannt, litt jedoch unter ihrer strukturellen Schwäche. Außer der SDAP und der USPD gehörten ihr keine mitgliedsstarken Parteien an. So blieb Ledebours politisches Ziel unerreicht, durch gemeinsame Beteiligung an den internationalen Klassenkämpfen die Arbeiterbewegung revolutionär zu einen.[235] Schon Anfang 1922 zog er eine erste ernüchternde Bilanz. So sei es nicht gelungen, die Arbeiterschaft international zu einigen, der Graben zwischen Sozialisten und Kommunisten sei noch zu tief. Daran änderte auch die Internationale Sozialistische Konferenz der IASP im Februar 1922 wenig. Ledebour gehörte zu den Tagungsvorsitzenden in Frankfurt am Main.[236] Der deshalb von Ledebour mit ins Werk gesetzte Versuch, im April 1922 in Berlin alle drei Internationalen zu einer gemeinsamen Konferenz zusammenzubringen, scheiterte an der abwehrenden Haltung der Komintern.[237] Auf internationaler Ebene führte besonders die Niederschlagung des Aufstands der Kronstädter Matrosen (7.–17.3.1921) zu einer weiteren Verschlechterung der Beziehungen der Parteien der Wiener Internationale zur III. Internationale. Das Scheitern der Berliner Konferenz stellte schließlich endgültig die Weichen. Nach der Wiedervereinigung von SPD und USPD im September 1922 vereinigten sich auf dem Gründungskongress vom 21.–25.5.1923 in Hamburg die Parteien der II. und der Wiener Internationale zur Sozialistischen Arbeiter-Internationale.

Die USPD beschritt, auch unter dem Zwang sinkender Mitgliederzahlen und steigender Finanznöte, den Weg der Wiedervereinigung mit der SPD. Vor allem

231 Protokoll Wiener Konferenz, S. 133.

232 Ebd., S. 69ff., S. 107f.

233 Ebd., S. 109ff.

234 Ebd., S. 132.

235 Wheeler, S. 274; Ratz, S. 207ff.

236 Paul Levi, Internationale Sozialistische Konferenz in Frankfurt a. M., in: Levi, Band I/4, S. 1171ff., Zur Frankfurter Konferenz I, ebd., S. 1174ff., Zur Frankfurter Konferenz II, S. 1178f.

237 Ratz, S. 209; Wheeler, S. 275.

die schärfer werdenden Angriffe von rechts auf die Republik, speziell nach dem Mord an Matthias Erzberger am 26. August 1921, weckten in Teilen der USPD und der SPD diesen Wunsch. In dieser Lage wurde am 7.1.1922 in Leipzig der USPD-Parteitag eröffnet, dem Ledebour einen Text im örtlichen Parteiblatt zu den „internationalen Aufgaben" jenseits der II. und III. Internationale widmete.[238] Dittmann hielt eine kämpferische Eröffnungsrede, in der er einer Koalition mit bürgerlichen Parteien eine klare Absage erteilte und somit den vorläufigen Abstand zur SPD betonte, ohne aber die Tür zuzuschlagen. Ledebour sprach zur Entwicklung des Parteiprogramms und setzte einen anderen Akzent als Dittmann, der sich vor allem von der KPD abgegrenzt hatte, wandte sich gegen jede Form nichtproletarischer Koalitionen und wollte die USPD trotzdem gegen SPD und KPD gleichermaßen profilieren, auch wenn beide Parteien „Parteigenossen von übermorgen" sein würden. Doch stieß er damit auf taube Ohren. In der Debatte wurde seine Position kaum aufgegriffen.[239] Im Manifest des Parteitages findet sich der von ihm durchgesetzte Passus zur Absage an Regierungskoalitionen mit bürgerlichen Parteien. Er drückte Ledebours Grundhaltung par excellence aus: „Indem die Unabhängige Sozialdemokratische Partei ihre klare Klassenkampfpolitik fortsetzt, frei von jedweder Regierungskoalition mit bürgerlichen Parteien, ermöglicht sie den baldigen Zusammenschluss aller Arbeiterparteien für den siegreichen Endkampf des Proletariats. Denn die soziale Revolution kann nur zum Sieg geführt, der Sozialismus nur verwirklicht werden von einem Proletariat, das erfüllt ist mit sozialistischem Klassenbewusstsein und zusammengefasst ist zu einer unabhängigen Führung des Klassenkampfes."[240] Opposition aus Prinzip und zurück zu einer geeinten revolutionären Sozialdemokratie, wie sie Liebknecht und Bebel aufgebaut hatten, waren die Ecksteine seines Politikverständnisses. Er befürwortete die „Diktatur des Proletariats" als Machtausübung der Arbeiterklasse gegen die Kapitalisten, verstand die Anwendung von Gewalt aber als Verteidigungsmaßnahme.[241]

Insgesamt schien trotz eines Mitgliederschwunds auf rund 300 000 Personen die Zukunft der USPD gesichert. Neben Crispien und Ledebour trat nun Dittmann als dritter gewählter Vorsitzender. Ledebour erhielt von ihnen mit 124 Stimmen das mit Abstand schlechteste Ergebnis, Crispien erhielt 181,

238 LVZ, 7.1.1922, S. 2.

239 Krause, USPD, S. 241 f.

240 Manifest des Parteitages der USPD vom 8. bis 12. Januar 1922 an das deutsche Proletariat, in: Braune u.a. (Hg.), S. 257 ff. Das Zitat stammt aus dem Abschnitt III, 3. Absatz, hier auf S. 259.

241 Schöler, S. 345 f.

Dittmann 164 Stimmen, ein Hinweis auf einen erneuten Entfremdungsprozess.[242] Hilferding und Breitscheid waren es, die den Annäherungsprozess an die SPD vorantrieben, Hilferding als leitender Redakteur der „Freiheit“. Er kritisierte darin selbst den multioptionalen Kurs Dittmanns.[243] Ledebour konterte mit einer eigenen Denkschrift und warf der Redaktion der „Freiheit“ und explizit Hilferding vor, eigenmächtig Parteitagsbeschlüsse zu umgehen und ihre politischen Kompetenzen zu überschreiten. Dahinter liest man die Forderung nach einer „gründliche[n] Umgestaltung der Redaktion“.[244] Der angeschlagene Ton war rabiat, die Vorwürfe massiv, ganz sicher machte sich Ledebour keine neuen Freunde mit seiner Einlassung. Doch in dieser Situation erhielt er Unterstützung von Crispien und Dittmann, sodass Hilferding seine Funktion niederlegte, an seine Stelle trat Dittmann selbst. Die gesamte Redaktion solidarisierte sich vorher mit Hilferding.[245] Ledebour selbst lag mit einem Beinbruch im Krankenhaus, nachdem er beim Verlassen der Straßenbahn von einem Radfahrer angefahren wurde.[246]

Doch die innenpolitische Entwicklung beschleunigte den Vereinigungsprozess von SPD und USPD wieder. Der Mord an Außenminister Walther Rathenau am 24. 6. 1922 führte beiden sozialdemokratischen Parteien vor Augen, dass Zersplitterung eine reale Gefahr für die Republik bedeutete. Auch hatten sich die Kontakte zwischen der Wiener Internationale und der in London residierenden II. Internationale intensiviert.[247] Am 14. 7. bildeten SPD und USPD eine „Arbeitsgemeinschaft der Sozialdemokratischen Reichstagsfraktionen“.[248] Doch zeigten sich unter den drei Vorsitzenden der USPD große politische Unterschiede. Dittmann sprach sich für Verhandlungen über eine Regierungsbeteiligung der USPD aus, Crispien folgte zögernd, Ledebour lehnte dies ab.[249] Am 29. 8. begannen die Vorstände beider Parteien mit Verhandlungen über die Vereinigung, Ledebour stellte sich nach wie vor uneingeschränkt dagegen. Doch gegen den fahrenden Zug vermochte er nichts auszurichten. Die Vereinigung von SPD und USPD war auf den Weg gebracht. Sie wurde auf dem Nürnberger Parteitag vom 24. 9. 1922 vollzogen.[250]

242 Dittmann, Erinnerungen 2, S. 827.

243 Vgl. Ratz, S. 213; Dittmann, Erinnerungen 2, S. 835 f.

244 G. L., Die Gegendenkschrift Ledebours, Ft, 1. 4. 1922-M, S. 7.

245 Dittmann, Erinnerungen 2, S. 836, Erinnerungen 3, S. 1394 f., Fn. 131–133.

246 Ft, 4. 3. 1922-A, S. 2.

247 Dittmann, Erinnerungen 2, S. 834 ff.

248 Ft, 15. 7. 1922, S. 1; Vw 15. 7. 1922-M, S. 1.

249 Dittmann, Erinnerungen 2, S. 841; Tosstorff, S. 207.

250 Ebd.

Wilhelm Dittmann schätzte die Rolle dieser Vereinigung und letztlich auch des später folgenden Zusammenschlusses der IASP und der II. Internationale zur Sozialistischen Arbeiter-Internationale so ein, dass sie zwar eine Schwächung der Gegenrevolution darstellte, aber gleichzeitig zum Ausdruck brachte, „dass die Periode der akuten Revolution vorbei sei, in welcher die Arbeiterklasse große Umgestaltungen in Staat und Gesellschaft vornehmen werde. Es konnte sich [...] für die Zukunft nur noch darum handeln, Republik und Demokratie gegen die Konterrevolution zu verteidigen und zu sichern und von ihrem Boden aus möglichst viele unserer Forderungen auf sozialem Gebiet durchzusetzen."[251] Damit formulierte er im Gegensatz zu Ledebour, der von einer Stärkung der USPD eine Stärkung der gesamten Arbeiterbewegung erwartete, eine Defensivposition.

Vom 17.–23.9.1922 tagte der SPD-Parteitag in Augsburg, der USPD-Parteitag nahm seine Arbeit am 20.9. auf und führte sie ebenfalls am 23.9. zu Ende. In Augsburg wurde ein Grußtelegramm Friedrich Eberts verlesen. Einstimmig nahm der Parteitag die von Otto Wels empfohlene Einigungsvereinbarung an. Anschließend wurden 144 Delegierte für den Einigungsparteitag am 24.9. in Nürnberg gewählt.[252] Das Eröffnungsszenario in Gera suggerierte das Ende eines Weges, denn wie beim Gründungsparteitag in Gotha im April 1917 präsidierten Wilhelm Bock und Wilhelm Dittmann. Arthur Crispien hielt das Hauptreferat „Die Einigung des Proletariats". Dabei verwies er darauf, dass sich die Zeiten und die Politik der SPD geändert hätten, „weil wir heute eine Noskepolitik nicht haben".[253] Doch waren die Bedrohung der Republik durch die radikale Rechte, die ungeklärten Fragen der Reparationsleistungen und die Schwächung der gesamten Arbeiterbewegung bei den Wahlen seit dem 6.6.1920 die treibenden Motive einer Gesinnungsänderung innerhalb der USPD.

Ledebour schlug in seinem Korreferat andere Töne an. Er hatte die Spaltung in Halle nie gutgeheißen, weil Däumig, A. Hoffmann, Braß und andere Linke häufig mit ihm gemeinsam gekämpft hatten. Ihren Wiedereintritt in die USPD über die KAG hatte er begrüßt.[254] Als Parteivorsitzender musste er nun erleben, wie „seine" Partei, die er als sozialistische Massenpartei entscheidend aufgebaut und gestaltet hatte, sich wieder der SPD zuwandte, jener Partei, die er vorwiegend mit Ebert, Scheidemann, Wels und immer noch dem vor nun zweieinhalb Jahren aus der Regierung ausgeschiedenen Noske identifizierte. Entsprechend scharf fiel seine Kritik aus: „Was uns jetzt [...] zugemutet wird, der Zusammenschluss mit

251 Dittmann, Erinnerungen 2, S. 848.
252 Ebd., S. 842 f.
253 Zit. n. Krause, USPD, S. 258.
254 G.L., USP und KAG. Eine Etappe auf dem Einigungsweg, BrAZ, 2.3.1922.

der Sozialdemokratischen Partei, das ist der Bruch mit der revolutionären Vergangenheit unserer Partei, das ist die Verleugnung unserer Grundsätze, das ist der Selbstmord der USPD."[255]

Dass er den Weg zurück in die SPD nicht mitgehen würde, hatte Ledebour bereits einen Monat vor dem Parteitag unmissverständlich kundgetan. So fragte die „Bremer Arbeiter-Zeitung" an gleicher Stelle sarkastisch: „Vom Massenführer zum Sektenführer. Eine Partei Ledebour?" Er befürchtete nach dem Verschwinden der USPD eine Fortsetzung des Bruderkampfes zwischen der KPD, die er als „revolutionäre Partei" einstufte, und der SPD als „bürgerlich-versippte[r] reformistische[r] Partei".[256] Ein Aufgehen in der SPD sei keine revolutionäre Einigung der Arbeiterklasse. Es bleibe „die gewaltige Aufgabe der Unabhängigen Sozialdemokratie, den Kern und die Vorhut zu bilden für die große sozialistische Klassenkampfpartei der Zukunft".[257] Den Befürwortern der Vereinigung rief er geharnischt zu: „Ihr hört auf, revolutionäre Sozialisten zu sein, wenn Ihr Euch jetzt mit diesen Verrätern an der Revolution verschmelzt, die sich seit jener Zeit wenig geändert haben."[258] Was trieb ihn dazu an? Wahrscheinlich sah sich der 72-Jährige in der Tradition des radikalen Sozialismus, „die seit Halle immer mehr in Vergessenheit zu geraten schien. Das war die Tradition der Anti-Kriegspolitik; das war die nachzitternde Empörung über Völker- und Menschenmord, über die Ermordung Luxemburgs und Liebknechts, über die Niederschlagung der revolutionären Arbeiter; das war das Nein zu jedem Vergessen und Verzeihen."[259] Doch es war auch der Weg ins politische Abseits. Alle Versuche, parteitaktisch Ledebour zur Rücknahme seiner Resolution, die die Vereinigung ablehnte, zu bewegen, liefen ins Leere. Nur sieben Stimmen erhielt sie, im Gegensatz dazu stimmten nur neun Delegierte gegen die Resolution Crispiens. Damit war „mit an Einstimmigkeit grenzender Mehrheit die Verschmelzung der beiden Parteien beschlossen"[260], die am 24.9. auf dem Nürnberger Parteitag vollzogen wurde. Ledebour, Theodor Liebknecht, Gustav Laukant und Gerhard Obuch blieben in der USPD, Kurt Rosenfeld schloss sich der SPD nun doch an.

Die „Bremer Arbeiter-Zeitung" hatte noch am 22.8. in ihrem Kommentar zu Ledebours Erklärung, im Falle einer Vereinigung nicht mitzugehen, ihr tiefes Bedauern ausgedrückt. Er solle nicht nach einem „verdienstvollen Leben im

255 Zit. n. Krause, USPD, S. 259.
256 BrAZ, 22.8.1922, S. 1.
257 Ebd.
258 Zit. n. Krause, USPD, S. 259.
259 Ebd., S. 260.
260 Dittmann, Erinnerungen 2, S. 843.

Kampf um proletarische Lebensinteressen den einsamen Weg gehen [...], den er sich vorgezeichnet" habe. Ledebours Verdienste um die Partei und die Revolution seien unvergänglich, aber „die Einigung ist auf dem Marsche und lässt sich auch durch heroische Selbstmorde nicht aufhalten".[261] Das Drama besaß noch einen Schlussakt. Auf dem Vorbereitungstreffen der IASP zur Vereinigung der Wiener Internationale mit der II. Internationale am 20.5.1923 sprach F. Adler (SDAP) für, Ledebour (USPD) gegen die Vereinigung. Mit 99 Stimmen für und sechs Stimmen gegen die Selbstauflösung der IASP und den Zusammenschluss zur „Sozialistischen Arbeiter-Internationale" (SAI)[262] wurden Niederlage und politisches Abseits irreversibel. Ledebour war einmal mehr Opfer seiner eigenen Kompromisslosigkeit geworden. Das „Hamburger Echo" schrieb nicht ohne Häme, dass ihn am Ende eines kämpferischen Lebens sein doktrinärer Starrsinn und unerlöschlicher Oppositionsgeist in die glänzende Einsamkeit getrieben hätten. „Mag es menschlich erschütternd sein, politisch ist er und seine Bewegung unerheblich", fügte man hinzu.[263]

6. Vom Massenführer zum Sektenführer (1923–1932)

6.1. Auftakt und Bruch mit der Rest-USPD (1922–1924)

Nach dem Parteitag von Gera blieben der Rest-USPD lediglich zwei Reichstagsmandate. Neben Ledebour war Paul Wegmann der VSPD nicht beigetreten. Er war erst im Juli 1922 für den verstorbenen Däumig nachgerückt.[264] Sie wurden allerdings als fraktionslos geführt, da die Fraktionsstärke nicht erreicht wurde. Am 4.10.1922 traten die Verbliebenen, darunter Th. Liebknecht und Obuch, mit der Wochenschrift „Der Klassenkampf" an die Öffentlichkeit, deren Herausgeber Ledebour wurde. Vermutlich war er es, der in mehreren Beiträgen die bekannten Positionen zu einer einigen Arbeiterbewegung, zur nun vereinigten Sozialdemokratie und zur KPD darlegte. Der Aufruf „An die Arbeiterschaft Deutschlands", der dies zusammenfasste, dürfte größtenteils von ihm

261 BrAZ, ebd.

262 Geschichte der Sozialistischen Arbeiter-Internationale (1923–1940), Autorenkollektiv unter Leitung von Werner Kowalski, Berlin (DDR) 1985, S. 42.

263 HE, 21.5.1923, S. 2.

264 Krause, USPD, S. 264. Paul Wegmann (1889–1945), Mitglied im VR 1918/19, geb. im Krs. Lennep im Bergischen Land, blieb bis Mai 1924 MdR für den WK Potsdam II. Er wurde nach 1933 mehrfach verhaftet und starb am 3.4.1945 im KZ Bergen-Belsen, vgl. M.d.R., S. 615.

stammen.[265] Anschließend wurde die provisorische Parteileitung vorgestellt. Ledebour und Liebknecht waren Vorsitzende, Beisitzer waren Laukant, Franz Salzbrunn und Else Wiegmann, im Parteirat saßen u. a. Obuch und Maria Reichheim. Genaue Angabe über die Mitgliederstärke sind nicht zu ermitteln, vermutlich dürften es in der Anfangsphase zwischen 30 000 und 40 000 gewesen sein.[266]

Das Mitgliederspektrum der Partei muss recht heterogen gewesen sein. „Hier vereinigten sich Sozialisten aller Schattierungen von den heimlichen Befürwortern einer Anlehnung an die Kommunisten bis hin zu den offenen Bekennern zum Anarcho-Syndikalismus."[267] Zur Mitgliedschaft zählte der spätere Wirtschaftsfunktionär und Minister in der DDR, Fritz Selbmann, der 1920 in die USPD eingetreten war und nun kurzzeitig in der Rest-USPD verblieb, bevor er zur KPD wechselte. Er schrieb über Ledebour, dieser „wirkte in der politischen Landschaft der folgenden Jahre ebenso komisch wie tragisch, ebenso lächerlich wie ehrenhaft, just wie der berühmte Ritter von der traurigen Gestalt, der über die kahlen Gefilde Kastiliens ritt und für die Idole der untergegangenen Ritterwelt focht. Und ich ritt hinter diesem Don Quijote der Arbeiterbewegung der zwanziger Jahre einher als sein getreuer Sancho Pansa."[268] Dies zeigt, dass Ledebour noch immer eine gewisse Anziehungskraft und Vorbildfunktion besaß, die der Rest-USPD dienen konnte. So kam es im Oktober 1922 im „Klassenkampf" zur Meldung: „Zur Wahl des Reichspräsidenten. Georg Ledebour Kandidat der USPD."[269] Doch kam es nicht zu den Wahlen, denn Eberts Amtszeit wurde mit verfassungsdurchbrechender Zweidrittelmehrheit im Reichstag um drei Jahre verlängert, obwohl der Verfassungstext weiterhin die Volkswahl vorsah und das entsprechende Wahlgesetz die Amtsperiode auf sieben Jahre festgelegt hatte.

Am 11. 1. 1923 besetzten französische und belgische Truppen das Ruhrgebiet, um in Verzug geratene Reparationszahlungen militärisch zu erzwingen, verbunden mit der strategischen Absicht einer ökonomischen Hegemonie Frankreichs auf dem Kontinent.[270] Während die Regierung Cuno, der die VSPD nicht

265 Krause, USPD n. 1922, S. 15 ff. Dort auch die vermuteten Beiträge und der Aufruf, s. S. 136 ff.

266 Dieter Engelmann, Die Nachfolgeorganisationen der USPD, in: BzG 1/1991, S. 39.

267 Ratz, S. 216.

268 Fritz Selbmann, zit. n. Kuczynski, S. 212.

269 Zit. n. Krause, USPD n. 1922, S. 145.

270 Vgl. Jones, 1923. Interessant auch dazu der Eintrag von Harry Graf Kessler am 8. 1. 1923, der in Paris notierte: „Nachmittags bei Jouve […] Wir hatten ein langes Gespräch über Literatur und Politik. Er sagte, die Ansicht gewisser Franzosen sei, Frankreich könne jetzt die politische und wirtschaftliche Hegemonie auf dem Kontinent erringen und vielleicht fünfzig Jahre halten." Damit könnte Ministerpräsident Raymond Poincaré gemeint sein, s. Kessler, Tagebücher, S. 359 f.

angehörte, zum „passiven Widerstand“ aufrief, diskutierten die Arbeiterparteien über ihre Reaktionen auf die Ruhrbesetzung. Die Mehrheitsmeinung der SPD brachte der „Vorwärts“ auf den Nenner; „Die deutsche Arbeiterschaft singt nicht *Die Wacht am Rhein* oder *Siegreich wollen wir Frankreich schlagen*, aber sie wird durch ihre Disziplin dem bis an die Zähne bewaffneten Feind durch passive Resistenz, und wenn es sein muss durch Streik zu begegnen wissen.“[271] Die KPD versuchte, den Kampf gegen die Ruhrbesetzung mit dem Kampf um eine revolutionäre Mobilisierung der Arbeiterschaft zu verbinden: „Schlagt Poincaré an der Ruhr und Cuno an der Spree!“[272] Die verbliebene USPD musste sich positionieren. Dies geschah auf dem Parteitag in Berlin vom 30.3.–2.4.1923. Vorher hatte Ledebour in vier Reichstagsreden zur französischen Besatzungspolitik und zum passiven Widerstand Stellung bezogen. Er verurteilte die Besatzung als „Vergewaltigungspolitik“, richtete aber auch scharfe Worte gegen den Nationalismus der deutschen Rechten und hielt den nationalistischen Aufwallungen entgegen, dass es in Frankreich keinesfalls nur antideutsche Positionen gäbe, besonders auf Seiten der Sozialisten.[273] Am 27.2. attackierte er die Regierung Cuno und bezeichnete sie als „Stinnes- und Anilin-Patrioten“, griff also Poincaré und Cuno gleichermaßen an; die KPD-Fraktion applaudierte.[274] Dass Ledebour ähnlich argumentierte und politisch zu agieren vorschlug wie die KPD-Losung „Schlagt Poincaré an der Ruhr und Cuno an der Spree!“, verdeutlichte er in einer Reichstagsrede am 16.2. am Beispiel des Patenthandels und schloss daraus auf die „völlige Korruptheit des ganzen kapitalistischen Systems“.[275] Eine Alternative zum Nationalismus und zum Krieg seien die Vereinigten Staaten von Europa, eine Perspektive, die wegen des Wegfalls von Zollschranken ganz im kapitalistischen Interesse läge. Er schloss seine Rede mit einem Appell zum „Zusammenwirken des Gesamtproletariats“ zur Überwindung des Kapitalismus.[276] Auch antisemitische Äußerungen innerhalb des Reichstags forderten seine Intervention heraus.[277]

271 Vs, 25.1.1923-MA, S. 3. Vgl. Jones, 1923, S. 78ff.

272 GdA 3, S. 379 u. 647f.

273 Reichstagsrede, 26.1.1923, Sten. Ber. RT, Bd. 348, S. 9522ff.

274 Reichstagsrede, 27.2.1923, ebd., S. 9887.

275 Reichstagsrede, 16.2.1923, ebd., S. 9760.

276 Reichstagsrede, 7.3.1923, ebd., S, 9999f.

277 Vgl. Christian Dietrich, Im Schatten August Bebels. Sozialdemokratische Antisemitismusabwehr 1918–1932, Göttingen 2021. Ledebour unterbrach den BVP-Abgeordneten Leicht, nachdem dieser zweimal Antisemitismus und Judenhass relativiert hatte, mit dem Zitat „Ja ja, es ist der Sozialismus der dummen Kerle, hat schon Bebel gesagt“, Sten. Ber. RT, Bd. 361, S. 12253. Diese Charakterisierung stammt nicht von Bebel, vgl. Dietrich, S. 13.

Der Parteitag der verbliebenen USPD in Berlin stand ganz im Zeichen der Ruhrbesetzung und des Widerstands, offenbarte aber auch die Schwäche der Partei. Liebknecht konnte nicht einmal genaue Angaben über die Mitgliederzahlen machen. Er hob aber hervor, dass das Auftreten Ledebours und Wegmanns nach wie vor von der Presse wahrgenommen wurde.[278] Allerdings galt es, eine entscheidende politische Differenz zu diskutieren und zu entscheiden. Liebknecht selbst empfahl als Strategie des Kampfes gegen Besatzung und der nachfolgenden Krise sowie der materiellen Not nicht zuallererst den Kampf gegen die Besatzung, sondern gegen die deutsche Regierung. Hierin knüpfte er an die Kampfposition seines ermordeten Bruders Karl an: „Der Hauptfeind steht im eigenen Land“, der passive Widerstand sei vor allem ein Ablenkungsmanöver des eigenen Kapitalismus.[279] Ledebour aber bekräftigte auf dem Parteitag, dass sich der Kampf der Arbeiterbewegung als geeinter Kraft sowohl gegen die Besatzungspolitik Poincarés an der Ruhr als auch als Klassenkampf gegen die Regierung Cuno an der Spree richten müsse.[280] Er warnte vor einer „Einheitsfront [...] mit den deutschen Kapitalisten“ und übte somit Kritik an der Politik der VSPD und der Gewerkschaften des ADGB. Gleichzeitig sah er die Gefahr des Faschismus heraufziehen, der in Italien seit dem 31.10.1922 durch die Ernennung Mussolinis zum Ministerpräsidenten an die Macht gelangt war.[281]

Da dieser Konflikt den gesamten Parteitag durchzog und mit einer Resolution verbunden war, in der die Position Liebknechts niedergeschrieben wurde, Ledebour dem widersprach, aber kein Delegiertenmandat besaß, entstand eine Bruchlinie.[282] Die Resolution wurde mit nur wenigen Enthaltung angenommen. Ledebour trat von seiner Kandidatur zum Vorsitz zurück und erklärte in seinem Schlusswort erbost, dass er mit den Anschauungen der Resolution nicht einverstanden sei und bezeichnete die Position zur Ruhrbesetzung als „Schlag ins Gesicht der internationalen Sozialisten“.[283] Doch konnte Ledebour auf dem Parteitag durchsetzen, dass die verbliebene USPD, immer noch Teil der IASP, sich gegen die Verschmelzung mit der II. Internationale aussprach.[284] Am Ende des Parteitages stand dennoch die Beinahe-Abspaltung von Ledebour, Wegmann und Anderen. Diese aber wurde erst im Januar 1924 vollzogen, nachdem in den

278 Engelmann, S. 40.

279 Ebd.; Ratz, S. 216.

280 Vgl. Engelmann, ebd.; Ratz, S. 216f.; Krause, USPD n. 1922, S. 21ff.

281 Krause, ebd., S. 22,

282 Ders., USPD, S. 264ff.

283 Zit. n. Krause, USPD n. 1922, S. 24.

284 Ebd., S. 25f.

Parteiblättern „Klassenkampf" und „Der Weckruf" eine monatelange Auseinandersetzung zwischen den Positionen Ledebours und der Mehrheit um Liebknecht ausgetragen worden war, die den „Weckruf" dominierte. Dies muss umso mehr erstaunen, da doch die verbliebene USPD längst ein politisches Mauerblümchendasein fristete, weitab von realem politischem Einfluss.[285]

Im Januar 1924 entschied sich Ledebour endgültig für die Trennung von der verbliebenen USPD. In einem Flugblatt[286] wurde nach dem Ende der Ruhrkämpfe, der Abwehr des Hitler-Putsches und der Stabilisierung der Währung die politische Haltung der Liebknecht-Mehrheit „erbarmungslos kritisiert und zur Gründung einer neuen Partei aufgefordert, die *unbelastet mit dem Odium der üblichen Missgriffe bestehender Parteien* das Vertrauen der Arbeitermassen verdiene".[287] Die verbliebene USPD verhöhnte er als „Einfrontenkrieger" und warf dem Vorstand um Liebknecht vor, den „Versklavungsbestrebungen des französischen Imperialismus" keinen Widerstand geleistet und damit das Ansehen der Partei schwer geschädigt zu haben. Am Ende des Flugblattaufrufs „Einigt Euch zum Klassenkampf!" forderte Ledebour zur Gründung einer neuen linkssozialistischen Partei, einer „allumfassenden Organisation des klassenbewussten Proletariats" auf. Damit bahnte sich an, dass er ein weiteres Mal seine ehernen Grundsätze in eine neue Organisation hinüberzuretten gedachte, selbst wenn ihr Einfluss noch weiter schrumpfen sollte. Am 11. 1. 1924 wurde Georg Ledebour aus der Partei ausgeschlossen.[288] Erneut war der mittlerweile beinahe 74-Jährige politisch heimatlos. Dem rechtsbürgerlichen „Hannoverschen Kurier" war dies eine Nachricht wert.[289]

6.2. Der Sozialistische Bund (1924–1931)

Am 18. 3. 1924 gründete Ledebour den „Sozialistischen Bund". Mit seinem anarchistisch orientierten Vorgänger, gegründet u. a. von Erich Mühsam und Gustav Landauer, hatte Ledebours Gründung lediglich den Namen gemein.[290] Am 22. 3. veröffentlichte er das „Programmatische Manifest", das nach einer längeren historischen Darstellung und Kommentierung seit 1914 das Projekt damit begründete, dass weder VSPD noch USPD oder KPD imstande seien, die notwendige

285 Ebd., S. 42 ff. u. 146 ff.

286 G. L., „Einigt Euch zum Klassenkampf!", s. Krause, ebd., S. 154 f.

287 Ratz, S. 217; Engelmann, S. 42; Krause, ebd., S. 48 f.

288 Krause, ebd. Hier wird auch aus dem Flugblattaufruf zitiert.

289 HaK, 14. 1. 1924-A, S. 3.

290 Osterroth/Schuster 1, S. 283; Krause, USPD n. 1922, S. 49.

Einheit der Arbeiterbewegung zu schaffen, eine Argumentation in typisch Ledebourscher Manier. Als zentrale Aufgabe des SB formulierte er, „durch Herbeiführung gemeinsamer Aktionen der proletarischen Parteien die Stimmung und Anschauungsgemeinschaft zu erzeugen, aus der schließlich die freigewollte Einigung des Proletariats erwachsen muss".[291] Doch gegründet hatte er lediglich eine kleine Splittergruppe. Neben Ledebour war nur Wegmann als Unterzeichner einschlägig bekannt, der im Manifest dargelegte Einigungsanspruch des SB war von den politischen Realitäten weit entfernt.[292]

Immerhin besaßen beide ihr Reichstagsmandat noch bis zur Reichstagswahl am 4. 5. 1924. Die Diäten als Reichstagsabgeordneter entfielen jedoch nach der Wahl am 4. 5. 1924 unwiederbringlich, da der SB lediglich 26 418 Stimmen bzw. 0,1 % erhalten hatte.[293] Dagegen vermochten auch die verteilten Klebezettel nichts auszurichten, die Ledebours Bekanntheit als Person in den Vordergrund stellten. So hieß es etwa „Die Reaktion bekämpft ihr nur durch Wahl der Liste Ledebour".[294] Nach dieser Wahlschlappe trat der SB nicht mehr selbständig zu Wahlen an. Ledebour wurde zu einer politischen Randfigur ohne nennenswerten nationalen und internationalen Einfluss. Durch die ständigen Auseinandersetzungen und Spaltungen, die er durch seine Unbedingtheit mit hervorgerufen hatte, manövrierte er sich in eine sektiererische Rolle hinein.[295] Durch diese Entwicklung allerdings sah sich Kurt Tucholsky keineswegs davon abgehalten, dem am 7. 3. 1925 seinen 75. Geburtstag begehenden Ledebour ein Gedicht zu widmen, sowohl mit berlinerschem Dialekt als auch auf Hochdeutsch, dessen Schlussverse lauten: „Da lehnen sie, die weichen Besen. / So fegt man nicht. Du stehst allein. / Du bist ein Sozialist gewesen. / Und das hieß einst: ein Kämpfer sein."[296] Doch quälten Ledebour bald einmal mehr materielle Sorgen. Er erhielt eine kleine Pension des Vereins „Arbeiterpresse" und war außer gelegentlicher Hilfe von Freunden auf kleine Einnahmen aus seiner publizistischen Arbeit angewiesen.[297]

291 SB, Programmatisches Manifest, s. Krause, ebd., S. 50 f. u. 156 f. (Dokument).

292 Engelmann, S. 44.

293 Ebd.

294 Krause, USPD n. 1922, S. 52.

295 So auch Ratz, S. 218.

296 Theobald Tiger (d. i. Kurt Tucholsky), Ledebour. Zum Fünfundsiebzigsten, in: Die Weltbühne, 24. 2. 1925, S. 279.

297 Auch Ledebour selbst konnte in „Die Weltbühne" die Beiträge „Einigung durch gemeinsame Aktion" (15. 3. 1927, S. 403–406) und „Sind gemeinsame Aktionen möglich?" (19. 4. 1927, S. 617–619) veröffentlichen, die sich vergeblich an SPD, ADGB und KPD richteten; auch Keller, S. 129.

Aber Ledebour blieb im Umfeld des Linkssozialismus und nicht allzu offenkundig moskauhörigen Kommunismus aktiv. So nahm er mehrfach an den von Willi Münzenberg organisierten Konferenzen der „Internationalen Arbeiterhilfe“ (IAH) teil. Als der IAH-Kongress vom 26.–31. 10. 1924 in Berlin zusammentrat, übernahm Ledebour den Vorsitz des Kongresspräsidiums. Auch den nachfolgenden Kongress, abgehalten am 16. 8. 1925 in Berlin, eröffnete Ledebour als Kongresspräsident und wurde als Referent geführt.[298] Am 7./8. 11. 1925 trat der IAH-Kongress in Halle zusammen. Auch hier sprach Ledebour und erinnerte daran, dass er schon 1918 zur Revolution aufgerufen habe und sich nach Lage der Dinge vorstellen könne, die Arbeiterschaft erneut dazu aufzurufen. Gleichzeitig legte er wegen „Geschäftsüberhäufung“ seinen Kongressvorsitz in der IAH nieder. Umgehend ernannte ihn die Konferenz „in Anerkennung seiner großen Verdienste um die IAH zum Ehrenvorsitzenden“.[299] Doch hieß das keinen vollständigen Rückzug, denn er eröffnete den IAH-Kongress vom 20.–22. 11. 1927 in Berlin und wurde ins Präsidium, zudem ins Zentralkomitee gewählt.[300]

Der SB als eine „Kleinstpartei Ledebour“ machte vor allem durch solche Aktivitäten auf sich aufmerksam. Er wirkte vornehmlich im Übergangsbereich von Kommunismus und Linkssozialismus. So rief der SB bei der Reichspräsidentenwahl am 29. 3. 1925 nach Friedrich Eberts Tod zur Wahl des KPD-Kandidaten Ernst Thälmann auf. Am 18. 3. veröffentlichte „Die Rote Fahne“ den Wahlaufruf des SB-Vorstandes für Thälmann. Trotz tiefgreifender Meinungsverschiedenheiten sei die KPD die einzige Massenpartei der Arbeiterschaft in Deutschland, die gleich dem SB „die sozialistische Weltrevolution erstrebt“. An anderer Stelle beschrieb er sein Verhältnis zu den Kommunisten mit den Worten: „Ich bin kein Kommunist […], aber wenn immer die Kommunisten ein praktisch-revolutionäres Ziel oder eine Aktion verfolgen, schließe ich mich ihnen an.“[301] Das galt in diesem Fall für die Initiativen der KPD zur Organisierung der Erwerbslosen in der Weimarer Republik. Vom 3.–5. 12. 1926 fand in Berlin der „Reichskongress der Werktätigen“ statt, um den Kampf gegen die Arbeitslosigkeit politisch zu beraten. Fritz Heckert (KPD)

298 Krause, USPD n. 1922, S. 53 ff.; Schweizerisches Bundesarchiv: E4320B#1991/243#348*, Georg Ledebour (1850), Dossier, Bl. 8. Hartfrid Krause bewertete dieses Dossier und dessen Zuverlässigkeit näher und kam zu dem Fazit, dass die über die reinen Dokumente hinausgehenden Eintragungen häufig nicht exakt zutrafen und deshalb hinterfragt werden müssen. Dem schließe ich mich an. Vgl. Krause, USPD n. 1922, S. 94 ff.

299 Krause, ebd., S. 55; Dossier G. L., Bl. 7.

300 Dossier G. L., Bl. 8.

301 Zit. n. Engelmann, S. 45; Ratz, S. 218. Zum Aufruf s. DRF, 18. 3. 1925.

war der Hauptinitiator, Ledebour wurde ins Tagungspräsidium gewählt, der Kongress wurde von rund 2000 Delegierten besucht, darunter 15 des SB.[302] Das Schweizer Dossier notierte am 28. 2., dass er Vorsitzender des Reichsausschusses sei.[303]

Nur zwei Monate später versammelten sich vom 10.–15. 2. 1927 in Brüssel 174 Abgesandte kommunistischer und anderer linker Organisationen und Parteien sowie antikolonialer Bewegungen zum „Kongress gegen koloniale Unterdrückung und Imperialismus". Es war für Ledebour, mittlerweile fast 77-jährig, ein ganz sicher bedeutendes Forum des politischen Wirkens, waren unter den Gästen doch Albert Einstein, der erste Präsident des unabhängigen Indien, Jawaharlal Nehru, oder Henri Barbusse. Der deutschen Delegation gehörten neben Ledebour z. B. Münzenberg, Wilhelm Koenen, Arthur Hollitscher und Theodor Lessing an.[304] Ledebour hielt das Hauptreferat zum Thema „Die Taktik des proletarischen Klassenkampfes zur Unterstützung des kolonialen Freiheitskampfes." Auch diese Initiative ging wesentlich auf Münzenberg zurück, mit dem Ledebour jetzt häufiger kooperierte. In diesem Kontext zeigt sich, dass Ledebour seine überaus kritische Haltung zum Kommunismus und zur UdSSR modifiziert zu haben schien. So schrieb er in der von der „Liga gegen koloniale Unterdrückung" herausgegebenen „Kolonial-Revue", dass die Sowjetunion als „[einziger], proletarisch gebildete[r] Staat der Gegenwart [...] in dem Nachbarstaat China die gegen die Fremdherrschaft sich auflehnende und soziale Gerechtigkeit im eigenen Lande erstrebende Kuomintang-Bewegung mit Rat und Tat unterstützt".[305] Wahrscheinlich kamen Ledebours Aktivitäten im Um- und Vorfeld der KPD beiden zugute: Ledebour konnte wieder vor Publikum reden, wurde gehört und erhielt Achtung bezeugt, die KPD konnte ihn als bekannten Arbeiterveteranen zur Überzeugung und Gewinnung bisher der KPD indifferent Gegenüberstehender gebrauchen.[306] Als die „Liga gegen Imperialismus und koloniale Unterdrückung" am 19./20. 8. 1928 eine Versammlung ihres Exekutivkomitees nach Berlin einberief, nahm Ledebour ebenfalls teil.[307] Der Liga war nur ein kurzes Leben beschieden. Der zweite und letzte Kongress fand vom 21.–31. 7. in Frankfurt am Main statt, Ledebour nahm teil

302 GdA 4, S. 126; Engelmann, ebd.; Dossier G. L., Bl. 8, Rev. Berl. Arbeiterbewegung 2, S. 226.

303 Dossier G. L., ebd.

304 GdA 4, S. 134.

305 Kolonial-Revue Nr. 1, 1. Jg. 1927, zit. n. Keller, S. 129.

306 Letzteres sieht auch Ratz, S. 218.

307 Dossier G. L., Bl. 9 f. Schon am 9. 12. 1927 war im Dossier vermerkt worden, „Georges Ledebour est membre du Comité Exécutif de la ‚Ligue contre l'Imperialisme'".

und forderte mehr Selbstbestimmungsrechte für die in Polen lebende deutsche Minderheit.[308]

Am 9.3.1929 trat in der Berlin der „1. Internationale Antifaschistenkongress" zusammen, eine auf Münzenberg fußende Initiative. Dort sagte Ledebour in einem Wortbeitrag, dass die wichtigste Lehre aus der Niederlage der Sozialisten Italiens gegen den Mussolini-Faschismus sei, dass „sich die gesamten proletarischen Massen mit allen anderen unterdrückten Klassen, die mit uns zusammengehen wollen, verbünden und sich auf den bewaffneten Kampf einrichten".[309] Als Vorbild empfahl er Organisationen wie den kommunistischen Rotfrontkämpferbund. Zuvor hatte er das Vorgehen der Regierung, namentlich auch Eberts und Noskes, gegen die Aufständischen im Januar und gegen den Generalstreik im März 1919 sowie die Kapp-Lüttwitz-Putschisten als Form des Faschismus bezeichnet. Gleichzeitig verwies er darauf, dass die demokratischen Institutionen in Deutschland, im Gegensatz zu England und der Schweiz, keinen Schutz vor dem Faschismus böten.[310] Als Beispiel nannte er die „Ausnutzung der Ermächtigungsgesetze, des § 48 usw." der WRVerf.[311]

Im KPD-Organ „Hamburger Volkszeitung" vom 13.3.1929 erschien ein ausführlicher Bericht über die Konferenz. Hier wurde zu Ledebours Rede geschrieben: „Die Vorläufer Mussolinis sind Ebert, Scheidemann, Noske. Wir Deutsche können den italienischen Faschismus nicht niederringen [...] Wir können den Faschismus nicht stürzen, wenn wir nicht gleichzeitig für die sozialistische Gesellschaftsordnung kämpfen. Und hier können wir uns nur verlassen auf den revolutionären Klassenkampf des Proletariats."[312] Hier verband Ledebour seine bekannte politische Aversion gegen die damaligen sozialdemokratischen Regierungsvertreter aus der Zeit von Revolution und junger Republik mit dem Aufruf zum Kampf gegen den Faschismus, verbunden mit dem Eintreten für eine sozialistische Alternative. Damit hielt er seine Eigenständigkeit gegenüber der KPD aufrecht.

Indes ist ein Annäherungsprozess an die KPD auch ohne diesen Aspekt unübersehbar. So gratulierte Ledebour Wilhelm Pieck zu dessen 50. Geburtstag brieflich mit den Worten, dass er hoffe, dass „beide wie in den Gluttagen der ebertinisch verratenen Revolution wieder Schulter an Schulter stehen und

308 Wolfgang Abendroth, Imperialismus?, in: Ders., Gesammelte Schriften I, Hannover 2006, S. 155ff. Der Beitrag entstand im Oktober 1929. Abendroth schrieb über Ledebour als „der alte Kämpe des deutschen revolutionären Sozialismus". Vgl. auch ders., S. 250ff.

309 Faschismus. Bericht vom Internationalen Antifaschisten-Kongress, S. 33.

310 Ebd., S. 31 f.

311 Ebd., S. 32.

312 Hamburger Volkszeitung, 13.3.1929, S. 6.

kämpfen werden, wenn die proletarische Befreiungsbewegung erneut emporschwillt. Dann hoffentlich mit besserem Erfolg."[313] Folgerichtig plädierte der SB bei den Reichstagswahl am 20. 5. 1928 für die Wahl der KPD.[314] Das gleiche Wahlplädoyer gab er SB auch im September 1930. In seinem Aufruf verwarf er ein Votum für die SPD und begründete seinen Wahlaufruf zugunsten der KPD, trotz der ausgedrückten Kritik an deren RGO-Politik, mit großen Übereinstimmungen hinsichtlich der Stellung zum Klassenkampf und zur Sowjetunion.[315]

Die Zusammenarbeit mit Willi Münzenberg erstreckte sich ebenso auf die „Arbeiter-Illustrierte-Zeitung", die nach eigenen Angaben eine Auflage von 400 000 Exemplaren besaß und somit das verbreitetste Blatt ihrer Art war. Zur ersten Ausgabe am 3. 1. 1928 trug Ledebour den Beitrag „Wird das Sturmjahr 1928 auch ein Erntejahr für uns?" bei. Hierin beschrieb er die Voraussetzungen einer sozialistischen Umgestaltung in Deutschland als günstig, denn „Je stärker die Konzentration, desto leichter die Enteignung des Kapitals". Gleichzeitig sah er die innenpolitische Lage der deutschen Republik als immer stärker gegen die Arbeiterschaft gerichtet. Der Imperialismus versuche, ein Kriegsbündnis gegen die Sowjetunion herzustellen, aber die internationale Entwicklung, z. B. in China, zeige deutlich, dass ein Befreiungskampf im Gange sei. Aber hier schrieb er nicht vom bewaffneten Kampf, sondern von der revolutionären Entschlusskraft der Arbeiterbewegung, die ein „neues Völkergemetzel" verhindern und den Kapitalismus durch den Sozialismus ersetzen könne. Dem Beitrag war ein Foto Ledebours angefügt.[316] Die AIZ veröffentlichte überdies einen weiteren Beitrag Ledebours zum 1. Mai sowie seine Zeichnungen „Englische Charakterköpfe", die er bei seinem Englandaufenthalt angefertigt hatte.[317]

Hatte ihm Kurt Tucholsky in Versen zum 75. Geburtstag gratuliert, so war es 1930 Erich Weinert zu Ledebours 80. Unter anderem reimte Weinert: „Heute sind wir zwar Kommunisten, Alte, und Ledebour is nich in unserer Partei. Aber in dem Fall is das janz einerlei! Det is der einz'ge, zu dem ich halte. Der hat nich aus de Krippe jefressen! Der hat uns Proleten nie verjessen, der is mit et Herz

313 Zit. n. Keller, S. 132.

314 Ebd., S. 134; Aufruf des SB s. DRF, 20. 4. 1928.

315 Engelmann, S. 45; Krause, USPD n. 1922, S. 59 f.

316 Zit. n. Krause, ebd., S. 159 f.

317 G. L., Der 1. Mai ist ein Kampftag! Rückblick und Ausblick, in: Arbeiter-Illustrierte-Zeitung (AIZ), 7. Jg., Nr. 17, S. 2, Englische Charakterköpfe, ebd., 9. Jg., Nr. 10, S. 186. Vgl. hierzu I. 5 in diesem Buch.

für uns einjetreten, drum sag ich zum Glückwunsch det eene nur: Auf den Dank der revolutionären Proleten, auf den kannst Du immer rechnen, Jenosse Ledebour!“[318]

Ein weiteres Betätigungsfeld Ledebours und des SB fand sich anlässlich zweier großer Kampagnen im Rahmen der in der Weimarer Reichsverfassung vorgesehenen Volksgesetzgebungsinstrumente. In Art. 73, Satz 3 der WRVerf hieß es: „Ein Volksentscheid ist ferner herbeizuführen, wenn ein Zehntel der Stimmberechtigten das Begehren nach Vorlegung eines Gesetzentwurfs stellt. Dem Volksbegehren muß ein ausgearbeiteter Gesetzentwurf zu Grunde liegen. Er ist von der Reichsregierung unter Darlegung ihrer Stellungnahme dem Reichstag zu unterbreiten. Der Volksentscheid findet nicht statt, wenn der begehrte Gesetzentwurf im Reichstag unverändert angenommen worden ist.“ Eine vom Volk ausgehende Gesetzesinitiative musste erst einmal mit einer Kampagne verbunden werden, um das notwendige Quorum von 10 % der Stimmberechtigten zu erreichen.

Schon seit der Revolution 1918/19 schwelte der Streit um das Vermögen des ehemaligen Herrscherhauses der Hohenzollern. Zu einer Enteignung hatte Preußen sich nicht durchringen können. Hatte die SPD eine Beschlagnahmung praktiziert und mit einer letztlichen Aufteilung zwischen Staat und Dynastie geliebäugelt, so forderte die USPD die Enteignung des Land- und Sachbesitzes.[319] Doch in den Jahren der preußischen Koalitionsregierungen von Ministerpräsident Otto Braun (SPD) unter Beteiligung von SPD, Zentrum und DDP hatte es keine gesetzliche Regelung gegeben. Allerdings hatten die jahrelangen Verhandlungen und Gerichtsprozesse zwischen Staat und Hohenzollern eine Lage geschaffen, in der sich Letztere zu weitgehenden Forderungen ermuntert fühlten. 1925 schließlich war der Druck auf den Staat so stark gewachsen, dass eine gütliche Einigung weitgehend zugunsten der Hohenzollern unausweichlich schien.[320] Durch die Wahl Paul von Hindenburgs zum Nachfolger des verstorbenen Friedrich Ebert als Reichspräsidenten war auch der Staat wieder stärker den Hohenzollern zugeneigt.[321] Andere ehemalige Dynastien befanden sich in Warteposition.

Nachdem die DDP auf Reichsebene einen Gesetzesvorschlag eingebracht hatte, der einen Kompromiss zwischen Staat und Dynastie anstrebte, wandte sich die KPD in einem Offenen Brief an den Parteivorstand der SPD und regte ein

318 Zit. n. Keller, S. 135.

319 Weipert, „Den Fürsten keinen Pfennig!“, S. 10.

320 Ebd., S. 11 ff.; vgl. u. a. auch Rosenberg, S. 184 f.

321 Seydewitz, S. 148 f.

gemeinsames Vorgehen für ein Volksbegehren und dann einen Volksentscheid zur entschädigungslosen Enteignung der Fürsten an. Nach einer Phase innerparteilicher Debatten ging die SPD auf die KPD zu, es kam zu erfolgreichen Verhandlungen zwischen ADGB, SPD, KPD und dem von der KPD initiierten „Kuczynski-Ausschuss“, am 25.1.1926 wurde der gemeinsame Gesetzentwurf für Volksbegehren und Volksentscheid eingereicht. Doch auf der Aktionsebene gingen die Parteien oft eigene Mobilisierungswege.[322] SB und die Liebknechtsche Rest-USPD unterstützten das Volksbegehren, zwischen dem SB, den „Internationalen Sozialistischen Kampfbund“ (ISK) und der „Gruppe Revolutionärer Pazifisten“ kam es zu einem kurzfristigen Aktionsbündnis im Rahmen der Kampagne.[323]

Das Volksbegehren unterstützten rund 12,5 Mio. Stimmberechtigte, rund vier Millionen wären notwendig gewesen. SPD und KPD zusammen hatten im Dezember 1924 rund zwei Mio. Stimmen weniger erhalten. Auf dieser Unterstützungsbasis wurde am 20.6.1926 der Volksentscheid durchgeführt. Angenommen wäre das damit eingebrachte Gesetz zur entschädigungslosen Fürstenenteignung, wenn die Hälfte aller Stimmberechtigten (19,9 Mio.) ihre Stimme dafür abgegeben hätten, die gezählten rund 14,5 Mio. Stimmen aber reichten also nicht aus. Aber die Organisationen der Arbeiterbewegung handelten an dieser Frage wenngleich nicht einheitlich, doch in gemeinsamen Sinne und mobilisierten so fast 50 % mehr Unterstützer, als sie Wählerinnen und Wähler zählten[324] – allerdings auch wegen recht breiter Unterstützung aus linksliberaler Presse in antimonarchistischer Motivlage, was insoweit mehr an den frühen Ledebour erinnern mochte.

In den ersten Monaten 1928 befand sich die SPD noch immer in der Opposition, die Regierung wurde von bürgerlichen Parteien gebildet. Doch in der Stabilisierungsphase der Weimarer Republik konnte sich auch die SPD wieder sammeln und stärken. Die bürgerliche Koalition von Reichskanzler Wilhelm Marx (Zentrum) hatte am 25.3.1928 den Bau des Panzerkreuzers A und damit einen Schritt zur Aufrüstung beschlossen. Für den 20.5. waren die Bürgerinnen und Bürger zur Wahl eines neuen Reichstags aufgerufen. Die SPD führte den Wahlkampf auch unter der Losung „Kinderspeisung statt Panzerkreuzer“ und errang ihren größten Wahlerfolg seit der Wahl zur NV: Auf sie entfielen 29,8 % statt 26,0 % im Dezember 1924. Auch die KPD gewann von 9,0 % auf 10,6 % hinzu.[325] Die Regierung Marx wurde von einer großen Koalition mit Hermann Müller

322 Ebd., S. 149 f.; Weipert, „Den Fürsten keinen Pfennig!“, S. 17 ff.

323 Krause, USPD n. 1922, S. 55 f.

324 Weipert, „Den Fürsten keinen Pfennig!“, S. 22 ff.; Seydewitz, S. 150 f.

325 Vgl. Bracher u. a. (Hg.), S. 630 f.

(SPD) als Reichskanzler abgelöst. Damit stand sie vor der Frage, ob sie den Bau des Panzerkreuzers stoppen oder fortsetzen sollte. Die Reichstagsfraktion der SPD stimmte mehrheitlich gegen die Bewilligung der zweiten Rate für den Panzerkreuzer, doch die Regierung Müller entschied sich unter dem Druck der DVP und des ihr nahestehenden Reichswehrministers Groener am 10. 8. 1928 dafür.[326] Über den linken Flügel in der SPD, also über die „Klassenkampf-Gruppe" um Paul Levi, Kurt Rosenfeld und Max Seydewitz hinaus, verbreitete sich heftige Entrüstung über diesen Schwenk der SPD-Minister in der Regierung.[327] Die Jungsozialisten formierten sich als zweiter Kern des innerparteilichen Widerstands.[328] Doch alle Versuche, auf dem Wege von Parteitagsbeschlüssen den Panzerkreuzerbau zu stoppen, schlugen fehl, ein Antrag der Reichstagsfraktion am 31. 10. 1928 gegen den Bau, der die eigenen Minister einschließlich Reichskanzler H. Müller zur Abstimmung gegen die Regierungsvorlage zwang, wurde von der Mehrheit im Reichstag überstimmt.[329]

Die KPD hatte am 16. 8. ein Volksbegehren gegen den Panzerkreuzerbau beantragt. Auch der SB und mit ihm Ledebour beteiligten sich an der Kampagne für einen Volksentscheid zu folgendem Gesetzestext: „Jeder Bau von Panzerschiffen und Kreuzern jeder Art ist zu verbieten."[330] Willi Münzenberg trat auch hier mit ihm gemeinsam auf. Ledebour selbst engagierte sich im „Reichsausschuss für Volksentscheid gegen den Panzerkreuzerbau", an dessen Spitze gemeinsam mit Wilhelm Pieck und dem Maler Otto Nagel.[331] In einem Flugblatt vom 12. 9. wiederum kritisierte Ledebour das Verhalten der SPD-Minister und lobte die Initiative der KPD. Er ergriff aber nicht die Chance des Zugehens auf die SPD-Linke um Levi, Rosenfeld und Seydewitz, die sich anfangs ebenfalls einen Volksentscheid vorstellen konnte.[332] So konnte die Kampagne für ein Volksbegehren lediglich 1,2 Mio. statt der erforderlichen ca. 4 Mio.

326 Seydewitz, S. 191.

327 Vgl. Drechsler, S. 32 ff.; Helmut Arndt, Profilierungs- und Differenzierungsprozesse in der SPD unter den Bedingungen der zeitweiligen Stabilisierung des Kapitalismus (1925–1930/31), in: Niemann (Hg.), S. 64 ff. Die Zeitschrift „Der Klassenkampf – Marxistische Blätter" erschien seit dem 1. 10. 1927 als ein Sprachrohr der Parteiopposition und wurde von Max Adler (Wien), Kurt Rosenfeld, Max Seydewitz und Heinrich Ströbel herausgegeben. 1928 fusionierte die Zeitschrift mit der von Paul Levi herausgegebenen „Sozialistischen Politik und Wirtschaft", s. Drechsler, S. 21 ff.

328 Drechsler, S. 24 ff.

329 Ebd., S. 36 ff.

330 Zit. n. Krause, USPD n. 1922, S. 64, Aufruf S. 164.

331 Rev. Berl. Arbeiterbewegung 2, S. 250.

332 Drechsler, S. 38.

Unterstützungsunterschriften mobilisieren, womit sie drastisch scheiterte.[333] Das Rumoren in der SPD allerdings setzte sich unvermindert fort, die Parteilinke blieb ein Faktor von Gewicht. Im Jahr 1931 sollten sich die innerparteilichen Auseinandersetzungen an der Frage der Tolerierung des Präsidialkanzlers Brüning durch die SPD-Reichstagsfraktion derart verschärfen, dass es zu einer erneuten Abspaltung kam.

7. Vom Sozialistischen Bund zur SAP. Mit revolutionärer Erinnerung gegen den Marsch in die Diktatur (1929–1933)

7.1. Von der Opposition gegen die Tolerierungspolitik bis zur SAP-Gründung

Der 27.3.1930 bedeutete das Ende der großen Koalition (SPD, DDP, Zentrum, DVP) des Reichskanzlers H. Müller. Wenige Monate nach dem Ausbruch der Weltwirtschaftskrise durch den New Yorker Börsencrash zerbrach die Regierung an der Frage der Arbeitslosenversicherung. Der vom Reichspräsidenten von Hindenburg zum Reichskanzler ernannte Heinrich Brüning stützte sich nicht auf parlamentarische Mehrheiten, sondern auf die Befugnisse des Reichspräsidenten, die ihm die WRVerf zuerkannt hatte, vor allem auf die Art. 25, 48 und 53.[334] Dessen Recht auf Auflösung des Reichstags führte nach einer parlamentarischen Niederlage Brünings zu Neuwahlen am 14.9.1930. Das Ergebnis bedeutete eine Erschütterung der Grundfesten der parlamentarischen Demokratie. Die SPD sank auf 24,5 %, die Deutsche Staatspartei, die vormalige DDP, von 4,9 auf 3,8 %. Zentrum/BVP verloren geringfügig von 15,2 auf 14,8 %, die DVP wurde von 8,7 auf 4,5 % faktisch halbiert, ebenso die DNVP von 14,3 auf 7 %. Die KPD gewann von 10,6 auf 13,1 % hinzu, aber die NSDAP versiebenfachte ihr Ergebnis von 2,6 auf 18,3 %.[335] Parlamentarische Mehrheiten lagen de facto außerhalb des realistisch Möglichen.

Die SPD entschied sich unter diesen Bedingungen für eine Tolerierung Brünings, um dessen Annäherung an die NSDAP zu verhindern, eine Politik des „kleineren Übels". Doch Brünings Politik schadete vor allem der Arbeiterschaft und den Angestellten. Während die Realeinkommen der Beamten nahezu unverändert blieben, verloren unter Berücksichtigung der Erwerbslosen die

333 Weipert, „Den Fürsten keinen Pfennig!", S. 40.

334 Vgl. Winkler, S. 489 f.

335 Ebd., S. 491.

Angestellten von 1929 bis 1932 rund 15 % ihrer Kaufkraft, die Arbeiterschaft gar 38 %![336] Die Tolerierungspolitik mit ihren Folgen blieb innerparteilich jedoch nicht unwidersprochen. Neun Reichstagsabgeordnete um Rosenfeld und Seydewitz stimmten entgegen einem Vorstandsbeschluss, sich bei der Bewilligung von Mitteln für den Bau der Panzerkreuzer A und B zu enthalten, gegen die Bewilligung. Brüning hatte vorher mit dem Rücktritt des Kabinetts gedroht. Als sich dieser „Disziplinbruch“ am 25.3.1931 wiederholte, brach in der SPD der Streit offen aus.[337] Auf dem Leipziger Parteitag (31.5.–5.6.1931) wurde die Organisation der Jungsozialisten aufgelöst[338], vor allem aber nahm der Parteitag mit großer Mehrheit eine Resolution an, die die Fraktionsminderheit und ihr Verhalten verurteilte und mit dem Parteiausschluss bedrohte. Es wurde in dem in namentlicher Abstimmung mit 324 gegen 62 Stimmen angenommenen Text u.a. bestätigt, dass Fraktionszwang beschlossen werden könne und Zuwiderhandlungen als parteischädigend gelten.[339] Nachdem sich die Auseinandersetzungen im Juli durch den oppositionellen „Mahnruf an die Partei“, unterzeichnet von M. Adler, Rosenfeld, Seydewitz und Ströbel[340], weiter verschärft hatten, wurden Rosenfeld und Seydewitz am 29.9.1931 aus der SPD ausgeschlossen.[341] Ihnen folgten weitere Oppositionelle, die sich mit ihnen solidarisierten, und auch ein wesentlicher Teil der Parteijugend.[342]

Am 4.10. erfolgte in Berlin auf einer von Seydewitz und Rosenfeld einberufenen Reichskonferenz oppositioneller Sozialdemokraten die Gründung der „Sozialistischen Arbeiterpartei Deutschlands“. Das Aktionsprogramm orientierte sich stark am linken Austromarxismus in der SDAP und positionierte die SAP zwischen SPD und KPD. Vorsitzende wurden Rosenfeld, Seydewitz und Ströbel, weitere Vorstandsmitglieder waren u.a. Ernst Eckstein, Andreas Portune und Hans Seigewasser.[343] Seydewitz erklärte, das Ziel der SAP sei es, „die Voraussetzung zu schaffen für eine große Arbeiterpartei, in der alle klassenbewussten Proletarier aus der SPD, der SAP und KPD usw. sich zusammenfinden“.[344] Damit befand er sich auf einer Linie mit Ledebour. Dieser hatte sich noch am 19.7.1931 gegen

336 Brandt/Lehnert, S. 143ff.; vgl. auch Rosenberg, S. 209ff.

337 Drechsler, S. 62f.; Seydewitz, S. 212ff.

338 Prot. PT SPD 1931, S. 295.

339 Ebd., S. 288 u. 299f. (Namentliche Abstimmung).

340 „Mahnruf an die Partei“, s. Drechsler, S. 83.

341 Seydewitz, S. 238; Drechsler, S. 87ff.

342 Brandt, S. 54f.

343 Drechsler, S. 118.

344 Zit. n. Heinz Niemann, Gründung und Entwicklung der SAP bis zum 1. Parteitag (1931–1932), in: Niemann (Hg.), S. 123.

eine vom Pazifisten Kurt Hiller geplante Initiative zur Bildung einer pazifistisch-sozialistischen Sammelbewegung gewandt und angeblich die Versammlung gesprengt.[345] Vielleicht hatte er bereits Kontakte zu Seydewitz und Rosenfeld, die im Hintergrund die Herausgabe der „Fackel" mitsamt eines eigenen Verlags- und Vertriebssystems planten, wovon der SPD-Parteivorstand nichts wissen durfte[346], womit aber erste Fundamente einer neuen Organisationsstruktur außerhalb der SPD gelegt würden. Auf jeden Fall aber weist dieser Vorgang auf ein strukturelles politisches Problem der Bildung von Organisationen zwischen SPD und KPD hin, nämlich neben sozialistischen Zielvorstellungen auch hohe Abgrenzungspraxis zu betreiben, die ein gemeinsames Vorgehen, in dem Fall gegen den aufkommenden Faschismus, deutlich erschwerte. Ledebour selbst machte ja häufig Gebrauch von Abgrenzungen und Ausschlüssen bzw. Selbstausschlüssen.

7.2. Ledebour und der Weg der SAP 1931/32

Ledebour nahm als Gast an der Konferenz teil, die lediglich von den Genossinnen und Genossen besucht wurde, die aus der SPD ausgeschlossen worden waren oder diese verlassen hatten. Er hielt dort ein Grußwort, ein Grußwort „des legendären Veteranen der Arbeiterbewegung", wie es hieß.[347] Noch mit 80 Jahren hatte Ledebour das Schreiben mit der Schreibmaschine erlernt, um seine Arbeiten selbst abtippen zu können. Für Seydewitz war es sehr betrüblich, dass Ledebour dennoch nie seine Erinnerungen niedergeschrieben hatte, bevor ihn der Tod ereilte. Er beschrieb Ledebour als „einen alten Kämpfer, Reichstagsabgeordneter der Sozialdemokratischen Partei schon zu August Bebels Zeiten. Ledebour war in vielfacher Beziehung eine originelle Persönlichkeit mit seinem interessanten, nicht immer geradlinigen Lebensweg."[348]

Unmittelbar nach der Gründungskonferenz gab es erfolgversprechende Verhandlungen zwischen der SAP und Vertretern des Sozialistischen Bundes sowie mit dem Rest der USPD um Liebknecht.[349] Dass Ledebour den Beitritt des SB zur SAP für ausgemacht und absolut notwendig hielt, schrieb er am 9.10.1931 in der SAP-Zeitung „Die Fackel". Er sah die SAP als dritte und eigenständige Kraft zwischen der alten SPD und der linksradikalen KPD, und er betonte: „Die

345 Keller, S. 138. Als Quelle gibt sie „Das Ziel" Nr. 1, 1.9.1931, S. 15 an. Die Zeitschrift wurde vom „Bund revolutionärer Pazifisten" herausgegeben. Die Versammlung soll im Café Adler am Dönhoffplatz in Berlin-Mitte stattgefunden haben.

346 Drechsler, S. 87 f.

347 Krause, USPD n. 1922, S. 67.

348 Seydewitz, S. 10 f.

349 Vgl. ebd.

Gründung der Sozialistischen Arbeiterpartei ist ein Ereignis, dessen Notwendigkeit seit Jahren klargeworden ist. Sobald bei den ernstlich revolutionär gesinnten Genossen der seit 1922 vereinigten Sozialdemokratischen Partei die Erkenntnis sich durchrang, dass es unmöglich sei, die SPD auf dem Weg des entschlossenen Klassenkampfes zu drängen, musste es zum Bruch kommen. So oder so!" Und er fügte hinzu: „Sobald aber der Bruch vollzogen war, musste auch schleunigst zur Bildung einer neuen Partei geschritten werden, damit nicht durch die gemeinsame Gegenarbeit der gesamten SPD- und KPD-Presse die Gesinnungsgenossen irregemacht wurden an der Absicht und Entschlossenheit der revoltierenden Führerschaft."[350]

In derselben Ausgabe bezog er Stellung zum Aktionsprogramm und schlug einige Ergänzungen vor, besonders hinsichtlich der Sozialisierungsforderungen und zur Rolle der Gewerkschaften. Eine Notwendigkeit, sich für die SAI oder die Komintern zu entscheiden, sah er seinerzeit nicht, die SAI bezeichnete er als „Schaumschlägerinternationale".[351] Nach einer Urabstimmung innerhalb des SB, die einstimmig ausfiel, trat dieser noch im Oktober 1931 der SAP bei, was für sie nicht unbedingt einen beträchtlichen Mitgliederzuwachs bedeutete, sie begrüßte nun aber „einen der populärsten Veteranen der deutschen Arbeiterbewegung" in ihren Reihen.[352] Die SAP konnte weitere kollektive Eintritte bzw. Zuwächse aus anderen linken Splittergruppen verbuchen. So trat die Rest-USPD am 1. 11. 1931 bei. Aus dem „Internationalen Sozialistischen Kampfbund" kamen Fritz Sternberg, August und Anna Siemsen zur SAP.[353] Willy Brandt bemerkte rückblickend kritisch über diese innerparteiliche Struktur, „Kleinparteien werden in besonderem Maße von Richtungskämpfen heimgesucht. Diese Richtungskämpfe sind gerade deshalb von so vergifteter Heftigkeit, weil von ihrem Ausgang objektiv wenig abhängt."[354] Dies beklagte auch Seydewitz mit Blick auf SB und USPD: „Sie setzten ihren Fraktionskampf gegeneinander in der SAP fort, wobei jedoch Georg Ledebour energisch für die Einheit und das geschlossene Handeln der neugegründeten Partei eintrat."[355] Vorschusslorbeeren hatte bereits „Die Fackel" ausgegeben, als sie Ledebour begrüßte: „Der alte Kämpfer mit 81 Jahren

350 Die Fackel, 9. 10. 1931, zit. n. Krause, ebd., S. 67.

351 Ebd.

352 Krause, USPD n. 1922; S. 68; Drechsler, S. 138 f.

353 Drechsler, S. 137 ff. Die Kollektiveintritte bzw. Organisationen, aus denen die SAP Mitglieder rekrutierte, waren neben SB, USPD und ISK u. a. die „AG für linkssozialistische Politik", der „Rote Kämpfer-Kreis", der „Lenin-Bund" und Mitglieder der KPO sowie Trotzkisten.

354 Brandt, S. 57.

355 Seydewitz, S. 283.

beschämt viele Junge mit seiner unbeirrbaren gradlinigen Überzeugungstreue und seiner Opferkraft. Er ist ein Stück lebendiger Tradition des deutschen und internationalen Proletariats. Wir sind stolz darauf, dass die SAP diesen aufrechten Mann und wirklichen Revolutionär in ihren Reihen zählen darf."[356]

Er selbst beschrieb seine Vorstellung von der Rolle der SAP so, dass sie keineswegs ein „Mittelding sein [solle] zwischen SPD und KPD, behaftet halb mit den Fehlern der einen, halb mit denen der anderen, sondern eine die Bestrebungen der proletarischen Emanzipationsbewegung unverfälscht verkörpernde neue Kampfgemeinschaft zur Verwirklichung des Sozialismus".[357] Die „Sozialistische Arbeiter-Zeitung" wurde zu Ledebours wichtigstem Betätigungsfeld in der neuen Partei. Wie schon am Beginn seines politischen Weges stand der Journalismus auch an dessen Ende. Neben seiner Artikelserie zur Revolution 1918/19[358] blieben vor allem Aufrufe zur Aktionseinheit der Arbeiterbewegung im Zentrum seines Wirkens. Dabei überschätzte er die potenzielle Massenwirksamkeit der SAP offenbar deutlich. Seine Appelle an SPD und KPD zur Bildung einer Aktionseinheit ergaben vor allem dann einen Sinn, wenn Ledebour an die einigende Kraft der SAP durch schnelles Wachstum glaubte. Ledebour selbst beging am 7.3. seinen 82. Geburtstag und wurde in der SoAZ mit einer ganzseitigen Ehrung als „der reine unbestechliche Charakter, der unermüdliche Kämpfer, der zielklare Revolutionär und nicht zuletzt der treue Soldat des deutschen Proletariats" gewürdigt.[359]

Als im März 1932 nach 1925 erneut die Direktwahl des Reichspräsidenten bevorstand, stellte die NSDAP Adolf Hitler und die KPD Ernst Thälmann als Kandidaten auf. Die SPD unterstützte die Wiederwahl des Amtsinhabers Paul von Hindenburg. Der Vorstand der SAP rief in einem Offenen Brief an SPD, KPD und Gewerkschaften zu einem gemeinsamen Kandidaten auf. Die SPD reagierte gar nicht, die KPD bestand auf der Kandidatur Thälmanns. So erwog der SAP-Vorstand, Ledebour als eigenen Kandidaten aufzubieten, entschloss sich aber, zur Wahl Thälmanns aufzurufen.[360] Doch überraschenderweise reagierte die KPD abwehrend und diffamierte die SAP und ihre Unterstützung schlichtweg als taktisches Manöver der „sozialfaschistischen Agenturen der Rosenfeld und Seydewitz".[361] Damit wurde die SAP zum Sündenbock für die Wahlniederlage

356 Die Fackel, 30.10.1931, zit. n. Krause, USPD n. 1922, S. 69 u. 165.

357 G.L., Nicht Zentristen sind wir, sondern Vorkämpfer, Die Fackel, 30.10.1931, S. 3.

358 Siehe Kap. 7.3. dieses Teils.

359 Genosse Ledebour, Ein Leben für das Proletariat, SoAZ, 6.3.1932, S. 8.

360 Drechsler, S. 183f.

361 Zit. n. ebd., S. 185.

Thälmanns, auf den mit 13,2 % deutlich weniger Stimmen als erwartet entfallen waren. Trotzdem trat er auch im 2. Wahlgang an, abermals unterstützt von der SAP. Hindenburg siegte mit absoluter Mehrheit (53 %), Hitler folgte mit 36,8 %, Thälmann rutschte auf 10,2 % ab.[362] Die SAP selbst erlitt bei den Landtagswahlen in mehreren Ländern eine deutliche Wahlschlappe und kam in Preußen und Anhalt nur auf 0,4 %, in Bayern und Hamburg auf 0,3 %.[363] Willy Brandt fasste rückblickend die Kluft zwischen Anspruch und Realität zusammen: „Die Wahlergebnisse wurden für die SAP [...] zu einer Kette von bitteren Enttäuschungen. In Lübeck entfielen auf uns etwa so viele Stimmen, wie es der Zahl von (ein paar Hundert) Mitgliedern entsprach. Die Mitgliederzahl im Reich lag nicht wesentlich über 25 000. Der Einfluss [...] reichte weiter, als es diese Zahlen ausdrücken. Aber von gewichtigem gesamtpolitischem Einfluss konnte, wenn man es genau bedachte, keine Rede sein."[364]

Vom 25.–28. 3. 1932 führte die SAP ihren ersten und einzigen Parteitag in Berlin durch. Schon bei der Vorberatung eines Programmentwurfs zeigten sich die innerparteilichen Fraktionierungen deutlich. Es gab vier Programmentwürfe, davon einen von Ledebour, die im Vorfeld des Parteitages nicht in Übereinstimmung gebracht werden konnten. Jeder Entwurf verkörperte gewissermaßen eine oder mehrere Parteiströmungen.[365] Auch eine Prinzipienerklärung kam im Vorfeld nicht zustande, da sich ein Entwurf des Vorstands und ein von Anna Siemsen verfasster und u. a. von Th. Liebknecht und Richard Kleineibst unterstützter Gegenentwurf gegenüberstanden.[366] Ledebour veröffentlichte unmittelbar vor der Eröffnung des Parteitages seine Erwartungen an diesen. Dort grenzte er sich von der kommunistischen Strömung ab, die, wie schon 1919/20 der Räteflügel der USPD, den Anschluss an die Komintern suchte und die SAP kommunistisch transformieren wollte. Bei dieser Gelegenheit wiederholte er seine Kritik an der Sowjetunion, jetzt Stalinscher Prägung. Er schrieb von „Polizeiterrorismus" und forderte die „Freimachung von dem ererbten und anerzogenen Vorurteile, dass der bürokratische Terrorismus ein unentbehrliches Requisit der Diktatur des Proletariats sei, unentbehrlich für die Gesundung der Arbeiterbewegung".[367]

362 Winkler, S. 503 f.

363 Drechsler, S. 252 ff.

364 Brandt, S. 59 f.; bei Seydewitz, S. 285, ist von 57 000 Mitgliedern die Rede. Das allerdings dürfte deutlich zu hoch gegriffen oder kurzfristig nach der Parteigründung der Fall gewesen sein.

365 Niemann, S. 150 f. In der „Sozialistischen Arbeiter-Zeitung" (SoAZ) wurden die Entwürfe am 27. 2., 28. 2., 1. 3. und 9. 3./ 11. 3. (Ledebour) jeweils auf S. 8 abgedruckt.

366 Drechsler, S. 205.

367 G. L., Für die Selbständigkeit der SAP; SoAZ, 25. 3. 1932, S. 8.

Er warnte davor, die Fehler von SPD und KPD zu übernehmen und rief dazu auf, „den Vortrupp der größten proletarischen Partei der Zukunft zu bilden", eine Erwartung, wie sie realitätsferner nicht sein konnte.[368]

Doch der Parteitag wurde zum Manöverraum der konkurrierenden Strömungen. Der Nachvollzug der Debatten über das Aktionsprogramm, die Prinzipienerklärung, das Organisationsstatut und das Verhältnis zur Sowjetunion offenbart eine grundtiefe Zerstrittenheit untereinander. Ernüchtert bilanzierte Seydewitz, mit Rosenfeld zum Vorsitzenden gewählt: „Es wurden viele Referate gehalten und noch mehr Diskussionsreden, danach eine Prinzipienerklärung und das Aktionsprogramm sowie das Parteistatut beschlossen. Rosenfeld und Seydewitz wurden zu Parteivorsitzenden gewählt, außerdem ein Parteivorstand von insgesamt 24 Mitgliedern, dem die aus der sogenannten KPD(O) gekommenen Jacob Walcher, Karl Frank, Paul Frölich und Thomas angehörten und von den Pazifisten Fritz Küster sowie Richard Kleineibst, der vor der Gründung der SAP Chefredakteur der sozialdemokratischen Parteizeitung in Löbau gewesen war."[369] Für Streit sorgte die Auseinandersetzung zwischen der trotzkistischen Richtung und der von Ledebour vertretenen Position zum Verhältnis zur Sowjetunion. Bei aller Kritik an den realen Verhältnissen in der UdSSR („Polizeiterror") hielt Ledebour prinzipiell den Aufbau des Sozialismus in einem Land, aber auch auf verschiedenen Wegen für möglich, wohingegen die Anhänger Trotzkis den weltrevolutionären Prozess zur Voraussetzung erhoben.[370] Letztlich beschloss der Parteitag eine Prinzipienerklärung, die die UdSSR zum zu verteidigenden „Bollwerk des internationalen Proletariats" erklärte, aber Kritik an der Grundlinie Stalins und der KPdSU übte, mithin Elemente der KPO- und der trotzkistischen Strömung aufgenommen hatte, eine Niederlage für Ledebour.[371] Danach nahm er sich eine Auszeit in der Redaktion der „Sozialistischen Arbeiterzeitung": Vom 1. 4.–19. 7. 1932 schrieb er keine Beiträge.

Doch angesichts der wachsenden Bedrohungslage für die Republik muss er sich entschlossen haben, den Kampf gegen den Sieg des Nationalsozialismus wieder aufzunehmen.[372] Am 31. 7. 1932 fanden erneut Reichstagswahlen statt. Vorausgegangen waren die Entlassung Brünings durch den Reichspräsidenten und die Ernennung Franz von Papens zum Reichskanzler. Der löste umgehend

368 Ebd. Gesamttext bei Krause, USPD n. 1922, S. 168 ff.

369 Seydewitz, S. 285.

370 Vgl. Drechsler, S. 211 ff.

371 Vgl. Prinzipienerklärung der SAP, in: Niemann, S. 286 ff.

372 Krause, USPD n. 1922, S. 83.

den Reichstag auf. Während des Wahlkampfes kam es zu heftigen Konfrontationen, besonders zwischen NSDAP und KPD, mit Dutzenden von Toten, z. B. am „Altonaer Blutsonntag". Am 20. 7. 1932 ließ von Papen per Reichsexekution die geschäftsführende Regierung Preußens von Ministerpräsident Otto Braun (SPD) absetzen, der sog. „Preußenschlag". Dies war ein gezielter Angriff auf die größte verbliebene demokratische Bastion in der Republik.[373]

Die SAP kandidierte für den Reichstag, erreichte allerdings nur 72 630 Stimmen oder 0,2 %. Damit verlor sie ihre Reichstagsmandate. Im Vergleich zu den Landtagswahlen bedeutete das vielerorts mehr als eine Halbierung der Stimmen.[374] Der Niedergang der SAP wurde noch durch die Reichstagswahlen am 6. 11. 1932 beschleunigt. Mit Ledebour als Spitzenkandidaten verlor sie abermals, die Stimmenzahl sank auf 45 200 Stimmen (0,1 %).[375] Damit war der Versuch, eine sozialistische Massenpartei zu bilden, endgültig gescheitert. Daran konnte natürlich auch Ledebours unerschütterlicher Optimismus nichts ändern. Die Gründer und Mitglieder der SAP überschätzten die Möglichkeiten einer kleinen Partei offensichtlich maßlos.

7.3. Rückblick auf die Revolution: Ledebours Darstellung der deutschen Revolution in der „Sozialistischen Arbeiter-Zeitung"

Frisch in die Redaktion der „Sozialistischen Arbeiter-Zeitung" eingetreten, veröffentlichte Ledebour ab dem 12. 11. 1931 in 18 Folgen seine Darstellung der Novemberrevolution. Die Serie endete mit der Ausgabe vom 3. 12. Als Motiv für diese Arbeit ist anzunehmen, dass er vor allem die Voraussetzungen für die aktuelle Lage im Herbst 1931 herausarbeiten wollte, um die Politik der SAP zu fundieren, andererseits wollte er wohl seine Rolle in dieser Zeit noch einmal präsentieren. Er sah sich vermutlich als Lehrmeister der jungen Mitstreiterinnen und Mitstreiter. Dies jedenfalls sagte eine Passage aus der redaktionellen Vorbemerkung aus: „Der trotz seines Alters immer noch jugendliche Revolutionär appelliert hier an die deutschen Sozialisten, vor allem an die sozialistische Jugend, aus den vor 13 Jahren begangenen Fehlern zu lernen."[376] Er schrieb, dass die revolutionären Sozialisten von den Zielen, die sie damals erstrebt hätten, weiter entfernt seien als je zuvor. Es müsse trotzdem darum gehen, „dem Sozialismus zum Siege zu verhelfen über alle seine Feinde, über den ungeschminkten,

373 Winkler, S. 512 f.

374 Drechsler, S. 269 ff.

375 Ebd., S. 278 ff.

376 G. L., Die deutsche Novemberrevolution, SoAZ, 12. 11. 1931.

wie über den getarnten Faschismus."[377] Er sah die Lage eher als Entscheidungs- denn als Verteidigungskampf an.

In der Fortsetzung unterschied er seine Position von jener der Spartakusgruppe. Während er für den dann mit knapper Mehrheit abgelehnten Massenstreik am 5. 11. 1918 plädiert hatte, wären die Spartakisten für Demonstrationen eingetreten. Bekanntlich wurde die Entscheidung vertagt, dann zwangen die Ereignisse für den 9. 11. zum Handeln. Seine wichtigsten Anliegen sind der Einsatz des Massenstreiks, aber auch die Leitung von revolutionären Aktionen durch ein „kleine[s] Gremium entschlossener Genossen", also durch eine Art revolutionären Generalstab (14. 11., 2. Forts.). Das erklärt vielleicht seine Vorstellung vom revolutionären Auftreten der gesamten Arbeiterschaft, die dann einheitlich aufträte, wenn sich ihre Leitung einig wäre. Schon in dieser Situation unmittelbar vor der Revolution habe die SPD es verstanden, die Soldaten auf ihre Seite zu bekommen, wofür er Otto Wels seine Achtung aussprach, verbunden mit dem Eingeständnis eigener Fehler. Aber als Lehrsatz konnte gelten: Wels „ist [...] unablässig von Kaserne zu Kaserne gezogen bis in die Nächte hinein und hat fast die gesamte Garnison Berlin [...] für die Sozialdemokratische Partei gewonnen" (15. 11., 3. Forts.).

Der Beitrag am 17. 11. drehte sich um ein Handgemenge am 4. 11. mit der Polizei am Hackeschen Markt, als Ledebour beinahe verhaftet wurde. Vorher hatte ihn ein Polizist angegriffen, nur seine Frau Minna, nicht aber die ihn umgebenden Spartakusleute kamen ihm zur Hilfe (17. 11., 4. Forts.). Man solle, so kann man herauslesen, auf seine eigene Kraft vertrauen, die Kommunisten indes seien weniger verlässlich. Das gelte auch für Situationen wie jener, als Ebert, Scheidemann und David am 9. 11. im Fraktionszimmer der USPD auftauchten und die Zusammenarbeit anboten. Hier nun grenzte sich Ledebour einmal mehr von der SPD ab. Geheuchelte Angebote, so das implizite Fazit, dürfen nicht angenommen werden (21. 11., 7. Forts.). Denn eigentlich, so seine Zwischenbilanz, war der Sieg der Revolution vollständig, was daraus hervorgehe, dass es keinerlei militärischen Widerstand gegeben habe und alle Monarchen vom Reich bis in die kleinsten Fürstentümer sang- und klanglos abgedankt und sich teilweise ins Ausland abgesetzt hätten. Als dann die Zusammenarbeit mit der SPD im RdV aufgenommen worden war anstatt die Macht dem ZR zu übertragen, sei die Revolution gestoppt und danach zurückgenommen worden, schrieb er kurz darauf (22. 11., 8. Forts.). Schließlich sei der Beschluss des Kongresses der Arbeiter- und Soldatenräte vom 10. 11., die Exekutivrechte an den RdV zu übertragen, vor allem auf die Taktik der SPD zurückzuführen

377 Ebd.

gewesen, mit dem Druck der Soldaten die Durchsetzung zu erreichen. In diesem Beitrag verwies Ledebour auf den ihm während der Revolution natürlich noch nicht bekannten Umstand des Ebert-Groener-Paktes, der mitentscheidend für die Niederschlagung der zweiten Revolutionswelle 1919 werden sollte (24.11., 9. Forts.). Dass es für Ledebour gerade die SPD war, die das Rad der Revolution zurückgedreht habe, brachte er mit seiner Darstellung der Ereignisse des 6.12.1918 zum Ausdruck, als sich die Schießerei in der Chausseestraße ereignete und der „Soldatenputsch", bei dem Ebert zum Reichspräsidenten ausgerufen und der VR verhaftet werden sollte. Ebert, so Ledebour, habe auf dieses Angebot so reagiert, dass er es von der Zustimmung seiner Freunde in der Regierung abhängig machen müsse. Die Verantwortung für die Ereignisse dieses Tages hätten bei Beamten des Auswärtigen Amtes und beim Mitglied des RdV Landsberg gelegen. Ein Antrag im VR, Ebert seines Amtes zu entheben, sei an einer Mehrheit gescheitert, „Ebert, Landsberg und Scheidemann hatten wieder freien Spielraum für ihre staatsretterischen Pläne", so seine bittere Analyse (25.11., 10. Forts.).

Aber auch Interna aus den Debatten der USPD bzw. der Revolutionären Obleute ließ Ledebour das Publikum wissen. Anhand der heftigen Debatten anlässlich des 1. Allgemeinen Rätekongresses beschrieb er sowohl das Verhalten Däumigs als auch R. Müllers nicht immer positiv. Tatsächlich muss es ihm daran gelegen haben, sein eigenes Verhalten als vorbildhaft darzustellen, geradezu als das eines Patriarchen der sozialistischen Bewegung und der von ihm als zukunftsträchtig erhofften SAP (26.11., 11. Forts.). Besondere Bitterkeit sprach aus seiner Beschreibung der Weihnachtskämpfe, in der er deeskalierend gewirkt hatte. Die Verantwortung für die Toten am Marstall wies er den drei SPD-Mitgliedern im RdV zu, die auf diese Weise „Weihnachten, das Fest der Liebe, gefeiert" hätten (27.11., 12. Forts.). Der militärische Aufmarsch gegen die Volksmarinedivision sei ein spontan entstandener Militärputschversuch gewesen, schrieb er am Folgetag. Im Übrigen ist seine Auskunft interessant, dass zu Weihnachten Spartakisten auf eigene Faust das Gebäude des „Vorwärts besetzt hatten, aber von Däumig vom Rückzug überzeugt worden waren. Die „Rote Fahne" habe erklärt, das nächste Mal nicht wieder aus dem „Vorwärts" abzuziehen (28.11., 13. Forts.). Sollte das nur ein Hinweis auf „Abenteurertum" der Spartakisten sein oder gleichzeitig darauf, dass eine unabgesprochene Aktion sich zu Beginn des Januaraufstands wiederholt haben könnte? Jedenfalls gab es mit Karl Liebknecht darüber eine heftige Auseinandersetzung, wie Ledebour an gleicher Stelle schrieb. In der zweiteiligen Auseinandersetzung mit dem Januaraufstand ging Ledebour nicht mehr auf diese Frage ein, sondern schilderte das Zustandekommen der Januarbewegung, die

Verhandlungen mit der Regierung und die Erschießungen von Arbeitern und Matrosen durch die Regierungstruppen, besonders die Massaker in der Dragonerkaserne in Kreuzberg und auf dem Areal in der Französischen Straße (29. 11., 30. 11., 14./15. Forts.).

Die letzte Fortsetzung war in zwei Teilen als Schlusswort am 2. und 3. 12. zu lesen. Die Texte enthielten kritische Auseinandersetzungen mit SPD und KPD, wohl um die Existenz der SAP zu begründen und sie in Schutz zu nehmen vor der Ablehnung durch die großen Arbeiterparteien, aber auch warme Worte für Rosa Luxemburg und Karl Liebknecht. Ihm sprach er seine Achtung für das Ausscheren aus der Fraktionsdisziplin in Sachen Kriegskredite am 2. 12. 1914 aus. Das „unterirdische", also klandestine Wirken von Leo Jogiches hingegen fand wenig Zuspruch (2. 12., Schlusswort I). Pathetisch formuliert war seine Schlussbemerkung, unrealistisch aber klang seine Siegesgewissheit, wenn er die SAP ganz in die revolutionäre Tradition der USPD stellte und dazu aufrief, sich der Aufgabe des Sieges des Sozialismus gewiss zu sein (3. 12., Schlusswort II).

7.4. Hitler ante portas: Aufruf zur Aktionseinheit der Arbeiterbewegung

Ledebour sah die Probleme, die sich der Aufgabe der Aktionseinheit in den Weg stellten. So schrieb er am 2. 11. 1931, als sich die Gefahr des Faschismus immer deutlicher abzeichnete, SPD und KPD ins Stammbuch, sie „beharren bei ihrer Taktik, den Einheitsfrontgedanken zu einem Werbemittel für ihre eigenen Parteien zu missbrauchen", und kritisierte beide Parteien dafür, dass sie eigentlich eine Unterordnung von ihren Bündnispartnern erwarteten.[378] Er sah die realen Gefahren einer NS-Machtübernahme: „Nicht nur werden von den Hitlerschen Söldnern des Kapitalismus ständig Expeditionen zur Ermordung von Arbeitern, zur Abwechslung auch einmal von Juden, veranstaltet, es werden von ihnen auch planmäßig Gewerkschaftshäuser und andere gemeinnützige Einrichtungen der Arbeiterschaft zerstört, ohne dass die bedrohten Volksteile dagegen genügend von der Polizei und den Gerichten geschützt werden."[379] Zwei Tage zuvor hatte der „Altonaer Blutsonntag" gezeigt, welches Gewaltpotenzial die Aufhebung des SA-Verbotes freigesetzt hatte.[380] Die Elemente von Gewalt und Terror, Antisemitismus und staatlichem Unrecht als Bestandteile der künftigen NS-Herrschaft wurden so sichtbar gemacht. Im gleichen Beitrag

378 G. L., Appell in letzter Stunde. Für die Einheitsfront, SoAZ, 28. 12. 1931, S. 1 f.

379 G. L., Der Faschismus ist nicht unbesiegbar, ebd., 19. 7. 1932, S. 2.

380 Vgl. G. L., Demonstrationsverbot!, ebd., 19. 7. 1932, S. 1.

begründete er, weshalb alles für die Schaffung einer geschlossenen Einheitsfront gegen den Faschismus getan werden müsse: „Nach Goebbels Rezepten werden in der Nacht der langen Messer nicht nur sozialistische Arbeiter aller Richtungen ermordet werden, sondern auch alle anderen Frauen und Männer, die irgendwie sich für Freiheit und Menschenrechte eingesetzt haben." Doch glaubte er, nicht die Verteidigung der demokratischen Rechte und der Errungenschaften der demokratischen Republik würden die Arbeiterschaft gegen Hitler vereinen, sondern es bedurfte des Ziels des Sozialismus. Damit steckte er die Hürden für eine Einheitsfront zu hoch.[381] Denn die SPD wäre für die erste Variante als Bündnisziel theoretisch zu gewinnen gewesen, die KPD hätte sich entscheiden müssen, ob sie ihre Vorbehalte gegen die demokratische Republik zurückstellen würde.

Die Reichstagswahl vom 31. 7. 1932 bewies die Unmittelbarkeit der Gefahr des Faschismus. Die NSDAP hatte mit 37,3 % eine Verdoppelung ihres Wahlergebnisses erreicht, die SPD rutschte von 24,5 auf 21,6 % ab, die KPD stieg leicht von 13,1 auf 14,3 %. Die NSDAP gewann aus dem Lager der bürgerlichen Parteien, die zu Splitterparteien schrumpften, von der DNVP und aus den Bereichen der Jung- und bisherigen Nichtwähler. Nur Zentrum/BVP behaupteten sich.[382] Dass angesichts dieser schwierigen Lage für die Arbeiterbewegung – Wahlniederlage und „Preußenschlag" – die großen Arbeiterparteien nicht aufeinander zugingen und die SAP bei 0,2 % stehen blieb, veranlasste ihn zu weiteren Interventionen. Man liest aber schon die Ernüchterung und die Ahnung des kommenden Unheils heraus, denn der SPD warf er vor, sich nicht freimachen zu können „von der Illusion einer Rettung vor dem Untergang durch Verbrüderung mit den kapitalistischen Parteien". Er verschonte ebenso wenig die KPD, als er kurz vor der erneuten Reichstagswahl am 6. 11. 1932 beklagte, dass die Kommunisten zwar die Einheitsfront ständig im Munde führten, aber darunter nicht ein Kampfbündnis mit anderen Arbeiterorganisationen verstünden, sondern deren Unterordnung unter die Partei verlangten und die Sozialdemokratie als „Sozialfaschisten" verunglimpften, von dieser Propaganda hielt ihn die berechtigte Sorge um die Faschisierung durch die NSDAP fern. Tatsächlich reagierte weder die SPD noch die KPD auf seine Mahnrufe, beide Parteien behielten ihren Kurs der Abgrenzung und Konfrontation bei.[383]

381 G. L., Der Faschismus.

382 Vgl. Bracher u. a. (Hg.), S. 631; Arthur Rosenberg, Der Faschismus bei den Wahlen, in: Thomas Friedrich (Hg.), 1933. Ein Lesebuch, Berlin 1980, S. 107 ff.

383 Vgl. Ratz, S. 220; G. L., Mahnruf an die deutschen Arbeiter, SoAZ, 2. 11. 1932, zit. n. ebd.

Vorausgegangen war der Versuch einer versöhnenden Stellungnahme, als er am Wahltag des 31.7. dazu aufrief, dann SPD oder KPD zu wählen, wenn das dem Ideal entspräche, die SAP aber als Wahlangebot betonte, wenn der Hauptwert darauf läge, „unter Zurücksetzung von parteipolitischen Sonderinteressen einen Kampfbund des klassenbewussten Proletariats ins Leben zu rufen".[384] Im Übrigen könnte der Verweis auf Parteien als Sonderinteressen des Proletariats seine Rückbindung an die Lehre Rousseaus von der *volonté générale* kenntlich machen, weist aber auch darauf hin, dass er die faschistische Gefahr als sehr real beurteilte.[385] Andere behielten offensichtlich noch eine Art Restoptimismus bei, wie Willy Brandt sich selbst für den Jahresbeginn 1933 erinnerte: „Einige von uns glaubten damals […] noch an die Möglichkeit einer Wende. Warum hätten wir in der Provinz so viel klüger sein sollen als die erfahrenen Parteiführer in Berlin? Von ihnen hörte man, gestrenge Herren regierten nicht lange, und der Jubel könne bald in Katzenjammer umschlagen."[386] Unterschätzt wurde die Gefahr einer Machtübernahme Hitlers vor allem in beiden großen Parteien. Mehr als Katzenjammer aber sah Ledebour genau für die Arbeiterschaft im Anzug, als er anlässlich des 1. Gründungsjubiläums der SAP zu SPD und KPD schrieb: „Aber beide verstehen unter proletarischer Einigung, dass alle anderen sich ihrer Organisation anschließen. Als deshalb die geschichtliche Entwicklung ihr Einigungsvermögen auf die Probe stellte, haben sie beide kläglich versagt."[387]

Nach dem Beitrag vom 2.11.1932 in der „Sozialistischen Arbeiter-Zeitung" verstummte Ledebour. Ob er erkrankt war oder bereits mit seiner Frau die Emigration vorbereitete, ist nicht bekannt. Der Rufer in der Wüste hatte sich der Öffentlichkeit entzogen.[388] Die SAP geriet in den Sog der Ereignisse, die am 30.1.1933 in die Ernennung Hitlers zum Reichskanzler einer NSDAP/DNVP-Koalitionsregierung mündeten. Seit den Wahlniederlagen machten sich Zerfallserscheinungen bemerkbar, von der KPD sarkastisch begrüßt, gefördert durch die innerparteiliche Fraktionierung.[389] Rosenfeld und Seydewitz versuchten von daher vergeblich, einen Selbstauflösungsbeschluss zu erwirken.[390]

384 G.L., Tut Euch zusammen! Ein Appell in letzter Stunde an Deutschlands Arbeiterschaft, SoAZ, 31.7.1931, S. 1. Dokument bei Krause, USPD n. 1922, S. 173ff.

385 Krause, ebd., S. 86f.

386 Brandt, S. 61.

387 G.L., Auf zum zielklaren Kampf!, SoAZ, 2.10.1932, S. 1.

388 Vgl. Krause, USPD n. 1922, S. 89. Auch eine Suchworteingabe unter https://www.deutsche-digitale-bibliothek.de im Zeitraum vom 2.11.1932 bis zum 1.3.1933 ergibt keine zeitaktuellen Hinweise.

389 Niemann, S. 174ff.

390 Drechsler, S. 326ff.

Wie auch Ledebour und Willy Brandt blieb vielen Funktionären und Mitgliedern nach dem Reichstagsbrand nur noch die Flucht ins Ausland. In der SAP Verbliebene gehörten häufig zu den Aktivistinnen und Aktivisten des Widerstands gegen Hitler im In- und Ausland.[391]

391 Vgl. Hans-Rainer Sandvoß, Mehr als eine Provinz! Widerstand aus der Arbeiterbewegung 1933–1945 in der preußischen Provinz Brandenburg, Berlin 2019; Manfred Dammeyer, Handschlag. Eyvind Johnson, Torolf Elster, Willy Brandt und ihre Widerstandszeitung aus Schweden für das von den Nationalsozialisten besetzte Norwegen, Marburg 2017; Anne E. Dünzelmann, „Es galt eiserne Disziplin!". Die Sozialistische Arbeiterpartei Deutschlands in Bremen, ihr Widerstand gegen den Nationalsozialismus und ihre Verbindungen nach Skandinavien, Bremen 2021.

VI. DER EMIGRANT (1933–1947)

1. Der Weg ins Exil

Die Schweiz war für viele Emigrantinnen und Emigranten ein im wahrsten Sinne naheliegendes Exilland[1], doch war die offizielle Schweizer Flüchtlingspolitik eher rigoros. „Flüchtlinge aus Hitlerdeutschland, die in die Schweiz mit der Illusion von einer menschlichen Asylrechtspolitik kamen – anfänglich waren es zumeist unpolitische rassisch Verfolgte – sahen sich vom ersten Tag an bitter enttäuscht. Von vielen Schweizern wurde ihnen zwar Sympathie entgegengebracht, aber der Bundesrat (die Regierung) zeigte sich kalt, abweisend, feindlich."[2] Tatsächlich besaßen die Behörden der Schweiz einen großen Ermessensspielraum, denn z. B. der Begriff „politischer Flüchtling" war 1933 nicht genau juristisch oder politisch definiert, und so kamen die Leiter der Bundesanwaltschaft und der Eidgenössischen Polizeiabteilung überein, „hohe Staatsbeamte, Führer von Linksparteien und bekannte Schriftsteller als politische Flüchtlinge aufzunehmen, Kommunisten jedoch wegzuweisen".[3] Die Aufnahmebereitschaft gegenüber geflüchteten Juden wiederum war von einem „Überfremdungsdiskurs" überlagert, der eine rigide Praxis nach sich zog, die erst mit Bekanntwerden des „Holocaust" vor allem durch die menschliche Solidarität aufgebrochen wurde.[4]

Doch war es vor allem die Solidarität der Schweizer Arbeiterorganisationen, die den Emigrierten eine herzliche Aufnahme und ein Netzwerk der Unterstützung anbot. Davon profitierten auch die Ledebours. Er, der die Schweiz immer als ein Vorbild der Nationalitätentoleranz angesehen und hochgehalten hatte, war mit seiner Frau nun selbst in die Situation geraten, sich von der Schweiz Hilfe erhoffen zu müssen. Die Bedingungen schienen besondere zu sein, hatten doch auch Lenin oder Rosa Luxemburg zwischenzeitliche Aufnahme gefunden

1 Da Ledebour mit seiner Ehefrau in der Schweiz verblieb, wurde er faktisch zum Emigranten, während er gewiss auf den baldigen Sturz des NS-Regimes hoffte und es dann bei Rückkehr nach Deutschland ein *Exil*aufenthalt gewesen wäre.

2 Teubner, Exilland Schweiz, S. 14.

3 Koller, Fluchtort Schweiz, S. 27.

4 Ebd., S. 28 ff. u. 81 ff.

und konnten von dort ihre politische Arbeit in gewissem Maße weiter betreiben, unterstützt von Sozialisten wie Robert Grimm. „Die Schweiz galt als das klassische Exilland. Diese Tradition führte aber auch dazu, dass man sich über kein Land mehr Illusionen machte als über die Schweiz."[5] Auf die NS-Diktatur und die durch sie ausgelöste Flüchtlingswelle reagierte die Schweizer Regierung mit Abschottung: „Im Jahre 1933 verlangten die Schweizer Flüchtlingsgesetze, dass sich ein Ausländer innerhalb einer gesetzten Frist bei den Behörden meldet, die dann über die Erteilung einer Aufenthaltsbewilligung zu befinden hatten. Die Gesetze schrieben dabei vor, dass dabei die geistigen, wirtschaftlichen Interessen sowie der Grad der ‚Überfremdung' des Landes berücksichtigt werden mussten."[6] Hinzu kamen ein Arbeitsverbot und das Verbot politischer Betätigung. Vermutlich sollte so die Schweiz nicht als Bleibeland von Exilanten profiliert werden, sondern als Durchgangsstation. Insgesamt haben die zuständigen Schweizer Behörden lediglich 644 Personen als politische Flüchtlinge anerkannt, 392 vor dem Krieg und 252 während des Krieges.[7]

Es machte einen großen Unterschied, ob jüdische Menschen um Asyl in der Schweiz nachsuchten, ob dies als politisch unbekannter Aktivist geschah oder als Koryphäe, mit der sich das Gastland schmücken konnte. Beispiele für die letztgenannte Gruppe waren Thomas Mann, Joseph Wirth, Otto Braun und Wilhelm Hoegner. Der vom NS-Regime organisierte Boykott der jüdischen Geschäfte und Büros am 1.4.1933 galt in der Schweizer Asylgesetzgebung nach dem 7.4.1933 nicht als relevanter Tatbestand von Verfolgung.[8] „Die vertriebenen Juden galten vor Kriegsausbruch denn auch nicht als Flüchtlinge, sondern als Emigranten, ein Begriff, der den Opfern Wahlfreiheit unterstellte und die Schweiz nicht als Asyl-, sondern als Transitland konzipierte."[9]

Georg Ledebour galt den Nazis mindestens so sehr als Hassfigur eines „Novemberverbrechers" wie Dittmann und Crispien. Ganz sicher wäre auch er einer Verhaftungswelle zum Opfer gefallen und dann möglicherweise trotz seines hohen Alters hingerichtet worden. Damit schüchterten die neuen Machthaber noch während des Wahlkampfes für die Reichstagswahl am 5.3.1933 ihre Gegner aus der Arbeiterbewegung ein. Die Ledebours mussten also schnellstmöglich aus Berlin fliehen. Auf einen Hinweis eines Bekannten aus dem Polizeipräsidium Berlin, dass seine Verhaftung unmittelbar bevorstehe, verließen

5 Mittenzwei, Exil in der Schweiz, S. 15.

6 Ebd., S. 20.

7 Koller, S. 27 ff.

8 Vgl. Mittenzwei, S. 17 ff.; Koller, S. 30.

9 Koller, ebd.

sie fluchtartig die Hauptstadt und ihre Wohnung, die sie nie wiedersehen sollten, denn während des Kampfes um Berlin im April/Mai 1945 wurde das Haus in Berlin-Steglitz zerstört und mit ihm Ledebours stattliche Bibliothek.[10] In der Schweiz verschaffte ihnen Robert Grimm Asyl und eine bescheidene finanzielle Unterstützung.[11] Am 27.5.1933 meldete sich Ledebour als politischer Flüchtling in Bern an und gestand zu, die vorgesehene Meldefrist nicht eingehalten zu haben. Vielleicht war er aus Sicherheitsgründen mit Hilfe der Grimms oder anderer Sozialdemokraten untergetaucht.[12]

Auf welchem Wege sie in die Schweiz gelangten, ist nicht exakt bestimmbar. Möglich aber ist es, dass sie auf dem gleichen Wege wie Wilhelm Dittmann und Arthur Crispien ins Exil gingen. Der spätere bayerische Ministerpräsident Hoegner (SPD) erinnerte sich: „Schon seit Mitte Februar waren bekannte norddeutsche Genossen, die persönlich gefährdet schienen, vorläufig nach München übergesiedelt. Zeitgleich etwa flohen Dittmann und Crispien, denen als *Novemberverbrecher von 1918* die Aburteilung durch ein Nationaltribunal in Aussicht gestellt worden war. Sie fuhren nach kurzem Aufenthalt in München auf Weisung des Parteivorstandes nach Salzburg weiter und wurden von dem gastfreundlichen Nationalrat Witternigg ins Haus aufgenommen. Dort fand sich später auch Philipp Scheidemann ein."[13] Dieser berichtete, dass das frisch installierte NS-Regime einen Schauprozess gegen sie zu führen gedachte, um sie dann zum Tode zu verurteilen und öffentlich am Brandenburger Tor aufzuhängen.[14] Um den Monatswechsel vom Februar zum März 1933 traf diese Gruppe in Salzburg ein.[15]

Als Einreisedatum nach Bern nennt seine flüchtlingspolizeiliche Akte den 3.3.1933.[16] Demnach flohen die Ledebours entweder auf direktem Wege in die Schweiz oder verließen einige Tage vor Dittmann, Crispien und anderen das gefährlich gewordene Nazi-Deutschland. Am wahrscheinlichsten ist eine Flucht unmittelbar nach dem Reichstagsbrand am 27.2. bzw. dem Erlass der „Notverordnung zum Schutz von Volk und Staat" am 28.2.1933, durch die die wichtigsten demokratischen Rechte außer Kraft gesetzt und willkürliche Verhaftungen

10 Ratz, S. 221; Berner Tagwacht (BeT), 31.3.1947, S. 2.

11 McCarthy, S. 275.

12 Dossier G.L., Bl. 10.

13 Wilhelm Hoegner, Flucht vor Hitler, München 1977, S. 65.

14 Dittmann, Erinnerungen 3, S. 1015.

15 Ebd., S. 1016.

16 Dossier G.L., Schweizerisches Bundesarchiv: Flüchtlingsakte G.L., Anzeige einer erteilten Aufenthalts-, Niederlassungs- oder Toleranzbewilligung v. 12.6.1933.

erlaubt wurden.[17] Am 2. 6. 1933 wurde Ledebour in einem Schreiben der Bundesanwaltschaft als politischer Flüchtling anerkannt. Als Auflage wurde das Verbot der politischen Betätigung ausgesprochen.[18] Als Berner Wohnanschrift galt nun, aus dem Bescheid zu ersehen, „wohnhaft bei Kopp, Grünerweg 11“. Die Aufenthaltsbewilligung galt zunächst bis zum 15. 9. 1933. Sie war an die Bedingung „auf Zusehen“ geknüpft und meinte damit wohl polizeiliche Kontrolle.[19] Eine weitere Verlängerung wurde bis zum 3. 3. 1934 bewilligt. In einer Aktennotiz wurde vermerkt, dass die Ledebours „ein ärmliches Dasein fristen“ und über keine Mittel verfügten. Trotz der Fürsprache eines Berner Genossen sei die Zahlung einer Flüchtlingshilfe abgelehnt worden, lediglich eine Einmalzahlung von 20 Schweizer Franken wurde bewilligt.[20] Auch am 12. 3. 1936 erfolgte eine weitere Verlängerung der Aufenthaltsbewilligung.[21] Der erneuten Bewilligung vorausgegangen war eine Nachfrage der Kantonspolizei Bern an die städtische Fremdenpolizei Bern mit der Bitte um Information, ob Ledebour über eigene Mittel verfüge oder Flüchtlingshilfe beziehe. Dies habe er bei früheren Gesuchen angegeben.[22] Die Akten der Fremdenkontrolle der Kantonspolizei Bern belegen, dass sich die Ledebours bis zum Tode Georgs mindestens einmal jährlich um eine Verlängerung der Aufenthaltsbewilligung bemühen mussten. Man kann also mitnichten feststellen, dass sie zu den privilegierten Exilanten aus Deutschland gehörten.

2. Das Leben in Bern

Die Ledebours bewohnten ein bescheidenes Zimmer unmittelbar an der Aare in Bern. Als langfristige Adresse ist Alleeweg 32 in Bern aktenkundig. Zwischenzeitlich waren sie um 1934/35 in Muri bei Bern gemeldet.[23] Vielleicht kehrte Minna Ledebour nach Georgs Tod dorthin zurück, denn Muri war der Ort ihres Ablebens. Zu Beginn ihres Aufenthalts in Bern waren sie zeitweilig im Berner „Volkshaus“, einer Begegnungsstätte der Arbeiterbewegung untergebracht.[24]

17 Vgl. Der Nationalsozialismus. Dokumente 1933–1945, Hgg., eingel. und dargestellt von Walther Hofer, Frankfurt a. M. 1957, S. 53 ff.

18 Flüchtlingsakte G. L., Aufenthaltsbescheid v. 2. 6. 1933.

19 Krause, USPD n. 1922, S. 96.

20 Ebd., S. 10.

21 Ebd., S. 18.

22 Dossier G. L., Bl. 17.

23 Flüchtlingsakte G. L., Aufenthaltsbewilligung vom 1. 3. 1935.

24 Adrian Zimmermann, Revolutionen und Renovationen. Die bewegte Geschichte des Volkshaus/Hotel Bern, Bern 2020, S. 90.

Zum 85. Geburtstag Ledebours schrieb „Das Volksrecht", wohl auch mit Blick auf die nicht immer einfachen Bedingungen für politische Exilanten in der Schweiz, dass „der Senior der deutschen Sozialisten" wie sein Altersgenosse, der tschechische Staatspräsident Tomáš Masaryk, der vor 20 Jahren als Exilant in der Schweiz unterkam, unter dürftigen Verhältnissen „das Asylrecht genießt".[25] Wie dürftig die Lebensumstände waren, zeigt die Bemerkung angelegentlich eines weiteren Aufenthaltsbewilligungsantrags vom 27. 5. 1940: „Georg Ledebour, geb. 7. 3. 1850, deutscher politischer Flüchtling, bewirbt sich um die Erneuerung der abgelaufenen Toleranzbewilligung. Nachteiliges ist über ihn nichts bekannt geworden. Seinen Unterhalt bestreitet er aus Unterstützungen der Schweiz. Flüchtlingshilfe."[26] Diese wurde wesentlich mitorganisiert vom „Schweizerischen Arbeiterhilfswerk" (SAH), das auf Spenden angewiesen war und der Sozialdemokratie nahestand. Hier wirkten vor allem die Sozialdemokratische Partei der Schweiz, der Schweizerische Gewerkschaftsbund und Vorfeldorganisationen wie die Naturfreunde zusammen. Es war aber vor allem auf die Deutschschweiz beschränkt. Sein Sitz war Zürich, Robert Grimm also nicht fern.[27]

Allerdings unterhielt das SAH in Bern kein eigenes Büro, da sich vor Ort außer den Ledebours nur noch ein weiteres Ehepaar aus der deutschen Sozialdemokratie befand.[28] Die Schweizerische Flüchtlingshilfe indes war ein überparteilicher und überkonfessioneller Verbund von Hilfsorganisationen, der schon 1933 dem Verbot der politischen Betätigung durch den Schweizer Bundesrat zugestimmt hatte.[29] Wer dieses Verbot ignorierte, erhielt die Flüchtlingshilfe gestrichen. Die Ledebours fügten sich im wahrsten Sinne notgedrungen dieser harten Bedingung. Arthur Crispien, Verbindungsmann der SOPADE in der Schweiz, wurde aufgrund des Verdachts der illegalen politischen Betätigung observiert, dies wurde aber der Bundesanwaltschaft offenbar nicht mitgeteilt.[30] Ein Treffen zwischen den beiden ehemaligen USPD-Vorsitzenden Crispien und Ledebour ist nicht bekannt, zu nachhaltig werden vermutlich gerade bei Ledebour die Verletzungen aus der Zeit der Wiedervereinigung mit der SPD gewesen sein, oder es wurde sein alter Mechanismus der vollständigen Loslösung wirksam.[31]

25 Georg Ledebour 85 Jahre alt, in: Volksrecht, 7. 3. 1935.

26 Schreiben der Direktion der Kantonspolizei Bern an die schweiz. Bundesanwaltschaft v. 27. 5. 1940.

27 Vgl. Lupp, S. 91.

28 Ebd., S. 93.

29 Ebd., S. 137.

30 Ebd., S. 140.

31 Krause, Crispien, S. 129.

Über die Höhe der Unterstützung können die folgenden Angaben gemacht werden: 1934 betrug nach einer Senkung im November 1933 der Monatssatz für Ehepaare 150 Franken plus einem Taschengeld von 2 Franken pro Person und Woche, 1935 wurde der Monatssatz auf 110 SFr gekürzt. Dies entsprach etwas weniger als der halben Arbeitslosenunterstützung.[32] 1939 erfolgte eine weitere Kürzung für Ehepaare auf maximal 100 SFr. Die Ledebours jedoch bildeten eine Ausnahme, da Robert Grimm seinen alten Freund und Genossen unterstützte und ihnen eine kleine Rente verschaffen konnte.[33] Sie erhielten bis 1940 den monatlichen Betrag von 250 Franken, danach 230 SFr. Auch das hohe Alter Ledebours mag eine Rolle gespielt haben.[34] Das milderte ihre Situation etwas, aber prinzipiell galt, dass der nötige Lebensunterhalt nur mit allergrößter Sparsamkeit zu bestreiten war, weitere Ausgaben nicht in Frage kamen und für viele Dinge einfach das Geld fehlte.[35] Dennoch beantragte Minna Ledebour nach dem Tod ihres Mannes Dauerasyl in der Schweiz und wurde dabei von der SAH unterstützt. Gleiches galt für Richard Kleineibst und Otto Krille. Allen wurde der Daueraufenthalt bewilligt.[36]

Dass Ledebour der Sache des radikalen Sozialismus auch im Exil treu blieb, wird durch den Hinweis im fremdenpolizeilichen Dossier dokumentiert, der für den 18.11.1936 die Lieferung der Zeitschrift „Kommunistische Internationale“ vermerkte.[37] Obwohl er offenbar etwas rücksichtsvoller als andere deutsche Emigrantinnen und Emigranten behandelt wurde, konnte auch er das politische Betätigungsverbot nicht ignorieren, was ihm kaum behagte. Es sei ihm eine schwere Prüfung gewesen, „dass die Ängstlichkeiten, aber auch Nazisympathien im Schoße des eidgenössischen Bundesrates einem deutschen Emigranten jegliche politische Tätigkeiten untersagten“.[38] Dennoch gelang es den Ledebours, über einen längeren Zeitraum die politischen und persönlichen Kontakte aufrecht zu erhalten, sogar nach Deutschland „gab es noch Verhandlungen mit den Genossen und Freunden in der Heimat. Und wer als Emigrant die Schweiz durchreiste, kam offen, wem ein vorübergehender Aufenthalt gelang, kam heimlich zu ihm“, erinnerte sich Anna Siemsen, die selbst zum kleinen Freundeskreis um Ledebour gehörte, wie auch Dittmann und Kleineibst, nicht aber Crispien.[39]

32 Lupp, S. 226.

33 McCarthy, S. 275.

34 Lupp, S. 227 f.

35 Ebd., S. 229 f.

36 Ebd., S. 283. Wie die Ledebours starben auch Kleineibst und Krille in der Schweiz.

37 Dossier G. L., Bl. 12.

38 Siemsen, S. 13.

39 Siemsen, ebd.; Krause, Crispien, S. 129.

Der aus Solingen stammende kommunistische Emigrant Paul Meuter erinnerte sich an einen Besuch im Jahr 1937. Er nannte Georg respektvoll den „alten Ledebour“: „Als wir sein bescheidenes Zimmer in einem kleinen Häuschen unmittelbar an der Aare betraten, erkannte ich ihn sofort an seinem schlohweißen Haar. Er hatte sich, jetzt 87jährig, kaum verändert. Wir luden ihn mit seiner Frau zum Mittagessen ein und fuhren hinaus zu einem Landgasthof. Er erzählte, dass er sonntags noch ganztägige Fußtouren, trotz seines steifen Beines, an den nahen Berghängen entlang mache.“ Zur politischen Grundeinstellung fügte Meuter aus seiner Perspektive hinzu: „Seine Einstellung zu uns Kommunisten und zur Sowjetunion war sehr positiv. Er hatte gerade einen Artikel in der Pariser *Deutschen Volkszeitung* veröffentlicht. Auch berichtete er, dass man ihn eingeladen habe, zusammen mit seiner Frau den Lebensabend in der SU zu verbringen. Er habe mit Freuden zugesagt. Jetzt stelle sich aber heraus, dass die Reise über den Balkan und Vorderasien gehen müsse. Eine solche lange Reise könne aber seine Frau, obwohl manche Jahre jünger als er, wegen ihres schlechten Gesundheitszustandes nicht mehr riskieren.“[40] Inwieweit diese Feststellung über die Sympathie für die UdSSR so pauschal und gar eine Bereitschaft zum Wohnsitzwechsel dorthin überhaupt zutrifft, muss allerdings in Frage gestellt werden, denn Ledebour war zeitlebens ein Gegner staatsautoritärer Konzepte und Praktiken und musste wissen, was auch kommunistischen Oppositionellen unter Stalin drohte.

Seydewitz beschrieb in seinen Erinnerungen, dass auch Rosenfeld 1936 die Ledebours besucht hatte: „Unser gemeinsamer Freund Kurt Rosenfeld, der damals als Emigrant in Paris lebte, berichtete uns 1936 über seinen Besuch bei Georg Ledebour in Bern. Rosenfeld hatte den damals schon 86jährigen dringend gemahnt, jetzt endlich die Erinnerungen über sein politisch so bewegtes Leben zu schreiben.“ Ledebour aber habe dies mit der Begründung abgelehnt, dass er dazu noch zu jung sei und überdies im Kampf gegen die faschistische Diktatur noch publizistische und politische Aufgaben zu erfüllen habe. Seydewitz nannte ihn freundschaftlich „Der alte Schorsch“.[41]

Doch mit zunehmender Dauer der NS-Diktatur und des Krieges sowie in Folge der immer hermetischer geschlossenen Schweizer Grenzen vereinsamten die Ledebours zusehends, auch die Korrespondenzen wurden seltener. Mit Fanny Jezierska (1887–1945), der früheren Mitarbeiterin Rosa Luxemburgs und späteren Kommunistin, die sich im Exil in Paris befand, korrespondierte

40 Paul Meuter, zit. n. Teubner, S. 68 f. Der erwähnte Beitrag konnte nicht rekonstruiert werden.

41 Seydewitz, S. 11.

Ledebour von November 1936 bis März 1940.[42] „Bis – möglicherweise – auf die ersten zwei Exiljahre in Paris musste F. Thomas-Jezierska einer Tätigkeit als Fabrikarbeiterin nachgehen, was ihr wegen ihres angegriffenen Gesundheitszustandes sehr schwer fiel."[43] Sie schrieb: „Ich quäle mich sehr, lasse mich aber nicht unterkriegen."[44] „Es gelang ihr, 1935 und 1939 Erholungsaufenthalte auf dem Landsitz ihrer alten Freunde Lisa und Philips Price in England und zweimal in der Schweiz (einmal davon im Sommer 1937) bei Freunden in Lugano mit Abstechern nach Zürich – möglicherweise zu den Brupbachers – und nach Bern zu Minna und Georg Ledebour anzutreten. Die betreffenden Freunde – außer den wenig begüterten Ledebours – hatten wohl auch die Reisekosten getragen. Ihre schlechte Lage, *mittellose Emigrantin und krank*, wie Georg Ledebour ihre Situation beschrieb, machte sie teilweise von der Unterstützung ihrer wohlhabenden Bekannten abhängig. Willi Münzenberg in Paris mit seinen vielfältigen Verbindungen in der Exilantenszene wollte sich Anfang 1939 auf Bitten Ledebours um eine Möglichkeit für eine Bürotätigkeit F. Thomas-Jezierskas bemühen, wohl ohne Erfolg, da sie im März 1940 wieder eine Arbeit in einer Pariser Fabrik für die Herstellung von Radioteilen aufnahm."[45]

Eine große Hilfe, die Last des Exils mit allen Entbehrungen im Materiellen und Entsagungen im Politischen durchzuhalten, war gewiss seine trainierte Physis. Hatte Ledebour schon als Kind die Behinderung seines Knies durch Schwimmen und Wandern und strenges Maßhalten ein Stück weit wettgemacht, so hielt er auch in der Schweiz an der Gewohnheit langer Spaziergänge fest. „Stolz sprach er einzig und allein von seiner Leistung als großer Wanderer, den trotz einem lahmen Bein bis in die letzten Jahre auch stundenlange Wanderungen nicht ermüdeten."[46] Das konnte die Nerven seiner Frau durchaus strapazieren, wie Anna Siemsen, ebenfalls besorgt, sich erinnerte, denn der seinerzeit 95-Jährige hatte sich bei einem Spaziergang in den Felsen verstiegen und kehrte erst nach

42 Die Briefe Ledebours an Fanny Jezierska befinden sich im Hoover-Archiv, Kalifornien/USA und im AdsD in Bonn. Zu Fanny Jezierska siehe Ottokar Luban, Fanny Thomas-Jezierska (1887–1945): Von Rosa Luxemburg zu Gramsci, Stalin und August Thalheimer. Stationen einer internationalen Sozialistin, https://www.kommunismusgeschichte.de/jhk/jhk-2003/article/detail/fanny-thomas-jezierska-1887-1945-von-rosa-luxemburg-zu-gramsci-stalin-und-august-thalheimer-stationen-einer-internationalen-sozialistin?type=0%27%252%27%27A%3D0.

43 Luban, ebd. Er stützt sich auf Briefwechsel der Ledebours an Fanny Jezierska und Jezierskas mit Käte Duncker. Siehe auch Kap. VI.3 „Korrespondenzen aus dem Exil".

44 Ebd.

45 Ebd.

46 Siemsen, S. 15.

zwei Stunden zurück. Minna Ledebour veranlasste das zu einer wohl treffenden Charakteristik ihres Gatten: „Und wenn Georg mal einen Weg eingeschlagen hat, dann kehrt er nicht um."[47] Das galt nicht minder für seinen politischen Lebensweg. Ob hinter diesem Ereignis nicht schon deutliche Altersermüdungserscheinungen gesteckt hatten, ist nicht belegbar, es könnte sich auch um eine Notlüge gehandelt haben, von Siemsen generös übergangen.

Auch im Exil war Ledebour kein Müßiggänger. Wenn die Ledebours Anna Siemsen besuchten, galt offenbar die Maßregel, dass Tätigkeit ihm ein Bedürfnis war, „und auch den kürzesten Besuch bei mir verwandte er zum Schaffen, zum Ordnen einer Bibliothek oder von Mappen und Bildern", berichtete die Reformpädagogin.[48] Sie hatte Asyl in Zürich und später am Genfer See gefunden und konnte sich dort auch politisch in der SPS betätigen, da sie einen Schweizer geheiratet hatte.[49] Sie erinnerte daran, dass sich „sehr bald eine Freundschaft [entspann], die mich regelmäßig zu ihnen nach Bern und sie, so lange ihm Reisen noch möglich waren, in mein kleines Heim am Genfer See führten". Sie war ganz offensichtlich von Ledebours geradlinigem Charakter beeindruckt und lernte ihn nach den wenigen Jahren in der USPD und der SAP zu schätzen. Sie habe „nicht nur den Politiker, sondern auch den Menschen Georg Ledebour ganz kennen und als guten Freund lieben gelernt, und begriffen, welch völlige Einheit zwischen dem Menschen und dem Politiker bestand".[50] Offenbar lebte die politische und persönliche Solidarität aus den Zeiten von USPD und SAP fort und ließ Siemsen ein einseitig positives Bild zeichnen.

Was Ledebour aufrecht hielt war offensichtlich sein Willen zur Selbstbehauptung und gleichzeitig die Fähigkeit, jeden Tag wie ein Geschenk anzunehmen und bewusst zu erleben. Bei seinen Spaziergängen und bei Ausflügen genoss er die Schönheit der Natur, die er liebte, „die Mannigfaltigkeit von Tierleben, Pflanzen und Landschaften, wie das Schweizer Land ihm in so reicher Fülle bot". Sie war ihm ein Quell der Freude, die Wände seiner zwei kleinen Zimmer in Mori hatte er, so berichtet Anna Siemsen, „mit Landschaftsansichten, mit Tier- und Blumenbildern zu einer wahren Bildergalerie gemacht". Wahrscheinlich nutzte er sein Zeichentalent, um selbst einige der Bilder zu malen, die die Wohnung der Ledebours „am Saum der Felder und Wälder" auszugestalten. Auch war er wohl während der Jahre des Exils uneingeschränkt ein fleißiger Leser von Literatur und Presse, denn er freute sich an Dichtung, und seine Kenntnis der Literatur

47 Ebd.

48 Ebd.

49 Mittenzwei, S. 401.

50 Siemsen, S. 13.

war ausgedehnt. Ob sein Alter aber tatsächlich glücklich war, „weil es Ruhe war nach einem tapferen und reinen Leben“?[51] Denn diese vielfältigen Aktivitäten und die Ergebnisse des eigenen schriftstellerischen Schaffens, die aber wegen des Verbots politischer Aktivitäten eher privater Natur blieben, vermochten nicht die Momente der Einsamkeit von den Ledebours fernzuhalten. Auch hielt ihn seine zunehmende Schwerhörigkeit vom Besuch von Veranstaltungen und Konferenzen ab.

Leider sollten der Kampf um Berlin und der Bombenkrieg das Wohnhaus in Berlin-Steglitz zerstören, in dem die Ledebours zuvor wohnten. Dieser Zerstörung fielen Bibliothek und Dokumente anheim, sodass lediglich die aus der Schweiz stammenden Archivalien verfügbar sind, eingebracht durch Minna Ledebour und Dittmann, der in seinen letzten Lebensjahren das Archiv der SPD in der Bonner Parteizentrale „Baracke“ betreute. In diesem Ledebourschen Restnachlass findet sich ein undatiertes 15-seitiges maschinenschriftliches Manuskript mit dem Titel „Die Abstammung des Menschen“, ergänzt um ein Konvolut von rund 100 Seiten Notizen, Exzerpten, Tabellen und andere Systematiken.[52] Ob es im Zusammenhang mit seinen gelegentlichen Besuchen von Vorlesungen an der Universität Bern oder als Resultat der Lektüre von anthropologischen oder evolutionsbiologischen Schriften wie der von Charles Darwin entstand ist nicht zu klären, es könnte allerdings der Motivation entsprungen sein, der Langeweile und Vereinsamung etwas Produktives entgegenzusetzen, das nicht seiner politischen Leidenschaft entsprach.[53] Neben Presseausschnitten zum Thema der menschlichen Anthropologie und Paläontologie, die den Großteil der Sammlung bilden, die offenbar noch niemals wirklich gesichtet wurde, finden sich dort solche über den „Peking-Menschen“, über Urtierfunde bei Breslau und in der Schweiz, allesamt nicht gekennzeichnet, Notizen zur erdzeitalterlichen Periodisierung, aber auch zu Charles Darwin, mit dem er sich offenbar auseinandersetzte. Zitate von Tacitus zu den Germanen finden sich gleichfalls, und zwar auf Lateinisch, ebenso griechische Zitate aus Homers „Ilias“ mit deutscher Übersetzung, womöglich „eigenhändig“, und Notizen zum im Schweizer Exil lebenden Philologen Edward Norden und dessen Aussagen über die Germanen.[54]

Eine komplette Tabellenabschrift einer erdzeitalterlichen Periodisierungstabelle über zwei handschriftliche Seiten in kleiner, aber lesbarer Form sticht

51 Ebd., S. 15.

52 Restnachlass G. L., Die Abstammung des Menschen, o. O. o. J.

53 Vgl. Ratz, S. 221 f.

54 Ebd. Edward Norden (1868–1941) war ein klassischer Philologe und Altertumsforscher deutsch-jüdischer Herkunft. 1939 emigrierte er in die Schweiz und starb in Zürich.

hervor. Auf einer anderen Seite notierte er sich zwei Passagen aus Lily Brauns „Memoiren einer Sozialistin", ebenso einige Seiten zu Voltaire. Ohne jetzt alle Quellen der Notizen aufzuführen, zeigen diese die Bandbreite seiner Interessen wohl repräsentativ auf, und zwar von der Vorgeschichte bis hin zur Gegenwart, von der Paläontologie bis zur Philosophie. Ein Zeitungsausschnitt mit einem Zitat des Schweizer Aufklärers Johann Caspar Lavater (1741–1801) schien der Selbstbestätigung des steinalten Atheisten Georg Ledebour zu dienen: „Der erschütterliche Sterbliche (dies weiß ich aus vielfacher Erfahrung) wird in demselben Augenblick unerschütterlich, in welchem er in überlegsamer Pflichtkraft wenigstens in dem Innersten seiner Seele vor Gott sagt: Das ist meine Pflicht; das will ich tun – dies ist Unrecht; dazu soll mich niemand bereden – dies ist meine Schwäche; dagegen will ich mit aller meiner Willenskraft auf der Wache stehen."[55]

Zuletzt kokettierte er augenscheinlich mit seinem schon so langen Leben. Folgende Anekdote schilderte Siemsen anlässlich seines 95. Geburtstags: „Ich erzählte ihm bei dieser Gelegenheit die Antwort, welche der 90jährige Leo XIII. einem Kardinal gab, der ihm ein Leben bis zu hundert Jahren wünschte." Die Antwort des Papstes sei gewesen, man solle der Vorsehung keine Grenzen setzen. Ledebour habe sich dies schmunzelnd angehört und geantwortet: „Nun ja [...] hundertundzehn Jahre ist ja auch ein ganz hübsches Alter." Daraufhin habe Minna protestiert und eingewandt, sie fühle sich dieser Aussicht nicht mehr gewachsen, woraufhin er sich „über die Untüchtigkeit der jungen, das heißt der sechzig- bis achtzigjährigen Leute" scherzend mokiert habe.[56] Aber diese Mischung aus Humor und Willensstärke war es, die auch Dittmann in einem Beitrag in der „Berner Tagwacht" in einem Gratulationstext zu Ledebours 88. Geburtstag am 7. 3. 1938 den Wunsch äußern ließ: „Unser Jubilar möge [...] weiter in geistiger Frische und körperlicher Rüstigkeit seinen Marsch auf die Hundertjahrfeier fortsetzen."[57] Völlig vergessen war er nicht, denn nach seinem 90. Geburtstag bedankte sich Ledebour bei seinen Gratulanten in der „Berner Tagwacht" mit folgendem Text: „Zu meinem neunzigsten Geburtstag am 7. März sind mir noch bis heute aus verschiedenen Ländern so viele briefliche und telegraphische Glückwünsche zugegangen, dass es mir nicht möglich ist, sie alle einzeln zu beantworten. Ich bitte also die Freunde, die meiner so herzlich gedacht haben, durch diese Worte meinen innigsten Dank für ihre Glückwünsche entgegenzunehmen.

55 Restnachlass G. L., Ein Wort Lavaters, o. O. o. J.

56 Ebd., S. 14 f.

57 Dittmann, Georg Ledebour, dem 88jährigen Veteranen des Sozialismus zum Gruß, in: BeT, 7. 3. 1938, S. 5.

Bern, 14. März 1940. Georg Ledebour."[58] Die Genossen der SPS hatten ihm schon am 6. 3. 1940 in der gleichen Zeitung mit großer Zuneigung gratuliert und seine besondere Beziehung zur Schweiz gewürdigt, „wo er sich immer heimisch gefühlt hat", und meinten damit sicher auch seine Würdigung der Nationalitätentoleranz. Doch auch die Vereinsamung kam kurz zur Sprache, denn es hieß, dass nur seine tapfere Frau ihm als treue Gefährtin aus den großen Kampftagen der deutschen Sozialdemokratie geblieben sei.[59]

3. Korrespondenzen aus dem Exil

Ob Georg Ledebour ein begeisterter Briefschreiber war oder eher nicht, lässt sich archivalisch nicht belegen. Aus seiner Exilzeit sind wenige Briefe erhalten. Doch zumindest einige Briefe an Fanny Thomas-Jezierska sind verfügbar.[60] Der erste dieser Briefe datiert auf den 23. 9. 1935 und ist unvollständig. Aber hier schrieb Ledebour: „Nach Zimmerwald waren wir von Muri aus zu Fuß gewandert (Hinweg 3 Stunden)."[61] Bedenkt man, dass die zu gehende Strecke rund zehn Km beträgt und bezieht Ledebours Kniebehinderung und sein Alter von damals 85 Jahren ein, so ist das eine erstaunliche Leistung. Am 29. 11. 1936 schrieb er ihr nach einer wohl längeren Unterbrechung und berichtete, dass seine Frau am 3. 11. von einem Radler überfahren und mit einem Schlüsselbeinbruch ins Inselspital in Bern eingeliefert wurde. Sie erlitt zudem Quetschungen an Arm und Bein und stark blutende Wunden am Kopf sowie eine kleine Gehirnerschütterung. Dies teilte Ledebour in einem Brief auch dem sozialistischen Arzt Fritz Brupbacher mit, den er um Namen und Adresse der helfenden Rettungssanitäter bat.[62] Im weiteren Text geht es vor allem um den Austausch von Informationen über das Schicksal gemeinsamer Bekannter unter der Knute der NS-Diktatur.[63] In den Monaten danach vollzogen die Ledebours einen Umzug von Muri in den

58 Ledebour, Danksagung, in: BeT, 15. 3. 1940.

59 Ein Neunzigjähriger. Genosse Georges Ledebour, in: BeT, 6. 3. 1940.

60 Es existieren fünf Briefe im Archiv der Hoover-Institution und 14 im Archiv der sozialen Demokratie.

61 Brief an Fanny Jezierska, 23. 9. 1935, AdsD, Kleine Erwerbungen, Signatur 452.

62 Brief an Fritz Brupbacher, 16. 12. 1936, SozArch, NL Fritz Brupbacher, Ar 101, MFC 50 (54). Fritz Brupbacher (1874–1954) lebte und lehrte in Zürich und war ein bekannter libertärer Arzt, Schriftsteller und Sozialist, der auch mit Willi Münzenberg zusammenarbeitete. Er förderte das Abstinenzlertum als Mittel gegen Alkoholismus und befürwortete das Recht auf Abtreibung.

63 Brief an F. J., 29. 11. 1936, Hoover-Archiv, Collection Fanny Jezierska, Folder 67040-19V.

Berner Alleeweg 32, wie er Fanny Jezierska schrieb, verbunden mit einer Einladung dorthin und den besten Wünschen für ihre angeschlagene Gesundheit.[64] Diese Sorge brachten die Ledebours in einem weiteren Brief zum Ausdruck und rieten ihr zu einem Kurbesuch in der Schweiz.[65] Am 18.7.1938 schließlich wird es zu einem Besuch bei den Ledebours gekommen sein, denn diese schrieben ihr am 13.7.1938: „Wir freuen uns sehr, Sie am 18. in Empfang nehmen zu können. Selbstverständlich werden wir Sie vom Bahnhof abholen. Das ist doch keine Last, sondern ein Vergnügen." Wie aus dem Brief hervorgeht, verbrachte sie einige Tage in Zürich.[66]

Dass Fanny Jezierska deutlich kränkelte, beschäftigte auch die Ledebours. In Paris im Exil und arbeitend, wolle sie nach einer Krankheitspause wieder an den Arbeitsplatz zurückkehren, hatte sie in einem vorigen Brief angemerkt. Ledebour riet zum Auskurieren und legte ihr gleichzeitig nahe, in die Schweiz zu kommen: „Schreiben Sie doch mal mit einer deutlichen Anfrage an die Tessiner! In Ihrer Lage, mittellose Emigrantin und krank, dürfen Sie nicht zag sein." Zugleich sprach er die Einladung zum Besuch in Bern aus, sollte eine Reise in die Schweiz zur Kur zustande kommen.[67] In diesem Brief äußerte sich Ledebour außerdem zur Auswanderung von Juden nach Palästina. Er bezeichnete ein jüdisch dominiertes Palästina skeptisch als Werkzeug des britischen Empires, die dorthin auswandernden Juden als „Söldner zur Bewachung der Palästina-Bastion auf dem Seewege nach Indien". Den damals noch in der Diskussion befindlichen, später in Gestalt der Gründung des Staates Israel 1948 faktisch vollzogenen Plan einer Teilung Palästinas hielt er für irrational.

Sein Brief vom 8.12.1937 gibt Informationen über die zunehmende Vereinsamung der Ledebours preis: „Von Ihren Reiseplänen nach der Schweiz hatte ich nichts vernommen. Aber wenn schon – dann bin ich noch nicht ein solcher miesepetriger Stiesel, dass ich Ihnen deshalb grollen oder in muffiger Schweigsamkeit schmollen würde. Ich habe nicht geschrieben, weil ich Ihnen kaum etwas Lesbares meinerseits mitteilen könnte. Wir vereinsamen hier immer mehr." Auch die politischen Gesprächstreffen reduzierten sich auf etwa einmal im Monat, und sie schienen wenig erträglich gewesen zu sein: „Stöhnen darüber kann ich selbst."[68] Im Brief vom 12.3.1938 dankte Ledebour Jezierska für die Geburtstagsglückwünsche nebst eines beigelegten Fotos, auf dem u.a. Karl Liebknecht, seine Mutter

64 Brief v. 6.7.1937, AdsD.

65 Brief v. 12.9.1937, ebd.

66 Brief v. 13.7.1938, ebd.

67 Brief v. 1.8.1937, Hoover-Archiv.

68 Brief v. 8.12.1937, ebd.

Natalie, Leo Trotzki und Hendrik de Man zu sehen gewesen sein müssen.[69] Gratuliert hatten ihm auch Josef Lang, Willi Münzenberg und Rudolf Breitscheid. An Münzenberg hatte sich Ledebour schriftlich gewandt, um Fürsprache für Jezierska zu halten, damit diese einer Bürotätigkeit nachgehen könne, anstatt in einer Fabrik schwer körperlich zu arbeiten. In seinem Brief vom 3. 2. 1939 teilte er ihr Münzenbergs Adresse in Paris mit.[70]

Die Ledebours erhofften sich offenbar noch 1938, über deutsche Widerstandsangehörige in Berlin ihre Bücher in die Schweiz verbringen lassen zu können. Doch erwies sich dies als undurchführbar, da diese nicht bereits in Kisten verpackt waren, „sondern größtenteils in Bündeln verschnürt, oder lose in einem engen Keller" deponiert waren. „Ein Abtransport würde eine tagelange Verpackung außerhalb dieses Kellers erforderlich machen, was zu zeitraubend [und] vor allem zu auffällig wäre." Der Krieg verunmöglichte jedes weitere Vorhaben in dieser Richtung. Gleichzeitig berichtete Ledebour F. Jezierska über die Situation der Dunckers. Käte Duncker habe, so schrieb er am 28. 12. 1938, die Pension ihrer Mutter in Thüringen übernommen und sei nach Deutschland zurückgekehrt.[71] Wie intensiv der Briefwechsel mit Käte und Hermann Duncker war, ist nicht zu belegen, indes scheint er eher gelegentlicher Natur gewesen zu sein.[72] Doch als sie vom Tod ihres Sohnes Karl durch Selbstmord erfuhren, schrieben die Ledebours Käte am 14. 4. 1940 in einem Brief: „Wir wünschen Ihnen dringend, dass Ihre Herzensstärke Ihnen hilft, den Schmerz bald zu überwinden, um sich den schweren Aufgaben wieder widmen zu können, die auch Ihrer noch harren. Hoffentlich haben wir in nicht allzu ferner Zeit einmal wieder Gelegenheit, Ihnen mündlich unsere freundschaftlichen Empfindungen auszudrücken und neues Zusammenwirken mit Ihnen für eine bessere Zukunft einzuleiten."[73]

Doch auch gesundheitlich zeigten sich nun größere Probleme. Kurz nach seinem 89. Geburtstag schrieb Ledebour an Jezierska, dass er am 13. 2. 1939 in der Stube gestürzt sei und sich das Schultergelenk ausgerenkt habe. Minna habe vergeblich versucht, ihn aufzurichten. Er sei froh, sich nichts gebrochen zu haben. Aber er teilte ihr mit, dass er in der Berner Zeitschrift der KPD auf den Artikel „Der Fall Münzenberg" gestoßen sei. An der Haltung der KPD zu Willi

69 Brief v. 12. 3. 1938, ebd.

70 Brief v. 3. 2. 1939, ebd.

71 Brief v. 28. 12. 1938, AdsD.

72 In diesem Brief hieß es, Käte Duncker habe den Ledebours zwei Mal geschrieben.

73 Zit. n. Keller, S. 142. Die Dunckers verbrachten einige Jahre im Exil in den USA, kehrten im Mai 1947 in die Sowjetische Besatzungszone zurück und lebten bis zu ihrem Tode in Bernau bei Berlin.

Münzenberg ließ er kein gutes Haar, denn er schrieb: „Darin wird er nach allen Regeln der kapedistischen Deformierungskunst als ‚Verräter' abgeschlachtet [...] Also auch ihn hat die Stalinisterei endlich zur Strecke gebracht!"[74] Er konnte nicht ahnen, dass Münzenberg tatsächlich unter mysteriösen Umständen im Juni 1940 ums Leben kommen sollte.

Der nächste Brief datiert auf den 1. 9. 1939, dem Tag des deutschen Angriffs auf Polen. Die Lage kommentierte Ledebour mit den Worten: „Uns geht es zunächst verträglich, leben wir doch auf einer Friedensinsel im brausenden Weltmeer. Aber wie lange noch? Zwischendurch ist viel passiert. In Bozen ist Josef Herzfeld gestorben."[75] Herzfeld gehörte wie Hugo Haase, Arthur Stadthagen oder Georg Ledebour zu jenen Abgeordneten, die im März 1916 aus der Fraktion der SPD ausgeschlossen wurden und die SAG gründeten. Zwei weitere, allerdings kurze Briefe, in französischer Sprache verfasst, scheinen das Ende der Korrespondenz anzuzeigen. Den gesundheitlichen Zustand der Ledebours bezeichnete Georg im vorletzten Brief als „supportable", also erträglich.[76]

Im März 1940 schrieb Ledebour an Kostja Zetkin, einer der beiden Söhne Clara Zetkins, der ihm zum 90. Geburtstag gratuliert hatte. Er dankte mit den Worten: „Stehst Du mir doch besonders nahe, nicht nur als Sohn Deiner Mutter, habe ich doch mit Dir und Deinem Bruder Maxim als halbwüchsigen Jungen Wanderungen im Schwabenland gemacht." Umgehend sprach er eine Einladung aus, sie in Bern zu besuchen und legte einen Ausschnitt aus der „Berner Tagwacht" mit einem Bericht über ihn mitsamt Foto bei.[77]

Kurz nach der bedingungslosen Kapitulation der Wehrmacht und dem Ende der Nazidiktatur müssen die Ledebours eine Einladung an Erna und Joseph Lang im New Yorker Exil geschickt haben, um die beiden ebenfalls aus der sozialdemokratischen Bewegung stammenden Mitstreiter gegen den Faschismus zu Georgs 100. Geburtstag einzuladen. Sicherlich schwang darin genauso so viel Freude über das Ende des Hitlerregimes mit wie die Hoffnung in die eigene gesundheitliche Standfestigkeit. Allerdings klang in deren Antwort an, dass sie die Zukunft Deutschlands skeptischer sahen als Minna und Georg Ledebour, denn

74 Brief v. 27. 3. 1939, AdsD. Diese Einlassung relativiert die positive Erinnerung Siemsens an seine Leistungsfähigkeit.

75 Brief v. 1. 9. 1939, ebd.

76 Brief v. 10. 10. 1939, AdsD. Im Brief v. 17. 3. 1940 (AdsD) schrieb Ledebour, dass er einen langen Brief an P. F. geschrieben habe im Namen von 10 Freunden. Vermutlich ist damit Paul Faure gemeint, den er aus Zimmerwald kannte. Faure gehörte zu den Befürwortern der Appeasement-Politik in der Sozialistischen Partei Frankreichs und stand in Opposition zur Mehrheit um Leon Blum.

77 Brief an Kostja Zetkin v. 17. 3. 1940, AdsD.

sie schrieben, dass der Sturz des Naziregimes ja Wirklichkeit geworden und es viel wert sei, dass es keine SS und keine Gestapo mehr gebe, es aber noch viel Zeit benötige, „bis es zu einem Neuaufbau in unserem Sinne kommen wird“. Doch sie akzeptierten die Einladung, in einem freien Deutschland Georgs 100. Geburtstag zu begehen und grüßten von den zahlreichen Freunden „in alter Verehrung und Herzlichkeit“.[78]

Eine Einladung zum Besuch sprachen die Ledebours ebenso an Friedrich Adler, den österreichischen Sozialisten aus. Er muss sie schon vorher in Bern besucht haben und erinnerte sich, dass man über ein Foto gesprochen habe, entstanden anlässlich der Vorkonferenz zur „Wiener Konferenz“ vom 22.–27. 2. 1921, die vom 5.–7. 12. 1920 in Bern stattfand. Er sandte ihnen ein Foto zu, das in Bern den Aufruferkreis, darunter Fr. Adler, O. Bauer, A. Crispien, R. Grimm, P. Faure, R. Hilferding, J. Longuet, J. Martow, K. Rosenfeld und Ledebour zeigte. Wie auch die Langs versprach Adler in seiner Antwort vom 12. 12. 1946 einen erneuten Besuch, der wohl wegen Georgs baldigen Todes nicht mehr zustande gekommen sein wird.[79] Die ausgesprochenen Einladungen waren gewiss ein Mittel, der Einsamkeit eine Hoffnung entgegenzusetzen.

4. Letzte Wortmeldungen

4.1. Deutsche Grenzfragen: Für Recht und Menschlichkeit (1945)

Dass Ledebour seine prinzipielle Haltung zu Nationalitäten- und somit Grenzfragen bis ins höchste Alter aufrecht erhalten hatte, zeigt sich an zwei Beiträgen zur künftigen deutschen Ostgrenze nach der Befreiung vom Nationalsozialismus. Einer der beiden Texte ist betitelt mit „Für Recht und Menschlichkeit. Verbessert die Zustände in dem Totenland jenseits Oder und Neiße“, und erschien am 22. 12. 1945 in der „Neuen Volkszeitung“ in New York. In Minna Ledebours Sammlung „Mensch und Kämpfer“ heißt es dazu: „Zum letzten Male hat Ledebour im Jahre 1945, damals bereits fünfundneunzigjährig, in das politische

78 Restnachlass G. L., Brief von Joseph und Erna Lang aus New York, 22. 7. 1945. Erna Lang, geb. Demuth (1892–1983), war Mitglied in SPD, KPD, KPO und SAP. Joseph (Josef) Lang (1902–1973) war SAP-Mitglied und trat nach 1950 in die SPD ein. Beide starben in Frankfurt am Main.

79 Ebd., Brief von Friedrich Adler aus Brüssel, 14. 12. 1946. Das Foto ist zu finden unter https://adrianzimmermann.net/2020/12/07/vor-100-jahren-berner-vorkonferenz-der-internationalen-arbeitsgemeinschaft-sozialistischer-parteien-iasp/.

Geschehen einzugreifen versucht.“[80] Eine weitere, undatierte Wortmeldung stammt aus dem Februar 1945, trägt die Überschrift „Soll der Rhein Deutschlands Grenze werden?“ und wäre somit seine vorletzte Initiative.[81] Er bezieht sich auf einen Beitrag in der „Berner Tagwacht“ vom 23. 1. 1945, ist aber nicht in dieser erschienen und nicht datiert. Beide Beiträge behandeln aber jeweils die Frage, inwieweit Grenzverschiebungen und somit die Subsumierung ethnischer Gruppen als nun Minderheiten historisch und kulturell gerechtfertigt sind. Ledebour verneinte sowohl die Rechtmäßigkeit von linksrheinischen Gebietsabtretungen an Frankreich als auch die Abtrennung der Gebiete östlich der Oder an Polen.

In dem Leitartikel der „Berner Tagwacht“ vom 23. 1. 1945 mit der Überschrift „Los vom Rhein“ berichtete ein Autor S. von Diskussionen über die Abtretung des Rheins an Frankreich und eine deutsch-russische Annäherung, die offensichtlich vom „Nationalkomitee Freies Deutschland“ ihren Ausgang nahmen. Der Verfasser schrieb, dass an Hunderten von Baracken deutscher Kriegsgefangener in Russland diese Losung zu lesen sei, und berief sich dabei auf die „Prawda“ der KPdSU. Weiterhin sei dies das Schlagwort in den Zeitungen der deutschen Kriegsgefangenen und jenes der deutschen Propaganda aus Russland geworden.[82] In den Augen des NKFD sei die Rheinfrage als Streitfrage der deutschen Nation gelöst, was der Autor mit einem Rekurs auf historische Streitfälle seit dem Imperium Romanum betrachtet. So wie England die Vereinigung mit der Bretagne habe aufgeben müsse, sei die Zeit für die Deutschen gekommen, dies auch für die linksrheinischen Gebiete anzuerkennen, referierte er die Position des KKFD. Das NKFD entstand nach der Niederlage von Stalingrad als breites Bündnis von deutschen Wehrmachtsangehörigen und Soldaten und deutschen Antifaschisten, vornehmlich Kommunisten in Russland. Seine Handlungsfreiheit bestand nur bedingt, de facto war es auch ein Sprachrohr der Propaganda der Sowjetunion in Richtung des Kriegsgegners.

Ledebour nahm diesen Beitrag zum Anlass einer entschiedenen Wortmeldung, die er am Ende mit „Ein deutscher Sozialist“ zeichnete. Vermutlich hätte eine Namensnennung die Veröffentlichung des Beitrags verhindert, wahrscheinlich erschien er in einer unbedeutenderen Zeitung als in der bekannten „Berner Tagwacht“ der SPS. In alter Streitlust kam Ledebour schon mit dem dritten Satz zu seiner Positionierung: „Aber so oder so, der Vorschlag,

80 Restnachlass G. L., Für Recht und Menschlichkeit, in: NVZ, 22. 12. 1945. Zitat und Datierung siehe Ledebour. Mensch und Kämpfer, S. 166.

81 Ebd., Soll der Rhein Deutschlands Grenze werden?, o. O. o. J., vermutlich Anfang/Mitte Februar 1945. Veröffentlichungsmedium z. Zt. nicht ermittelbar.

82 Ebd., Los vom Rhein, in: BeT, 23. 1. 1945.

Deutschland solle nach seiner Befreiung von der Hitlerschen Gewaltherrschaft freiwillig auf die gegenwärtig zu Deutschland gehörigen Länder links des Rheins verzichten, ist völlig widersinnig." Im Folgenden befasste er sich mit der historisch unterlegten Argumentation des Beitrags bzw. des NKFD und widersprach dieser mit einem eigenen historischen Exkurs über die Siedlungsbewegungen der Germanen und Kelten seit dem 1. Jahrtausend v. u. Z. Erstaunlich dabei ist, dass er statt der bereits im 19. Jahrhundert wissenschaftlich existenten Völkergruppenbezeichnung „Indoeuropäer" oder „Indogermanen" jene des „Ariers" verwendete.

Nach diesem Exkurs wandte sich Ledebour der Zeitgeschichte zu und führte das Selbstbestimmungsrecht der Völker ins Feld, denn er begrüßte die bewusste Zugehörigkeit der Elsässer zu Frankreich ebenso wie die Zugehörigkeit des Saarlands zu Deutschland, dokumentiert durch die Volksabstimmung vom 13. 1. 1935. Dieses Selbstbestimmungsrecht, fuhr er fort, ist entscheidend für die in dem Artikel „Los vom Rhein" aufgeworfene Frage, ob das Land westlich vom Rhein zu Deutschland oder zu Frankreich gehören soll. Er verwarf den Vergleich der Rheinfrage mit der Bretagnefrage Englands total, indem er zur Argumentation des NKFD schrieb, diese sei „mit Verlaub haarsträubender Unsinn! England verzichtete im 17. Jahrhundert auf französischsprechende Gebietsteile jenseits des Meeres. Deutschland soll aber verzichten auf deutschsprechende Gebietsteile jenseits des Rheins, der wie jeder andere Fluss völkerverbindend ist, nicht aber bevölkerungstrennend." Er zeigte sich überzeugt, dass eine Volksabstimmung auf keine Loslösung hinauslaufen würde, ließ aber dennoch Sympathie für eine deutsch-russische Kooperation erkennen: „Ein deutsch-russisches Bündnis in der Nachkriegszeit wäre jedenfalls sehr empfehlenswert. Das ist aber in keiner Weise bedingt durch die Angliederung der Rheinlande an Frankreich."[83]

Fakt ist, dass diese Debatte zur gleichen Zeit stattfand wie die Alliiertenkonferenz von Jalta auf der Halbinsel Krim vom 4.–11. 2. 1945, auf der u. a. die Aufteilung Deutschlands in Besatzungszonen, die Wiederherstellung eines polnischen Staates sowie die Einbeziehung Frankreichs in den Kreis der Sieger- und Besatzungsmächte beraten und beschlossen wurde. Ledebours Intervention nahm darauf keinen Bezug, er konnte also nicht beurteilen, ob es sich bei der von der Sowjetunion geförderten Parole „Los vom Rhein" um einen propagandistischen Schachzug Stalins handelte, um Frankreich näher an die UdSSR zu bringen. Dessen ungeachtet dürfte es sich um seinen Versuch gehandelt haben, ein politisches Gewicht in die Waagschale zu werfen, das schon lange keines mehr war. An seinen Grundprinzipien aber hatte er festgehalten.

83 G. L., Soll der Rhein?, s. Fn. 80.

Diese Kontinuität seines Denkens widerspiegelt Ledebours letzter öffentlicher politischer Beitrag zur Frage der deutschen Ostgrenze nicht minder. In der Exilzeitung der deutschen Emigranten in New York, der „Neuen Volkszeitung", schrieb er seinen Beitrag „Für Recht und Menschlichkeit", der sich auf einen Artikel von Robert Jungk in der Schweizer „Weltwoche" bezog.[84] Der Beitrag Ledebours wird mit seiner Charakterisierung als „Senior der Sozialistischen Arbeiterinternationale", der „den folgenden Appell an die derzeit Mächtigen der Welt" richtet, eingeleitet. Jungk hatte sich auf die Umstände von Flucht und Vertreibung der deutschen Bevölkerung aus den ehemals deutschen, nach der Potsdamer Konferenz (17.7.–2.8.1945) an Polen abgetretenen Gebiete östlich von Oder und Neiße bezogen und das menschliche Elend beklagt. Ledebour schrieb nun von Säuberungen und von brutalen Gewalttaten gegenüber der verbliebenen deutschen Bevölkerung. Er wandte sich an die Siegermächte, dass die von Jungk geschilderten Zustände „mich zu einem Protest und zu einem ebenso entschiedenen Appell an die vier Weltmächte, die den Hitler-Zwangsstaat niedergekämpft haben [zwingen]". Er verglich die polnischen Gewalttaten bei der Vertreibung mit jenen „der Hitlerei" als durchaus ebenbürtig und forderte die Westmächte zum Eingreifen auf. Sich auf seinen Einsatz für die polnische Minderheit in Preußen und für die polnische Staatlichkeit berufend, nahm er für sich in Anspruch, seine Stimme gegen die Gewalt im Namen eines „jeden rechtdenkenden und menschlich empfindenden Menschen in der ganzen Welt" zu erheben und die „Wiederherstellung von Recht und Ordnung" einzufordern. An seinen Einsatz als Parlamentarier für die Minderheitenrechte erinnernd beklagte er, dass die von Polen ausgeübte Gewalt in jenen Gebieten, in die nun Polen einwanderten und aus denen Deutsche vertrieben würden, die von Preußen ausgeübte Gewalt übersteigen würde. Er respektierte, dass die nach 1919 zu Polen gehörigen Gebiete wieder zum neuen Polen gehören müssten, ebenso wie das nördliche Ostpreußen nun russisch, das südliche Ostpreußen polnisch werden würde. Anders lag der Fall für ihn hinsichtlich der Gebiete Ostvorpommerns und den vormals rein oder überwiegend deutsch besiedelten Regionen der Lausitz, Schlesiens und Brandenburgs, die unter deutscher Obhut bzw. alliierter Verwaltung verbleiben müssten. Städte wie Küstrin, Frankfurt/Oder, Guben oder Görlitz wären demgemäß ungeteilt geblieben.

Dass seine Meinung ungehört bleiben würde, schien ihm klar gewesen zu sein, denn er forderte die Alliierten dazu auf, den Schutz der deutschen

84 Robert Jungk (1913–1994) war ein deutscher Publizist und Zukunftsforscher. In Berlin geboren, ging er ins Exil, lebte von 1935–1938 in Prag und seit 1938 in Zürich. Seit den 1970er-Jahren engagierte er sich in der Umwelt- und Friedensbewegung.

Bevölkerung zu gewährleisten, wenn sie schon keine entsprechenden Grenzfestsetzungen durchführen sollten. Seine Schlusspassage wirkt wie ein verzweifeltes Vermächtnis eines alten, Niederlagen gewohnten Kämpfers, der seine Grundsätze ehern behaupten will: „Sorgt dafür, dass sofort in den von den Polen besetzten Ostländern Deutschlands der Vertreibung und Ausrottung der Deutschen ein Ende gemacht wird und dass die deutsche Bevölkerung, wie sich auch ihre Staats-Zugehörigkeit gestalten mag, im Gebrauch ihrer Muttersprache unbehelligt gelassen wird."[85]

Aus heutiger Sicht betrachtet könnte Ledebours Appell an die Menschlichkeit als ein pazifistischer und humanistischer Aufruf gegen die Gewaltanwendung gedeutet werden, nicht aber als ein Versuch revanchistischen Denkens und Handelns. Für Ambitionen des „Bundes der Vertriebenen" etwa taugte seine Haltung auch angesichts dieser humanitären Katastrophe in keiner Weise. Doch nahm die Welt längst keine Kenntnis mehr von dem alten Haudegen der deutschen Arbeiterbewegung, die durch den Weltkrieg im Entstehen begriffene neue Weltordnung des Kalten Krieges besaß keinen Blick für alte Verdienste oder für Zwischentöne. Außerdem hatte er sich schon im Reichstag gegen eine Abtrennung des mehrheitlich von Deutschen bewohnten Oberschlesien zugunsten Polens ausgesprochen, verbunden allerdings mit der Forderung nach Sozialisierung des Kohlebergbaus.[86]

4.2. Für eine geeinte Arbeiterbewegung. Zur Gründung der SED (1945–1947)

Dass Ledebour an der Bildung einer Einheitspartei der Arbeiterbewegung großes Interesse hatte, aber selbst keinen Beitrag mehr dazu leisten könne, berichtete Paul Meuter, der ihn 1937 besucht hatte. Der „alte Ledebour", so äußerte Meuter, „konnte natürlich nicht mehr aktiv am Kampf für die Arbeitereinheit teilnehmen, wünschte sie aber sehnlich herbei. Seine letzte öffentliche Äußerung war 1946 ein Begrüßungstelegramm an den Gründungsparteitag der Sozialistischen Einheitspartei Deutschlands."[87] Dieses Telegramm hatte den

85 G. L., Für Recht und Menschlichkeit, in: NVZ, 22. 12. 1945.

86 Reichstagsrede, 25. 11. 1920, Sten. Ber. RT, Bd. 345, S. 1261 ff., vgl. G. L., Die falsche Rechnung. Der Zank um die Teilung Oberschlesiens, Ft, 9. 9. 1921-A, S. 1. Bei einer Volksabstimmung in Oberschlesien am 20. 3. 1921 über den Verbleib Oberschlesiens hatten sich knapp 60 % für einen Verbleib in Deutschland entschieden. Am 21. 10. 1921 entschied der Oberste Rat der Alliierten, Ostoberschlesien an Polen zu übergeben. Hier allerdings lagen die Schwerindustriezentren Kattowitz und Königshütte, s. Winkler, S. 417.

87 Meuter, S. 69.

Wortlaut: „Ich wünsche euch vollen Erfolg in euren Bemühungen zur Einigung der deutschen Arbeiterparteien und siegreiche Kraft zur Überwindung aller Schwierigkeiten.“[88] Auf der Titelseite des „Neuen Deutschland“ vom 7.1.1947 war von Ledebour vermerkt: „Möge die Vereinigung der Arbeiterparteien von dauerndem Bestand sein zum Wohle der Menschheit. Herzlich grüßend auch im Namen meiner Frau Georg Ledebour.“[89] Über die konkreten politischen Umstände des Vereinigungsprozesses und die dahinter stehenden Absichten wird er nicht näher informiert gewesen sein, es ging ihm wie so häufig primär um ein Prinzip.

Gern hätten viele Befürworter der Gründung der SED, als letztlich unter Druck auf Widerstrebende herbeigeführter Zusammenschluss von SPD und KPD in der Sowjetischen Besatzungszone, Georg Ledebour vor Ort begrüßt, denn mit dem Segen dieses Patriarchen eines radikalen Sozialismus wäre die heftig umstrittene Parteibildung von noch mehr politischer Autorität begleitet gewesen. Max Seydewitz, der Mitbegründer der SAP im Oktober 1931, zu der Ledebours SB hinzugestoßen war, war in der Emigration in Skandinavien der KPD beigetreten und hatte im Frühjahr 1946 versucht, Ledebour in einem Glückwunschartikel in der „Deutschen Volkszeitung“ zu dessen 96. Geburtstag im Namen des ZK der KPD aufzufordern, nach Berlin zurückzukehren. Ledebour, so Seydewitz, „antwortete, dass er gern der Einladung folgen würde; da er jedoch in letzter Zeit etwas kränkele, habe er nicht mehr die Kraft zu der langen, beschwerlichen Reise in die befreite Heimat.“[90]

Am 7. März 1947 erhielt Georg Ledebour ein ausführliches Glückwunschtelegramm des Zentralsekretariats und des Parteivorstandes der SED. Es waren Wilhelm Pieck und Otto Grotewohl aus den beiden in der SED zusammengeschlossenen Arbeiterparteien KPD und SPD, die ihm in warmen Worten zu seinem 97. Geburtstag gratulierten. „Lieber Freund, wir freuen uns alle, dass Sie einen Geburtstag feiern können, der nur wenigen Menschen geschenkt wird.“ Natürlich hoben Sie hervor, dass die Gründung der SED ein richtiger Schritt gewesen sei, eine Hoffnung, die auch Ledebour in seinen Stellungnahmen zur Gründung geäußert hatte. Das Telegramm schloss mit einem Bekenntnis der Hochachtung, verbunden mit dem Wunsch, Ledebour noch mehrfach gratulieren zu können.[91] Doch dazu sollte es nicht mehr kommen. Das Telegramm übrigens wurde am 3.3.1947 verfasst und ging am 5.3.1947 an den Volksverlag

88 Zit. n. ebd.

89 Restnachlass G.L., ND vom 7.1.1947.

90 Seydewitz, S. 11.

91 Restnachlass G.L., Glückwunschtelegramm der SED zum 97. Geburtstag.

Singen/Hohentwiel mit der Bitte um Weiterleitung an Ledebour.[92] Später besuchte dessen Witwe Wilhelm Pieck, seit der Gründung der DDR deren Präsident, am 4. 10. 1950 in Ost-Berlin.[93] Wahrscheinlich wurde ihr auch bei dieser Gelegenheit der Umzug in die DDR angeboten, den sie aber unterließ, obwohl auch ihre Geschwister ihr dies nahegelegt hatten.

5. Würdigungen und Glückwünsche zu Lebzeiten

Es waren vor allem seine Weggefährtinnen und Weggefährten, von denen ebenfalls einige in der Schweiz politisches Asyl gefunden hatten, die Georg Ledebour an seinen Geburtstagen publizistisch würdigten. In Anspielung auf die Wiedervereinigung von SPD und USPD im September 1922, der sich Ledebour verweigert hatte, schrieb vermutlich Wilhelm Dittmann 1935: „Seitdem war er ein Eingänger in der deutschen sozialistischen Arbeiterbewegung. Sein leidenschaftliches Temperament hat ihm viele Gegner in ihr geschaffen, aber sie alle haben seine lautere Gesinnung und seinen aufrechten Charakter stets anerkannt. Wir wünschen dem alten streitbaren Kämpfer für den demokratischen Sozialismus, dass es ihm vergönnt sein möge, noch in ein von der braunen Pest befreites Deutschland zurückkehren zu können".[94] Drei Jahre später schrieb Dittmann über den nunmehr achtundachtzigjährig Werdenden: „Sein stürmisches Temperament und seine große rednerische Begabung machten Georg Ledebour sehr bald zu einem der gefährlichsten Redner im Parlament und in den Volksversammlungen. Seine Stärke war die Polemik. Wehe dem Unvorsichtigen, der seinen Zorn herausforderte. Mit ironischem Spott und beißender Satire wurde er in einem rednerischen Brillantfeuerwerk, in dem ihm die scharfgeschliffensten Wendungen nur so an den Kopf flogen, unbarmherzig ‚abgeschlachtet'. Schon rein ästhetisch war es oft ein Genuss, ihm zuzuhören, wenn er, wie aus der Pistole geschossen, den Gegner attackierte und Minenspiel und Gesten dabei den Tonfall seiner scharf akzentuierenden, klaren Stimme unterstrichen. Sein großes Allgemeinwissen und seine enorme Sprachbeherrschung leisteten ihm dabei treffliche Dienste, indem sie ihm Argumente, Bilder und Vergleiche in unerschöpflicher Fülle und mit plastischer Anschaulichkeit spielend zur Verfügung stellten. […] Parteigenossen, die später in den inneren Kämpfen gegen ihn standen, erzählten stets mit großer Anerkennung und Vergnügen davon, wie Georg

92 Ebd.

93 Ebd., Foto Minna Ledebour bei Wilhelm Pieck mit Datumsvermerk.

94 Restnachlass G. L., Georg Ledebour 85 Jahre alt, in: Volksrecht, 7. 3. 1935.

Ledebour sie in der von Wilhelm Liebknecht ins Leben gerufenen Arbeiterbildungsschule vorzüglich unterrichtet und mit ihnen Ausflüge gemacht habe [...] Unser Jubilar möge – dass sei unser Wunsch zum Schluss, weiter in geistiger Frische und körperlicher Rüstigkeit seinen Marsch auf die Hundertjahrfeier fortsetzen."[95] Dem Neunzigjährigen wiederum wurden folgende Worte zuteil: „Warnend stand der Alte beiseite, ein Bismarck des Sozialismus, sah er den immer näher kommenden Zusammenbruch der Arbeiterbewegung. Verehrt und geliebt von den Arbeitermassen, wo immer er auftrat, konnte er nicht mehr das Ziel seines Lebens erreichen, die Vereinigung der sozialistischen Massen unter der Parole einer Deutschen Revolution. Ein unversöhnlicher Kritiker der *Moskauer Methoden*, wie er das höhnisch nannte, wie der *Scheidemänner-Korruption* stand er abseits der Massen und schrieb seine Artikel in einem kleinen Wochenblatt, das ihm und seiner Splittergruppe geblieben war. Als Hitler kam, wanderte er aus. In der Schweiz verbringt er nun seine letzten Jahre. Mögen sie ihm nicht zu schwer sein!"[96]

Kurz vor Weihnachten 1945 erschien in der „Neuen Volkszeitung" in New York, ebenfalls von Exilanten herausgegeben, eine Erinnerung an Ledebour, wahrscheinlich aus Anlass der 30 Jahre zurück liegenden offenen Opposition der Gegner der Burgfriedenspolitik in der SPD, in der es hieß: „Georg Ledebour, der 95jährige, ist der älteste Überlebende aus der Zeit des Aufstiegs der deutschen Sozialdemokratie. In einer anderweitig veröffentlichten Zuschrift an die Neue Volkszeitung nimmt er mit Recht in Anspruch, stets ein beredter Anwalt der unterdrückten Polen in Preußen gewesen zu sein. Seine alldeutschen Gegner haben ihm damals dafür den Spitznamen *Ledebourski* verliehen, der später im Scherz auch von Freunden gebraucht wurde und der ihm als Zeugnis seiner internationalen Gesinnung zum Ehrennamen geworden ist. Ledebour war Wortführer der deutschen Sozialdemokratie im Kampf für das Recht der Polen auf ihre Muttersprache und besonders gegen jenes preußische Gesetz, das polnische Grundbesitzer – selbstverständlich gegen Entschädigung – enteignen wollte, um deutsche Bauern anzusiedeln."[97]

Der im Schweizer Exil lebende Autor Otto Krille verfasste eine öffentliche Gratulation für Ledebour im „Volksrecht", dem Organ der Zürcher Sozialdemokratie,

95 Ebd., Wilhelm Dittmann, Georg Ledebour, dem 88jährigen Veteranen des Sozialismus zum Gruß, in: Beilage zur Berner Volkswacht, 5. 3. 1938.

96 Ebd., F. G., Georg Ledebour, in: Sozialistische Warte (Exilzeitschrift des ISK), 29. 2. 1940. F. G. ist wahrscheinlich Gerhard Franz Kumleben, ein deutsch-französischer Journalist und Mitglied des ISK. Er benutzte das Pseudonym F. G. als Francois Girard.

97 Ebd., Georg Ledebour hat das Wort, in: NVZ, 22. 12. 1945.

und schrieb darin: „Ich habe selten einen Menschen gesehen, der mit gesunden Beinen ein derartig stürmisches Tempo auch auf seinen Spaziergängen einhalten konnte, wie Ledebour mit seinem steifen Knie. Und dieses angriffliche Temperament, dieses Draufgängertum war im Grunde seine Natur, vielleicht auch das Elixier seiner Lebensdauer. So erhält ein Wort seiner Gattin erst die rechte Bedeutung, das sie vor fast legendären Zeiten äußerte, als es sich darum handelte, Ledebour als Hecht in den Karpfenteich des preußischen sozialistenreinen Dreiklassenlandtages zu bringen. Sie würde es begrüßen, sagte Minna Ledebour, wenn ihr Georg in das nach dem elendsten aller Wahlsysteme (Bismarcks Wort) zusammengestellte Parlament einziehen würde, denn er habe dann eine Aufgabe für seine große Kampfeslust und sei infolgedessen zu Hause recht zutunlich. Sein ganzes Wesen war für mich als jungen Menschen eine Verkörperung des Dichterwortes: Ich bin das Schwert, ich bin die Flamme (Heinrich Heine).“[98]

Aus Dresden in der Sowjetischen Besatzungszone schließlich äußerte sich Max Seydewitz lobend über den Sechsundneunzigjährigen: „Trotz seines hohen Alters hat Ledebour nach der Errichtung des Dritten Reiches aktiv am Kampf gegen die Nazidiktatur teilgenommen. Er wurde darum von den nazistischen Terrorbanden verfolgt, ging als 83jähriger erst in die Illegalität und dann in die Emigration. Nach einer strapazenreichen Flucht gelangte Ledebour in die Schweiz, wo er heute noch in der Nähe von Bern lebt. Als ihn dort im Jahre 1937 unser gemeinsamer Freund Kurt Rosenfeld aufforderte, seine Memoiren zu schreiben, antwortete der Alte, dass er dazu noch zu jung sei. Und überdies sei es viel wichtiger, aktiv gegen die nazistische Barbarei zu kämpfen, Aufklärung über sie zu verbreiten und Kampfschriften gegen sie zu schreiben. Ledebours oft ausgesprochener Wunsch, das Ende der nazistischen Gewaltherrschaft noch zu erleben, ist in Erfüllung gegangen. Wie seine Freunde aus der Schweiz berichten, möchte er so bald wie möglich nach der Heimat zurückkehren, um mithelfen zu können am Aufbau der Fundamente für ein wirklich freies Deutschland.“[99] Dazu sollte es, wenn die Ledebours dies jemals gewollt und nicht nur aus alter Verbundenheit geäußert haben sollten, nicht mehr kommen.

All diesen Erinnerungen ist es natürlich eigen, dass sie subjektive Würdigungen von Genossen und Mitmenschen waren, die – auch auf dem Hintergrund des

98 Ebd., Georg Ledebour 96jährig am 7. März 1946, in: Volksrecht, 7. 3. 1946.

99 Ebd., Max Seydewitz, Georg Ledebour 96 Jahre, in: Deutsche Volkszeitung (Berlin), 7. 3. 1946. Sie war das Parteiorgan der KPD in der SBZ bis zur SED-Gründung. Seydewitz wurde SED-Mitglied und amtierte von 1947–1952 als Ministerpräsident Sachsens.

gemeinsamen Schicksals als ins Exil Vertriebene – ein positives Verhältnis zu ihm besaßen und beibehielten. Seine Kontrahenten wie Scheidemann zeichneten ein entgegengesetztes, negatives Bild Ledebours. Die Aussagekraft dieser Zeitzeugenerinnerungen aus beiden Richtungen ist von daher als sehr eingeschränkt zu betrachten. Doch da auch eine Mitstreiterin wie Toni Sender ihn als „streitsüchtig und halsstarrig" charakterisierte, gehört dies wohl zu Ledebours Außenwirkung in Konfliktsituationen.[100]

6. Tod und Erinnerung

Am 31. 3. 1947 verstarb Georg Ledebour im Berner Inselspital.[101] Die Trauerfeier für den Verstorbenen fand am 3. 4. 1947 um 10.15 Uhr im Krematorium des Bremgartenfriedhofs statt.[102] Die Trauerrede hielt Robert Grimm. Die „Berner Tagwacht" sprach von Ledebour als „ein guter Deutscher, doch war er in erster Linie Sozialdemokrat, ein grundsatztreuer, ein überzeugter Sozialist und als solcher ein an die grenzenlose Solidarität der Arbeiterschaft glaubender Mensch". Seine Witwe Minna erschien auf Krücken zur Trauerfeier, hatte sie sich doch Wochen zuvor bei einem Sturz ein Bein gebrochen und konnte nur unter großen Anstrengungen zur Trauerfeier erscheinen. Grimm wandte sich zunächst an sie „mit größter eigener Ergriffenheit" und „fand prachtvolle Worte, um die alte Frau zu trösten, ihr zu danken, für das, was sie ihrem Manne zeit ihrer Ehegemeinschaft schenkte und damit indirekt auch der Sache des Sozialismus". Grimm charakterisierte Ledebour als einen „Trotzkopf, der sich nicht ohne Weiteres mit der gesellschaftlichen Schichtung einverstanden erklären konnte", eine schweizerische Umschreibung für Ledebours Kritik an der deutschen Klassengesellschaft. Grimm erwähnte, dass sich „durch all dies […] wie ein roter Faden die Standhaftigkeit Ledebours [zog], für den es nie ein Zaudern gab, wenn es galt, Entschlüsse gegen etwas zu fassen, das gegen seine hohe Auffassung von Recht und Gerechtigkeit verstieß". Auch Dittmann hielt eine kurze erinnernde Ansprache.[103] Nach der Kremierung wurde die Urne mit den sterblichen Überresten am 4. 4. 1947 seiner Witwe übergeben, die sie mit nach Hause nahm.[104]

100 Toni Sender, zit. n. Krause, USPD n. 1922, S. 123. Zu Toni Sender (1888–1964) s. Krause, USPD, S. 371.

101 Freiburger Nachrichten, 1. 4. 1947. Es handelt sich um das schweizerische Freiburg/Fribourg.

102 BeT, 1. 4. 1947, 2. Bl., S. 2.

103 Ebd., 5. 4. 1947, 2. Bl., S. 2.

104 Krause, USPD n. 1922, S. 93 gemäß einer Mitteilung des Stadtarchivs Bern v. 7. 4. 2016.

Nach seinem Tod erinnerten sich einige Zeitgenossinnen und -genossen an den alten Kämpfer Ledebour, mal sentimental, mal seine hervorstechendsten Merkmale hervorhebend: „Der große Redner schweigt nun für immer. Dahin geht mit ihm ein Mann, der aus einer heroischen Epoche des deutschen Sozialismus hineinragte in eine Zeit, die nicht mehr die Seine war, in der aber die deutsche Arbeiterbewegung so echte Charaktere mehr denn je braucht, wie Georg Ledebour einer gewesen ist."[105] Er sei ein „Unabhängiger von Berufung" gewesen, lautete eine weitere Würdigung: „Er ist nie ein angenehmer, leicht zu versöhnender Zeitgenosse gewesen, und es war nicht gut mit ihm Kirschen zu essen. Er war ein guter, ehrlicher Hasser, unversöhnlich und nicht für faule Kompromisse zu haben. [...] Je älter er wurde, desto besser wurde sein Gedächtnis. Er vergaß und vergab nicht. Er hat auch nie vergessen, dass er aus gutem Holz gewesen ist, aus dem Holz der Männer, die einst gegen den preußischen Militarismus sich geschlagen, gegen Bismarck und auch gegen die ewig Schwankenden, die nicht lernen wollten, *Nein* zu sagen. Er hat gehadert und gestritten, und immer mit der seltenen Gabe, den Gegner zu entlarven und lächerlich zu machen, ein Mann, nicht nur von hohem physischen Mut, sondern auch von moralischem Bewusstsein. Was seltener ist, als man allgemein annimmt. Er war ein Unabhängiger von Berufung."[106]

Besonders intensiv erinnerte Alexander Stein an Ledebour. Es sei ihm nie „um bestimmte Formeln, Doktrinen usw. [gegangen], sondern um den Kern seiner sozialistischen Überzeugung: internationale Zusammenarbeit des Proletariats, Ablehnung des Nationalismus, Kampf gegen die Kriegspsychose, die nicht nur Deutschland in die militärische Katastrophe hineintrieb, sondern auch – auf weite Sicht – den Aufbau einer friedlichen Welt und die Zukunftsaussichten des Sozialismus auf das Schwerste gefährdete [...] Seine Reden gegen die Vergeltungspolitik der Obersten Heeresleitung, gegen die Annexionspolitik der bürgerlichen Parteien, gegen den Gewaltfrieden von Brest-Litowsk und Bukarest usw. gehören zu den besten, die von sozialistischer Seite im Reichstage gehalten wurden. Sie sind bleibende Dokumente des Mutes und der Überzeugungstreue, mit denen deutsche Sozialdemokraten, wenn auch nur als Minderheit, während des ersten Weltkrieges die wilhelminische Kriegspolitik und den alldeutschen Eroberungsdrang bekämpft und dadurch den Boden für den inneren Zusammenbruch der Militärmonarchie mit vorbereitet haben [...] Eine einzige große Linie zieht

105 Restnachlass G. L., Georg Ledebour, in: Aufbau (NY, deutsch-jüdische Exilzeitschrift), 18. 4. 1947.

106 Ebd., K. K., Ein Unabhängiger von Berufung, in: Aufbau, 25. 4. 1947. Es könnte sich um Karl Korsch handeln, der 1936 Asyl in den USA fand.

sich durch das Leben Georg Ledebours: Kampf gegen alle Formen der Unfreiheit, Ausbeutung und Ungerechtigkeit, damit auf neuem Boden das Ziel einer Völkerversöhnung und des Sozialismus verwirklicht werden kann! Das ist das Vermächtnis, das Ledebour der heute lebenden Generation hinterlassen hat".[107]

Sein Freund und Mitstreiter Wilhelm Dittmann verfasste anlässlich des 100. Geburtstages Ledebours weitere Worte der Erinnerung, die auch die private Seite des drei Jahre zuvor Verstorbenen erwähnten: „Georg Ledebour war ein unbeugsamer Kämpfer, eine Persönlichkeit von seltener Geschlossenheit, Konsequenz, Energie und Temperament. So unerbittlich er als politischer Kämpfer war, so rücksichtsvoll und liebenswürdig war er im Privatleben und unter Freunden, zu denen auch ich mich zählen durfte. Ein Wandertag mit Georg Ledebour und seiner heute 83-jährigen Frau in der wald- und seenreichen Umgebung Berlins, wobei er in heiterem Geplauder aus dem reichen Schatze seines Wissens fast ununterbrochen Belehrung und Anregung spendete, gehört zu den schönsten Erinnerungen meines Lebens."[108] Doch die Erinnerung an Ledebour hatte längst zu verblassen begonnen, als Dittmann folgende Zeilen schrieb: „Am frischesten ist in der Erinnerung der heutigen Generation noch die Erinnerung an den Erstgenannten, Georg Ledebour, der erst vor drei Jahren, am 31. März 1947, in Bern verstorben ist und als das Urbild eines radikalen Vorkämpfers der deutschen und internationalen Sozialdemokratie fortleben wird. [...] Gehörte der temperamentvolle Redner und leidenschaftliche Debatter damals doch zu den politisch führenden Genossen der deutschen Partei und der internationalen Kongresse und Konferenzen [...] Als 74jähriger schied er 1924 aus dem Reichstag aus und lebte seit 1933 als politischer Emigrant in Bern, wo es ihm fast beschieden worden wäre, noch seinen 100. Geburtstag zu erleben, den er jetzt am 7. März hätte feiern können."[109]

In seiner norddeutschen Heimat berichtete die „Nordwestdeutsche Rundschau" aus Wilhelmshaven, jetzt im neu geschaffenen Land Niedersachsen in der britischen Zone gelegen, über Ledebours Ableben. Sie erinnerte sowohl an seine politischen Anfänge als Journalist als auch an seine Arbeit im Reichstag: „Im Parlament war er bald einer der bedeutendsten Vertreter seiner Fraktion. Seine Reden zur Außenpolitik und in den Kolonialdebatten wurden weithin beachtet."[110] Die zunächst in Hannover seit Januar 1947 erscheinende Zeitschrift „Der Spiegel" fand nur dürre Worte des Gedenkens an den Veteranen

107 Ebd., Alexander Stein, in: NVZ, 19.4.1947.

108 Ebd., Wilhelm Dittmann, in: Neuer Vorwärts, 3. März 1950.

109 Ebd., Ders., Drei Hundertjährige. Ledebour – Vollmar – Masaryk, in: Volksrecht, 6.3.1950.

110 NLA HA, ZGS 2/1, Nr. 238: Nordwestdeutsche Rundschau, 1.4.1947.

der Arbeiterbewegung, immerhin ein Sohn der Stadt: „Georg Ledebour, der Nestor der deutschen Arbeiterbewegung, ist im Alter von fast 97 Jahren in Bern (Schweiz) gestorben. Seit 1900 gehörte Ledebour als sozialdemokratischer Abgeordneter dem Deutschen Reichstag an. 1918 nahm er an der Revolution aktiven Anteil. In den letzten Jahren trat er für die Einheit der deutschen Arbeiterschaft in einer einheitlichen sozialistischen Partei ein."[111]

Sieben Jahre nach seinem Tod erschien der von Minna Ledebour verantwortete Gedenkband „Mensch und Kämpfer", in dem Anna Siemsen, Wilhelm Dittmann und Richard Kleineibst, die wie die Ledebours Exil in der Schweiz gefunden hatten, ihre Erinnerungen an Georg Ledebour niederschrieben. Das Erscheinungsjahr 1954 war zugleich das Todesjahr Dittmanns; Anna Siemsen war schon 1951 gestorben, sodass die Texte bereits vor ihrem Tod zusammengestellt worden sein dürften und die Suche nach einem Verlag möglicherweise so lange Zeit beanspruchte. Zu diesem Zeitpunkt war Ledebour mehr und mehr dem öffentlichen Vergessen anheimgefallen, sodass Siemsen folgende Worte fand: „Es werden – selbst in Deutschland – nicht mehr allzu viele sein, denen Georg Ledebour eine lebendige Erinnerung ist. Als er, mitten im Toben des Hitlerzusammenbruchs, seinen 95. Geburtstag beging, hatten nur wenige Freunde in der Schweiz Zeit und Besinnung, seiner zu gedenken [...] Bitterer war's zu erleben, dass auch der Tod des Siebenundneunzigjährigen am letzten Märztag 1947 kaum ein schwaches Echo in seinem Geburtsland weckte, während in der Schweiz überall in Bild und Wort seiner liebevoll gedacht wurde."[112] Es kann angenommen werden, dass viele, die ihn kannten und mit ihm aneinander geraten waren, sich mit Erinnerungsäußerungen zurückhielten, zu umstritten war doch Ledebour als Politiker und Parlamentarier gewesen.

Vergeblich hatte sich Minna Ledebour bemüht, etwas zu Ledebours Gedenken in den Archiven der Mitstreiter von früher aufzufinden. Diesbezüglich wandte sie sich an den Parlamentarischen Rat in Bonn. Dessen wegen des umkämpften Berlin-Status nicht stimmberechtigtes Mitglied war Paul Löbe, der ihr am 30.10.1948 antwortete. Minna Ledebour hatte u.a. um die Briefwechsel zwischen ihm und Ledebour gebeten, aber wie Löbe bedauernd antwortete seien alle seine Papiere Opfer des Bombenkrieges geworden. Löbe erinnerte in seiner Antwort auch daran, dass die erste Begegnung zwischen ihm und den Ledebours 50 Jahre zuvor stattfand. In Ilmenau in Thüringen habe er begeistert zu dessen Füßen gesessen und seinem Vortrag beigewohnt. Die Ledebours hätten

111 Der Spiegel, 1.4.1947, https://www.spiegel.de/politik/georg-ledebour-a-e35d9a52-0002-0001-0000-000041121715. Das Lebensalter wurde sogar fehlerhaft angegeben.

112 Siemsen, S. 7.

damals am Tage eine Wanderung durch den Thüringer Wald unternommen.[113] So blieb es bei dem kleinen Restnachlass Ledebours in Bonn, der fast sinnbildlich für die von historischen Brüchen überschattete Erinnerung an einen alten Haudegen der Arbeiterbewegung steht, von dessen langem Leben und unermüdlichen Kampf für eine solidarische Gesellschaft wenig in der öffentlichen Erinnerung verblieb. Versuche aus der Schweiz, die Überführung der damals noch vorhandenen Urne mit den sterblichen Überresten Ledebours nach Berlin zur Gedenkstätte der Sozialisten in Friedrichsfelde (Ost-Berlin) zu sondieren, scheiterten wohl Ende Juni 1962 an Vorbehalten seitens der Bundesregierung in Bonn und des Parteivorstandes der SPD, der vermutlich diplomatische Verwicklungen vermeiden wollte.[114]

113 Restnachlass G. L., Brief von Paul Löbe an Minna Ledebour, 30. 10. 1948. Obwohl Löbe in seinen Erinnerungen über den Wahlkampf in Ilmenau 1898 schrieb, erwähnte er dort Ledebour nicht, sondern nur Wilhelm Baudert, der hier für die SPD kandidierte.

114 Mitteilungen von Prof. Dr. Jürgen Hofmann (Gedenkstätte der Sozialisten) und Dr. Adrian Zimmermann (Biel/Schweiz) vom 22. 2. 2024 an den Autor.

SCHLUSS

Georg Ledebours Wirken erstreckte sich über mehrere, grundlegend verschiedenartige politische Epochen. Aufgewachsen in der Zeit nach der Niederlage der demokratischen und nationalen Bewegung von 1848, formte sich in ihm ein Weltbild, das die von den Revolutionären angestrebten Leitziele, deren Realisierung durch den Sieg der Throne über die Bürger ausgeblieben war, lebenslang einforderte: Verfassung, Parlamentarismus, Rechtsstaat, Menschenrechte. Dieses geistige Rüstzeug, das sich im englisch beeinflussten Hannover herausgebildet haben dürfte, wird er bei seinem Aufenthalt in England in den Jahren von 1876–1882 weiter entwickelt und geschärft haben. Seine Korrespondententätigkeit, seine Besuche im House of Commons, seine Bewunderung für den Liberalen William Gladstone legen davon Zeugnis ab. Hier lernte er ein selbstbewusstes Parlament kennen, das dem König die Gesetze vorgab, an die er sich als „King in Parliament" zu halten hatte. Es war der vollständige Gegensatz zum Halbabsolutismus der Hohenzollern in Preußen, die nach 1866 den Resten des Liberalismus in Hannover, immerhin mehr als ein Jahrhundert durch die Personalunion mit der britischen Krone verbunden, den Garaus gemacht hatten. Seine große Abneigung gegen diese Dynastie und gegen deren Monarchie durchzog bis zur Revolution 1918/19 sein politisches Wirken als Parlamentarier und Publizist. Immer wieder brachte er die preußisch-deutschen Rückständigkeiten in der politischen Ordnung und im Verfassungsleben mit geißelnden Worten zur Sprache und rief die Liberalen auf, sich an ihre nicht eingelösten Forderungen von 1848 zu erinnern.

Doch deren zunehmendes Arrangement mit der Herrschaft Bismarcks prägte eine zunehmende Distanzierung von den Liberalen aus. Aus England zurückgekehrt, hatte Ledebour zunächst bei den Hirsch-Dunckerschen Gewerkvereinen und in der Fortschrittspartei Fuß zu fassen versucht. Deren Aufgehen in der Deutschen Freisinnigen Partei vollzog er nicht mit, weil er in einer Annäherung an Bismarck die Selbstaufgabe eines konsequenten Liberalismus befürchtete. Der gescheiterte Versuch der Gründung einer dezidiert linksliberalen Partei, der „Demokratischen Partei", und das ambivalente Verhalten der liberalen Parteien im Reichstag in den Abstimmungen über das „Sozialistengesetz" vertieften diese entstehende Kluft. Durch die Konflikte um die Richtung der „Berliner Volks-Zeitung" und seine Entlassung aus der Redaktion, die ihn seine materielle Existenz kostete, wurde der Graben zwischen Ledebour und insgesamt den Liberalen in Deutschland unüberbrückbar. 1891 wechselte er zur SPD, die gerade erst ihre Legalität zurück erlangt hatte. Sein Verhältnis zu den Liberalen blieb zeitlebens getrübt, immer wieder ritt er scharfe rhetorische Attacken im Reichstag gegen sie. Hier war schon die Tendenz zur Unversöhnlichkeit zu erkennen, die sein politisches Leben an Scheidewegen stets prägen sollte. Immer dann zog er scharfe Trennstriche, die selten zurückgenommen wurden, und suchte einen Neuanfang ohne einen Blick zurück. Dies betraf nicht minder sein Privatleben. Nach der dramatischen Beziehung mit Lou Andreas-Salomé ließ er nach der Oktoberrevolution ein privates Hilfegesuch ihrerseits unbeantwortet, als habe er sie nie gekannt. Auch mit Franz Mehring, seinem Freund und Kollegen aus der Zeit der Demokratischen Partei und der „Berliner Volks-Zeitung", mochte er sich nicht mehr versöhnen. Selbst für seinen Mitvorsitzenden an der Spitze der USPD, Arthur Crispien, der ebenfalls im Schweizer Exil die Jahre der NS-Diktatur verbrachte, muss dies gegolten haben.

Dieses Verhaltensmuster, sich zunächst mit Hingabe einer Sache oder Person zu widmen, nach scharfen Konflikten aber die Abwendung zu suchen und an anderer Stelle neu zu beginnen, ist höchstwahrscheinlich auf die Tragödien in der Zeit seines Heranwachsens zurückzuführen. Als Neunjähriger erlebte er den Selbstmord des Vaters, dem ein Jahr später der Tod der Mutter folgte. Schon ein Bruder seines Vaters hatte den Freitod gesucht, beiden Katastrophen gingen Konflikte mit dem Dienstherrn voraus. Diese tragischen Umstände dürften nicht zuletzt zu seiner Ablehnung von bürokratischer Herrschaft beigetragen haben, die er häufig in seinen Reden anklagte und verurteilte. Von seinem Onkel aufgenommen, musste Georg Ledebour zwei Jahre später auch dessen Tod verwinden. Diese gravierenden Verluste und die damit verbundenen Existenzängste werden zu dem unbändigen Willen geführt haben, der ihn auszeichnete. Sein steifes Bein kompensierte er durch andauerndes Training, sodass Zeitgenossen sich über seine Schnelligkeit und Ausdauer wunderten. Alle diese Rückschläge überstanden zu haben ließen in ihm wohl jenen Mut und jene Entschlossenheit wachsen, die ihn während der Zeit des Krieges, der Revolution und der Krisenjahre danach auszeichneten. Nach jeder Abwendung und Trennung gab es einen neuen Anfang, dessen muss er sich bewusst gewesen sein. Doch gerade in den Jahren der Weimarer Republik überzog Ledebour dieses Verhalten, über die Rest-USPD und den Sozialistischen Bund führte sein Weg ins politische Abseits. Daran vermochte auch sein Engagement in der SAP nichts mehr zu ändern, das durch die Machtübertragung an Hitler beendet wurde.

Im letzten Jahrzehnt des 19. Jahrhunderts arbeitete Ledebour als Autor und Redakteur in der Parteipresse sowie als Lehrer in der Parteibildung. Dies erleichterte dem ehemaligen Linksliberalen, der sich durchaus mit Vorbehalten und unverhohlener Kritik aus der Parteibasis wegen seines mangelnden „Stallgeruchs“ als Kind der Arbeiterklasse auseinandersetzen musste, die Integration in das Organisationsgefüge und Parteileben der Sozialdemokratie in Berlin. Als eine große Stütze erwies sich dabei Wilhelm Liebknecht, der ihn an die Arbeiterbildungsschule geholt hatte. Ledebour sah in ihm wohl eine Art Vaterfigur, war Liebknecht doch ein 1848er-Revolutionär und zugleich Parteipatriarch. Sein Weg hatte ihn ebenso von der demokratischen Bewegung zum Sozialismus geführt, wie es bei Ledebour der Fall war. Zugleich wirkte Ledebour in dessen Wahlkreisorganisation des Reichstagswahlkreises Berlin VI, den Liebknecht im Reichstag vertrat und den er mit großer Mehrheit gewonnen hatte. In den Arbeiterquartieren des Wedding oder Moabits oder der an Mitte angrenzenden Vorstädte schlug das Herz der SPD. Hier profilierte sich Ledebour als fesselnder Redner und Wahlkämpfer. Bevor er selbst an die Spitze treten konnte, schrieb er für den „Vorwärts“ und die „Sozialistischen Monatshefte“. Besonders pointiert waren seine Stellungnahmen zu den „revisionistischen“ Positionen Eduard Bernsteins und Wolfgang Heines, die nicht frei blieben von persönlichen Angriffen. Bernstein legte sich in der Regel eine stärkere Zurückhaltung im Persönlichen auf. Gern gelesen waren Ledebours Rezensionen im „Vorwärts“, die aber Episode blieben. Ein Intermezzo blieb seine Tätigkeit als Leitender Redakteur der „Sächsischen Arbeiter-Zeitung“ in Dresden von 1898 bis 1900. Doch wie schon Rosa Luxemburg in dieser Position an der reformistisch orientierten Mehrheit der Redaktion scheiterte, verließ auch Ledebour nach etwas mehr als einem Jahr diese Funktion. Damit blieb Berlin sein endgültiger Wirkungsraum.

Nach dem plötzlichen Tod Wilhelm Liebknechts im August 1900 wurde Ledebour, nicht ganz ohne Widerspruch, zum Kandidaten für die fällige Nachwahl für den Reichstag nominiert. Mit großem persönlichen Einsatz und der massiven Unterstützung der Parteispitze erreichte er am 30. Oktober 1900 ein sehr achtbares Wahlergebnis und zog für Berlin VI in den Reichstag ein. Bei der Reichstagswahl am 12. Januar 1912 erzielte er dann sogar mit 80,8 % den reichsweit zweithöchsten Stimmenanteil für die SPD. Im Reichstag waren es vor allem Fragen der Kolonialpolitik, der Stellung der Minderheiten im Reich und in Preußen, der unzureichenden Parlamentarisierung und Demokratisierung und der Außen- und Friedenspolitik, denen sich der scharfzüngige und angriffslustige, geschliffen formulierende Redner Ledebour widmete. In diesem Forum reifte er zu einem der bedeutendsten und fleißigsten Parlamentsredner der sozialdemokratischen Reichstagsfraktion, ohne aber aus der Zugehörigkeit zu deren Vorstand dann noch an die oberste

Spitze zu gelangen, was ihm 1913 nur äußerst knapp und zudem im Verfahren umstritten versagt blieb. Aus seinen Reden traten die politisch-moralischen Leitziele hervor, die ihn schon als Demokraten und Liberalen bewegten: Nationalitätentoleranz, Selbstbestimmungsrecht, Schutz der sprachlich-kulturellen Eigenheiten bzw. der Kulturnation, Minderheitenschutz und Begegnung „auf Augenhöhe".

Dass diese Prinzipien innerhalb der internationalen sozialistischen Bewegung keineswegs selbstverständlich waren, zeigte sich auf dem Kongress der Internationale 1907 in Stuttgart, als Georg Ledebour und Karl Kautsky heftig Eduard Bernsteins und Henri van Kols Auffassung bestritten, es könne eine „sozialistische Kolonialpolitik" geben. Gemeinsam mit den in England ausgeprägten Leitzielen Verfassungsstaat, Parlamentarismus, Rechtsstaat und Durchsetzung der Menschenrechte bildeten diese Leitziele eine Art Konstante in Ledebours politischem Denken über die Jahrzehnte hinweg. Er sah sie am ehesten auf der politischen Ebene im Vereinigten Königreich verwirklicht, auf der Ebene des kulturellen und sprachlichen Miteinander in der Schweiz. Mit England, wo sich eine wichtige Phase seiner politischen Sozialisation vollzogen hatte, müsse es einen politischen Ausgleich geben, forderte er immer mit Nachdruck, als die Flottenrüstung die Spannungen zwischen Berlin und London verschärfte. Die Schweiz wurde später zum Schauplatz seiner internationalen Aktivitäten zwischen 1915 und 1923. Im Wirken Ledebours als Parlamentarier offenbarte sich gerade am Beispiel seiner Leitziele, dass er, wie es Anna Siemsen formulierte hatte, ein radikaler Demokrat geblieben und ein entschiedener Sozialist geworden war.

Marxist war Ledebour nicht im Sinne eines umfassend kompetenten Vertreters der Theorien von Marx und Engels, sondern im Praxisverständnis gerade auch in deren Frühwerken, sei es im Sinne von Marx' Leitmotiv: „Die Philosophen haben die Welt nur verschieden *interpretiert*, es kömmt drauf an sie zu *verändern*" (MEW 3, S. 7), sei es in Engels' detailreicher Anklageschrift gegen die kapitalistische Ausbeutung in „Die Lage der arbeitenden Klasse in England" (MEW 2, S. 225ff.). Die Gleichberechtigung aller Menschen, gerade auch der Arbeiterschaft und anderer Benachteiligter, musste Realität werden. Darüber waren sie mit aller Entschiedenheit aufzuklären, was Ledebour am liebsten auf gut besuchten Volksversammlungen praktizierte. Die Leitziele der Revolution von 1848 – Freiheit, Gleichheit, Brüderlichkeit in der Nachfolge der französischen Revolutionen – sollten uneingeschränkt für alle Menschen verwirklicht werden. Wenn die Herrschenden sich, wie es Ledebour kontinuierlich erlebte, gegen die Machtteilung mit dem Volk wehrten, war dieses zum Widerstand aufgerufen, war das Mittel der Revolution legitim.

Zunächst dem „marxistischen Zentrum" um August Bebel und Karl Kautsky zuzurechnen, entwickelte Ledebour deutliche Berührungsflächen zum neuen radikalen Parteiflügel, personalisiert durch Rosa Luxemburg und Karl Liebknecht, mit dem er eine familiäre Nähe trotz aller Konflikte nach 1914 beibehielt. Liebknechts eigenmächtiges Votum gegen die Kriegskredite am 2.12.1914 beeindruckte auch Ledebour, sodass ein Jahr später er gemeinsam mit Hugo Haase, Wilhelm Dittmann, Arthur Stadthagen und weiteren Vertretern der Fraktionsminderheit offen gegen die Bewilligung der Kriegskredite im Reichstag auftrat. In den Jahren zwischen 1914 und 1918, gefüttert durch die Erfahrung, als Minderheit in der Fraktion gegen einen „Burgfrieden" aufzutreten und sich gegen Fraktionszwang und Ausgrenzung zu behaupten, bildete sich jene Haltung heraus, die ihn zum klassischen Vertreter einer Oppositionspolitik auch innerhalb der Arbeiterbewegung und nicht allein gegenüber dem Obrigkeitsstaat werden ließ. Von dieser Praxis, als Oppositioneller die Entwicklung voranzutreiben zu versuchen statt sie als Amtsträger zu gestalten, wich Ledebour nicht mehr ab.

Der entscheidende Bruch vollzog sich mit dem Ausschluss der Fraktionsopposition und der Bildung der SAG am 24. März 1916. Seither lehnte Ledebour jegliche enge Kooperation mit der Mehrheits-SPD ab und bezog dies insbesondere auf Friedrich Ebert und Philipp Scheidemann. Als am 9. November 1918 die Monarchie fiel, versagte er sich den angebotenen Eintritt in den Rat der Volksbeauftragten. Seine Opposition richtete sich nun gegen die Politik der SPD in und nach der Revolution. Ledebours Motivation für den Januaraufstand war nicht zuletzt der Sturz der Volksbeauftragten, nach dem Austritt der USPD allein von der SPD gestellt. Seine Radikalisierung war persönlich und politisch zugleich. Er bekämpfte seine Kontrahenten wie Ebert und Scheidemann nicht nur politisch, sondern auch ganz persönlich. Er nahm es ihnen übel, die Revolution in bürgerlich-republikanische Bahnen gelenkt zu haben, wo er doch eine Republik der Räte, vielleicht die englisch-parlamentarische Traditionslinie durch eine sozialistische Variante von direkter Demokratie wie in der Schweiz ablösend, erkämpfen wollte, ergänzt um Sozialisierung und Demilitarisierung. Die persönliche Ablehnung seiner Kontrahenten ist den Reden im Ledebour-Prozess deutlich zu entnehmen. Man kann daraus schließen, dass dieser Bruch mit der klassischen Sozialdemokratie als seine Konsequenz aus der vielleicht am tiefsten wirkenden persönlichen Verletzung zu verstehen ist, die ihm seit seiner Kindheit widerfuhr. Seine Politik innerhalb der USPD, gegen die SPD und gegen eine Rückkehr zur II. Internationale, fußte auch auf der Absicht, keine Nähe zu seiner alten politischen Heimat mehr zuzulassen.

In der III. Internationale sah er auch keine Alternative, ebenso wenig in der KPD. Mit ihren autoritären Führungsstrukturen und ihrem „Putschismus"

(Paul Levi) konnte sich der Revolutionär und Parlamentarier zugleich nicht anfreunden. Sein Verhältnis zu Lenin war seit der Zimmerwalder Konferenz vom September 1915 getrübt. Der Einfluss der III. Internationale auf den linken Flügel führte im Oktober 1920 zur Spaltung der USPD. So lag es nahe, dass er sich vehement für die Bildung einer Internationale der linkssozialistischen Arbeiterparteien einsetzte. Mit der IASP trat sie im Februar 1921 ins Leben, Ledebour wurde Mitglied im Exekutivkomitee. Doch war ihr nur ein kurzes Dasein beschieden, im Mai 1923 schloss sie sich mit der II. Internationale zur SAI zusammen. Da sich die USPD im September 1922 mit der SPD zur VSPD (bis 1924) vereinigt hatte, stand Ledebour vor der Wahl, diesen Schritt mitzugehen oder in einer Rest-USPD zu bleiben. Mit harschen Worten des Vorwurfs entschied er sich gegen die Vereinigung, ein weiteres Mal eine Reaktion der Abwendung und der Trennung.

Nach Jahren der relativen politischen Bedeutungslosigkeit, in der zweiten Hälfte der 1920er-Jahre gelegentlich mit Hilfe des legendären „roten Pressezaren“ Willi Münzenbergs durchbrochen, trat Ledebour mitsamt seines „Sozialistischen Bundes“ in die neugegründete SAP um Kurt Rosenfeld und Max Seydewitz ein. Hier erblickte er viel zu optimistisch den Kern einer neuen radikalsozialistischen Partei, die in der Zukunft die Arbeiterbewegung einigen solle. Rund ein Jahr lang schrieb er in der „Sozialistischen Arbeiter-Zeitung“ Appelle für die Aktionseinheit gegen den aufstrebenden Faschismus und für die Selbstgewissheit der neuen Partei. Er ließ noch einmal die Novemberrevolution Revue passieren, womöglich als eine Art politisches Testament. Kurz vor der Machtübertragung an Hitler wurde es ruhig um Ledebour. Wahrscheinlich bereiteten er und seine Frau Minna sich auf eine Flucht vor, denn wie schon 1918/19 wäre ihr Leben akut bedroht gewesen. In dem Zeitraum zwischen dem Reichstagsbrand (27.2.1933) und der schon vom SA-Terror umrahmten Reichstagswahl (5.3.1933) flohen sie in die Schweiz, wo sie in Bern ihr Domizil im Exil fanden. Sehr bescheiden lebend, wurde es immer ruhiger um die Ledebours. Seine Frau war seine größte Stütze, der Politiker Ledebour aber Geschichte geworden. Von wenigen Wortmeldungen abgesehen verstummte er zusehends, nur wenige Freunde waren verblieben, doch hatte Robert Grimm ihnen ein kleines Auskommen verschafft. Als Hitler besiegt und Deutschland von der NS-Diktatur befreit war, forderten Freunde wie Seydewitz die Ledebours zur Rückkehr nach Deutschland auf. Doch schon ihre körperliche Schwäche ließ sie absagen. Die Gründung der SED aus der SPD und der KPD in der sowjetischen Besatzungszone begrüßte Ledebour. Ihren allerdings schon in der Art, wie die Vereinigung tatsächlich vollzogen wurde, mit angelegten Stalinisierungsprozess erlebte er nicht mehr mit. Am 31. März 1947 verstarb Georg Ledebour kurz nach seinem

97. Geburtstag. Schon bald breitete sich der Mantel des Vergessens über ihn und sein politisches Erbe aus.

Was bleibt am Ende von Georg Ledebour? Durch sein polarisierendes Wirken trug er seinen Anteil zu den Wirren am Beginn der Weimarer Republik bei. Der Beginn des Januaraufstands wäre ohne seine führende Beteiligung und seine persönliche Mobilisierungskraft wohl kaum so denkbar. Da er sich an entscheidenden Wegmarken Kooperationen mit der SPD verweigerte, ob am 10. 11. 1918 oder nach der Niederschlagung des Kapp-Lüttwitz-Putsches, stattdessen immer wieder die SPD massiv attackierte, wirkte er nicht als versöhnende, sondern als spaltende Persönlichkeit. Anna Siemsens pauschale Begeisterung für ihn ist also zu relativieren. Ob aber eine gegenüber der SPD kooperativere Haltung den Lauf der Geschichte am Beginn der Weimarer Republik maßgeblich verändert hätte, ist allerdings auch nicht beweisbar und sehr zweifelhaft. Insofern geht der Vorwurf von Ursula Ratz, Ledebour habe mit seinem Radikalismus dem Totalitarismus der äußersten Rechten und Linken Vorschub geleistet, deutlich zu weit. Folgen kann man ihr aber in der Aussage, dass er seine letztliche Einsamkeit und Bedeutungslosigkeit durch sein kompromissloses Verhalten selbst beschleunigte.[1] Sein stereotypes Verhalten in Fundamentalkonflikten dürfte hier ausschlaggebend gewesen sein.

Der Historiker Veit Valentin traf mit seiner Charakteristik Ledebours als „Eigenbrötler des Sozialismus" sicher einen Kern der Persönlichkeit. Wie Michael Kohlhaas habe er immer recht haben wollen, bis keiner mehr übrig blieb.[2] Gleichzeitig war er tatsächlich, wie Elke Keller ihn bereits im Titel ihrer Schrift einstufte, wegen seines Mutes und seiner Kampfeslust ein „alter sozialistischer Haudegen".[3] Seine Streitsucht und auch seine Querköpfigkeit waren Merkmale, an denen sich seine Mitmenschen rieben und vermutlich nicht selten verzweifelten. Ein resignierter Außenseiter, wie Ursula Ratz meinte, wird er hingegen nicht gewesen sein, auch in der Schweiz deutete nichts auf Resignation hin.[4] Georg Ledebour war ein Solitär, ein Einzelgänger, der einem lebenslang wirkenden Kompass aus Leitzielen folgte, die den Forderungen und Errungenschaften der europäischen Revolutionen seit 1688 entstammen und von denen einige immer noch ihrer Verwirklichung harren, z. B. Nationalitätentoleranz, Selbstbestimmungsrecht, Minderheitenschutz. Sein Einsatz für die Emanzipation der Nichtbesitzenden, die genauso zum Genuss der politischen und

1 Ratz, S. 228.

2 Zit. nach Krause, USPD n. 1922, S. 122.

3 Vgl. oben Fn. 4 u. 5 in der Einführung S. 9.

4 Vgl. Ratz, S. 226.

sozialen Errungenschaften der Moderne berechtigt werden müssen, ist nach wie vor nicht überholt. Insofern war er im Kern ein radikaler Vorkämpfer einer sozialen Demokratie, die in einer Epoche der Gefährdung der Demokratie überhaupt auch eine Alternative zum Bestehenden sein kann. Um diese Alternative durchzusetzen, werden aber neben Ledebours Mut, seinen Leitprinzipien und seiner Redekunst weitere Charaktereigenschaften benötigt, die seine Stärke nicht waren, etwa Toleranz, Geduld und Empathie.

Verzeichnis der verwendeten Quellen und Literatur

1. Archivalien

Archiv der Hoover-Institution, Kalifornien, USA

- Collection Fanny Jezierska, Folder 67040-19 V, Briefe von Georg Ledebour

Archiv der sozialen Demokratie

- NL Wilhelm Dittmann
- Rest-NL Georg Ledebour
- Kleine Erwerbungen, Signatur 452, Fanny Jezierska

Landesarchiv Berlin

Bestandsgruppe A Pr. Br Rep 030: Polizeipräsidium Berlin

- Nr. 9448, betreffend den Congreß der Sozialdemokratie Deutschlands im Jahre 1894 in Frankfurt/M., Nr. 9500, betreffend Kongress der Sozialdemokratie Deutschlands i. Jahre 1907 in Essen a. d. Ruhr
- Nr. 12428, betreffend Kundgebungen zur Politik des Kaisers. Bd. 1: 1908–1909, Nr. 12429, betreffend Kundgebungen zur Politik des Kaisers. Bd. 2: 1909
- Nr. 13111, betreffend Organisation der Sozialdemokratie in Berlin. Bd. 4 (1890–1891),
- Nr. 13112, ebd. Bd. 5 (1891–1897)
- Nr. 13183/13184, betreffend Reichstagsabgeordneter und Rechtsanwalt Arthur Stadthagen, geb. 23. Mai 1857 zu Berlin. Bd.1: 1887–1896. Bd. 2: 1897–1911
- Nr. 13237, betreffend die Bestimmungen der Ueberwachung der Sozialdemokratie nach Ablauf der Geltung des Sozialistengesetzes ./. 1. Oktober 1890
- Nr. 14779, betreffend Zeitungen, Volks-Zeitung. Organ für Jedermann aus dem Volke, vormals Urwählerzeitung. Bd. 6 (1882–1885), Nr. 14780, ebd. Bd. 7 (1886–1889),
- Nr. 14781, ebd. Bd. 8: 1888–1890, 1908
- Nr. 14903, betreffend den Berliner Arbeiter-Verein (1884, 1886–1890)
- Nr. 14914, betreffend Sozialdemokratische Arbeiterversammlungen. Bd. 11 (1890–1891),
- Nr. 14922, ebd. Bd. 19 (1898–1899), Nr. 14925, ebd. Bd. 22 (1901), Nr. 14926, ebd. Bd. 23 (1902)

- Nr. 15816, betreffend Antimilitaristische Bewegungen innerhalb der Sozialdemokratie, Stellung der Sozialdemokratie zum Militarismus und Krieg. Bd. 14, 1916
- Nr. 15957, betreffend den deutschen Reichstag und seine Mitglieder. Bd. 1, 1911–1912
- Nr. 15980, betreffend Sozialisten-Kongreß in Stockholm, 1917–1918
- Nr. 15989, betreffend das sozialdemokratische Mitteilungsblatt des Verbandes der sozialdemokratischen Wahlvereine Berlins und Umgegend

Niedersächsisches Landesarchiv, Hannover

- NLA HA, Hann. 26a, Nr. 5395. Ledebour C. R. 1. Oktober 1852 Kanzleiinspektor am Obergericht Hannover, vorher Kanzleiexpedient bei der Justizkanzlei Hannover
- NLA HA, ZGS 2/1, Nr. 238. Zeitungsausschnittsammlung des Niedersächsischen Landesverwaltungsamtes: Politiker (alphabetisch)

Landeskirchliches Archiv Hannover

- A7, Nr. 0784. Das Gesuch der Witwe des weil. Canzlisten Ledebour und Fortdauer der bisher erhaltenen Unterstützung
- A7, Nr. 1468. Die Bestellung des Johann Friedrich Conrad Ledebour zum beeidigten Copiisten beym Königl. Consistorio
- A7, Nr. 1476. Die Dienstentlassung des beeidigten Copiisten Ledebour
- A7, Nr. 1480. Die Bestellung des Ernst Remigius Ledebour zum beeidigten Copiisten
- A7, Nr. 1482. Die Bestellung der beeidigten Copiisten 1. Ludwig Friedrich Ledebour, 2. Heinrich Wilhelm Kniep, 3. J. F. W. Thomaß
- Kirchenkreis Hannover, Kirchenbücher

Schweizerisches Bundesarchiv Bern

- Schweizerisches Zentralpolizeibureau Erkennungsdienst, Dossier Georg Ledebour
- Flüchtlingsakte Georg und Minna Ledebour

Sozialarchiv Zürich

- Nachlass Fritz Brupbacher, Ar 101, MFC 50 (54). Brief von Georg Ledebour an Fritz Brupbacher, 16. 12. 1936

2. Zeitungen und Zeitschriften

Arbeit – Bewegung – Geschichte. Zeitschrift für historische Studien
Beiträge zur Geschichte der Arbeiterbewegung
Berliner Allgemeine Zeitung
Berliner Börsen-Courier
Berliner Börsen-Zeitung
Berliner Lokal-Anzeiger
Berliner Morgenpost
Berliner Tageblatt
Berliner Volks-Zeitung (Auch Volks-Zeitung, Volkszeitung)
Berner Tagwacht
Bremer Arbeiter-Zeitung
Der Bund (Bern)
Demokratische Blätter
Dortmunder Zeitung
Duisburger General-Anzeiger
(Die) Freiheit
Der Gewerkverein
Hamburger Echo
Hamburger Volkszeitung
Hannoverscher Courier/Kurier
Jahrbuch für Forschungen zur Geschichte der Arbeiterbewegung
Kölnische Zeitung
Leipziger Tageblatt und Handelszeitung
Leipziger Volkszeitung
Mitteilungen. Förderkreis Archive und Bibliotheken zur Geschichte der Arbeiterbewegung
Mitteilungsblatt des Verbandes der sozialdemokratischen Wahlvereine Berlins und Umgegend
Neue Volkszeitung (New York)
Die Neue Zeit
Norddeutsche Allgemeine Zeitung
Die Republik
Die Rote Fahne
Sächsische Arbeiterzeitung
Solinger Zeitung
Sozialistische Arbeiterzeitung
Sozialistische Monatshefte

Stuttgarter Neues Tageblatt
Volksrecht (Zürich)
Volkswacht (Bielefeld)
Volkswacht (Freiburg im Breisgau)
Vorwärts
Vossische Zeitung
Westfälische Zeitung
Westfälischer Merkur
Zeitschrift für Geschichtswissenschaft

3. Literatur und Dokumente

Hinweis: Nur einmal – und dann aber vollständig in einer Fußnote – zitierte, häufig eher spezielle Titel wurden nicht zusätzlich in diese Liste aufgenommen.

Adler, Victor: Briefwechsel mit August Bebel und Karl Kautsky sowie Briefe von und an Ignaz Auer, Eduard Bernstein, Adolf Braun, Heinrich Dietz, Friedrich Ebert, Wilhelm Liebknecht, Hermann Müller und Paul Singer. Gesammelt und erläutert von Friedrich Adler, Hg. Vorstand der Sozialistischen Partei Österreichs, Wien 1954.

Als die Deutschen demonstrieren lernten. Das Kulturmuster „friedliche Straßendemonstration“ im preußischen Wahlrechtskampf 1908–1910. Begleitband zur Ausstellung im Haspelturm des Tübinger Schlosses vom 24. Januar bis 9. März 1986, Tübingen 1986.

Andreas-Salomé, Lou: Lebensrückblick. Grundriß einiger Lebenserinnerungen. Aus dem Nachlass hgg. von Ernst Pfeiffer, 5. Aufl. Frankfurt a. M. 1994.

Balabanoff, Angelica: Erinnerungen und Erlebnisse, Berlin 1927.

Balabanoff, Angelica: Die Zimmerwalder Bewegung 1914–1919, Frankfurt a. M. 1969.

Beck, Barbara: Die Welfen. Das Haus Hannover 1692 bis 1918, Wiesbaden 2014.

Bernstein, Eduard: Geschichte der Berliner Arbeiterbewegung. Zweiter Teil: Die Geschichte des Sozialistengesetzes in Berlin, Berlin 1907. Dritter Teil: Fünfzehn Jahre Berliner Arbeiterbewegung unter dem gemeinen Recht, Berlin 1910.

Bernstein, Eduard: Die deutsche Revolution 1918/19. Geschichte der Entstehung und ersten Arbeitsperiode der deutschen Republik (1921). Hgg. und eingel. von Heinrich August Winkler und annotiert von Teresa Löwe, Bonn 1998.

Bertram, Mijndert: Das Königreich Hannover. Kleine Geschichte eines vergangenen deutschen Staates, Hannover 2003.

Bloch, Max (Hg.): Albert Südekum, Genosse, Bürger, Patriarch. Briefe an seine Familie 1909–1932, Köln 2017.

Bollmeyer, Heiko: Der steinige Weg zur Demokratie. Die Weimarer Nationalversammlung zwischen Kaiserreich und Republik, Frankfurt a. M. 2007.

Braeg, Dieter/Ralf Hoffrogge (Hg.): Allgemeiner Kongress der Arbeiter- und Soldatenräte Deutschlands. Vom 16. bis 20. Dezember 1918 im Abgeordnetenhaus zu Berlin. Neuausgabe zum 100. Jahrestag, Berlin 2018.

Brandt, Peter/Detlef Lehnert: „Mehr Demokratie wagen". Geschichte der Sozialdemokratie 1830–2010, Berlin 2013.

Brandt, Willy: Links und frei. Mein Weg 1930–1950, Hamburg 1982.

Braune, Andreas u. a. (Hg.): Die USPD zwischen Sozialdemokratie und Kommunismus 1917–1922, Stuttgart 2018.

Czitrich-Stahl, Holger: Arthur Stadthagen. Anwalt der Armen und Rechtslehrer der Arbeiterbewegung. Biographische Annäherungen an einen beinahe vergessenen sozialdemokratischen Juristen, Frankfurt a. M. 2011.

Damaschke, Adolf: Aus meinem Leben, Leipzig 1924.

De Mendelssohn, Peter: Zeitungsstadt Berlin. Menschen und Mächte in der Geschichte der deutschen Presse. Hg. Lutz Hachmeister u. a., Berlin 2017.

Degen, Bernard, u. a. (Hg.): Robert Grimm. Marxist, Kämpfer, Politiker, Zürich 2012.

Degen, Bernard/Julia Richers (Hg.): Zimmerwald und Kiental. Weltgeschichte auf dem Dorfe, Zürich 2015.

Deppe, Frank u. a. (Hg.): Geschichte der deutschen Gewerkschaftsbewegung, 4. aktual. und wesentl. erw. Aufl. Köln 1989.

Die Reichstagsfraktion der deutschen Sozialdemokratie 1898 bis 1918. Zwei Teile, Bearb. Erich Matthias/Eberhart Pikart, Düsseldorf 1966.

Dittmann, Wilhelm: Erinnerungen. 3 Bde., Bearb. und eingel. von Jürgen Rojahn, Frankfurt a. M. 1995.

Dokumente und Materialien zur Geschichte der deutschen Arbeiterbewegung, Hg. Institut für Marxismus-Leninismus beim ZK der SED. Bd. 4: März 1898 – Juli 1914, Berlin (DDR) 1975.

Dowe, Dieter/Kurt Klotzbach (Hg.): Programme der deutschen Sozialdemokratie, Bonn 1990.

Drechsler, Hanno: Die Sozialistische Arbeiterpartei Deutschlands (SAPD). Ein Beitrag zur Geschichte der deutschen Arbeiterbewegung am Ende der Weimarer Republik, Meisenheim am Glan 1965.

Droz, Jacques (Hg.): Geschichte des Sozialismus, 17 Bde., Frankfurt a. M. 1974 ff.

Duncker, Käte und Hermann: Ein Tagebuch in Briefen (1894–1953). Hg. Heinz Deutschland unter Mitarb. von Ruth Deutschland, Berlin 2016.

Faschismus. Bericht vom Internationalen Antifaschisten-Kongress Berlin 9. bis 10. März 1929, Hgg. vom Internationalen Antifaschisten-Komitee, Berlin 1930.

Fischart, Johannes: Das alte und das neue System. Die politischen Köpfe Deutschlands, Berlin 1919.

Fricke, Dieter: Handbuch zur Geschichte der deutschen Arbeiterbewegung 1869 bis 1917. 2 Bde., Berlin (DDR) 1987.

Fricke, Dieter (Hg.): Deutsche Demokraten. Die nichtproletarischen demokratischen Kräfte in Deutschland 1830–1945, Köln 1981.

Fricke, Dieter (Ltg. Autorenkollektiv): Sturm läutet das Gewissen. Nichtproletarische Demokraten auf der Seite des Fortschritts 1830–1945, Berlin (DDR) 1980.

Fricke, Ingrid: Franz Künstler (1888–1942). Eine politische Biographie, Berlin 2016.

Fritz, Rudolf: Einer der schärfsten Kritiker deutscher Politik: Georg Ledebour (7. 3. 1850–31. 3. 1947), in: Hinter der Weltstadt. Mitteilungen des Kulturhistorischen Vereins Friedrichshagen e. V. Nr. 27 (2017), S. 7–10.

Geschichte der deutschen Arbeiterbewegung in acht Bänden, Hg. Institut für Marxismus-Leninismus beim ZK der SED. Bd. 2–6, Berlin (DDR) 1966.

Geschichte der deutschen Arbeiterbewegung. Biographisches Lexikon, Hg. Institut für Marxismus-Leninismus beim ZK der SED, Berlin (DDR) 1970.

Geschichte der revolutionären Berliner Arbeiterbewegung. Bd. 1: Von den Anfängen bis 1917. Bd. 2: Von 1917–1945, Berlin (DDR) 1987.

Geyer, Kurt: Die revolutionäre Illusion. Zur Geschichte des linken Flügels der USPD. Erinnerungen von Curt Geyer. Hg. Wolfgang Benz/Hermann Graml, Stuttgart 1976.

Grotjohann, Alfred: Erlebtes und Erstrebtes. Erinnerungen eines sozialistischen Arztes, Berlin 1932.

Haan, Heiner/Gottfried Niedhart: Geschichte Englands vom 16. bis zum 18. Jahrhundert, München 2002.

Heimann, Horst u. a. (Hg.): Geistige Erneuerung links der Mitte. Der Demokratische Sozialismus Eduard Bernsteins, Marburg 2020.

Herrmann, Ursula/Volker Emmrich (Ltg.): August Bebel. Eine Biographie, Berlin (DDR) 1989.

Höhle, Thomas: Franz Mehring. Sein Weg zum Marxismus 1869–1891, 2. Aufl. Berlin (DDR) 1958.

Hoffrogge, Ralf: Richard Müller. Der Mann hinter der Novemberrevolution, Berlin 2008.

Hoffrogge, Ralf: Sozialismus und Arbeiterbewegung in Deutschland. Von den Anfängen bis 1914, Stuttgart 2011.

Jones, Mark: Am Anfang war Gewalt. Die deutsche Revolution 1918/19 und der Beginn der Weimarer Republik, 2. Aufl. Berlin 2017.

Jones, Mark: 1923. Ein deutsches Trauma, Berlin 2022.

Keil, Lars-Broder: Ein langes Leben in der reinen Negation: Georg Ledebour war als Redner und Publizist eine Legende der Linken. Doch über die Rolle des Oppositionellen kam er nie hinaus, in: Hinter der Weltstadt, Mitteilungen des Kulturhistorischen Vereins Friedrichshagen e. V. Nr. 30 (2019), S. 57–62.

Keller, Elke: Georg Ledebour. Ein alter sozialistischer Haudegen (Entwurf für ein Taschenbuch). Dissertation zur Erlangung des wissenschaftlichen Grades eines Doktors der Philosophie (Dr. phil.), Institut für Marxismus-Leninismus beim ZK der SED, Berlin (DDR) 1987.

Kessler, Harry Graf: Tagebücher 1918–1937. Hg. Wolfgang Pfeiffer-Belli, Berlin 1967.

Klönne, Arno: Die deutsche Arbeiterbewegung. Geschichte – Ziele – Wirkungen, Düsseldorf 1980.

Kolb, Eberhard: Die Arbeiterräte in der deutschen Innenpolitik 1918–1919, Düsseldorf 1962.

Koller, Guido: Fluchtort Schweiz. Schweizerische Flüchtlingspolitik (1933–1945) und ihre Nachgeschichte, Stuttgart 2018.

Krause, Hartfrid: USPD. Zur Geschichte der Unabhängigen Sozialdemokratischen Partei Deutschlands, Frankfurt a. M. 1975.

Krause, Hartfrid: Die USPD nach 1922. Zum 70. Todestag von Georg Ledebour (2017). Georg Ledebour und der Sozialistische Bund, Theodor Liebknecht und die „Rest-USPD", Norderstedt 2017.

Krause, Hartfrid: Arthur Crispien. Vom Spartakusanhänger zum sozialdemokratischen Reformsozialisten, Münster 2022.

Das Kriegstagebuch des Reichstagsabgeordneten Eduard David 1914–1918. In Verbindung mit Erich Matthias bearb. von Susanne Miller, Düsseldorf 1966.

Kruse, Wolfgang: Krieg und nationale Integration. Eine Neuinterpretation des sozialdemokratischen Burgfriedensschlusses 1914/15, Essen 1993.

Kuczynski, Jürgen: Geschichte des Alltags des deutschen Volkes. Studien. Bd. 5: 1918–1945, Berlin (DDR) 1982.

Landauer, Gustav: Briefe und Tagebücher 1884–1900. Bd. 1: Briefe und Tagebücher. Bd. 2: Kommentar, Göttingen 2017.

Lange, Annemarie: Das Wilhelminische Berlin. Zwischen Jahrhundertwende und Novemberrevolution, Berlin (DDR) 1988.

Langewiesche, Dieter: Liberalismus in Deutschland, Frankfurt a. M. 1988..

Laschitza, Annelies: Rosa Luxemburg. Im Lebensrausch, trotz alledem, 2. Aufl. Berlin 2002.

Laschitza, Annelies: Die Liebknechts. Karl und Sophie – Politik und Familie, Berlin 2009.

Der Ledebour-Prozeß. Gesamtdarstellung des Prozesses gegen Ledebour wegen Aufruhr etc. vor dem Geschworenengericht Berlin-Mitte vom 19. Mai bis 23. Juni 1919, aufgrund des amtlichen Stenogramms bearbeitet und mit einem Vorwort versehen von Georg Ledebour, Berlin 1919.

Georg Ledebour. Mensch und Kämpfer. Zusammengestellt von Minna Ledebour, Zürich 1954.

Lehnert, Detlef: Sozialdemokratie und Novemberrevolution. Die Neuordnungsdebatte 1918/19 in der politischen Publizistik von SPD und USPD, Frankfurt a. M. 1983.

Lehnert, Detlef (Hg.): Sozialliberalismus in Europa. Herkunft und Entwicklung im 19. und frühen 20. Jahrhundert, Wien 2012.

Lehnert, Detlef (Hg.): Vom Linksliberalismus zur Sozialdemokratie. Politische Lebenswege in historischen Richtungskonflikten 1890–1945, Köln 2015.

Lehnert, Detlef (Hg.): SPD und Parlamentarismus. Entwicklungslinien und Problemfelder, Köln 2016.

Lehnert, Detlef (Hg.): Wahl- und Stimmrechtskonflikte in Europa. Ursprünge – Neugestaltungen – Problemfelder, Berlin 2018.

Lehnert, Detlef (Hg.): Revolution 1918/19 in Preußen. Großstadtwege in die Demokratiegründung, Berlin 2019.

Lehnert, Detlef (Hg.): Konfliktdemokratie 1920. Politische, sozioökonomische und kulturelle Polarisierung in großstädtischer Tagespresse, Berlin 2022.

Levi, Paul: Ohne einen Tropfen Lakaienblut. Schriften, Reden, Briefe. Bd. I/3: Spartakus 3: Das Ende des Linkssozialismus in der Kommunistischen Internationale, 1920/21; Bd. I/4: Spartakus 4: Abschied ohne Ankunft, 1921/22, Hg. Jörn Schütrumpf, Berlin 2020.

Liebknecht, Karl: Gesammelte Reden und Schriften. 9 Bde., Berlin (DDR) 1958 ff.

Liebknecht, Karl: Klassenkampf gegen den Krieg, Berlin 1916.

Löbe, Paul: Erinnerungen eines Reichstagspräsidenten, Berlin-Grunewald 1949.

Lorenz, Gerlinde: „Leitstern" Sozialismus. Die politische Biografie des Remscheider Arbeiterführers Otto Braß (1875–1950) und seines Sohnes Otto (1900–1972), Essen 2010.

Lupp, Björn-Erik: Von der Klassensolidarität zur humanitären Hilfe. Die Flüchtlingspolitik der politischen Linken 1930–1950, Zürich 2006.

Luxemburg, Rosa: Gesammelte Werke. 7 Bde. Bd. 1–5 Berlin (DDR) 1970 ff. Bd. 6, Berlin 2014. Bd. 7/1 und 7/2, Berlin 2017.

Luxemburg, Rosa: Gesammelte Briefe. 6 Bde. Bd. 1–5, Berlin (DDR) 1982 ff. Bd. 6, Berlin 1993.

Marx, Karl/Friedrich Engels: Werke, Hg. Institut für Marxismus-Leninismus beim Zentralkomitee der SED, Berlin (DDR) 1956 ff.

McCarthy, Adolf: Robert Grimm. Der schweizerische Revolutionär, Bern 1989.

M. d. R. Die Reichstagsabgeordneten der Weimarer Republik in der Zeit des Nationalsozialismus. Politische Verfolgung, Emigration und Ausbürgerung 1933–1945, Hgg. und eingel. von Martin Schumacher, 2. Aufl. Düsseldorf 1992.

Mehring, Franz: Der Fall Lindau. Dargestellt und erläutert von Dr. Franz Mehring, Berlin 1890.

Mehring, Franz: Kapital und Presse. Ein Nachspiel zum Fall Lindau, Berlin 1891.

Miller, Susanne: Burgfrieden und Klassenkampf. Die deutsche Sozialdemokratie im Ersten Weltkrieg, Düsseldorf 1974.

Miller, Susanne/Heinrich Potthoff: Kleine Geschichte der SPD. Darstellung und Dokumentation 1848–1983, 5. überarb. und erw. Aufl. Bonn 1983.

Mittenzwei, Werner: Exil in der Schweiz, Leipzig 1978.

Müller, Klaus: Die Diepholzer und Willenberger Familien von 1701–1750, Diepholz 2000.

Müller, Richard: Eine Geschichte der Novemberrevolution, 11. Aufl. Berlin 2017.

Niemann, Heinz (Hg.): Auf verlorenem Posten? Linkssozialismus in Deutschland. Zur Geschichte der Sozialistischen Arbeiterpartei, Berlin 1991.

Noske, Gustav: Von Kiel bis Kapp. Zur Geschichte der deutschen Revolution, Berlin 1920.

Osterroth, Franz/Dieter Schuster: Chronik der deutschen Sozialdemokratie. Bd. 1: Von den Anfängen bis 1945, Bonn 2005.

Piper, Ernst: Rosa Luxemburg. Ein Leben, München 2018.

Pleticha, Heinrich: Deutsche Geschichte. Bd. 10: Bismarck-Reich und Wilhelminische Zeit 1871–1918, Gütersloh 1993.

Prager, Eugen: Das Gebot der Stunde. Geschichte der USPD, 4. annot. Aufl. Bonn 1980.

Preußisch Ströhen. Beiträge zur Geschichte einer Landgemeinde an der Nordgrenze Westfalens anläßlich des 150jährigen Kirchenjubiläums am 31. August 1997. Quellen und Schrifttum zur Kulturgeschichte des Wiehengebirgsraumes, Hg. Evangelisch-Lutherische Kirchengemeinde Pr. Ströhen unter Leitung von Roland Mettenbrink, Espelkamp 1997.

Protokoll der Internationalen Sozialistischen Konferenz in Wien vom 22. bis 27. Februar 1921. Mit einer Einleitung von Konrad von Zwehl, Berlin 1978.

Protokoll über die Verhandlungen des Parteitages der Sozialdemokratischen Partei Deutschlands, div. Jahrgänge.

Ratz, Ursula: Georg Ledebour 1850–1947. Wege und Wirken eines sozialistischen Politikers, Berlin 1969.

Reuter, Ursula: Paul Singer (1844–1911). Eine politische Biographie, Düsseldorf 2004.

Rosenberg, Arthur: Geschichte der Weimarer Republik. Hg. Kurt Kersten, Frankfurt a. M. 1961.

Scheidemann, Philipp: Memoiren eines Sozialdemokraten, 2 Bde., Dresden 1928.

Schimmler, Bernd: Zwischen Humboldthain und den Rehbergen. Die Geschichte der Sozialdemokratie im „roten Wedding" von Berlin, Berlin 2021.

Schneider, Michael: Kleine Geschichte der Gewerkschaften. Ihre Entwicklung in Deutschland von den Anfängen bis heute, Bonn 1989.

Schöler, Uli: „Despotischer Sozialismus" oder „Staatssklaverei"? Die theoretische Verarbeitung der sowjetrussischen Entwicklung in der Sozialdemokratie Deutschlands und Österreichs (1917–1929). 2 Bde., 2. erw. Aufl. Berlin 2021.

Schöler, Uli/Thilo Scholle (Hg.): Weltkrieg – Spaltung – Revolution. Sozialdemokratie 1916–1922, Bonn 2018.

Scholle, Thilo: Paul Levi. Linkssozialist – Rechtsanwalt – Reichstagsmitglied, Berlin 2017.

Seeber, Gustav: Zwischen Bebel und Bismarck. Zur Geschichte des Linksliberalismus in Deutschland, Berlin (DDR) 1965.

Seeber, Gustav/Walter Wittwer: Kleinbürgerliche Demokratie im Bismarckstaat. Entwicklungstendenzen und Probleme, Berlin (DDR) 1971.

Seils, Ernst-Albert: Hugo Haase. Ein jüdischer Sozialdemokrat im deutschen Kaiserreich. Sein Kampf für Frieden und soziale Gerechtigkeit, Frankfurt a. M. 2016.

Severing, Carl: Mein Lebensweg. Bd. 1: Vom Schlosser zum Minister; Bd. 2: Im Auf und Ab der Republik, Köln 1950.

Seydewitz, Max: Es hat sich gelohnt zu leben. Lebenserinnerungen. Bd. 1: Erkenntnisse und Bekenntnisse, Berlin (DDR) 1980.

Sozialdemokratischer Wahlverein für den 6. Berliner Reichstagswahlkreis: Festschrift zur Feier des 25jährigen Bestehens. Im Auftrage des Vorstandes verfaßt von Eugen Ernst. Mit einem Nachwort von Georg Ledebour, Berlin 1914.

Teubner, Hans: Exilland Schweiz, Dokumentarischer Bericht über den Kampf emigrierter deutscher Kommunisten 1933–1945, Berlin (DDR) 1975.

Tormin, Walter: Geschichte der deutschen Parteien seit 1848, Stuttgart 1966.

Tschubinski, Wadim: Wilhelm Liebknecht. Eine Biographie, Berlin (DDR) 1973.

Voigt, Christian: Robert Grimm. Kämpfer – Parlamentarier – Arbeiterführer, Bern 1980.

Wedding. Ein Bezirk von Berlin, Fotografiert von Werner Kohn. Text von Richard Schneider, Berlin 1983.

Weipert, Axel: Die zweite Revolution. Rätebewegung in Berlin 1919/1920, Berlin 2015.

Weipert, Axel: „Den Fürsten keinen Pfennig!“ Der Volksentscheid zur Fürstenenteignung 1926, Berlin 2021.

Wer ist's? Unsere Zeitgenossen, Hg. A. L. Degener, Leipzig 1905 ff.

Wieland, Lothar: „Wieder wie 1914!“ Heinrich Ströbel (1869–1944). Biografie eines vergessenen Sozialdemokraten. Mit einem Geleitwort von Hans Koschnick, Bremen 2009.

Wille, Bruno: Aus Traum und Kampf. Mein 60jähriges Leben, Berlin 1920.

Winkler, Heinrich August: Der lange Weg nach Westen. Deutsche Geschichte 1806–1933, Bonn 2002.

Wheeler, Robert: USPD und Internationale. Sozialistischer Internationalismus in der Zeit der Revolution, Frankfurt a. M. 1975.

Abkürzungsverzeichnis

ABG	Arbeit – Bewegung – Geschichte. Zeitschrift für historische Studien
ADAV	Allgemeiner Deutscher Arbeiterverein
ADGB	Allgemeiner Deutscher Gewerkschaftsbund
AIZ	Arbeiter-Illustrierte-Zeitung
ArchEKvW	Archiv der Evangelischen Kirche von Westfalen
BArch	Bundesarchiv
BAZ	Berliner Allgemeine Zeitung
BeT	Berner Tagwacht
BBC	Berliner Börsen-Courier
BBZ	Berliner Börsen-Zeitung
BLA	Berliner Lokal-Anzeiger
BMP	Berliner Morgenpost
BrAZ	Bremer Arbeiter-Zeitung
BT	Berliner Tageblatt und Handels-Zeitung
BVZ	Berliner Volks-Zeitung (auch: Volks-Zeitung bzw. Volkszeitung)
BZ	Berliner Zeitung
BzG	Beiträge zur Geschichte der Arbeiterbewegung
DDP	Deutsche Demokratische Partei
Dem. Bl.	Demokratische Blätter
DFP	Deutsche Freisinnige Partei
DMV	Deutscher Metallarbeiter-Verband
DNVP	Deutschnationale Volkspartei
DoZ	Dortmunder Zeitung
DP	Demokratische Partei
DRF	Die Rote Fahne
DVP	Deutsche Volkspartei
EvK	Evangelische Kirche
FfZ	Frankfurter Zeitung
FP	Fortschrittspartei
Ft	(Die) Freiheit
FVP	Fortschrittliche Volkspartei
GAD	General-Anzeiger für Dortmund und die Provinz Westfalen
GAH	General-Anzeiger für Halle und den Saalkreis

GAM	Generalanzeiger der Stadt Mannheim und Umgebung
GB	Gesammelte Briefe (Rosa Luxemburg)
GdA	Geschichte der deutschen Arbeiterbewegung (8 Bände)
GW	Gesammelte Werke (Rosa Luxemburg)
HaC bzw. HaK	Hannoverscher Courier/Kurier
HE	Hamburger Echo
IAH	Internationale Arbeiterhilfe
IASP	Internationale Arbeitsgemeinschaft Sozialistischer Parteien
ISB	Internationales Sozialistisches Büro
ISK	Internationaler Sozialistischer Kampfbund
KAG	Kommunistische Arbeitsgemeinschaft
KB	Kirchenbuch
KK	Kirchenkreis
KöZ	Kölnische Zeitung
KPD	Kommunistische Partei Deutschlands
KPD(O)/KPO	Kommunistische Partei Deutschlands (Opposition)
KPdSU	Kommunistische Partei der Sowjetunion
KPÖ	Kommunistische Partei Österreichs
LAB	Landesarchiv Berlin
LDPD	Liberaldemokratische Partei Deutschlands
LTA	Leipziger Tageblatt und Anzeiger
LV	Liberale Vereinigung
LVZ	Leipziger Volkszeitung
MBl	Mitteilungsblatt des Verbandes sozialdemokratischer Wahlvereine Berlins und Umgegend
MdR	Mitglied des Reichstags
MEW	Marx-Engels-Werke
MMG	Mitteilungen des Mindener Geschichtsvereins
NAZ	Norddeutsche Allgemeine Zeitung
ND	Neues Deutschland
NKFD	Nationalkomitee Freies Deutschland
NLA	Niedersächsisches Landesarchiv
NLP	Nationalliberale Partei
NSDAP	Nationalsozialistische Deutsche Arbeiterpartei
NV	Nationalversammlung
NVZ	Neue Volkszeitung
NY	New York
NZ	Die Neue Zeit
PPS	Polnische Sozialistische Partei in Preußen

Prot. PT SPD	Protokoll des Parteitages der SPD (der jeweiligen Jahre)
RdV	Rat der Volksbeauftragten
SAH	Schweizerisches Arbeiterhilfswerk
SAP	Sozialistische Arbeiterpartei Deutschlands (1931–1945)
SAPD	Sozialistische Arbeiterpartei Deutschlands (1875–1890)
SAZ	Sächsische Arbeiterzeitung (Dresden)
SFr	Schweizer Franken
SB	Sozialistischer Bund
SDAP	Sozialdemokratische Arbeiterpartei (Österreich)
SDKPiL	Sozialdemokratie des Königreichs Polen und Litauens
SED	Sozialistische Einheitspartei Deutschlands
SFH	Schweizerische Flüchtlingshilfe
SFIO	Section Francaise de l'Internationale Ouvriere
SMH	Sozialistische Monatshefte
SoAZ	Sozialistische Arbeiterzeitung (SAP)
SolZ	Solinger Zeitung
SozArch	Schweizerisches Sozialarchiv Zürich
SOPADE	Sozialdemokratische Partei Deutschlands (Exilzeit)
SPD	Sozialdemokratische Partei Deutschlands
SPS	Sozialdemokratische Partei der Schweiz
SU	Sowjetunion
StArch	Stadtarchiv
Sten. Ber. RT	Stenographische Berichte über die Verhandlungen des Reichstags
UdSSR	Union der Sozialistischen Sowjetrepubliken
USPD	Unabhängige Sozialdemokratische Partei Deutschlands
VSPD	Vereinigte Sozialdemokratische Partei Deutschlands (1922–1924)
VWB	Volkswacht (Bielefeld)
VWF	Volkswacht (Freiburg im Breisgau)
VR	Vollzugsrat der Groß-Berliner Arbeiter- und Soldatenräte
Vw	Vorwärts. Berliner Volksblatt
VZ	Vossische Zeitung
WRVerf	Weimarer Reichsverfassung

Personenregister

HISTORISCHE DEMOKRATIEFORSCHUNG

Schriften der Hugo-Preuß-Stiftung und der Paul-Löbe-Stiftung

Herausgegeben von Detlef Lehnert

Band 24

VOLKER STALMANN

Paul Hirsch 1868–1940

Sozialdemokratischer Kommunalexperte,
Bürgermeister und Ministerpräsident in Preußen

2023 | ISBN: 978-3-86331-724-9

426 Seiten | 26,– €

Band 23

DETLEF LEHNERT (Hg.)

Transnationale Demokratisierung in Europa

Von den Anfängen bis in die Gegenwart

2023 | ISBN: 978-3-86331-689-1

395 Seiten | 24,– €

Band 22

DETLEF LEHNERT (Hg.)

Konfliktdemokratie 1920

Politische, sozioökonomische und kulturelle
Polarisierung in großstädtischer Tagespresse

2022 | ISBN: 978-3-86331-641-9

518 Seiten | 26,– €

Band 21

FRIEDRICH STAMPFER

Der Kampf um Deutschland

Exilschrift zu „Weimar“ und der NS-Katastrophe

Hg. und eingeleitet von Detlef Lehnert

2022 | ISBN: 978-3-86331-632-7

350 Seiten | 24,– €

HISTORISCHE DEMOKRATIEFORSCHUNG
Schriften der Hugo-Preuß-Stiftung und der Paul-Löbe-Stiftung
Herausgegeben von Detlef Lehnert

Band 20
DETLEF LEHNERT
Friedrich Stampfer 1874–1957
Sozialdemokratischer Publizist und Politiker:
Kaiserreich – Weimar – Exil – Bundesrepublik
2022 | ISBN: 978-3-86331-623-5
502 Seiten | 26,– €

Band 19
DETLEF LEHNERT / VOLKER STALMANN
Johannes Stelling 1877–1933
Sozialdemokrat in Opposition
und Regierung: Hamburg –
Lübeck – Schwerin – Berlin
2021 | ISBN: 978-3-86331-567-2 | 394 Seiten | 24,– €

Band 18
DETLEF LEHNERT / CHRISTINA MORINA (Hg.)
Friedrich Engels und die Sozialdemokratie
Werke und Wirkungen eines Europäers
2020 | ISBN: 978-3-86331-554-2
335 Seiten | 24,– €

HISTORISCHE DEMOKRATIEFORSCHUNG

Schriften der Hugo-Preuß-Stiftung und der Paul-Löbe-Stiftung

Herausgegeben von Detlef Lehnert

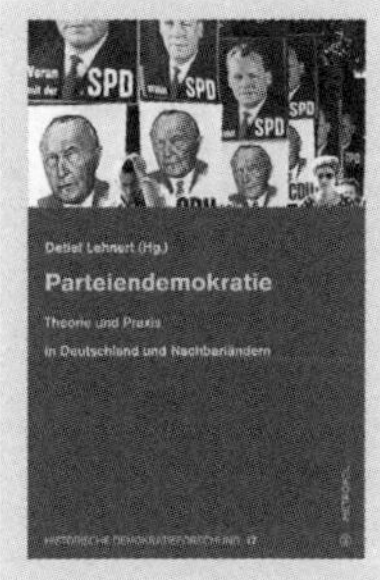

Band 17
DETLEF LEHNERT (Hg.)
Parteiendemokratie
Theorie und Praxis in Deutschland und Nachbarländern
2020 | ISBN: 978-3-86331-543-6
406 Seiten | 24,– €

Band 16
DETLEF LEHNERT (Hg.)
Soziale Demokratie und Kapitalismus
Die Weimarer Republik im Vergleich
2019 | ISBN: 978-3-86331-489-7
334 Seiten | 24,– €

Band 15
DETLEF LEHNERT (Hg.)
Revolution 1918/19 in Preußen
Großstadtwege in die Demokratiegründung
2019 | ISBN: 978-3-86331-464-4
400 Seiten | 24,– €

HISTORISCHE DEMOKRATIEFORSCHUNG

Schriften der Hugo-Preuß-Stiftung und der Paul-Löbe-Stiftung

Herausgegeben von Detlef Lehnert

Band 14

DETLEF LEHNERT (Hg.)

Wahl- und Stimmrechtskonflikte in Europa

Ursprünge – Neugestaltungen – Problemfelder

2018 | ISBN: 978-3-86331-440-8

327 Seiten | 24,– €

Band 13

DETLEF LEHNERT (Hg.)

Revolution 1918/19
in Norddeutschland

2018 | ISBN: 978-3-86331-407-1

383 Seiten | 24,– €

Band 12

DETLEF LEHNERT (Hg.)

„Das deutsche Volk und die Politik"

Hugo Preuß und der Streit um „Sonderwege"

2017 | ISBN: 978-3-86331-365-4

365 Seiten | 24,– €

Band 11

DETLEF LEHNERT (Hg.)

Verfassungsdenker

Deutschland und Österreich 1870–1970

2017 | ISBN: 978-3-86331-350-0

360 Seiten | 24,– €